Heinrichs
Freiheit *und* Gerechtigkeit

Thomas Heinrichs, geb. 1963, studierte Philosophie, Politik und Germanistik in Freiburg und an der FU Berlin sowie Rechtswissenschaften in Postsdam und Berlin. Zuletzt erschienen *Zeit der Uneigentlichkeit* 1999.

Thomas Heinrichs

Freiheit *und* Gerechtigkeit

Philosophieren für eine neue linke Politik

WESTFÄLISCHES DAMPFBOOT

Die Deutsche Bibliothek - CIP-Einheitsaufnahme

Heinrichs, Thomas: Freiheit *und* Gerechtigkeit : Philosophieren für eine neue linke Politik / Thomas Heinrichs. - Münster : Westfälisches Dampfboot, 2002

ISBN 3-89691-532-0

1. Auflage Münster 2002

Umschlag: Lütke · Fahle · Seifert, Münster
Druck: Rosch-Buch Druckerei GmbH, Scheßlitz
Gedruckt auf säurefreiem, alterungsbeständigem Papier.
ISBN 3-89691-532-0

Inhalt

Gewidmet ist dieses Buch meinem Lehrer Frieder O. Wolf und meiner Gefährtin im Philosophieren Heike Weinbach.

Danksagung
Das im Kapitel I.1 entwickelte Konzept der Philosophie als Diskurspolitik verdanke ich Frieder O. Wolf. Auch ansonsten hat er die Entstehung dieses Buches mit Kritik und Anregungen hilfreich begleitet. Für Hilfestellungen unterschiedlichster Art danke ich weiterhin Nadja Förtsch, Karl-Ludwig Rintelen, R. und A. Heinrichs sowie last not least Anke Kroll.

Vorbemerkung

Dieses Buch ist zweigeteilt. Das ist etwas ungewöhnlich, hier aber sinnvoll. Die Teilung liegt zunächst nahe, weil die Frage nach einer anderen Praxis der Philosophie und die Frage nach einen neuen linken Projekt auf den ersten Blick wenig miteinander zu tun haben, ganz andere Themen sind. Diese zwei Themen dennoch in einem Buch zusammen zu führen, ist aber angezeigt, weil sie im Verhältnis der Form zum Inhalt zueinander stehen. Eine andere Praxis der Philosophie ist nur dann nötig, wenn man auch andere Inhalte in der Philosophie verfolgt und ein linkes Projekt als philosophisches Projekt bedarf einer anderen philosophischen Form. Diese Verknüpfung ist daher zwingend, weil Herrschaftsfreiheit ein Ziel ist, welches, damit man es überhaupt erreichen kann, bereits den Weg dahin, die Form in der man es anstrebt, prägen muss. Wer also in der Philosophie ein linkes Projekt als Projekt der Befreiung von Herrschaft verfolgt, muss dies in einer philosophischen Form tun, die nicht selber herrschaftsförmig ist. Für die seit langem dominante Praxis der Philosophie gilt dies nicht. Daher bedarf es neben den inhaltlichen Überlegungen zu einem neuen linken Projekt auch der Überlegung wie Philosophie gestaltet sein muss, damit sie ihren Anteil zur Erreichung einer freien Gesellschaft beitragen kann.

Die durch die Anordnung der Teile und Kapitel nahegelegte Vorgabe der Reihenfolge der Lektüre ist eine mögliche. Man muss ihr nicht folgen. Man kann auch mit dem 2. Teil beginnen und danach erst den 1. lesen. Man kann auch mit dem 2. Kapitel des 2. Teils beginnen, danach das 1. Kapitel des 2. Teils lesen und dann erst den 1. Teil. Man kann auch mit dem 2. Kapitel des 2. Teils beginnen, danach den 1. Teil lesen und dann erst das 1. Kapitel des 2. Teils. Jeder Leser muß für sich selbst ausprobieren, wo er den besten Einstieg findet. Davon sollte er sich in seiner Lektüre leiten lassen.

Einleitung

In vorliegendem Buch wird versucht, das Projekt einer freien, gleichen und gerechten Gesellschaft, als einer radikaldemokratisch und nicht herrschaftsförmig organisierten Gesellschaft, neu zu entwickeln. Das Modell einer solchen Gesellschaft, als Ziel eines linken Projekts gesellschaftlicher Veränderung ist im positiven Sinne eine Utopie.

Entwürfe einer anderen Gesellschaft sind in den letzten Jahrzehnten im Westen wie im Osten von der ökologischen Krise ausgegangen (Bahro 1990a, 1990b, Callenbach 1983, Ditfurth 1985, Ditfurth 1995, Harich 1975, Havemann 1990, Hollm 1989, Kelly 1982). Ihr Grundanliegen war zumeist die Vermeidung der ökologischen Apokalypse. Die ökologische Frage ist eine für das Leben der Menschen auf der Welt wichtige Frage und durch unsere Art und Weise zu leben verschlechtern wir heute die Lebensbedingungen auf der Welt in globalem Ausmaß, dennoch hat es für das Projekt einer demokratisch-emanzipatorischen Gesellschaft entscheidende Nachteile, bei dem Versuch eine andere Gesellschaft zu denken, von der Vorstellung einer uns vorausstehenden und abzuwendenden Apokalypse auszugehen. Damit verschiebt sich nämlich die Frage nach einer anderen Gesellschaft von der Frage 'wie wollen wir leben' auf die Frage 'wie können wir überleben'. Diese zweite Frage schränkt aber den Spielraum zur Beantwortung der ersten drastisch ein (vgl. Heinrichs/Weinbach 1997, 1998). Wenn tatsächlich das Überleben der Menschheit auf dem Spiel stünde, müsste man zunächst alles tun, um dieses zu sichern. Die Frage, wie wir als Menschen gerne leben wollen, ist, wo es um das Überleben geht, müßige Spekulation. Solch apokalyptische Visionen sind daher zumeist als Druckmittel für die eigenen Entwürfe menschlichen Lebens eingesetzt worden. Wenn der eigene Entwurf menschlichen Lebens der einzige ist, der das Überleben sichern kann, so müssen alle Menschen ihm folgen. Ein solcher Zwang besteht nicht und wie man am Bedeutungsverlust der ökologischen Thematik in der Öffentlichkeit sieht, haben sich die Menschen von seiner Behauptung auch nicht beeindrucken lassen. Wenn man eine freie und demokratische Gesellschaft anstrebt, ist es daher nicht sinnvoll, von der Vorstellung einer möglichen Apokalypse auszugehen. Zwar ist die ökologische Frage in ihrer extremsten Form, als Frage des Überlebens, faktisch tatsächlich der Frage nach der Art und Weise unseres Lebens vorrangig und bei Strafe ihres Untergangs kann keine Gesellschaft sie auf Dauer ignorieren, aber strategisch ist sie sekundär. Wir leben alle noch und wir leben, zumindest in den reichen Staaten der Erde, auch noch alle ziemlich gut. Ein gesellschaftliches Projekt, welches die Zustimmung der Menschen gewinnen will, darf ihnen nicht mit dem Untergang drohen und ihnen die Unterwerfung unter eine Ökodiktatur abverlangen, es muss vielmehr mit einem Zugewinn an Lebensqualität argumentieren. Wir werden, solange wir überhaupt einen Handlungsspielraum haben, unser Leben nur dann freiwillig ändern, wenn wir es verbessern können. Wer eine freie und demokratische Gesellschaft anstrebt, muss aber auf solche Freiwilligkeit setzen.

Die Verbindung von Freiheit und Gerechtigkeit war das große Projekt der sozialistisch/kommunistischen - also der linken - Bewegung des 19. Jahrhunderts. Ihr ging es darum, das liberale Projekt des Bürgertums mit seinem Konzept der Bürgerrechte aufzunehmen und überhaupt erst zu Ende zu führen, denn das bürgerliche Freiheitskonzept erwies sich im 19. Jahrhundert als die Freiheit des Stärkeren. Freiheit im Sinne von Befreiung, von Emanzipation ist dagegen immer die Freiheit des Schwächeren. Der Mächtige kann sich immer schon die Freiheiten nehmen, die die Gesellschaft bietet. Das Konzept der Freiheit wird daher überhaupt dann erst in seiner politischen Dimension erkenntlich, wenn man es mit der Idee der Gerechtigkeit verbindet. Dies getan zu haben, ist die große Leistung der linken Bewegung. Das Scheitern dieses linken Projekts, Scheitern gemessen an seinen ursprünglich formulierten Zielen, zwingt heute jeden, der das Ziel einer freien, d.h. einer von Herrschaft freien Gesellschaft beibehalten will, dazu, die theoretische Analyse und die politische Strategie grundlegend neu zu überdenken. Die alten Mittel der marxistischen Gesellschaftsanalyse und Politikstrategie sind heute nicht mehr realitätstauglich. Wer an ihnen unkritisch festhält, gibt das Ziel einer freien Gesellschaft auf - ob er dies weiß oder nicht. Dennoch aber ist es für jedes linke Projekt weiterhin sinnvoll, auf der im Zusammenhang der kommunistischen Bewegung entwickelten Theorie aufzubauen. Ein Rückgang auf die bürgerliche Aufklärung ist nicht dienlich, da das bürgerliche Projekt als linkes Projekt vom Kommunismus überholt wurde. Überholt wurde es zum Ersten in der Radikalität des universalen Anspruchs der Verwirklichung von Freiheit, Gleichheit und Gerechtigkeit, der nunmehr alle Klassen, alle Geschlechter und alle Volksgruppen einbezog, und zum Zweiten überholt die linke Theorie die bürgerliche im Grad der Einsicht in die Funktionsweise von Gesellschaften. Die Erkenntnis der Bedeutung der ökonomischen Verhältnisse für den gesellschaftlichen Prozess findet sich erst bei Marx. Seine Kritik an der kapitalistischen Ökonomie als einer solchen, in der die Ziele der Freiheit, Gleichheit und Gerechtigkeit letztlich nie verwirklicht werden können, ist immer noch zutreffend. Zwar hat sich gezeigt, dass die Grenzen der strukturellen Beschränktheit der bürgerlichen Gesellschaft weiter sind, als dies zuerst angenommen wurde, aber es hat sich auch gezeigt, dass es Grenzen gibt, die systemimmanent nicht überschritten werden können. Der Zwang zur Kapitalakkumulation und die damit notwendig verbundene Ausbeutung von Arbeitskraft auf der einen Seite und Anhäufung von ökonomischer Macht auf der anderen, ist mit dem Ziel einer herrschaftsfreien Gesellschaft nicht vereinbar. Die Erfahrung mit den sozialistischen Staaten hat andererseits gezeigt, dass die Abschaffung des Kapitalismus alleine nicht von selbst zu einer freien Gesellschaft führt. Politische Systeme der Herrschaft sind offensichtlich grundsätzlich mit allen Formen der Ökonomie vereinbar. Ein linkes Projekt muss daher heute die Aufgabe des politischen Umbaus stärker gewichten, als dies in der traditionellen marxistischen Theorie zumeist geschehen ist.

Die linke und die ökologische Bewegung sind in den neuen sozialen Bewegungen der letzten dreißig Jahre eine Allianz eingegangen. Ein zwingender sachlicher Zusammenhang zwischen dem Projekt einer freien Gesellschaft und dem Projekt einer ökologischen Gesellschaft besteht nicht. Es gibt aber eine Gemeinsamkeit des Ziels und des Wegs. Das Projekt einer ökologischen Gesellschaft zielt ebenso wie das einer linken Gesellschaft auf die Verbesserung der Lebensqualität für alle Menschen ab. Um sowohl eine ökologische als auch eine gerechte Gesellschaft zu schaffen, muss die dem Kapitalismus inhärente Wachstumsdynamik überwunden werden.[1] Dies ist für beide Projekte keine ausreichende, aber eine notwendige Bedingung. Die Verknüpfung der linken und der ökologischen Bewegung ist daher nicht zufällig und sollte nicht aufgegeben werden.

Um das Problem einer guten Gesellschaft für alle geht es auch in den seit den siebziger Jahren aufgekommenen Gerechtigkeitsdebatten. In diesen Debatten werden jedoch zumeist die Ursachen der sozialen Ungleichheit ebenso ignoriert wie das aufgrund der naturbedingten Knappheit aller materiellen Güter bestehende Verteilungsproblem. Dagegen wirft die Gerechtigkeitsdebatte zu Recht die Frage der Gleichbehandlung auf. Die Betonung der Gerechtigkeit gegenüber der Gleichheit trägt der Individualität der Menschen Rechnung. Indem jedoch in den Gerechtigkeitsdebatten häufig wieder von einer ursprünglichen Ungleichheit ausgegangen und diese wie Anfang letzten Jahrhunderts wieder in einem primitiven Biologismus begründet wird, der sich heute nur primär genetisch anstatt rassistisch artikuliert, wird, im Dienste herrschaftlicher Ungleichbehandlung, die für jede freie Gesellschaft und für jedes linke Projekt unverzichtbare Einsicht in die in normativer Hinsicht bestehende ursprüngliche Gleichheit der Menschen aufgegeben.

Sowohl das Gerechtigkeits- wie auch das Freiheitsproblem lassen sich nur durch die Abschaffung der Herrschaft lösen. Auch die ökologische Frage wird dadurch entschärft, da erst mit der Abschaffung der Herrschaft die Möglichkeit einer gerechten Verteilung von Gütern möglich ist, die es nicht länger nötig macht, die Natur auch deswegen zu vernutzen, um in einer stark reichtumsmäßig ausdifferenzierten Gesellschaft den Armen ein Mindestmaß an lebensnotwendigen Gütern zukommen zu lassen, ohne dass die Reichen von ihrem Reichtum abgeben müssten. Die Aufhebung der Herrschaft entschärft auch das Kriegsproblem, da in einer herrschaftsfreien Welt, in der auch keine zwischenstaatliche Herrschaft mehr besteht, die Ursachen der Kriege, nämlich das Interesse an der gewaltsamen Aneignung ökonomischer Güter, die sich in der Verfügungsgewalt anderer Menschengruppen befinden bzw. die Absicht zur Abwehr eines solchen Angriffs, wegfallen.

Im vorliegenden Buch wird versucht, das utopische Projekt einer freien Gesellschaft im Spannungsfeld dieser Problemlagen *philosophisch* zu begründen und seine grundsätzliche Möglichkeit zu belegen. Um ein solches Projekt jedoch *philosophisch* und nicht nur politisch zu begründen, bedarf es einer anderen als der seit Jahrtausenden und auch heute noch vor-herrschenden Praxis der Philosophie. Mit einer herrschaftsförmigen Philosophie kann man das Projekt einer herrschaftsfreien Gesellschaft nicht verfolgen. Eine neue, mit der menschlichen Freiheit konforme Praxis der Philosophie zu schaffen und nicht die Philosophie aufzugeben, ist für ein linkes Projekt sinnvoll, da die Philosophie die einzige Form kultureller Selbstverständigung der Menschen ist, in welcher die Fragen menschlicher Lebensweise und menschlichen Selbstverständnisses rational im Medium des argumentativen Diskurses zu beantworten gesucht werden. Ein linkes Projekt bedarf aber eines solchen rationalen und damit auch bewussten und reflektierten Umgangs der Menschen mit der Frage ihrer gesellschaftlichen Organisation, da es ohne die offene Auseinandersetzung aller miteinander über die Fragen des Politischen nicht möglich ist. Philosophie kann helfen, in dieser Auseinandersetzung die eigene Position begründet vertreten, die Position der anderen verstehen und akzeptieren und eine gemeinsame Lösung finden zu können.

Eine für ein linkes Projekt dienliche Philosophie der Befreiung bedarf nicht nur einer anderen Form, sie bedarf auch eines politischen Inhalts, der auf eine Veränderung der bestehenden gesellschaftlichen Verhältnisse abzielt. Ihr Inhalt muss in diesem Sinne gesellschaftspolitisch relevant sein. Die heute vorherrschende Philosophie hat einen solchen Inhalt nicht. Vielmehr hat sich die akademische Philosophie seit der Mitte des 19. Jahrhunderts aus den gesellschaftspolitischen Debatten zurückgezogen. Es hat im letzten Jahrhundert drei Versuche gegeben, dieses zu ändern: zum einen die Existenzphilosophie der zwanziger Jahre, zum anderen die sprachanalytische Philosophie ausgehend vom Wiener Kreis und drittens die marxistische Philosophie im engeren und weiteren Sinne. Alle drei Projekte haben unabhängig von ihrer politischen Orientierung notwendiger Weise damit begonnen, die für eine auf Veränderung abzielende Philosophie unbrauchbare Produktion der vorhergehenden akademischen Philosophie erst einmal beiseite zu schaffen. Die hier interessierenden linken Projekte einer Wiedergewinnung des gesellschaftspolitischen Gehalts der Philosophie sind in diesen Aufräumarbeiten stecken geblieben. Entweder haben sie versucht, die traditionellen philosophischen Probleme als Scheinprobleme aufzuweisen, oder sie haben die Philosophie schon immer als eine Praxis, die die Unterstellung der Menschen unter Herrschaft betreibt, begriffen. Raum für eine für ein linkes Projekt nützliche *positive Philosophie* blieb nach dieser Kritik nicht. Solche Kritik hat aber auch nicht die traditionelle Philosophie erledigt. So richtig z.B. Carnaps Aufweis der Sinnlosigkeit von Ontologie war, so wenig konnte er doch erklären, wieso die Menschen solch „sinnloses" Gerede dennoch als so sinnhaftig empfanden. Die nötige Destruktion der Philosophie des status quo der letzten hundertfünfzig Jahre hat in ihrer konkreten Form dazu geführt, gerade unter Linken die positive philosophische Tätigkeit selbst zu diskreditieren.[2] Will man diese vermeiden, so darf man zunächst gerade nicht in die Auseinandersetzung mit dieser Philosophie des status quo eintreten, sondern muss vorab die Frage klären, was die Philosophen *eigentlich* tun. Man muss also zunächst eine Theorie der Philosophie entwickeln (Kapitel I.1). Ausgehend von der Einsicht in den grundlegend politischen Charakter der Philosophie als Form kultureller Selbstverständigung, die entweder herrschaftsförmig oder emanzipativ gestaltet werden kann, muss man dann die Frage beantworten, wie heute eine philosophische Praxis der Befreiung aussehen muss. (Kapitel I.2).

Ein linkes Projekt kann ein Philosoph nicht initiieren, dies anzunehmen hieße seine Einflussmöglichkeiten maßlos überschätzen. Hier ist auf Marx' Satz zu verweisen: „Die Theorie wird zur materiellen Gewalt, sobald sie die Massen ergreift" (MEW 1, 385), aber auch erst dann. Und im Grunde muss das Verhältnis umgekehrt gedacht werden, die Theorie und d.h. auch die Philosophie wird erst dann zur materiellen Gewalt, wenn sie von den Massen ergriffen wird. Diesen Effekt aber kann sie nicht selbst produzieren. Vielmehr bedarf es einer sozialen Bewegung, welche sich in ihr wiederfindet, welcher sie sich zugehörig erweist. Ist eine solche nicht da, so kann eine Philosophie, die gesellschaftlich wirksam werden will, die sich als eingreifendes Denken, als eine Praxis der Veränderung versteht, immer nur die Hüterin des Feuers eines vergangenen gesellschaftlichen Projekts für die Zukunft sein. Sie kann seine Ideen nur tradieren. Gesellschaftliche Mächtigkeit kommt ihr erst zu, wenn die Menschen das von ihr vertretene Modell menschlichen Lebens und Zusammenlebens wieder als das ihre begreifen und zu realisieren versuchen. Dafür muss sie werben, jedem „Zeitgeist" zum Trotz. Heute bedeutet dies, sich zunächst mit den Konzepten linker Politik, die durch den Untergang der realsozialistischen Staaten diskreditiert scheinen, auseinander zu setzen; in Deutschland insbesondere mit der These von der DDR als Diktatur (Kapitel II.1).

Eine emanzipatorische Philosophie darf die von der herrschenden Philosophie aufgeworfenen Probleme nicht als Scheinprobleme abtun. Gute, d.h. gesellschaftlich wirkungsmächtige Philosophie arbeitet immer an realen Problemen menschlicher Vergesellschaftung. Diese muss man ernst nehmen, für sie aber eine mit einer freien Gesellschaft vereinbare Lösung aufzeigen. Eine solche Lösung wird im Folgenden für die Probleme der Freiheit, Gleichheit und Gerechtigkeit gegeben. Nicht die Universalisierung, sondern die Demokratisierung der Moral steht heute für eine emanzipatorische Philosophie auf der Tagesordnung (Kapitel II.2).

Philosophie ist immer der Eingriff in eine unbekannte strategische Lage. Die Zukunft ist nur beschränkt prognostizierbar. Es gibt im Feld des Politischen keine Gewissheiten. Will man überhaupt etwas bewirken, will man seine Chance nutzen, so darf diese Erkenntnis nicht zum Fatalismus führen. Man muss dennoch handeln. Aber dieses Handeln muss für einen selbst einen positiven Effekt haben, es muss, auch wenn es strategisch auf die Zukunft abzielt, zugleich sich auch im Hier und Jetzt positiv auswirken. Zu einem Handeln, das einen in Erwartung seiner Erfolge nur auf die Zukunft vertröstet, in der es - anderen - einmal besser gehen soll, kann bei solcher Unvorhersehbarkeit des Erfolgs nicht motiviert werden. Solches Handeln im hier und jetzt für ein Ziel, welches über die jetzige Gesellschaft hinausreicht, bedarf einer konkreten Vorstellung eines anderen Lebens. Es bedarf einer Utopie. An solchen mangelt es heute. Daher wird der Versuch gemacht, aus dem heutigen Stand des Wissens und der Möglichkeiten menschlichen

Lebens heraus ein Modell einer anders organisierten Gesellschaft zu entwerfen. (Kapitel II.3). So wie Philosophie eine soziale Bewegung braucht, die sie aufnimmt, so braucht soziale Bewegung eine Philosophie, die ihr zeigt, dass es anders möglich ist, die Beispiele gibt, wie es anders möglich wäre, und die Mut macht daran zu glauben, dass eine andere Gesellschaft realisierbar ist. Viele wollen in einer freieren, gerechteren, umweltverträglicheren Gesellschaft leben, in der sie mehr Einfluss auf die gesellschaftlichen Entscheidungen nehmen können und ihnen nicht mehr oder minder hilflos ausgeliefert sind, aber die allermeisten glauben, dass eine solche Gesellschaft nicht verwirklicht werden kann. Diesen Fehlglauben gilt es zu destruieren. In einer Zeit, in dem einem eingeredet werden soll, dass es zu allem was ist *keine, aber auch gar keine Alternative* gäbe (Gerhard Schröder), brauchen „Die Unterdrückten eine Alternative zu den Symbolen und Erklärungsmustern derer [...], die sie beherrschen. [...] Wo es keine Präzedenzfälle gibt, kann sich niemand eine Vorstellung von Alternativen zu den bestehenden Lebensumständen machen" (Lerner 1997, 275f). Die Denkmöglichkeit einer solchen Alternative zum Spätkapitalismus aufzuzeigen, soll das Buch dienen.

Der philosophische Versuch, eine solche Alternative aufzuzeigen, kann nicht in der üblichen Art und Weise des Philosophierens geschehen, will er denn die an der herrschaftsförmigen Praxis der Philosophie formulierte Kritik ernst nehmen. Dies wird bei philosophisch geschulten Lesern möglicherweise zunächst den Effekt produzieren, dass es sich hierbei gar nicht um Philosophie handle. Dieser Eindruck ist falsch.[3] Es handelt sich nur um eine Philosophie, die ihre Ziele offen verfolgt und dem Leser sagt, wohin sie will und warum. Ihr Ziel ist es darum auch nicht, intuitive Effekte zu produzieren und den Leser zur Identifikation zu verleiten, sondern in einen offenen kritischen Dialog mit ihm zu treten und ihn zur kritischen Rezeption anzuregen. Der philosophische Eingriff soll ent-deckt und nicht wie üblich ver-deckt werden. Diese Offenheit macht den politischen Gehalt der Philosophie, die politische Qualität des philosophischen Eingriffs deutlich. Weil der wesentliche Effekt der philosophischen Selbstverdeckung zumeist in der Leugnung und im Überspielen dieses politischen Gehalts der Philosophie besteht, so ist seine Offenlegung heute der Tabubruch, der solche Philosophie in den Augen der herrschenden Philosophie zur Un-Philosophie abstempelt. Auch wenn dies also in den Augen mancher, durch die traditionelle Philosophie geprägter Leser so scheinen mag, wird hier keine soziologische oder politische Theorie vorgelegt. Der entscheidende Unterschied zu solcher zeigt sich darin, dass für die hier vertretenen *philosophischen* Thesen kein Anspruch auf objektive Richtigkeit erhoben wird, wie ihn jede Wissenschaft in unterschiedlicher Exaktheit stellt, sondern einzig und allein Zustimmung organisiert werden soll. Die hier vorgetragenen Argumente sollen nicht beweisen, sondern überzeugen.

I. Teil:
Für eine philosophische Praxis der Veränderung

„Das was ist zu begreifen, ist die Aufgabe der Philosophie, denn das was ist, ist die Vernunft. Was das Individuum betrifft, so ist ohnehin jedes ein Sohn seiner Zeit, so ist auch die Philosophie ihre Zeit in Gedanken erfaßt. Es ist ebenso töricht zu wähnen, irgendeine Philosophie gehe über ihre gegenwärtige Welt hinaus, als, ein Individuum überspringe seine Zeit, springe über Rhodus hinaus. Geht seine Theorie in der Tat drüber hinaus, baut es sich eine Welt, wie sie sein soll, so existiert sie wohl, aber nur in seinem Meinen - einem weichen Elemente, dem sich alles Beliebige einbilden läßt."

Hegel, Grundlinien der Philosophie des Rechts

I.1 Philosophie, Philosophiewissenschaft, Philosophietheorie

Philosophie

Was ist Philosophie? Um diese Frage zu beantworten, beginnen Philosophen normalerweise damit, den Begriff der Philosophie auszulegen. Philosophie erscheint dabei als etwas, dessen Eigenschaften sich aus der philosophischen Sache, den Gegebenheiten des sachlichen Feldes philosophischer Untersuchung ergeben. Diese Herangehensweise wird hier bewusst nicht gewählt. Philosophie soll hier zunächst bestimmt werden, als das, was Menschen tun, wenn sie als Philosophen handeln. Philosophie, „das Philosophieren", ist eine Form menschlicher Praxis. So gesehen verschiebt sich die Fragestellung. Nicht „Was ist Philosophie?" lautet die Frage, sondern „Was tun Philosophen?", was ist das Spezifische der philosophischen Praxis, worin sie sich von allen anderen Formen menschlicher Praxis unterscheidet? Diese andere Herangehensweise ermöglicht es, Philosophie anders wahrzunehmen und damit den üblichen Fehleinschätzungen über die Philosophie zu entgehen. Entgegen der These Schaffs, der meint, dass man „natürlich auf die tatsächlichen existierenden Philosophen und ihre Tätigkeit verweisen" könne, dass diese Vorgehensweise aber ungeeignet sei, zu erklären, was Philosophie sei (zit. n. Schneider 1998, 3), wird gerade so erst das sichtbar, was Philosophie *ist*.

Philosophie ist eine kulturelle Praxis der Selbstverständigung, der Selbstverständigung des Menschen über sich, über seine Stellung zu seinen Mitmenschen und über sein Verhältnis zur Natur, deren Teil er ist. In dieser Praxis der Selbstverständigung bestimmt der Mensch sich und sein Verhältnis zu anderen und zur Natur selbst. Jede philosophische Tätigkeit dient einer solchen Selbstverständigung und Selbstbestimmung. Diese kann inhaltlich verschieden vorgenommen werden. Sie kann religiös, existentialistisch, materialistisch oder anders geprägt sein. Sie kann regional begrenzt werden, z.B. als Selbstverständigung über die wissenschaftliche Tätigkeit, als Selbstverständigung über die künstlerische Tätigkeit oder als Selbstverständigung über den kommunikativen Prozess der Setzung von Normen und Regeln des menschlichen Zusammenlebens.

Solche Selbstverständigung übt jeder aus, als Einzelner und mit anderen zusammen. Sie muss nicht reflektiert geschehen, aber sie findet immer da statt, wo Leute sich ihrer Position in der Welt zu versichern suchen. Es ist eine Selbstverständigung mit und für sich selbst. Philosophie entsteht erst dann, wenn Menschen diese allgemeine Praxis zu ihrer speziellen Tätigkeit machen, wenn Menschen beginnen, solche Selbstverständigung nicht mehr nur für sich, sondern exemplarisch für andere durchzuführen und zu organisieren. Philosophie entsteht erst mit den Philosophen. Philosophen sind Spezialisten der Selbstverständigung, die den Anspruch erheben, allgemeine Modelle menschlichen Selbstverständnisses anzubieten, die für viele Menschen Gültigkeit haben sollen. Die Entstehung von Philosophie als professioneller Spezialkompetenz für Selbstverständigungsprozesse macht die spontanen, nichtprofessionalisierten Praxen der Selbstverständigung nicht überflüssig und ersetzt sie nicht. Philosophie tritt neben diese weiterhin stattfindenden Prozesse, nimmt sie auf und wirkt auf sie ein.

Diese Professionalisierung der Selbstverständigung bewirkt eine Veränderung ihrer Struktur. Wer eine Tätigkeit für andere ausübt, verfolgt damit zwangsläufig eine andere Absicht, als wenn er sie nur für sich ausübt. Seine Tätigkeit ist nämlich nutzlos, wenn sie sich nicht an den Wünschen und Zielen der anderen orientiert. Wenn ich, anstatt Schuhe für mich herzustellen, als Schuster Schuhe für andere herstelle, erhält meine Tätigkeit eine anderen sozialen Bezug. Im ersten Falle brauche ich mich nur an meinen Bedürfnissen zu orientieren, im zweiten Falle muss ich mich, damit ich die Schuhe tauschen oder verkaufen kann, an den Bedürfnissen meiner potenziellen Kunden orientieren, ich muss mich an den Bedürfnissen anderer orientieren. Philosophie als professionelle Tätigkeit für andere wird erst dann brauchbar, wenn sie die Bedürfnisse gesellschaftlicher Gruppen nach Orientierung erfüllen kann. Dieses Bedürfnis ist seinerseits nicht konturlos, sondern immer schon rückgebunden an die bereits bestehenden gesellschaftlichen Strukturen und an das bereits bestehende, spontane Selbstverständnis der gesellschaftlichen Gruppen. Was Philosophen als Spezialisten der Begründung menschlichen Selbstverständnisses und der Organisation von Selbstverständigungsprozessen hier anbieten können, ist die Vertretung von Interessen. Philosophen vertreten die Interessen gesellschaftlicher Gruppen, denn das Selbstverständnis einer Gesellschaft ist nie homogen. Vielmehr besitzt jede besondere gesellschaftliche Gruppe ihr eigenes Selbstverständnis. Männer verstehen sich anders als Frauen, adelige Kriegerkasten haben ein anderes Selbstverständnis als agrarische Landbevölkerung, Staatsbeamte ein anderes als Lohnarbeiter. Was Philosophen über solch regional begrenzte, identitätsstiftende Modelle menschlichen Lebens hinaus noch anbieten, ist der Versuch, diese divergierenden Gruppen und ihre unterschiedlichen Interessen in *einer* Gesellschaft zusammenzufassen. Philosophie hat hier ihren Ort als Produzentin von konsistenten Weltbildern, in denen die gesellschaftlichen Interessenkonflikte vermittelt werden. Die alte These, dass es in der Philosophie immer ums *Ganze* geht, rührt aus dieser Aufgabe her. Solche Modelle eines gesamtgesellschaftlichen Selbstverständnisses sind aber ihrerseits wiederum nicht interessenfrei.

Die gesellschaftlichen Strukturen, in denen Philosophie historisch entsteht, sind geprägt durch Herrschaft. Die Orte, an denen die Philosophie in der Geschichte zum ersten Mal in Reinform entsteht und gesellschaftliche Bedeutung erlangt, sind ungefähr gleichzeitig die griechische Antike und das chinesische Reich. Die Philosophie entwickelt sich in beiden Gebieten innerhalb einer ungefähr 300 Jahre umfassenden Epoche zwischen dem 5. und 3. Jahrhundert v.u.Z. als Reaktion auf die durch die Erfindung des Eisens und die damit verbundenen Veränderungen der Agrar- und Kriegstechnik bewirkte Revolutionierung der gesellschaftlichen Verhältnisse.

Die Polis der griechischen Antike wird zu dieser Zeit innenpolitisch maßgeblich geprägt durch die Gefahr der „stasis“, des Bürgerkriegs (Finley 1986, 136ff, 12f). Philosophie entsteht hier mit der Aufgabe, Lösungsmodelle für diesen Konflikt anzubieten.[1] Solche Lösungsmodelle können aber nie unparteiisch sein. Die griechische stasis wird durch den Klassenkonflikt zwischen den Reichen (Herrschenden) und den Armen (Beherrschten) verursacht. Eine Lösung, die diesen Namen verdient, könnte nur in der Aufhebung dieser Reichtums- und Machtdifferenz bestehen. Modelle, die dies nicht anstreben, können immer nur versuchen, einen relativen Ausgleich unter Beibehaltung der gesellschaftlichen Grundstruktur der Ungleichheit zu propagieren; einen Ausgleich, der so weit reicht, das er ein - relativ stabiles - Gleichgewicht herstellt, in dem alle Gruppen ein Minimum ihrer Interessen vertreten sehen. Die Philosophie als professionelle Organisatorin von Selbstverständigungsprozessen muss also in diesem Streit Partei nehmen, sie muss entscheiden, für welche Gruppe sie Modelle menschlichen Selbstverständnisses anbieten will und welche Interessen sie in ihren Konzepten des gesellschaftlichen Ganzen vertritt, denn die Orientierungsbedürfnisse der Herrschenden und der Beherrschten und ihre gesellschaftlichen Interessen sind in dieser Hinsicht diametral von einander unterschieden. Die Auseinandersetzung um Herrschaft und die Formen der Herrschaft prägen damit von vornherein die entstehende Philosophie. Philosophie, der es um das gesellschaftliche Ganze geht, kann somit seit ihrer Entstehung bis heute in zwei Arten unterteilt werden: in jene, die die Rechtfertigung und Stabilisierung von Herrschaft betreibt (herrschaftsförmige Philosophie (Platon)), und in jene, die für die Befreiung des Menschen von allen Formen von Herrschaft des Menschen über Menschen eintritt (emanzipatorische Philosophie (Sophistik)).[2]

Sowohl die Philosophie wie auch das Recht entwickeln sich aus dem Brauch, der Sitte.[3] Die tradierten, gebräuchlichen sozialen Regeln einer Gesellschaft gewinnen im Laufe der Zeit gegenüber den einzelnen Personen und der je historischen Situation ein Eigengewicht. Sie beginnen sich im Prozess ihrer Überlieferung zu verselbstständigen und entwickeln sich somit zum *Brauch*. Der Brauch hat die Funktion der Be-Gründung der gesellschaftlichen Organisationsformen und die Funktion, innerhalb dieser traditionellen, zumeist genealogisch bestimmten sozialen Formen die gesellschaftlichen Konflikte zu vermitteln. Diese zwei Funktionen differenzieren sich aus. Die Philosophie übernimmt die Funktion der konsistenten Begründung der jeweiligen gesellschaftlichen Organisationsform und das Recht die Funktion der alltäglichen Konfliktvermittlung. Bei beiden handelt es sich um Funktionen des Politischen, um die Frage der Begründung der jeweiligen Lebensweise und die Frage ihrer konkreten Regulierung. Philosophie bildet so den Hintergrund je konkreter Politik,[4] d.h. der offenen, strategischen Auseinandersetzung der unterschiedlichen Lebens- und Gesellschaftsentwürfe – bzw. der Gruppen von Personen, die diese Lebensmodelle vertreten – um ihre Dominanz oder um den zu ihrer Verwirklichung notwendigen Raum. Der philosophische Entwurf menschlichen Lebens ist zugleich der Grund wie auch das Ziel politischen Handelns.[5]

Im Prozess der Entwicklung rationaler organisierter Gesellschaften tritt an die Stelle der spontanen Reproduktion des Rechts aus dem Brauch seine bewusste Produktion. An die Stelle der Rechts*findung* tritt die Rechts*setzung* (vgl. Wesel 1997, 358). Das, was richtig ist, wird nicht länger im Überlieferten aufgefunden, sondern in einem diskursiven Prozess selbst bestimmt. Recht wird damit zu einem Mittel der bewussten Gestaltung der Regeln des menschlichen Zusammenlebens durch die Menschen selbst. Dies schlägt sich auch im juristischen Selbstverständnis nieder. Juristen verstehen sich in aller Regel als Menschen, die Regeln zur Lösung sozialer Konfliktfälle entwerfen, zur Diskussion stellen und prüfen, ob sie sich in der Praxis bewähren werden. Sie verstehen sich nicht als Finder von vorgegebenen, menschlicher Verfügungsbefugnis insofern nicht zugänglichen Normen.[6]

Im Prozess der Ersetzung des Mythos durch die Philosophie bleibt die Frage der *Setzung* oder *Findung* der Gründe sozialer Organisationsformen umstritten. Dies liegt an der Zweiteilung der Philosophie in eine herrschaftsförmige und eine demokratisch-emanzipatorische. Erstere tendiert zu der Auffassung, dass die gesellschaftlichen Verhältnisse, die Stellung des Menschen in der Welt durch einen Gott, die Grundstrukturen des Seins oder das menschliche Wesen vorgegeben wären und der Philosophie demnach nur die Aufgabe zukäme, sie zu erkennen und zu beschreiben. Sie sucht die „Wahrheit" über das menschliche Sein zu erkennen.[7] Allerdings ist die Philosophie als Sucherin der Wahrheit von Anfang an in widersprüchliche Verhältnisse verwickelt. Wahrheit wird nämlich immer erst da thematisch, wo es Dissens gibt. Wenn alle der Ansicht sind, dass Margeriten weiß sind, so stellt sich die Frage nach der Wahrheit dieser Aussage nicht. Erst wenn jemand behauptet, „in Wahrheit" seien Margeriten aber blau, wird es nötig, über den Realitätsgehalt der Aussagen zu streiten. Philosophie als Sucherin der Wahrheit tritt erst da auf, wo Streit über die Frage entsteht, wie wir leben sollen. Das Auftreten solcher Philosophie zeigt damit an, dass der ursprüngliche, im Brauch verankerte Konsens einer Gesellschaft über sich selbst und die Form ihrer Organisation zerbrochen ist. Herrschaftsförmige Philosophie versucht, diese Krise zu überwinden, indem sie erneut einen sachlich gestifteten Konsens in der Wahrheit zu finden sucht. Auf diese Weise wird das in der Situation der Krise eröffnete politische Feld verengt und wiederum nur eine Form gesellschaftlichen Lebens als möglich hingestellt. Andere Möglichkeiten erscheinen als nicht mehr diskutabel, ja im Grunde als gar nicht mehr existent. Wenn etwas die Wahrheit ist, dann macht es keinen Sinn mehr darüber zu streiten, ob man es will oder nicht, ob es den eigenen Interessen entspricht oder nicht, sondern man muss sich damit abfinden, weil es die einzig mögliche Position ist. Wenn es die Wahrheit ist, dass nur die Adeligen die nötigen Kompetenzen zur Verwaltung einer Gesellschaft besitzen, und wenn es die Wahrheit ist, dass einige Menschen von Natur aus Sklaven sind, dann brauchen wir über andere Modelle von Gesellschaft als das einer feudalen Sklavenhaltergesellschaft nicht mehr zu diskutieren. Wir stehen dann nur noch vor dem Problem, diese Gesellschaft so zu organisieren, dass die Widersprüche zwischen den Klassen insoweit ausgeglichen werden, dass es nicht zu Aufständen kommt und die Gesellschaft stabil bleibt. Insofern dient eine Philosophie, die für ihre These mit Wahrheitsansprüchen argumentiert, dazu, alternative politische Handlungsmöglichkeiten zu verschließen und das eigene Projekt als das einzig mögliche zu rechtfertigen. Die Behauptung einer solchen Ausschließlichkeit im Bereich des Politischen ist ein grundsätzlich undemokratischer Ansatz. Demokratie zeichnet sich durch den offenen Streit gleichberechtigter Positionen aus. Demokratisch-emanzipatorische Philosophie reagiert daher auf das Zerbrechen des gesellschaftlichen Konsens' anders. Sie geht davon aus, dass die Menschen über ihre gesellschaftliche Organisation selbst entscheiden, ihre Stellung in der Welt selbst definieren und folglich die Philosophie Entwürfe menschlichen Selbstverständnisses selbst setzt und begründet.

Bei dieser Differenz geht es auch um das Selbstverständnis der philosophischen Praxis. Es ist eine andere Herangehensweise, ob man vorgegebene Strukturen nur zu erkennen sucht oder ob man Modelle sozialer Organisationsformen selber begründet setzt. In der Philosophie ist dieser Streit seit Platons Rufmord an den Sophisten so weit zugespitzt worden, dass die erkennende Praxis der Philosophie der setzend-selbstbegründenden Praxis der Philosophie den Titel Philosophie abgesprochen hat. Dieser Streit um das Selbstverständnis der Philosophie ist politisch determiniert. Er richtet sich danach, ob das zu begründende Modell sozialer Organisation herrschaftsförmig ist oder nicht. Herrschaftsförmig organisierte Gesellschaften brauchen aus legitimatorischen Bedürfnissen heraus eine scheinbar nicht willkürliche Grundlage. Diese stellt zunächst der Brauch. Er ist die Ressource, aus der sich das Ideologische der Gesellschaft reproduziert. Mit der Erkenntnis der Historizität menschlicher Gesellschaften wird aber klar, dass Bräuche und

Sitten kein vorgegebenes Verhaltensmuster darstellen, sondern von Menschen gemacht und damit von ihnen veränderbar sind. Damit verliert der Brauch seine legitimierende Kraft. An seine Stelle tritt die erkennende Praxis der Philosophie. Weil die Philosophie die Funktion des Brauchs, unhinterfragter Traditionsbestand der Gesellschaft zu sein, ersetzen muss, bleibt es für sie bei der Vorstellung, dass sie die Regeln menschlichen Zusammen-Lebens nicht selber begründet, sondern weiterhin findet. Der Grund, in dem sie diese nun zu finden vorgibt, wird zumeist die „Vernunft“[8], d.h. eine Systematisierung der Regelhaftigkeit denkender Welterkenntnis.[9] Das hat zwei Vorteile. Zum Ersten kann die Vernunft gegenüber der Tradition, die weiterhin wichtig bleibt,[10] eine höhere Geltung beanspruchen, da sie scheinbar eine objektive Instanz ist. Zum Zweiten kann Vernunfterkenntnis als eine Spezialkompetenz installiert werden, während die Kenntnis der Bräuche und Sitten zunächst bei allen vorhanden war.[11] Es entstehen Fachleute für die Vernunft, die nun diese den sich änderenden gesellschaftlichen Bedürfnissen entsprechend auslegen können. Herrschaftsförmige Philosophie versteht sich selbst daher als eine Praxis, die die Regeln für menschliches Leben und Zusammenleben findet und nicht selber setzt.

Neben der Begründungsfunktion des Brauches übernimmt die herrschaftsförmige Philosophie auch seine Entlastungsfunktion. Wie der Brauch erzählt sie eine „Geschichte“, nur dass in dieser Geschichte jetzt keine personale Welt, sondern eine argumentative Weltbeschreibung erzählt wird. Auch diese argumentierende Geschichte entbindet aber von der Notwendigkeit, eigene Entscheidungen zu fällen, da sie vorgibt, dass die richtige Art und Weise des Lebens bereits vorentschieden ist und von ihr nur nacherzählt wird. Wenn aber im „Sein“ oder sonstwo bereits vorbestimmt ist, wie das menschliche Leben abzulaufen hat, wie Gesellschaft zu organisieren ist, welche Stellung der Mensch in der Natur innehat, so bedarf es einer eigenen Entscheidung nicht mehr. Dann bin ich der Notwendigkeit, mir über mein eigenes Leben Gedanken zu machen, enthoben. Wenn mein Leben im Schicksal vorbestimmt ist, so trage ich scheinbar nicht die Verantwortung für mein Leben. Wer nichts entscheidet, kann scheinbar auch nichts falsch machen. Sich in der Mitte des Stroms des Gegebenen treiben zu lassen, ist immer leichter als seine eigene Linie zu suchen. Eventuell ergibt sich dabei, dass man gegen den Strom schwimmen müsste, eventuell scheitert man damit auch. Die herrschaftsförmige Philosophie gibt einem die Gründe dafür, warum man eine solche Anstrengung, ein solches Risiko nicht auf sich zu nehmen braucht. Wenn sich die Philosophen als Sprachrohr des Seins ausgeben, betreiben sie solch eine entlastende Philosophie. Diese dient der Erhaltung des Status quo. Wer aber die bestehenden Verhältnisse zu tradieren sucht, tradiert damit, solange zu ihnen auch das Verhältnis der Herrschaft gehört, die Herrschaftsförmigkeit dieser Verhältnisse.

Dagegen muss jene Philosophie, die eine herrschaftsfreie Gesellschaft entwirft, keine legitimatorischen Bedürfnisse befriedigen und will und kann die Menschen nicht von der Aufgabe ihrer Entscheidung über ihr Leben entlasten. Gesellschaft an sich ist nicht legitimationsbedürftig und soziale Gleichstellung ist der primäre

Zustand. Begründet werden muss immer die Ungleichheit. Gibt es für diese keine überzeugenden Gründe, so tritt automatisch das Organisationsprinzip der Gleichheit in Kraft (vgl. Tugendhat 1997, 68ff).[12] Die Philosophie einer herrschaftsfreien Gesellschaft braucht daher keinen unhinterfragbaren Grundbestand gesellschaftlicher Normen zu postulieren. Sie kann und muss klar machen, dass die Entscheidung über die Form menschlicher Gesellschaft nicht in irgendeiner Seinsstruktur vorgegeben ist, sondern von den Menschen selbst getroffen wird. Sie versucht die zum Treffen dieser Entscheidung nötigen Gründe bereitzustellen und den Menschen Mut zu machen, diese Entscheidung zu treffen.

Die vorherrschende Praxis der Philosophie war fast immer die herrschaftsförmige. Philosophen haben sich von Anfang an vor allem in den Dienst der Herrschaft gestellt und diese zu legitimieren gesucht. Schon zu Zeiten der Entstehung der Philosophie waren die Gesellschaften, in denen sie entstand, herrschaftsförmig organisiert. Die Philosophen waren Mitglieder der herrschenden Klassen dieser Gesellschaften. Dies nicht etwa deshalb, weil die Herrschenden so besonders schlau waren oder sind, sondern deshalb, weil es nur unter ihnen, d.h. den Privilegierten, Menschen gab, die die schon von Platon als Voraussetzung der Philosophie erwähnte, nötige *Muße* besassen, d.h., von schwerer körperlicher Reproduktionsarbeit freigestellt waren. Zum einen waren daher die Philosophen Herrschende, zum anderen konnten die Herrschenden immer nur eine Philosophie brauchen und haben immer nur eine Philosophie unterstützt, die sie unterstützt hat. Diese Philosophie hat immer ein menschliches Selbstverständnis produziert, welches den Einzelnen auffordert, sich einer Herrschaft zu unterstellen.

Die erkennende, wahrheitssuchende Praxis der Philosophie gibt sich fälschlicherweise als Wissenschaft aus. Über der nötigen Kritik an dieser vorherrschenden und zwischenzeitlich institutionalisierten Praxis der Philosophie darf man aber nicht die Philosophie selbst aufgeben. Die Selbstverständigung eines Einzelnen oder einer Gruppe mit und für sich selbst ist nicht herrschaftsförmig, sondern ein Prozess der freien Selbstbestimmung. Diese demokratische Praxis der Philosophie ist immer möglich. Sie auszuüben setzt in einer herrschaftsförmig organisierten Gesellschaft jedoch voraus, Herrschaft zu erkennen, sie als *eine* Möglichkeit der Organisation von Gesellschaft zu relativieren und mit ihr brechen zu wollen. Die demokratisch-emanzipatorische Praxis der Philosophie setzt also die Kritik von Herrschaft voraus. Ein solch kritisches Bewusstsein zu entwickeln, gelingt zumeist nicht vielen, zudem sind seine Träger den Anfeindungen der Herrschaft ausgesetzt. Es ist daher nicht verwunderlich, dass diese andere Praxis der Philosophie so selten ist. Sie ist jedoch für die Entwicklung einer freien Gesellschaft unerlässlich, denn der philosophische Prozess kann nicht durch Wissenschaft oder kritische Theorie ersetzt werden.

Im Gegensatz zu Wissenschaft und Theorie enthält die Philosophie ein voluntatives Element. Es geht in ihrer Praxis darum zu bestimmen, was man will, wie man leben will. Dieses voluntative Element ist das Element der Freiheit. Es ist zugleich der Grund für die grundsätzliche Unabgeschlossenheit des philosophischen Prozesses. Was ich will, kann sich ändern, ist Entwicklungen unterworfen. Da es in diesem Prozess kein wahres Ergebnis gibt, gibt es für ihn auch kein Ende. Das rationale Element der Philosophie besteht darin, begründet zu bestimmen, wie man leben will. Dieses rationale Element ist zum Ersten nötig, weil ich sinnvollerweise nur das wollen kann, was möglich ist. Das Unmögliche kann man sich nur wünschen.[13] Die philosophische Selbstverständigung muss sich daher an den persönlichen, gesellschaftlichen und natürlichen Gegebenheiten orientieren und den Grad ihrer Veränderungsfähigkeit in Rechnung stellen.[14] Zum Zweiten bedarf es des begründeten Wollens, weil Philosophie nicht die einsame Praxis eines Einzelnen mit sich selbst ist, sondern immer eine Praxis des Miteinanders. Es geht in ihr immer auch darum, die anderen für das eigene Modell, das eigene Projekt menschlichen Lebens und Zusammenlebens zu gewinnen bzw. bei ihnen Verständnis für die eigene Art und Weise des Lebens zu wecken. Beides kann nur geschehen, wenn ich in der Lage bin, mein Tun und Wollen durch Gründe nachvollziehbar zu machen. Solch philosophische Begründung kann aber der Sache nach immer nur relativ sein. Es gibt gute und bessere, aber keine abschließenden, keine letzten Gründe im philosophischen Diskurs. Bedarf für solche Begründung besteht gerade dann, wenn man den speziellen, herrschaftsförmigen Typus der philosophischen Praxis mit seinem Wahrheitsanspruch ablehnt. Eine friedliche Auseinandersetzung zwischen Menschen, die unterschiedliche Lebensweisen praktizieren, kann nur im argumentierenden Gespräch geschehen, in dem andere Entwürfe menschlichen Lebens grundsätzlich als gleichwertig anerkannt werden. Drei Gründe sind hier zur Verständigung, zum produktiven Mit- oder zum friedlichen Nebeneinander nötig. Nur wo ich einsehen kann, warum andere Leute das wollen, was sie wollen, so handeln, wie sie handeln, ist es möglich, Andersheit zu akzeptieren. Friedliche Koexistenz der Menschen setzt voraus, dass Fremdheit ein Stück weit überwunden werden kann. Die Überwindung von Fremdheit setzt Verstehen voraus. Verstehen beruht auf Nachvollziehbarkeit. Diese kann durch Erklären erreicht werden. Eine Sache erklärt man, indem man ihre Gründe, ihre Motive aufweist.

Solch argumentative Auseinandersetzung soll und muss nicht unkritisch geschehen. Die Kritik an anderen philosophischen Konzepten menschlichen Lebens und Zusammenlebens kann aber nicht mit dem Argument geführt werden, dass man selber die wahren, die universalen Gründe auf seiner Seite habe, da es solche nicht gibt. Grundsätzliche Kritik kann nur an der herrschaftsförmigen Struktur philosophischer Konzepte geübt werden, weil diese Menschen von der Selbstbestimmung ihres Lebens auszuschließen trachtet. Ansonsten bleibt alle Begründung und alle Kritik immer relativ und muss es sein, um den anderen nicht das Recht zur eigenen Verständigung über ihr Leben zu nehmen. Letztes Kriterium in der Frage wie man leben will, ist nie ein objektiver Grund, sondern immer ein subjektives Wollen.

Die Begründung philosophischer Entwürfe beruht nicht auf der Erforschung eines Gegenstandes und setzt eine solche auch nicht voraus. Philosophie hat keinen Gegenstand, sondern nur ein Thema. Ihr kommt daher im Gegensatz zu Wissenschaft und Theorie das Privileg der Beweisfreiheit zu. Philosophische Aussagen sind keine Sachaussagen, sondern positionsbestimmende Eingriffe in ein vorgegebenes diskursives Feld. Beweise sind immer nur da möglich, wo es einen Gegenstand gibt, an dem eine These überprüft werden kann. Der Anspruch an den Grad von Begründetheit für einen Beweis ist fließend. Er wird bestimmt durch das Einverständnis einer Gruppe von Menschen darüber, ab welchem Grad von Begründetheit eine These als sachlich richtig allgemein anerkannt wird.[15] Immer aber bezieht sich die Begründung auf einen Gegenstand, an dem sich die These bewähren muss. Da Philosophie keinen Gegenstand hat, kann sie gar keine Beweise führen. Ihre Thesen können nicht als richtig anerkannt werden, da sie sich nie auf eine Sache beziehen. Philosophie begründet immer nur ein Wollen, nie ein Sein. Und ein Wollen kann nicht als richtig bewiesen werden.

Philosophie als Prozess der Selbstverständigung findet immer als ein gemeinsamer Prozess statt und sie findet immer statt in einem historisch gegebenen Raum. Das heißt, es gibt bereits ein Feld philosophischer Entwürfe und Argumente, mit dem ich mich bewusst oder unbewusst immer auseinandersetze. Unbewusst zumeist, wenn es sich um die Praxis philosophischer Laien handelt. Bewusst in aller Regel, wenn philosophische Spezialisten tätig sind. Jeder philosophische Entwurf nimmt in diesem Raum eine bestimmte Position ein. Die nicht herrschaftsförmige Praxis philosophischer Spezialisten kann darin bestehen, den philosophischen Laien diese Struktur klar zu machen, um ihnen zu helfen, einen größeren und nicht von Vorurteilen geprägten Raum für ihre Selbstverständigung zur Verfügung zu haben. Sie entwerfen Modelle, die für den Prozess der freien Selbstverständigung eine Basis bieten, aber nicht den Anspruch auf kritiklose Übernahme oder universale Geltung erheben und auch nicht immer nur wieder auf die Unterstellung von Menschen unter die Herrschaft anderer Menschen hinauslaufen.

Die herrschaftsförmige Praxis philosophischer Spezialisten besteht darin, dass sie Entwürfe menschlichen Lebens und Zusammenlebens anbieten, die alle Menschen für sich unkritisch übernehmen sollen. Sie versuchen heute - nach jahrtausendelanger Existenz von Herrschaft und einer entsprechenden Tradition herrschaftsförmigen Denkens - diese Übernahme dadurch zu befördern, dass sie den eigenen Entwurf an die vorgegebenen Strukturen des historischen Feldes anpassen und an die spontanen Ideologien und allgemeinen Vorurteilsstrukturen anknüpfen. Das angestrebte Ergebnis ist dabei immer die Unterstellung unter den Wahrheitsanspruch solcher Philosophie und letztlich unter gesellschaftliche Herrschaft. Auch wenn die philosophische Praxis sich auf die Organisation regionaler Prozesse der Selbstverständigung beschränkt, denen die allgemein politische Komponente mangelt, so orientieren sich auch hier ihre Entwürfe immer am allgemeinen Rahmen der Herrschaft und versuchen Kongruenz zwischen dem Selbstverständnis gesellschaftlicher Gruppen und den allgemeinen gesellschaftlichen Organisationsformen herzustellen. Die herrschaftsförmige Praxis der philosophischen Spezialisten ist seit Jahrtausenden die vorherrschende Praxis der Philosophie und, seit es sie gibt, auch der akademischen Philosophie. Die demokratisch-emanzipatorische Praxis von Philosophen ist dazu immer ein Nebenstrang gewesen.

Philosophie als Wissenschaft?

Der Blick auf die Praxis der Philosophen, auf den sozialen Sinngehalt ihres Tuns, hat die Philosophie als kulturelle Praxis argumentativer Selbstverständigung und Selbstbestimmung der Menschen gezeigt. Damit bin ich zu einem ganz anderen Ergebnis gekommen als jene, die die Frage nach der Philosophie von ihrem „sachlichen Gegenstandsbereich" aus angehen. Gewöhnlich erscheint dann die Philosophie als Sucherin der Wahrheit, heute zumeist als Sucherin einer vor- oder außerhalb der naturwissenschaftlichen und gesellschaftswissenschaftlichen Erkenntnis liegenden Wahrheit und sie erscheint selber als Wissenschaft. Ist mein Ergebnis falsch? Wie steht es um den Wissenschaftsanspruch der Philosophie?

Die herrschaftsförmige Philosophie versteht sich schon immer als „Wissen der Wahrheit" (vgl. Aristoteles, Met. 993 b 19). In der bürgerlichen Philosophie ist dies am stärksten bei Hegel ausgeprägt (vgl. Schnädelbach 1993). Für ihn ist die Philosophie nichts anderes als die wissenschaftliche Erkenntnis der Wahrheit (Hegel 1986a, Vorrede zur zweiten Ausgabe).[16] Noch bis Ende der sechziger Jahre ist es das ungebrochene Selbstverständnis der BRD-Philosophie, dass sie die Erforscherin der zeit- und ortlosen Wahrheit des Seins sei (vgl. Plümacher 1995, 61f, 74ff). Auch heute noch prägt es die allgemeine Auffassung der Philosophie, dass sie es mit der „Wahrheit" zu tun habe (Holz, 1990, 672; so auch die Überschrift des ersten Kapitels der „Philosophie für Einsteiger": „Das Problem der Wahrheit", Huisman 1983). Inzwischen wird Wahrheit zumeist als historisch geprägte verstanden; dies hat aber nicht dazu geführt, dass Philosophie ihren Wissenschaftsanspruch aufgegeben hätte (vgl. Plümacher 1995, 208ff). Der zentrale Eingriff der herrschaftsförmigen Philosophie ist, die Entscheidung über die Grundstrukturen gesellschaftlicher Organisation aus dem Raum des Politischen herauszunehmen und als historisch unveränderbar darzustellen. Bei der Frage nach der Wahrheit geht es aber noch um mehr. In Frage steht auch der Realitätsgehalt, die Realitätstauglichkeit von Aussagen. Die Behauptung, eine Aussage sei wahr, meint, wenn mehrere Aussagen im Streit stehen, dass nur diese Aussage die Realität ganz trifft, während alle anderen, zumindest teilweise, von ihr abweichen. Während die Frage, ob Margeriten weiß oder blau sind, belanglos ist, kann diese Frage in anderen Bereichen von existenzieller Bedeutung sein. Die Frage nach der Wahrheit ist insofern nicht trivial und sie ist auch nicht immer mit Herrschaftsansprüchen verbunden. Es die Frage danach, welche Vorstellung realitätstauglicher ist. Darum geht es auch bei der Philosophie. In Form der Wahrheitsfrage wird die Frage der Realitätstauglichkeit des philosophischen Entwurfs gestellt. Vor dieser Frage steht jede Philosophie. Zwar ist das Utopische ein genuiner Gegenstand der Philosophie, aber eben so sehr ist der Vorwurf des schlechten Utopismus ein Vorwurf gegen philosophische Entwürfe. Philosophie, die mit Wahrheitsansprüchen auftritt, behauptet damit nicht nur, dass das von ihr vorgelegte Konzept das einzig mögliche ausdenkbare sei, sondern auch, dass es das einzig zu verwirklichende, im Sinne von tatsächlich umsetzbar, sei. Die Frage der Erkenntnis einer Sache hat immer einen Handlungsbezug. Diesem muss sich auch die Philosophie stellen. In diesem nötigen Realitätsbezug der Philosophie ist auch ein Stück weit ihr Bemühen um Wissenschaftlichkeit verankert. Die Philosophie bedarf der kontrollierten Welterkenntnis, sie bedarf des wissenschaftlichen Wissens. Sie muss sich daher auf das wissenschaftliche Wissen ihrer Zeit beziehen, aber sie kann dieses Wissen nicht selbst produzieren. Es ist das große Selbstmissverständnis der modernen Philosophie, dass sie selbst Wissenschaft sei.

Einen Wissenschaftsanspruch im heutigen Sinne des Wortes vertritt die Philosophie logischerweise erst, seit es die Wissenschaften im neuzeitlichen Sinne gibt, also etwa seit 250 Jahren. Der Höhepunkt dieser Debatte um die Wissenschaftlichkeit der Philosophie liegt Ende des 19. Jahrhunderts. Der Neukantianismus ist – neben dem Positivismus, dem er in seiner Anfangsphase nahe steht (Köhnke 1986, 388) – das Hauptprojekt der Verwissenschaftlichung der Philosophie. Die Entstehung der Naturwissenschaften im 18./19. Jahrhundert setzt die Philosophie unter Zugzwang (vgl. Plümacher 1995, 24-53). Die Philosophie, die sich bislang immer selber als Welt*erkenntnis* begriffen hat, muss sich nun in Konkurrenz zu dem Erkenntnisanspruch der Naturwissenschaften neu positionieren. Damit entsteht das „Problem" der Wissenschaftlichkeit der Philosophie. Kann Philosophie, gemessen an den neuen Maßstäben von Wissenschaftlichkeit, überhaupt noch als Wissenschaft qualifiziert werden (vgl. Schnädelbach 1983, 88f)? Die Philosophie muss nun ihr Verhältnis zu den Naturwissenschaften klären. Sie tut dies, indem sie versucht, für sich selbst die Schritte der modernen Wissenschaftswerdung nachzuvollziehen.

Wodurch bestimmt sich eine Wissenschaft: durch einen Gegenstand, einen Wirklichkeitsbereich, den sie erforscht, und durch eine Methode, d.h. eine problemorientierte, reflektierte Herangehensweise an diesen Gegenstand. Kann Philosophie also überhaupt Wissenschaft werden? Selbstverständlich kann sie methodisch vorgehen, aber kann sie einen Gegenstand haben? Wenn Philosophie die Praxis der Selbstverständigung ist, so muss man diese Frage verneinen. Selbstverständigung ist ein Reflexionsprozess, in dem es um Positionierung geht, um die Bestimmung von Verhältnissen, um die Gewinnung eines Selbstverständnisses. In einer solchen Praxis geht es um die sie ausübenden Subjekte selbst, aber diese sind nicht Gegenstand, nicht Objekt dieses Prozesses. Vielleicht ist diese Bestimmung der philosophischen Tätigkeit aber falsch oder einseitig. Den Philosophen ist es schon immer um die Differenz von 'doxa' (Meinung) und 'episteme' (Erkenntnis) gegangen (Funke 1965, 8). Prozesse der Selbstverständigung sind setzend-begründend. Wie ich mich selbst verstehe, kann ich nicht aus etwas anderem erkennen, ich muss es für mich selbst finden und es für mich und andere begründen. Philosophie verstanden als Praxis der Selbstverständigung kann daher immer nur

Meinung und nie Erkenntnis sein. Vielleicht gibt es aber neben dieser setzend-begründenden Praxis der Philosophie auch die erkennende, die wissenschaftliche Praxis der Philosophie. Wenn es diese aber geben soll, dann muss sie die Bedingungen der Wissenschaft erfüllen. Gibt es also einen Gegenstand der Philosophie? Diese Frage ist, seit dem Versuch der Philosophie, Wissenschaft im modernen Sinne zu werden, umstritten. Das Problem, welches sich der Philosophie bei der Suche nach ihrem Gegenstand in der neueren Zeit stellt, ist, dass sämtliche Gegenstände, sämtliche Wirklichkeitsbereiche bereits durch die Fachwissenschaften erforscht werden. Damit stellt sich die Frage, was denn der eigene Bereich wissenschaftlicher, d.h. gegenständlicher Forschung für die Philosophie noch sein könne. Da die Philosophie ihren alten Anspruch, etwas *wahres* über die Realität auszusagen, beibehalten will, ist sie dazu gezwungen, nach nicht wissenschaftlich erforschten Resten der Realität zu suchen. Die Philosophie hat versucht, sich durch einen Kniff einen Gegenstandsbereich zu sichern. Wenn auch alle Realität unter die Wissenschaften aufgeteilt ist, so ist doch die Wissenschaft selbst Teil der Realität und somit der mögliche Gegenstand der Philosophie (vgl. Funke 1965, 11). Philosophie als Erkenntnistheorie, als Wissenschaftstheorie, als sprachanalytische, als logische Philosophie hat versucht, die Grundlagen von Wissenschaftlichkeit überhaupt zu erforschen. Die Frage aber ist, ob die Philosophie sich hiermit nicht ein Eigentor geschossen hat. Sind Wissenschaftstheorie, Wissenssoziologie und Methodologie nicht eigene Wissenschaften und nicht Philosophie? Geht die sprachanalytische Philosophie hinsichtlich ihres wissenschaftlichen Anspruchs nicht in Linguistik und Semiotik auf?[17] Und ist dieser Gegenstandsbereich zunächst nicht nur deswegen übriggeblieben, weil die Installation einer auf Methodik, Grundlagen und gesellschaftliche Stellung der Wissenschaften reflektierenden Wissenschaft den anderen Wissenschaften historisch immer nachfolgen muss und nicht weil es sich hier um den genuinen Gegenstandsbereich der Philosophie handelt?

Als Gegenstandsbereiche der Philosophie sind häufig auch die Logik und die Ontologie ausgegeben worden. Hieran ist zumindest zunächst richtig, dass es für beide Bereiche keine eigene Wissenschaft gibt, dass hier also ein mögliches wissenschaftliches Aktionsfeld von Philosophie liegen könnte. Es bleibt aber die Frage, ob Logik und Ontologie unter den Begriff der Wissenschaft subsumiert werden können. Was ist der Gegenstand der Logik?

Es ist allgemein anerkannt, dass die Logik sich mit den Regeln des Denkens beschäftigt. Das bedeutet, dass die Logik unabhängig von der jeweils verwendeten Sprache die Grundformen, in denen die Menschen ihre Welt erfahren, verstehen, begreifen, zu finden sucht. Es wird versucht, allgemeine Strukturen des Erkennens, Folgerns, Argumentierens aufzuweisen. Die Logik arbeitet dabei genauso wie die Mathematik mit Definitionssystemen, in denen symbolische Beschreibungen, eine symbolische, operationale Sprache allgemeiner Verhältnisstrukturen der Realität gesucht werden. Diese Tätigkeit wird traditionell von Philosophen ausgeübt. Philosophie als Prozess rationaler Verständigung über die Stellung des Menschen in der Welt bedarf eines entwickelten Systems von Sprach- und Denkregeln. Wer nicht länger in Fabeln erzählen, sondern mit Argumenten begründen will, muss argumentieren können. Dies setzt die Kenntnis und Beherrschung von Schlussverfahren und Argumentationsstrukturen voraus. Da dieses Wissen der entstehenden Philosophie nicht vorgegeben ist, muss sie es zunächst selbst entwickeln. Handelt es sich hierbei um einen Prozess der Gegenstandserkenntnis? Das Denken kann sich nicht selber so Gegenstand sein, als ob es sich im Prozess des Denkens selbst gegen-über-stehe. Die Logik ist daher ein Selbstreflexionsprozess auf die menschlichen Möglichkeiten denkender Welterkenntnis, der keinen Gegenstand im wissenschaftlichen Sinne hat. Sie ist nur eine Hilfsdisziplin der Philosophie - ähnlich wie die Mathematik Hilfsdisziplin der Naturwissenschaften ist -, die dazu dient, die formellen Strukturen ihres Argumentierens auf Fehler zu überprüfen. Sie ist daher weder Philosophie noch Wissenschaft.[18]

Wie aber steht es mit der Ontologie, der Wissenschaft vom Sein? Finden wir nicht hier endlich den gesuchten Gegenstand der Philosophie? Ist „das Sein" ein Gegenstand? Im wissenschaftlichen Sinne sicher nicht, denn die Wissenschaft hat es mit konkreten Gegenständen zu tun, mit konkreten Teilen der Realität und nicht der Realität als Ganzem, denn das Ganze kann man nicht erforschen, immer nur seine konkreten Teile. Nur nachträglich wäre in einem zweiten Schritt aus der Kenntnis der Teile auf das Ganze rückzuschließen. Die Verallgemeinerung fachwissenschaftlicher Erkenntnis in diesem Sinne ist aber nicht die Tätigkeit philosophischer Ontologie. Auch die Ontologie scheint daher keinen Gegenstand zu haben. Wie entsteht überhaupt die Vorstellung, das „das Sein" im allgemeinen ein Gegenstand philosophischer Erkenntnisbemühungen sein könnte?

In der Philosophie ist von Anfang an vom „Sein" die Rede. Die Ontologie dagegen finden wir erst bei Platon. Bei den Vorsokratikern meint die Frage nach dem „Sein" in Abgrenzung und Konkurrenz zum Mythos nur die Frage nach der Entstehung von dem, was ist. Sein ist hier nur der durchaus sinnvolle Überbegriff für alles, was da ist, für die Welt. Erst für Platon wird „das Sein" zum Prinzip von allem, zu der Substanz, aus der sich alles erklären und bestimmen lässt. Die Frage nach „dem Sein" wird hier zur Frage nach den allgemeinen Strukturen der Welt. Wie kommt es zur Bildung dieses Begriffs vom „Sein"? Schon seit Aristoteles ist bekannt, das es mehrfache Bedeutungen des Hilfsverbs „sein" gibt (Metaphysik 1003a 33; vgl. W. Marx 1972, 34). Diese lassen sich zu drei zusammenfassen: Existenz, Identität, Copula.[19] Die Frage, ob es so etwas wie einen gemeinsamen Sinn dieser drei Bedeutungen gäbe und ob sich daher durch die Substantivierung dieses Hilfsverbs zu Recht so etwas wie ein philosophischer Gegenstand gewinnen lasse, ist umstritten (vgl. Carnap 1932). Die Schritte, durch die aus dem Hilfsverb „sein" ein Subjekt, „das Sein", gewonnen wird, lassen sich relativ einfach rekonstruieren. Wir wollen von der These ausgehen: „Alles sei". Das Hilfsverb „sein" wird in diesem Zusammenhang im Sinne von „existieren" benutzt: „Alles ist", das heißt: Von allen Dingen lässt sich aussagen, dass sie existieren. Der Schluss von dieser Aussage auf die These, dass es „das Sein" gäbe, beruht auf einer Vermischung der unterschiedlichen Funktionen des Hilfsverbs „sein“. Nehme ich „sein“ im Sinne der Copula, so ist die Aussage, „etwas ist“, unvollständig: Was oder wie ist es denn? Versuche ich nun die Existenzaussage im Sinne der Copula zu ergänzen, so erhalte ich die Aussage: „Etwas ist seiend“, analog der Aussage des Typus: „Etwas ist grün“. „Sein“ in der Form des Partizips I (seiend) wird nun als Adverb in der Bedeutung „existieren“ benutzt („Etwas ist seiend“ = „Etwas ist existierend“). Diese Doppelung ergibt nur deswegen einen Sinn, weil „sein“ in zwei unterschiedlichen Bedeutungen benutzt wird. Platon gelingt es nun, durch das in seiner Theorie der Ideen zentrale Denkmuster der „Teilhabe“, ein Subjekt, „das Sein“, zu konstruieren.[20] Die platonische Theorie der Prädikation denkt Prädikation als Aufweis dessen, dass ein vermischter Gegenstand Anteil an einem reinen „Gegenstand“ hat. So habe ein Mensch, wenn ich urteile, dass ihm neben vielen anderen Eigenschaften auch die Eigenschaft „groß“ zukommt, demzufolge Anteil an dem reinen „Gegenstand“ „Größe“, an der Idee der „Größe“. Nach dieser Methode lässt sich aus jedem Adverb ein Subjekt gewinnen. So wird aus „Etwas ist seiend“ dann „Etwas hat Anteil am Sein“. Nur innerhalb eines solchen Denkschemas lässt sich überhaupt die Vorstellung gewinnen, es könnte einen sinnvollen Begriff „das Sein“ geben. Das „Sein“ erscheint dann als der „Gegenstand“, an dem „alles“ Anteil hat. Kann man dann die Strukturen dieses „Gegenstandes“ analysieren, so habe man die Grundstrukturen von „allem“ gefunden. Einen Gegenstand im wissenschaftlichen Sinne kann aber dieses „Sein“ nicht bieten.

Aber vielleicht ist die Philosophie ja eine von den einzelnen Fachwissenschaften so grundsätzlich verschiedene Wissenschaft, dass auf sie das Kriterium eines Gegenstandes nicht anwendbar ist? Vielleicht stimmt unsere Grundvoraussetzung nicht, dass jede Wissenschaft einen Gegenstand haben müsste.

Wenn an dieser Stelle vorerst keine Klarheit zu erreichen ist, empfiehlt es sich von einer anderen Seite her an das Problem heranzugehen. Wissenschaft hat ja nicht nur einen Gegenstand, das Objekt ihrer Tätigkeit, sondern diese Tätigkeit, die Forschung zielt ja auch auf ein bestimmtes Ergebnis ab: die Gewinnung von Wissen. Tut dies die Philosophie auch? Zu jeder Zeit gibt es einen gesellschaftlichen Wissensstand, egal ob dieser wissenschaftlich erlangt ist oder anders. Die Philosophie hat sich schon immer auf dieses Wissen bezogen. Wissenschaft ist ja nichts anderes als die methodisch reflektierte und sachlich spezialisierte Produktion solchen Wissens. Wenn die Philosophie also Wissensproduktion ist, dann könnte sie auch Wissenschaft sein und es wäre noch einmal zu überlegen, was denn ihr Gegenstand wäre. Wenn sie dies aber nicht ist, ist ihr auch der Status der Wissenschaft verwehrt. Wie ist das Verhältnis der Philosophie zum Wissen? Es ist eine alte Vorstellung, dass die Wissenschaften *aus der Philosophie* entstehen, dass also der Prozess der Wissenschaftswerdung eine Ausdifferenzierung der Philosophie darstellt, indem bestimmte Bereiche philosophischer Tätigkeit nun zu eigenen Fächern werden. Wie beim Gedanken der Entstehung der Philosophie aus dem Mythos, so wird auch bei der Vorstellung der Entstehung der Wissenschaften aus der Philosophie die historische Abfolge für das Kriterium der Abstammung gehalten. Jedoch entstehen die Wissenschaften nicht aus der Philosophie, sondern die Wissenschaftler entstehen aus den Philosophen. In arbeitsteilig nicht so stark ausdifferenzierten Gesellschaften wie den modernen werden die zwei theoretischen Tätigkeiten der sachlichen Forschung und der selbstbezüglichen Reflexion von ein und denselben Personen wahrgenommen. Im Zuge des Wissenswachstums müssen die zwei Tätigkeiten zwangsläufig auf unterschiedliche Personen verteilt werden. Der Universalgelehrte ist im achtzehnten Jahrhundert ausgestorben. Historisch aber fielen am Anfang diese beiden Tätigkeiten häufig in einer Person zusammen. Von Aristoteles sind uns mehr Schriften über die Natur überliefert als philosophische Schriften. Erstere werden heute nicht mehr rezipiert, da sie überholt sind. Nicht so die philosophischen. Bei ihren Versuchen, die Philosophie zur Wissenschaft zu machen, haben die Philosophen darauf reflektiert, dass es in der Philosophie im Gegensatz zu den Wissenschaften keinen Wissensfortschritt gibt. Husserl z.B. hat dies zum Anlass genommen, mit der Phänomenologie ein Programm fortschreitender philosophischer Erkenntnis zu entwerfen.[21] Wie wir heute wissen, ist auch dies gescheitert. Der andere Aspekt dieses Phänomens, dass es nämlich in der Philosophie auch keinen Wissensverfall gibt, ist ihnen entgangen. Die philosophischen Schriften des Aristoteles werden im Gegensatz zu seinen auf Wissen über die Natur orientierten heute immer noch gelesen, weil sie immer noch aktuell sind und sie sind deswegen immer noch aktuell, weil ihr philosophischer Gehalt nicht vom Wissensstand der Antike abhängig ist. Philosophie produziert kein Wissen, sondern reflektiert auf die menschlichen Probleme der Menschen und organisiert Prozesse ihrer begründeten Selbstverständigung. Entwürfe menschlichen Selbstverständnisses veralten nicht, nur die Möglichkeiten für ihre Umsetzung ändern sich. Aus dem zivilisatorischen und technischen Entwicklungsstand unserer Zeit ergeben sich andere Möglichkeiten zur Gestaltung der gesellschaftlichen Verhältnisse als zur Zeit der Antike. Dies wirkt auf die konkreten Ausgestaltungen philosophischer Entwürfe zurück, tangiert aber die dort aufgeworfenen Grundfragen menschlicher Existenz nicht. Wie wir uns selbst verstehen, muss immer wieder neu bestimmt werden und die Auseinandersetzungen mit dem Bild, das andere Menschen von sich haben oder hatten, ist dabei immer ein wichtiges Element. Auch wenn wir uns heute nicht mehr so verstehen, wie die Menschen in der Antike sich verstanden haben, so ist es für uns doch hilfreich, sich abgrenzend-aufnehmend mit ihrem Selbstverständnis und mit ihren gesellschaftlichen Entwürfen auseinanderzusetzen, denn die menschlichen Probleme auf diesen Gebieten bleiben immer gleich. Wie wir unsere Gesellschaft organisieren und wie wir unser Verhältnis zur uns umgebenden Natur bestimmen, diese Frage muss jede Gesellschaft für sich beantworten. Davon kann sie kein noch so großer technischer Fortschritt oder zivilisatorischer Wandel befreien. Dagegen ist es für den Naturwissenschaftler in keiner Weise hilfreich, sich mit dem Studium historischer Irrtümer aufzuhalten, denn die alten Probleme sind für ihn nur Sackgassen, die ihm nicht helfen können, seine heutigen zu lösen. Auch von dem Ziel wissenschaftlicher Tätigkeit ausgehend, müssen wir also eine Differenz zwischen den Wissenschaften und der Philosophie konstatieren.

In die Prozesse der Selbstverständigung muss die Philosophie das gesellschaftliche Wissen ihrer Zeit einbeziehen. Aber dieses Wissen ist im philosophischen Diskurs nur ein Argument, nicht sein Ziel und nicht das Ergebnis der philosophischen Tätigkeit. Nun ist es andererseits ein Faktum, dass viele Philosophen sich als Wissenschaftler verstehen. Liegt hier nur ein kollektives Selbstmissverständnis vor? Historisch fallen in der Person des Theoretikers, des Intellektuellen die wissenschaftliche und die philosophische Tätigkeit zunächst zusammen und man muss feststellen, dass es eine absolute Trennung dieser zwei Bereiche in der Tätigkeit des Philosophen auch heute nicht gibt. Wissen spielt als Argument im philosophischen Diskurs immer eine große Rolle und so ist es selbstverständlich, dass Philosophen sich solches Wissen nicht nur aus zweiter Hand aneignen, sondern auch selber wissenschaftliche Hypothesen zur Begründung ihrer philosophischen Entwürfe bilden. Weil Philosophie *begründete* Entwürfe menschlichen Lebens und Zusammenlebens in dieser Welt vorlegt, wird dieser enge Zusammenhang mit dem Wissen immer bleiben. Dennoch ist der Philosoph primär kein Wissenschaftler. Die These von der erkennenden Praxis der Philosophie, die den argumentativen Umgang mit dem Wissen in der Philosophie zur Begründung der Wissenschaftlichkeit der Philosophie selbst heranzieht, ist nur ein Argument im philosophischen Diskurs. Die These von der erkennenden Praxis der Philosophie stützt den Wahrheitsanspruch der Philosophie, wie ihn die herrschaftsförmige Philosophie zumeist erhebt. Die hier vertretene These von der setzend-begründenden Praxis der Philosophie ist in diesem Sinne auch ein Argument. Sie versucht, diesen Wahrheitsanspruch zu destruieren und Raum zu schaffen für eine herrschaftsfreie Praxis der Philosophie, in der alle gleichberechtigt über das mitreden können, was alle angeht.

Die Ausweitung des wissenschaftlichen Wissens hat einen Effekt auf den philosophischen Diskurs. Sie führt dazu, dass der Raum für hypothetische Argumente über die Realität im Diskurs der Philosophie immer mehr beschränkt wird. Die Natur- und Geschichtswissenschaften entwickeln sich im 19. Jahrhundert in dezidierter Absetzung von Hegels philosophischer Hypothesenbildung auf diesen Gebieten und negieren Hegels Annahmen über die Wirklichkeit. Das bedeutet, dass diese nicht länger als Argument für sein philosophisches Konzept, für seinen Entwurf menschlichen Lebens und Zusammenlebens herangezogen werden können. Natur- und Geschichtswissenschaften widerlegen damit aber nicht Hegels Philosophie, weil es in dieser um dieses Wissen nicht ging, sondern diese - nun durch die naturwissenschaftliche Erkenntnisse widerlegten - Hypothesen nur eine bestimmte Stelle in der Argumentation zur Begründung dieser Philosophie hatten. Ebenso kann die Neurologie heute sagen, dass es ein a-priori nicht gibt (vgl. Roth 1994). Damit werden aber nicht die philosophischen Thesen Kants aus der *Kritik der reinen Vernunft* widerlegt, sondern nur ein hypothetisches Argument über die Realität zur Stützung seines philosophischen Konzepts. Dieses philosophische

Konzept Kants besteht in der Freiräumung eines Raumes der Wissenschaft, ohne dabei grundsätzlich die Stellung Gottes und der Kirche anzutasten. Kant entwickelt ein Kompromissmodell zwischen bürgerlicher Wissenschaft und feudaler Theologie. Die bürgerliche Wissenschaft erhält ihren beschränkten Bereich der Realität zugewiesen, in dem sie autonom ist, die Religion erhält einen anderen, der der Wissenschaft nicht zugänglich sein soll. Beide kommen so nicht miteinander in Konflikt (vgl. Lacorte 1989). Im Rahmen dieses Konzepts ist die Hypothese von den a priori gegebenen Denkformen ein Argument. Dass dieses heute durch wissenschaftliche Forschung als nicht mehr haltbar erwiesen ist, kann den philosophischen Entwurf nicht widerlegen, nimmt ihm aber ein Stück weit seine Plausibilität und würde daher heute teilweise eine andere Argumentation für ihn verlangen.

Auf diese Beschränkung des Bereichs freier Hypothesenbildung über die Wirklichkeit hat die Philosophie historisch erstens mit der Aufgabe dieser Gebiete als Tätigkeitsgebieten philosophischer Reflexion reagiert. Geschichts- und Naturphilosophie wird seitdem so gut wie nicht mehr betrieben. Zweitens ist sie von einer direkt in die gesellschaftlichen Problemstellungen eingreifenden Praxis zu einem Agieren auf zweiter Ebene übergegangen. Die Linkshegelianer sind die letzten, die eine offen politisch orientierte Philosophie betreiben. Dies führt in der zweiten Hälfte des 19. Jahrhunderts zu einem grundlegenden Wandel der philosophischen Tätigkeit in der akademischen Philosophie, der diese bis heute prägt. Wenn wir uns die philosophischen Werke der klassisch bürgerlichen Philosophie bis zu diesem Zeitraum ansehen, so ist hier ganz überwiegend das Bestreben gegeben, eine genuin eigene Philosophie vorzulegen. Die Auseinandersetzung mit anderen Philosophen findet nur indirekt statt. Ein Literaturverzeichnis haben diese Werke nicht, Fußnoten nur selten und wenn, dann zu anderen Zwecken als heute. Kommentarliteratur ist kaum anzutreffen. Dagegen prägt genau dies, die Auseinandersetzung mit anderen Philosophen und die Kommentierung der großen Werke der Philosophie, seit Mitte des letzten Jahrhunderts, zunehmend die akademische Philosophie. Die Philosophie ist damit auf einen Mechanismus indirekter Einwirkung übergegangen, wie er sich auch schon als Form philosophischer Praxis im Mittelalter findet. Der Philosoph äußert sich zur heutigen Lage nur, indem er über die Philosophie eines anderen schreibt. Dieser Mechanismus indirekter Einwirkung findet sich zumeist auch da, wo die Philosophen versuchen, eine eigene Philosophie zu entwickeln. Er besteht dann darin, dass solche Philosophie sich nicht mehr direkt auf die heutige Lage, die gesellschaftliche Realität bezieht, sondern nur auf die Wissenschaften als Erforscher der Realität. Diese Rücknahme des philosophischen Eingriffs prägt seitdem die akademische Philosophie.[22]

Diese Konsequenz war alles andere als zwingend. Vielmehr hat sie politische Gründe. Die klassische Philosophie der Moderne ist eine bürgerliche Philosophie. Sie ist Philosophie von Bürgern für Bürger. Sie ist Selbstverständigungsmedium im Prozess der Konstituierung des Bürgertums als sich seiner selbst bewussten Klasse.[23] Zudem ist sie die Philosophie einer Klasse im Kampf um ihre herrschende gesellschaftliche Stellung. Daher ist sie orientiert auf eine Veränderung der gesellschaftlichen Verhältnisse und geht unter den Schlagworten der Vernunft und der Bürgerrechte gegen den feudal/theologisch orientierten Adel vor. Spätestens mit dem Klassenkompromiss von 1848 gewinnt das Bürgertum nun eine feste Position innerhalb des staatlichen Gefüges, d.h., das bürgerliche Projekt der Eroberung der gesellschaftlichen Macht kommt damit an sein Ende. Eine offen politisch orientierte, auf Veränderung abzielende Philosophie ist damit nicht mehr nötig. Im Gegenteil, die führende Stellung der bürgerlichen Klasse wird nun ihrerseits vom Proletariat in Frage gestellt. Eine offen politische Philosophie wird daher als eine auf Veränderung drängende Kraft kontraproduktiv, sie kann das neue Klasseninteresse des Bürgertums nach Erhaltung seiner Macht nicht befriedigen. Erhaltung des Erreichten war nun die bürgerliche Devise. Daher legt die akademische Philosophie um die Mitte des 19. Jahrhunderts nicht länger, wie noch bei Hegel, eine eigene Geschichtsphilosophie, eine eigene Naturphilosophie vor, sondern positioniert sich nunmehr durch wissenschaftstheoretische Reflexionen als Grundlagenwissenschaft der Geschichtswissenschaft und der Naturwissenschaft. So heißt es im editorischen Vorwort der 1852 neugegründeten „Zeitschrift für Philosophie und philosophische Kritik“: „Auf die kirchlichen, politischen und socialen Zeitfragen [...] wird sie [die Zeitschrift] nicht mehr eingehen“. „An die Stelle der Zeitfragen-Artikel beabsichtigen wir Correspondenzen über den Zustand der Wissenschaft in einzelnen Gegenden und Orten [...] eintreten zu laßen“ (zitiert nach Köhnke 1986, 122f). In der akademischen Philosophie herrscht nach 1848 die Hoffnung, „dass die Entwicklung der Ökonomie und Technik alle Fragen des Lebens 'von selbst' erledigen werde“ (Lukács 1974, 92).[24] Mit der Ausrichtung auf Erkenntnistheorie verfolgte die akademische Philosophie um die Mitte des 19. Jahrhunderts eine Doppelstrategie. In ihrem Verhältnis zu den Naturwissenschaften nahm sie deren erfolgreiche Methodik ein Stück weit auf und versuchte sich als Grundlagenwissenschaft der Naturwissenschaft zu positionieren. Zugleich zog sie sich aus den politischen Debatten der Zeit zurück auf den scheinneutralen Boden der Wissenschaft.[25]

Philosophie als Diskurspolitik

Wenn Philosophie keine Wissenschaft ist, was ist sie dann? Wie erreicht sie ihr Ziel in die Prozesse menschlicher Selbstverständigung einzugreifen, sie anzuleiten und zu organisieren? Wie organisieren professionelle Agenten Selbstverständigungsprozesse? Philosophie ist Diskurspolitik. Sie versucht, die Diskurse gesellschaftlicher Selbstverständigung so zu organisieren, so zu strukturieren, dass die von ihr gewünschten Effekte sich scheinbar von selbst aus der Struktur des Diskurses ergeben. Der Begriff des Diskurses wird hier nicht im habermasschen Sinne als herrschaftsfreie Sprach- und Redeform gefasst, sondern eher im Sinne Foucaults als eine regelhafte Sprachstruktur mit materiellen Effekten, als eine materiellen Praxis des Für-sich-selbst-und-andere-Bedeutens. In diesem Sinne können wir Diskurse letztlich nur begreifen, indem wir ihren Zusammenhang mit bestimmten

Praxen analysieren. Einen Diskurs begreifen, bedeutet *immer auch*, die Praxis begreifen, in deren Zusammenhang dieser Diskurs eine Rolle spielt. Jeder Diskurs hat nicht nur einen Zeichenvorrat und bestimmte Formations- und Artikulationsregeln, also so etwas wie eine Grammatik, sondern Diskurse beziehen sich immer auch auf gegenständliche Felder, indem sie mit einer Praxis oder mit mehreren Praxen verflochten sind. Rückbezogen auf die Frage: Was ist Philosophie? kann man darauf aufbauend folgende These formulieren: Philosophische Diskurse sind imaginäre Diskurse, Pseudodiskurse, ihnen fehlt das gegenständliche Feld. Philosophien oder philosophische Pseudodiskurse sind Politiken, Diskurspolitiken. In ihnen geht es darum, die Diskurse selbst noch einmal miteinander zu verknüpfen, sie zu artikulieren und sie in solche strategischen Anordnungen zu bringen, dass damit die Kräfteverhältnisse verändert oder stabilisiert werden können.

Mit der Bestimmung der Philosophie als Diskurspolitik haben wir eine erste Annäherung an die Frage, wie professionelle Philosophen ihre strategischen Eingriffe in das Feld gesellschaftlichen Selbstverständnisses vornehmen, gefunden. Die Philosophie unterscheidet sich dadurch von der Literatur, für die Link den Begriff des Interdiskurses geprägt hat (vgl. Link 1983, 12; 1997, 50ff). Darunter versteht er einen Diskurs, der sich dadurch auszeichnet, dass er sich unterschiedlicher Elemente des Alltags- und der Spezialdiskurse bedient und dadurch Integrationseffekte erzielt. Zwar zielt Philosophie zum Teil auch auf die Herstellung von Integrationseffekten ab, aber sie versucht dies auf anderem Wege zu erreichen. Hier schlägt die Differenz zwischen einer Geschichte und einem Argument durch. Während Literatur Geschichten in der Reproduktion des Materials vorhandener Diskurse erzählt, sucht Philosophie begründend Diskurse zu verändern, neue Diskurse zu produzieren. Zwar wirkt auch Literatur auf andere Diskurse ein, jedoch ist dies nicht ihre Absicht, sondern Effekt des Prozesses künstlerischer Formgebung.

Philosophie ist kein eigenständiger Meta-Diskurs, kein Diskurs auf zweiter Ebene. Wäre Philosophie ein Interdiskurs in diesem Sinne, dann könnte es möglich sein, das komplexe Geflecht politisch-diskursiver Praxis irgendwann einmal durch eine vollständige, wissenschaftliche Bestimmung der Diskurse und Interdiskurse, die hier am Werk sind, aufzulösen. Gegen diese Ansicht spricht aber, dass sich die Politiken, die im Felde der Diskurse, im Felde der Philosophie wirken, nie gänzlich auflösen lassen, weil die Reflexion und die Analyse immer erst kommen, wenn diese Praxis schon entfaltet ist. Dies hat zur Folge, dass es *immer* Elemente von sich entfaltender neuer philosophischer, politischer Praxis gibt, die wir mit unseren Instrumenten der Diskursanalyse noch nicht erfasst haben. Man kann nicht gleichzeitig reden und seine Rede analysieren.

Wie funktioniert die diskurspolitische Praxis der Philosophie? Es bedarf eines differenzierten Begriffs von Praxis, um die philosophische Praxis zu charakterisieren.

Einen entwickelten Begriff von Praxis bietet Clausewitz Buch „Vom Kriege“. Es handelt über weite Strecken davon, wie menschliche Praxis strukturiert ist, wenn auch an dem besonderen Beispiel kriegerischer Praxis. Clausewitz zeigt, dass zu einer Praxis gehört, dass es ein Subjekt dieser Praxis gibt, dass dieses Subjekt ein bestimmtes Ziel mit dieser Praxis verfolgt und dabei von einer bestimmten Lage ausgeht. Das Ziel wird in der Regel in Bezug auf die Lage formuliert. Das Subjekt verfolgt sein Ziel aus einer Lage heraus immer in einer bestimmten Absicht. Es setzt sich bestimmte Zwecke und versucht, bestimmte Wirkungen zu erzielen (1980, Kapitel 1). Mit dieser Analyse der Praxis sind auch die Fragen vorgegeben, die an die Praxis von Philosophen zu stellen sind. Als wer, von welchem Standpunkt aus reden sie, wenn sie als Philosophen reden, was ist das Ziel, das sie dabei verfolgen?

Historisch wirksame Philosophie geht immer von einer genauen Einschätzung der Lage aus. Die Erkenntnis der Lage, die dem philosophischen Eingriff zugrunde liegt, wird aber nicht ausgesprochen. Für eine kritische Lektüre philosophischer Texte ist daher die Fragestellung zentral: Von was für einer - historisch-gesellschaftlichen - Lage geht der Philosoph aus, wenn er glaubt, mit dem Eingriff, den er macht, das Ziel, das er verfolgt, erreichen zu können? Philosophische Texte enthalten eine klare Artikulation des Ziels und des Eingriffs. Wie dieser Eingriff aber auf die bestehende Lage wirken soll, wird in philosophischen Texten nicht thematisiert, weder die Lage, noch die Wirkung. Offenbar sind philosophische Texte so strukturiert, dass sie eine bestimmte Einschätzung der Lage durch den Leser voraussetzen. Dadurch, dass der Leser in der Lektüre des Textes durch den Eingriff des Philosophen in bestimmter Weise angesprochen wird, wird bei ihm die erwünschte Wirkung auf der Grundlage der unterstellten Lage erzielt. In diesem Sinne ist Philosophie in der Tat Ideenpolitik. „Was ist dein Ziel in der Philosophie? - Der Fliege den Ausweg aus dem Fliegenglas zeigen" (Wittgenstein 1984, 378, Nr. 309). Philosophie ist immer eine Praxis des Eingreifens in den Orientierungsprozess, in die Praxis anderer. Die Philosophen tun nichts in ihrer Praxis, aber sie wirken darauf ein, dass andere etwas anderes tun, als wenn sie nicht dem philosophischen Eingriff unterlegen wären. Das Verhältnis Philosophie und Politik ergibt sich somit aus dem Verhältnis und der Struktur der diskursiven Felder. Das „äußerliche" Verhältnis von Politik und Philosophie besteht z.B. darin, dass Philosophen Politiker beraten oder Politiker Philosophen verbieten. Aber weder das beratende Einwirken von Philosophen auf Politiker noch das Einwirken von Politikern auf Philosophen ist das zentrale Thema, um das es bei der Bestimmung des Spezifischen der philosophischen Praxis geht. Es geht darum, die Philosophie selbst als eine Politik zu begreifen, als Politik in der Theorie. Das diskursive Feld der Philosophie muss als ein Politikfeld begriffen werden. Philosophie muss daraufhin gelesen werden, was ihr Ziel, was ihr Eingriff ist, welche Problemstellungen in ihr thematisiert und welche Entscheidungen in ihr erreicht werden sollen.

Die Philosophen neigen zur Selbststilisierung und zur Anpassung ihrer Philosophie an sich verändernde Lagen. Dennoch ist es nicht so, dass der Prozess der Analyse der politisch-gesellschaftlichen Lage und der Reaktion auf sie ein vollkommen bewusster und strategisch geplanter wäre. Es gibt keinen philosophischen Generalstab. Die zentrale Arbeit des Philosophen liegt nicht in der Elaboration seines Eingriffs, wie die Philosophen es selbst immer behaupten, sondern darin den treffenden Eingriff zu finden. D.h. den Einsatz, der die Lage so trifft, dass sie in die gewünschte Richtung verändert werden kann. Menschliche Praxis ist nie die Praxis eines Subjekts mit sich alleine, sondern sie ist immer Praxis im mit- und gegeneinander verschiedener Subjekte, die alle voneinander nur höchst bruchstückhaft etwas wissen und sich z.T. wechselseitig verbergen. In solch einer Situation, wo man nicht wissen kann, wie die Lage genau ist, versucht man sich trotzdem ein Bild von der Lage zu machen. Die produktiven Philosophen sind diejenigen, die in der Lage sind, eine neue Initiative bezogen auf eine sich verändernde Lage zu konzipieren. Es geht bei der Philosophie nicht um bewusstes oder unbewusstes Handeln, es geht um die Frage, ob der Eingriff trifft oder nicht. Die Vorstellung, dass Philosophen Personen seien, die immer wüssten was sie tun, muss man aufgeben. Das gilt auch für den Autor dieses Textes.

Zum genaueren Verständnis der philosophischen Praxis ist die Unterscheidung zwischen gegenständlicher Untersuchung und Ausarbeitung zentral. Die Unterscheidung zwischen gegenständlicher Untersuchung und Ausarbeitung betrifft die Differenz zwischen Wissenschaft und Philosophie. Wissenschaftliche Forschung ist immer gegenständliche Untersuchung. Wissenschaftliche Forschung hat das Ziel, über einen Gegenstand etwas zu erfahren, etwas herauszufinden, was man nicht weiß. Die Untersuchung zielt darauf, Netze auszuwerfen (vgl. Popper 1968) und in diesen Netzen müssen Fische gefunden werden, sonst ist die Operation fehlgeschlagen. Daher ist es für die Wissenschaften wichtig, dass man sich Fragen stellt, unter denen sich gegenständliche Probleme erschließen. Demgegenüber hat es die Tätigkeit der Ausarbeitung mit sich selbst zu tun. Mit sich selbst in einer spezifische Weise. Wenn jemand versucht, auszuarbeiten was er gerade tut, was er denkt, dann muss er sich dafür nicht in ein verdunkeltes Zimmer setzen und alle Außenreize ausschalten, um seine Introspektion möglichst ungestört vollziehen zu können, sondern er tritt dabei in eine Auseinandersetzung mit anderen Positionen ein. Dieses Denken ist selber schon eingreifender Art, es versucht, zu bestimmten Effekten, zu bestimmten Resultaten zu kommen. Es geht nicht darum zu finden oder herauszufinden, sondern es geht darum zu bewirken, zu intervenieren, Unterschiede deutlich zu machen, *to make somebody see something*. Wenn ich will, dass jemand einen bestimmten Unterschied wahrnimmt, dann muss ich ihn so ansprechen, dass er von dort, wo er steht, diesen Unterschied sehen kann. Auch hier gibt es eine Frage des Treffens, der Triftigkeit. Dies gelingt um so besser, je mehr man auf einen gemeinsamen Vorrat an semantischen Mechanismen und kulturellen Mentalitäten zurückgreifen kann, die sich so kombinieren lassen, dass dieser Effekt erzielt wird. Diese Art von Nachdenken reproduziert nicht etwas, was es immer schon gibt, sondern in dem Maße, wie es gelingt jenen Effekt zu erzielen, wird eine diffuse und mit anderem überlagerte Unterscheidung so zugespitzt, dass sie plastisch hervortritt. Es bedarf hierfür der Grundlage im Material und dieses spezifische Material ist kein „extrasubjektives", sondern ein Material, das im Felde gemeinsamer diskursiver Praxis aufzufinden ist. In diesem Sinne ist es treffender, von Elaboration als von Explikation zu sprechen. Explikation unterstellt, dass die Sprache überhaupt oder die Sprache der Philosophen jenen Effekt, den man durch diese Art zu unterscheiden bewirken will, immer schon aus sich selbst heraus bewirke. Der Philosoph erscheint in dieser Rede nicht mehr als der auf ein Ziel hin arbeitende Akteur, sondern bloß noch als Vermittler einer in der Sprache manifestierten Wahrheit. Durch diese Redeweise wird das Subjekt der Handlung entnannt. Auch um einen solchen Effekt der Triftigkeit zu erzielen, bedarf es eines Suchprozesses. Es ist ein Prozess des Probierens. Aber dieser Prozess ist ein ganz anderer als der, in dem die Wahrheit oder die wahre Antwort auf eine Untersuchungsfragestellung gesucht wird, es ist ein politischer Prozess.

Wenn hier nun immer von der Philosophie als einer Praxis im Feld des Politischen die Rede ist, soll damit aber nicht das Missverständnis des Politizismus geweckt werden. Hier soll nicht der Eindruck erweckt werden, es gäbe keinen Unterschied zwischen einer Wahlkampfrede und einem philosophischen Diskurs. Den Unterschied gibt es. Es sind beide Male ganz andere Arten von Triftigkeiten, es sind auch ganz andere Prozesse des Bewirkens. Die Philosophen können nicht machen, was sie wollen. Sie bewegen sich in einem Feld, das seine strengen Regeln, seine Auftreffbedingungen hat, von dem sie oft nur partiell wissen. In diesem Feld versuchen sie ihr Ziel, das Bewirken eines Effekts, ohne den Weg über die theoretische Untersuchung zu erreichen. Darin besteht die Differenz zwischen einer philosophischen Praxis und einer rein diskurstheoretischen, wissenschaftlichen Reflexion. Es ist nicht möglich, die Wissenschaft so weit zu treiben, dass eine absolute Selbstreflexion erreicht werden könnte. Da Wissenschaft der Zielbestimmung nicht fähig ist, liegt der Raum für Politik und Philosophie zum Ersten da, wo es um die Bestimmung der Ziele geht und zum Zweiten in der Lücke zwischen den Zielen und den wissenschaftlichen Möglichkeiten der Planung, sie zu erreichen.[26] Daher kann es in der Geschichte auch kein Ende der Politik geben und daher ist es auch nicht möglich, dass die Wissenschaft irgendwann dahin kommt, die philosophische Intervention überflüssig zu machen.

Philosophie als Diskurspolitik steht in einem engen Zusammenhang mit der Situation der historischen Krise, der Situation des historischen Umbruchs. In Situationen der „Normalität" besteht ein bestimmtes Dispositiv von Diskursen, es ist artikuliert, es ist angeordnet und es besteht nicht die Notwendigkeit, dieses neu anzuordnen, neu zu artikulieren. Es kann im Wesentlichen so weiterfunktionieren. Die Anordnung muss nur erhalten, reproduziert und an die neuen Generationen vermittelt werden. Dazu braucht man einige Leute, z.B. Philosophieprofessoren an der Universität. Aber abgesehen von dieser Normalphilosophie hat Philosophie ihre Stunde dann, wenn die historische Situation, die historische Lage sich radikal ändert, wenn es notwendig wird, den bestehenden Diskursvorrat zu revidieren, neu zusammenzusetzen, anders anzuordnen.

Seit Mitte des 19. Jahrhunderts ist das diskursive Dispositiv der bürgerlichen Gesellschaft in seinen Grundstrukturen fertig. Die Situation des gesellschaftlichen

Umbruchs ist zu Ende. Die bürgerliche Gesellschaft hat sich durchgesetzt, die bürgerliche Philosophie hat bis Mitte des 19. Jahrhunderts die Grundstrukturen ihres diskursiven Dispositivs geschaffen und geht jetzt zur Praxis seiner Reproduktion über, zur Praxis seiner Anpassung an die sich nicht mehr grundsätzlich ändernde Lage. Dies ermöglicht es, den direkten politischen Einsatz aufzugeben und auf eine Praxis der indirekten Einwirkung überzugehen. Das ist der Grund für die gesellschaftspolitische Abstinenz der heutigen Philosophie.

Philosophie soll durch ihren organisierenden Eingriff in die Diskurse anderer das gesellschaftliche „Ganze" konstruieren, die Konflikte und Interessendivergenzen vermitteln. Sie soll die Kohärenz der gesellschaftlichen Apparate und Institutionen gewährleisten. Sie kann dies auf unterschiedliche Art und Weise tun. Sie muss sich dazu nicht direkt mit den politischen Themen ihrer Zeit auseinandersetzen, sie muss nicht in der vordersten Reihe der gesellschaftlichen Streits stehen, sie kann auch aus der Etappe her organisierend, auf die Probleme ihrer Zeit einwirken. Es gibt in allen westlichen, neuzeitlichen Philosophien seit Mitte des letzten Jahrhunderts so etwas wie ein Funktionieren an zweiter Linie. Die erste Linie wird seitdem besetzt vom bürgerlichen Recht, dessen Konstituierung Ende des 19. Jahrhunderts abgeschlossen ist. Die Philosophie tritt dahinter zurück. Sie agiert nur noch an zweiter Linie durch die Konstruktion und Rezeption eines klassischen Kanons und zum anderen durch die Organisation des Feldes der Sozialwissenschaften.

In der Lektüre der alten „großen" Philosophen, die uns heutigen überlegen seien (vgl. Gadamer 1960, XXVI), wird die Grundstruktur der bürgerlichen Philosophie immer wieder an die sich im Detail verändernde Lage angepasst. Die wichtigste Funktion dieser Tätigkeit besteht in der Sozialisation des eigenen Nachwuchses, in der Tradierung des bürgerlichen Selbstverständnisses und eines gemeinsamen Bildungshintergrundes. Zum Zweiten entfaltet die Philosophie ihre universitätsinterne Funktion, wenn es um das Selbstverständnis der Gesellschaftswissenschaften geht. Der universitätsinterne Bereich der Philosophie ist jener, wo die Philosophie innerhalb der Universität über ihr eigenes Fach hinaus strukturierend tätig ist. Die Wissenschaftstheorie ist seit Dilthey und den Neukantianern bis heute das prägende Fach akademischer Philosophie (vgl. Plümacher 1995, 208ff).

Diskursive Techniken der Philosophie

Philosophie als Diskurspolitik arbeitet mit bestimmten Techniken. Diskurspolitik bedeutet, Diskurse sinnvoll zu verknüpfen, sie mit anderen konsistent zu machen, sie in einen gemeinsamen Sinnhorizont zu stellen, im Detail das Ganze aufzuzeigen. Diskurspolitik bedeutet Modelle zu entwickeln, die ein gemeinsames Selbstverständnis der divergierenden Gruppen begründen und tragen können, die dazu dienen können, die eigenen, regionalen Diskurse als Teil des Ganzen zu verstehen und sie so zu verstehen, dass sie mit den Grundstrukturen der jeweiligen gesellschaftlichen Verfasstheit harmonieren. Philosophie braucht dazu nicht in diese

Diskurse einzugreifen, braucht nicht über diese zu reden, sondern Philosophie kann dies leisten, indem sie eigene Diskurse entwirft, die ein solch gemeinsames Selbstverständnis, eine kohärente Deutung des Ganzen zur Verfügung stellen. Diese Diskurse sind meist so gestaltet, dass sie im Prozess ihrer Lektüre beim Rezipienten spontan jene Effekte zu erzeugen suchen, die dazu führen, dass dieser seine eigene Praxis und ihren Zusammenhang mit dem gesellschaftlichen Ganzen aus einer bestimmten Perspektive sieht und sich ihm ein bestimmter Sinn, ein bestimmtes Verständnis seiner Praxis und ihres Zusammenhangs nahelegt. Die herrschaftsförmige, erkennende Praxis der Philosophie ist auf die Erzeugung eines solch unbewussten Effekts angewiesen. Dagegen kann die selbst-setzend-begründende Praxis der Philosophie diesen Eingriff offen vollziehen. Sie kann sagen, warum sie bestimmte Modelle menschlichen Selbstverständnisses anbietet, für welche Menschen mit welchen Interessen diese nützlich sind und auf welches Ziel sie selbst hinsteuert. So vollziehe ich z.B. gerade einen Eingriff in das diskursive Feld der Reflexionen über die Philosophie mit der offen formulierten Absicht, eine andere, demokratisch-emanzipatorische Praxis der Philosophie zu befördern. Wer an einer solchen Praxis von Philosophie kein Interesse hat, braucht dem hier entworfenen Selbstverständnis der philosophischen Praxis nicht zu folgen. Die erkennende Praxis der Philosophie dagegen spricht ihre Interessen nicht offen aus, sie verdeckt sie, indem sie vorgibt Erkenntnis der Wahrheit zu betreiben. Da die herrschaftsförmige, erkennende Praxis der Philosophie seit Jahrtausenden die dominante Form der Philosophie ist, ist der philosophische Diskurs selber bereits so konstruiert, dass er die offene Formulierung der Ziele und Absichten des Philosophen durch seine Regeln zu verbieten sucht. Wer offen über seine - politischen - Absichten und Ziele in der Philosophie redet, läuft immer Gefahr, aus dem fachphilosophischen, aber auch aus dem allgemeinen Verständnis von Philosophie herauszufallen und nicht mehr als Philosoph anerkannt zu werden.

Im Folgenden soll untersucht werden, wie der philosophische Diskurs konstruiert ist, um diesen Ausschließungseffekt zu erzeugen. Es sind bestimmte diskursive Techniken durch die in der Produktion eigener Diskurse der Effekt des organisierenden Eingriffs in andere Diskurse zu bewirken gesucht wird. Nach Hegel beginnt die Eule der Minerva ihren Flug erst mit der einbrechenden Dämmerung (Hegel 1986, 28). Philosophie stilisiert sich hier als eine nachholende Reflexion auf eine schon untergegangene Gesellschaftsformation. Selbst wenn Philosophie auf eine vergangene Epoche reflektiert - was nur ein Teilbereich der philosophischen Praxis ist -, so hat diese Reflexion doch eine gegenwärtige Absicht. Philosophen wollen zeitgenössisch sein, sie wollen in ihre Zeit, in ihre Gesellschaft eingreifen. Sie haben dabei nur das Problem, dass die herrschaftsförmige Praxis der Philosophie sich selbst zumeist als ort- und zeitlose Tätigkeit begreift. In diesem Spannungsfeld bewegt sich der Gegenwartsbezug der Philosophie.

Die Ausklammerung des Ort- und Zeitbezugs geschieht z.B. in der Form der *Allgemeinheit*. Der philosophische Diskurs handelt immer nur vom „Allgemeinen" und sieht im Finden der allgemeinen Gründe die zentrale philosophische

Operation. Die Ort- und Zeitlosigkeit ist die erste Bedingung des philosophischen Diskurses. Diese Eigenschaft macht es unmöglich, innerhalb des philosophischen Diskurses über die Ereignisse der gegenwärtigen Zeit zu reden, sofern sie nicht in metaphysische Ereignisse, also in Ereignisse in diesem ort- und zeitlosen Raum übersetzt werden. Ein Beispiel dieser Übersetzung ins Metaphysische gibt Heidegger dort, wo er die These aufstellt, dass das größte metaphysische Ereignis der Gegenwart die Mechanisierung des deutschen Heeres im Osten gewesen sei.[27] Dies zeigt, dass es auch im philosophischen Raum Ereignisse, in ihm positionierte historische Momente gibt. Aber da dieser Raum außerhalb des Normalen steht, ist es die Leistung und auch das Privileg des Philosophen zu definieren, was ein solches philosophisches Ereignis ist. Heidegger begründet nicht, warum die Mechanisierung des deutschen Heeres im Osten ein philosophisch-metaphysisches Ereignis ist, sondern er statuiert es. Ereignisse werden nur in der Weise Thema der Philosophie, dass sie aus der historischen Wirklichkeit in den philosophischen Raum importiert werden, in dem über die Wirklichkeit direkt zu sprechen verboten ist. Dieses 'Verbot' ist eine Folge seiner Grammatik und nicht etwa ein politisch statuiertes und durchgesetztes Verbot. Heidegger versucht 1933 in seiner Rektoratsrede einen solchen Import von historischer Wirklichkeit. Er versucht, den Führer und die Bewegung als historisches Ereignis und nicht als metaphysisches Ereignis in den Diskurs zu importierten. Da es ihm aber nicht gelingt, dieses Thema genügend an die Regeln des diskursiven Feldes anzupassen, fällt er damit aus der akademischen Philosophie heraus. Diese Art des philosophischen Imports von Wirklichkeit tilgt alles Individuelle.[28] Die Struktur der philosophischen Grundlegung besteht darin, dass man alles abfallen lässt, was einen als konkretes historisch-gesellschaftliches Individuum konstituiert. Es gibt wohl Individuen in diesem diskursiven Raum, die toten Philosophen, aber sie erscheinen als bloße diskursive Träger. Außerhalb ihrer diskursiven Nachlasse, als historische Personen sind es nur geisterhafte Schemen. Ihr diskursiver Nachlass bleibt als Montagematerial im Raum der Philosophie verfügbar. Aber die Individuen und auch die Ereignisse, die importiert werden, sind eigentümlich gespenstisch. Durch diese enthistorisierende Übertragung wird es möglich, z.B. über Heidegger zu sagen, er hätte nicht über die Machtergreifung der Nazis geredet, sondern über das Geschick Griechenlands. Oder es wird möglich, seine Äußerung über die Mechanisierung zu interpretieren als Äußerung über das Schicksal des Gestells, das unsere westliche Zivilisation im 20. Jahrhundert heimgesucht habe.

Dadurch entsteht ein Spannungsverhältnis zwischen den aktuellen Fragen und ihrer fremdartigen Form, in der sie in der Philosophie thematisiert werden. Wie kommt der Inhalt in diese Form? Die Philosophen stellen sich nicht die Fragen, die sich jemandem, der in der zeitgenössischen Praxis verankert ist, stellen, sondern sie bieten an, ganz andere Fragen zu stellen. Diese Verschiebung ist es, die die Philosophie so „schwierig“ macht. Wie kommt man von den einen Fragen zu den anderen und welchen Stellenwert haben die Antworten, die auf die anderen Fragen der Philosophen gegeben werden?

Ein Beispiel: Nicolai Hartmann

Diese Frage soll an einem konkreten Beispiel untersucht werden, an dem Vortrag Nicolai Hartmanns auf dem Philosophenkongress von Garmisch 1947. Dieser Vortrag bietet sich an, weil die Philosophen in der politisch aufgeladenen Situation nach 1945 von der Politik aufgefordert werden, sich zur Schuldfrage zu äußern (Matzat 1947, 383). Hartmann sieht sich gezwungen, auf diesen Anspruch zu antworten. Insofern finden wir hier ausnahmsweise Äußerungen zum Ort- und Zeitbezug der Philosophie. Hartmann gibt zu, dass die Philosophie einen Politikbezug hat, aber die Philosophie dürfe dennoch nicht im Feld des Politischen agieren. Wir können bei Hartmann die philosophische Technik der Problemverschiebung beobachten. Die Behandlung der aktuellen politischen Fragen setze voraus, dass zunächst die theoretischen Grundfragen geklärt werden. Das Politische bleibt auf der Oberfläche, dagegen muss die Philosophie „bis an die Wurzel greifen" (Hartmann 1947, 499f). Mit dieser Metapher reproduziert Hartmann einen beliebten Topos der Philosophie, in dem diese für sich selbst die Technik der Verschiebung stilisiert. Es ist dies der Topos des 'tiefen Grabens'. Die Philosophie charakterisiert sich selbst als eine Tätigkeit des Schürfens. Es gilt die Wahrheit aus dem Dunkel der Tiefe ans Tageslicht zu bringen.[29] Die Wurzel, an die gegriffen werden muss, liegt in der Erde, sie liegt im Dunkeln. Was ist das Dunkle an den theoretischen Grundfragen? Dunkel ist ihr Sinn. Für den philosophischen Laien, der mit aktuellen Fragen - wie hier konkret mit der Frage nach der historischen Schuld der Deutschen an den Verbrechen des Nationalsozialismus - an die philosophischen Texte herantritt, bleibt ihr Sinn dunkel.[30] Dies liegt daran, dass er die Technik der Verschiebung nicht beherrscht und den solcherart verphilosophierten Text nicht rückübersetzen kann. Er kann die Antwort, die ihm der Text auf seine Frage gibt, nicht bewusst nachvollziehen. Diese Technik der Verschiebung ist aber für die professionelle, herrschaftsförmige, akademische Philosophie ganz entscheidend. Sie erlaubt es ihr zu behaupten, dass sie nicht von der Realität handle, sondern nur von der Theorie. Somit zieht sie sich aus dem - explizit - Politischen zurück und gewinnt die Möglichkeit, einen politikfernen, neutralen Theoriestandpunkt zu behaupten. Dadurch kann sie sich dem im Politischen immer möglichen Vorwurf der Willkürlichkeit, also der Möglichkeit der Wahl, der Entscheidung für eine Position, entziehen und stattdessen den Anspruch universaler Wahrheit für ihre Thesen behaupten. Die Technik der Verschiebung ist seit Platon bis heute die grundlegende Technik der herrschaftsförmigen Philosophie. Ob die Entscheidungen über die Fragen des Politischen ins Reich der Ideen oder in die Metastrukturen der Sprache verschoben werden, ist dabei mehr oder minder zufällig.[31] Erst wenn es der Philosophie durch diese Technik gelungen ist, eine scheinneutrale Wahrheit zu produzieren, begibt sie sich von dieser Position aus wieder auf die „oberflächliche" Ebene des Politischen und behauptet nun, dort keine willkürliche, sondern die einzig mögliche, weil aus ihrer wahren Erkenntnis über die theoretischen Grundlagen gewonnene, Position zu vertreten. Diese scheinbare Politikferne ist für den Wahrheitsanspruch und die Herrschaftskompatibilität der Philosophie unverzichtbar. Die Philosophie agiert als eine Institution der Vermittlung gesellschaftlicher Widersprüche und Konflikte. Den Anspruch, eine neutrale Mittlerrolle inne zu haben, kann sie aber nur dann vertreten, wenn ihre Verwicklung in diese Konflikte nicht sichtbar wird. Philosophie, die gesellschaftliche Widersprüche stabilisieren will, darf sich nicht auf den ersten Blick als parteilich zeigen.

Diese Technik der Verschiebung ist zugleich eine Technik der Verallgemeinerung. Vom konkreten Problem wird abstrahiert und nach einem allgemeinen Muster gesucht. Diese philosophische Technik zeichnet sich dadurch aus, dass hier nicht nur nach allgemeinen Mustern gesucht wird, sondern man müsste, wenn dies grammatikalisch denn möglich wäre, eigentlich sagen nach „allgemeinsten" Mustern. Denn die Philosophie versucht in ihrem Prozess der Abstraktion bis auf die allgemeinen Muster des Seins überhaupt zurückzugehen. Der Gedanke ist, dass es Muster, kategoriale Strukturen gibt, die durchgehend in allen Gegenstandsbereichen identisch sind. Welchen Zweck verfolgt Hartmann mit dieser Suche nach dem „allgemeinsten"? Die Technik der Verallgemeinerung als Pendant zur Technik der Verschiebung ermöglicht die Rückübertragung des Politischen. Die zuerst aus dem Politischen ins Theoretische verschobenen Fragen werden nun über den Umweg der Abstraktion wieder konkret beantwortbar, insofern die Philosophie die Geltung ihrer allgemeinen Erkenntnisse für alle konkreten Bereiche gesellschaftlicher Praxis verlangt. Bei Hartmann ist dieser Umweg aufgrund seines Schichtenmodells des Seins deutlich erkennbar. An Hartmann ist im Rahmen dieses Kongresses von der Politik die Aufforderung herangetragen worden, auf die konkreten gesellschaftspolitischen Fragen einzugehen. Er ist dem nicht nachgekommen. Stattdessen untersucht er „Seinskategorien". Eine solche Kategorie ist ihm die „Zentraldetermination" (Hartmann 1947, 527). Auf allen Ebenen des Seins seien Gefüge von innen her bestimmt. Dieses Innen ist eine „Zentralsphäre" als das „beherrschende Kraftfeld des Ganzen" (ebd. 528). Ein Zusammenhang wird von einem Zentrum her bestimmt, der das Ganze beherrscht. Die Einheit ist eine zentral gelenkte, es ist nicht das selbst organisierte, sondern das regierte System, das Hartmann entwirft. Die Übertragung auf die Ebene des Politischen nimmt Hartmann selber vor. Diese Kategorie habe im Reich der ontologischen Schichten bis hinauf zu den „Gemeinschaftsgefügen" Geltung (ebd.). Man kann an dem Beispiel dieser Kategorie sehr gut sehen, dass sie nicht dem Sein als solchem entnommen wurde. Hartmann hat sie nicht auf der Ebene physikalischer oder chemischer Prozesse gefunden. Er denkt an dieser Stelle an ein dynamisches, chemisches Reaktionsgleichgewicht. Für dieses ist die Vorstellung einer Zentrallenkung ganz falsch. Genau umgekehrt hat Hartmann diese Kategorie von der Ebene des Politischen auf die Ebene von Naturprozessen übertragen, um ihr nachträglich die Weihe einer ontologischen (naturgesetzlichen) und damit gesellschaftlich unveränderbaren Grundkonstellation zu geben. Die Rückübertragung ins Politische macht klar, dass es sich hier um das Modell von Herrschaft, einer institutionalisierten, einheitlichen Führung und Lenkung handelt. Diese soll auf allen Organisationsebenen zwingend sein. Die auf diese Weise aus dem Theoretischen rückübersetzbare politische Aussage ist: Gesellschaften müssen auf allen Ebenen herrschaftsförmig organisiert werden.

An diesem Beispiel zeigt sich aber auch die Schwäche der Technik der Verallgemeinerung, wenn sie zu weit geht, kommen Allgemeinheiten dabei heraus, die die Funktion philosophischer Vergesellschaftung in die konkrete gesellschaftliche Situation hinein und die Funktion des Eingriffs in konkrete Praxisräume kaum erfüllen können. Daher pflegen die Philosophen in aller Regel selber die Rekonkretisierung ihrer Thesen vorzunehmen. Hartmann hat dies später auch getan. Wir wollen die dabei verwendeten Techniken am Beispiel seines Aufsatzes „Das Ethos der Persönlichkeit" (1951) untersuchen.

Philosophen definieren. Die Definition ist eine Praxis der Bestimmung. Eine Sache wird als diese und jene bestimmt. „Person ist jeder Mensch" (Hartmann 1951, 657). Die Person wird als Mensch bestimmt, zugleich der Mensch als Person. Die Bestimmung vollzieht sich über die Zuschreibung von Eigenschaften ebenso wie über ihre Verneinung. Die Person ist „nicht das Subjekt und nicht das Ich" (ebd.), sondern „das in die Zukunft schauende, vorsorgende, Zwecke setzende, handelnde und im Handeln sich frei entscheidende Wesen, das zugleich den Sinn für Wert und Unwert, das Wissen um Gut und Böse hat und selbst befähigt ist, gut oder böse zu sein" (ebd.). Diese Definitionen werden als Ausschließungsoperationen vollzogen. Mit der Zuschreibung bzw. Verneinung von Eigenschaften wird eine Sache gegen eine andere abgegrenzt. „Persönlichkeit dagegen ist nicht jeder Mensch." Persönlichkeit ist „das Einmalige und Einzige an einer Person" (ebd.). Einmalig und Einzig zu sein, sind keine definierenden Eigenschaften für den Menschen. Teilen der Gruppe Mensch wird die Eigenschaft, eine Persönlichkeit zu haben, abgesprochen. Die Ausschließung durch Bestimmung markiert zugleich eine Differenz. Philosophen differenzieren. Es gibt Personen und Persönlichkeiten. Solche Philosophie markiert mit der Differenzierung eine Ungleichheit und zwar eine „wesentliche" Ungleichheit. Wesentlich bedeutet, an das Vorhandensein oder Nichtvorhandensein der den Unterschied ausmachenden Eigenschaften werden Konsequenzen gebunden. In aller Regel handelt es sich um die politische Konsequenz, ob man zu den Herrschenden oder zu den Beherrschten gehört. Dies ist auch bei Hartmann so. Die Persönlichkeiten sind „Vorbilder", in denen die „führenden Ideen" „konkret werden" (ebd. 661). So werden aber nicht nur Menschen von bestimmten gesellschaftlichen Positionen ausgeschlossen, sondern auch von der Möglichkeit, die Angelegenheiten ihres Lebens selbst zu bestimmen. Philosophen geben ihre Definitionen nicht als willkürliche Bestimmungen, sondern als tiefe Erkenntnis über eine Sache aus. Das bedeutet, dass gar keine anderen Bestimmungen möglich sein sollen, als die getroffenen. „Dieses Verhältnis ist der einfache Ausdruck eines ontologischen Gesetzes, das nicht durch menschliche Verkennung aufgehoben werden kann" (ebd. 659). Die definierende Tätigkeit wird als Ableitung einer konkreten Sachlage aus allgemeinen Gesetzen ausgegeben. Zugleich wird damit eine Übertragung vorgenommen. Von etwas, das man auf der

Ebene des Realen im Allgemeinen erkannt zu haben glaubt, wird behauptet, dass es auch auf der Ebene menschlichen Lebens Gültigkeit habe (vgl. ebd. 659f). Strukturen eines Gegenstandsbereichs werden auf einen anderen übertragen, ohne dass sich noch die Frage stellt, ob diese dort überhaupt Gültigkeit haben können. Hier, zwischen den unterschiedlichen Gegenstandsbereichen und ihren jeweiligen Gesetzmäßigkeiten, wäre Differenzierung sinnvoll, hier findet sie nicht statt. Die Übertragung findet aber wiederum nicht nur von den scheinbaren Gesetzmäßigkeiten eines Gegenstandsbereiches auf einen anderen statt, sondern auch von historischen Mustern auf a-historische Zwänge. Selbstverständlich gibt es Unterschiede zwischen Menschen. Die Frage ist aber, ob diese immer bereits festliegende Konsequenzen haben. Es gibt in seit Jahrtausenden durch Herrschaft geprägten Gesellschaften Menschen, die die charakteristischen Eigenschaften der Herrschenden erwerben und Menschen, die die charakteristischen Eigenschaften der Beherrschten erwerben. Die Frage ist aber, ob dies auf anthropologischen Gesetzmäßigkeiten beruht oder nicht vielmehr auf zufälliger Sozialisation. Solche Fragen abzuschneiden und gar nicht erst aufkommen zu lassen, ist die Absicht dieser Philosophie. Solche Philosophie schweigt über bestimmte Sachen, redet nur in Andeutungen über sie. Sie bleiben der ungenannte aktuelle Hintergrund, vor dem der theoretische Text erst seine Bedeutung gewinnen kann. Solch ein Hintergrund ist nach 1945 auch der Faschismus. Hartmann erwähnt ihn mit keinem Wort direkt. Viele Aussagen werden aber erst in Bezug zu ihm verständlich. Ein Leben, dass das „eigene Wesen zum Gegenstand eines Kultus macht, ist eher die Verkennung als die Entfaltung der Persönlichkeit" (ebd. 661). Wer hat bis 1945 das eigene Wesen zum Gegenstand eines Kultes gemacht? Hitler. Und wer repräsentiert daher nicht den Typus der Persönlichkeit, den Hartmann hier im Auge hat? Hitler. Damit wird zugleich klar, dass Hartmann auch einen anderen Typus von Herrschaft als den faschistischen anstrebt. Auch über diese Frage wird aber nicht direkt geredet. Nur aufgrund der Beschreibung der Persönlichkeit kann im Rückschluss die konkrete Form des neuen Modells Herrschaft erkannt werden. Durch mehrfache Überlagerungen solcher Techniken wird die willkürliche Struktur dieses Denkens verdeckt. Mehrere Techniken erzeugen die gleichen Effekte und dieselbe Technik erzeugt mehrere Effekte. Die zunächst rein begrifflich scheinende Differenzierung von Personen und Persönlichkeiten ist zugleich die Produktion gesellschaftlicher Ungleichheit. Solche Ungleichheit ergibt sich aber nicht nur aus der Differenzierung, sondern ist auch Produkt der Verschiebung und Rück-Übertragung, indem die Struktur von Herrschaft auf die Ebene der Kategorienbildung verschoben und von da aus wieder ins Gesellschaftliche rückübertragen wird. So scheinen sich die Ergebnisse solchen Philosophierens scheinbar aus den Dingen zu ergeben. Philosophie produziert so den Anschein von Wissenschaftlichkeit. Durch solche Verknüpfungen, die Bekanntes miteinander verbinden, gewinnen die philosophischen Thesen an Plausibilität. Durch solche Verknüpfungen wird Sinn produziert.

Der organisierende Eingriff in das Selbstverständnis anderer Gruppen besteht in diesen zwei Texten Hartmanns darin, dass das Organisationsprinzip der Herrschaft, welches in unserer Gesellschaft auf allen Ebenen zu finden ist, im ersten Text auf der Naturebene verankert wird und damit insbesondere mit dem naturwissenschaftlich geprägten Denken kompatibel gemacht wird, während es im zweiten Text als Grundstruktur persönlicher Verhältnisse aufgewiesen wird. Beides Mal wird damit in Diskurse anderer Praxen eingegriffen und sowohl ihr eigenes Selbstverständnis als auch ihr Verständnis als Teil des Ganzen zu prägen versucht. So unterschiedliche Sphären wie die Grundstrukturen natürlicher Prozesse einerseits und persönliche, familiäre Verhältnisse andererseits sollen grundsätzlich gleich organisiert sein. Das Besondere erscheint so als stimmiger Teil des großen Ganzen. Der Sinn, der hier produziert wird, ist ein harmonischer. Er zeigt die Welt als ein gelungenes Gefüge. Die Produktion eines solchen Sinns für die bestehenden gesellschaftlichen Verhältnisse ist das Ziel dieser Philosophie.

Wissenschaftliche Lektüre der Philosophie

Philosophie als Diskurspolitik kann keine Wissenschaft sein, aber es kann doch eine wissenschaftliche Lektüre philosophischer Texte geben. Das Selbst(miss)verständnis der Philosophie als Wissenschaft hat das wissenschaftlich-werden der Lektüre philosophischer Texte bis heute verhindert. Es hat sich in der Philosophie nicht – wie in der bildenden Kunst, der Literatur, der Musik und anderen kulturellen Ausdrucksformen – eine eigene, wissenschaftliche Form der Lektüre – wie Kunst-, Literatur- und Musikwissenschaft – herausgebildet[32] (vgl. zum Herausbildungsprozess Schnädelbach 1983, 96). Eine Philosophiewissenschaft existiert nicht. Dennoch aber bin ich der Meinung, dass ein wissenschaftlicher Umgang *mit* Philosophie möglich und nötig ist. Der Gegenstand der wissenschaftlichen Lektüre ist der philosophische Text selbst. Diesen gilt es aber erst, als Gegenstand einer Wissenschaft zu gewinnen. Erschwert wird dieses Projekt dadurch, dass das Medium des philosophischen Textes das Argument ist. Auch der wissenschaftliche Text arbeitet mit dem Argument. Die Ähnlichkeit des Mediums (Argument) mit der Wissenschaft hat es der Philosophie erleichtert, ihren Anspruch auf Wissenschaftlichkeit zu behaupten. Wenn aber die Philosophie keine Wissenschaft ist und keinen Gegenstand hat, so kann sie auch nicht mehr beanspruchen, Wahrheiten zu verkünden. Sie kann dann auch nicht länger behaupten, grundlegend für alle anderen Wissenschaften zu sein. Sie wird so aus ihrer unangreifbaren Position hinabgezogen in den alltäglichen Streit der Meinungen. Gerade dadurch aber wird Philosophie erst demokratisch und kann für das Projekt einer freien und gerechten Gesellschaft ihre Relevanz zurückgewinnen. Die wissenschaftliche Herangehensweise an philosophische Texte unterstützt diesen Prozess. Sie liefert Erkenntnisse über die Entstehungsweise, die Funktion und die Wirkung philosophischer Texte, die die immanente Lektüre nicht gewinnen kann. Dieses Wissen ist wiederum notwendig für einen reflektierten Umgang mit historischen, philosophischen Konzepten. Inwieweit Teile eines anderen philosophischen Konzepts für ein eigenes Modell menschlichen Lebens und Zusammenlebens fruchtbar gemacht werden können[33], ist entscheidend davon abhängig, ob die von ihnen mittransportierten politischen Implikationen dem eigenen politischen Entwurf kompatibel sind. Dieses Wissen kann nur durch wissenschaftliche Praxen philosophischer Lektüre gewonnen werden.

Der erste Schritt zur Gewinnung eines Gegenstandes philosophiewissenschaftlicher Lektüre ist - wie bei der Entstehung aller Gesellschaftswissenschaften - die Zerstörung der Aura ihres Gegenstandes. Diese Aura ist ein in der Rezeption nachträglich hergestellter Zustand. Gadamer erhebt z.B. die „philosophische Einsicht" Platons, Aristoteles', Leibniz', Kants und Hegels weit über die aller zeitgenössischen Philosophen (1960, XXVI). Würde jemand eine solche Liste in hundert Jahren aufstellen, so würde er wahrscheinlich (wenn er sich auf den deutschen Sprachraum beschränken würde) Heidegger, Habermas und Tugendhat hinzuzählen. Heute aber sind diese Philosophen umkämpft, umstritten und jeder weiß, dass ihre Philosophie durch die - politischen - Interessen unserer Zeit geprägt war und ist. Diese Aura wird erst durch die Erhebung der Philosophie in einen ort- und zeitlosen Raum des ewigen Denkens geschaffen. So wie aus dem Triptychon erst durch die Zerstörung seiner religiösen Aura, seiner sakralen Funktion und seiner Verlagerung in ein Museum, einen säkularen Raum, ein Gegenstand der Kunstwissenschaft wird, so wird aus dem philosophischen Text erst durch die Zerstörung seines absoluten Wahrheitsanspruchs und seiner scheinbaren Ort- und Zeitlosigkeit im Strom des ewigen Denkens ein Gegenstand der philosophiewissenschaftlichen Lektüre.

Zur Entstehung einer wissenschaftlichen Lektürepraxis bedarf es auch der Entwicklung einer eigenen Sprache. Das immanente Verbleiben im Diskurs der Philosophie verhindert Wissenschaft. Wissenschaftliche Interpretation ist immer auch eine Form von Übersetzung. Dies ist beim Wechsel vom Medium künstlerischen Ausdrucks in einen argumentativen Diskurs offensichtlich, es gilt aber ebenso auch für Wissenschaft im Verhältnis zur Philosophie. Die heute so genannte Sekundärliteratur zu den klassischen philosophischen Texten - eine Weiterentwicklung des mittelalterlichen Kommentars - erfüllt zum allergrößten Teil diese Kriterien nicht. Vielmehr stellt sie sich - dies gilt insbesondere für den hermeneutischen Ansatz - explizit in die Philosophie hinein. Sie sieht ihre Funktion gerade nicht in der Zerstörung der Aura und der Gewinnung einer eigenen Sprache, sondern versucht in der Auslegung und Ausdeutung eines historischen philosophischen Textes diesen der Gegenwart anzupassen und seinen Sinn und Bedeutungsgehalt für uns zu transformieren (es ist gewissermaßen ein Akt der theologischen Neuinterpretation des Triptychons).[34]

De facto tun heute die Professoren für Philosophie in ihrer lehrenden Praxis an der Universität nichts anderes, als Texte von Philosophen zu lesen und zu interpretieren. Das Problem besteht aber darin, dass sie dies zumeist nicht wissenschaftlich tun. Philosophiewissenschaftler müssten sich wissenschaftlich mit den philosophischen Texten anderer beschäftigen. Dazu bedürfte es einer eigenen, philosophiewissenschaftlichen Methodik. In den Gesellschaftswissenschaften gehört der Streit über die Methode zum normalen Alltag der Wissenschaft. Wissenschaft ist auch Handwerk. Und so wie jedes Handwerk sein eigenes Werkzeug besitzt, so braucht jede Wissenschaft ihre Methode. Daher ist die Entstehung von Wissenschaft immer auch mit Methodendiskussionen verbunden. Die Lektüre philosophischer Texte dagegen findet in aller Regel immer noch aus dem hohlen Bauch heraus statt. „Methodisch" leitendes Agens ist in aller Regel der intuitiv-hermeneutische Spürsinn der Professoren.

Man darf die Methode wissenschaftlicher Lektüre philosophischer Texte nicht verwechseln mit einer Methode der Philosophie. Methoden der Philosophie wie Phänomenologie, analytische Philosophie (Tugendhat 1992, 261ff) usw. gibt es. Es gibt auch einen Streit zwischen solchen Methoden. Diese Methoden sind aber nicht und verstehen sich selbst auch nicht als Methoden wissenschaftlicher Lektüre, sondern als Methoden der Wissenschaft „Philosophie". Aus dem Selbstmissverständnis heraus, sie sei selbst eine Wissenschaft, ist die Philosophie das Methodenproblem so angegangen, dass sie nach einer Methode wissenschaftlicher Philosophie gesucht hat. Dabei ist ihr die Frage nach der Methode ihrer Praxis der Lektüre zunächst aus dem Blick geraten. Es ist fraglich, ob es überhaupt eine Methode der Philosophie geben kann und ob hinsichtlich philosophischer Fragen die Methodendiskussion Sinn macht. Eine Methode der Produktion literarischer Texte hat auch noch niemand erfolgreich konstruiert. Zwar arbeitet die Philosophie argumentativ und ist insofern einer methodischen Herangehensweise eher zugänglich, aber wohin auch hier die Verabsolutierung einer Methode führen kann, hat gerade die Phänomenologie gezeigt: „Göttingen 1913: Ein Semester lang haben Schüler Husserls darüber gestritten, wie ein Briefkasten aussieht" (Heidegger, GA 61, 110).

Jung hat die mangelnde Kreativität und allgemeine gesellschaftliche Bedeutungslosigkeit der akademischen Philosophie zu Recht konstatiert (1997). An ihr führt jedoch seit dem 19. Jahrhundert kein Weg vorbei (vgl. Schneider 1998). So berechtigt Jungs Kritik vom Standpunkt einer eingreifenden Philosophie aus ist, so wenig überzeugend ist sein Lösungsvorschlag, die Lehrstühle für Philosophie in Lehrstühle für „Geschichte der Philosophie" umzuwandeln und auf zwanzig Prozent des jetzigen Standes zurückzuführen (Jung 1997, 181).[35] Ein Fach „Geschichte der Philosophie", in dem nur nacherzählt würde, was Philosophen früher so gemacht haben, wäre gesellschaftlich von geringem Nutzen. Es würde nur den philosophischen Traditionsbestand konservieren. Von nur geringem Nutzen wäre dieses Fach auch dann noch, wenn solche philosophiegeschichtliche Forschung wissenschaftlich betrieben würde. Alle historisch orientierten Disziplinen stehen vor dem Problem des Historismus. Dies ist nicht nur ein Problem, das sich der Philosophie bei der Rezeption ihrer eigenen Geschichte stellt, es stellt sich der wissenschaftlichen Erforschung von Literatur, bildender Kunst und Musik genauso. Geschichte muss uns etwas zu sagen haben, damit es sich lohnt sich mit ihr zu beschäftigen, und was sie uns zu sagen hat, lässt sich nicht den bloßen Fakten selbst entnehmen, sondern setzt immer ihre Interpretation voraus. Diese Interpretation muss jede historisch orientierte Disziplin selbst betreiben, will sie nicht dem Historismus verfallen. Eine wissenschaftliche Lektüre der philosophischen Texte sollte daher innerhalb der Philosophie betrieben werden.

Philosophische Lektüre kann insofern wissenschaftlich sein, als sie die philosophischen Texte philologisch genau liest und sie in ihren historischen und sozialen Kontext stellt. Diese Form der Lektüre ist philosophiewissenschaftlich, analog wie Literaturwissenschaft die eben nicht literarische oder ästhetische Lektüre ebensolcher Texte ist. Die genuin philosophische Lektüre dagegen bezieht Stellung zu den politischen Positionen der Texte. Sie ist insofern parteilich und potenziell kritisch. Sie bezieht ihre kritische Distanz von eigenen Entwürfen menschlichen Zusammen-Lebens aus. Diese zwei Formen der Lektüre philosophischer Texte können immer nur relativ voneinander getrennt werden, weil das Medium ihrer diskursiven Darstellung beides Mal das gleiche, das Argument ist. Darin liegt aber kein Mangel. Gerade dies macht den Reiz der philosophischen Lektüre aus. Macht man dies sich selbst und dem Leser klar, so kann aus dem bewussten Umgang mit diesem Dilemma eine neue philosophische Produktivität erwachsen.

Es gibt in den Gesellschaftswissenschaften keine unpolitische Praxis und gäbe es sie, so wäre sie historistisch. Die Fragen nach der Organisation, Funktion und Beschaffenheit der Gesellschaft sind immer politisch determiniert, weil das Sein und Sollen von Gesellschaft der genuine Bereich der Politik ist. Es gibt daher keine unpolitische Gesellschaftswissenschaft und es sollte sie auch nicht geben. Das Interesse an wissenschaftlichen Fragen zur Erforschung der Gesellschaft ist immer direkt politisch motiviert. Wenn ich etwas über Gesellschaft wissen will, dann will ich das, um in ihr gezielt eingreifen zu können, um anders oder besser auf ein gesellschaftliches Ziel hin zu handeln. Solches Handeln im Bereich der Gesellschaft ist immer politisches Handeln. Auch die Naturwissenschaften sind institutionell politisch geprägt. Dies bedeutet aber nur, dass bei der Auswahl und Förderung der Themen naturwissenschaftlicher Forschung politische Interessen hineinspielen. In der Erforschung von Naturerscheinungen selbst spielen diese keine Rolle, weil das Wissen, welches ich hier zu erwerben suche, nicht darauf abzielt, einen politischen Eingriff vorzunehmen, sondern im Umgang mit den Dingen, mit der Natur gezielter vorgehen zu können. Mein Interesse ist hier nicht das an der Gestaltung von Gesellschaft, sondern an der Gestaltung der Mensch-Umwelt Beziehung.[36] In den Gesellschaftswissenschaften dagegen ist die wissenschaftliche Tätigkeit selbst ebenso wie die Auswahl der Themen und Fragestellungen immer von Interessen geleitet, die politisch mitbestimmt sind. Dies gilt ebenso für die philosophische Lektüre. Auch eine an methodischen Maßstäben orientierte Praxis der philosophischen Lektüre kann nie reine objektive Wissenschaft sein, es sei denn, sie beschränkte sich auf die Auflistung von Fakten. Jede Interpretation dieser wäre aber sofort wieder politisch mitbestimmt. Aus dieser Gemengelage kommt die Philosophie nie heraus. Aber das betrifft alle anderen Gesellschaftswissenschaften genauso. Auch in der Literatur geht es um Versuche der Selbstbestimmung des Menschen und somit um Politisches. Jede literarische Interpretation bezieht dazu Stellung. Das hat aber noch niemanden dazu geführt, der Literaturwissenschaft den Status der Wissenschaft überhaupt abzusprechen oder auf die Vorstellung zu kommen, es bedürfe deswegen keiner Literaturwissenschaft. Zwischen dem Eindruck von einem Buch, das man zur Erholung durchgeschmökert hatte, und einer literaturwissenschaftlichen Interpretation besteht ein Unterschied, der durchaus mit dem Adjektiv wissenschaftlich zu bezeichnen ist. Die Interpretation unterscheidet sich nicht zuletzt dadurch, dass in sie ein reflektiertes Bewusstsein davon eingegangen ist, was ein literarischer Text ist. Ihr liegt eine Theorie von Literatur zugrunde. Eben eines solchen theoretischen Verständnisses der Philosophie bedarf auch die philosophische Lektüre, wenn es ihr auch um Wissensproduktion geht, um die Gewinnung von Wissen über den untersuchten Text.

Philosophische Lektüren

Was ist das Wissen, das die wissenschaftliche Lektüre philosophischer Texte gewinnen will? Wozu kann man dieses Wissen brauchen? Was ist das Interesse dieser Praxis von Lektüre?

Auch bei der Philosophie geht es um das Politische, d.h. um Einflussnahme auf Prozesse gesellschaftlicher Selbstverständigung und Orientierung. Das Wissen, dass die Philosophie aus der Lektüre ihrer Tradition gewinnen kann, kann aber nicht wie in den Gesellschaftswissenschaften ein Wissen um die Gesellschaft sein, welches strategisch handlungsleitend wirkt. Da Philosophie kein Wissen schafft, ist solches Wissen in den philosophischen Texten gar nicht enthalten. Was allerdings in den philosophischen Texten enthalten ist, ist ein Wissen um menschlich/gesellschaftliche Probleme/Konflikte im allgemeinen, ein Wissen um Problemlagen, ein Problembewusstsein. Es gibt allgemeine Probleme für die Menschen, aber diese Probleme und die Umgangsformen mit ihnen stellen sich immer in konkreten, gesellschaftlich bestimmten Formen, sind also jeweils gesellschaftlich/historisch bestimmt und nicht universal/anthropologisch. Die historische Herangehensweise muss und darf nicht historistisch sein. Weil es in der Philosophie nicht um Wissen geht und es daher auch keinen Wissensverfall gibt, bleiben die philosophischen Probleme für uns aktuell. Dies macht unser Interesse an den historischen Texten der Philosophie aus. Sie haben uns etwas zu sagen. Wir können etwas über uns und über unsere Probleme aus ihnen lernen. Jeder muss im Prozess des Erwachsenwerdens seine Stellung in der Gemeinschaft finden, jeder muss sich in der geschlechtlichen Differenz positionieren, immer gibt es Generationskonflikte, immer muss man einen Umgang mit dem Tod finden, immer gibt es private Beziehungs- und gesellschaftliche Geschlechterkonflikte, immer geht es um das Problem der Anerkennung durch die anderen, immer geht es um die Konkurrenz von Berufs- und Standesgruppen, immer geht es darum, eine Orientierung für sein Leben zu finden, immer stellt sich die Frage von individuellen und gemeinschaftlichen Normen, an denen sich das Handeln orientieren soll, immer geht es um die

Frage der Schuld und des Gewissens, wenn das Handeln dann doch gegen diese Normen verstößt, immer gibt es Verteilungsprobleme, immer geht es um die Erhaltung oder Abwehr von Herrschaft, immer geht es um die Bestimmung des Verhältnisses zu anderen Gemeinschaften, immer geht es um die Stellung des Menschen in der Welt. Diese Probleme bleiben immer die gleichen und stellen sich doch immer anders.

Warum aber soll man an die Rezeption dieser Problemlagen wissenschaftlich reflektiert herangehen? Die traditionelle Philosophie rezipiert diese Problemstellungen ja schon immer. Die Praxis der Philosophie, die sich am stärksten mit der Frage der Lektüre philosophischer Texte auseinandergesetzt hat, ist die Hermeneutik. Sie versteht sich nicht als eine Praxis der Lektüre philosophischer Texte, sondern als eine Praxis der Philosophie selbst, die im Verstehen und Auslegen von Texten philosophische Wahrheiten generiert (vgl. Gadamer 1960, XXVIf; Ineichen 1991, 35). Dennoch aber könnte es sein, dass die Hermeneutik als eine historisch reflektierte (Gadamer 1960, XXVIII) und methodisch angeleitete Praxis der Lektüre auch zu wissenschaftlichen Erkenntnissen über den Text kommt. Ist die Hermeneutik wissenschaftlich? Die Hermeneutik als Methode des Verstehens und Auslegens arbeitet mit Texten. Ist der Text ihr Gegenstand? Die Hermeneutik liest den Text, um ihn auszulegen. Das bedeutet, dass sie nicht den Text selber, in seiner eigenen Qualität erforscht, sondern dass sie versucht, einen in ihm vorhandenen Sinn zu eruieren. Der Text als Gegenstand wissenschaftlicher Forschung wird somit von ihr übersprungen. Die Hermeneutik versteht sich nicht als „eine Methode des Verstehens, durch die Texte einer wissenschaftlichen Erkenntnis unterworfen werden, wie alle sonstigen Erfahrungsgegenstände" (Gadamer 1960, XXV). Der Text ist für die Hermeneutik nur die Vermittlungsinstanz eines überhistorischen Sinns. Ein „Sinn" allerdings kann kein Gegen-stand wissenschaftlicher Forschung sein.

Versucht die Hermeneutik Wissen zu produzieren? Das Ziel der Hermeneutik ist zunächst ein Sinn - wir werden noch klären, welcher Art Sinn dies ist. Ein Sinn ist kein Wissen, sondern vielmehr eine Art von Interpretation, eine Deutungsgebung zu Fakten. Nun heißt das wichtigste Werk zur philosophischen Hermeneutik in der zweiten Hälfte unseres Jahrhunderts „Wahrheit und Methode". Der Hermeneutik geht es also um die „Wahrheit". Ist die „Wahrheit" kein Wissen? Ist die Wahrheit nicht immer bezogen auf Wissen über, Erkenntnis von Gegenständen? Die alte Definition der Wahrheit ist, dass sie *adaequatio rei ad intellectus*[37], die Angleichung des Verstandes an die Sachen sei. Das bedeutet, dass bei der Suche nach Wahrheit immer Wissen über einen Gegenstand gesucht wird. Dies ist der wissenschaftliche Wahrheitsbegriff.[38] Aber neben diesem wissenschaftlichen Wahrheitsbegriff existiert spätestens seit dem Aufkommen der modernen Naturwissenschaften ein zweiter Wahrheitsbegriff, der eine „Wahrheit" hinter diesen profanen Erkenntnissen sucht (vgl. Tugendhat 1992, 214). Diese andere „Wahrheit", die die Hermeneutik sucht (vgl. Gadamer 1960, XXVf), ist keine. Es ist die philosophische „Wahrheit", eine dogmatische Setzung auf dem Gebiet der Entscheidung über die richtige Weise menschlichen Lebens und Zusammenlebens. In diesem Sinne ist der „Sinn" den die Hermeneutik in den Texten sucht, ihre philosophische „Wahrheit". Ein Wissen ist dies nicht; die Hermeneutik daher auch keine Wissenschaft. Dass sie - zumindest zum Teil (nicht so Gadamer 1960, XXVff) - methodisch vorgeht, ändert daran nichts.

Die hermeneutische Lektüre ist eine Lektüre der Sinnproduktion. Sie rezipiert nicht die Bedeutung, den Sinn des Textes, sondern produziert ihn genuin neu, indem sie den historischen Text aktualisiert. Ihre Leistung besteht darin, die historische Differenz zu verdecken und dem die Zeichen seiner Antiquiertheit auf der Stirn tragenden Text für den heutigen Leser einen neuen Sinn zu verleihen. Was für ein „Sinn" ist dies? Sinn meint hier nicht die sprachliche Bedeutung. Dieses Problem stellt sich zwar überall da, wo Übersetzungsprobleme auftreten,[39] ist aber für die philosophische Lektüre nur eine unbedeutende Vorfrage. Sinn ist hier vielmehr in der Bedeutung von Antwort gemeint. Der historische Text macht für mich einen Sinn, wenn er mir eine Antwort auf meine Fragen gibt. Eine Antwort auf meine Fragen kann mir der Text nur geben, wenn die philosophischen Probleme, die in ihm erörtert werden, für mich einen „Sinn" machen, wenn sie also etwas beitragen können zur Bestimmung der Ziele meines Handelns und des Selbstverständnisses meines Tuns. Vor dieser „Sinnfrage" steht jede Lektüre philosophischer Texte - wie historischer Texte im Allgemeinen. Ich werde mich mit diesen Texten nur auseinander setzen, wenn dies für mich sinnvoll ist. Der Sinn einer solchen Auseinandersetzung mit dem historischen Text kann im Einzelfall auch darin liegen, dass ich mit einer entsprechenden Arbeit an der Universität Karriere machen kann, aber der allgemeine Sinn philosophischer Lektüre kann nur in dem schon Gesagten liegen, dass ich aus den alten Texten etwas für meine heutige Situation lernen kann. Die Auseinandersetzung mit dem Problem des „Sinns" ist insofern kein Spezifikum der hermeneutischen Lektüre. Die Frage ist wiederum, wie man sich der Sinnfrage stellt. Die Hermeneutik tut dies so, dass sie diesen Sinn „produziert". Philosophen sind Spezialisten für die Produktion von Modellen menschlichen Selbstverständnisses und für die Organisation von Prozessen der Selbstverständigung. Sie tun dies, indem sie Sinn „produzieren", indem sie dem Laien verbindlich sagen, welche Probleme, die sich ihm stellen, von dem Text angesprochen werden und wie dieser Text diese Probleme für ihn löst. Hermeneutische Sinnproduktion vollzieht damit nicht nur die Auslegung eines Textes, sondern produziert in eins damit auch schon immer Vorgaben für das Selbstverständnis heutigen menschlichen Lebens. Sie versucht, aus dem historischen Text die „Wahrheit" für uns heute zu erschließen. Hermeneutische Lektüre gehört damit zur erkennenden Praxis der Philosophie. Sie versteht sich als Tätigkeit der Produktion von allgemeinen philosophischen Wahrheiten aus der Lektüre des je besonderen Textes.

Die neuere Hermeneutik entsteht im Konflikt zwischen dem alten Anspruch der Philosophie auf überhistorische Wahrheit und dem Historismus (Sünkel 1974, 1065). Die Auslegung von Geschichten, egal ob mündlich oder schriftlich tradiert, ist eine alte Sache. Sie setzt da ein, wo eine für den Zusammenhalt der Gesellschaft wichtige Geschichte auf eine veränderte historische Situation nicht mehr passt und daher uminterpretiert werden muss. Wir können dies schon bei den Sophisten finden. Protagoras erzählt als Antwort auf eine Frage des Sokrates einen Schöpfungsmythos und interpretiert ihn im Sinne der attischen Polisdemokratie neu (Platon, Protagoras I 185ff). Eine Geschichte aus der Zeit des griechischen Feudalzeitalters wird so zu einer Geschichte, die die demokratische Organisation der Polis begründet.[40] Dies ist eine große kulturelle Leistung. Sie macht es möglich, ein kulturell erreichtes Niveau gesellschaftlichen Problembewusstseins über den kulturellen Wechsel gesellschaftlicher Organisiertheit hinweg zu transportieren. Sie macht es andersherum auch möglich, die neue Form gesellschaftlicher Organisiertheit in der Tradition einer Gesellschaft zu begründen, also Traditionslinien herzustellen. Während der Transport eines einmal erreichten Niveaus gesellschaftlichen Problembewusstseins dazu nötig ist, überhaupt so etwas wie kulturellen Fortschritt zu ermöglichen, bedarf es der Bildung von Traditionslinien zur Stärkung kulturellen Selbstbewusstseins. Menschen leben nie in einem a-historischen Raum. Auch wenn es kein reflektiertes Bewusstsein von Geschichte gibt, so gibt es doch ein Wissen um die menschliche Generationsfolge und gesellschaftliche Ursprünge. Das eigene Selbstverständnis als Individuum und Gruppe speist sich auch aus solchen Zusammenhängen. Die Menschen verstehen sich aus ihrer Herkunft her und auf ihre Zukunft hin. Meine Verortung in meiner sozialen Welt erfolgt nie autonom. Menschen sind keine isolierten Individuen. Sie verstehen sich immer aus ihren sozialen Zusammenhängen her und dieser soziale Wissensraum ist immer größer als die Gruppe der gleichzeitig lebenden Mitmenschen; er bezieht immer die Erinnerung an die Herkunft mit ein. Dieser soziale Bezugsraum prägt die Menschen. Das Verhalten anderer ist vorbildhaft. Die jungen Generationen orientieren sich am Wissen, an den Werten, am Verhalten der Alten. Dieses stellt in aller Regel einen bewährten Erfahrungsbestand dar. Die Orientierung an ihm gibt Sicherheit, Selbstvertrauen. Tradition hat insofern eine sozial stabilisierende und bestärkende Funktion. Traditionslinien durch Auslegung herstellen zu können, stellt eine wichtige kulturelle Leistung dar, die auch entscheidend sein kann für das politische Gewicht einer Partei in einer Gesellschaft. Geschichte in diesem Sinne definieren zu können, ist eine Macht.

Die Frage ist also nicht, ob man in der Philosophie Traditionsbezüge herstellt, sondern wie und in welcher Absicht man dies tut. Auch hier gibt es wiederum zwei Möglichkeiten. Man kann dies nämlich in der Weise tun, dass man behauptet, aus der Tradition die „Wahrheit" heutiger Probleme erkennen zu können. Und wenn man dies so tut, dann tut man dies meist in der Absicht, Herrschaft durch Begründung in unhinterfragbaren Traditionsbeständen zu bestärken. Man kann dies aber auch in der Weise tun, dass man sich bewusst an bestimmte gesellschaftliche Entwicklungen und Parteien anschließt und sich mit ihnen solidarisch sieht. Und wenn man dies so tut, dann tut man dies ohne den heutigen Freiraum gesellschaftlicher Entscheidungen einzuschränken und zumeist in der

Absicht, Zustimmung zum eigenen Projekt auch dadurch zu organisieren, dass man aufzeigt, dass Menschen schon immer für solche Interessen eingetreten sind.

Diese alte Praxis der Textauslegung ist durch die Entstehung der historischen Wissenschaften im 19. Jahrhundert in eine Krise gestürzt worden. Sie hat damit ihr Definitionsmonopol über die Geschichte verloren. Nun war ein anderer, auf Wissensproduktion orientierter Zugriff auf die Tradition möglich, an dem sich die Deutungen von Geschichte messen lassen mussten. Dieser historische Ansatz führte zunächst in den Historismus. Dieser zieht aus dem Bewusstsein um die Geschichtlichkeit aller menschlichen Kultur den Schluss, dass die unterschiedlichen Kulturen abgeschlossen nebeneinander stehen, sich nichts zu sagen haben.

Die neuere Hermeneutik versucht nun, die „Wahrheit" im historischen Prozess zu finden, indem sie im Bewusstsein um die Geschichtlichkeit in den Texten dennoch einen Bestand zu finden sucht, der für die kulturelle Interpretation gerettet werden kann. Damit überwindet sie zwar die gesellschaftspolitische Sterilität des Historismus, übergeht aber den Text als eigenständigen Gegenstand historisch philologisch sozialer Forschung. Das heißt, sie wirft die Fragen geschichtlicher Differenz und der Setzung philosophischer Entwürfe ineinander, sie versucht im Historischen das „Überhistorische" zu finden. Das Überhistorische an den philosophischen Texten ist aber nicht die in ihnen gegebene Antwort, sondern ein bestimmtes Problembewusstsein hinsichtlich philosophischer Fragen. Diese zwei Ebenen sind bei der philosophischen Lektüre zu trennen und eben nicht wieder ineinander zu werfen.

Wozu ist dies nötig? Einerseits soll ein einmal erreichter Stand gesellschaftlichen Problembewusstseins erhalten werden, andererseits sollen aber nicht durch die historischen Antworten auf gesellschaftliche Problemlagen unser heutiger Umgang mit ihnen determiniert werden. Daher sind diese zwei Ebenen zu trennen. Es gibt eine unendliche Vielfalt kultureller Austragungsformen philosophischer Probleme. Folglich sind für uns heute die möglichen Antworten auf diese Probleme auch andere als für Platon. Und immer geht es bei diesen Antworten um subjektive Interessen und nie um objektive Wahrheit. Erst die Einsicht in das Verhältnis von historischer Differenz und sich gleichzeitig durchhaltender Problemstellung gibt aber einen möglichen Freiraum, um sich autonom solchen Problemen gegenüber zu verhalten. Erst hier wird Freiheit möglich. Freiheit ist insofern historisch konstituiert durch das Wissen um das anders-können, weil es keine feste, universale Form gibt, sondern immer nur entweder auf naturalen Prozessen oder auf Entscheidung beruhende Ausprägungen allgemeiner Problemlagen. Diese Freiheit verdeckt die hermeneutisch erkennende Lektüre. Sie bewusst zu machen, ist dagegen die Absicht der wissenschaftlich reflektierenden Lektüre. Dazu bedarf es der Trennung zwischen dem, was wir aus den historischen Texten an Wissen erwerben können und der Frage, wie wir dieses Wissen einsetzen können, um unsere heutigen philosophischen Fragen besser begründet zu beantworten. Wissenschaftliche Lektüre philosophischer Texte ist erst da möglich, wo diese zwei Ebenen auseinandergehalten werden.

Die hermeneutische Lektüre ist nicht unzulässig, aber sie produziert mit Absicht einen für eine Praxis der demokratisch-emanzipatorischen Philosophie unerwünschten Effekt, den Effekt der Aufforderung zur Unterstellung unter eine vermeintliche Wahrheit im Gebiet der Entscheidung über die Art und Weise zu leben. Damit produziert sie die Aufforderung zur Unterstellung unter Herrschaft. Die philosophische Lektüre an der Universität ist fast durchgängig von dieser Art, auch wenn sie sich nicht explizit hermeneutisch versteht, sondern andere Methoden der Textrezeption pflegt. Sie liest einen Text Platons so, als wäre er erst gestern geschrieben worden. Höchstens wird der philosophische Kontext einbezogen. Die gesellschaftlichen Umstände aber, die der Resonanzraum dieser Theorien waren, werden negiert. Um aber einen Freiraum für die eigene Entscheidung in philosophischen Fragen zu gewinnen, muss man wissen, dass Platon ein Vertreter bestimmter politischer Interessen ist, das er der Vertreter der Partei des Adels und der Reaktion ist, gegen die attische Demokratie. Dementsprechend entwirft Platon in seiner Philosophie ein Konzept menschlichen Selbstverständnisses, was darauf abzielt, feudale Formen von Herrschaft als gesellschaftlich notwendig darzustellen. Das macht klar, dass jemand, der in einer freien Gesellschaft leben möchte, die Konzepte Platons nicht einfach in heutige Denkkategorien transformieren kann. Aus Platons Philosophie kann kein *Sinn* für eine freie Gesellschaft gewonnen werden. Positive Traditionsbezüge kann das Projekt einer herrschaftsfreien und sozial gerechten Gesellschaft dagegen zur Sophistik herstellen. Dennoch aber kann es auch für jemanden, der ein freie Gesellschaft anstrebt, *sinnvoll sein,* Platons Texte zu lesen und sich mit dem in ihm vorhandenen Problembewusstsein - kritisch - auseinanderzusetzen. Die hermeneutische Lektüre übersieht diese Interessendifferenz und sie übersieht dies mit Absicht. Die Lektüre philosophischer Texte an der Universität stellt sich mit Absicht naiv. Diese künstliche Naivität ist nur ein Kniff, um den Freiraum, den die historische Lektüre bewusst macht, zu schließen. Solche Philosophie behauptet aus der Lektüre philosophischer Texte eine philosophische Wahrheit zu gewinnen und nicht eine eigene philosophische Position in Auseinandersetzung mit ihnen begründet selbst zu setzen. Die hermeneutische Lektüre ist somit die typische Form der Lektüre der erkennenden Praxis der herrschaftsförmigen Philosophie.

Parameter wissenschaftlicher Lektüre

Philosophie ist umstritten. Es gibt insofern - außerhalb des institutionellen Begriffs - nicht *die* Philosophie, sondern nur Philosophien. Philosophie ist ein „Kampfplatz" (Kant, KdrV, A VII), auf dem unterschiedliche Positionen gegeneinander antreten. Dies gilt auch für die interpretierende Lektüre philosophischer Texte. Auf den ersten Blick dreht sich der Streit der Interpretationen zumeist darum, ob es gelungen ist, den Autor richtig zu verstehen und ihn anderen verständlich zu machen. Dies ist aber nur der Nebenkampfplatz. Die unterschiedlichen Interpretationen entspringen unterschiedlichen Absichten der Interpreten.

Der Autor soll für das eigene philosophische Projekt gewonnen oder als Gegner kenntlich gemacht werden. Auf diesem Hauptkampfplatz gibt es aber kein wahr oder unwahr mehr. Welche Interpretation die zu ihrer Zeit dominante wird, ist eine Frage der gesellschaftlichen Machtverhältnisse.

Philosophische Texte bauen darauf auf, in einem ganz bestimmten Kontext rezipiert zu werden. Wenn dieser Kontext dem Leser nicht oder bei historischen Texten nicht mehr bekannt ist, so wird der Text für ihn zunehmend unverständlich. Auf diesem Unverständnis baut die Möglichkeit einer hermeneutischen, immanenten Lektüre auf. Sie kann die aktuellen Probleme in den Text hineinlesen, weil sie die des Autors nicht mehr versteht. Der Verlust des Verstehenskontext beruht aber nicht auf einem „Verbergen", „Verstecken" seiner Regeln durch den Autor oder den Text selbst (so Derrida 1989, 257), sondern ist ein Effekt der Ungleichheit des Wissens und des Lebenshintergrundes von Autor und Leser. Die wissenschaftliche Lektüre muss daher auch nicht diese Regeln aus dem Text „entbergen" (ebd.), sondern jenen Verständnishintergrund rekonstruieren. Diese Rekonstruktion kann immer nur fragmentarisch bleiben. Sie kann nicht den ursprünglichen Zustand, den ursprünglichen Kontext, in dem ein Text zuerst erschien und rezipiert wurde, wiederherstellen. Sie muss vielmehr, unter Beachtung des historischen Feldes, neue Kontexte konstruieren, in denen der Text und sein Zusammenhang mit seinem ursprünglichen Kontext auf neue Weise verständlich wird. Dabei wird sie immer auch durch das Interesse des Lesers beeinflusst werden. Dennoch ist die Rekontextualisierung die einzige Möglichkeit, ein wissenschaftliches Verständnis des Textes zu gewinnen.

Der Verstehenskontext philosophischer Texte ist nie ein nur philosophischer. Als kulturelle Texte sind philosophische Texte immer nur vor ihrem gesellschaftlichen Hintergrund zu verstehen. Philosophische Texte sind eingebunden in die Diskurse der Selbstverständigung einer Gesellschaft über sich. Ihr Inhalt ist daher immer politisch. „Die Trennung von politischer und philosophischer Lektüre ist aufzugeben; statt dessen sind die grundlegend durch ihre *Ambiguität* ausgezeichneten Schriften einer gleichermaßen politischen wie philosophischen *Doppellektüre* zu unterwerfen" (Bourdieu 1976, 75). Bei dem politischen Gehalt der philosophischen Texte treffen wir auf das Problem, dass dieser dem ersten Blick nicht sichtbar ist. Er ist nur „in sublimierter und unkenntlich gemachter Gestalt" in den Texten vorhanden (ebd.). Die Analyse philosophischer Texte muss daher nicht nur ihren Verstehenskontext rekonstruieren, sondern auch die häufig nur implizite Verbindung des Textes zu diesem Kontext herausarbeiten. Dies bedarf einer Übersetzungsleistung. Auch diese ist aber kein „Entbergen". Aufgrund der Kenntnis der philosophischen „Grammatik", der Diskursregeln des philosophischen Feldes, kann eine Rückübersetzung ins explizit Politische, ins alltäglich Verständliche erfolgen. Die Übersetzung muss vom Impliziten ausgehen, weil auch die explizierte politische Philosophie eines Autors häufig übersetzungsbedürftig ist. Das explizierte Politische lässt sich zumeist nur auf dem Hintergrund der herausgearbeiteten, impliziten politischen Thesen *verstehen*.[41]

Das Projekt der Rekontextualisierung eines philosophischen Textes steht oftmals vor der Schwierigkeit, dass dieser als hochgradig abstrakter nur wenig konkrete Anknüpfungspunkte für die Wiederherstellung der Kontextbezüge bietet. Dies bedeutet aber nicht, dass philosophische Texte tatsächlich, wie die Philosophie es von sich selbst behauptet, ort- und zeitlos seien. Die kontextuelle Lektüre sucht nach Strukturanalogien. Diese Analogien verweisen auf den gesellschaftlichen Hintergrund, der in den Texten verarbeitet worden ist[42].

Die kontextuelle Lektüre alleine ist aber nicht ausreichend. Der implizit politische Gehalt der Texte ist maßgeblich durch die Absichten, die Motive ihres Autors geprägt. Diese sind in ihrer konkreten Form zwar ebenfalls durch den gesellschaftlichen Kontext geprägt, aber sie sind nicht allein aus ihm bestimmbar. Vielmehr liegt ihnen eine Entscheidung für ein bestimmtes Modell individuellen und gesellschaftlichen Lebens zugrunde. Mit diesem Modell des Lebens korrespondiert ein Modell der Vergesellschaftung der Subjekte, ihrer Einordnung in die erwünschten Strukturen dieses Lebens. Hier schlägt sich die Parteilichkeit und Interessengebundenheit der Philosophie nieder. Der Philosoph verfolgt seine eigenen Interessen und die Interessen seiner Klientel, für die er seine Modelle menschlichen Selbstverständnisses entwirft.

Die Rede von den Motiven des Autors darf nicht zu dem Missverständnis führen, dass es sich bei der Konstruktion eines philosophischen Textes um einen vollständig bewussten, geplanten und reflektierten Prozess handle. Es gibt eine Grenze der Selbstreflexion. Daher besitzt der Prozess der Erstellung eines Textes eine Eigendynamik, die dazu führen kann, dass seine historische Pointe seinem Autor nicht bewusst ist. Heidegger z.B. hat auf diesen Effekt der Unbewusstheit bewusst gebaut; er verstand sich selbst als Verkünder, als Sprachrohr des „Seins". Es kommt daher nicht auf das subjektive Selbstverständnis des Autors an, sondern auf die „objektive" Motivlage, die sich aus den Texten erschließen lässt. Der Text besitzt daher gegenüber seinem Autor eine Eigenständigkeit.

Die kontextuelle Lektüre muss ergänzt werden durch die Suche nach der politischen Motivlage des Textes und der Funktionsweise seines Modells von Subjektkonstitution und Vergesellschaftung. Diese kann aufgefunden werden, indem der implizit politische Gehalt der Texte ins explizit Politische übersetzt wird. Die Motivlage der Texte entspricht nicht unbedingt der des Lesers. Der Analyse der Texte eröffnet sich an dieser Stelle die Möglichkeit zur Kritik. Die kritische Lektüre arbeitet das in den Texten vorhandene Modell gesellschaftlichen Lebens und individueller Subjektivität mit allen seinen Konsequenzen heraus und stellt einen eigenen Entwurf (zumindest in Ansätzen) dagegen.

Diese Eigenständigkeit des Textes beruht aber nicht nur darauf, dass es eine Grenze der Selbstreflexion und damit der bewussten und gezielten Produktion gibt, sondern weiterhin darauf, dass der Autor die Rezeption des Textes durch den Leser nicht vorherbestimmen, vorhersehen kann. Diese ist geprägt durch die Bedürfnisse und Interessen des Lesers, die von Leser zu Leser eben unterschiedliche sind. Dies gilt sowohl für die Leser zu einer Zeit als auch für die Rezeption im historischen Prozess. Diese historische Rezeption des Textes, seine Rezeptionsgeschichte, prägt wiederum das Vorverständnis des gegenwärtigen Lesers. Die wissenschaftliche Lektüre muss daher auch auf die Rezeptionsgeschichte des Textes reflektieren, auf seinen Gebrauch im historischen Prozess. Die Erkenntnis der Motivlage der historischen Rezipienten ist wiederum entscheidend dafür inwieweit Deutungen übernommen oder kritisch in Frage gestellt werden müssen, weil die Interessen der historischen Leser mit denen des gegenwärtigen Lesers nicht übereinstimmen.

Der Versuch, ein wissenschaftlich genaues Verständnis der Texte durch kontextuelle und übersetzende Lektüre zu gewinnen, gibt keinen Standpunkt der Kritik ab. Es gibt in der historischen Abfolge philosophischer Texte als kultureller Texte keinen Wissensfortschritt, folglich auch keinen Standpunkt des überlegenen Wissens, von dem aus sie kritisiert werden könnten. Zwar ändert sich unser Wissen, aber die Frage: „wie will ich leben", ist keine Wissensfrage. Der Aufweis von logischen Fehlern, von sprachlichen Mehrdeutigkeiten, von einem uneindeutigen Begriffsgebrauch in historischen philosophischen Texten kann ein Ansatzpunkt der Analyse sein. Solche Inkonsistenzen philosophischer Texte sind manchmal in der Lage, einen auf die Spur des Impliziten zu führen. Häufig sind dies Punkte, an denen der Autor bei der Anpassung seiner Thesen an die Ansprüche des philosophischen Feldes - unbewusst - gescheitert ist. Der logische Fehler, die sprachliche Unklarheit ist aber nicht an sich kritikfähig. Die Kritik, die sich darauf beschränkt, verfehlt das Zentrum der philosophischen Texte, ihren politischen Gehalt. Daher ist diese Kritik in der Debatte um philosophische Texte wenig überzeugend. Sie kann ihre Wirkungsmächtigkeit nicht erklären. Zum anderen verfehlt die rein politische Kritik die Spezifik des Philosophischen und bleibt oberflächlich. Es bedarf daher jener „Doppellektüre", deren Ziel die politische Stellungnahme ist. Die Explizitmachung des Impliziten der Texte dient der Möglichkeit, *bewusst* „anders zu denken" (Foucault 1989, 16).

Philosophietheorie

Wie die wissenschaftliche Lektüre von Literatur ein theoretisches Verständnis von Literatur verlangt, eine Literaturtheorie, so verlangt auch die wissenschaftliche Lektüre von Philosophie ein theoretisches Verständnis von Philosophie, eine Philosophietheorie. Eine solche habe ich mit dem Vorliegenden ein Stück weit zu entwickeln versucht. Eine Philosophietheorie ist ihrerseits wiederum eine wissenschaftliche Form der Reflexion auf Philosophie. Ihr Gegenstand ist nicht der einzelne philosophische Text, sondern die Praxis der Philosophie im ganzen. Zu dieser zählt auch die Produktion philosophischer Texte, aber sie erschöpft sich nicht darin. Auch um die nichtliterarische Praxis der Philosophie zu erkennen, gilt es zu beobachten, was Philosophen tun. So hat z.B. Platon zum einen eine Akademie, d.h. eine Schule, eröffnet und zum anderen einen Politiker, Dionysos in Syrakus, beraten. Auch die lehrende, pädagogische Tätigkeit sowie die Politikberatung sind typische Praxen der Philosophie. In ihnen geht es um die direkte Vermittlung des philosophischen Entwurfs menschlichen Lebens. In der pädagogischen Praxis soll das Selbstverständnis der nachfolgenden Generationen beeinflusst werden, in der politikberatenden Praxis wird versucht, Politik bewusst in einem übergeordneten Entwurf menschlichen Lebens zu begründen, politische Handlungen aus ihm abzuleiten.

Die vorliegenden philosophietheoretischen Ausführungen haben sich im Wesentlichen auf das beschränkt, was mir zur Durchführung meines Projekts einer Erneuerung einer philosophischen Praxis der Veränderung, einer demokratisch-emanzipatorischen Philosophie, einer Philosophie der Befreiung von Herrschaft als notwendig erschien. Dieser Entwurf einer Philosophietheorie erhebt daher keinen Anspruch darauf, alles ausführlich abgehandelt zu haben.

I.2 Demokratisch-emanzipatorische Philosophie

Im vorigen Kapitel habe ich zwei von mir als grundlegend verschieden bezeichnete Praxen der Philosophie eingeführt: die erkennende Praxis der herrschaftsförmigen Philosophie und die begründend-setzende Praxis einer demokratisch-emanzipatorischen Philosophie. Diese Unterscheidung hat zwei Funktionen, zum einen ermöglicht sie es, zwei Arten der Philosophie, die von ihrer politischen Intention her ganz verschieden sind, voneinander zu trennen. Zum anderen ermöglicht sie es, bei aller Kritik an der herrschaftsförmigen Philosophie die *Philosophie* dennoch als eine Form kultureller Praxis, in der Prozesse menschlicher Selbstverständigung durchgeführt werden können, zu bewahren. Diese Unterscheidung ermöglicht es zu sehen, dass Philosophie nicht immer der ideologische Überbau von Herrschaft ist und daher in Wissenschaft, kritische Theorie oder Politik aufzulösen sei, sondern dass es bei ihr wie bei fast allen Formen menschlicher Praxis darauf ankommt, wie man sie betreibt.

Diese grundlegende Scheidung der Philosophie in herrschaftsförmige und demokratisch-emanzipatorische Philosophie mag heute anachronistisch wirken. In einer Zeit, wo angeblich der Unterschied zwischen links und rechts nicht mehr besteht, wo Politik nur noch von unpolitischen „Fachleuten" anhand von „Sachzwängen" gemacht wird, mag es überholt erscheinen, diese Differenz zur Leitlinie einer philosophietheoretischen Überlegung zu machen. Wenn man sich die heutigen Entwicklungen in der Philosophie ansieht und dabei vor allem auch den „trivialphilosophischen" Bereich der spirituellen Szenen einbezieht, so könnte man die hier angestellten Überlegungen auch als „unzeitgemäße Betrachtungen" bezeichnen. Politisches Denken, aufklärendes Denken, rationales Denken, bewusstes Denken scheint heute aus der Mode zu sein. Braucht man überhaupt eine emanzipatorisch-demokratische Philosophie? Wozu könnte man sie gebrauchen? Wer braucht sie?

In einer Zeit, die zum einen dadurch bestimmt ist, dass es 90% der Menschen in den westlichen Industrienationen - und dies ist der kulturelle Raum, in dem die Philosophie, mit der ich mich auseinandersetze, und ich selbst stehen - materiell hervorragend geht,[1] wir zum anderen aber in einen Zustand der politischen und gesellschaftlichen Stagnation verfallen sind, der den auf uns zukommenden politischen, ökonomischen und ökologischen Problemen gänzlich unangemessen ist, reagieren viele Menschen auf dieses eklatante Missverhältnis mit der Flucht in mehr oder minder private Mythen. Vielen erscheint es dabei heute so, dass ein Teil unserer Probleme gerade Folge der rationalen Herangehensweise an das Mensch-Natur-Verhältnis seien. Hat das rationale Denken nicht die extreme Ausbeutung der Natur und ihre damit verbundene Zerstörung erst ermöglicht, hat dieses Denken nicht die Atomwaffen erst möglich gemacht, führt nicht rationales Wirtschaften im Betrieb, volkswirtschaftlich betrachtet zu immer größeren Problemen und leiden nicht auch unsere politischen Verhältnisse eher an zu viel denn an zu wenig Rationalität? Und wozu braucht man ein demokratisches und ein emanzipatorisches Denken?

Wer so fragt, der verkennt, die *Dialektik der Aufklärung*, verkennt, dass es auch hier darauf ankommt, wie man mit den Dingen umgeht. Es gibt nur wenige Sachen, die prinzipiell von Übel sind. Rationales, d.h. ein realitätsnahes und realitätstaugliches Denken zählt nicht dazu.[2] Ausgehend vom Ziel eines allgemeinen Wohls und Nutzens ist die Anwendung wissenschaftlicher Erkenntnisse heute vielfach in ihren gesellschaftlichen Konsequenzen irrational. Die ökonomische Organisation unserer Gesellschaft zeigt ebenfalls irrationale Auswüchse, sei es die Zerstörung unserer Umwelt, sei es die Freisetzung von Millionen von Menschen aus dem Arbeitsprozess, sei es die Ausbeutung der „Dritten Welt". Auch die Politik verhält sich häufig „irrational". Anstatt das Ende der Blockkonfrontation dazu zu nutzen, das Militär abzubauen, wird es stattdessen wieder zur alltäglichen Politik mit anderen Mitteln erklärt; anstatt die ökologischen und sozialen Probleme unserer Gesellschaft anzugehen, versucht man durch rigide Sparpolitik die deutschen Großunternehmen im internationalen Wettbewerb zu unterstützen. Solche „Irrationalität" liegt daran, dass Wissenschaft, Ökonomie und Politik nicht im Interesse aller, der Allgemeinheit, sondern immer nur im Interesse einiger weniger betrieben werden, im Interesse der Herrschenden. Das allgemeine Interesse der Menschen/der Menschheit ist kein Ziel der heute vor-herrschenden Wissenschaft, Ökonomie und Politik. Die gesellschaftliche Struktur von Herrschaft ist die entscheidende Ursache für diese Irrationalität von Gesellschaften. In dieser Struktur sind nicht nur die Herrschenden, sondern auch die Beherrschten Täter, nicht nur die Beherrschten, sondern auch die Herrschenden Opfer. Daher bedarf es nicht nur einer demokratischen Verfasstheit der Gesellschaft, die die Struktur des oben/unten aufhebt, sondern auch einer Emanzipation der Menschen, die sie aus den Vorstellungsmustern der Dialektik von Herrschaft und Knechtschaft befreit.

Demokratisch-emanzipatorische Philosophie versucht solche Prozesse zu befördern. Sie ist selbst-aufklärend und zeigt die menschlichen Handlungsspielräume auf. Solche Philosophie braucht, wer bewusst und reflektiert an den heutigen Verhältnissen etwas ändern will und wer dies nicht nur aus kosmetischen Gründen tun will, sondern mit dem Ziel, eine grundsätzlich anders organisierte Gesellschaft anzustreben. Wer mit den heutigen Zuständen unzufrieden ist, wer sein Unbehagen an der gesellschaftlichen Stagnation umsetzen will in ein eingreifend-umgestaltendes Handeln, wer die ökonomischen, ökologischen und politischen Probleme wirklich lösen will, der kann solche Philosophie gebrauchen. Wer seine Lebensverhältnisse und die anderer verbessern will, dem ist solche Philosophie hilfreich. Die Trennung der Philosophie in herrschaftsförmige und demokratisch-emanzipatorische muss also als leitende Differenz beibehalten werden, solange es wie hier um die Frage gezielter und bewusster Gestaltung ihrer Lebensverhältnisse durch die Menschen selbst geht.

Während es im ersten Kapitel um die Frage des Charakters der Philosophie und um eine andere Praxis philosophischer Lektüre ging, geht es jetzt um eine andere Praxis der Philosophie. Die philosophische Tätigkeit besteht - zum Glück - eben nicht nur aus der Lektüre der Texte anderer Philosophen, sie besteht in ihrem wichtigeren Teil aus der Produktion eigener philosophischer Entwürfe und ihrer Vermittlung an die Menschen. Wie die philosophische Praxis der herrschaftsförmigen Philosophie heute aussieht und wie die Praxis einer demokratisch-emanzipatorischen Philosophie aussehen sollte, soll im Folgenden näher untersucht werden.

Praxen der Philosophie

Zunächst bedarf es dazu noch einmal einer Verständigung über den Begriff der Praxis. Oben habe ich den Praxisbegriff in Anlehnung an Clausewitz strategisch bestimmt, als ein zielorientiertes Handeln. Die philosophische Praxis ist in diesem Sinne der Eingriff in ein vorgegebenes Feld philosophischer Konzepte mit dem Ziel, in diesem Feld eine bestimmte Veränderung zu bewirken. Aber Praxis ist zugleich immer mehr. Die philosophische Praxis ist auch die institutionelle Tätigkeit des Philosophen an der Universität, die lehrende Tätigkeit des Philosophen, die Nachwuchs auswählende Tätigkeit des Philosophen, die öffentliche Tätigkeit des Philosophen, die beratende Tätigkeit des Philosophen. Die philosophische Praxis wird zugleich auch immer bestimmt durch das Selbstverständnis und die konkrete Tätigkeit des Philosophen. Die philosophische Praxis ist insofern auch die Praxis der Wahrheitssuche, die Praxis der Sprachanalyse, die Praxis der Begriffsauslegung, die Praxis der Mystifizierung, die Praxis der Kritik, die Praxis der Utopie. Und wenn wir noch einen Schritt weitergehen in die Einzelheiten der philosophischen Arbeit, so ist philosophische Praxis auch die Tätigkeit des Lesens, Schreibens und Redens, des Rezipierens, des Publizierens, des Vorträgehaltens.

Praxis meint damit nicht ein spezielles Tun, sondern alle Formen der Tätigkeit auf dem Feld der Philosophie, aber diese nicht als isolierte, sondern in ihrem strategischen Zusammenhang. Der Zusammenhang all dieser einzelnen Tätigkeiten, dieser Zusammenhang, der nötig ist, um sie überhaupt erst zu *philosophischen* Tätigkeiten zu machen, wird gestiftet durch den strategischen Einsatz der Philosophie, durch ihren (re-)organisierenden Eingriff in das Feld der Diskurse menschlicher Selbstverständigung und Selbstbestimmung. Erst dadurch werden diese allgemeinen Formen menschlicher Praxis zu Formen der speziellen philosophischen Praxis.

Wenn ich nun hier den Plural einführe und von Praxen der Philosophie rede, so hat dies zwei Bedeutungen. Zum einen meint dies eben jene Vielfalt und jene Vielgesichtigkeit philosophischer Handlungsformen. Zum anderen aber meint dieser Begriff auch ein in sich konsistentes Potpourri solcher Tätigkeiten, welches für bestimmte klassifizierbare Formen der Philosophie typisch ist, z.B. eben für die herrschaftsförmige Praxis der Philosophie. Alle diese einzelnen Formen philosophischer Praxis lassen sich nämlich auf bestimmte Ziele hin organisieren. Zwar erscheint von außen die Produktion von Texten als die dominante Form philosophischer Tätigkeit. Aus der Innenperspektive der philosophischen Zunft ist die institutionelle Praxis der Reproduktion des universitären Faches Philosophie aber eine mindestens ebenso wichtige Tätigkeit. Die herrschaftsförmige Praxis der Philosophie lässt sich nicht nur aus der Außenperspektive erkennen, charakterisieren und kritisieren, sie muss auch als spezifische Form der anderen Tätigkeiten im philosophischen Feld begriffen werden. Eine andere Praxis der Philosophie fordern, bedeutet nicht nur den Wahrheitsanspruch im Gebiet philosophischer Produktion aufzugeben, sondern ebensosehr nach herrschaftsfreien Formen des Philosophierens im direkten Miteinander zu suchen. Auch die Institutionen der Philosophie stehen hier in Frage.

Das Potpourri der Praxen herrschaftsförmiger Philosophie

Das Potpourri der Praxen herrschaftsförmiger Philosophie ist kein ewig und immer gleiches. Es wird bestimmt durch die je konkreten Anforderungen der unterschiedlichen Gesellschaften und ist damit im historischen Prozess Änderungen unterworfen. Dennoch aber kann man auch in diesem Wandel sich durchhaltende Muster erkennen. Die Begründung und Legitimierung von Herrschaft stellt bestimmte Ansprüche an die Philosophie. Diese lassen sich nicht durch beliebige Praxen erfüllen, bestimmte Formen philosophischer Tätigkeit sind besser als andere für die Praxis der herrschaftsförmigen Philosophie geeignet. Im Folgenden sollen die Praxen der herrschaftsförmigen Philosophie unserer Zeit untersucht werden. Dabei soll aber im historisch Besonderen auch das Allgemeine solcher Philosophie Thema sein.

Die Praxis der Wahrheitssuche

Wie ich schon im ersten Kapitel ausgeführt habe, ist die zentrale Praxis philosophischer Produktion für die herrschaftsförmige Philosophie die Suche nach der Wahrheit und ihre Verkündung. In der Philosophie geht es um das Politische. Hier ist die Behauptung, man sei im Besitz der Wahrheit, nur ein Argument, um die eigene Position dem gleichberechtigten Streit der Meinungen zu entziehen. Diese Erkenntnis ist nicht neu, wird aber aus offensichtlichen Gründen gerne immer wieder vergessen. Klar ausgesprochen findet sie sich z.B. in Lockes Analyse der Funktion als angeboren und damit als wahr erkannter Thesen: „Wenn man allgemeine Sätze auffand, die sofort mit ihrem Verständnis auch einleuchteten, so war es leicht und einfach, sie für angeboren zu halten. Mit dieser Annahme wurde der Träge aller Mühe des Suchens enthoben, und der Zweifler liess von der Untersuchung Alles dessen, was als angeboren erklärt worden, ab. Für die, welche sich als Meister und Lehrer aufwarfen, war es kein kleiner Vortheil, dass sie zum Grundsatz aller Grundsätze den erhoben, dass Grundsätze nicht angezweifelt werden dürfen. Nachdem sie einmal den Satz aufgestellt hatten, dass es angeborene Grundsätze gebe, so waren ihre Anhänger genöthigt, gewisse Lehren als solche anzunehmen. Damit waren diese der Prüfung ihrer eigenen Vernunft und ihres Urtheils enthoben, und sie mußten sie auf Treu und Glauben ohne weitere Untersuchung annehmen. In diesem Zustande blinder Gläubigkeit wurden die Schüler dann leichter geführt und von jener Klasse Menschen ausgenutzt, die das Geschick und den Auftrag hatten, sie zu führen und zu belehren. Es ist keine kleine Macht über Andere, die man durch das Ansehen eines Diktators von Grundsätzen und eines Lehrers unangreifbarer Wahrheiten erlangt, wo die Schüler das als angeborene Grundsätze hinunterschlucken, was dem Vortheile des Lehrenden dient" (Locke, 1872, 139f; 1. Buch, 4. Kapitel § 24). Dies ist bis heute so geblieben.

Westdeutsche Varianten herrschaftsförmiger Philosophie[3]

Herrschaftsförmige Philosophie orientiert sich immer auf die je historisch gegebene Organisationsform der Herrschaft. Im Groben kann man davon für den historisch relativ gut erschlossenen Zeitraum der letzten 3500 Jahre und d.h. für den philosophiegeschichtlich interessanten Zeitraum drei unterscheiden: Zum Ersten lokal begrenzte Feudalsysteme, zum Zweiten überregionale Reiche und zum Dritten Staaten. Jede hat ihre Philosophie. Platons *politeia* ist das idealisierte Modell einer völlig durchstrukturierten feudalen Gesellschaft; Thomas von Aquins *de regimine principum* das Modell eines Reiches; und seit der Entstehung des Staates in der Neuzeit ist es der Staat, der das politische Zentrum der Konzepte herrschaftsförmiger Philosophie bildet.

Mit dem historischen Wandel dieses Staates vom absolutistischen, noch stark feudal geprägten Staat zum repräsentativ-parlamentarischen System hat sich auch seine Philosophie gewandelt. Das Paradigma der klassisch bürgerlichen Philosophie ist das Bewusstsein. Die bürgerliche Philosophie konstituiert sich mit Descartes als Bewusstseinsphilosophie. Ihr grundlegendes Denkmuster ist der Subjekt/Objekt-Dualismus (vgl. Haug 1984). Dies zieht sich bis in unser Jahrhundert durch. Noch Husserls Phänomenologie versteht sich als wissenschaftliche Erforschung der *Bewusstseins*phänomene. Nicht zufällig beginnt dagegen dieses Jahrhundert in der Philosophie mit dem *linguistic turn*, der Orientierung der Philosophie auf die Sprache. Dieser *linguistic turn* geht zwar von der sprachanalytischen Philosophie aus, bleibt aber von vornherein nicht auf sie beschränkt. Auch bei der sich um die Jahrhundertwende herausbildenden geisteswissenschaftlich-hermeneutischen Richtung der Philosophie geht es um die Sprache. Habermas hat zu Recht festgestellt, dass hermeneutische und analytische Philosophie zwei komplementäre Spielarten der linguistischen Wende sind (Habermas 1999) - in dieser Tradition steht auch sein eigener, kommunikationstheoretischer Ansatz.

Dass sich die bürgerliche Philosophie dem Sprachlichen als Gegenstandsbereich philosophischer Untersuchungen zuwendet, hat vor allem damit zu tun, dass Verständigungsprozesse als im Medium der Sprache organisierte Prozesse im politischen Raum eine immer größere Bedeutung erlangen. Herrschaft ist immer weniger das Ergebnis eines mit - militärischer - Macht durchgesetzten Diktats, sondern immer mehr das Ergebnis von ausgehandelten Machtkompromissen. Das Parlament wurde nicht umsonst um die Jahrhundertwende als die 'Quasselbude der Nation' bezeichnet. Zwar wertet dieser Ausdruck die neue Form politischer Prozesse ab, aber er beschreibt sie auch zugleich. Der Vertrag, das Ausgehandelte wird nun auch im Staatspolitischen die tragende Organisationsform. Der Gesellschaftsvertrag war immer nur ein Idealmodell, jetzt aber werden tatsächlich alle Ebenen des Politischen durch Verträge organisiert. Dies geht vom Koalitions*vertrag* über den Tarif*vertrag* bis zum Staats*vertrag*. Aber auch die politischen Organe sind nicht mehr einfach vorgegeben wie der Kaiser, der Landesherr es war, sondern werden programmatisch konstituiert. Staaten konstituieren sich über Verfassungen, Körperschaften über Satzungen, Parteien über Programme. Überall geht es darum, in Kommunikationsprozessen die Zustimmung der Menschen zu organisieren. Zugleich entsteht damit eine sehr viel größere Offenheit des politischen Raumes, wie ihn die bürgerliche Gesellschaft als eine ökonomisch expandierende und sich damit permanent selbst verändernde Gesellschaft braucht. Die Ergebnisse solcher Verhandlungsprozesse liegen nicht ewig fest, sondern werden immer wieder neu verhandelt, immer wieder neu an die veränderten Verhältnisse, an die veränderten Machtkonstellationen angepasst. Es ist kein Wunder, dass zu dieser Zeit Philosophie - als kulturelle Form der Verständigung über das Politische - sich mit Sprache und Kommunikation auseinanderzusetzen beginnt. Sie tut dies, wie Habermas richtig bemerkt hat, in zwei Formen, der hermeneutischen und der sprachanalytischen. Beide erfüllen unterschiedliche Funktionen und auf unterschiedliche Weise die gleiche Funktion.

Die Hermeneutik dient, wie wir schon oben gesehen haben, dazu, das diskursive Dispositiv der bürgerlichen Gesellschaft zu tradieren. Die Diskussion der Texte verdrängt in der bürgerlichen Gesellschaft die dogmatische Lehre von der Kanzel. Diese neue Art des Umgangs mit Texten fordert ein neues Verständnis der Auslegung. Dieses bietet die Hermeneutik. Die Herstellung von Traditionsbezügen ist ihre spezielle philosophische Funktion. Daneben hat sie die Funktion zu zeigen, wie im historischen Prozess aus dem historischen Text „Wahrheit" für uns gewonnen werden kann. Diese Bewahrung des Wahrheitsanspruchs der Philosophie in einer sich wandelnden Gesellschaft ist ihre allgemeine philosophische Funktion.

Die sprachanalytische Philosophie untersucht die Sprache und die Kommunikationsprozesse auf Fehler hin. Typisch für diesen Ansatz ist der Wiener Kreis und der junge Wittgenstein. Gesucht wird nach dem, was man mit Klarheit und Sicherheit in der Philosophie und im Allgemeinen sagen könne. Dieser Aufgabe einer Klärung des begrifflichen Instrumentariums und der Strukturen der Kommunikation stellt sich die analytische Philosophie bis heute. Sprachkritik ist ihre spezielle philosophische Funktion. Daneben - dies ist nach dem gerade Gesagten klar - besteht ihre allgemeine philosophische Funktion darin, die Möglichkeit der Wahrheitsfindung in sprachlichen Prozessen nachzuweisen. Sowie der Hermeneutik die Herstellung von Traditionsbezügen das Mittel zur Wahrheitsfindung ist, so ist es der analytischen Philosophie die Kritik der Sprache. Indem sie alle Fehlerquellen ausschließt oder in ihrer kommunikationstheoretischen Variante die normativen Strukturen der Sprache aufzuweisen sucht, macht sie die Sprache zur Wahrheit tauglich.

Die Hermeneutik wurde oben schon behandelt. Hier sollen im Folgenden die zwei Hauptvarianten der der parlamentarischen Demokratie angemessenen herrschaftsförmigen Philosophie der BRD kurz skizziert werden. Dies ist zum einen die von Habermas entwickelte Kommunikationstheorie, zum anderen die - in Deutschland - von Tugendhat vertretene analytische Philosophie, durch die insofern auch der Mainstream der angelsächsischen Philosophie unserer Zeit repräsentiert wird.

Habermas

Habermas' Eingriff in das philosophische Feld zeichnet sich durch eine Besonderheit aus. Er gibt vor, nicht selber innerhalb der Philosophie zu stehen, sondern von außen über sie zu reden. Folglich heißt sein wichtigstes Werk auch nicht Philosophie des kommunikativen Handelns, sondern *Theorie* des kommunikativen Handelns. Wenn aber Philosophie, wie wir sie oben bestimmt haben, Politik in der Theorie ist, dann ist der Ansatz, das philosophische Feld von außen anzugehen, als eine bestimmte Politik im philosophischen Feld selber Philosophie. Diese Diskurspolitik Habermas' erzeugt einen bestimmten Effekt. Habermas redet über die Möglichkeiten, Wahrheit und normative Richtigkeit in Diskursen zu erzeugen (vgl. Habermas 1984, 127ff). Er redet über den möglichen Wahrheitsanspruch der Philosophie, die man sich als Organisatorin solcher Diskurse vorstellen kann. Damit stellt sich die Frage des eigenen Wahrheitsanspruchs seiner Rede zunächst nicht direkt. Habermas hat mit dieser Umbenennung seiner eigenen Tätigkeit als Theorie auf die Wissenschaftsproblematik der Philosophie reagiert. Er *löst* dieses Problem für sich, indem er seine Tätigkeit als Theorie bezeichnet und Theorie indirekt als einen Bereich, in dem selbstverständlich Wahrheitsansprüche erhoben werden können. Das heißt, Habermas gibt sich nicht als Philosoph, sondern als Philosophie*theoretiker* aus, der von außen prüft, ob in der Philosophie Wahrheitsansprüche möglich sind, dies bejaht und für diese Bejahung ebenfalls einen Wahrheitsanspruch erhebt, der dem Wahrheits- und Wissenschaftsproblem der Philosophie nicht mehr unterfallen soll. Das ist ein strategisch interessanter Kniff, aber man muss ihm den Anspruch, damit das Problem gelöst zu haben, absprechen. Die bloße Verdoppelung der Reflexionsebene kann das Wissenschafts- und Wahrheitsproblem der Philosophie nicht lösen. Auch Habermas „Theorie" kann wie alle Philosophie keine Wahrheitsansprüche geltend machen.[4] Aber sie tut es und damit gehört sie zur Gruppe der Philosophien mit Wahrheitsansprüchen.

Welcher Art sind diese Wahrheitsansprüche, die Habermas erhebt? Wie konstituiert sich für ihn „Wahrheit"? Habermas geht das philosophische Wahrheitsproblem von der Seite der Geltungsansprüche her an und fragt allgemein nach der Geltung von Aussagen in Diskursen. Seine Grundthese ist, dass wir Geltungsansprüche durch Argumentation in Diskursen klären können (ebd. 149). Was heißt hier *klären*? Meint dies die Gültigkeit sozialer Normen beweisen oder prüfen, ob sie bezogen auf ein bestimmtes Ziel sinnvoll und konsequent sind? Habermas unterscheidet zunächst vier Ebenen von Diskursen, von denen nur zwei wirklich Geltungsprobleme aufwerfen: einerseits die Frage nach der Wahrheit von Aussagen und andererseits nach der Richtigkeit von Normen (Habermas 1984, 137ff). Habermas bezieht diese zwei unterschiedlichen Arten von Geltungsansprüchen auf die kantische Differenzierung zwischen praktischer Philosophie und theoretischer Philosophie zurück und postuliert eine Differenz theoretischer und praktischer Diskurse (ebd. 145). Die theoretischen Diskurse sind für ihn jene, die sich auf „Tatsachen" beziehen (Natur/Wissenschaften) und in denen es weiterhin um „Wahrheit" geht, während die praktischen Diskurse jene der Verständigung über Normen und ihre „Richtigkeit" seien (ebd., 138). Diese Differenzierung zwischen „Wahrheit" und „Richtigkeit" ist Konsequenz der Wende zur Sprache in der Philosophie. Wenn Normen nicht länger durch Objektbezüge gerechtfertigt, sondern nur noch in sprachlichen Zusammenhängen begründet werden können, dann erscheint es nötig, diesen unterschiedlichen Vorgang auch anders zu bewerten. Man muss, will man auch für Normen einen „Wahrheitsanspruch" als einen Anspruch verbindlicher Gültigkeit erheben, andere Arten des „Erkennens" aufweisen. Es liegt dann nahe, diese auch anders zu benennen. Besteht aber zwischen „Richtigkeit" und „Wahrheit" bei Habermas ein grundsätzlicher Unterschied? Hat er damit den Wahrheitsanspruch der Philosophie auf dem Gebiet der Regeln menschlichen Lebens aufgegeben oder hat er dem Kind nur einen anderen, neutraleren Namen verliehen?

Eine andere Benennung macht nur dann Sinn, wenn hier auch eine inhaltliche Differenzierung vorgenommen wird. Anstatt aber die grundlegende Differenz zwischen Tatsachenaussagen und Entscheidungen über Verhaltensregeln zu explizieren, schaltet Habermas diese beiden Aussagentypen wieder gleich. Die Begründung von Geltungen laufe in beiden Diskurstypen nach demselben Muster, sei „analog" vorzunehmen (ebd. 175, vgl. 144). Die Geltungsansprüche, die Habermas sowohl auf dem Gebiet der Objekterkenntnis als auch auf dem Gebiet der Normgeltung gegeben sieht, sind von gleicher Qualität. Wahre Aussagen und richtige Normen verlangen uneingeschränkt akzeptiert zu werden. Der Unterschied zwischen beiden, der nur im Objektbezug und der Begründungsstruktur besteht, rechtfertigt es nicht, eine unterschiedliche Begrifflichkeit einzuführen. Es handelt sich zwar um andere Formen von „Wahrheit", aber „Wahrheit", im Sinne einer absolut verbindlich geltenden Aussage, bleibt auch die „Richtigkeit". Insofern besteht für unsere Frage nach der Praxis der Wahrheitssuche als einer Praxis herrschaftsförmiger Philosophie keine Differenz zwischen „Richtigkeit" und „Wahrheit". Es besteht insofern auch kein Grund, den Wahrheitsbegriff aufzugeben. Ich werde daher im Folgenden weiterhin von Wahrheit reden und Habermas' sprachliche Differenz ignorieren.[5]

Wie stellt Habermas sich nun konkret die Begründung des Wahrheitsanspruchs von Normen vor? Wahrheitsansprüche werden argumentativ begründet. Das entscheidende Argument ist für Habermas das der „Universalisierung". Universalisierung sozialer Normen ist für ihn – wie Induktion im Bereich der Naturwissenschaften - ein „Brückenprinzip". Indem ich eine Norm universalisiere, kann ich prüfen, ob sie allgemein gültig sein kann und wenn sie allgemeingültig ist, dann kann sie einen verbindlichen *Anspruch* auf allgemeine Geltung erheben (ebd. 173f). Das wirkt zunächst nicht zu Unrecht zirkulär. Das Argument zieht seine überzeugende Kraft aus der Struktur der verwendeten Sprache, des Sprachsystems, in dem die Möglichkeit der Universalisierung dieser konkreten Norm gegeben ist. Die These ist: wenn diese Norm in diesem Sprachsystem überhaupt universalisiert werden kann, dann kann sie zu Recht Anspruch auf Geltung erheben. Die Wirkung des sprachlichen Arguments wird erklärt aus der Funktion der Sprache selbst. Das ist aber kein ausreichender Grund für die allgemeine Geltung handlungsleitender Normen. Wir brauchen hier auf jeden Fall einen außersprachlichen Bezug. Habermas geht daher konsequenter Weise den nächsten Schritt und fragt weiter, wie erhält eine Sprache ihre normative Kraft? Die *Möglichkeit* der Universalisierung einer Norm in einer Sprache kann nur dann den Geltungsanspruch tragen, wenn das sprachliche System *„angemessen"* ist (ebd. 173). Angemessen heißt hier, dass das normative System der Sprache sich in der Interaktion mit den sozialen Fragen, in denen Regeln und Normen zur Debatte stehen, bewährt und optimiert hat, so dass es nun zum jetzigen Zeitpunkt das beste aller möglichen Sprachsysteme zur Lösung sozialer Probleme darstellt. Aus dieser es selbst in seiner Form bestätigenden Bewährung zieht es seine normative Kraft. Habermas denkt dies in Anlehnung an Piaget als einen rückgekoppelten Prozess der Bildung kognitiver Schemata in der Auseinandersetzung mit der Umwelt. Diese aus Erfahrungsprozessen entstandenen Schemata strukturieren Erfahrung, müssen sich aber im Prozess der Erfahrung immer wieder erneut bewähren (167). Dieses Modell soll bei Piaget die stimmige Beziehung zwischen unseren Verstandeskategorien und den Strukturen unserer Umwelt erklären, nicht aber die Stimmigkeit von Normen. Habermas überträgt dies nun: „Angemessen nennen wir die moralische Sprache, die bestimmten Personen und Gruppen unter gegebenen Umständen eine wahrhaftige Interpretation ihrer eigenen partikularen, wie auch vor allem der gemeinsamen und konsensfähigen Bedürfnisse erlaubt" (173). Im menschheitsgeschichtlichen Prozess der kulturellen Entwicklung hat sich gewissermaßen - soziale - Erfahrung in der Sprache kristallisiert. Wenn ein Modell, welches die Bewährung an den Problemen als Grund für die Angemessenheit einer Sprache sieht, für Fragen des Gegenstandsbezugs durchaus einen guten Sinn macht, so ist es für Fragen der Geltung von Normen ausgesprochen fraglich und strukturell konservativ. Normen beziehen sich nämlich nicht auf ein außermenschliches Reales, sondern immer auf Gesellschaften also auf von Menschen aus bestimmten Gründen selbst schon Gemachtes. Dass Sprachsysteme dann den gesellschaftlichen Mechanismen angepasst werden und mit diesen korrespondieren, dass also bestimmte Argumente in bestimmten Sprachsystemen bestimmter Gesellschaften überzeugend wirken, ist zwar richtig, ermöglicht aber nicht den Schritt zum Nachweis der verbindlichen allgemeinen Geltung sozialer Normen, den Habermas vornehmen will. Das *Leistungs*argument ist in bürgerlichen Gesellschaften zur

Begründung der Norm notwendiger sozialer Ungleichheit ein überzeugendes Argument, weil Leistung im organisatorischen Aufbau der bürgerlichen Gesellschaft ein tragendes Prinzip ist und von dort aus auch in die diskursiven Strukturen der Sprache und des bürgerlichen Selbstverständnisses eingegangen ist. In feudalen Gesellschaften dagegen hat dieses Argument keinen Wert, hier kommt es einzig auf die Abstammung an. Die Geltung einer bestimmten sozialen Norm ist immer rückgebunden an ein bestimmtes Gesellschaftssystem, daher ist es nicht möglich, über den Aufweis der Angemessenheit einer Sprache an die Probleme *ihrer* Gesellschaft objektive, also über das System hinausreichende Geltung für *in ihr* allgemein begründbare Normen zu erheben. Genau dies aber tut Habermas. Damit erhebt er Wahrheitsansprüche in einem Feld, wo diese nicht erhoben werden können und erweist sich als Produzent herrschaftsförmiger Philosophie.

Allerdings ist die „Wahrheit“ bei Habermas eine, die sich ändern kann. Das argumentative System steht immer wieder erneut vor der Frage seiner Bewährung. Es muss in ihm möglich sein, die bisherigen Argumentationsmuster als der Bedürfnisstruktur der Teilnehmer des Diskurses unangemessen in Frage zu stellen (ebd. 173). Die „Wahrheit“ sozialer Normen ist damit einem Prozess der Annäherung unterworfen. Es gibt innerhalb des von Habermas postulierten idealen Diskursraums die Möglichkeit, die Frage zu stellen, ob die derzeit optimal begründeten Normen gerecht sind. Was es allerdings nicht gibt, ist die Möglichkeit zu fragen, ob das sprachliche System als Ganzes gerecht ist. Habermas behauptet dies zwar (ebd. 175f), aber an dieser Stelle bricht seine Begründungsstruktur von Geltungsansprüchen zusammen. Die Systemfrage ist mit dem Allgemeinheitsanspruch unvereinbar. Wenn ich das System in Frage stelle, dann können die Argumente, die ich dazu benutze, nicht wiederum aus einem angemessenen Sprachsystem gewonnen worden sein, weil dieses noch gar nicht existiert. Das bedeutet, die Argumente für die Infragestellung des Systems selbst bzw. für neue soziale Normen eines neuen Systems können nicht in einem „angemessenen“ Sprachsystem universalisiert werden und damit nach Habermas' eigener Auffassung keinen allgemein zu akzeptierenden Geltungsanspruch begründen. Das macht aber rückschließend auch klar, dass auch die innersystematischen Argumente zur Begründung von Geltungsansprüchen nicht universal, sondern immer an das je besondere System rückgebunden sind, welches eben nicht im allgemeinen beanspruchen kann, soziale Angemessenheit, also mit einem anderen Wort *Gerechtigkeit,* zu garantieren, sondern immer nur innerhalb seiner vorgegebenen Struktur. Solche Gerechtigkeit innerhalb eines vorgegebenen Rahmes kann aber nie Allgemeinverbindlich sein, sondern bleibt relativ auf die bestimmte soziale Struktur bezogen.

Habermas vertritt also eine relative, d.h. nach vorne offene, veränderbare Wahrheit sozialer Normen. Damit entspricht sein Modell - nicht zufällig - den Strukturen und Anforderungen der sich entwickelnden bürgerlichen Gesellschaft und ihrer parlamentarisch-repräsentativen Demokratie mit ihrer Offenheit für innersystematische Veränderungen.

Tugendhat

Eine andere den parlamentarischen Demokratien angemessene Variante dieser Herrschaftsphilosophie hat Tugendhat entwickelt.[6] Im Gegensatz zu Habermas, der sich ja als außerhalb der Philosophie stehend ausgibt, beginnt Tugendhat von seinem Selbstverständnis als Philosoph her mit der Frage, „was Philosophie ist" (Tugendhat 1992, 261). Philosophie kläre die Begriffe, die zum „Ganzen unseres Verstehens" notwendig wären (ebd.). Tugendhat überträgt so den aufklärerischen Ansatz der klassisch-bürgerlichen Philosophie in die sprachanalytische Philosophie. Der aufklärerische Anspruch hat schon immer etwas Widersprüchliches. Zum einen will er die Emanzipation der Menschen, den Ausgang aus ihrer „selbstverschuldeten Unmündigkeit" (Kant, Beantwortung der Frage: was ist Aufklärung A 481) befördern, zum anderen aber gibt er immer schon vor, verbindlich zu wissen, wo dieser Ausgang ist, wie die Emanzipation der Menschen und der Menschheit auszusehen habe. Bei allem kritischen Potenzial was in ihm liegt, vertritt auch er einen Anspruch auf Wahrheit. Dies bleibt auch bei Tugendhat so.

Zunächst wird der Wahrheitsanspruch bei Tugendhat auf die Sprache bezogen. Wahrheit wird bestimmt als das Wahr-Sein von Sätzen in einem innersprachlichen Sinne. Der Gegenstandsbezug tritt damit für die Wahrheitsproblematik an zweite Stelle (Tugendhat 1976, 265f). Wenn Philosophie die Begriffe unserer Sprache klärt, die für das Ganze unseres *Verstehens* nötig seien, so gibt sie damit nicht mehr vor, wahre Erkenntnis über eine Sache, einen „Gegenstand" zu gewinnen. Tugendhat gibt damit den klassischen Wissenschafts- und Wahrheitsanspruch der Philosophie auf. Zunächst geht es darum zu *verstehen*, wann ein *Satz* wahr ist, wie er wahr sein kann, wie ich prüfen kann, ob er wahr ist. Darüber hinausgehende Sacherkenntnis betreiben nur die Wissenschaften, die es eben nicht mit Begriffen zu tun haben, die für das Ganze unseres Verstehens nötig sind, sondern mit „Begriffen", die sich nur auf eine bestimmte Sache beziehen, die also einen klaren Gegenstandsbezug haben und nicht die sprachliche Verstehensstruktur als solche konstituieren. Mit der Rede von den Begriffen, die für das Ganze *unseres* Verstehens nötig seien, führt Tugendhat neben dieser Aufgabe des klassischen Erkenntnisanspruchs der Philosophie eine Subjektivierung des philosophischen Anspruchs ein. Es geht um *unser* Verstehen. Das *wir*, das hier dahinter steht, ist die jeweilige konkrete Sprachgemeinschaft. Das bedeutet, dass der Geltungsanspruch philosophischer Begriffsklärung grundsätzlich beschränkt wird auf eine Sprachgemeinschaft, die unterschiedlich weit definiert werden kann, aber auf jeden Fall endlich und begrenzt ist. Solche Philosophie kann daher auch keine Absolutheitsansprüche erheben. Allerdings geht es der Philosophie, die jene Begriffe klären will, die für das Ganze unseres Verstehens nötig sind, immer noch ums *Ganze*. Es sind die allgemeinen Begriffe, die diese Philosophie untersucht. Indem sie diese zu klären vorgibt, erhebt sie immer noch den Anspruch, für *alle* relevante Aussagen zu treffen.

Wie tut sie das und welcher Art sind diese „allgemeinen" Begriffe? Philosophie reflektiert auf die Verwendungsweisen jener Begriffe, „die wir zwar verstehen, die wir aber nicht ohne weiteres erklären können, so daß hier eine eigene Untersuchung erforderlich wird, eben die spezifisch philosophische" (Tugendhat 1992, 264). Nicht ohne weiteres erklären können wir diese Begriffe, weil sie eben keinen Gegenstandsbezug besitzen, sondern die sprachliche Anordnung empirischer Begriffe überhaupt erst strukturierend möglich machen. Tugendhat nennt als Beispiele: Zeit, Raum, Existenz, Gegenstand, Meinungen, wahr, falsch, Sprache, urteilen, behaupten, fragen, wollen, wünschen, handeln, überlegen, anderer, bitten, versprechen (ebd. 262). Zu einem reflektierten Verständnis unserer Welt ist es aber auch nötig, dass wir diese verstehenskonstituierenden Begriffe selbst verstehen. Wir *verstehen* diese Begriffe dann, wenn wir wissen, wie wir sie in ihrer Sprache richtig verwenden (ebd. 265). Erklären kann man diese Begriffe also, indem man ihre Verwendungsweisen aufzeigt.

Woran bemisst sich nun, ob diese Erklärung gelungen ist? Die Erklärung gilt als gelungen, wenn sie gemessen an der Verwendungsweise dieser Begriffe „angemessen" ist. Auch das klingt zunächst zirkulär. Wenn man aber Tugendhats richtiger Einsicht folgt, dass eine Transzendierung der Alltagssprache nicht möglich ist, dass es nicht möglich ist, eine Metasprache zu entwickeln, in der wir diese Begriffserklärungen leisten könnten (ebd. 267), dann wird klar, dass es tatsächlich keine andere Möglichkeit der Klärung dieser Begriffe gibt, als einen an die Verwendungsweisen rückgekoppelten Prozess der Annäherung. Mit dem Konzept der Angemessenheit kommt wie bei Habermas nun der Wahrheitsanspruch ins Spiel (ebd. 269). Philosophische Erklärungen sollen wahr sein. Dieses Postulat bleibt bestehen. Wenn wir uns aber den Prozess der Wahrheitsfindung ansehen, so wird klar, dass hier ein außersprachlicher (Gegenstands-)Bezug nicht mehr gewonnen und behauptet werden kann. Diesen gibt Tugendhat im Gegensatz zu Habermas denn auch explizit auf. Dies hat zur Folge, dass der Geltungsanspruch der Wahrheit beschränkt werden muss. Er kann nicht mehr, wie dies traditionell in der Philosophie der Fall war, ort- und zeitlos und für alle erhoben werden. Diese Wahrheit ist daher keine absolute mehr, sondern eine „empirische" (ebd. 670). Die Wahrheit der Begriffs-Klärung ist ihrer Sache nach umstritten, weil die Verwendungsweisen der Begriffe vielfältig sind und der Philosoph die, die er für typisch hält, in den Vordergrund stellt. Sie ist zweitens eine historische, weil die Sprache lebendig ist und sich die Verwendungsweisen von Begriffen ändern. Und sie ist drittens relativ, insofern sie von der beschränkten Kenntnis des Philosophen über die unterschiedlichen Verwendungsweisen der Begriffe in seiner und in allen anderen Sprachgemeinschaften abhängt. Solange er aber nicht widerlegt ist, hält auch hier der Philosoph seinen Wahrheitsanspruch, seinen Anspruch Recht zu haben, aufrecht. Er ist allerdings ein Philosoph, der sich der Auseinandersetzung stellt, der überzeugt werden kann und der weiß, dass das, was als wahr gilt, sich ändern kann. Insofern entspricht dieser Wahrheitsanspruch der Praxis der parlamentarisch-repräsentativen Demokratie und hat sich vom politischen System der absoluten Monarchie verabschiedet. Der demokratische Charakter von Tugendhats Konzept wird auch daran deutlich, dass durch den Ausgang von der Verwendungsweise allgemeiner Begriffe jeder als Verwender solcher Begriffe in der Lage ist mitzureden. Wenn die Sprache der Philosophie die Alltagssprache ist (erweitert um einige Fachbegriffe) und keine Metasprache, dann kann grundsätzlich auch jeder bei der Klärung jener allgemeinen Begriffe mitwirken. Die sprachanalytische Philosophie sprengt damit den undemokratischen Ansatz der Begriffsphilosophie (vgl. Wolf 1991, 58f, insb. Anm. 19), in der es für den, der in der Philosophie mitreden wollte, der intimen Kenntnis eines Kanons bedurfte.

Zwar wendet sich diese Philosophie dem 'Empirischen' zu, der Sprache, dennoch bleibt ihr Realitätsbezug gebrochen. Die Sprache, der Begriff ist eine Vermittlungsinstanz der Realität. Auf diese selber wird nicht reflektiert. Nun vermag man zwar die Realität nicht außerhalb der Sprache zu denken, aber es macht einen Unterschied, ob man nur die Sprache denkt oder die Realität vermittels der Sprache denkt und dann eben auch die Sprache als Vermittlerin der Realität. Mein Bezugspunkt, mein Ziel ist ein anderes. Diese Beschränkung scheint zunächst den Charakter einer Bescheidung zu haben - etwas, was der sprachanalytischen Philosophie auch von anderen vorgehalten worden ist: man rede nur noch über sprachliche Probleme, nicht mehr über die Sachen (vgl. ebd. 265f). Dagegen hat Tugendhat eingewandt, dass hinter den verstehenskonstituierenden Begriffen keine Sachen stehen - und damit hat er recht. Aber es stehen hinter ihrer Klärung Entscheidungen, z.B. die Entscheidung, *wie* man einen vieldeutigen Begriff bestimmt (ebd. 270). Und mit dieser Entscheidung wird etwas Bestimmtes bezweckt. Sie bezweckt einen Eingriff in die diskursiven Praxen anderer. Dies ist die Absicht der sprachanalytischen Philosophie. Sie will die begrifflichen Grundlagen gesellschaftlicher Debatten bestimmen und sie so in einer ganz bestimmten Richtung vorstrukturieren. Für diese Prozesse erhebt sie weiterhin ihren Wahrheitsanspruch. Damit ist Tugendhats Philosophie immer noch Philosophie auf dem erhöhten Richterstuhl. Über die begrifflichen Grundlagen der gesellschaftlichen Probleme will diese Philosophie von außen entscheiden und somit ihren politisch neutralen Anschein bewahren. Zwar wird hier nicht mehr ort- und zeitlose Geltung für alle verlangt, aber ihre politische Einbindung verschweigt auch diese Philosophie immer noch. Auch sie gehört damit noch zum Typus der wahrheitssuchenden, erkennenden Praxis der herrschaftsförmigen Philosophie.

Ostdeutsche Varianten herrschaftsförmiger Philosophie

Die Philosophie in der DDR muss in zwei grundsätzlich unterschiedene Strömungen geteilt werden.[7] Zum einen versuchte sie, in der Orientierung an den Schriften Marx', Engels' und Lenins[8] ein eigenes philosophisches Welt-Verständnis des Sozialismus zu entwickeln. Zum anderen rezipierte sie die klassisch philosophischen Texte und versuchte diese, sich als „Erbe" anzueignen. In letzterer Tätigkeit unterschied sie sich in ihren Standards und in ihrer Herangehensweise so gut wie nicht von der philosophiehistorischen Tätigkeit in der BRD und den anderen westlichen Staaten - abgesehen von einer gewissen Häufung von Marx/Engels-Zitaten in Vorbemerkungen und teilweise besseren allgemeinhistorischen Kenntnissen. Ein

Buch wie Manfred Buhrs Kantbiographie (1968) z.B. hätte man ohne die geringste Änderung auch im Westen veröffentlichen können und es wäre niemandem, der es nicht schon gewusst hätte, aufgefallen, dass dieses Buch vom obersten Staatsphilosophen der DDR selbst stammte.[9] Es ist der Philosophie in der DDR nicht gelungen, eine eigene Art der Lektüre traditioneller philosophischer Texte zu entwickeln. Aber vielleicht war dies auch nicht nötig. Die Rezeption der Tradition erfüllte in der DDR den gleichen Zweck wie in der BRD: die Bereitstellung eines Bildungs- und Herkunftshintergrundes für einen Staat. Von seinem Selbstverständnis her sah sich der Sozialismus als Fortsetzung der klassisch-bürgerlichen Moderne des 18. Jahrhunderts. In ihrer Rezeption versuchte die Philosophie der DDR, den Anspruch als einzig legitime Nachfolgerin der Aufklärung zu begründen.[10]

Anders agierte die DDR-Philosophie dagegen auf dem Feld der marxistisch-leninistischen Philosophie. Hier versuchten die Philosophen der DDR – in kämpferischer Auseinandersetzung mit dem Westen – ein eigenes Selbstverständnis ihres Staatssozialismus zu entwickeln. In dieser Tätigkeit unterschieden sie sich in zwei Punkten grundsätzlich von der Philosophie der BRD. Zum einen blieben die DDR-Philosophen explizit politisch, machten also den historisierenden Rückzug der bürgerlichen Philosophie des 19./20. Jahrhunderts auf ein Agieren an zweiter Linie nicht mit. Zum anderen behielten sie den klassischen, absoluten Wahrheitsanspruch bei und entwickelten keine neuen, relativen Konzepte von Wahrheit.

Die Gründe dafür, dass die Philosophie der DDR diese zwei Entwicklungen nicht mitmachte, liegen in der anderen politischen Situation und Struktur der – entstehenden – sozialistischen Staaten.[11] Deren Philosophie steht vor der Aufgabe, ein der Organisationsstruktur sozialistischer Gesellschaften entsprechendes diskursives Dispositiv zu entfalten. Folglich ist diese Philosophie ebenso wie die klassisch bürgerliche Philosophie direkt politisch eingreifend und kann sich einen Rückzug auf die zweite Linie gar nicht leisten. Die sozialistischen Staaten haben nicht diesen Grad an Stabilität erreicht, dass sie mit einer „unpolitischen" Philosophie hätten operieren können.[12] Im Gegensatz zu ihrem Anspruch, von der bürgerlichen Gesellschaft Ende des 19. Jahrhunderts das Staffelholz des Fortschritts übernommen zu haben, ist aber der Staatstypus sozialistischer Gesellschaften rückständig. Sie machen die Entwicklung zu dem liberalen Typus einer parlamentarisch-repräsentativ verfassten Staatlichkeit nicht mit, sondern bleiben dem obrigkeitsstaatlichen Modell verhaftet. Das hat zur Folge, dass auch ihre Philosophie sich in dieser Hinsicht nicht entwickelt, sondern weiterhin mit einem absoluten Wahrheitsanspruch auftritt und einen begriffsphilosophischen Ansatz verfolgt. Dieser Gleichlauf von staatlicher Verfasstheit und Philosophietypus ist nur konsequent und im Grunde für eine herrschaftsförmige Philosophie gar nicht anders möglich. Eine solche Philosophie, die der Herrschaft und ihrer konkreten Form, dem Staat, zuarbeitet, muss sich an den Strukturen seiner Verfasstheit orientieren. Will sie ihn unterstützen, muss sie mit ihm stimmig sein. Das stimmige Modell zum Obrigkeitsstaat ist der absolute Wahrheitsanspruch und der begriffsphilosophische Ansatz. Beides haben sowohl die Philosophen der DDR als auch die dogmatisch-marxistischen Philosophen des Westens, die sich auf den Staatssozialismus hin orientiert haben, vertreten.[13]

Auch die Philosophie in der DDR stand aber vor Legitimationsproblemen. Marx' These, dass die Philosophie überflüssig werde: „Die selbstständige Philosophie verliert mit der Darstellung der Wirklichkeit ihr Existenzmedium"; sie wird durch die „positive Wissenschaft" ersetzt (MEW 3, 27), stellte auch die Philosophie im Realsozialismus in Frage. Der Marxismus-Leninismus der realsozialistischen Staaten verstand sich weiterhin als Philosophie und ist keineswegs zu ihrer Abschaffung übergegangen. Schon Engels hatte versucht, einen verbleibenden Wirklichkeitsbereich für die Philosophie zu finden: „Für die aus Natur und Geschichte vertriebene Philosophie bleibt dann nur noch das Reich des reinen Gedankens, soweit es noch übrig: die Lehre von den Gesetzen des Denkprozesses selbst, die Logik und Dialektik" (MEW 21, 306).[14] Engels verarbeitet so die oben schon beschriebene historische Situation, dass die Philosophie Ende des 19. Jahrhunderts in Konkurrenz mit den Naturwissenschaften und den historischen Wissenschaften tritt und nun genötigt ist, in dieser Konkurrenzsituation für sich einen verbleibenden Tätigkeitsbereich zu finden. Da es nun möglich ist, Natur und Geschichte wissenschaftlich zu erforschen komme es „nicht mehr darauf an, Zusammenhänge im Kopf auszudenken, sondern sie in den Tatsachen zu entdekken" (ebd.). Da Engels die Philosophie aber auch weiterhin als Wissenschaft auffasst und sie nicht auf eine Position auf zweiter Linie als Wissenschaftstheorie, als bloße Zuarbeiterin der Wissenschaft*en* beschränken will, verbleibt aus seiner Sicht nur der grundlegende Bereich menschlichen Denkens selbst als Gegenstand wissenschaftlicher Philosophie. In Orientierung an dieser Position von Engels hat sich auch die DDR-Philosophie für Wissenschaft gehalten. Philosophie als Wissenschaft sollte Antwort auf *die philosophische Grundfrage*, die Frage nach dem Verhältnis von Materie und Bewusstsein geben (Einführung 1972, 28).[15] Das zweite Problem, das sich einer Philosophie, die wie die der DDR mit einem absoluten Erkenntnis- und Wahrheitsanspruch hinsichtlich der Natur und der Geschichte antrat, stellte, war die unbestreitbare Evidenz dessen, dass es in der Geschichte der Philosophie bislang noch nie einen Erkenntnisfortschritt gegeben hat und insofern der wissenschaftliche Charakter der Philosophie alles andere als klar ist. Dieses Problem wurde mehr oder weniger überzeugend gelöst. Weniger überzeugend fällt z.B. die Lösung in der von einem Autorenkollektiv als Lehrbuch erstellten „Einführung in den dialektischen und historischen Materialismus" aus. Dort wird der eigene Wissenschaftsanspruch der marxistisch-leninistischen Philosophie damit begründet, dass sie in Übereinstimmung mit den Wissenschaften sei, keinerlei Aberglauben dulde, die Erkennbarkeit der Welt verteidige und eine abgeschlossene, harmonische und humanistische Weltanschauung sei (Einführung 1972, 26f). Keine der hier behaupteten Eigenschaften der marxistisch-leninistischen Philosophie ist in der Lage, einen Wissenschaftsanspruch zu begründen. U.a. solche „Argumentationen" haben dazu geführt, dass man die Philosophie der DDR nach 1990 als gänzlich indiskutabel abtun konnte.

Allerdings gibt es bessere Argumente. Peter Ruben - der ob seiner Biographie nicht eines dogmatisch verhärteten Marxismus verdächtig ist (vgl. Rauh 1991, 6) - hat sich in seinem Buch *Philosophie und Mathematik* (1979) im Kapitel „Was ist Philosophie?“ (ebd. 11-25) mit diesen Problemen auseinandergesetzt. Auch Ruben bestimmt die *Grundfrage* als die Frage nach dem Verhältnis von Denken und Sein (Ruben 1979, 11). Dadurch dass die Menschen im Verlauf ihrer Geschichte lernen, planmäßig zu arbeiten und diese planende Tätigkeit zudem noch einer arbeitsteiligen Spezialisierung unterliegt, kann der Eindruck entstehen, dass das Denken, also das Planen und Organisieren eines Arbeitsprozesses, dem Sein, also der Produktion der materiellen Güter selbst, vorhergehe. Diese Verkehrung der Verhältnisse hat also selbst eine materielle Grundlage in der konkreten Form der Organisation der Arbeit. Es ist die Aufgabe der Philosophie diesen falschen „Schein“ der Realität zu beseitigen. Diese Frage hat zugleich eine politische Dimension. Denn mit dieser Arbeitsteilung ist die Bildung von Herrschaftsverhältnissen verbunden. Die planenden und lenkenden Arbeiter werden die Herrschenden, während die ausführenden Arbeiter die Beherrschten werden. „Indem nun der Schein der Bestimmtheit der materiellen Produkte durch die ideellen zugleich auf das Interesse der Ausbeuter stößt, jene Trennung namens der Erhaltung der eigenen Herrschaft aufrechtzuerhalten, gewinnt die philosophische Grundfrage ihre politische Dimension“ (ebd. 13). Philosophie wird hier zu Recht mit der Artikulation antagonistischer Interessen in Verbindung gebracht. Damit werden implizit zwei Behauptungen aufgestellt: erstens, dass die Vertretung der Interessen der Beherrschten und Herrschenden *eindeutig* auf die philosophischen Positionen Idealismus und Materialismus festgelegt sei, und zweitens, dass dies für immer gelte. So wird die Philosophie unzumutbar vereinfacht und die vielfältigen Entwicklungsmöglichkeiten von Systemen herrschaftsförmiger Philosophie ignoriert. Das merkt in gewissem Sinne auch Ruben, denn eine Konsequenz dieser Verfestigung von Philosophie ist es, dass mit der behaupteten Abschaffung der Klassenverhältnisse und der Herrschaft im Sozialismus die Philosophie zu Ende sein müsste. Wenn aber auch der Klassenkampf beendet ist, so bleibt doch die Teilung der Arbeit in Planende und Ausführende erhalten und damit der spontane Schein des Idealismus und die philosophische Notwendigkeit, das Verhältnis beider grundsätzlich zu bestimmen, d.h. die Notwendigkeit der Philosophie (ebd. 13ff). Mit dem Sozialismus fällt somit nur die politische, die klassenkämpferische Seite der Grundfrage weg. Nur nach außen im Verhältnis zu den imperialistischen Staaten bleibt diese Komponente - noch - erhalten. Die sozialistische Philosophie aber kann jetzt Wissenschaft werden. Sie wird Wissenschaft im Sinne Hegels. Das bedeutet, dass es darauf ankommt, die Philosophie als Ganze zu betrachten und nicht die einzelnen Philosophen und Philosophien (vgl. Hegel, Einleitung in die Geschichte der Philosophie). Die Philosophie ist historisch, weil sie sich auf die je historisch konkrete Konstellation der „Grundfrage“ bezieht und sie theoretisch reflektiert. Insofern ist die Philosophie der Ablauf der Menschheitsgeschichte in der Theorie, die Reflexion auf den Prozess der „Herausbildung der menschlichen

Gattungsnatur" (Ruben 1979, ebd. 21). Die Philosophie ist der sich entwickelnde Gedanke und ihr wissenschaftlicher Charakter liegt eben in dem Wissen um „die allgemeine Natur der Geschichtlichkeit" (ebd. 20). Somit löst sich auch das Problem, dass bislang in der Philosophie kein Wissensfortschritt zu beobachten war. Die ständige Änderung der philosophischen Positionen beruht eben auf der historischen Veränderung der gesellschaftlichen Verhältnisse. Wenn unter dieser Perspektive Philosophie als Ganze als Akkumulation von Wissen gesehen werden kann, so ist dies doch zunächst ein Blick von außen auf die Philosophie. Damit ist noch nicht geklärt, wie Wissenschaft als ein bewusster und gezielter Prozess der Wissensproduktion in der Philosophie möglich wird. In der Philosophie soll nun Wissenschaft möglich werden, indem die gattungsgeschichtliche Entwicklung der Menschen an ihr Ende kommt und dieses Ende ist der Kommunismus: „erst auf dem Standpunkt der Arbeiterklasse [kann] die Philosophie zum wissenschaftlichen Bewusstsein ihrer selbst gelangen" (ebd., 22). Als solchermaßen reflektierte, nicht mehr in politische Interessen verwickelte und im Besitz des Wesens der menschlichen Existenz, der Arbeit, ist Philosophie nun nicht länger die unbewusste Reflexion (Widerspiegelung) der historischen Gestalt der „Grundfrage", sondern ihre bewusste Klärung. Als solche ist sie selber Wissenschaft, die Wissenschaft vom Allgemeinen. Diese Argumentation beruht auf zwei Thesen, die als Thesen nicht eingeführt und dementsprechend auch nicht begründet worden sind, dass erstens die Menschheitsgeschichte die zwangsläufige Entfaltung der naturhaft vorgegebenen Gattungseigenschaften des Menschen ist und dass zweitens das Endziel dieses Prozesses der Kommunismus ist, als der einzige gesellschaftliche Zustand, in dem es möglich ist, die entwickelte Gattungsnatur zu verwirklichen. Hier wird die Argumentation zirkulär. Denn diese Thesen werden nun von der „Philosophie als dialektischer und historischer Materialismus" (ebd.) bewiesen.

Auch diese Philosophie ist keine Wissenschaft. Auch sie setzt ihre Thesen willkürlich, auch sie behauptet aber, dass solche Setzung auf wahrer Erkenntnis beruht. Im Gegensatz zu den oben dargelegten Modellen relativer Wahrheit behält sie den absoluten Wahrheitsanspruch bei, der Folge ihrer Geschichtsmetaphysik ist. Wenn eine bestimmte Gesellschaftsform das notwendige Ziel der Gattungsentwicklung ist, dann ist der Staat, der diese Gesellschaft bzw. ihre Vorstufe darstellt, ein historisch notwendiger Staat. Es kann dann - zumindest zur gleichen Zeit - keine dem Menschen angemessenere Gesellschaft mehr geben. Dass diese Aussage schon zu DDR-Zeiten wenig überzeugend klang, war eines der Probleme des realexistierenden Sozialismus. Die DDR hat darauf zumeist mit dem Versuch reagiert, Abweichungen von diesen philosophischen Thesen politisch zu sanktionieren. Philosophie wurde zu einer politischen Glaubensfrage. Damit verabschiedet sich Philosophie ganz bewusst von der Möglichkeit, unterschiedliche Modelle menschlichen Lebens zur Debatte zu stellen, weil sie immer schon auf ein ganz bestimmtes historisches Staatssystem festgelegt ist. Solche Philosophie ist auf eine klassisch traditionelle Weise herrschaftsförmig und hat sich von jedem Emanzipationskonzept verabschiedet.[16]

Die Schulen *der Philosophie*

Die mögliche Herrschaftsförmigkeit von Philosophie zeigt sich aber nicht nur an ihren Wahrheitsansprüchen, sie zeigt sich auch in ihren Organisationsformen. Während Philosophie als die Sucherin der Wahrheit Modelle zur Legitimation von Herrschaft konstruiert, sind ihre Institutionen zumeist selbst herrschaftsförmig organisiert. Philosophie organisiert sich bevorzugt in „Schulen". Nun ist es zunächst nichts Ungewöhnliches, dass Wissen gelehrt wird, und auch wenn die Philosophie keine Wissenschaft ist, so gibt es doch Erfahrungswissen, welches für die philosophische Praxis wichtig ist. Es gibt schon vorhandene philosophische Entwürfe und Konzepte und es gibt philosophische Fertigkeiten und Techniken. All dieses, welches zur Beherrschung der kulturellen Praxis des Philosophierens nötig ist, kann gelehrt werden. Ebenso hat sich für diesen Prozess der Wissensvermittlung an die neuen Generationen die Form der Schule schon lange entwickelt. Philosophische Schulen sind etwas anderes. Philosophie organisiert sich selbst von Anfang an in Schulen, im Sinne von Parteien. Dies liegt am politischen Gehalt der Philosophie. Philosophen sind politische Menschen. Sie wollen nicht nur kulturelle Kenntnisse vermitteln, sondern an der Gestaltung des menschlichen Lebens und Zusammenlebens mitarbeiten. Sie propagieren zumeist einen bestimmten Entwurf von Gesellschaft. Diesen wollen sie nicht nur philosophisch begründen, sondern auch politisch umgesetzt sehen. Wenn Philosophen dieses Geschäft der alltäglichen Gesellschaftspolitik in der Regel nicht selbst bzw. nicht gleichzeitig mit ihrer philosophischen Tätigkeit betreiben, so versuchen sie doch häufig hier unterstützend Einfluss zu nehmen. Die Institution solcher Einflussnahme ist für die Philosophie klassischer Weise die „Schule". Philosophische Schulen erfüllen hierbei zwei Funktionen. Zum einen versuchen sie möglichst viele Anhänger zu finden, zum anderen versuchen sie eigenen philosophischen Nachwuchs heranzubilden, eigene Traditionszusammenhänge zu schaffen. Nun sind die Gewinnung von Anhängern und die Ausbildung von Nachwuchs Tätigkeiten, die auch anderswo zu finden sind. Heutzutage finden wir sie z.B. in allen Bereichen universitärer Tätigkeit. Sie dienen hier dazu, institutionelle Politik innerhalb eines Faches zu betreiben. Man kann erfolgreicher auf die Besetzung von Lehrstühlen Einfluss nehmen, Forschungsgelder akquirieren oder auch Publikationen beeinflussen, wenn man zu mehreren agiert und sich so gegenseitig die Bälle zuspielen kann. Seilschaften sind keine Erfindung der Philosophen. Dennoch kann die philosophische Schule über diese fachinterne Politik hinaus Bedeutung haben. Die Schule der Pythagoräer ebenso wie die platonische Akademie waren keine Agenturen zur Requirierung von Forschungsgeldern, sondern „Parteien" durchaus, auch im allgemeinpolitischen Sinne. Von den Pythagoräern ist aus ihrer frühen Zeit sogar die Verwicklung in Bürgerkriege überliefert (Pythagoras 1979, 1264, 1268). Platon reiste zweimal nach Syrakus, um dort als Politikberater zu fungieren. Auch die hellenistische Philosophie - die Peripatetiker, die Stoa, der Epikureismus und die Skepsis - hat sich ebenso wie die chinesische Philosophie - der Konfuzianismus, der Daoismus, der Buddhismus - in Schulen organisiert (Überweg 1926, 34ff,

Bauer 2000). Diese Organisationsform hat sich bis heute (Marxismus, Phänomenologie, sprachanalytische Philosophie, Heideggerschule) in der Philosophie gehalten. Philosophische Schulen haben immer eine allgemeinpolitische Komponente, weil sie der Philosophie selbst innewohnt, auch wenn sie nicht immer so stark und eindeutig ausgeprägt ist, wie z.B. bei Pythagoras und Platon.

Die „Schule" der Philosophie seit dem 19. Jahrhundert ist die Universität. Auch die Herausbildung philosophischer Schulen im engeren Sinne ist seitdem an die Universität gebunden. Neukantianismus, Phänomenologie, Frankfurter Schule, Wiener Kreis, sie alle entstehen entweder direkt an der Universität oder werden durch Universitätsprofessoren gegründet. Die Universität unterscheidet sich von den bisherigen philosophischen Schulen maßgeblich durch ihre *staatliche* Institutionalisierung, aber sie bleibt ein - wenn auch besonderer - Typus der philosophischen Schule. Im 19. Jahrhundert entsteht die Universitätsphilosophie und mit ihr der staatlich bezahlte Lehrer der Philosophie. Es ist dies ein weiterer Schritt auf der Skala philosophischer Professionalisierung. Philosophen entstehen zunächst aus der arbeitsteiligen Spezialisierung der allgemeinen Praxis menschlicher Selbstverständigung. Jene durch Arbeitsteilung entstandenen Spezialisten können sich nun zu einem Berufsstand weiterentwickeln. Der Berufsstand der Philosophie wird im 19. Jahrhundert der der Philosophieprofessoren. Seine Entwicklung muss unter zwei Aspekten betrachtet werden, zum Ersten in Hinsicht auf seine Funktion in der Humboldtschen Universität (vgl. Wolf 1972) und zum anderen im Zusammenhang mit dem Prozess der Historisierung des Wissens (vgl. Schneider 1992). Beide Probleme interessieren für meine Fragestellung nach den Praxen der herrschaftsförmigen Philosophie nur am Rande. Interessant ist dagegen, ob die philosophische „Schule" grundsätzlich eine herrschaftskonforme Organisationsform ist und was in dieser Hinsicht für ihre heute bei uns vorherrschende, staatlich institutionalisierte Form gilt.

Schule als ein Vermittlungszusammenhang von kulturellem Wissen ist immer nötig und zunächst neutral. Es kommt auch hier darauf an, wie man dies betreibt. Daran ändert sich auch nichts, wenn hierzu wie bei der philosophischen Schule noch der Aspekt der gemeinsamen Verfolgung einer Lebens- und Gesellschaftsperspektive kommt. Dass Menschen, die gemeinsame Projekte verfolgen, sich darin gegenseitig unterstützen, dass die in einer bestimmten Hinsicht Erfahreneren den in dieser Hinsicht weniger Erfahrenen Hilfestellung geben bzw. sie ausbilden, ist unumgänglich. Philosophie ist nie die Tätigkeit eines Einzelnen mit sich selbst, sondern selber immer ein sozialer Prozess. Zwar mag es in Schulen Autoritätsverhältnisse geben, wie sie sich im Verhältnis von Älteren, Erfahreneren, Wissenderen gegenüber Jüngeren, Unerfahreneren und weniger Wissenden häufig einstellen. Autorität ist aber noch kein institutionalisiertes Machtverhältnis, also keine Herrschaft. Die philosophische Schule ist zunächst eine herrschaftspolitisch neutrale Form.

In der Universität dagegen werden diese Verhältnisse institutionalisiert. Welche Folge hat dies? Institutionalisierung bedeutet, dass, unabhängig von den Personen,

Ressourcen zur Verfügung gestellt werden, die es ermöglichen, einen Apparat aufzubauen und am Leben zu halten. Diese Mittel werden nun an einzelne Philosophen verteilt, die damit die Möglichkeit gewinnen, ihren Lebensunterhalt aus ihrer philosophischen Tätigkeit zu erzielen. Herrschaft beginnt mit der gesellschaftlich zugewiesenen Verfügungsgewalt über die Lebensressourcen Einzelner. Die Anstellung der Hochschullehrer für Philosophie wird durch den Staat, d.h. durch den Kultus- oder Wissenschaftsminister des Bundeslandes auf Vorschlag der Universität selbst vollzogen. Die Verteilung der weiteren Mittel obliegt dann den angestellten Lehrern der Philosophie selbst. Damit haben wir zum Ersten einen staatlichen Eingriff durch die Benennung der Professoren. Zum Zweiten wird damit den Professoren die Verfügungsgewalt über die Rekrutierung ihres Nachwuchses verliehen. Da gerade in Philosophie die Zahl der Stellen so gering ist, dass von einem Markt nicht gesprochen werden kann,[17] bedeutet dies, dass hier der Nachwuchs in aller Regel nur aus der engsten Jüngerschaft genommen wird.[18] Damit haben wir hier zwei Stellen, wo von oben darüber entschieden wird, wem die Ressourcen zur Verfügung gestellt werden, die man braucht, um hauptberuflich philosophieren zu können. Dies sind aber nicht die einzigen Herrschaftspositionen im universitären Gefüge der Philosophie. Fächerkanon und Prüfungskompetenzen beziehen bereits Studenten in diesen hierarchischen Aufbau ein. Die Universität ist ein undemokratisches Gebilde.[19] Die heutige universitäre Form der Organisation der Philosophie ist daher für eine demokratisch-emanzipatorische Philosophie prinzipiell ungeeignet. Sie reproduziert den Wahrheitsanspruch der herrschaftsförmigen Philosophie und ihr legitimierendes Verhältnis zu Staat und Herrschaft auf der institutionellen Ebene.

Praxen kritischer Philosophie

Während die von Marx gestellte und von Engels verschärfte Frage nach der Möglichkeit einer materialistischen Philosophie in der DDR zum Versuch einer Verwissenschaftlichung der Philosophie geführt hat, hat sich bei nicht am realexistierenden Sozialismus orientierten West-Marxisten die Frage darauf zugespitzt, ob es überhaupt eine marxistisch-materialistische Philosophie geben kann und wenn ja, welche Aufgabe sie neben der Wissenschaft denn haben könnte.[20] Wenn sich auch die erste Frage bald von selbst erledigt hat, so hat sie sich doch dahin ausgewirkt, dass solche Philosophie sich in Beantwortung der zweiten Frage vor allem als Kritik verstanden hat.[21]

Ein Beispiel dafür ist die von Haug mit dem *Projekt Ideologie Theorie* entwickelte Ideologietheorie. Haug hat in einem Vortrag von 1989 versucht, sein Verständnis von Philosophie darzustellen (Haug 1990). Er sieht die Philosophie als imaginäres Gemeinwesen (ebd., 508), als gedachten Staat, als die in Gedanken gefasste und ideell reproduzierte Herrschaftsordnung. Unausgesprochener Ausgangspunkt dieses Konzepts von Philosophie ist die Idee einer ursprünglichen, solidarischen, herrschaftsfreien Gesellschaft: das Gemeinwesen. Dieses werde im

Prozess der Entstehung von Herrschaft zerstört, wodurch eine „Entfremdung" der Menschen eintrete. Für Haug ist die Philosophie nun jene Instanz, die dieses Gemeinwesen im Bereich des Imaginären wiederherzustellen sucht. Philosophie ist das spekulative Denken des Zusammenhangs (ebd., 510). Das Ganze, welches die Philosophie bedenkt, ist für ihn also das ursprünglich-solidarische Gemeinwesen. Ganz ist hier nicht nur als Gegensatz von Teil, sondern auch als Gegensatz von zerstört gedacht. Philosophie produziere nun, indem sie dieses zerstörte Gemeinwesen im Bereich des Imaginären zu erhalten sucht, Unterstellungseffekte. Die Unterstellung, die die Philosophie produziert, ist zum einen die Unterstellung, dass dieses Gemeinwesen dennoch weiterhin ganz sei - Unterstellung hier im Sinne von jemandem etwas unterstellen - und zum anderen der dadurch erreichte Unterstellungseffekt der Subjekte - im Sinne von sich jemanden, sich einer Sache unterstellen. Philosophie heile die Entfremdung nur im Bereich des Gedankens. Nur im Imaginären werden die Beherrschten und Herrschenden wieder zusammengeführt, das Ganze des zerstörten gesellschaftlichen Zusammenhangs rekonstruiert.[22] Die Notwendigkeit von Philosophie folgt daher aus der tatsächlichen Zersetzung des Gemeinwesens. Damit das Gemeinwesen trotz seiner Zerstörung existieren kann, damit die in Klassen gespaltene Gesellschaft stabil bleibt und nicht im Bürgerkrieg untergeht, darum bedarf es seiner imaginären Rekonstruktion, die einen gemeinschaftlichen Sinn stiftet. Philosophie umfasst die Praxis dieser imaginären Rekonstruktion, das Ideologische. Philosophische Praxis ist Praxis ideologischer Vergesellschaftung der Subjekte in Herrschaftsverhältnisse hinein. Sie entwirft dafür Modelle, in denen sich die Beherrschten mit den Herrschenden immer noch solidarisch empfinden können. Die Interessengegensätze werden in einem übergreifenden, großen Ganzen aufgefangen. Klassisches Beispiel für ein solches Modell ist z.B. die in der römischen Antike entwickelte Vorstellung, der Adel sei der Kopf der Gemeinschaft und die Plebs der Körper; wenn Kopf und Körper auch nicht immer gemeinsame Interessen haben, so können sie doch nicht ohne einander existieren und müssen zusammenarbeiten.

Haug analysiert hier den Typus von Philosophie, den ich als herrschaftsförmige Philosophie bezeichne. Er begreift dies aber nicht als einen bestimmten Typus von Philosophie, sondern als die Philosophie überhaupt. Sein Philosophiebegriff erfasst damit nur die Philosophie der anderen, seine eigene Tätigkeit lässt sich unter seinen eigenen Begriff von Philosophie nicht subsumieren![23] Damit geht einher, dass Haug auch keine Philosophie hat, die über eine Kritik bzw. eine Theorie des Ideologischen hinausginge. Seine eigene Praxis sieht er in richtiger Selbsteinschätzung als „Kritik und noch einmal Kritik" (ebd. 516). Besteht das solidarische Gemeinwesen wieder, so bedarf es nach dieser Auffassung eben keiner Philosophie mehr. Kritik oder kritische Philosophie ist daher nur möglich als Destruktion, bestenfalls Aufklärung. Eine positive Funktion der Philosophie kann in diesem Modell nicht gedacht werden.

Kritik an der herrschenden Philosophie ist unbedingt notwendig, reicht aber nicht aus. Das weiß auch Haug. Daher hat er, vor allem im Rahmen einer um zwei

Schlussabsätze erweiterten Neuveröffentlichung seines Vortrags (1993) versucht, einem positiven Begriff der Philosophie als einer „Philosophie der Praxis" (Gramsci) bzw. „Philosophie der Befreiung" (Dussel) Konturen zu geben. Er landet dabei aber „nur im Geisterreich der Utopie" (ebd. 191).[24] Zu Recht weist Haug darauf hin, dass es nicht möglich ist, sich eine solche Philosophie auszudenken, sondern dass sie erst entstehen kann, wenn eine „soziale Bewegung sich ihrer annimmt, weil sie ihrer bedarf" (ebd. 190).

Dies ist eine *philosophische* Praxis, die für die Aufrechterhaltung und Legitimierung von Herrschaft nichts taugt. Fraglich ist aber dennoch, ob diese Praxis und dieses Modell von Philosophie für eine demokratisch-emanzipatorische Praxis der Philosophie taugen. Dies muss man über das Moment des aufklärerisch-destruktiven hinaus verneinen. Da Haug Philosophie immer nur als imaginäre Reparaturinstanz für zerstörte solidarische Verhältnisse sieht, kann er kein Konzept haben, wie Philosophie bei der Entwicklung eines positiven Selbstverständnisses eines solidarischen Gemeinwesens mitwirken kann. Zudem liegt diesem Denken unausgesprochen auch die Vorstellung zugrunde, dass es nur *eine* mögliche Form einer solchen Gesellschaft geben könne. Nur in dieser einen Form lebe der Mensch menschlich und könne seine Entfremdung aufheben. Als alternativloses bedarf ein solches Gemeinwesen dann tatsächlich keiner positiven Begründung mehr, es reicht zu zeigen, dass alle anderen unangemessen waren. Dass es eine Vielzahl von Ausführungsmodalitäten für solidarische Gesellschaften geben kann und dass sich daher das Selbstverständnis solcher Gesellschaften nicht aus ihrer Praxis von selbst ergibt, sondern ebenfalls der Reflexion, Explikation und Begründung bedarf, wird hier übersehen. Insofern liegt der These von der Abschaffung der Philosophie bzw. ihrer Begrenzung auf Kritik ein gewisser Dogmatismus zugrunde. Philosophie erscheint hier als überflüssig, weil die sozialen Verhältnisse einer „wahren", „unentfremdeten" Gesellschaft aus sich selbst begründet seien. Indirekt liegt damit auch dieser Philosophie wieder ein Wahrheitsanspruch zugrunde. Dieser fühlt sich sogar so stark, dass er glaubt der philosophischen Begründungen entbehren zu können, weil er durch die Wirklichkeit selbst begründet werde. Diese „Kryptophilosophie" ist einer der Hintergründe für den Verzicht auf die explizite Entwicklung einer positiven Philosophie.[25]

Praxen radikaldemokratisch-emanzipatorischer Philosophie

Das Bedürfnis nach lebenspraktischer Orientierung ist zur Zeit sehr groß. Es wird überwiegend aber nicht von der Philosophie abgedeckt, sondern von esoterischen, spirituellen, theologischen, psychologischen, soziologischen und sonstigen Ratgebern. Dies ist unter anderem so, weil die Philosophie wenig brauchbare Angebote macht. Philosophie, die auf Veränderung abzielt, muss sich auf den Markt begeben. Sie darf damit nicht warten, bis irgendwo *die* revolutionäre, soziale Bewegung entsteht, sondern sie muss sich an die sozialen Projekte und Gruppen mit einer demokratisch-emanzipatorischen Ausrichtung wenden, die es momentan gibt, und sich an deren Bedürfnissen orientieren.

Entscheidend für die herrschaftsförmige Philosophie traditionellen Typus ist ihr Wahrheitsanspruch, den sie nur aufrechterhalten kann durch die Fiktion der Ort- und Zeitlosigkeit ihrer Rede. Dazu bedarf es der Übersetzung aller historischen in metaphysische Ereignisse, der Entkleidung der in der Philosophie tätigen Individuen zu bloßen schemenhaften Trägern ihrer Texte und des Verschweigen der strategischen Lagesituation, von der aus man spricht. Dazu gehört auch die Entnennung des eigenen Eingriffs, das Verbergen des mit einer bestimmten - politischen - Absicht handelnden Subjekts hinter der Sprache, in deren scheinbar objektiven Strukturen der philosophische Effekt schon angelegt und vom Philosophen nur noch entdeckt worden sei. Demgegenüber muss eine demokratisch-emanzipatorische Philosophie ihre Karten auf den Tisch legen, um den von ihr Angesprochenen die Möglichkeit zu geben, ihren Eingriff zu sehen und sich zu ihm zu verhalten. Dazu bedarf es keiner vollkommenen Selbstreflexion des Philosophen über sein Tun, sondern nur seiner intellektuellen Redlichkeit. Er muss sich selbst als historisches Subjekt mit seiner Analyse der Lage, seiner Strategie zu ihrer Veränderung und seinem - politischen - Ziel sichtbar machen. Der Effekt solcher Philosophie kann dann nurmehr die Organisation bewusster und gewollter Zustimmung sein. Der sprachanalytische und auch der kommunikationstheoretische Ansatz der Philosophie sind ein Schritt in Richtung demokratischer Philosophie. Sie gehen aber nur so weit, wie auch die Demokratisierung heute auf der politischen Ebene geht und d.h., mir nicht weit genug. Wie das parlamentarische System nur eine repräsentative Demokratie ist, so ist auch solche Philosophie nur scheinbar wirklich demokratisch. Eine radikal demokratische Philosophie dagegen muss sich der Lehre vom Richterstuhl enthalten. Eine solche Philosophie ist kein Kohärenzdiskurs. Es kann in ihr nicht darum gehen, das große Gemeinsame zu finden, sondern die Differenzen klar zu akzentuieren, das „Gegen" zu benennen und offen Partei zu ergreifen.

Die Zurückweisung des Selbstverständnisses der Philosophie als Wissenschaft ist nötig, will man zu einem radikaldemokratisch-emanzipatorischen Konzept von Philosophie gelangen. Bei dem damit verbundenen Streit um den Begriff von Philosophie geht es nicht darum, was Philosophie „wirklich" ist, sondern darum was man mit Philosophie will. Wenn ich hier einen eigenen demokratisch-emanzipatorischen[26] Begriff von Philosophie skizzieren will, der sich kurz gefasst so benennen lässt, dass ich professionelle Philosophie, die für andere Prozesse der Selbstverständigung organisiert, für einen *Wegweiser* halte, der Wege eröffnet oder verschließt, so ist dieser bestimmt durch mein Interesse an der Philosophie, nämlich den Aspekt an ihr herauszustellen, wo sie produktiv sein kann für eine Praxis der Veränderung: zum einen politisch-gesellschaftlicher, zum anderen individuell-zwischenmenschlicher. Solche Philosophie kann nach meinem Verständnis sowohl auf der individuellen als auch auf der gesellschaftlichen Ebene drei wichtige Aufgaben wahrnehmen. Zum Ersten übt sie Kritik an den herrschenden Auffassungen menschlichen Lebens und räumt damit erst einmal das Feld frei für mögliche Neuentwürfe. Zum Zweiten stellt sie selber eigene Vorschläge für mögliche Entwürfe menschlichen Lebens zur Debatte. Zum Dritten unterstützt sie und gibt Rat bei der Entwicklung und Umsetzung vorhandener, von sozialen Gruppen oder einzelnen Personen für sich gewählter Entwürfe menschlichen Lebens. Der Begriff des „Entwurfs" ist dabei weit zu fassen. Ein „Entwurf" menschlichen Lebens liegt nicht erst dann vor, wenn die allgemeine Stellung des Menschen im Kosmos und die mögliche oder unmögliche Sinnhaftigkeit seines Lebens im Ganzen Thema ist, sondern immer auch schon dann, wenn es um ganz konkrete Positionierungen im sozialen Gefüge und Überlegungen zum eigenen Selbstverständnis geht.

Demokratisch-emanzipatorische Philosophie versucht Wege, Denkmöglichkeiten zu eröffnen, Handlungsfelder zu erschließen, indem sie den Freiraum des Politischen als solchen aufweist. Philosophie ist zuerst eine Frage des Wünschens und des Wollens. Erst wenn ich weiß, was ich möchte, was meine Interessen sind, stellt sich die Frage, welche faktischen Möglichkeiten bestehen, sie zu verwirklichen. Die vorgängige Frage nach dem Ziel ist keine Frage des Könnens, sondern eine des Wünschens. Nun erscheint der Begriff des Wünschens ziemlich beliebig. Wünschen kann man sich alles mögliche. Ist eine solche Beliebigkeit in der Philosophie überhaupt zulässig, bedarf es hier nicht einer gewissen Strenge des Gedankens? Zunächst nicht. Wichtig ist es zunächst, sich den grundsätzlichen Handlungsspielraum menschlicher Freiheit überhaupt klar zu machen. Philosophie, die sinnvollerweise den Anspruch auf die Möglichkeit der Verwirklichung ihrer Konzepte erhebt, darf dabei nicht stehen bleiben, aber sie muss damit beginnen. Emanzipation ist Befreiung. Emanzipatorische Philosophie muss die Menschen nicht nur von dem Gedanken der scheinbaren Unvermeidbarkeit von Herrschaft befreien, sondern zunächst auch von den ihn tragenden Sachzwangargumenten. Zunächst muss der absolute Freiraum alles Möglichen erschlossen werden, in dem solche Zwänge nicht mehr gelten, damit man überhaupt erst wieder den Mut gewinnen kann, die eigenen Interessen radikal zu artikulieren und ungebrochen zu ihnen zu stehen. Diesen Raum des Möglichen - im Sinne des erst einmal-grundsätzlich-für-alles-Offenen - und der Herrschaftsfreiheit zu erschließen, muss der erste Schritt hin zu demokratisch-emanzipatorischer Philosophie sein. Solche Philosophie muss klar machen, dass man sich *alles* wünschen kann, dass nötige Selbstbeschränkung - aus naturalen und gesellschaftlichen Gründen - nicht bereits auf dieser Ebene anzusetzen hat, sondern immer erst danach. Die Frage nach dem Ziel ist auch keine, die von irgend jemandem für alle anderen allgemein menschlich und abstrakt entschieden werden könnte, sondern sie stellt sich für jeden Einzelnen in seinen sozialen Bezügen und mit seinen persönlichen Mitmenschen anders und muss von jedem Einzelnen für sich selbst entschieden werden. Wenn es gelungen ist, diesen Freiraum aufzumachen und zu den eigenen Interessen vorzustoßen, dann erst muss man sich der Frage nach ihren Realisierungsmöglichkeiten stellen. Jetzt erst darf sich die Zielfrage einer emanzipatorischen Philosophie verengen: von der Frage: „was wünsche ich" zu der Frage „Was will ich". Während Wünschen nur die Klärung und Artikulation der eigenen Interessen bedeutet, zielt Wollen auf ihre strategische Umsetzung ab. Das Wollen muss daher sinnvollerweise bereits die Verwirklichungsmöglichkeiten in den je konkret gegebenen historisch/sozialen Handlungsräumen einbeziehen und ist somit schon ein Schritt in Richtung auf die nötige, handlungsorientierte Selbstbeschränkung. Selbstverständlich kann nicht alles, was man sich wünscht, verwirklicht werden. Dies scheitert am Zufall, an naturgesetzlichen Zwängen, an sozioökonomischen Gesetzmäßigkeiten, an der Notwendigkeit sozialen Miteinanders und häufig nicht zuletzt an den gesellschaftlichen Machtverhältnissen. Die wichtige und richtige Einsicht in die beschränkten menschlichen Handlungsmöglichkeiten darf aber nicht dazu dienen, den Raum des Möglichen zu verschließen, sondern sie muss vielmehr nach der Wahl der Ziele dazu genutzt werden, diese realitätstauglich anzugehen. Die Frage nach Gesetzmäßigkeiten und Notwendigkeiten ist eine Frage nach den Konsequenzen des je Gewünschten und nach der Strategie zu seiner Umsetzung.

Solches Erschließen von erst einmal-grundsätzlich-für-alles-offenen Entscheidungsfreiräumen bedarf grundsätzlichen Denkens und radikaler Kritik. Damit agiert demokratisch-emanzipatorische Philosophie auf einem genuin philosophischen Aufgabenfeld. Kritik war schon immer eine zentrale philosophische Aufgabe. Philosophie konstituiert sich als Kritik des Mythos. Radikale Philosophie muss mit den heute herrschenden Mythen aufräumen und den unbegrenzten Möglichkeitsraum menschlichen Wünschens freiräumen. Hier bedarf es der intensiven Auseinandersetzung mit den Gegnern. Herrschende Philosophie arbeitet mit an der Vergesellschaftung der Menschen. Sie gibt dafür ihrer sozialen Praxis eine bestimmte, mit ihr kompatible Deutung. Demokratisch-emanzipatorische Philosophie muss solche Deutungsmuster aufbrechen und andere Deutungsmöglichkeiten aufweisen. Sie muss den *allgemeinen* Sinnanspruch solcher Philosophie destruieren und klar machen, dass solcher Sinn immer nur der historisch besondere Sinn einer besonderen Gesellschaft und nur der Sinn einer besonderen Interessengruppe dieser Gesellschaft ist. Für die Herrschenden in einer herrschaftsförmig organisierten Gesellschaft macht solche herrschaftliche Philosophie durchaus Sinn. Aber dieser Sinn ist kein allgemeiner, der für alle Mitglieder dieser Gesellschaft gelten könnte. Gemessen an ihren Interessen ist solcher Sinn für die Beherrschten Un-Sinn. Demokratisch-emanzipatorische Philosophie reflektiert damit auf die soziale Funktion philosophischer Erklärungsversuche und versucht, ein Bewusstsein über ihren sozialen Einsatz zu schaffen. Sie muss in der kritischen Auseinandersetzung mit den je historisch präsenten, dominanten Deutungsmustern auch die Grundlage legen für die selbstkritische Reflexion des Philosophen auf die eigene, individualgeschichtliche Prägung durch die Deutungsmuster der herrschenden Philosophie. Die Kritik dieser Philosophie darf sich nicht auf ihren strategischen Einsatz beschränken. Dass solche Philosophie Herrschaft zu rechtfertigen sucht, kann man zeigen, es reicht aber als Kritik nicht aus. Vielmehr bedarf es hier auch der inhaltlichen Auseinandersetzung mit den Konzepten solcher Philosophie. Man muss sich fragen, inwieweit auch solche philosophischen Entwürfe „richtig" sind, inwieweit in ihnen philosophiewissenschaftliche oder philosophietheoretische Erkenntnisse enthalten sind und inwieweit die in ihnen entwickelten Konzepte, Begründungsstrukturen, Problemartikulationen etwas beitragen können für meinen Entwurf vom menschlichen Leben und Zusammenleben. Der Maßstab der Kritik kann immer nur ein relativer sein. Auch diese Philosophie muss beurteilt werden anhand ihres Ziels und des Weges, den sie einzuschlagen vorschlägt. Das Ziel ist immer ein bestimmter Entwurf vom menschlichen Leben und Zusammenleben, der Weg immer eine bestimmte Praxis der Vergesellschaftung. Beides muss kontrastiert werden mit den eigenen Zielen und Wegen. Die inhaltlichen Konzepte der kritisierten Philosophie sind daran zu messen, inwieweit sie für das eigene Projekt tauglich sind bzw., inwieweit sie es erschweren, behindern. Fraglich ist, ob man hier in einen Dialog eintreten kann, ob man Teile übernehmen kann, was man ändern müsste, ob sie als Ganzes zu verwerfen sind, als Steinbruch auszuschlachten oder kritisch zu reflektieren. Kritik darf nie pauschal sein. Auch die inhaltlichen Konzepte philosophischer Gegner sind ernst zu nehmen. Man kann aus der kritischen Auseinandersetzung mit den Inhalten solcher Philosophie etwas lernen für das eigene Projekt. Gute Philosophie, auch wenn sie herrschaftsförmig ist, arbeitet immer an realen Problemen. Es macht ihre Wirksamkeit aus, dass sie menschlich/gesellschaftliche Probleme erkennt und für sie eine Lösung vorschlägt, die in ihrer historischen Situation Stimmigkeit und Plausibilität hat. Diesen Realitätsgehalt und diese Realitätstauglichkeit darf man nicht kurzsichtig verwerfen. Wogegen man hier argumentieren muss, sind zumeist vor allem die Deutungen und Konsequenzen. Hier kann man aber nur dann überzeugend argumentieren, wenn man die Gegenentwürfe ersteinmal ernst nimmt, nicht in ihnen immer schon die bloß ideologische Verdrehung, sondern den Versuch einer Problemlösung sieht. Die Problemartikulation und der Problemlösungsvorschlag sind aus der eigenen gesellschaftlichen Zielperspektive heraus zu kritisieren. Hier kann man in Konkurrenz treten, das eigene Modell als überlegen erweisen oder unter Hinweis auf eine andere Schwerpunktsetzung negative Konsequenzen an einer Stelle in Kauf nehmen, um an einer anderen Stelle andere Möglichkeiten zu eröffnen.

Wenn demokratisch-emanzipatorische Philosophie ein Wegweiser ist, so bedeutet dies, dass sie ein Ziel angibt, wo der Weg hinführt. Gestritten werden kann über das Ziel, ob es sinnvoll, erstrebenswert ist. Aber auch der aufgewiesene Weg ist nur ein Vorschlag, wie man zu dem Ziel gelangen kann. Gestritten werden kann auch darüber, ob es nicht andere bequemere, kürzere, sicherere Wege gibt. Zwar führen vielleicht nicht alle Wege nach Rom, aber sicher doch sehr viele. Demokratisch-emanzipatorische Philosophie entwickelt alternative Entwürfe zum herrschenden Menschen- und Gesellschaftsbild und stellt solche emanzipatorisch radikal demokratischen Entwürfe individuellen und gesellschaftlichen Zusammenlebens zur Debatte. Zur Debatte stehen dabei die Interessenlagen und Wünsche der Personen. Solche Entwürfe sind kein System, welches man als Ganzes unverändert zu übernehmen hätte, wollte man sich nicht dem Vorwurf der Inkonsequenz aussetzen, sondern sie sind auch in sich ein modifizierbares Modell mit austauschbaren Komponenten.

Philosophische Entwürfe müssen versuchen, einen historisch treffenden Eingriff in das diskursive Feld vorzunehmen, indem politischer Sinn produziert wird. Sie müssen auf eine nachvollziehbare und insofern anschlussfähige Art und Weise in diesem Feld in Hinsicht auf ihre neuen Ziele die sozialen Probleme, die sich stellen, neu artikulieren und neue Lösungsentwürfe zur Debatte stellen. Soziale Probleme sind nicht selbsterklärend. Sie zu artikulieren bedeutet immer auch zugleich, sie zu deuten. Solche Deutungen implizieren Lösungsvorschläge, geben immer schon eine bestimmte Richtung bei der Suche nach Lösungen vor. Sie anders zu artikulieren bedeutet daher auch, den Weg für andere Lösungen aufzumachen.[27] Dafür müssen die vorhandenen philosophischen Entwürfe, zu denen man in Konkurrenz tritt, in einer wertenden Rezeption und kritischen Durcharbeitung aufgenommen werden.

Entwürfe menschlichen Lebens sind nie nur vom Ziel her definiert, sondern stehen, weil die Menschen eine Geschichte haben, immer schon in einer Traditionslinie. Hier bedarf es eines bewussten Umgangs mit Geschichte, denn auch seine Tradition kann man frei wählen. Auch mit der gewählten Tradition kann demokratisch-emanzipatorische Philosophie nur in reflektierter und kritischer Weise umgehen. Ein ungebrochener Anschluss an Traditionen ist ihr nicht möglich. Tradition ist kein Ort, an dem ich das, was ich für mich will, finden kann. Es gibt keine Heilslehren. Nur in der bewussten Auseinandersetzung mit dem Geschehenen und mit seiner aus meiner subjektiven Zielperspektive heraus immer gegebenen Fehler- und Mangelhaftigkeit, kann ich meine eigene Position finden. Die historische Entwicklung schließt es aus, dass ich heute etwas noch so wollen kann wie jemand vor 1000, 100 oder auch nur 50 Jahren. Da aber auch die Menschen vor 1000, 100 oder 50 Jahren Menschen waren, kann die Auseinandersetzung mit dem Geschehenen für mich heute produktiv sein. Dazu ist es nötig, dass ich in diesen Prozess der historischen Auseinandersetzung bewusst eine eigene Leistung einbringe. Die bloße Adaptation der Lehren „großer" Philosophen ist nutz- und hilflos.[28] Demokratisch-emanzipatorische Philosophie muss in ihre Entwürfe menschlichen Zusammen-Lebens ihr aus einer wissenschaftlich/kritischen Lektüre philosophischer Texte gewonnenes, historisches Reflexionswissen einbringen.

Solche Entwürfe stehen nicht nur nebeneinander im Raum des Möglichen herum, sondern sie strukturieren ihn. Diese Strukturierung erfolgt zum einen durch die gewählten Zielvorgaben und zum anderen durch den bewussten, kritischen Umgang mit der gewählten Tradition. Beides hat Konsequenzen. Meine Wahl schränkt meinen Handlungsspielraum in bestimmter Art und Weise ein, sie gibt mir bestimmte Deutungs- und Lösungsmuster zur Verarbeitung von Konflikten und Problemen vor und stellt mich vor bestimmte Notwendigkeiten. Sie präfiguriert so mein Leben in meinem je historisch gegebenen Kontext. Aber diese

Einschränkungen, denen ich als endliches Lebewesen immer unterliege, sind nun die von mir selbst gewählten und nicht scheinbar unvermeidliche, immer schon vorgegebene, ewig-menschliche Beschränktheiten. Indem Philosophie so die Strukturierung des Raums des Möglichen durch Wahl aufzeigt, macht sie die je konkreten Konsequenzen solchen Wählens durchsichtig. Damit ermöglicht sie es den Menschen, ihre Wahl bewusst, mit dem Wissen um das, was sie wählen, zu treffen.

Demokratisch-emanzipatorische Entwürfe menschlichen Lebens müssen auf die in der historischen Situation gegebenen Probleme eingehen und sie in Beziehung setzen zu dem von ihnen gewählten Projekt. Seine philosophische Artikulation darf dabei nicht hinter den wissenschaftlichen Kenntnistand ihrer Zeit zurückfallen. Mindestens ebenso wichtig wie die Auseinandersetzung mit den historischen Texten der Philosophie ist daher die Rezeption des wissenschaftlichen Wissens der eigenen Zeit. Will man den gewählten Entwurf sozial-individuellen Lebens durchsetzen, so muss man ob als Einzelner oder als Gruppe in Interaktion mit anderen treten. Die dabei zu lösenden Probleme sind in der jeweiligen historischen Situation je andere. Philosophie, die nicht länger auf dem abgehobenen Richterstuhl thront, muss auf diese Probleme hinweisen und zumindest ansatzweise eine praxisorientierte Handlungsstrategie geben. Demokratisch-emanzipatorische Philosophie ist somit trotz des Ausgangs vom Wünschbaren materialistische Philosophie, insofern sie zwingend der Rückbindung an die jeweils historisch gegebenen, realen Verhältnisse bedarf.

Wenn demokratisch-emanzipatorische Philosophie ihren Anspruch aufgibt, den Menschen zu sagen, was falsch und richtig, wahr und unwahr, was für sie gut und was für sie schlecht ist, so bedeutet das, dass damit allen Menschen die Arbeit der Selbstdefinition und der eigenen Entscheidung, sowie die Verantwortung für ihr Leben auferlegt wird. Mit der Hoffnung auf „Heilslehren" muss auch zugleich die Heilserwartung aufgegeben werden. Demokratisch-emanzipatorische Philosophie kann niemanden von der notwendigen eigenen Wahl seines Lebensentwurfs entlasten. Der klassische „Herrschaftsvertrag" in modernen Gesellschaften sieht so aus, dass die Herrschenden von den Beherrschten gewisse Privilegien zuerkannt bekommen unter der Bedingung, dass sie ihnen ihre soziale Existenz garantieren und ihnen eine Lebensperspektive zur Verfügung stellen. Soziale Aufstände von systembedrohendem Ausmaß finden immer nur statt, wenn diese Standards in Frage gestellt sind. Gewalt ist nur das Mittel, die zu einem solchen Vertragsschluss nicht bereiten Minderheiten zu kontrollieren und die Aufkündigung des Vertrages in der Situation der sozialen Krise zu verhindern. Demokratie und Emanzipation sind nicht zu haben ohne die Aufgabe solcher Bequemlichkeit.[29] Demokratisch-emanzipatorische Entwürfe menschlichen Zusammen-Lebens müssen daher motivieren. Sie müssen Mut machen, auf die eigenen Fähigkeiten zu vertrauen, sie müssen Wege aufweisen sich die nötigen sozialen Kompetenzen anzueignen bzw. sie zu verbessern und sie müssen den Gewinn an individueller Lebensqualität aufzeigen, der für den Einzelnen im Hier und Jetzt zu erwarten ist. Vielleicht ist eine herrschaftsfreie Gesellschaft nicht gar so bequem, aber sie gibt mehr Möglichkeiten die eigenen Wünsche zu finden und umzusetzen und sie ist auch sozial sicherer, da das Ganze des gesellschaftlichen Reichtums gerecht verteilt werden kann.

Demokratisch-emanzipatorische Philosophie berät Menschen bei ihrer Suche nach eigenen Entwürfen ihres Lebens. Rat zu geben war schon immer ein wichtiges Tätigkeitsfeld der Philosophie.[30] Was der Philosoph als Ratgeber an spezifischer Fachkompetenz in diesen Fragen, die tatsächlich von allen gleichermaßen beantwortet werden können - wir sind alle *Philosophen* -, einbringen kann, ist sein historisch begründetes Reflexionswissen.[31] Wir können zwar alle philosophieren und über Philosophie reden, aber wir haben nicht alle das gleiche Wissen und die gleiche diskursive Kompetenz. Philosophen können insofern Leute über das aufklären, was sie ohne es zu wissen mit bestimmten Entwürfen, Vorstellungen oder Entscheidungen über ihr - soziales - Leben mittransportieren. Hierbei geht es aber nicht nur um Aufklärung über historischen Ballast, sondern auch um eine Prognose darüber, welche Konsequenzen der Ausgang von bestimmten Selbstbildern und Entwürfen menschlichen Zusammen-Lebens hat und ob diese Entwürfe überhaupt problemlos mit den angestrebten Zielen kompatibel sind. Rat gebende Philosophie kann deren handlungsleitende Konsequenzen für das Selbstverständnis der Betroffenen klar machen.

Ebenso können Philosophen darüber prognostische Aussagen machen, welche Wirkung eine bestimmte soziale Praxis hat. Das Selbstverständnis der Menschen ist kein idealistisches, ausgedachtes Produkt eines freischwebenden Geistes, sondern maßgeblich geprägt durch die eigenen Erfahrungen. Dies führt im allgemeinen zu einer konservativen Tendenz menschlichen Selbstverständnisses. Hier setzt sich häufig die sogenannte Macht des Faktischen durch, wird der grundsätzlich unbeschränkte Möglichkeitsraum menschlichen Handelns nicht gesehen. Hier Mut zu machen, den eigenen Möglichkeiten zu vertrauen und sich nicht fatalistisch auf das Gegebene beschränken zu lassen, muss Aufgabe philosophischer Beratung sein. Der Philosoph ist nicht selbst in die jeweilige soziale Praxis der Beratenen verwickelt. Er kann seine Distanz fruchtbar machen, um ihren Zusammenhang zu übersehen. Nicht in dem Sinne, dass er abgehoben darüber hinweg sieht, sondern dass er den Zusammenhang selbst sieht und ihn den anderen transparent macht.

Von Nichtfachphilosophen entwickelte Entwürfe menschlichen Lebens sind in aller Regel nicht konsistent. Dies ist nicht grundsätzlich ein Mangel. Es kann aber vor allem in der strittigen Auseinandersetzung mit anderen in der Konfliktsituation ein strategischer Mangel werden. Philosophische Entwürfe müssen nicht konsistent sein. Man darf sich Widersprüche leisten. Dies ist aber nicht anerkannt. Inkonsistenz ist insofern ein Argument, das den Betroffenen selbst verwirren kann. Philosophischer Rat kann dagegen helfen. Zum Zweiten kann Inkonsistenz insofern ein inhaltlicher Mangel sein, als man unreflektiert aus der eigenen Geschichte überkommenen, traditionellen Auffassungen anhängt - z.B. die, dass ein Weltbild konsistent sein müsste -, die die Erreichung der angestrebten Ziele erschweren.

Zum Dritten können Inkonsistenzen auch zwischen der Wertigkeit unterschiedlicher Ziele bestehen. Auch hier können überkommene Auffassungen den Blick für die Wichtigkeit der eigenen Ziele und Wünsche verstellen. Philosophie mit einem demokratisch-emanzipatorischen Ansatz kann hier sowohl für Einzelne als auch für Gruppen Rat geben, der es ermöglicht, Blockaden zu überwinden und eine bessere Strategie zu entwickeln.

Soziale Gruppen, auch wenn sie gemeinsame Ziele verfolgen, sind in ihrer Zusammensetzung in aller Regel Großteils zufallsbestimmt. Die sich aus dieser Disparatheit ergebenden Probleme zu lösen und sie fruchtbar zu machen, kann Teil philosophischer Beratung sein. Ratgebende Philosophie muss die allgemeinen Toleranzgrenzen in Abhängigkeit von den gemeinsamen Zielen bestimmen. In Hinsicht auf die primär verfolgten Zwecke müssen die Toleranzgrenzen innerhalb der Gruppe relativ eng gesteckt werden, damit sie strategisch handlungsfähig ist. In Hinsicht auf die daneben liegenden Differenzen müssen die Toleranzgrenzen relativ weit gesetzt werden, um nicht im Streit über Nebensächlichkeiten die Hauptsache aus den Augen zu verlieren. Dafür muss zunächst Konsens darüber hergestellt werden, was die Hauptsache überhaupt ist und wie eine produktive Handlungsstrategie aussehen kann. Hier kann Rat gebende Philosophie ihre spezifisch *philosophische* Kompetenz einbringen. Sie kann den Blick für die Differenzen schärfen und die jeweiligen Stärken und Schwächen der unterschiedlichen Positionen aufzeigen. Im Optimalfall kann dann aus solcher Kontingenz eine eigene Produktivität erwachsen.

Ratgebende Philosophie ist keine neue Form von Therapie. Sie argumentiert nicht aus der Position des überlegenen Wissens, sondern sie lässt sich auf die Probleme, Fragen, Bedürfnisse der sozialen Gruppen oder Einzelnen ein und nimmt sie ernst. Sie versucht, durch einen direkten Eingriff Probleme zu lösen. Sie vertraut somit auf die Kompetenz der Rat Suchenden, grundsätzlich ihre Probleme selbst lösen zu können. Rat gebende Philosophie nimmt keine neutrale Position ein. Gerade weil sie ihr Gegenüber ernst nimmt, übt sie auch Kritik. Sie erwartet aber nicht, dass ihrer Kritik, ihrem Rat - kritiklos - gefolgt wird. Sie will das eigene Denken anregen.

Orte radikaldemokratisch-emanzipatorischer Philosophie

Zur Demokratisierung der Philosophie bedarf es nicht nur eines anderen Verständnisses von Philosophie, sondern neben einer anderen theoretischen Praxis auch anderer gesellschaftlicher Orte der Philosophie. Die Universität kann in den meisten Fällen dieser Ort nicht sein. Demokratisch-emanzipatorische Philosophie muss aus der Universität hinaus, in die Gesellschaft hinein. Der universitäre Philosophiebetrieb kann, zumindest so wie er jetzt ist, auch nicht der Ort zur Ausbildung solcher Philosophen sein, weil er die hierzu benötigten Kompetenzen nicht vermitteln kann.

Solche Orte sind mit dem oben Gesagten schon angedeutet worden. Demokratisch-emanzipatorische Philosophie muss sich anbinden an die Fragen und Bedürfnisse sozialer Gruppen, sozialer Projekte, sozialer Bewegungen. Sie muss nicht Antworten geben auf die „*allgemeinen* Fragen unserer Zeit", sondern auf die je konkreten Fragen sozialer Akteure. Sie behält aber auch im Rahmen solcher Anbindung eine eigenständige Position bei. Demokratisch-emanzipatorische Philosophie gibt keine Programme vor und ist keine Gefälligkeitsphilosophie. Sie entwickelt eine eigene Position und wird gerade durch die Auseinandersetzung mit dieser für soziale Akteure produktiv. Sie muss zum anderen individuellen Rat geben. Sie kann die Fähigkeit zur Bildung eigener Entwürfe menschlichen Lebens entwickeln. Sie kann einen Anteil zur Entwicklung sozialer Kompetenzen beitragen. Sie kann als individuelle Lebensberatung helfen beim Umgang mit akuten Krisen- und Entscheidungssituationen des Lebens.

Solche neuen Orte der Philosophie gibt es. Sowohl die „philosophische Praxis"[32] als auch die „philosophischen Cafés" sind solche Neuentwicklungen. Während in der Universität der Philosoph als Lehrer tätig ist, so ist er hier vor allem Berater bzw. Moderator. In das Feld der neuen Tätigkeiten von Philosophie gehört auch die zunehmende Verankerung der Philosophie an der Schule. Sei es als Philosophie-, als Ethik- oder als Lebenskundeunterricht - überhaupt das zunehmende Interesse am Philosophieren mit Kindern. Die damit einhergehende, seit den Siebzigern zu beobachtende Entwicklung hin zur praktischen Philosophie und Ethik ist ein grundsätzlich begrüßenswerter Versuch, die gesellschaftspolitische Sterilität der akademischen Philosophie zu überwinden, geht aber nicht weit genug. Zum einen wird die „Ethik" als ein Spezialfach aus der Philosophie ausgesondert, zum anderen bleibt sie aber sowohl im Rahmen dieser Fachgebietsaufteilung als auch durch ihren Anspruch auf „Wahrheit" dem traditionellen Ansatz der Philosophie verhaftet. Die Trennung zwischen einer theoretischen und praktischen Philosophie ist grundsätzlich aufzugeben, da alle Philosophie politisch ist. Theoretische, wissenschaftliche Welterkenntnis kann immer nur ein Argument im Rahmen so genannter praktischer Philosophie sein. Ansonsten hat sie keinen eigenen Stellenwert in der Philosophie. Demgegenüber gibt praktisch orientierte Philosophie als Ethik, die sich vom Rest der Philosophie abkoppelt, die soziale Perspektive auf und beschränkt sich nur noch auf die Änderung des Individuums. Aber auch davon abgesehen, ist die Schule nicht der geeignete Ort für eine Praxis demokratisch-emanzipatorischer Philosophie. Schule ist staatlich verfasst und wenn man Kritik an der Staatsförmigkeit der Philosophie erhebt, dann ist sicherlich die Schule - bei allem Spielraum, den die Lehrer gerade in diesen Fächern haben -, nicht der geeignetste Ort, um solch eine staatsferne Philosophie zu gestalten. Zu den neuen Praxen der Philosophie gehört auch die Philosophie für Manager. Diese steht dem hier vertretenen Konzept einer herrschaftskritischen Philosophie diametral entgegen. Konzepte, die den kategorischen Imperativ Kants auf die Herrschaftsformel: „Führen sie ihre Mitarbeiter so, wie Sie selbst geführt werden möchten!" (Egger 1997) reduzieren, sind für ein linkes kritisches Projekt von Philosophie gänzlich ungeeignet. Die Schaffung einer *corporate identity*, die letztlich nur der Produktivitätssteigerung des Unternehmens, also dem gewinnträchtigeren Verkauf einer beliebigen Ware dienen soll, hat mit Emanzipation oder Demokratie nichts zu tun. Hier sollen im Folgenden daher nur einige Überlegungen zu „Praxen" und „Cafés" angestellt werden. Dies sind Entwicklungen, die durchaus für das hier vertretene Projekt von Philosophie interessant sind. Beide Entwicklungen haben kein einheitliches Programm, sind ökonomisch labil und daher häufig nicht von langer Dauer.

Die „philosophische Praxis"

Philosophische Praxen gibt es seit gut 15 Jahren. Da es eine Menge arbeitsloser Philosophen gibt und es nicht großer Mittel bedarf, um eine solche zu gründen, entstehen hier fast monatlich neue,[33] allerdings gehen wohl ebensoviele sang- und klanglos auch wieder ein (vgl. Editorial, Information Philosophie 5.98). Ein klares Konzept, ein einheitliches Selbstverständnis der Tätigkeit philosophischer Praxen existiert nicht.[34] Die Haupttätigkeit von Philosophen, die eine philosophische Praxis aufmachen, ist zumeist die eines Beraters von Einzelnen. Wie und über was der Philosoph aber nützlicher Weise Rat geben kann, ist zunächst nicht so klar. Wenn man z.B. auch als philosophischer Berater immer noch die Auffassung vertritt, „dass die Philosophie keine konkrete Lebenshilfe zu bieten vermag" (Blasche 1991, 15), Philosophie keine Probleme löse, sondern sie vielmehr erzeuge (ebd. 15f), dann muss man sich nicht wundern, dass philosophische Praxen eine so kurze Halbwertzeit haben. Philosophie, die auf den Markt geht, muss ihren Gebrauchswert definieren, sonst wird sie keine Nutzer finden und erst recht keine, die sich privat über längeren Zeitraum eine solche Beratung leisten werden. Philosophische Beratung, solange sie Lebensberatung für einen Einzelnen ist, steht in Konkurrenz zur psychologischen Therapie. Hier ist neben der therapeutischen Intervention sicherlich Raum für philosophische Unterstützung, aber dieser muss ersteinmal erfolgreich besetzt werden. Dies ist noch nicht geschehen. Anstatt zusammen ein gemeinsames Konzept zu entwickeln, bestehen zwischen den einzelnen Philosophen eher Konkurrenz und Abgrenzungsbestrebungen (vgl. Berg 1992, 137).

Relativ klar beschreiben lassen sich nur die einzelnen Tätigkeiten von Philosophen, die eine solche Praxis betreiben. Sie halten Vorträge, veranstalten Lesezirkel, machen Einzelberatung und Weiterbildung in der Wirtschaft, publizieren, d.h. sie machen im Grunde all das auch, was die akademischen Philosophen machen, nur im privaten bzw. nicht-universitären Rahmen.[35] Es gibt aber Unterschiede. Solche Philosophie muss sich ihrer unmittelbaren Brauchbarkeit stellen und sie tritt in unmittelbaren Kontakt mit ihren „Nutzern". In diesem Verhältnis ist heute der pastorale Anspruch, von der Kanzel aus über gut und böse entscheiden zu können und den Pfarrkindern verbindlich zu sagen, was sie zu tun und lassen haben, nicht mehr vertretbar. Alle Konzepte philosophischer Praxis betonen ihre Ergebnisoffenheit und die gleichberechtigte Stellung zwischen Berater und Ratsuchendem. Der Wahrheitsanspruch, den die Philosophie im abstrakten immer noch hat, lässt sich in der konkreten Situation mit ihren „Nutzern" heute zumindest nicht mehr unmittelbar umsetzen. Dies ist zum einen begrüßenswert. Allerdings geht dies hier soweit, dass es keine klaren Kriterien einer solchen Beratung mehr gibt. Es geht darum, den Menschen irgendwie bei ihren Problemen zu helfen, ihnen zu helfen mit ihrem Leben klar zu kommen. Was jedoch das dem Menschen angemessene Leben sei, darüber gibt es keine Vorstellungen mehr. Eine solche Beliebigkeit ist für eine demokratisch-emanzipatorische Praxis der Philosophie nicht möglich. Sie kann, wenn sie berät, kein universales Konzept menschlichen Lebens vertreten, aber sie kann Position beziehen, nämlich die Position, die der Philosoph selbst einnimmt. Dieser ist in der Beratung keine neutrale Instanz. Wenn es in der Philosophie immer um die Frage des gesellschaftlichen Zusammenlebens geht, dann geht es in der philosophischen Beratung immer auch um die äußeren Lebensverhältnisse des Philosophen selbst. Wie sich der Beratene verhält, tangiert mittelbar auch den Philosophen, der mit ihm in einer Gesellschaft lebt.

Welche philosophischen Ziele verfolgen die Philosophen mit der Eröffnung einer Praxis? Geht es ihnen wirklich nur darum, mit Philosophie Geld zu verdienen oder haben sie darüber hinausgehende, politische Ansprüche? Hierzu findet man in den einschlägigen Texten nichts.[36] Über die eigene Position des Philosophen, über seine Absicht wird - wieder einmal - nicht geredet. Eine philosophische Beratung, die sich einer demokratisch-emanzipatorischen Philosophie verpflichtet fühlen würde, müsste die eigene Position des Philosophen ins Spiel bringen. Für ihn ist dies letztlich der Maßstab, an dem sich seine Einstellung zur Frage eines glückenden Lebens, zur Frage einer glückenden Problemlösung bemisst. Neutralität gibt es nicht in der Philosophie. Nur durch die Offenlegung der eigenen Position des Philosophen kann eine grundsätzliche Gleichheit zwischen Beratenem und Ratendem hergestellt werden. Ansonsten riecht philosophische Beratung nach Manipulation oder opportunistischer Angepasstheit an den zahlenden Auftraggeber. Beides steht der Philosophie nicht gut zu Gesicht.

Woran müsste sich eine solche, demokratisch-emanzipatorischer Philosophie verpflichtete Beratungspraxis orientieren, wie müsste sich der Philosoph in diesem Verhältnis verstehen? Auch in die philosophische Praxis kommen die Leute nur, wenn sie ein Problem haben, zu dessen Lösung sie professionelle Hilfe suchen. Der Ort philosophischer Beratung für den Einzelnen liegt da, wo die Diskussion der eigenen Probleme mit den Freunden nicht mehr ausreicht und die therapeutische Intervention noch nicht nötig ist. Solche Probleme stellen sich in Entscheidungs- und Konfliktsituationen des Lebens, die wir alle in mehr oder minder existenziellen Krisen im Laufe unseres Lebens durchmachen. Hier kann philosophischer Rat helfen. Im Gegensatz zur Therapie geht es nicht um das Aufbrechen von psychischen Blockaden. Das Modell der philosophischen Rat-Situation ist insofern einem rationalistischen Ansatz verpflichtet. Es geht davon aus, dass der Rat Suchende zwar ein Problem bei der Entscheidungsfindung hat, nicht aber das vorgelagerte Problem, einen Rat anzunehmen. Dies kann so sein, weil der Rat Suchende zwar mit seiner Situation unzufrieden ist, aber nicht bereit, die Ursachen seiner Probleme anzugehen. Die Angst vor dem Aufdecken tiefgreifender persönlicher, emotionaler Konflikte hindert ihn daran. Die Therapie gilt der Klärung und Lösung solcher psychischen Blockaden. Die Beratung setzt voraus, dass solche - zumindest hinsichtlich der aufgeworfenen Probleme - nicht gegeben sind.[37] Die philosophische Beratung unterscheidet sich in ihrem Ausgang vom autonomen Subjekt von der theologischen und spirituellen Beratung darin, dass sie dessen eigene Handlungsfähigkeit und sein Leben im hier und jetzt betont. Sie versucht, jede Flucht in Hinterwelten zu verhindern und dem Rat Suchenden einen *tauglichen* Rat für sein Leben zu geben, der auf der Möglichkeit, aber auch der Notwendigkeit, selbst und frei zu handeln, aufbaut. Jede Heilserwartungen und Erlösungshoffnungen, die das Subjekt in der Unselbstständigkeit halten, müssen bewusst desillusioniert werden. Es muss versucht werden, den Charakter solcher Desillusionierung als Befreiung deutlich werden zu lassen. Es wird die Einsicht gefördert, dass ich selber mein Leben gestalten kann und muss. Diese Einsicht ist eine Chance, die mir erst die Lösung meiner Probleme ermöglicht. Philosophische Beratung kann in Entscheidungs- und Krisensituationen helfen, die hier problematischen und nie deckungsgleichen Verhältnisse zwischen dem Gewünschten, dem Tatsächlichen und dem Möglichen zu bestimmen. Sie kann dem Einzelnen in der je konkreten Situation helfen, mit der Differenz dieser drei Ebenen umzugehen, einen bewussten Umgang zu finden und seine Person in diesen Verhältnissen zu positionieren.

Rat geht von der grundsätzlichen Gleichstellung des Rat Suchenden und des Beratenden aus. Die eigene Entscheidungsfindung des zu Beratenden ist das Ziel der Beratungssituation. Diese Entscheidung kann auch gegen einen eventuell erteilten expliziten Rat erfolgen. Ziel der Beratungssituation ist eben nicht, dass der Beratene dem Ratschlag des Philosophen folgt oder seine Ansicht zu einer Sache übernimmt, sondern die eigene, selbstverantwortliche, ihm angemessene Entscheidung. Der Ratende weiß nicht besser, was für den Rat Suchenden gut ist. Er weiß nicht schon im Vorhinein - und auch im Nachhinein nicht - was am Ende rauskommen soll. Das Ziel der Beratung ist offen. Zur Entscheidung des Ratsuchenden kann auch ein nichtbefolgter Rat insofern beitragen, als er andere Entscheidungs- und Handlungsmöglichkeiten aufgezeigt hat und in der Auseinandersetzung mit solchen Alternativen eine neue eigene Sicht auf das Problem ermöglicht oder auch in dem er einen eventuell bestehenden Handlungsdruck aufhebt. Auch die Nichtentscheidung ist eine mögliche und öfters auch sinnvolle Entscheidung. Auch ein solcher Rat mag Entscheidungsblockaden aufgrund von scheinbaren Handlungszwängen aufheben und eine druck*freie* Entscheidung erst ermöglichen.

Die Beratung ist direkt. Sie nimmt keine Rücksicht auf vermeintliche Schwächen des Ratsuchenden. Sie behandelt ihn nicht als armen, schonungsbedürftigen Patienten. Sie weist ihn klar und unmissverständlich auf seine eigenen Fehler und Schwächen und auf seine meist vorhandene Mitverantwortung für seine Probleme hin. Sie übt Kritik an ihm. Diese Kritik misst ihn aber nicht an einer universalen Norm, sondern an den eigenen Normen, den Normen seiner Umgebung und den Normen die der Philosoph als seine, mit seinen eigenen Gründen einbringt. Es sind seine eigenen Widersprüche, auf die der Rat Suchende hingewiesen wird. Die

Beratung geht davon aus, dass der Ratsuchende dieses verkraften kann und dass er dies hören will, weil es ihm wirklich darum geht, seine Probleme zu lösen, anstatt sich über sich selbst beruhigen zu lassen. Die philosophische Beratung ist intensiv, sie ist anstrengend, aber sie ist wirksam. Sie redet nicht um die Sachen herum und sie versucht Umwege möglichst zu vermeiden. Sie kann dies, weil sie die grundsätzliche Kompetenz des Ratsuchenden und seine Offenheit sich selbst gegenüber voraussetzt.

Davon, dass philosophische Beratung in diesem Sinne eine allgemein anerkannte Stellung neben der Therapie habe, kann keine Rede sein. Zudem ist eine solche rein individuelle Praxis für das hier verfolgte Projekt von Philosophie auch zu eng. Sie ist eine, kann aber nicht die einzige Möglichkeit beratender Tätigkeit der Philosophen sein. Auf den politischen und insofern über das rein Private hinausgehenden Gehalt der Philosophie hat Stamer zu Recht hingewiesen und seine Einbeziehung auch in die Tätigkeit philosophischer Praxen gefordert (Stamer 1999, 118). Dies würde bedeuten, dass Philosophen als Berater, Moderatoren oder auch Mediatoren in Organisationen, Institutionen, Bewegungen, Parteien hineingehen müssten. Selbstverständlich können Philosophen hier in entsprechender Weise auch Gruppen beraten. Während man allerdings allen einzelnen Menschen dabei helfen kann, ihr Leben soweit als möglich selbst in die Hand zu nehmen, stellt sich die Frage des emanzipatorisch-demokratischen Ansatzes solcher Philosophie bei Gruppen noch einmal anders. Gruppen sind nämlich in aller Regel immer schon intern strukturiert und häufig selber herrschaftsförmig. Eine philosophische Beratung, die radikal demokratischen Zielen verpflichtet ist, muss zuerst die Struktur einer solchen Gruppe selbst in Frage stellen und sprengen. Das wird nur in den allerwenigsten Fällen erwünscht sein. Sie kann sich zu dieser Frage aber auch nicht neutral verhalten. Tut sie dies, so stellt sie sich automatisch in den Dienst von Herrschaft, insofern jeder die Gruppe stabilisierende Eingriff zugleich auch der Stabilisierung der in ihren Strukturen verankerten Herrschaft dient. Eine philosophische Praxis der Veränderung, die sich demokratischen Zielen verpflichtet fühlt, kann daher nur Gruppen beraten, in denen keine institutionalisierten Machtverhältnisse bestehen oder aber solche, die von ihrem Selbstverständnis her Herrschaft ablehnen, dies aber nicht ausreichend umsetzen. Das schränkt ihren Handlungsspielraum ein, ist aber unvermeidbar. Der Aufbau einer herrschaftsfreien Gesellschaft kann nicht durch die Unterstützung der Strukturen der Herrschaft gelingen.

Philosophische Cafés

Neben philosophischen Praxen haben sich ausgehend von Frankreich in letzter Zeit auch Philosophische Cafés entwickelt.[38] Hier betreibt man Philosophie als eine Art semi-organisierter Caféhausdiskussion. Dafür gibt es unterschiedliche Modelle. Entweder treffen sich Gruppen von an philosophischen Themen interessierten Leuten und einigen sich auf ein Thema, welches sie dann zusammen diskutieren, oder sie laden einen Fachphilosophen ein, mit dem sie diskutieren. Wenn ein Fachphilosoph daran teilnimmt, so ist seine Tätigkeit weder lehrender noch beratender Art, sondern er übernimmt hier eher die Funktion eines Moderators. Auch das ist eine Funktion, die für eine philosophische Praxis der Veränderung von Interesse ist. Wenn Philosophie nicht auf dem Richterstuhl sitzt, muss sie die Prozesse der Selbstverständigung anleiten, ohne zu wissen, wohin sie führen werden.

In noch stärkerem Maße als bei der philosophischen Praxis zeigt sich am Philosophischen Café die geringe institutionelle Verankerung solcher Tätigkeit. Ort und Teilnehmer variieren von Mal zu Mal und ein kontinuierliches Arbeiten an Problemen ist kaum möglich, hier aber wohl von den Teilnehmern auch nicht erwünscht. Dies ist kein Mangel. Auch so kann man philosophieren, allerdings ist dies eine sehr extensive Art und Weise der Diskussion, die zwangsläufig gewissen Beschränkungen unterliegt.

Wenn man eine auf Veränderung abzielende Praxis der Philosophie installieren will, dann reicht ein loser Rahmen nicht aus. Er mag vielleicht ein Anstoß sein, aber jeder Prozess einer Veränderung, individuell oder gesellschaftlich, bedarf einer gewissen Dauer und wenn ein solcher Prozess dauerhaft begleitet werden soll auch einer gewissen Institutionalisierung. Wie diese stattfinden kann, welche Formen eine solche Philosophie annehmen kann, welche Praxen sie anbietet und nutzt, kann nicht am Reißbrett entworfen werden. Die Theorie folgt immer der Praxis nach. Eine philosophische Praxis der Veränderung bedarf eines sozialen Akteurs, der wiederum ihrer bedarf. In der je konkreten Zusammenarbeit mit diesem müssen solche Formen gefunden werden.

II. Teil: Für ein Neues Linkes Projekt

Philosophie, die den oben formulierten Ansprüchen genügen will, muss die philosophischen Probleme diskutieren, ohne fertige Antworten zu geben. Dies darf und braucht auf der anderen Seite aber nicht zu einem postmodernen Beliebigkeit zu führen. Wenn ich auch nicht anderen Leuten erzählen will, was das für sie einzig Richtige ist, so ist es doch auch nicht so, dass ich nicht wüsste, was *ich* wollte. Die folgenden Überlegungen sind an meinen eigenen Zielen und Vorstellungen menschlichen Zusammenlebens orientiert. Ob andere diese teilen wollen, ist ihre freie Entscheidung. Meines Erachtens sprechen gute Gründe dafür, das zu tun. Diese habe ich hier aufgeschrieben. Der Leser ist eingeladen, zu überprüfen, ob sie ihn überzeugen.

Hier wird das Für und Wider bestimmter Annahmen für bestimmte Entwürfe menschlichen Lebens, für bestimmte Zielstellungen gezeigt. So vorzugehen, bedeutet, genau jenes politische, interessenorientierte Element der Philosophie, das sonst immer mit größten Mühen verdeckt wird, explizit zu machen und offen in die philosophische Auseinandersetzung einzubringen.

II.1 Was ist heute Links?

Der politische Gegensatz, der mit den Begriffen „Rechts" und „Links" einhergeht, hat die weltpolitische Situation des 20. Jahrhunderts geprägt (vgl. Hobsbawm 1998). Am Ende dieses Jahrhunderts angekommen, nach dem Ende des Ost- West-Gegensatzes mehren sich die Versuche, dieses Gegensatzpaar zu den Akten zu legen.[1] Angeblich gibt es weder rechte noch linke Politik, sondern nur noch sachgerechte Politik.

Diese Tendenz ist nicht neu. Schon in der zweiten Hälfte dieses Jahrhunderts wird zumindest im Westen alles dafür getan, diesen Gegensatz im kulturellen, innenpolitischen Raum aufzuheben. Er bleibt nur deswegen als politisch dominanter erhalten, weil es die Blockkonfrontation des Kalten Krieges gibt. Nur die Materialisierung dieses Gegensatzes im internationalen Staatengefüge transportiert ihn wieder in die Innenpolitik hinein, nun aber als einen ganz und gar außenpolitisch überdeterminierten Gegensatz: „Geh doch nach drüben!" Mit dem Ende dieser außenpolitischen Existenz des Rechts/Links Gegensatzes wird versucht, ihn nun auch innenpolitisch zu eliminieren. Diese außenpolitische Überdeterminierung hat den Inhalt der Begriffe verschoben. In den bürgerlichen Staaten ignorierte man die Theorie und definierte Links nicht über die ursprünglichen Ziele dieser Bewegung, sondern anhand der staatlichen Praxis des Sozialismus. In den sozialistischen Staaten dagegen ignorierte man die Praxis und bestimmte Rechts immer noch anhand des Modells imperialistischer Staaten, ohne zur Kenntnis zu nehmen, dass die sozialstaatlich-bürgerlichen Gesellschaften der fordistischen Epoche dem nicht mehr entsprachen. Folge dessen war und ist, dass der Rechts/Links Gegensatz nicht an der Herrschafts-, sondern an der Eigentumsfrage festgemacht wird. Eine Gesellschaft, die Privateigentum an Produktionsmitteln unbeschränkt zulässt und damit zugleich erhebliche Reichtumsdifferenzen in Kauf nimmt, gilt als rechts, während Gesellschaften, die die Produktionsmittel verstaatlichen und die Reichtumsdifferenzen ihrer Bürger beschränken, als links gelten. Heute besteht überhaupt erst die Möglichkeit, diese Begriffe neu zu bestimmen. Auch deshalb, weil man erst heute klarer sehen kann, dass es das Gemeinsame zwischen Sozialismus und Kapitalismus ist, dass sie beide Systeme von Herrschaft sind.

Wozu soll die Neubestimmung dessen, was Links ist, gut sein? Der Rechts/Links-Gegensatz ist ein politischer Gegensatz. So banal diese Aussage auf den ersten Blick klingt, ist sie zu seinem Verständnis unumgänglich. Politik haben wir oben schon bestimmt als die offene, strategische Auseinandersetzung der Gruppen, die unterschiedliche Lebens- und Gesellschaftsentwürfe vertreten, um ihre gesellschaftliche Dominanz oder um den zu ihrer Verwirklichung notwendigen Raum. Der Rechts/Links-Gegensatz ist ein Feld, auf dem unterschiedliche Entwürfe menschlichen Lebens miteinander im Streit liegen. Ganz unabhängig davon wie der Begriff „Links" inhaltlich neu zu fassen ist, geht es bei seiner Bestimmung um die Frage nach einer anderen Gesellschaft. Wenn wir uns diese Perspektive einer anderen Gesellschaft offen halten wollen, brauchen wir politische Systembegriffe, politische Gegensatzpaare. Politik ist überhaupt da erst möglich, wo es Unterschiede gibt, wo konträre Entwürfe menschlichen Zusammenlebens vertreten werden. Politik ist die Artikulation und Vertretung divergierender Interessen. Inwieweit sie Berücksichtigung finden, kann nicht „sachlich" entschieden werden. Die bloße Entscheidung von Sachfragen ist Problemmanagement und keine Politik. Wer die Tätigkeit von Politikern zur bloßen Entscheidung über Sachfragen herabstuft, degradiert diese zu Verwaltungsbeamten. Wahlen sind bei so einem Verständnis von Politik eigentlich überflüssig. Wenn es in der Politik nur darum ginge, die besten Verwalter zu bestimmen, könnten wir für diesen Auswahlprozess sicherlich auf geeignetere Mechanismen zurückgreifen, als allgemeine Wahlen ihn darstellen. Allgemeine Wahlen machen nur da Sinn, wo auf der Ebene politischer Gestaltung unterschiedliche Interessen artikuliert werden. Bei Wahlen sollen nicht die besseren Verwalter ausgesucht, sondern Repräsentanten der eigenen Interessen an die Macht gebracht werden. Wenn Politik also auf bloßes Problemmanagement herabgestuft wird, so steht dahinter die Absicht, den Gedanken an die Möglichkeit einer anderen Gesellschaft von vornherein auszuschließen. Wenn wir in der „besten aller Welten" leben, so müssen wir nur noch die sachgerechten Entscheidungen treffen, aber die Perspektive einer grundsätzlichen Veränderung ist dann überflüssig. Nun leben wir nicht in der „besten aller Welten", aber selbst wenn dem so wäre, so gäbe es doch immer noch unterschiedliche Interessenlagen. Jede Gesellschaft ist differenziert. Dies beginnt mit der Geschlechter- und Generationendifferenz und endet in der hochgradigen arbeitsteiligen Ausdifferenzierung unserer

Zeit. Gesellschaftliche Differenzierung bedeutet, dass Menschen unterschiedlichen Tätigkeiten nachgehen, unterschiedliche Aufgaben haben, unterschiedliche Funktionen erfüllen. Daraus folgt, dass sie unterschiedliche Bedürfnisse haben und unterschiedliche Interessen entwickeln. Männer müssen sich weniger Gedanken um die Anrechnung von Erziehungszeiten auf ihre Rentenansprüche machen, weil zumeist Frauen die Aufgabe der Kinderbetreuung übernehmen. Büroangestellte haben kein Interesse an Schlechtwettergeld, weil sie nicht im Freien arbeiten. Aus solchen Unterschieden folgen Interessengegensätze. Immer geht es dabei auch um die Frage der Verteilung des gesellschaftlichen Reichtums. Wenn das Schlechtwettergeld durch staatliche Beihilfen gefördert wird, dann trägt auch der Büroarbeiter über seine Steuern dazu seinen Anteil bei, obwohl es ihm persönlich gar nichts nützt. Wenn der Staat Zuschüsse zur Rente pro Erziehungsjahr gibt, dann zahlen auch alle die, die keine Erziehungsjahre erbracht haben, denjenigen, die dies getan haben, einen Anteil an ihrer Rente. Diese unterschiedlichen Interessen gilt es einzubringen und untereinander auszugleichen. Ein gerechter Ausgleich solcher Interessen ist keine Sachfrage und lässt sich nicht von Fachleuten entscheiden. Eine solche Entscheidung orientiert sich vielmehr am gesellschaftlichen Einfluss, den eine Gruppe aufbringen kann. Solchen Einfluss zu gewinnen, ist praktische Politik. Politik kann daher nie überflüssig werden. Wer dies behauptet, versucht nur die bestehenden Verhältnisse als alternativlos darzustellen. Solche Auffassung ist strukturell konservativ und Politik im Sinne der in der jeweiligen Gesellschaft Privilegierten. Sachliche Gründe dafür, diese weiterhin zu privilegieren, gibt es nicht.

Was ist „Links“? Links ist zunächst eine symbolische Bezeichnung für eine bestimmte politische Strömung. Ein solch symbolischer Begriff hat keine feste Bedeutung. Was „Links“ ist, ist umstritten und kann nicht aus dem Begriff deduziert werden. Vielmehr gilt es, einen solchen Begriff zu besetzen, ihn selbst zu definieren. Hier sollen im Folgenden unter „Links“ all jene gesellschaftspolitischen Gruppierungen verstanden werden, die eine herrschaftsfreie Gesellschaft anstreben. Wie im nächsten Kapitel noch gezeigt werden wird, impliziert dies - nach den hier vertretenen und noch zu begründenden Begriffen von Freiheit, Gleichheit und Gerechtigkeit - automatisch, dass es sich auch um eine gerechte Gesellschaft handelt.

Nun ist diese Definition nicht gerade neu. „Links“ hat sich schon immer als soziales Projekt und auch als Emanzipationsprojekt bestimmt. Dieses Projekt ist nicht verwirklicht und es ist weiterhin verwirklichenswert. Es bedarf daher hinsichtlich dieser grundlegenden Ziele auch keiner neuen Bestimmung. Es gilt allerdings diese Ziele inhaltlich neu zu fassen und ihr Verhältnis zueinander neu zu bestimmen. Dafür ist die Auseinandersetzung mit der linken Tradition nötig. Diese kann nur kritisch erfolgen. Nicht nur, weil das linke Projekt des 19. Jahrhunderts, der Sozialismus, sowohl in seiner reformistischen wie in seiner revolutionären Variante gescheitert ist,[2] sondern schon deswegen, weil das linke Projekt nur dann ein lebendiges Projekt bleiben kann, wenn es ihm gelingt, seine Ziele bezogen auf die jeweiligen, sich verändernden gesellschaftlichen Verhältnisse neu zu artikulieren. Wie soll man heute Freiheit, Gleichheit und Gerechtigkeit bestimmen und wie ist ihr Verhältnis heute zu denken? Diese Begriffe lassen sich nicht aus sich selbst heraus verstehen, sondern müssen bestimmt werden.

Links ist ein Überbegriff, von ihm ist kein Plural möglich. Von den politischen Projekten, die durch ihn erfasst werden, kann man dagegen nur im Plural reden. Es gab und gibt nicht die eine linke Bewegung und es kann sie nicht geben. Auch wenn linke Bewegungen ähnliche Ziele verfolgen, die es eben ermöglichen, sie als linke zusammenzufassen, so gibt es doch auch hier unterschiedliche Ansichten, Interessen, Bedürfnisse und Wünsche, die zu unterschiedlichen Ausformungen der jeweiligen Projekte führen. Dabei kann nicht das eine als das richtige und die anderen als die falschen, abweichenden bezeichnet werden. Im Bereich des Politischen, also im Bereich der Entscheidung über die gewollte Art und Weise zu leben, gibt es keine Wahrheit und daher gibt es auch nicht die „wahre" linke Bewegung. Es geht aber darum, den Begriff von Links wieder trennscharf zu machen. Auf das linke Projekt haben sich im 19. und 20. Jahrhundert so viele berufen, vom Anarchismus bis zum Stalinismus, dass heute jeder immer schon weiß, was Links ist und dennoch alle darunter etwas anderes verstehen können. Ein neues linkes Projekt muss wieder Konturen bekommen. Dafür ist es auch nötig, sich die linken Bewegungen und Gesellschaften der letzten 150 Jahre anzusehen und zu prüfen, was davon tatsächlich als positiver Traditionsbestand eines neuen linken Projekts taugt.

Linke Projekte hat es in der Geschichte schon immer gegeben. Die Ziele der Freiheit, Gleichheit und Gerechtigkeit finden sich seit den Anfängen der Philosophie in unterschiedlicher Konkretheit und in unterschiedlichen Graden ihrer Verallgemeinerung immer wieder als Ziele sozialer Projekte artikuliert. Von Teilen der griechischen Sophisten und der chinesischen Philosophie bis zu den Reformationsbewegungen der frühen Neuzeit (vgl. Wolf 1998, 269). Auch das bürgerliche Projekt hat sich einmal als linkes Projekt artikuliert. Die bürgerliche Aufklärung verfolgte die Emanzipation, die Befreiung der Menschen. Jedoch ist dies nicht die unmittelbare Tradition eines heutigen linken Projekts, da die radikalste und realitätstauglichste Artikulierung dieses Projekts in der Moderne der Kommunismus des 19. Jahrhunderts war. Ich werde mich daher im Folgenden nicht mit der bürgerlichen Aufklärung, nicht mit dem Liberalismus und Neoliberalismus und auch nicht mit der Geschichte der bürgerlichen Gesellschaft auseinander setzen, da das bürgerliche Projekt als linkes Projekt vom Kommunismus überholt wurde. An dieser Tatsache ändert auch der Zusammenbruch der sozialistischen Staaten nichts. Überholt wurde es zum Ersten in der Radikalität des universalen Anspruchs der Verwirklichung von Freiheit, Gleichheit und Gerechtigkeit. Die bürgerliche Aufklärung artikuliert ihr Programm zwar allgemein, meint aber im konkreten immer nur den männlichen Besitzbürger, den Eigentümer von Produktionsmitteln (vgl. z.B. Kant, 1982b, A 246 Anm.). Weder die Frauen noch die Arbeiter und Dienstleute sind von diesem Projekt umfasst. Die Rechte dieser Gruppen müssen von vornherein gegen die Bürger eingefordert werden. Selbst mit seinem verbleibenden Anspruch auf politische Emanzipation und allgemeinen Wohlstand ist das bürgerliche Projekt im 19. Jahrhundert grandios gescheitert. Die über es hinausgehenden, in den letzten einhundert Jahren erreichten Errungenschaften in diesen Bereichen wie das allgemeine Wahlrecht, die Frauenemanzipation, die sozialen Sicherungssysteme, sind *alle* von linken Bewegungen gegen das Bürgertum durchgesetzt worden.[3] Heute können wir in einer Zeit der Schwäche dieser Bewegungen wieder einen massiven Abbau der Bürgerrechte im zivilen, politischen und sozialen Bereich beobachten.[4] Zum Zweiten überholt die linke Theorie die bürgerliche in ihrem Grad der Einsicht in die Funktionsweise von Gesellschaften. Die Erkenntnis der Bedeutung der ökonomischen Verhältnisse für den gesellschaftlichen Prozess findet sich erst bei Marx. Erst mit Marx beginnt die Geschichts*wissenschaft*. Seine Kritik an der kapitalistischen Ökonomie als einer solchen, in der die Ziele der Freiheit, Gleichheit und Gerechtigkeit letztlich nie verwirklicht werden können, ist immer noch zutreffend. Zwar hat sich die bürgerliche Gesellschaft in den führenden Industriestaaten als wesentlich reformfähiger erwiesen, als Marx und Engels ihr das zugetraut haben,[5] die Grenzen ihrer strukturellen Beschränktheit sind wesentlich weiter, als dies zuerst angenommen wurde, aber es hat sich auch gezeigt, dass es Grenzen gibt, die systemimmanent nicht überschritten werden können. Der Zwang zur Kapitalakkumulation und die damit notwendig verbundene Ausbeutung von Arbeitskraft auf der einen Seite und Anhäufung von ökonomischer Macht auf der anderen ist mit einer herrschaftsfreien Gesellschaft nicht vereinbar.

Wenn im Folgenden die Verwirklichung von Freiheit und Gerechtigkeit in Theorie und Praxis des Sozialismus kritisiert wird, so heißt dies also nicht, dass ich der Meinung sei in der bürgerlichen Gesellschaft sehe es prinzipiell besser aus. Hier ist nur einiges anders, einiges besser, anderes schlechter. Die Auseinandersetzung mit Theorie und Praxis des Sozialismus erfolgt deswegen, weil ich der Ansicht bin, dass dieser Gesellschaftsentwurf bislang am konsequentesten ein linkes Projekt verfolgt hat. Hier geht es um die Begründung eines *neuen* linken Projekts, welches sich in der Tradition der *alten* sieht. Es geht nicht um die Aufgabe dieses Projekts. Gerade um dies zu erreichen, bedarf es einer radikalen, keine politischen Rücksichten nehmenden Kritik, des letzten Versuchs, eine freie Gesellschaft zu begründen.

Die folgende Skizze beabsichtigt auch nicht, ein Urteil über die welthistorische Bedeutung des sozialistischen Projekts zu fällen. Ein solches Urteil müsste z.B. hinsichtlich des Sozialismus in der „Dritten Welt" überwiegend positiv ausfallen.[6] Auch in außenpolitischer Hinsicht schnitte die UdSSR nicht schlechter ab als die USA. Diese Fragen interessieren jedoch im Folgenden nicht. Weil es um solche Fragen historischer, politischer Bewertung des Sozialismus überhaupt nicht geht, wird im Folgenden auch nicht die, in der mit dem Sozialismus sympathisierenden Literatur häufig geübte, Technik der Gegenüberstellung angewendet. Es ist für die hier untersuchte prinzipielle Frage sinnlos festzustellen, dass z.B. die Sowjetunion erfreulicherweise den Ersten Weltkrieg im Osten beendet hat, dass sie durch die massive Zerstörung ihrer Infrastruktur in diesem Krieg und den erpresserischen Friedensschluss mit Deutschland im ökonomischen Aufbau des Sozialismus wesentlich behindert war, dass der maßgeblich auch vom Ausland unterstützte und der Sowjetmacht aufgezwungene Bürgerkrieg ebenfalls ein massives Handicap war, dass noch die faktische Wirtschaftsblockade des Westens gegenüber den sozialistischen Ländern nach dem Zweiten Weltkrieg, wie dies jetzt noch die völkerrechtswidrige Kubablockade der USA zeigt, negative ökonomische Konsequenzen für die Wirtschaft dieser relativ weniger entwickelten Länder hatte. All dies ist richtig, all dies hatte negative Folgen für das Projekt des Sozialismus, all dies schränkte auch den innenpolitischen Handlungsspielraum der sozialistischen Staaten ein, all dies ist für eine historische Gesamtbeurteilung des sozialistischen Projekts wesentlich, jedoch völlig belanglos für meine Fragestellung.[7] Die Technik der Gegenüberstellung versucht eine Entschuldigung. Zugestandene Mängel sollen durch den Hinweis auf die schwierige Lage oder Erfolge an anderer Stelle kompensiert werden. Mich interessiert nicht, welchen faktischen Behinderungen der konkrete Versuch des Sozialismus unterlag, sondern welche theoretischen Defizite es gab und wie sich diese theoretischen Defizite in der praktischen, selbstverständlich vielen faktischen Zwängen unterliegenden Politik ausgewirkt haben. Das Scheitern des sozialistischen Projekts, Scheitern gemessen an seinen ursprünglich formulierten Zielen, lag *auch* an seinen theoretischen Defiziten. Hätte man das Freiheitsproblem ernster genommen, hätte man sich mehr Gedanken über die Probleme der dauerhaften Herstellung einer herrschaftsfreien Gesellschaft gemacht, so hätte man wahrscheinlich eher gesehen, dass die Mittel die man - unter äußerem Druck - angewendet hat, um das sozialistische Projekt durchzusetzen, wie z.B. der Kriegskommunismus, die Verwirklichung der Ziele dieses Projekts ernsthaft gefährden mussten und hätte dann vielleicht anders gehandelt. Meine Analyse von Theorie und Praxis des Sozialismus erfolgt in der Absicht solche Fehler aufzudecken, um sie bei meinem Versuch einer partiellen Neuformulierung dieses Projekts zu vermeiden. Dagegen vermeidet die Technik der Gegenüberstellung durch die mit ihr bezweckte Entschuldigung von Defiziten deren Analyse und damit deren Überwindung. Sie ist daher für meine Fragestellung kontraproduktiv. Ich schreibe hier nicht als Historiker, nicht als Politikwissenschaftler und nicht als Soziologe. Ich versuche hier nicht als Politiker aus der Geschichte zu lernen. Ich schreibe als Philosoph und versuche als Philosoph aus der Geschichte zu lernen. Das beschränkt den Gegenstandsbereich der folgenden Untersuchung.

Anmerkung: 1968

Neben den sich explizit auf das sozialistische Projekt berufenden hat es im letzten Jahrhundert weitere politisch-soziale Emanzipationsbewegungen gegeben. Welthistorisch bedeutsam war die antikoloniale Befreiungsbewegung. Diese ist jedoch kein geeigneter Gegenstand meiner Untersuchung, da Befreiung in diesem Zusammenhang primär die Befreiung aus fremdländischer politischer, ökonomischer und kultureller Dominanz bedeutete.[8] Dabei wurde auch immer das Ziel der Gerechtigkeit verfolgt, die aber hier ganz überwiegend als zwischenstaatliches Problem gesehen wurde. Dagegen hat das Ziel einer prinzipiellen Abschaffung von Herrschaft keine Rolle gespielt. Vielmehr ging die Entkolonialisierung immer mit dem Projekt einer Nationalstaatsbildung einher, also dem Aufbau einer von ausländischer Herrschaft zumindestens unmittelbar unabhängigen, eigenen nationalstaatlichen Herrschaftsschicht.

Die zweite historisch bedeutsame Bewegung ist die 68er-Bewegung, die systemübergreifend zu diesem Zeitpunkt kulminierte.[9] Die theoretischen Schlüsseltexte und die Praxis der 68er-Bewegung werden im Folgenden nicht untersucht. Dies hat zwei Gründe. Zum einen würde eine angemessene Auseinandersetzung damit den Umfang des Buches erheblich sprengen. Zum anderen gibt es dafür aber auch sachliche Gründe. Einer dieser ist mit meiner Rede von den theoretischen Schlüsseltexten schon angesprochen. Eine Theorie der 68er gab es im Westen, in dem Sinne wie es eine Theorie der sozialistischen Bewegung gab, nicht. Zwar existieren für diese Bewegung wichtige theoretische Texte wie z.B. in Deutschland die *Dialektik der Aufklärung* von Horkheimer/Adorno oder *Der eindimensionale Mensch* von Herbert Marcuse oder in Frankreich Camus' *L'Homme révolté*. Jedoch haben diese Autoren nicht für eine bereits bestehende soziale Bewegung geschrieben und sie sind - im Gegensatz zu den im Folgenden untersuchten Philosophen - auch nicht davon ausgegangen, dass eine soziale Bewegung diese Texte unmittelbar zum Programm ihres gesellschaftsverändernden Projekts machen würde. Im Osten, d.h. vor allem in der Tschechoslowakei, ging der Bewegung zwar eine theoretische Reflexion voraus, diese bezog sich aber auf das ökonomische Problem der drohenden Stagnation und setzte erst im Laufe der dafür entwickelten Lösungsansätze eine politische Bewegung in Gang, die dann erneut die alten Emanzipationsziele des Sozialismus einforderte (vgl. Gräfe 1998, 274ff; Gräfe 1998a).[10] Eine Theorie der Revolutionierung der gesellschaftlichen Verhältnisse und der Entwicklung von Freiheit, Gleichheit und Gerechtigkeit enthalten die Schlüsseltexte der 68er daher nicht. Sowohl diese Philosophen als auch die 68er-Bewegung stehen nicht mehr in einer ungebrochenen Kontinuität des sozialistischen Projekts des 19. Jahrhunderts. Vielmehr reflektieren sie bereits auf dessen, seit der Existenz des Stalinismus unübersehbares, praktisches Scheitern. Dieses Scheitern zum einen und die Vernichtung der Arbeiterbewegung durch den Faschismus zum anderen hat zur Folge, dass es in dieser linken Theorie eine klare Perspektive einer neuen Gesellschaft und eine klare Vorstellung von dem möglichen politischen Akteur eines solchen Projekts nicht mehr gibt. In die Blockkonfrontation des Kalten Krieges eingespannt, verengte sich der politische Handlungsspielraum solcher Philosophie. Sie beschränkt sich im Westen maßgeblich auf Kulturkritik und stellt die Systemfrage nur noch indirekt. Die 68er-Bewegung ist im Westen zunächst eine antiautoritäre Bewegung. Damit nimmt sie in ihrer Praxis Momente des Anarchismus des 19.

Jahrhunderts auf (vgl. Harich 1998). Eine theoretische Weiterentwicklung dieser, in der 1. Internationale noch vertretenen und somit ins Feld des frühen Sozialismus gehörenden Position, findet jedoch nicht statt. Andererseits liegt in der Kulturkritik und dem Antiautoritarismus der 68er ein wichtiges, über die ökonomische Beschränktheit der alten linken Theorie hinaustreibendes Moment. Die Einsicht, dass es auch einer kulturellen Revolution bedarf und nicht nur einer ökonomischen, dass mit „Spießbürgern" - egal ob sie aus der Arbeiterklasse kommen oder aus dem Kleinbürgertum - kein Kommunismus zu machen ist, auch wenn dieser nicht die „Weibergemeinschaft" einführt (vgl. MEW 4, 478), dass also das subjektive Element der Revolution nicht vernachlässigt werden darf, ist wesentlich für alle Theorie sozialer Projekte.[11] Das Verhältnis von Freiheit und Gerechtigkeit ist aber weder in dieser Theorie noch in der Praxis der 68er-Bewegung ein entscheidendes Problem. Dies ändert sich auch dann nicht, als sich die 68er-Bewegung politisch zu organisieren beginnt (vgl. Rabehl, 1968). In der BRD geschieht dies vor allem in den K-Gruppen, in den BIs der entstehenden neuen sozialen Bewegungen und letztlich in den *Grünen*. Aber auch in diesen politischen Organisationsformen der 68er-Bewegung spielen die Fragen nach Freiheit, Gleichheit und Gerechtigkeit in Theorie und Praxis eine untergeordnete Rolle. Das hat auch damit zu tun, dass das „Elend" der alten Arbeiterklasse, welches die Gerechtigkeitsfrage auf die Tagesordnung stellte und die politische Unterdrükkung wie sie im 19. Jahrhundert existierte, in den 60er Jahren nicht mehr vorfindbar ist. Der antiautoritäre Impuls war in der BRD vor allem Resultat einer zu späten Aufarbeitung des Nationalsozialismus, aber nur in seltenen Fällen ein Ergebnis der grundsätzlichen Ablehnung von Staatlichkeit. Befreiung von bürgerlichen Kulturzwängen war daher das wesentliche Emanzipationsanliegen dieser Bewegung. Konsumkritik, z.B. wie sie Marcuse übt, steht so weit außerhalb dessen, was die alte linke Theorie bewegte, dass hier ein tatsächlicher Bruch zu konstatieren ist. Der Fordismus und die mit ihm in den entwickelten Industriestaaten entstehende Konsum- und Wohlstandsgesellschaft verändern die gesellschaftliche Situation so grundlegend, dass dieser grundlegende Wandel der Theorie unvermeidbar ist. Für die heute mit der zunehmenden Verschärfung der Reichtumsdifferenzen wieder aktuell gewordene Gerechtigkeitsfrage sind daher die meisten Schlüsseltexte der 68er-Bewegung, sofern sie sich nicht direkt mit dem Problem der „Dritten Welt" (Fanon 1981) beschäftigten, nicht besonders ergiebig. Auch das rechtfertigt es, sie hier nicht explizit zu behandeln. Selbstverständlich sind aber die dort gewonnenen theoretischen Einsichten auch Hintergrund der von mir im Folgenden entwickelten Philosophie. In diesem Sinne ist auch die 68er-Bewegung ebenso wie die neuen sozialen Bewegungen unhintergehbarer Traditionsbestand eines neuen linken Projekts.

Kritik der linken Projekte

Im Folgenden soll kein allgemeiner Abriss der Geschichte der linken Bewegungen gegeben werden. Das ist in dem hier vorgegebenen Rahmen nicht möglich und nicht sinnvoll. Vielmehr sollen nur die exemplarischen Punkte herausgegriffen werden, an denen die Abgrenzung zu den historischen Projekten der Linken bewerkstelligt werden muss und es sollen die Punkte behandelt werden, wo man aus den Fehlern der alten Projekte lernen muss. Es muss geklärt werden, welche historischen Projekte, unter den hier vertretenen Begriff von „Links" fallen.

Der Stalinismus z.B. wird nicht dazugehören. Man muss bestimmte historische Projekte aus der Tradition eines heutigen linken Projekts ausschließen, um ein solches überhaupt noch sinnvoll verfolgen zu können.

Die sozialistische Bewegung

Zwar kann man Bewegungen, die linke Ziele verfolgen, in allen Phasen der Menschheitsgeschichte finden, die Entstehung der „Linken" ist aber untrennbar verbunden mit der Entstehung der sozialen Bewegungen des 19. Jahrhunderts, der Frauen-, Arbeiter-, Jugendbewegung. Der politische Begriff Links meint zunächst die liberalen bürgerlichen Parteien, aus deren traditionellem Sitzplatz im Parlament er sich ableitet, aber seine große Bedeutung als Charakteristikum des prägenden Gegensatzes dieses Jahrhunderts erlangt er erst, seit auch die politischen Strömungen der Arbeiterbewegung mit ihm bezeichnet werden. Das politische Ziel der Arbeiterbewegung ist der Sozialismus. Das Universallexikon der DDR definiert Sozialismus als die politische Bewegung, die auf ein „Gemeinwesen der sozialen Gleichheit und Freiheit des Menschen" abzielt („Sozialismus" 1991). Wenn wir von der Ersetzung der Gerechtigkeit durch die soziale Gleichheit absehen, so finden wir hier jene Zielbestimmung wieder, die ich oben als allgemeine Definition von Links aufgestellt habe. Wie hat sich diese Zielbestimmung entwickelt und in welchem Verhältnis standen im Verlauf der historischen Entwicklung der Arbeiterklasse und des Sozialismus diese zwei Komponenten zueinander?[12] Um diese Frage handhabbar zu machen, wird hier als Unterfall der Gerechtigkeit auch die soziale Gleichheit verstanden, auf welche sich der Gerechtigkeitsanspruch im Sozialismus zumeist reduziert hat.

Die frühen Arbeiterzusammenschlüsse

Die frühen Arbeiterzusammenschlüsse, um einen möglichst neutralen Begriff zu wählen, entstehen personell aus dem im Zuge der Entstehung des Kapitalismus aus den feudalen Strukturen „freigesetzten" besitzlosen Klassen, die nun die neue Arbeiterklasse, als die Klasse der Personen, die für Lohn arbeiten, zu bilden beginnen (vgl. Wehler 1987, 241ff). Der sachliche Grund ihrer Kooperationen ist ihre Notwendigkeit. Diese entsteht, weil mit der „Freisetzung" aus den feudalen Strukturen nicht nur die Abhängigkeiten und Pflichten verschwinden, sondern ebenso auch die soziale Absicherung, die die alte feudale Gesellschaft innerhalb ihrer ökonomischen Möglichkeiten ihren Mitgliedern bot. Neben diesem Verlust relativer sozialer Absicherung tritt eine nie gekannte Intensivierung der Arbeit und der Ausbeutung der Arbeiter. Die damit entstehende Verelendung des Proletariats im 19. Jahrhundert ist allgemein bekannt. Die frühen Arbeiterzusammenschlüsse sind Selbsthilfeorganisationen gegen diese Nöte, gegen diese soziale Entrechtung. Bildung und Information, das Verfassen von Petitionen, die Gründung von Arbeiterkranken-, -hilfs- und -sparkassen, Kreditinstituten, Ein- und Verkaufsgenossenschaften, z.T. auch die Organisation von Streiks sind das zentrale Tätigkeitsgebiet der frühen Arbeiterorganisationen (Botzenhart 1985, 150). Die Arbeiterklasse konstituiert sich im Kampf um soziale Gerechtigkeit. Das Grundthema der entstehenden Linken ist daher zunächst die „soziale Frage".[13] Zentral für die entstehenden Organisationen der Arbeiterbewegung ist das Ziel einer „systemimmanente[n] Sozialreform" (Wehler 1987, 275).

Daneben, wenn auch gegenüber diesen alltagspraktischen Selbsthilfeorganisationen zunächst marginal, gibt es von Anfang an auch Konzepte einer grundsätzlichen Veränderung der gesellschaftlichen Verhältnisse (vgl. Wehler 1987, 272ff). Wo kommen diese her? Das 19. Jahrhundert kann auch als das Jahrhundert der Revolutionen begriffen werden.[14] Der gesellschaftliche Systemwandel vom Feudalismus zur bürgerlichen Gesellschaft steht im 18. Jahrhundert auf der Tagesordnung und wird mit der französischen Revolution 1789 das dominante Thema der Politik (vgl. Hobsbawm 1975). Die russische Oktoberrevolution 1917 setzte darunter gewissermaßen den Schlussstrich. Mit dem Systemwandel stand auch die Revolution als sein politisches Mittel auf der Tagesordnung. Die alte feudale Gesellschaft hatte abgewirtschaftet, die neue bürgerliche stand immer noch im Kampf mit den alten Mächten auf der einen Seite, war auf der anderen Seite aber - noch - nicht in der Lage, eine für alle Einwohner befriedigende wirtschaftliche Situation zu gewährleisten. Im 19. Jahrhundert ist die Revolution „beabsichtigt, ja geplant" (Hobsbawm 1962, 230). Der Blanquismus ist die politische Bewegung, die dies am klarsten repräsentiert. Wenn Revolution somit zu einem alltäglichen Mittel der Politik wird, dann ist es nicht verwunderlich, dass mit der Entstehung des Proletariats und mit der Entstehung der sozialen Probleme dieser Klasse in dieser Situation einer allgemeinen politischen Instabilität zur Lösung dieser Probleme eine Revolution vorgeschlagen wird.[15] Es ist diese tagespolitische Aktualität der Revolution (vgl. Deppe 1968, 5ff), die dazu führt, dass in der entstehenden Arbeiterbewegung, wenn auch zunächst nur am Rande, zugleich mit der sozialen Frage die politische Frage als Systemfrage, als Frage nach der Befreiung von - bürgerlicher - Herrschaft gestellt wird. Die proletarische Bewegung knüpft mit der Übernahme der Revolution als Mittel der Politik an die bürgerliche Bewegung an.

Des weiteren erfolgt eine Politisierung der Arbeiterbewegung dadurch, dass die soziale Frage zunächst nicht gelöst wird. Die Systemfrage entsteht aus der ungelösten sozialen Frage. Vom Anfang des 19. Jahrhunderts bis zu den Anfängen bismarckscher Sozialgesetzgebung bleibt es bei der elenden Lebenssituation des Proletariats, die vor allem in den häufigen wirtschaftlichen Krisen eskaliert. Das Bürgertum hat Ende des 18. Jahrhunderts die politische Macht gegenüber dem

Adel erobert. Wie diese Macht aber in der bürgerlichen Gesellschaft gegenüber den unteren Schichten abzusichern ist, dazu hat das Bürgertum noch keine Strategie. Sein ganzes politisch-strategisches Verhalten war bisher auf die Machteroberung ausgerichtet. Techniken der Machtbewahrung muss es erst noch entwickeln. Dass es auch im 19. Jahrhundert immer noch in Scharmützel mit den Resten feudal-adeliger Obrigkeit verwickelt ist, erleichtert ihm diese Aufgabe nicht gerade. Auch der Adel versucht im 19. Jahrhundert, aus der Verelendung der unteren Schichten Kapital zu ziehen, indem er diesen Zustand nicht zu Unrecht der *bürgerlichen* Gesellschaft ankreidet und sich als patriarchaler Beschützer der Armen zu profilieren sucht. Es dauert daher ungefähr hundert Jahre, bis auf die soziale Frage eine die Gesellschaft befriedende Antwort gefunden worden ist. Erst der Entwicklungsschub des Fordismus ermöglicht es, mit dem zunehmenden allgemeinen Wohlstand auch das Proletariat angemessen am gesellschaftlichen Reichtum zu beteiligen, ohne Umverteilungsprozesse in Gang setzen zu müssen. Diese hundert Jahre lang steht mit jeder neuen Krise der kapitalistischen Wirtschaft die Systemfrage wieder auf der Tagesordnung. Wenn die Herrschenden nicht bereit sind, ausreichende Lebensgrundlagen für die Beherrschten zur Verfügung zu stellen, dann muss man ihre Herrschaft selbst in Frage stellen. Aber auch dies bedeutet noch keineswegs, dass damit automatisch das Thema der allgemeinen Abschaffung der Herrschaft auf der Tagesordnung stünde. Nur bei einigen wenigen Personen und Gruppen wird die Systemfrage weiter radikalisiert zur Frage nach der allgemeinen Emanzipation der Menschen und ihrer Befreiung von jeder Herrschaft. Hier wird der aus der bürgerlichen Aufklärung kommende Anspruch auf Freiheit des Individuums weitergeführt.

Die Frage nach einer allgemeinen Freiheit von Herrschaft ist daher in den frühen sozialen Organisationsformen des Proletariats kein Thema. In den Verhältnissen sozialer Verelendung, wie sie im 19. Jahrhundert im Proletariat vorherrschen, ist die soziale Frage, die Frage nach der konkreten Verbesserung der Lebensbedingungen, die primäre Frage. Wenn es ums Überleben geht, ist die Frage nach einer allgemeinen menschlichen Emanzipation ein Luxus, den man sich kaum leisten kann. Der Gedanke der allgemeinen Abschaffung der Herrschaft ist keineswegs naheliegend. Wer auf der untersten sozialen Stufe in ein mit der Würde einer Jahrtausende alten Tradition versehenes System gesellschaftlicher Herrschaft sozialisiert wird, dem erscheint der Gedanke, es sei möglich, Herrschaft völlig aufzuheben, es könne einen Zustand geben, in dem es keine Herren mehr gibt, abwegig und absurd.[16] Es fehlt das Selbstvertrauen in die eigene Fähigkeit, die sozialen Angelegenheiten umfassend selbst regeln zu können.

Theoretische Konzepte des Frühsozialismus

Auch bei den Theoretikern des frühen utopischen Sozialismus wie Saint-Simon, Babeuf, Owen und Fourier steht das soziale Projekt der Gründung von Selbsthilfeorganisationen in Form genossenschaftlicher Verbindungen im Vordergrund ihrer Überlegungen, nicht aber die allgemeine Befreiung von Herrschaft und die

Abschaffung des Staates. Ihr Anliegen ist es, den Individualismus des Bürgertums zu konterkarieren. Die Frühsozialisten sind - z.T. auch selber praktizierende (z.B. Owen, vgl. Supek 1978, 13f) - Vertreter des Kommunitarismus. So strebt z.B. Fourier eine zivilisierte Gesellschaft unter Aufrechterhaltung der Herrschaft und der Differenz zwischen Reichen und Armen an. So sollen z.B. die Sippen, die er zu gründen gedenkt, aus „achtzig Wohlhabende(n) einerlei Geschlechts und einige zwanzig Dienstboten beiderlei Geschlechts" bestehen (Fourier 1966, 173). Dem „Herrscher" wird diese Sippenbildung damit schmackhaft gemacht, dass sie die allgemeine Verwaltung, insbesondere die Steuereintreibung, wesentlich erleichtern würde (ebd. 176). Neun verschiedene Vermögensklassen sind in der Bevölkerung vorgesehen, so dass auch die Reichtumsdifferenzen keineswegs aufgehoben werden sollen (ebd.). Fouriers Ziel ist es, einen höheren Grad an Zivilisierung und Kultiviertheit zu erreichen, das allgemeine Wohlstandsniveau zu erhöhen und die Friedfertigkeit im Inneren wie im Äußeren zu befördern. Das Mittel, welches er dazu einsetzen will, ist die Bildung von größeren Lebens- und Arbeitsgemeinschaften, die Sozialisierung des Privaten. Er hofft hier einerseits auf ökonomische Rationalisierungseffekte und setzt andererseits auf den erhöhten sozialen Disziplinierungsdruck größerer Gruppen. Kritik an Herrschaft ist dagegen für ihn kein Thema.

Marx, Engels und der *Bund der Kommunisten*

Schon sehr früh entstehen auch kommunistische Vereinigungen. Sie unterscheiden sich von den sonstigen Arbeiterzusammenschlüssen dadurch, dass sie bereits von Anfang an die Systemfrage stellen und eine allgemeine Gütergemeinschaft propagieren.[17] Hier soll uns im Folgenden nur der „Bund der Kommunisten" interessieren, jene zuerst geheimbündisch organisierte Vereinigung, deren Londoner Ableger Marx und Engels 1847 beitraten (Vgl. Engels MEW 21, 215, Mehring 1985, 147ff). Es gibt drei Programmtexte des Bundes, die von Marx und Engels stammen, die „Grundsätze des Kommunismus" (MEW 4, 362ff), das „Manifest der kommunistischen Partei" (MEW 4, 459ff) und die „Forderungen der Kommunistischen Partei in Deutschland" (MEW 5, 3ff).[18] Die Texte sind von 1847/48. Bei dem ersten handelt es sich um Engels' Vorentwurf für das kommunistische Manifest, bei dem letzteren um die politischen Programmthesen des Bundes in der 48er-Revolution.

Was verstehen der frühe Marx und Engels unter „Kommunismus"? Wie soll die neue Gesellschaft aussehen, wodurch ist sie gekennzeichnet? Die „Grundsätze des Kommunismus" sind in der damals für solche programmatischen Thesen nicht untypischen Form eines Katechismus geschrieben: Frage, Lehrantwort. Erste Frage: „*Was ist der Kommunismus?* Antwort: Der Kommunismus ist die Lehre von den Bedingungen der Befreiung des Proletariats" (MEW 4, 363). Auffällig ist an der Antwort, dass der Kommunismus nicht als gesellschaftlicher Zustand beschrieben wird, sondern als *Lehre von Bedingungen* und zwar der Bedingungen, die den Prozess der Befreiung des Proletariats ermöglichen. Das Aussehen des gesellschaftlichen Zustands des Kommunismus ist sekundär und erscheint zunächst nicht klärungsbedürftig. Von den vier erklärungsbedürftigen Begriffen dieser Definition

Kommunismus, *Bedingungen*, *Befreiung* und *Proletariat*, werden im Folgenden nur zwei geklärt: das *Proletariat* und die *Bedingungen* seiner Revolution. Dagegen sind die *Befreiung* und der *Zustand nach* der Revolution kein Thema. Engels skizziert die Gesellschaftsform des Kommunismus auf anderthalb Seiten dieses achtzehn Seiten langen Textes. Der Kommunismus ist negativ gekennzeichnet durch die Abwesenheit des Privateigentums an Produktionsmitteln und der Konkurrenz. Positiv zeichnet ihn aus, dass die Produktion gemeinschaftlich, assoziiert stattfindet (ebd. 370) und dass in ihm die Arbeitsteilung aufgehoben ist, so dass das allseits entwickelte Individuum entstehen kann (ebd., 376; auch MEW 3, 424). Abschaffung des Privateigentums an Produktionsmitteln, Aufhebung der Arbeitsteilung und Assoziation der Produzenten, dies sind die drei Charakteristika des Kommunismus bei Marx und Engels. Auch im kommunistischen Manifest steht die Herleitung der Frage nach den Bedingungen der Herrschaft des Proletariats im Vordergrund. Im Verhältnis zu diesen ausführlichen und detaillierten Ausführungen erfolgt die Charakterisierung des Kommunismus als einer Gesellschaft, in der „die freie Entwicklung eines jeden die Bedingung für die freie Entwicklung aller ist" (ebd., 482; auch MEW 3, 424f), fast nebenbei.

Vielleicht kann man mehr Klarheit über Marx und Engels Kommunismusvorstellung erlangen, wenn man klärt, auf welchen Voraussetzungen ihrer Ansicht nach der Kommunismus beruht. Die Herrschaft des Proletariats bedingt „die Aufhebung der ganzen alten Gesellschaftsform und der Herrschaft überhaupt" (MEW 3, 34). Die Proletarier sind gezwungen „den Staat [zu] stürzen, um ihre Persönlichkeit durchzusetzen" (ebd. 77, vgl. auch MEW 40, 536). Das bürgerliche Eigentum, das Privateigentum an Produktionsmitteln soll abgeschafft werden, damit auch das Proletariat den seiner Arbeit entsprechenden Anteil am gesellschaftlichen Reichtum erlangen kann. Das Proletariat muss durch die „Erkämpfung der Demokratie" zur herrschenden Klasse werden (so auch MEW 4, 372).[19] Es „wird seine politische Herrschaft dazu benutzen, der Bourgeoisie nach und nach alles Kapital zu entreißen, alle Produktionsinstrumente in den Händen des Staates, d.h. des als herrschende Klasse organisierten Proletariats, zu zentralisieren und die Masse der Produktionskräfte möglichst rasch zu vermehren" (MEW 4, 481). Eine Bourgeoisie ohne Kapital ist aber keine Bourgeoisie mehr. Die gesellschaftlichen Verhältnisse, in denen sich das Bürgertum als Klasse gebildet hat, werden zerstört und damit wird auch das Bürgertum als Klasse abgeschafft. Verschwindet die bürgerliche Klasse, als eine der zwei in der historischen Entwicklung verbliebenen Klassen (ebd. 463), so verschwindet auch der Klassengegensatz. Der Begriff der Klasse verlangt, dass eine gesellschaftliche Pluralität von Klassen existiert. Klassen sind gegeneinander abgegrenzte und abgrenzbare Gruppen der Gesellschaft. Mit der Zerstörung der bürgerlichen Klasse hebt das Proletariat auch seinen eigenen Klassencharakter auf. Wenn es aber keine Klassen mehr gibt, dann kann es auch keine Herrschaft, als Klassenherrschaft, mehr geben (ebd. 482). An ihre Stelle tritt die freie Assoziation. Warum entsteht keine neue Herrschaft? Wieso hebt das Proletariat die Herrschaft und die Klassen ganz auf, anstatt neue

Herrschaft und neue Klassen zu schaffen? Wenn die „Geschichte aller bisherigen Gesellschaft" „die Geschichte von Klassenkämpfen" war (ebd. 462), so ist dies begründungsbedürftig. Marx und Engels machen in der deutschen Ideologie Ausführungen dazu, wie Herrschaft entsteht. Sie ist ein Produkt der Arbeitsteilung (MEW 3, 32f). Die Aufhebung der Herrschaft setzt daher einen gesellschaftlichen Zustand voraus, in dem die Arbeitsteilung wieder aufgehoben wird. Der Kommunismus muss deswegen eine Gesellschaft ohne Arbeitsteilung sein und genau so bestimmen ihn Marx und Engels (ebd. 33). Die Arbeitsteilung ist für Marx und Engels die Ursache der Entfremdung (ebd., vgl. MEW 40, 536; Heinrichs 1999, 81). Die kommunistische Gesellschaft ist eine Gesellschaft, in der der Mensch frei ist. Es kann und darf in ihr daher keine Entfremdung geben, da Entfremdung immer bedeutet, dass der Mensch – fremden – Zwängen unterworfen ist. Ist nun die Arbeitsteilung Ursache der Entfremdung, so muss sie im Kommunismus aufgehoben werden, um die Selbst-Befreiung des Menschen zu vollenden. Die Arbeitsteilung *kann* aber auch im Kommunismus aufgehoben werden, weil die Entwicklung der technischen Produktivkräfte, also der Maschinerie, so weit fortgeschritten ist, dass auf den Produktivkraftfaktor Arbeitsteilung verzichtet werden kann. Ja diese entwickelten Produktivkräfte verlangen geradezu die Aufhebung der Arbeitsteilung, weil sie „für sie zu einer Fessel wird" (MEW 3, 424). Deswegen ist der Kommunismus nach Marx und Engels erst *nach* der entwickelten bürgerlichen Gesellschaft möglich, deren historische Aufgabe es ist, die Industrialisierung als Voraussetzung des Kommunismus zu verwirklichen. Der Kommunismus ist für sie die Aufhebung des „Widerstreits" zwischen „Freiheit und Notwendigkeit" (MEW 40, 536). Er ist daher zugleich die Aufhebung des Widerstreits des „Menschen mit der Natur" (ebd.). Was für ein Widerstreit ist das? Es ist für den Menschen notwendig zu arbeiten und in der Arbeit die materiellen Bedingungen seines Lebens zu produzieren. Dazu „zwingt" ihn die Natur, weil er als natürliches Wesen ein endliches, körperhaftes, unvollkommenes Wesen ist. Freiheit bedeutet dagegen, von diesen „Zwängen" frei zu sein, ohne Rücksicht auf diese Notwendigkeiten handeln zu können. Der Widerstreit des Menschen mit der Natur besteht darin, dass der Mensch gegenüber seiner natürlichen Natur nicht frei ist und tun muss, wozu sie ihn zwingt. Wenn der Kommunismus die Aufhebung dieses Widerstreits sein soll, dann steht im Hintergrund dieser Theorie immer noch eine Paradiesvorstellung. Zwar nicht in einem naiv-theologischen Sinne, aber in säkularisierter Form bleibt sie der Resonanzraum, vor dem diese Theorie einen Teil ihrer Motivationskraft erhält. Jener angebliche Widerstreit zwischen Mensch und Natur beginnt mit der Vertreibung aus dem Paradies, d.h. mit der Menschwerdung des Menschen. Im Kommunismus soll nun die Natur für den Menschen zum Menschen werden (ebd. MEW 40, 538). Der Kommunismus hebt nicht nur die Klassenkonflikte innerhalb der menschlichen Gesellschaft auf, er wandelt auch das Mensch-Natur-Verhältnis in einer solchen Weise, dass die Natur menschlich wird und d.h., dass sie den Menschen nicht mehr zwingt, sondern dass er auch in der Natur frei, d.h. Mensch sein kann.[20]

Auch wenn es also möglich ist, Marx' und Engels' skizzenhaftes Modell vom Kommunismus zu vertiefen, so erfahren wir doch auch aus dieser weitergehenden Analyse wenig darüber, wie sie sich den Prozess der Befreiung der Menschen und die Ausgestaltung der gerechten Gesellschaft im Konkreten gedacht haben. Marx und Engels selber haben den Kommunismus nicht als gerechte Gesellschaft bezeichnet (vgl. Engels, MEW 4, 561; vgl. Bluhm 1999, 189f). Im Gegenteil wenden sie sich scharf gegen Proudhons Auffassung, dass der Kommunismus die Verwirklichung der Gerechtigkeit sei (vgl. Euchner 1999, 175). Dies liegt daran, dass Marx und Engels einen verengten Begriff von Gerechtigkeit haben, der Gerechtigkeit nur als Teil des herrschaftslegitimierenden Überbaus sieht. Marx berechtigte Kritik der Moral, als *Base* der Ökonomie (MEW 40, 551) führt ihn zur Abwendung von der Moral als Mittel der Kritik. Diese Kritik schießt über das Ziel hinaus. Marx kritisiert zu Recht die sich absolut setzende Moral und zeigt die materiellen Grundlagen gesellschaftlicher Regeln und Strukturen auf, aber er übersieht dabei, dass es ohne einen politisch-moralischen Standpunkt, wie er ihn selbst immer auch - implizit - einnimmt, gar nicht möglich ist, Systemkritik zu üben. Er übersieht, dass Gerechtigkeit unterschiedlich bestimmt werden kann. Damit verschwindet die Frage, ob nicht und wenn ja wie eine freie Gesellschaft gerecht sein muss. Unter der Voraussetzung, dass im Kommunismus an die Stelle politischer Auseinandersetzung die bloße Verwaltung des Gesellschaftlichen tritt (s.u.), ist dies nur konsequent. Wo es keine politischen Konflikte mehr gibt, kann Gerechtigkeit kein gesellschaftliches Problem mehr sein. Die Erreichung einer „gerechten“ Gesellschaft ist dann nicht das Ergebnis moralischer Forderungen, sondern der zwangsläufigen historischen Entwicklung, so gesehen erübrigt es sich dann über Gerechtigkeit zu reden. Wenn im Folgenden daher von Gerechtigkeit bei Marx und Engels die Rede ist, so ist damit ihre Behandlung der sozialen Frage gemeint, die unbezweifelbar mit der Gerechtigkeitsthematik verknüpft ist (vgl. Bluhm ebd. 192, 205).

Für Marx und Engels sind „Freiheit“, „Befreiung“, Emanzipation“, „Revolution“ „Kommunismus“ selbstevidente Begriffe.[21] Sie werden von ihnen nirgendwo systematisch eingeführt oder ausführlich erläutert. Während Marx z.B. auf die Analyse des Begriffs der „Ware“ am Anfang des Kapitals fast hundert Seiten verwendet, finden wir zur Ausgestaltung des Kommunismus häufig nur Erklärungen ungefähr diesen Umfangs wie jene, in der es heißt: „Wir nennen den Kommunismus die *wirkliche* Bewegung, welche den jetzigen Zustand aufhebt“ (MEW 3, 35). Über die Wirklichkeit der kommunistischen Gesellschaft sagt dieser Satz nichts aus. Marx polemisiert hier gegen die Vorstellung vom Kommunismus als einem „Ideal“. Aber wenn auch der Kommunismus eine soziale Bewegung ist, so muss diese doch ein Ziel haben und dieses Ziel muss man auch positiv bestimmen. Die implizite Bestimmung dieses Ziels aufgrund der sich als Ergebnis der Kritik an den bürgerlichen Verhältnissen ergebenden Negativfolie der alten Gesellschaft, reicht nicht aus. Der Spielraum, der sich nach der Ablehnung der bürgerlichen Verhältnisse eröffnet, ist zu groß, um alleine durch die Kritik dieser Verhältnisse, schon eine konkrete

Vorstellung vom Kommunismus zu geben. Die Konzepte des Kommunismus und der Befreiung müssen im 19. Jahrhundert eine spontane Evidenz gehabt haben, die dazu geführt hat, dass Marx und Engels es nicht für nötig empfunden haben, sie konkreter auszugestalten. Dies erschien ihnen vermutlich auch deswegen nicht nötig, weil sie von einem ökonomischen Automatismus ausgingen. Die Einrichtung des Kommunismus ist für sie, „wesentlich ökonomisch, die materielle Herstellung der Bedingungen dieser Vereinigung" (MEW 3, 70).

Konkretere politische Forderungen finden wir bei Marx und Engels in ihrem Programmentwurf zur 48er-Revolution. An ihnen kann man sehen, in welchem Verhältnis Freiheit (Befreiung) und Gerechtigkeit (soziale Frage) bei Marx und Engels zu dieser Zeit stehen. In den Programmthesen wird gefordert: Gründung eines deutschen Nationalstaats (Forderung Nr. 1), das allgemeine Wahlrecht ab 21 (Nr. 2), Diäten für Parlamentarier (Nr. 3), Volksarmee (Nr. 4), kostenlose Justiz (Nr. 5), entschädigungslose Streichung der Feudallasten (Nr. 6), Verstaatlichung der Fürstentümer (Nr. 7), Verstaatlichung der Banken und Einführung des Papiergeldes (Nr. 10), Verstaatlichung der Verkehrsinfrastruktur (Nr. 11), Einheitslohn für Staatsbeamte (Nr. 12), Trennung von Staat und Kirche (Nr. 13), Beschränkung des Erbrechts (Nr. 14), Abschaffung der Konsumsteuern und Einführung einer stark progressiven Einkommenssteuer (Nr. 15), staatliche Fabriken als Arbeitsbeschaffungsmaßnahmen (Nr. 16) und kostenlose Schuldbildung (Nr. 17) (MEW 5, 3f). Hier ist der Staat das primäre Machtinstrument zur Durchsetzung der sozialen Forderungen. Er wird ganz selbstverständlich als politische Organisationsform gesehen, die nun zum Nutzen der Arbeiter eingesetzt werden soll. Die wesentlichen Forderungen dieses Programms setzen alle auf den Staat und verlangen von ihm die nötigen Maßnahmen zur Verbesserung der sozialen Lage (so auch MEW 4, 373f). Nun muss man berücksichtigen, dass Marx 1848 noch der Meinung war, dass zuerst die bürgerliche Revolution stattfinden müsse, bevor die proletarische möglich wäre. Es handelt sich hier somit um ein Kompromissprogramm, das ganz explizit auch das Kleinbürgertum und Teile der Bourgeoisie anzusprechen sucht. Dennoch aber ist die Abwesenheit der Freiheitsthematik auffällig. Unfreiheit wird nur als soziale Ausbeutung, als Armut verstanden. Die soziale Frage steht eindeutig im Vordergrund.

Dies sieht man noch deutlicher, wenn man diesen Programmentwurf mit dem von Bakunin für die von ihm gegründete „Fraternité internationale" 1864 verfassten Programm vergleicht. Bakunin stellt einen klaren politischen Forderungskatalog auf, der eindeutig auf die Abschaffung der Herrschaft abzielt (Abdruck bei Diefenbacher 1996, 14). Durch die geforderte Abschaffung der Staatsraison (Forderung Nr. 2), die Abschaffung obrigkeitlicher Verwaltung, Bürokratie, Staatspolizei und des Heeres (Nr. 8), die Abschaffung des Erbrechts, der Rangstufen und sonstiger Privilegien (Nr. 6) würden die institutionalisierten Grundlagen staatlicher Herrschaft beseitigt. Durch die Aufhebung der Arbeitsteilung, soweit sie die Teilung zwischen geistiger und körperlicher Arbeit betrifft (Nr. 9) und durch die Erklärung der Arbeit zur Voraussetzung aller politischen Rechte (Nr. 7) würden die Voraussetzungen dafür geschaffen, dass Herrschaft nicht neu entstehen kann. Die Forderung nach absoluter Gleichstellung der Geschlechter (Nr. 10) und Aufhebung der Staaten (Nr. 3, 5) überträgt diese Prinzipien auch auf die private und zwischenstaatliche Ebene.[22] Hier ist aus der Einsicht heraus, dass die Herrschaft die Ursache der gesellschaftlichen Missstände ist, ein präzises politisches Programm zur allgemeinen Abschaffung der Herrschaft artikuliert. Im um 1872 von Bakunin geschriebenen Programm der slawischen Sektion der 1. Internationale in Zürich, wird explizit klargestellt, dass durch diese Befreiung der Menschen die Gerechtigkeit verwirklicht werden soll (Bakunin 1999, 389). Aussagen zur ökonomischen Gestaltung der Gesellschaft und zur politischen Strategie fehlen dagegen weitgehend.

Marx und Engels übersehen zunächst, dass mit der Eroberung des Staates durch das Proletariat eine neue Klasse entsteht. Das Proletariat herrscht nicht als Ganzes, sondern arbeitsteilig werden einige wenige abgestellt, die Macht im Staat auszuüben. Diese Funktionäre bilden die neue herrschende Klasse. Ihr Ziel ist nicht mehr die Ausbeutung der Arbeiter zum Zwecke der Kapitalakkumulation, wohl aber die Erhaltung ihrer persönlichen Privilegien. Mit Marx und Engels eigenem Instrumentarium der Analyse von Herrschaft lässt sich dieser Vorgang prognostizieren. Marx und Engels denken Herrschaft von der Klasse her und sie denken die Klasse ökonomisch, d.h. eine Klasse wird herrschend, wenn sie im Besitz der Produktionsmittel ist. Würden die Produktionsmittel vergesellschaftet, d.h. würden alle Mitglieder der Gesellschaft Eigentümer ihrer Produktionsmittel werden, so wäre damit tatsächlich die Herrschaft abgeschafft. Was in der kommunistischen Revolution aber zunächst passiert, ist nach ihrer eigenen Vorstellung nicht die Vergesellschaftung, sondern die Verstaatlichung der Produktionsmittel. Dadurch hat aber wiederum nur eine kleine Gruppe der Gesellschaft direkten Zugriff auf die Produktionsmittel. Es ist zu erwarten, dass sie dies nutzen wird, um sich als herrschende Klasse zu konstituieren. Die Vergesellschaftung der Produktionsmittel und damit die Herstellung eines klassenlosen Zustands muss dann wiederum gegen diese Klasse durchgesetzt werden. Diese neue Klasse ist nicht mehr in diesem Maße ausbeuterisch wie die neue Klasse des Kapitalismus, ihre Herrschaft führt nicht zur Verelendung des Proletariats, sondern sorgt für eine gerechtere Verteilung des gesellschaftlichen Reichtums. Das alleine hebt aber Herrschaft nicht auf. Herrschaft besteht auch da, wo Einzelne sich nicht in dem Ausmaße bereichern, wie dies in der bürgerlichen Gesellschaft der Fall ist.

Nun ist die Frage der Herrschaftsfreiheit nicht nur im Kommunistischen Manifest eher marginal, sondern auch die Bedeutung des *Kommunistischen Manifests* und des „Bundes der Kommunisten“ ist um 1848 herum ebenfalls marginal. Der „Bund“ besitzt europaweit einige hundert Mitglieder (vgl. Wehler 1987, 274). Diese „Größe“ liegt nicht zuletzt an seinem geheimbündischen Charakter (vgl. Engels MEW 21, 210ff), der erst ganz zum Schluss aufgegeben wurde und der durch die damals üblichen polizeilichen Verfolgungsmaßnahmen vielen frühen

Arbeiterzusammenschlüssen aufgenötigt wurde. Der größte Arbeiterzusammenschluss, die „Allgemeine deutsche Arbeiterverbrüderung" besaß dagegen um 1848 15.000 Mitglieder (Siemann 1990, 95). Würde man nur die Geschichte bis zu diesem Zeitpunkt kennen, so wäre das kommunistische Manifest das Produkt einer von vielen radikalen Splittergruppen der sich herausbildenden Arbeiterbewegung ohne größere Bedeutung. Auch wenn man also die frühen kommunistischen Bewegungen hinzuzieht, ändert sich nichts an dem Befund, dass für die Arbeiterbewegung bis zur Mitte des 19. Jahrhunderts das Ziel einer allgemeinen Befreiung von Herrschaft nicht primär ist.

Der Anarchismus und die Auseinandersetzung von Marx und Engels mit ihm

Die Anarchisten haben von Anfang an kritisiert, dass im Kommunismus das Problem der Abschaffung von Herrschaft nachlässig behandelt worden ist. Während wir bis jetzt den frühen Marx und Engels untersucht haben, wollen wir ihre spätere Position anhand ihrer Auseinandersetzung mit dem Anarchismus untersuchen. Auch der Anarchismus ist wie der Sozialismus kein monolithischer Block.[23] „In der Theorie erstrebt der Anarchismus die Beseitigung der gegenwärtigen sozialen Übel" und sucht „die Bedingungen, unter welchen ein Zusammenleben menschlicher Gruppen ohne jeden autoritären Zwang, also bei größter Freiheit aller Individuen, möglich ist" (Grossmann 1931, 13). Dies strebt doch auch der Kommunismus an (vgl. Harich 1998, 23f). Was ist der Unterschied?

Anarchismus und Kommunismus sind von ihren theoretischen Ursprüngen her Weiterentwicklungen der bürgerlichen Aufklärung und beide Teil der sozialistischen Bewegung des 19. Jahrhunderts. Das betrifft ihr Emanzipationskonzept, ihre Geschichtsauffassung und auch ihr revolutionäres Programm. Ebenso setzen beide auf die Unterschichten, das Proletariat als das revolutionäre Subjekt. Die frühen Anarchisten sind zunächst unproblematisch Teil der ersten Internationale (vgl. Beyer 31f). Die entscheidenden Unterschiede liegen in der Analyse der Situation, bei der Schwerpunktsetzung hinsichtlich der verfolgten Ziele und in der Strategie. Erstens sind für den Anarchismus nicht die ökonomischen Zwangsverhältnisse, sondern die politische Herrschaft die primäre Ursache der Unterdrückung – weshalb es Formen des Anarchismus gibt – so z.B. bei Proudhon, die mit der Existenz von Privateigentum an Produktionsmitteln einhergehen (vgl. Grossmann 1931, 14). Zweitens ist die Abschaffung der Herrschaft das primäre Ziel des Anarchismus, nicht die Verbesserung der sozialen Lage im und durch den Staat. Drittens ist die Zerstörung des Staates das Ziel der Revolution. Auch auf dem Weg dahin muss die Neugründung jeglicher autoritärer Strukturen vermieden werden. Daher lehnen die Anarchisten das Konzept der Avantgarde – die Partei als Vorhut der Arbeiterklasse – ebenso ab wie eine zentralistische Parteiorganisation und die „Diktatur des Proletariats" als Übergangsstadium zum Kommunismus.[24]

Die Anarchisten setzen ihren Schwerpunkt hinsichtlich der zwei Ziele Freiheit und Gerechtigkeit also genau anders herum. Primär ist für sie die Freiheit, weil nach ihrer Meinung nur im Zustand der Freiheit Gerechtigkeit verwirklicht werden kann. Dagegen setzt die sozialistische Bewegung, wie wir gesehen haben, primär auf die Verbesserung der sozialen Lage und will den Staat als Mittel dazu einsetzen, in der Auffassung, dass durch die Demokratie als Herrschaft der Mehrheit auch die Befreiung des Proletariats zu verwirklichen sei. Marx und Engels fordern als Endziel, genauso wie die Anarchisten, die allgemeine Emanzipation der Menschen und die Abschaffung des Staates, der Herrschaft überhaupt. Der Streit zwischen dem Programm der Anarchisten und Kommunisten geht weniger um die Frage, was man zuerst verwirklichen *will*, sondern um die Frage, wie man vorgehen *muss*, um beide Ziele zu erreichen. Was ist die erfolgreichere oder auch die einzig erfolgreiche Strategie?

Welches sind die Argumente, die für die eine oder die andere Vorgehensweise sprechen? Sowohl Marx und Engels als auch Bakunin haben sich mit den Positionen der anderen Seite explizit auseinander gesetzt, beide Seiten allerdings durch und durch polemisch (vgl. MEW 18, 327ff, ebd. 476ff; Bakunin 1999, 288ff).[25] Dies ist einer sachlichen Analyse der vorgetragenen Argumente wenig hilfreich. Das zentrale Argument gegen den Anarchismus, welches sich seit Marx und Engels durchgehalten hat, ist, dass man eine Organisation brauche, erstens um die Macht zu erringen und zweitens um sie zu erhalten. Um sie zu erringen, muss man sich organisieren, weil man nur so eine entsprechende Gegenmacht gegen die gut organisierte Klasse der Herrschenden gewinnen kann und um sie zu erhalten, muss man die staatliche Organisation zunächst übernehmen, weil der Staat gesellschaftlich notwendige Aufgaben erfüllt, die man nicht einfach wegfallen lassen kann, sondern die man ersetzen muss. Daher braucht man ein Übergangsstadium und in diesem Übergangsstadium den Staat als Mittel. Die erste Organisation ist die proletarische Partei, die zweite der proletarisch dominierte Staat, die „Diktatur des Proletariats" (vgl. MEW 18, 50 u. 344f).

Dagegen wendet Bakunin ein, dass „jeglicher Staat, selbst der republikanischste und demokratischste, und sogar der Pseudo-Volksstaat, wie Marx ihn geplant hat, letzten Endes nichts anderes darstellt als die Beherrschung der Massen von oben nach unten durch eine intellektuelle und eben dadurch privilegierte Minderheit" (Bakunin 1999, 131). Er wirft den Marxisten vor, dass die Diktatur des Proletariats eben nur ein anderer Staat, ein anderes System von Herrschaft sei, nicht ihre Aufhebung, sondern die „Beherrschung der großen Mehrheit der Volksmasse durch eine privilegierte Minderheit. Diese Minderheit aber, so sagen die Marxisten, wird aus Arbeitern bestehen. Mit Verlaub, aus *ehemaligen* Arbeitern, die aber, kaum sind sie zu Volksvertretern geworden oder an die Regierung gelangt, aufhören, Arbeiter zu sein und vielmehr auf die ganze Welt der einfachen Arbeiter von der Höhe des Staates herabzusehen beginnen; und so werden sie bereits nicht mehr das Volk, sondern sich selbst repräsentieren und ihren Anspruch darauf, das Volk zu regieren. Wer das bezweifelt, der kennt die menschliche Natur nicht" (ebd. 338). Die Marxisten „versichern, daß allein die Diktatur, natürlich die ihre, die Freiheit des Volkes schaffen kann; wir dagegen behaupten, daß eine Diktatur kein anderes Ziel haben kann als nur das eine, sich zu verewigen, und daß sie in dem Volk, das sie erträgt, nur Sklaverei zeugen und nähren kann; Freiheit kann nur durch Freiheit geschaffen werden, d.h. durch einen allgemeinen Volksaufstand und durch die freie Organisation der Arbeitermassen von unten nach oben" (ebd. 339).

Diese Prognosen haben sich als zutreffend erwiesen. Durch die zentralistische Parteiführung und durch die Übernahme der Staatsfunktionen entsteht in den sozialistischen Staaten eine neue privilegierte Schicht, die die neue Herrschaftsschicht bildet und gegen die nun von neuem Revolution gemacht werden muss, um ihre Herrschaft, um Herrschaft überhaupt zu beseitigen. Auch beim späten Engels findet man ein Bewusstsein dieses Problems. Er reflektiert bei seiner Analyse der Pariser Kommune auf die politischen Zustände in Amerika und stellt dabei fest, dass die Staatsbürokratie „sich mit der Zeit, im Dienst ihrer eignen Sonderinteressen, aus Dienern der Gesellschaft zu Herren über dieselbe verwandelt" (MEW 17, 624). Diese „Verselbstständigung der Staatsmacht gegenüber der Gesellschaft, zu deren bloßem Werkzeug sie ursprünglich bestimmt war" (ebd.) führt dann dazu, dass eine neue Herrschaft entsteht, gegen die man erneut Revolution machen müsste. Engels empfiehlt als Mittel dagegen die rätedemokratischen Methoden der Pariser Kommune, die schon Marx analysiert hatte (MEW 17, 338ff): die Besetzung aller Verwaltungsstellen durch Wahl und auf Widerruf sowie einheitliche Bezahlung dieser Verwaltungsaufgaben auf dem Niveau eines Arbeiterdurchschnittslohns. Engels hält diese Mittel für „unfehlbar", weshalb er die von der Kommune ebenfalls eingeführten, gebundenen Mandate für überflüssig hält. Beides ist fraglich, aber man findet beim späten Engels ein entwickeltes Problembewusstsein und brauchbare Lösungsvorschläge.

Marx hat Bakunins oben zitiertes Werk *Staat und Anarchie* exzerpiert. Neben die teilweisen Exzerpte der oben zitierten Stellen schreibt Marx: „Schülerhafte Eselei! Eine radikale soziale Revolution ist an gewisse historische Bedingungen der ökonomischen Entwicklung geknüpft;" Bakunin „versteht absolut nichts von sozialer Revolution, nur die politischen Phrasen davon; die ökonomischen Bedingungen derselben existieren nicht für ihn. Da nun alle bisherigen ökonomischen Formen, entwickelt oder unentwickelt, Knechtschaft des Arbeiters ([...]) einschließen, so glaubt er, dass in allen gleichmäßig *radikale Revolution* möglich" (MEW 18, 633). Marx' Auffassung, eine radikale Revolution, also eine solche, die Herrschaft ganz abschafft – wie Bakunin das fordert –, könne nur auf einer bestimmten ökonomischen Grundlage verwirklicht werden, konkret in industrialisierten Staaten mit entwickelter bürgerlich-kapitalistischer Produktionsweise, ist falsch. Die Abschaffung der Herrschaft ist grundsätzlich auf jeder Stufe der historischen Produktivkraftentwicklung möglich. Ökonomisch kann nie etwas dagegen sprechen. Die von der Herrschaft wahrgenommenen Organisationsfunktionen, durch die sie sich legitimiert, entsprechen von ihrem Entwicklungsstand her immer dem Entwicklungsstand der Produktionsverhältnisse ihrer Zeit überhaupt und sind somit ohne weiteres anders, kollektiv und nicht herrschaftlich erfüllbar. Herrschaft führt dazu, dass Privilegierte für ihre Tätigkeiten immer einen größeren Anteil des gesellschaftlichen Reichtums für sich beanspruchen, als dieser Tätigkeit normalerweise zukäme. Die Abschaffung der Herrschaft führt also immer zu einem größeren Wohlstand der Bevölkerung. Das weiß auch Marx, in seinem Bericht über die Pariser Kommune weist er ausdrücklich darauf hin (MEW 17, 341). Aber er zieht daraus nicht die theoretische Konsequenz, dass deswegen die Abschaffung der Herrschaft auf jeder Stufe der Produktivkraftentwicklung möglich ist. Revolutionen sind nicht immer möglich, aber es gibt kein ökonomisches Gesetz, aus dem folgt, dass die Möglichkeit der radikalen Abschaffung von Herrschaft, wie Bakunin sie fordert, nur nach dem entwickelten Kapitalismus möglich wäre. In seiner Gesellschaftstheorie - nicht in seinen historisch-politischen Analysen - überschätzt Marx das Ökonomische im Verhältnis zum Politischen. Der auf der Suche nach dem Entwicklungsgesetz beruhende, partielle Ökonomismus seiner Theorie verhindert, dass Marx' der Politik und den politischen Problemen des gesellschaftlichen Umbruchs, den ihnen zukommenden Stellenwert einräumt.

Marx' Kritik an Bakunin beruht darauf, dass er den Kommunismus als einen Zustand definiert, in dem die Arbeitsteilung aufgehoben wird, als das „Reich der Freiheit". So gesehen kann man den Kommunismus tatsächlich erst auf einer hoch entwickelten Stufe der Produktivkräfte verwirklichen, weil erst hier der Gedanke der Aufhebung der Arbeitsteilung - einer entscheidenden Produktivkraft - wieder möglich werden kann - in letzter Konsequenz durch den Einsatz von Robotern. Erst „jenseits" der Arbeit beginnt für Marx das „Reich der Freiheit" (MEW 25, 828). Seine Grundvoraussetzung ist daher die Verkürzung des Arbeitstages. Der späte Marx gibt seine Position aus der *Deutschen Ideologie* auf, dass der Kommunismus die Aufhebung des Gegensatzes zwischen Freiheit und Notwendigkeit sei.[26] Die Befreiung aus den naturalen „Zwängen" der Arbeit hält Marx nicht mehr für möglich. Das Reich der Freiheit tritt neben das Reich der Notwendigkeit. Aber es bleibt dabei, dass immer noch der paradiesische Zustand der Hintergrund dieser Gedanken ist. Freiheit in der notwendigen Arbeit erscheint Marx auch jetzt nicht möglich. Dieses „Jenseits" ist nicht auf jeder Stufe der Produktivkraftentwicklung möglich. Es bedarf ökonomischer Voraussetzungen, damit das Reich der Freiheit neben das Reich der Notwendigkeit treten kann. Diese Möglichkeit der drastischen Reduzierung der gesellschaftlich notwendigen Arbeitszeit zur Produktion aller zur Reproduktion des menschlich-gesellschaftlichen Lebens notwendigen Güter ist aber keineswegs gleichzusetzen mit der Möglichkeit einer herrschaftsfreien Gesellschaft. Die Abschaffung von Herrschaft ist ein politischer Akt. Er wird den jeweiligen Produktionsverhältnissen entsprechend jeweils anders ausfallen müssen. Bakunins Modell der Kollektivierung ist sicherlich auf den ländlichen Rahmen beschränkt,[27] aber grundsätzlich ist Herrschaft auf allen Stufen der Produktionsverhältnisse eine überflüssige und abschaffbare Struktur.

Der Anarchismus hat sich gegen jede Organisation gewandt. Dies ist falsch. Aber ebenso falsch war es, dass der Kommunismus herrschaftsförmige Organisationsformen schuf und nutzte. Selbstverständlich kann man unter Nutzung solcher

Organisationsformen die bürgerliche Gesellschaft abschaffen. Was man aber nicht abschaffen kann, ist die Herrschaftsförmigkeit von Gesellschaft. Die Form der Organisation muss daher bereits im hier und heute geändert werden, die Form der Organisiertheit überhaupt muss dagegen beibehalten werden. Das ist ein Problem, welches sich einem Projekt, das von der Diktatur des Proletariats als Übergangsstadium zum Kommunismus ausgeht, nicht stellt. Hier verschiebt sich das Problem auf die Frage, wie man sich die Abschaffung der Diktatur vorstellen soll.

Dass wir auf diese Frage bei Marx und Engels so wenig Antworten finden, liegt an ihrer Fortschrittsgläubigkeit. „Fortschritt" ist eine Prozesskategorie. Sie gibt nicht das Ziel vor, garantiert aber, dass ein vorgegebenes Ziel im Verlauf des historischen Prozesses erreicht werden wird.[28] Die Fortschrittskategorie als historische Kategorie wird in der bürgerlichen Philosophie entwickelt (vgl. Mueller 1998, 9). Sie beschreibt nicht die Möglichkeit einer Verbesserung der menschlichen Lebensverhältnisse, sondern gibt eine Prognose über den Geschichtsverlauf. Die Geschichte der Menschheit verläuft von A nach B über C. Fortschritt besagt, dass diese Entwicklung im Großen vorgegeben ist, zwangsläufig abläuft und dass sie im Ganzen zu einer absoluten Verbesserung der Lebensverhältnisse der Menschen führt (vgl. Wolf 1999, 263). Bei Kant garantiert die Vernunft diesen Prozess hin zu einer weltbürgerlichen Gesellschaft, die als anzunäherndes Ziel der Menschheitsentwicklung gilt (Kant 1982). Dieser Fortschrittsbegriff ist ein politischer Kampfbegriff des Bürgertums in seiner Auseinandersetzung mit dem Adel um die Stellung als herrschende Klasse der Gesellschaft. Das Bürgertum gibt sich als historisch überlegene Klasse aus. Die Verwirklichung der bürgerlichen Gesellschaft soll für alle Menschen eine Verbesserung ihrer Lage gegenüber der feudalen Gesellschaft bringen. In dieser Funktion aber mit dem Inhalt, dass das Proletariat die fortschrittliche Klasse sei, wird der Fortschrittsbegriff von Marx und Engels in die Theorie der sozialistischen Bewegung eingeführt. Auch die Begründung des Fortschritts ändert sich. Dieser wird nicht länger aus den Normen der Vernunft deduziert, sondern soll aus den Gesetzmäßigkeiten der Ökonomie abgeleitet werden. Das Ziel der Menschheitsgeschichte ist nicht länger die weltbürgerliche Gesellschaft, sondern der Kommunismus.

Dies bedeutet nicht, das Marx und Engels nicht die Notwendigkeit eines bewussten politischen Handelns des Proletariats gesehen hätten.[29] Aber sie haben geglaubt, dass es irgendwann zur politisch bewussten Aktion des Proletariats kommen *muss* und dass dann durch diese Aktion *zwingend* auch das angestrebte Ziel des Kommunismus erreicht wird. Dieser Gedanke eines ökonomisch begründeten gesetzmäßigen Verlaufs der Menschheitsgeschichte führt zwangsläufig zu einer Unterschätzung des Politischen. Neben Bakunins Kritik der Wahl der Arbeiterregierung durch das Volk schreibt Marx: „Asine! Dies demokratische Gekohl, politische Faselei! Die Wahl - politische Form, die in der kleinsten russischen Kommune und im Artel. Der Charakter der Wahl hängt nicht von diesem Namen ab, sondern von der ökonomischen Grundlage, den ökonomischen Zusammenhängen der Wähler; und sobald die Funktionen aufgehört haben, politisch zu sein, existiert 1. keine Regierungsfunktion; 2. die Verteilung der allgemeinen Funktionen ist Geschäftssache geworden, die keine Herrschaft gibt; 3. die Wahl hat nichts von heutigem politischen Charakter" (ebd., 635). Diese Thesen als Unterschätzung des Politischen zu bezeichnen, ist zu wenig. Es geht um die Abschaffung der Politik. Mit dem Sieg des Proletariats verschwinden die Klass*en*, mit den Klass*en* verschwindet der Staat als Herrschaftsinstrument der Klassenherrschaft und mit dem Staat die Herrschaft überhaupt (MEW 20, 261f). Die dann noch verbleibenden Interessengegensätze, die auch Marx und Engels sehen (vgl. MEW 18, 306f; 19, 7), betrachten sie nicht mehr als *politisches* Problem und sie bezeichnen die zur ihrer Regulierung nötige Tätigkeit nicht mehr als Politik (vgl. MEW 17, 339). Die Brisanz von Interessengegensätzen unterhalb der Ebene der Klassenauseinandersetzung unterschätzen sie. Auch dies ist wiederum in ihrer Geschichtsauffassung begründet. Wenn der Kommunismus das Ende der Geschichte - bzw. ihr Anfang (MEW 19, 226) - ist, und zwar das zwangsläufige Ende, dann kann es keine Politik mehr geben, denn Politik ist ja die Entscheidung über die Art und Weise zu leben und wenn am Ende der Geschichte immer schon entschieden ist, wie der Mensch - seinem *Wesen* gemäß, denn woher sollte diese Entscheidung sonst kommen? - zu leben hat, so ist kein Raum mehr für Politik und an ihre Stelle „tritt die Verwaltung von Sachen und die Leitung von Produktionsprozessen" (MEW 20, 262; vgl. MEW 18, 308).[30] Dies ist Philosophie mit einem absoluten Wahrheitsanspruch und damit herrschaftsförmige Philosophie. Marx und Engels Auffassung, dass Leitungsfunktionen nichts mit Herrschaft zu tun haben, dass Wahlen unpolitisch sein könnten, zeigt, dass sie das politische Moment der Herrschaft unzureichend berücksichtigen. Wenn es bei Wahlen um etwas Unpolitisches ginge, dann müsste man, ja dann sollte man nicht wählen. Marx und Engels sehen die Wahl einzig als demokratischen Delegations- und Kontrollmechanismus (vgl. MEW 17, 339, 624), aber nicht mehr als Prozess politischer Abstimmung. Bei der Wahl geht es aber immer um Entscheidung und Entscheidung ist Politik. Alles andere erledigt man sinnvoller Weise durch Wissenschaft. Und nicht umsonst will der marxsche Sozialismus ein *wissenschaftlicher Sozialismus* - in Abgrenzung zum utopischen - sein. Dies ist dasselbe wie das bis heute durch die Politik geisternde „Ideal" des Fachmanns, der eben als Fachmann und nicht als Politiker keine schlechte Politik, sondern sachlich richtige und nötige Entscheidungen trifft. Sachlich richtige und nötige Entscheidungen gibt es in der Politik immer nur in Hinsicht auf das vorher gewählte Ziel. Dieses muss die Politik bestimmen, dann erst kann der Fachmann kommen und Vorschläge machen, wie es zu erreichen ist. Wissenschaft ist zur Zielbestimmung unfähig. Das Adjektiv „wissenschaftlich" kann daher die sozialistische nicht von der bürgerlichen Gesellschaft unterscheiden.

Dass Herrschaft immer einen ökonomischen „Unterbau" hat, ist keine Frage. Fraglich ist allerdings ihr Verhältnis. Kann die Herrschaft nur aus der Ökonomie entstehen? Oder beeinflusst die Herrschaft nicht auch die Ökonomie, erhält sie, verändert sie nach ihren Bedürfnissen? Mit der Veränderung der ökonomischen

Verhältnisse, der Produktionsverhältnisse ändern sich die Bedingungen für die Strukturen der Herrschaft und es ändern sich die Klassen der Herrschenden. Das haben Marx und Engels an der bürgerlichen Revolution gelernt. Aber andersherum geht es auch. Mit der Entstehung einer neuen leitenden Klasse können auch die Strukturen ihrer ökonomischen Herrschaft entstehen. Die Funktionäre, die herrschende Klasse des Sozialismus, haben sich mit der Verstaatlichung der Produktionsmittel die Verfügungsbefugnis über diese als Klasse angeeignet. Jahrtausendelang hat die herrschende Klasse feudaler Systeme[31] es verhindert, dass bürgerliche Produktionsverhältnisse entstehen konnten. Die ganze feudale Ökonomie zielt darauf ab, Kapitalakkumulation zu vermeiden. Die Entstehung der bürgerlich-kapitalistischen Gesellschaft war ein Zufall (vgl. Wallerstein 1990, 72ff) und nicht zwangsläufiges Ziel der Menschheitsentwicklung.[32] Politische Herrschaft kann sich nicht im Gegensatz zu ökonomischen Verhältnissen an der Macht erhalten, aber sie kann in ihrem Interesse gestaltenden Einfluss auf die ökonomischen Verhältnisse und ihre Entwicklung nehmen. Die Unterschätzung des Politischen beruht auch auf dem, was Foucault den „Ökonomismus in der Theorie der Macht" des Marxismus bezeichnet hat (1978, 68). Macht scheint nur noch in der Ökonomie und nicht mehr in der Politik begründet zu sein. Aber neben der ökonomischen Macht steht die politische. Beide sind voneinander nicht unabhängig, aber das Verhältnis der Abhängigkeiten ist ein wechselseitiges und kein einseitiges.

Das Problem der Abschaffung von Herrschaft in einem revolutionären Prozess, der ganz maßgeblich auf eine herrschaftlich geführte Partei baut und auf die Eroberung der Herrschaftsmacht des Staates abzielt, ist der blinde Fleck von Marx und Engels Theorie der Entstehung des Kommunismus. Mit ihrer These vom *Absterben* (MEW 20, 262), *Einschlafen* (MEW 19, 228) oder auch *Verschwinden* (MEW 18, 308) des Staates drücken sich Marx und Engels um dieses Problem.[33] Insoweit ist ihre Kritik an Bakunin unberechtigt. Der Begriff der „Diktatur des Proletariats" ist ein hölzernes Eisen. Man kann nicht durch eine Diktatur zur Freiheit gelangen. Die vom späten Engels eingeführten, rätedemokratischen Elemente können die Dominanz des Diktaturkonzepts nicht ausgleichen. Hier liegt einer der Punkte, warum es dem Sozialismus möglich war, sich auf Marx' und Engels' Theorie zu berufen, obwohl in ihm deren politische Ziele nicht verwirklicht wurden.

Bei Bakunin bleibt dagegen die Frage offen, wie denn ohne Herrschaft eine solche gesellschaftliche Macht akkumuliert werden kann, dass es möglich wird, den Staat aufzuheben und die herrschende Klasse zu besiegen. Hier haben Marx und Engels ein tatsächliches Problem jedes radikalen Emanzipationsprojekts erkannt. Ihre Antwort ist aber unzureichend. Auch der Anarchismus hat hierauf keine überzeugende Antwort gegeben. Seine Vorstellung, dass die spontane Aktion der einmal angestoßenen Massen von sich aus einen *dauerhaften* Zustand der Herrschaftsfreiheit herstellen könnte, ist naiv und ignoriert neben der institutionellen Macht der Herrschaft ihre Verankerung in der psychischen Verfasstheit der Subjekte.

Vorläufer und Anfänge der SPD

Organisatorische Vorläufer der SPD sind die *Arbeiterverbrüderung* (1848), der von Lassalle gegründete *Allgemeine deutsche Arbeiterverein* (ADAV 1863) und die von Bebel und Liebknecht gegründete *sozialdemokratische Arbeiterpartei* (SAP 1869). Die beiden letzteren vereinigten sich 1875 in Gotha zur *Sozialistischen Arbeiterpartei Deutschlands* (SAD), die sich 1890 in SPD umbenannte. Welches Programm wurde hier verfolgt?

Die *Arbeiterverbrüderung* hat auf ihrem Gründungskongress in Berlin programmatische Beschlüsse zur „Selbsthilfe der Arbeiter", zur „Hilfe des Staates" und zur „Volksbildung" gefasst (Dokumente 1990, 95ff). Diese Entschlüsse enthalten das Programm der Bildung einer Arbeiterassoziation, die die Arbeit verteilt, die Entlohnung regelt, Kündigungen kontrolliert, Hilfskassen bildet und den Erwerb von Land- und Wohneigentum für Arbeiter unterstützt. An den Staat werden die Forderungen des allgemeinen Wahlrechts, der allgemeinen Niederlassungsfreiheit[34] und ein großer Katalog von Maßnahmen zur Förderung der Wirtschaft, des Handels und des Handwerks gestellt. Im Bereich der Volksbildung soll die konfessionslose, unentgeltliche Volksschule durchgesetzt werden. Darüber hinausgehende politische Forderungen bestehen nicht. Soziale Reformen durch den Staat, das ist ihr Programm (Grebing 1966, 43f).

Die *Statuten des allgemeinen Deutschen Arbeitervereins* (ADAV) müssen im Zusammenhang mit dem „offenen Antwortschreiben" Lassalles „an das Zentralkomitee zur Berufung eines allgemeinen deutschen Arbeiterkongresses zu Leipzig" gelesen werden (Dokumente 1990, 111ff, 144ff). Lassalle muss zunächst das Zentralkomitee davon überzeugen, dass es sinnvoll ist, eine politische Vereinigung zu gründen. Es gab eine starke Fraktion, die dahin ging, sich „um die politische Bewegung nicht zu bekümmern", weil diese für die Arbeiter „interesselos" sei (ebd. 112). Auch hieran zeigt sich, wie sehr die Arbeitervereine zunächst auf soziale Selbsthilfeprojekte festgelegt waren und darüber hinausgehende politische Ziele nicht verfolgten. Erst mit Lassalle und der Gründung des *Allgemeinen Deutschen Arbeitervereins* wurde überhaupt das politische Ziel einer Überwindung der bürgerlichen Gesellschaft für die Arbeiterbewegung prägend (vgl. Siemann 1990, 256).

Lassalle argumentiert, dass die von den Arbeitern verfolgten sozialen Ziele nur über eine allgemeine politische Veränderung der Situation zu erreichen seien, nicht aber alleine durch die Schaffung einer eigenen proletarischen Selbsthilfekultur. Um ihre soziale Situation entscheidend und dauerhaft zu verbessern, sei es nötig, dass „der Arbeiterstand [sich] durch freiwillige Assoziationen als sein eigner Unternehmer organisiert" (ebd., 129). Das Mittel dieser Kollektivierung des Eigentums an Produktionsmitteln ist für Lassalle der Staat. Lassalle begreift den Staat als die Menge der Bevölkerung „Ihre, der ärmeren Klasse, große Assoziation – das ist der Staat!" (ebd., 135). Das einzige, was es also zur Erreichung des Sozialismus bedarf, ist das allgemeine und direkte Wahlrecht (ebd., 140). Denn dann stellen die Arbeiter als die Mehrheit der Staatsbürger auch die Mehrheit der Volksvertreter im Parlament und haben damit die Macht im Staate errungen, den sie nun ihren Zwecken entsprechend einsetzen können, um über Kredite und ähnliche Hilfen das Kapital selbst in die Hand zu bekommen (ebd. 131ff). Die Befreiung der Arbeiter im Besonderen oder gar der Menschen im Allgemeinen von Herrschaft, ihre Emanzipation in diesem Sinne und damit auch der Gedanke der Abschaffung des Staates ist für Lassalle kein Thema. Ja Lassalle steht diesem Gedanken so fern, dass er es durchsetzt, den ADAV „so diktatorisch als möglich" zu organisieren, sich selbst für einen Zeitraum von fünf Jahren zu dessen Präsidenten wählen lässt (ebd. 143) und sich in § 5 der Satzung des ADAV beinah diktatorische Befugnisse einräumen lässt. Demokratie bedeutet für ihn nicht die Selbstbestimmung des Volkes, sondern „die revolutionäre(n) Tat des Führers" und die „Diktatur der Wissenschaften" (Grebing 1966, 52). Dass der ADAV sich dann nebenher, durch Übernahme eines Programmpunktes der Internationalen Arbeiterassoziation, auch noch zur Abschaffung aller Klassenherrschaft bekennt, ändert an der völligen Missachtung dieses Themas durch Lassalle und den ADAV nichts.

In Konkurrenz zum ADAV, u.a. auch aus Kritik an dessen diktatorischer und undemokratischer Organisation (ebd. 171), entsteht 1869 die *Sozialdemokratische Arbeiterpartei* (SAP) in Eisenach.[35] Was ergibt sich hinsichtlich unserer Frage nach der Gewichtung zwischen Gerechtigkeit und Freiheit bei der Lektüre ihres Eisenacher Programms (Dokumente 172ff)? Dieses Programm ist eine Mixtur aus Lassalles Thesen und Teilen der *Forderungen der Kommunistischen Partei in Deutschland*. Zentrale Forderung ist wiederum das allgemeine Wahlrecht - für Männer -, zentrales Ziel die Erringung der Macht durch Wahlen im demokratischen Staat. Abgeschafft werden soll wiederum die „Klassenherrschaft". Dass Staat immer Herrschaft ist und die Frage, wer denn nun im demokratischen Staat herrschend ist, wird nicht gesehen.

Auch für das Gothaer Programm (1875), das Einigungsprogramm zwischen ADAV und SDAP gilt hier nichts anderes (Dokumente 178ff). Dieses Programm ist von Marx wegen seiner engen Anlehnung an Lassalles Thesen kritisiert worden. Marx bemängelt aber nicht die fehlende Perspektive einer allgemeinen menschlichen Emanzipation. Zwar hält Marx Lassalles Fixierung auf den Staat als Mittel zur Erreichung der sozialistischen Umwälzung der Gesellschaft für falsch (MEW 19, 26), aber nur weil er diesen im Gegensatz zu Lassalle als reaktionäres Instrument sieht, das durch Wahlen alleine nicht erobert werden kann. Marx hält eine Revolution für nötig, um die sozialistische Umwälzung der Gesellschaft zu bewirken. Der Staat, der danach als Transformationsorgan zur Erreichung der kommunistischen Gesellschaft erhalten bleibt, ist die „*revolutionäre Diktatur des Proletariats*" (ebd., 28). Im Kommunismus wird das Staatswesen entscheidend umgebaut werden. Wie dies stattfinden soll, kann nach Marx' Auffassung später wissenschaftlich geklärt werden (ebd.). Dass dies keine wissenschaftliche, sondern eine politische Frage ist, übersieht Marx hier. Dass er diese Frage wissenschaftlich für beantwortbar hält, impliziert, dass er die Verwandlung oder Abschaffung des Staates als einen automatischen Prozess denkt. Wissenschaftlich kann diese Frage nämlich nur dann geklärt werden, wenn sie sachlich entschieden werden kann, wenn also die Strukturen der neuen Gesellschaft ihre neue Organisationsform vorgeben und es nur noch darauf ankommt, diese neuen, den sachlichen Strukturen entsprechenden Formen zu erkennen. Marx sieht im Gothaer Programm den „Untertanenglauben der Lassalleschen Sekte an den Staat" (ebd., 31). Diesen teilt er nicht. Aber auch hier wird seine Staatskritik nicht in einen klaren programmatischen Entwurf umgesetzt und bildet kein klar artikuliertes Ziel. Eine Strategie zur Erreichung eines herrschaftsfreien Zustandes ist nicht zu finden. Die Problematik der Herrschaft und des Staates, von Marx immer noch unterschätzt, tritt hinter die soziale Frage zurück.

Das Erfurter Programm (1891) der nun in SPD umbenannten SAP nähert sich wieder Marx' Thesen an und rückt von Lassalleschen Positionen ab (Dokumente 185ff). Den einzelnen Programmthesen sind Grundsätze vorangestellt. Hierin wird die angestrebte Umwandlung der Gesellschaft als ein Prozess der Befreiung des „gesamten Menschengeschlechts" propagiert (ebd. 187). Die „Abschaffung der Klassenherrschaft und der Klassen selbst" sei das Ziel, „jede Art der Ausbeutung und Unterdrückung" soll bekämpft werden (ebd.).Wenn man diese Thesen konsequent durchdenkt, so sind diese Ziele nur erreichbar durch die Abschaffung von Herrschaft überhaupt: *Befreiung* des *gesamten* Menschengeschlechts, Abschaffung *jeder Form* von Unterdrückung und Abschaffung der Klassen kann nur erreicht werden durch die grundsätzliche Aufhebung der Herrschaft von Menschen über Menschen. Fraglich ist aber, ob dieses Ziel tatsächlich in dieser klaren Form angestrebt wurde. Zweifel daran sind angebracht. Wie Marx festgestellt hat, ist zunächst „jede neue Klasse", „die sich an die Stelle einer vor ihr herrschenden" setzen will, „genötigt, schon um ihren Zweck durchzuführen, ihr Interesse als das gemeinschaftliche Interesse aller Mitglieder der Gesellschaft darzustellen, d.h. ideell ausgedrückt: ihren Gedanken die Form der Allgemeinheit zu geben" (MEW 3, 47). „Die revolutionierende Klasse tritt von vornherein [...] als Vertreterin der ganzen Gesellschaft auf" (ebd.). Die Frage ist, wieso dieser richtige Grundsatz nicht auch auf die Arbeiterklasse selbst zu beziehen sein soll? Selbst wenn wir einen Moment lang der These folgen wollen, dass mit der Herrschaft der Arbeiterklasse die Klassen abgeschafft würden und damit das Bedürfnis, ja überhaupt die Möglichkeit, das besondere Klasseninteresse als allgemeines Gesellschaftsinteresse auszugeben, so muss das Proletariat erst einmal an die Herrschaft kommen und diesen Kampf führt es in einer durch Klassen geprägten Gesellschaft. Daher unterliegt es auch dem Zwang aus bündnisstrategischen Gründen, sein Interesse als Allgemeines zu artikulieren. Dies wird im Erfurter Programm ganz deutlich. Kleinbürgertum und Bauern werden explizit als ebenfalls vom Großkapital ausgebeutete Schichten angesprochen, deren Interessen das Proletariat, wenn es gegen das Großkapital kämpft, mit wahrnimmt (Dokumente 186). Wenn wir dem weiterentwickelten bürgerlichen Fortschrittsoptimismus, demzufolge das Proletariat die endgültige Befreiung der Menschheit leisten soll, nicht glauben, so steht die Aussage von der Befreiung des gesamten Menschengeschlechts, ganz im Sinne der marxschen Analyse, zunächst selbst unter Propagandaverdacht. Ob sie Propaganda ist oder nicht, bemisst sich daran, inwieweit sich diese allgemeine Zielbestimmung in den konkreten Programmthesen niederschlägt.

Auch im Erfurter Programm wird wieder das allgemeine Wahlrecht - diesmal inklusive Frauen - und die Gesetzgebung durch das Volk gefordert. Dies geht als ein Moment direkter Demokratie in die richtige Richtung,[36] bleibt aber unspezifisch. Demgegenüber sind die Forderungen nach Arbeitsschutzmaßnahmen sehr viel konkreter und beziehen wiederum den Staat als Akteur unproblematisch ein (ebd. 189).

Macht es Sinn, solche Fragen an die Programme der sozialistischen Bewegung im 19. Jahrhundert zu stellen? Konnte man denn in einem Kaiserreich mit einem Wahlrecht nach Einkommen, mit Zensur und Parteiverbot, keinen Bildungsmöglichkeiten für die unteren Schichten und einer Klassenjustiz überhaupt mehr fordern, als dies die Programme hier tun? War denn überhaupt die Perspektive einer herrschaftsfreien Gesellschaft möglich und sinnvoll? Die Anarchisten haben ein solches Projekt vertreten und in dieser Hinsicht keine Kompromisse gemacht. Ob es historisch sinnvoll war, ist damit allerdings noch nicht entschieden. Es gibt im historischen Verlauf keine Sprünge, keine Brüche; auch Revolutionen sind dies nicht. Aus der rückschauenden historischen Betrachtung mag manches später so erscheinen. Hier ist es sinnvoll Einschnitte zu setzen, aber in der gesellschaftlichen Praxis haben wir immer einen kontinuierlichen Prozess. Folglich war es vermutlich in der konreten Situation des 19. Jahrhunderts nicht möglich, übergangslos von der frühindustriellen, bürgerlichen Gesellschaft, die noch die politischen Reste des Absolutismus mit sich herumtrug, in die herrschaftsfreie Gesellschaft zu springen.[37] Die Forderungen der sozialistischen Bewegung, die mit allgemeinem Wahlrecht und den Rechten auf Bildung, Meinungsäußerung, Versammlungs- und Vereinsfreiheit, freien Zugang zur Justiz usw. ja nichts anderes fordert als die Ausweitung der bürgerlichen Menschenrechte auf die nichtbürgerlichen Klassen, sind insofern sinnvoll. In einer Gesellschaft, in der dies alles noch nicht existiert, ist es ein Fortschritt, wenn dies eingeführt wird. Es besteht aber die Gefahr, dass man sich leicht mit einem solchen liberalen Staat begnügt, wenn man die darüber hinausgehende Perspektive nicht immer vor Augen hat. Das Machbare machen zu wollen, ist sicher eine realitätstaugliche Strategie. Aber was machbar ist, steht nie von vornherein fest. Hier kommt es darauf an, die Grenzen auszureizen und dies kann man nur, wenn man mit seinen Zielen über das Machbare hinausgeht. Der überwiegende Teil der sozialistischen Bewegung hat dies nicht getan. Er hat sich hinsichtlich des Ziels der Abschaffung von Herrschaft mit dem Machbaren begnügt. Dies wird an nichts so deutlich wie an der Absicht, den Staat zu erhalten und ihn nur künftig für die eigenen Zwecke einsetzen zu wollen. Wer die Herrschaft grundsätzlich abschaffen will, muss auch den Staat, die tragende Institution von Herrschaft in der Neuzeit, abschaffen.

Die KPD und Luxemburg

Während des Ersten Weltkriegs spaltete sich die SPD. 1916 bildete sich der *Spartakusbund,* 1917 die *Unabhängige sozialdemokratische Partei* (USPD). Zur Jahreswende 1918/19 wurde die KPD gegründet. Für meine Fragestellung ist interessant, ob der innerparteiliche Konflikt, der zu dieser Trennung führte, in einem Dissens über die Schwerpunktsetzung hinsichtlich der zwei Ziele der sozialistischen Bewegung lag. Bekanntermaßen lag der Grundkonflikt zwischen der SPD und den aus ihr ausgeschiedenen Linken, die die KPD gründeten, in der Frage Reform oder Revolution. Die Gründer der KPD bekämpfen den Revisionismus und Parlamentarismus der SPD, die von vornherein und bis zu ihrer Zustimmung zu den Kriegskrediten 1914 immer deutlicher werdend nie etwas anderes wollte, als ein soziales Minimalprogramm im bürgerlichen Staat zu verwirklichen.[38] Dieser Unterschied steht daher in engem Zusammenhang mit der Prioritätsfrage hinsichtlich der zwei Ziele. Eindeutig gibt die SPD mit ihrer Politik der Erhaltung des bürgerlichen Staates das Ziel der Abschaffung von Herrschaft auf. Indem die KPD weiterhin die proletarische Revolution fordert und damit zumindest die Abschaffung des bürgerlichen Staates, kann sie weiterhin das Ziel der Herrschaftsfreiheit verfolgen. Tut sie dies auch?

Das erste Parteiprogramm der KPD (Dokumente KPD 34ff; auch in Bericht 49ff), von Rosa Luxemburg geschrieben, äußert sich zu dieser Frage sehr viel eindeutiger, als es jedes SPD-Programm tat. Die sozialistische Gesellschaft, die durch die revolutionäre Umwälzung der Gesellschaft erreicht werden soll, ist dadurch gekennzeichnet, „dass die große arbeitende Masse aufhört, eine regierte Masse zu sein, vielmehr das ganze politische und wirtschaftliche Leben selbst lebt und in bewusster freier Selbstbestimmung lenkt" (Dokumente KPD 36). Der ganze bürokratische Aufbau der Staatsverwaltung soll durch Arbeiter- und Soldatenräte ersetzt werden, die an die Volksmassen rückgekoppelt bleiben (ebd. 36, 40). Luxemburg beschreibt diesen Prozess als einen Lernprozess, in dem die Arbeiter lernen, „zu denkenden, freien, selbsttätigen Lenkern dieses Prozesses [des Produktionsprozesses] zu werden" (ebd.). Für Luxemburg ist der Prozess der Revolution ein Prozess, in dem die Arbeiter selber lernen, die Gesellschaft und die Produktion zu organisieren und nicht ein Prozess, in dem diese Tätigkeit nur an spezielle Repräsentanten der Arbeiterklasse delegiert wird. „Die Befreiung der Arbeiterklasse muss das Werk der Arbeiterklasse selbst sein" (ebd., 37). So kann Luxemburg unter der „Diktatur des Proletariats" die „wahre Demokratie" (ebd. 38) verstehen. Sie ist wahre Demokratie, weil sie eben die Masse von der Herrschaft der Privilegierten befreit und sie muss zugleich Diktatur sein, weil diese Befreiung auf den heftigsten, gewaltförmigen Widerstand der Herrschenden stoßen wird und daher nicht unblutig verlaufen kann (ebd. 37f). Als Sofortmaßnahmen fordert das Programm die Entwaffnung der Polizei, der Offiziere und nichtproletarischen Soldaten, die Übernahme der politischen Verwaltungsfunktionen durch Arbeiterräte, die Enteignung der Produktionsmittel, des Großkapitals (Banken, Großgrundbesitz, Handelsunternehmen) und seine Überführung in die Verfügungsgewalt lokaler Räte (z.B. Betriebsräte, landwirtschaftliche Genossenschaften) oder der Räterepublik (ebd. 439f). Dieses Programm wird am Ende des Ersten Weltkriegs im zusammengebrochenen Deutschland formuliert. Dennoch enthält es über das tagespolitisch Notwendige hinaus auch allgemeine Zielstellungen. Der diktatorische Charakter wird hier auf das Mindestmaß beschränkt, auf die nicht freiwillig zu habende Enteignung der besitzenden Klassen. Keineswegs aber soll die Arbeiterklasse selber von einer Minorität diktatorisch geführt werden. Das Modell der Arbeiter- und Soldatenräte setzt klar auf die Selbstverwaltung von unten und versucht von vornherein, durch ständige Neuwahl der Delegierten und strikt imperatives Mandat die Zentralisierung von Macht bei den nötigen überregionalen Repräsentativorganen zu vermeiden (ebd. 40, Forderung Nr. 5). Das Programm ist ein solches, welches die Probleme bei der Abschaffung von Herrschaft sieht und Vorkehrungen zu ihrer Sicherung zu treffen sucht. Luxemburg mit ihrer Erfahrung der Geschichte der SPD und auch der polnischen Sozialdemokratie (vgl. Ettinger 1990, 203ff),[39] sieht das Problem der Abschaffung von Herrschaft durch eine *Diktatur*. Die Erfahrung, gewonnen am Beispiel der SPD, dass eine Organisation, die selber herrschaftsförmig ist, irgendwann aufhört, die allgemeine Befreiung des Menschen von Herrschaft auf ihre Fahnen zu heften, weil diese Forderung zugleich die Forderung nach ihrer Selbstabschaffung wäre, diese Erfahrung hat Luxemburg Marx und Engels voraus.

In eine ähnliche Richtung bewegt sich auch Liebknecht. Er überwindet den partiellen Ökonomismus von Marx und Engels. Für ihn ist die Frage der Macht und Herrschaftsverhältnisse ebenso wichtig, wie die der ökonomischen Strukturen. „Die *Verteilung des gesellschaftlichen Arbeitsertrages* in natura und original (oder seines Tauschwertes) als *Ergebnis der jeweiligen gesellschaftlichen Machtverteilung* (als eine Machtfrage)“ (Liebknecht 1995, 54). Die Eigenständigkeit und Eigengesetzlichkeit des Ideologischen, des „Überbaus“ wird von ihm stärker betont (Flechtheim 1986, 28; Liebknecht 1995, 101f, 141ff). Entsprechend finden wir bei ihm - an Simmel orientierte - Überlegungen zur Kulturentwicklung, in der auch das Modell eines zwangsläufigen geschichtlichen Fortschritts aufgegeben wird (ebd., 114f; Flechtheim ebd., 34).

Das Programm der frühen KPD wird durch Luxemburgs Position zur Frage der Demokratie und Parteiorganisation bestimmt. In ihrem Artikel „Organisationsfragen der russischen Sozialdemokratie“ hat sie sich kritisch mit Lenins Konzept einer streng zentralistisch geführten Parteiavantgarde auseinandergesetzt (Lenin Werke Bd. 7, 199ff). Luxemburg wendet sich nicht gegen eine zentrale Organisation der Arbeiterklasse, die sie für eine tatkräftige Partei im Kampf gegen die Bourgeoisie für nötig hält (Luxemburg 1970, 427), wohl aber gegen Lenins *Ultrazentralismus* (ebd., 425). Luxemburg argumentiert hier zum einen strategisch, sie hält einen solch straffen Zentralismus nicht für geeignet, die proletarische Revolution, die durch die *ganze* Masse der Arbeiter gemacht werden muss, zu fördern. Zum anderen argumentiert sie teleologisch, sie hält es nämlich auch nicht für wünschenswert und hilfreich in Richtung auf das Ziel der Befreiung der Arbeiterklasse, wenn bloß die „Übertragung des Taktstockes aus der Hand der Bourgeoisie in die eines sozialdemokratischen Zentralkomitees" erfolgt. Nötig sei vielmehr die „Entwurzelung dieses sklavischen Disziplingeistes" (ebd., 431), den die Arbeiter in der Fabrik, in der Kaserne und durch die Bürokratie antrainiert bekommen haben (ebd., 430), um den „Proletarier erst für die neue Disziplin - die freiwillige Selbstdisziplin der Sozialdemokratie" zu erziehen (ebd., 431). Zudem potenziere solch ein Ultrazentralismus den „Konservatismus jeder Parteileitung" (ebd., 433) und töte die lebendige Volksbewegung ab (ebd., 434, 442ff). Deutlich ist hier, dass Luxemburg das Fernziel der Befreiung der Arbeiter gegenüber dem Nahziel, der Revolution und der Errichtung der Diktatur des Proletariats, nicht aus den Augen verliert. Sie misst die Organisationsformen der Arbeiterbewegung daran, inwieweit sie die Verwirklichung dieses Endziels verhindern oder fördern. Zudem sieht sie bereits hier (1904), dass diese Entwicklung der Arbeiterklasse nur durch einen Lernprozess bewirkt werden kann und auch dieser Lernprozess muss, will er wirksam sein, bereits im Hier und Jetzt ansetzen.

Für Luxemburg ist das Ziel der Befreiung nicht auf die Arbeiterklasse beschränkt. Der Kommunismus sieht sich von Anfang an als Vertreter der Interessen der Menschheit, als Vollender ihres historischen Prozesses. Luxemburg benennt aber als erste präzise den Konflikt, der hier liegt. Die Sozialdemokratie ist zunächst die „Klassenvertreterin des Proletariats" (ebd., 441), wie kann sie als solche auch die universalen Interessen aller Menschen vertreten? Das verlangt, dass sie als *„politische Partei"* - also nicht nur als Klassenpartei - „nach und nach zur Zufluchtsstätte der verschiedensten unzufriedenen Elemente, dass sie wirklich zur Partei des Volkes gegen eine winzige Minderheit der herrschenden Bourgeoisie wird" (ebd.). Damit aber stellt sich das Problem, dass die Interessen dieser Gruppen nicht identisch sind. Luxemburg verlangt also, die Interessen dieser Mitläufer „nachhaltig den Endzielen der Arbeiterklasse unterzuordnen" (ebd.). Klassenherrschaft, und sei es die Herrschaft der Arbeiterklasse, ist für eine Bewegung problematisch, die die Interessen des ganzen Volkes verwirklichen und Herrschaft im allgemeinen abschaffen will. Dieses Problem sieht Luxemburg, auch wenn sie keine wirkliche Lösung findet.

Noch klarer wird Luxemburgs Position in ihrer Kritik der russischen Revolution. Sie kritisiert hier die Abschaffung der Demokratie - also der allgemeinen und freien Wahlen, der Presse-, Vereins- und Versammlungsfreiheit durch Lenin und Trotzki (Luxemburg 1983, 354ff, 358). Ist nicht aber das durch die russische Revolution geschaffene Rätesystem eine basisdemokratische Einrichtung? Braucht es da überhaupt noch allgemeine Wahlen? Luxemburg betont hiergegen, dass es nicht möglich ist, ein kleines demokratisches Element in einer ansonsten diktatorisch verfassten Gesellschaft am Leben zu erhalten: „Mit dem Erdrücken des politischen Lebens im ganzen Lande muß auch das Leben in den Sowjets immer mehr erlahmen. Ohne allgemeine Wahlen, ungehemmte Presse- und Versammlungsfreiheit, freien Meinungskampf erstirbt das Leben in jeder öffentlichen Institution und wird zum Scheinleben, in dem die Bürokratie allein das tätige Element bleibt" (ebd., 362). Die „Diktatur des Proletariats" ist für Luxemburg nicht die „Diktatur einer Handvoll Politiker", wie sie die russische Revolution verwirklicht (ebd.), sondern die „Diktatur der Klasse, d.h. in breitester Öffentlichkeit, unter tätigster ungehemmter Teilnahme der Volksmassen, in unbeschränkter Demokratie" (ebd., 363). Diktatur ist dies eben nur, insoweit die Privilegien und Besitzstände der herrschenden Klasse mit Gewalt und Macht abgeschafft werden. Aus der Perspektive der Bourgeoisie ist die Machtergreifung des Proletariats eine Diktatur, keineswegs aber soll das Proletariat selbst diktatorisch beherrscht werden. „Es ist die historische Aufgabe des Proletariats, wenn es zur Macht gelangt, anstelle der bürgerlichen Demokratie sozialistische Demokratie zu schaffen, nicht jegliche Demokratie abzuschaffen" (ebd.). Luxemburg sieht daher in der russischen Revolution, bei allen Verdiensten, die sie den russischen Kommunisten zuerkennt, bislang nur eine bürgerliche Diktatur (ebd., 362) und noch nicht die Diktatur des Proletariats. Der sozialdemokratische Reformismus und die Diktatur der Bolschewiki sind für sie nur „zwei Gegenpole, beide gleich weit entfernt von der wirklichen sozialistischen Politik" (ebd.). Dieser Analyse kann man, wenn man unter links und sozialistisch die Vereinigung der zwei Ziele Freiheit und Gerechtigkeit betrachtet, nur zustimmen. Eine sozialistische Demokratie kann - wie Luxemburg richtig ausführt - eben nur da beginnen, wo wirklich die überwiegende Menge der Menschen und nicht wieder nur eine kleine Gruppe die Gestaltung der gesellschaftlichen Prozesse auf allen Ebenen und mit allen Mitteln selbst in die Hand nimmt. Auch hier betont Luxemburg, dass die meisten Menschen solche Selbstbestimmung erst einmal lernen müssen (ebd. 359). Aber solches Lernen von freier Selbstbestimmung kann seiner Art nach nicht von oben verordnet werden, sondern es kann immer nur *learning by doing*, lernen im Vollzug der Revolution selbst sein. Von einem gesellschaftlichen Umsturz, der den Massen diese Möglichkeit nicht gibt, kann nicht behauptet werden, mit ihm werde die Befreiung der Menschheit angestrebt.

Mit Luxemburg und dem Programm der frühen KPD haben wir damit die einzige Position in der sozialistischen Bewegung gefunden, die das Ziel der Freiheit dem Ziel der sozialen Gerechtigkeit gleichstellt und die ein Problembewusstsein davon besitzt, welche Bedingungen schon vor und während der Umgestaltung der Gesellschaft erfüllt werden müssen, damit man überhaupt von einer Entwicklung hin zu einer freien Gesellschaft sprechen kann.

Die Bolschewisierung/Stalinisierung der KPD

Nach der Ermordung Luxemburgs und Liebknechts fehlt es der KPD an Theoretikern, die in der Lage sind, eine Analyse der politischen Situation zu leisten und eine politische Strategie zu entwickeln, die Grundlage einer erfolgreichen Politik sein könnten. Zwar werden theoretische Debatten um die Strategie der Partei en masse geführt, jedoch lähmen diese mehr die Partei, als dass sie sie befördern. Da die KPD von der These ausging, dass die objektive Situation zur Revolution reif sei, unterließ sie die notwendige Analyse der realen Verhältnisse und verlegte sich stattdessen auf die Kritik subjektiver Fehler (Kinner 1999, 76f). Dies führte zu selbstzerstörerischen innerparteilichen Kämpfen, die eine sinnvolle Politik völlig verhinderten (vgl. Kinner, 1999). Überlagert wurde diese innere Schwäche durch den zunehmenden Zugriff durch die KPdSU.

Die entstandene UdSSR beginnt sogleich, auf die kommunistischen Bewegungen und Parteien der anderen europäischen Länder Einfluss zu nehmen. Zunächst setzt sie 1919 die Gründung einer neuen *Kommunistischen Internationale* durch (Flechtheim 1969, 140ff). Personalstruktur, Parteiorganisation und politische Strategie werden zunehmend von Moskau bestimmt. Die Bolschewisierung der KPD setzt 1924 zeitgleich mit Lenins Tod ein. „Die Sektionen der KI sollten alle jene Konzeptionen der Bolschewiki übernehmen, die internationale Bedeutung hätten" (ebd. 216).[40] Dies bedeutet, „die Partei muss einheitlich gemacht werden. Ihre Führung muss einheitlich sein, ihre Ideologie einheitlich, ihre Struktur einheitlich" (Bericht des 9. Parteitags 1924, zit. n. Flechtheim 1969, 200).[41] Der entscheidende Wendepunkt von einer Partei, die die Befreiung der Arbeiterklasse anstrebte, zu einem Ableger Moskaus ist die Unterstellung der KPD unter das neue Ziel der 3. Internationale: der Schutz der UdSSR (Flechtheim 1969, 217, 262). Personalpolitik und Strategie der KPD werden immer mehr zum Spiegelbild der innerparteilichen Auseinandersetzungen Stalins mit seinen Gegnern. Stalin wendet sich zuerst gegen den linken Flügel der russischen Kommunisten (Hildemeier 1998, 182ff), folglich schwenkt auch die KPD nach rechts (Flechtheim 1969, 220, 228). Trotz opportunistischer Anpassungsversuche an den neuen Kurs werden Fischer und Maslow, die Hauptvertreter des gemäßigten linken Flügels der KPD, auf Druck von Moskau abgesetzt (ebd. 229f). Die KPD-Führung wird immer öfter nach Moskau beordert und erhält dort ihre Weisungen. Nachdem Stalin Trotzki verdrängt und den linken Flügel der russischen KP zerschlagen hat, wendet er sich jetzt den Rechten zu (ebd. 248). Folglich schwenkt auch die KPD wieder nach links und es findet ein erneuter Personalwechsel statt (ebd. 251f). Thälmann, der einzige, der sich ob seiner Mittelmäßigkeit und Popularität durchgängig in der Parteispitze halten konnte, wird nun zum deutschen Stalin aufgebaut. Um ihn entwickelt sich ein wahrer Führerkult. Die KPD glaubt, Hitler Thälmann „als den 'Führer des Proletariats' gegenüberstellen zu können und müssen" (ebd. 252).[42] Die KPD ist daher, bei aller relativen Selbstständigkeit, die ihr im Detail verbleibt, spätestens ab 1924 als eigenständige historische Kraft nicht mehr existent. Damit soll nicht gesagt werden, dass nicht innerhalb der KPD und in ihrem Umfeld weiterhin unterschiedliche Ansätze entwickelt und diskutiert wurden. Diese konnten sich aber nach außen nicht mehr durchsetzen und gingen nach 1933 durch die faktische Auflösung der KPD und ihre nun vollständige Abhängigkeit von der UdSSR völlig unter. Die durchaus sinnvolle praktische Arbeit der KPD, vor allem auf kommunaler Ebene, hat dagegen in ihrem theoretischen Verständnis keinen Niederschlag gefunden und stand vielmehr immer unter dem Verdacht des „Opportunismus" (vgl. Kinner 1999, 111f). Auch die antifaschistische Tätigkeit der KPD im Untergrund und im Exil ändert an dieser Einschätzung nichts. Eine weitere Auseinandersetzung mir ihr erübrigt sich hier aus diesem Grund.

Kritik der Revolutions- und Verelendungstheorie

Das 19. Jahrhundert ist das Jahrhundert der Revolution. Revolutionen und revolutionäre Aufstände finden immer wieder in fast allen Ländern Europas statt. Der Begriff „Revolution" markiert den Punkt eines qualitativen Umschlags: „der Umsturz der bestehenden Gewalt und die Auflösung der alten Verhältnisse" (MEW 1, 409). Der Begriff der Revolution ist so alltäglich und verbreitet, dass seine Benutzung nicht auf den Bereich des Politischen beschränkt bleibt. Die Zusammensetzungen industrielle Revolution, naturwissenschaftliche Revolution, technische Revolution, ökonomische Revolution (usw.) werden im 19. Jahrhundert geprägt. Diese Selbstverständlichkeit hat zur Folge, dass auch der Begriff der Revolution bei Marx und Engels nicht weiter expliziert wird. Dass der Kommunismus nur durch eine Revolution zu erreichen sei, ist für Marx und Engels eine klare und keiner weiteren Erläuterungen bedürftige Sache. Welchen Charakter hat die kommunistische Revolution?

Wenn der Kommunismus die alte Gesellschaft, ihre Produktionsverhältnisse und das Privateigentum an Produktionsmitteln abschafft, so geht dies schon begriffsnotwendig nur durch eine Revolution. Vielleicht ist dies aber ein Hinweis darauf, dass der Begriff der Revolution als Umsturz der bestehenden Verhältnisse noch zu eng gefasst ist. Was kennzeichnet Revolutionen noch? Revolutionen laufen gewaltsam ab. Nun kann das angestrebte Ziel der Entmachtung der herrschenden Klasse und der Vergesellschaftung ihres Eigentums tatsächlich nicht anders als mit Macht erreicht werden und Macht, die so etwas durchsetzen will, muss sich letztlich auch auf Gewalt stützen können. Was für eine Art von Gewalt kennzeichnet aber die Revolution? Revolutionen sind Bürgerkriege. Ein Bürgerkrieg setzt eine gewisse Quantität an Gewalt voraus, eine so große Quantität, dass die Qualität eines Krieges erreicht wird. Wer also die Erreichung der Kommunismus nur durch eine Revolution für möglich hält, meint, dass es eines kriegerischen Umsturzes bedarf, um den Kommunismus einzuführen. Diese Annahme wird von Marx und Engels und überhaupt von allen, die am Ziel einer radikalen Umwälzung der Verhältnisse festhalten, nicht in Frage gestellt. Wenn man sich die konkreten historischen Situationen ansieht, in denen Theorien der kommunistischen Bewegung als revolutionärer Bewegung entwickelt worden sind, also den Zeitraum ungefähr von 1840 bis 1925, dann scheint diese Auffassung richtig zu sein. In der damaligen Zeit war eine kommunistische Gesellschaft wahrscheinlich nur durch einen Bürgerkrieg zu erreichen. Aber ob dies immer gilt, ist fraglich. Warum stellen sich Marx und Engels diese Frage nicht? Was ist der bewegungsstrategische Vorteil des Revolutionsmodells, der dieses so dominant werden lässt?

Die Revolution als der Point of no return, als katastrophischer Umschlag, erleichtert es, die Beantwortung der Frage, wie im konkreten die gesellschaftlichen Veränderungen durchzuführen sind, zu verschieben. Mit der Revolution ist scheinbar alles Entscheidende getan. Alles andere sind Postliminarien. Die Ergreifung der Macht im Staate und die darauf folgende Änderung der Eigentumsverhältnisse ist im wesentlichen alles, was nach Marx und Engels insoweit partiell ökonomistischer

Auffassung zu tun ist, um den Kommunismus herbeizuführen. Indem das zur Erreichung des Kommunismus nötige Handeln auf die Ergreifung der Macht im Staate reduziert wird, entsteht eine Ein-Punkt-Strategie. Alle Kräfte lassen sich so auf dieses Ziel hin ausrichten, alle weiteren Aufgaben auf den Zeitpunkt „danach" verschieben. Die neue Struktur der neuen Gesellschaft ergibt sich aus den neuen ökonomischen Verhältnissen von selbst. Die Revolution verändert die ökonomische Basis, der Überbau folgt nach. „Mit der Veränderung der ökonomischen Grundlage wälzt sich der ganze ungeheure Überbau langsamer oder rascher um" (MEW 13, 9). Auch wenn die ökonomische Basis nur „in letzter Instanz" das bestimmende Moment ist (MEW 21, 27; vgl. MEW 22, 509), also eine relative Selbstständigkeit des Politischen anerkannt wird, so bleibt es doch bei einem Bestimmungsverhältnis. Wie eng wird dies gesehen, wie groß ist der Handlungsspielraum des Politischen? Sicher ist es richtig, dass die Organisationsstrukturen einer Gesellschaft ihren Produktionsstrukturen entsprechen müssen, mit ihnen stimmig sein müssen, damit die Produktion des Lebensnotwendigen erfolgreich gelingen kann. Aber die politische Organisation der Produktion ist in vielerlei Weise möglich. Allein die Herstellung von Produktionsverhältnissen reicht daher nie aus, wenn man ein bestimmtes politisches System erreichen will. Wer nur auf die Veränderung der Basis abstellt, übersieht den partiell eigenständigen und eigengesetzlichen Charakter der ideologischen Institutionen wie Familie, Schule, Militär, Bürokratie, Religion.

Dieses partiell ökonomistische Konzept ist allerdings in sich widersprüchlich. Das Konzept der Diktatur des Proletariats rührt nämlich auch aus der richtigen Einsicht her, dass es keinen ökonomischen Selbstlauf hin zur einer nachbürgerlichen Produktionsweise geben wird. Während die bürgerlichen Produktionsverhältnisse tatsächlich aus ökonomischen Strukturen des geldvermittelten Warenverkehrs spontan entstehen, gilt dies für die kommunistische Ökonomie nicht. Sie muss politisch eingeführt werden. Dies ist das grundlegende Problem der kommunistischen Revolution. Deswegen bedarf es der Eroberung des politischen Apparates, weil erst danach der Umbau der Ökonomie mit politischer Macht bewirkt werden kann. Dagegen ist die bürgerliche Revolution umgekehrt abgelaufen. Zuerst sind spontan die bürgerlichen Produktionsverhältnisse entstanden, die dann dem Bürgertum die Machtbasis gaben, den politischen Apparat zu erobern und nach den Bedürfnissen der bürgerlichen Gesellschaft umzugestalten. Das bedeutet in den Kategorien von Basis und Überbau gesprochen: zur Erreichung der kommunistischen Gesellschaft müsste die Basis vom Überbau her willentlich geändert werden! Marx und Engels übersehen, dass ihre Annahme einer Determination des Überbaus durch die Basis zumindest an diesem Punkt partiell außer Kraft gesetzt werden muss. Diesen theoretischen Widerspruch überdeckt die Verelendungstheorie. Durch den gesetzmäßigen Ablauf der ökonomischen Entwicklung sollen die politischen Voraussetzungen für den ökonomischen Umbau entstehen. Ökonomische Gesetzmäßigkeiten sollen zu einem immer größeren Elend des Proletariats führen. Das verelendete Proletariat mache dann, weil es nichts anderes mehr zu verlieren hat als seine Ketten, die Revolution.

Aber nicht nur die Revolution, sondern auch der Übergang von der Diktatur des Proletariats zum Kommunismus kann nicht auf ökonomische Gesetzmäßigkeiten gestützt werden. Der Überbau wird durch die Revolution zunächst erobert. Dann wird in der Diktatur des Proletariats die Basis durch politische Eingriffe so geändert, dass die Bourgeoisie ihre Machtbasis verliert. Dieser ganze revolutionäre Prozess verwirklicht bis dahin nur den Austausch der herrschenden Klasse, mehr nicht. Der Austausch einer herrschenden Klasse hat bislang in der Geschichte noch nie zum Ende der Herrschaft geführt. Das Basis/Überbau-Modell erweist sich als unterkomplex. Das Bestimmungsverhältnis zwischen Produktion und gesellschaftlichen Organisationsstrukturen wird von Marx und Engels zu eng gefasst. Diese enge Fassung hat den Vorteil, dass man das politische Handeln beschränken kann auf die Eroberung der Macht im Staate. Die großen Probleme, die eine Umwälzung der Produktionsverhältnisse aufwirft, können so ignoriert werden. Das Versprechen der Revolution ähnelt so einem Heilsversprechen, einem kathartischen Akt, der auf einen Schlag alles Schlechte tilgt.

Nun ist auch Marx und Engels klar, dass sich der Kommunismus nicht in einem Akt herstellen lässt. Sie lösen dieses Problem aber nicht dadurch, dass sie sich Gedanken darüber machen würden, wie im Raum des Politischen die Ziele einer kommunistischen Gesellschaft durchzusetzen wären, sondern indem sie die Revolution permanent machen. Es ist die Aufgabe der proletarischen Bewegung „die Revolution permanent zu machen, so lange, bis alle mehr oder weniger besitzenden Klassen von der Herrschaft verdrängt sind, die Staatsgewalt vom Proletariat erobert und die Assoziation der Proletarier nicht nur in einem Lande, sondern in allen herrschenden Ländern der ganzen Welt so weit fortgeschritten, dass die Konkurrenz der Proletarier in diesen Ländern aufgehört hat und dass wenigstens die entscheidenden produktiven Kräfte in den Händen der Proletarier konzentriert sind" (MEW 7, 248). Wenn man sich dieses Programm und dieses Ziel ansieht, dann bekommt man den Eindruck, dass die Revolution ein Zustand von bestenfalls mehrjähriger, schlechtestenfalls jahrzehntelanger Dauer ist. Zwar ist es richtig, dass erst unter der Bedingung der Beseitigung auch der internationalen Konkurrenz die Lebensfähigkeit einer nicht kapitalistischen Produktion garantiert werden kann, aber dies zeigt eben nur, dass das Konzept der Revolution ein kurzschlüssiges ist. Es kann die Frage der nationalen und internationalen Umgestaltung nicht ausreichend beantworten. Die Revolution als ein gewaltsamer Umbruch auf Dauer gestellt, das ist, wie Maos Kulturrevolution gezeigt hat, kein wünschenswerter Zustand.

Die Verelendungstheorie

Marx und Engels haben keine Vorstellungen darüber entwickelt, wie der Kommunismus nach der Revolution entsteht. Ausführlich haben sie sich jedoch Gedanken darüber gemacht, wie die Revolution möglich wird. Zunächst postulieren Marx und Engels die ökonomischen Voraussetzungen einer kommunistischen Revolution. Aus ihnen folgen die politischen. Die ökonomische Voraussetzung ist die Existenz eines industrialisierten Kapitalismus, dieser erzeuge das Proletariat als Klasse (MEW 4, 468ff) und steigere sein Elend in dem Maße, wie der Reichtum der Gesellschaft als Ganzer steigt (ebd., 469, 473).

Zunächst entsteht nach Marx und Engels progressiv mit der Steigerung des Kapitals auch eine Steigerung des Elends. Der steigende gesamtgesellschaftliche Wohlstand kann ihrer Auffassung nach nicht zu einem steigenden Lebensstandard der Arbeiter führen, sondern bedingt geradezu ihre verstärkte Verelendung.[43] „Im Maße wie Kapital akkumuliert, die Lage des Arbeiters, welches immer seine Zahlung, hoch oder niedrig, sich verschlechtern muss" (MEW 23, 675). Das Verhältnis von Reichtum und Elend ist umgekehrt proportional (MEW 40, 510; vgl. auch MEW 16, 9). „Im abnehmenden Zustand der Gesellschaft progressives Elend des Arbeiters, im fortschreitenden Zustand kompliziertes Elend, im vollendeten Zustand stationäres Elend" (ebd., 475). Marx und Engels denken dies als ökonomische Gesetzmäßigkeit. Daher sei die Bourgeoisie nicht in der Lage, auch nur die Existenzbedingungen des Proletariats zu garantieren. „Um aber eine Klasse unterdrücken zu können, müssen ihre Bedingungen gesichert sein, innerhalb derer sie wenigstens ihre knechtische Existenz fristen kann" (MEW 4, 473). Da die Bourgeoisie dies nicht kann, da es ihr nicht möglich ist, das Proletariat in die bürgerliche Gesellschaft zu integrieren, schafft sie selbst die Bedingungen ihrer Aufhebung. Wenn nämlich das Proletariat nichts mehr zu verlieren hat als seine Ketten, dann kann es alles riskieren und es gibt nichts mehr was es an der Revolution hindern könnte. Das Elend enthält daher eine „revolutionäre umstürzende Seite [...], welche die alte Gesellschaft über den Haufen werfen wird" (MEW 4, 143).[44] Es ist richtig, dass bis in die zwanziger Jahre unseres Jahrhunderts das große innenpolitische Problem der bürgerlichen Gesellschaft die Integration des Proletariats war. Dieses Problem ist sowohl auf der ökonomischen wie auf der ideologischen Ebene erst mit dem Fordismus gelöst worden.[45] Marx' und Engels Analyse ist für ihre Zeit zutreffend, das „Gespenst des Kommunismus", die Gefahr des Bürgerkriegs ging tatsächlich um im Europa des 19. Jahrhunderts und es wurde tatsächlich von der sich unkontrolliert entfaltenden bürgerlichen Gesellschaft selbst produziert. Marx und Engels übersehen aber, dass dies nicht so bleiben muss. Die „soziale Frage" konnte nur durch politische Eingriffe gelöst werden, durch politische Gestaltung der bürgerlichen Ökonomie.[46] Marx und Engels haben das der Politik nicht zugetraut.

Es gibt aber noch einen anderen, unterschwelligen Grund, der die Popularität der Verelendungstheorie im Sozialismus gefördert hat. Sie ist stimmig mit dem paradiesischen und chiliastischen Vorstellungen, die den Resonanzraum des Kommunismus, der kommunistischen Revolution bilden: Das Elend erscheint nämlich als das zu erbringende Opfer. Die Apokalypse ist der katastrophische Zustand vor dem Umschlag vom schlimmsten Chaos ins Paradies. Auch die Apokalypse ist insofern eine Verelendungstheorie. Apokalyptische Erwartungen treten immer dann auf, wenn die Verhältnisse in der Welt besonders „elend" sind. Die Apokalypse enthält die Erwartung einer besseren Zukunft. Aus einem möglichst großen Elend soll der Umschlag ins möglichst große Glück erfolgen. Je größer das Elend, desto größer die Hoffnungen, dass es besser werden muss. Das Elend ist ein Opfer, das man bringen muss, um das Glück zu erlangen. Diese Opfertheorie ist sehr viel älter als der Kommunismus. Es ist das Mosessyndrom, welches hier durchschlägt. Diejenigen, die den Weg in das gelobte Land anführen, werden es selber nicht erreichen. Die theologischen Theorien der Apokalypse verlegen das Glück ins „Jenseits", d.h. in einen Zustand nach dem Leben. Die kommunistischen Theorien verlagern das Glück ins Diesseits, behalten aber den Gedanken des Opfers bei. Das Elend des Proletariats ist sein Opfer für die Menschheit, da es ihrer allgemeinen Befreiung im Kommunismus vorhergehen muss. Hier wird nicht behauptet, dass eine solche Opfertheorie bei Marx und Engels auch nur ansatzweise ausgearbeitet wäre, aber sie reproduzieren mit ihrer Verelendungstheorie ein historisches Denkmuster, welchem das Opferkonzept immanent ist. Dieses ist dann später in der sozialistischen Theorie aktiviert worden. So hat z.B. der russische Kommunist Leviné die kommunistischen Revolutionäre als „Tote(n) auf Urlaub" bezeichnet. (zit. n. Hobsbawm 1998, 100).

Zumeist ist die Opfertheorie eine Theorie zur Legitimation von Herrschaft. Das Leiden im Diesseits muss man ertragen, damit man im Jenseits beglückt werden wird. In dieser Funktion ist die Opfertheorie dann in den Staaten des Sozialismus genutzt worden. Sie wurde verknüpft mit der Theorie der Übergangsstadien.[47] In den sozialistischen Staaten hat sich gezeigt, dass der Kommunismus durch die Diktatur des Proletariats zunächst nicht entstand. Daher hat sich der Sozialismus als „Epoche des Übergangs" zum Kommunismus bezeichnet.[48] Für die in dieser Übergangsepoche lebenden Menschen bedeutet dies, dass sie selbst ein Leben im Kommunismus nicht mehr erreichen können. Erst spätere Generationen werden im Kommunismus leben. Der Übergangszustand ist also zeitlich sehr gestreckt worden. Ein solch Jahrzehnte dauerndes Übergangsstadium schwächt die Verdiesseitigung wieder ab. Zwar im Leben, aber nicht mehr in meinem, soll der Kommunismus verwirklicht werden. Die Menschen in den Übergangsstadien handeln, damit es anderen besser gehen wird, sie bringen daher für diese anderen Menschen Opfer. Die Mängel des Sozialismus muss man ertragen, damit der Kommunismus irgendwann verwirklicht werden kann. An dieser Theorie einer Vertröstung auf die Nachfahren und der Notwendigkeit von Opfern der jetzt Lebenden hat insbesondere der Anarchismus Kritik geübt. Im Hier und Heute soll es den Leuten besser gehen, nicht irgendwann. Dies ist ihm von den Kommunisten als „revolutionäre Ungeduld" vorgeworfen worden (Harich 1998). Damit hat der Anarchismus aber einen wichtigen Punkt getroffen, denn es ist immer schwierig, die Menschen zu Opfern zu bewegen, die ihnen selbst nicht zugute kommen. Es verlangt eine sehr abstrakte Form sozialer Verantwortung, bereit zu sein, mein Handeln nach dem Wohlergehen künftiger Generationen auszurichten. Die meisten Menschen sind dazu nicht willens. Die Kommunisten haben die Disziplin für ihre Sache, haben die langjährige und einem selber nicht mehr nützende Hinarbeit auf das Ziel des Kommunismus als Opfer, als notwendiges Opfer gedeutet (vgl. Harich ebd. 36ff). Durch Opfer kann nichts gewonnen werden. Das Modell des

Opfers besagt: Man leidet und wird belohnt. Wer soll einen aber belohnen? Im theologischen Denken ist die Antwort klar, Gott belohnt. Eine Säkularisierung dieses Denkmodells ist aber nicht möglich. Wenn der Mensch seine Geschichte selbst in die Hand nimmt, so gibt es niemanden mehr, der ihn belohnen könnte. Solches Denken vertröstet auf die Zukunft und sucht dadurch Akzeptanz der Gegenwart zu erzeugen. Solches Denken stabilisiert die heute herrschenden Verhältnisse. Diese Funktion hatte es auch im Sozialismus.

Langfristiges, strategisches Handeln an sich ist kein Opfer, also nichts worunter man leidet, was man nur für andere tut, sondern vielmehr ist dieses Handeln für denjenigen, der eine freie Gesellschaft will, im Hier und Jetzt die einzige authentische Möglichkeit zu handeln, die einzige Möglichkeit zu handeln und leben in der ich mit-mir-stimmig-bin. Solches Mit-sich-stimmig-zu-Leben ist ein Selbstwert. Gerade die Einsicht, dass es immer Übergangsstadien gibt, weil keine Sprünge in der Geschichte möglich sind, führt dazu zu sehen, dass die eigenen Lebensmöglichkeiten für einen selbst immer beschränkte sind. Und in dieser beschränkten Situation eine authentische Weise des mit-sich-selbst-stimmig-Lebens zu finden, ist ein hoher Wert.

Marx' und Engels' Theorie des Kommunismus und des Wegs zu ihm bleibt widersprüchlich. Der klaren Forderung nach der Befreiung der Menschen und der partiellen Einsicht in die Herrschaftsfunktion von Verwaltung steht auf der anderen Seite der Gedanke der Diktatur des Proletariats und die unreflektierte Annahme gegenüber, dass nach dem Sturz der Bourgeoise die Menschen und die ökonomischen Gesetze, das Problem der Entwicklung der kommunistischen Gesellschaften spontan regeln werden. Gerade die für das Projekt der Freiheit so problematischen Momente dieser Theorie werden im Verlaufe der historischen Entwicklung, die die entstehenden sozialistischen Staaten immer weiter von der Verwirklichung der Ziele von Marx und Engels fortführt, immer stärker rezipiert. Es sind fünf sich wechselseitig überlagernde Momente in Marx' und Engels' Theorie des revolutionären Kommunismus, die ihr eine so große Überzeugungskraft und Stabilität verliehen haben. Erstens die Aufnahme des bürgerlichen Fortschrittsdenkens, zweitens die Ökonomie als bestimmende Grundlage des Geschichtsverlaufs, drittens die Dominanz der sozialen Frage, viertens die bewegungsstrategisch sinnvolle Komplexitätsreduktion und fünftens die Strukturanalogie mit dem theologischen Schema der „Befreiung“ im Jenseits, nur verlagert ins Diesseits.[49]

Das Subjekt der Revolution: Das Proletariat?

Für die ganze sozialistische Bewegung ist es völlig klar, dass das revolutionäre Subjekt die Arbeiterklasse, das Proletariat ist.[50] Auch dies ist wiederum so selbstevident, dass weder die Frage, wieso es ein Subjekt der Geschichte überhaupt braucht, noch die, warum gerade die Arbeiter dieses Subjekt sein sollen, gestellt wird.

Die Vorstellung vom Subjekt der Geschichte ist eine überflüssige und realitätsferne Konstruktion, die immer noch dem Gedanken anhängt, dass es irgend eine

Instanz gebe, die Geschichte *mache*. Subjekte der Geschichte existieren weder in Form von sachlichen Pseudosubjekten, wie den Produktivkräften oder dem Kapital, noch in Form von Kollektivsubjekten wie den Klassen. Diese Annahme vereinfacht die gesellschaftlichen Prozesse von Interessenauseinandersetzungen und zivilisatorischer Entwicklung in einem unzulässigen Maße. Die Entwicklung von Gesellschaften beruht auf einer Vielzahl von Faktoren, gesetzmäßigen und zufälligen, die letztlich erst in ihrem nie völlig vorhersehbaren und insofern auch immer ein Stück weit kontingenten Zusammenspiel den geschichtlichen Prozess bestimmen. Eine sich mit historischer Gesetzmäßigkeit durchsetzende Zentralmacht existiert in diesem vielfältigen Ursachenbündel nicht. Mit der Aufgabe des Fortschrittskonzepts als eines Konzepts zielgerichteter Entwicklung in der Geschichte muss auch die Vorstellung eines Subjekts der Geschichte aufgegeben werden.

Damit ist klar, dass auch die Vorstellung vom Proletariat als dem Subjekt der Geschichte aufgegeben werden muss. Zur Klärung der theoretischen Konstruktion des revolutionären Kommunismus ist es jedoch sinnvoll zu untersuchen, wieso man es überhaupt für möglich halten konnte, dass die kommunistische Revolution, die ja der Befreiung der ganzen Menschheit dienen soll, durch eine besondere Klasse gemacht werde. Wieso vertreten die Proletarier nicht nur ihre Interessen, wieso sind sie Repräsentanten der Menschheit als solche? Der Kommunismus erscheint als der Endzustand der Menschheitsentwicklung, die bewusste und freie Assoziation der Menschen, die Erneuerung ihres „naturwüchsigen Kommunismus" (MEW 25, 839) auf der Ebene bewusst reflektierten, freien Handelns und damit die Verwirklichung des menschlichen Wesens als seine *Selbst*verwirklichung. Das historische Subjekt, welches diese Revolution macht, verwirktlicht damit die historische Selbstverwirklichung der Menschheit und ist somit automatisch Repräsentant der Menschheitsinteressen. - Soweit die Theorie. Wie aber sah es in der Praxis aus, d.h. was wollten die Arbeiter tatsächlich? Dies ist in der sozialistischen Bewegung nie erforscht worden. Es gibt bis zur Mitte des 20. Jahrhunderts keine empirischen Untersuchungen über die Ziele der Arbeiter und ihr Selbstverständnis.[51] Die Sozialwissenschaften sind im 19. Jahrhundert noch nicht so weit entwickelt, dass man empirisch an die Beantwortung dieser Frage herangegangen wäre. Aber es ist durchaus auch von heute her noch möglich, Antworten auf diese Frage zu finden. Man muss dafür untersuchen, was aus der Arbeiterbewegung heraus an sozialen und politischen Aktivitäten unternommen wurde. Aus dem, was in der Arbeiterbewegung tatsächlich getan wurde, ist es legitim rückzuschließen auf das, was sie wollten. Wenn auch das Tun zumeist nicht die unmittelbare Verwirklichung des Wollens ist - eine Regel, die in der politischen Situation des 19. Jahrhunderts für die Arbeiter erst recht gilt, - so zielt es doch auf die Verwirklichung des Wollens ab. Unter Beachtung dieser Differenz können die Ziele der Arbeiterbewegung aus ihrem Handeln erschlossen werden. Inwieweit ist in den sozialen, politischen und kulturellen Aktivitäten der Arbeiterbewegung eine Tendenz in Hinsicht auf das Ziel der allgemeinen Emanzipation der Menschheit enthalten?

Die Arbeiterbewegung des 19. Jahrhunderts ist, wie wir oben schon gesehen haben, gekennzeichnet durch die Entwicklung von Selbsthilfestrukturen. Soziale Selbsthilfe auf dem Gebiet des Versicherungswesens durch die Gründung von Arbeiterkassen, auf dem Gebiet des Ein- und Verkaufs durch die Gründung von Genossenschaften, kulturelle Selbsthilfe auf dem Gebiet des Bildungswesens durch Arbeiterbildungsvereine (vgl. Kuczynski 1982, 228ff), auf dem Gebiet philosophisch/religiöser Selbstverständigung durch Bildung freigeistiger Gemeinden (vgl. Groschopp 1997, 195ff), politische Selbsthilfe auf dem Gebiet der Auseinandersetzung um die Arbeitsbedingungen durch die Bildung von Gewerkschaften und auf dem Gebiet der allgemeinen gesellschaftlichen Anerkennung und Gleichberechtigung durch die Bildung von Parteien. All diese Tätigkeiten zielen darauf ab, die speziellen, klassenspezifischen – vor allem durch die Unsicherheit der Lohnarbeit bedingten – Interessen der Arbeiter zu befriedigen. Absicherung gegen Krankheit und Arbeitslosigkeit durch gemeinsame Vorsorge, Senkung der Lebenshaltungskosten durch kollektiven Einkauf, Erhöhung des Bildungsstandards als Voraussetzung gleichberechtigter Teilnahme am gesellschaftlichen/politischen Leben, Emanzipation aus den ideologischen Institutionen der bürgerlichen Gesellschaft, Vergrößerung der Verhandlungsmacht gegenüber den Fabrikherrn durch kollektives Handeln (Streik) und last not least Schaffung einer Repräsentanz dieser Interessen im politischen System der konstitutionellen Monarchie (Wahlen). Durch diese Aktivitäten werden die Interessen von Mitgliedern anderer Klassen nicht vertreten. Diese Aktionen zielen auch nicht auf die Verwirklichung der allgemeinen Emanzipation der Menschheit ab. In keiner dieser Maßnahmen liegt die objektive Konsequenz einer allgemeinen Befreiung der Menschen von Herrschaft und Ungerechtigkeit. Alle diese Handlungen verfolgen nur die speziellen Interessen der Arbeiter im 19. Jahrhundert. Und dies ist völlig legitim. Warum sollten sich ausgerechnet die Ärmsten, die Kränkesten, die Ungebildetesten Gedanken um die allgemeine Emanzipation der Menschheit machen? Diese Leute haben mit sich selbst genug zu tun.

Faktisch haben also wohl die allermeisten Proletarier selbst nie die Absicht gehabt, die ganze Menschheit zu befreien. Hier liegt ein Missverständnis einiger Intellektueller vor. Diese hatten jenes Ziel und sie haben nach einem historischen Subjekt gesucht, welches in der Lage war, dieses Ziel zu verwirklichen, welches die entsprechende gesellschaftliche Macht besaß. Das einzige tendenziell revolutionäre gesellschaftliche Subjekt, das damals in Betracht kam, war die Arbeiterklasse. Auf diese haben jene Intellektuellen ihre eigenen Ziele projiziert, ohne sich darum zu kümmern, ob es überhaupt die Ziele jener Menschen waren. Aus ihrem geschichtsteleologischen und partiell ökonomistischen Denken heraus musste die Arbeiterklasse *objektiv* jenes Subjekt sein. Ihr subjektives Interesse spielte deswegen keine Rolle. Aber so funktioniert Geschichte nicht. Es gibt keinen objektiv vorgeschriebenen Geschichtsverlauf. Ein gesellschaftliches Subjekt, das das Ziel der Verbesserung seiner sozialen, ökonomischen Lage hat, wird eine Revolution nur machen, wenn es zu der Auffassung gelangt, anders sei dieses Ziel nicht zu erreichen. Die Revolution verlangt das maximale Risiko, den maximalen Einsatz von ihren Akteuren. Wenn das Ziel unter geringerem Aufwand und mit geringerem Risiko zu erreichen ist, so wird man den einfacheren Weg gehen. Als sich zeigte, dass dieses Ziel auch in der bürgerlichen Gesellschaft zu erreichen war, ist diese proletarische Revolution in den entwickelten bürgerlichen Staaten ausgeblieben. In Russland hat sie daher, ganz im Gegensatz zur marxistischen Theorie, gerade aufgrund seiner Unterentwicklung stattgefunden. Gerade weil die bürgerliche Gesellschaft in Russland so gering entwickelt war, war sie noch nicht in der Lage die sozialen Bedürfnisse der proletarischen und agrarischen Klassen angemessen zu befriedigen. Daher stürzten jene Klassen diese Gesellschaft um, weil sie in ihr nicht die Möglichkeit der Durchsetzung ihrer Ziele sahen.

Die Arbeiterklasse hat also, von einigen ihrer intellektuellen Vordenker abgesehen, das Ziel einer Aufhebung der Herrschaft nie verfolgt. Daher war die soziale Bewegung des 19. und beginnenden 20. Jahrhunderts in den führenden Industriestaaten sehr erfolgreich. Sie hat einen hohen materiellen Wohlstand erstritten, relativ gute Arbeitsbedingungen, gute soziale Absicherung gegen Krankheit, Arbeitslosigkeit und Alter, das allgemeine Wahlrecht, allgemeine und kostenlose Bildung und Durchlässigkeit der Institutionen für alle ohne Ansicht der sozialen Herkunft, d.h., sie hat im 20. Jahrhundert alle ihre Ziele erreicht, die innerhalb der bürgerlichen Gesellschaft überhaupt zu verwirklichen sind. Die sozialistische Bewegung hat also das zweite Ziel linker Bewegungen, die allgemeine Befreiung der Menschheit, nur verfolgt, um durch die Emphase, die mit einem solchen historischen Projekt verbunden ist, über das materielle Ziel der Verbesserung des Wohlstandes hinaus eine emotionale Bindung der Menschen an die Bewegung zu erreichen und dadurch eine Steigerung ihres Engagements. Zudem verfolgte die sozialistische Bewegung - als Klasse im Kampf um die gesellschaftliche Macht - damit eben jene von Marx und Engels in der deutschen Ideologie beschriebene Strategie, ihr besonderes Interesse als allgemeines auszugeben (MEW 3, 34), um möglichst viel Unterstützung aus den anderen Klassen der Gesellschaft zu erhalten. Der Universalitätsanspruch der proletarischen Revolution ist nur ihr emphatischer Überbau. Die Vorstellung, dass Personen, Gruppen das Allgemeine repräsentieren könnten, ist grundsätzlich falsch. Vielmehr vertritt jeder seine eigenen Interessen und soll dies auch. Personen und Gruppen übergreifende Interessenverfolgung entsteht nur da, wo einzelne Personen oder Gruppen eine Übereinstimmung einzelner Interessen feststellen und sich zusammenschließen, um diese als gemeinsam erkannten Interessen auch gemeinsam zu verfolgen. Ein Allgemeininteresse dagegen ist immer imaginär und in aller Regel nur ein Ideologem von Herrschaft. Zwar ist das Linke Projekt als Projekt der Freiheit, Gleichheit und Gerechtigkeit zwangsläufig ein alle Menschen betreffendes, klassenübergreifendes Projekt, da es entweder nur mit Wirkung für Alle oder gar nicht verwirklicht werden kann. Aber eine Klasse, Bewegung oder Gruppe ist zunächst immer der Vertreter ihrer eigenen, partikularen Interessen. Das eigene Projekt kann über solch partikulare Interessen hinaus einen allgemeinen Charakter haben, wenn neben den partikularen Interessen auch allgemeine Interessen verfolgt werden, allgemein im Sinne von allen gemeinen, von allgemein möglich. Jede soziale Bewegung beginnt zunächst als Vertreterin ihrer partikularen Interessen. Neben diese, nicht sie ersetzend, sondern ergänzend, können allgemeine Interessen treten, wenn im Prozess der politischen Auseinandersetzung die Erfahrung gewonnen wird, dass die eigenen partikularen Interessen in der Gesellschaft in der man lebt, nicht oder immer nur zum Teil durchsetzbar sind. Wird als Konsequenz daraus das Ziel des eigenen Projekts erweitert in Richtung auf eine Veränderung der Gesellschaft, so ist dies der Punkt, an dem ein partikulares Interesse zu einem allgemeinen werden kann, denn an einer anderen Gesellschaft können auch andere Gruppen ein eigenes, für sie zunächst partikulares Interesse haben. Die je partikularen Interessen können nun als gemeinsame erkannt und artikuliert werden. Ein linkes Projekt ist mit diesem Schritt noch nicht zwangsläufig verbunden. Hierzu bedarf es der Verallgemeinerung der gemeinsamen Interessen. Dies ist möglich, wenn die Einsicht gewonnen wird, dass eine gerechte Berücksichtigung der eigenen/gemeinsamen Interessen nur möglich ist in einer herrschaftsfreien Gesellschaft, weil nur hier jeder die Möglichkeit hat, seine Interessen frei einzubringen und mit den Interessen der anderen auszugleichen. Ihre allgemeinen Interessen können alle nur in einer herrschaftsfreien Gesellschaft gemeinsam verwirklichen. Eine Klasse, Bewegung oder Gruppe ist nie der privilegierte Vertreter solch allgemeiner Interessen, sondern vertreten werden diese Interessen gleichermaßen von allen, denen sie gemein sein können. Selbst wenn es die Arbeiterklasse heute noch gäbe, wäre sie kein geeignetes Subjekt eines linken Projekts der Veränderung unserer Gesellschaft.[52]

Es gibt allgemeine Interessen. Allgemein nicht im Sinne von etwas, was alle haben, nicht im Sinne von universell, sondern im Sinne von verallgemeinerbar. Allgemeine Interessen können solche sein, die nicht an die besondere Stellung von Menschen in der Gesellschaft gebunden sind. Allgemein meint hier nicht-gruppenspezifisch. Mitglieder jeder Klasse oder sozialen Gruppe können das Interesse haben, in einer Gesellschaft ohne Herrschaft leben zu wollen. Auch die Herrschenden sind nicht frei, sie sind nur privilegiert. In jeder sozialen Gruppe können Menschen das Interesse haben, in einer gerechten Gesellschaft zu leben. In jeder sozialen Gruppe können Menschen das Interesse haben, in einer ökologisch intakten Gesellschaft zu leben. Das Interesse an einer stressfreien Gesellschaft, in dem ich meine Tätigkeiten nach meinen eigenen Rhythmus organisieren kann, ist nicht auf bestimmte Klassen beschränkt. Es gibt viele solcher Interessen, die nicht an die spezifische Lage der Mitglieder bestimmter gesellschaftlicher Gruppen gebunden sind. Vertreten können diese Interessen immer nur alle, die sie haben. Als mögliche allgemeine Interessen können und müssen sie von allen Interessierten vertreten werden. Das Interesse in einer freien, gleichen und gerechten Gesellschaft zu Leben, ist ein solch allgemein mögliches. Ein kollektives Subjekt solcher Interessen im Sinne einer sozial homogenen Gruppe, gibt es nicht und kann es nicht geben. Die Vorstellung, dass eine Klasse links sein und eine freie Gesellschaft schaffen könnte, muss aufgegeben werden. Ein solches Projekt kann nur unter Beteiligung der

Mitglieder aller sozialen Gruppen verfolgt werden. Ihre je besonderen Gründe, warum sie dieses Ziel anstreben, mögen gemäß ihrer je besonderen sozialen Lage verschieden sein, aber in diesem Ziel können sie sich treffen. Die Aufhebung der Klassen kann nicht geschehen, indem eine Klasse die anderen majorisiert, sondern indem Mitglieder aller Klassen einer Gesellschaft zuarbeiten, in der es die strukturellen Voraussetzungen klassenmäßiger sozialer Schichtung nicht mehr gibt. Ein solches Projekt zu realisieren, ist sicher viel schwieriger als die Revolution einer Klasse in die Wege zu leiten, aber es ist möglich. Und dies ist der entscheidende Unterschied zum Versuch mit *einer* Klasse Herrschaftsfreiheit anzustreben.

Kritik der sozialistischen Staaten

Bislang habe ich mich ganz überwiegend mit Programmen und theoretischen Texten auseinander gesetzt. Dies ist darin begründet, dass es bis 1918 keine sozialistische Partei in der Regierung oder an der Macht gab. Dies ändert sich. Daher soll im Folgenden nach dem alten Bibelspruch vorgegangen werden: *Nicht an ihren Worten, an ihren Werken sollt ihr sie erkennen*. In der Theorie verfolgte auch Lenin Marx' und Engels' Projekt des *Absterben des Staates*: „Als Endziel setzen wir uns die Abschaffung des Staates" (Lenin Werke Bd. 25, 469).

Zunächst soll hier die Entwicklung der Sowjetunion untersucht werden, weil sie der paradigmatische sozialistische Staat war und danach die Entwicklung der DDR, weil die DDR und ihr Systemkonflikt mit der BRD das prägende Muster der deutschen Geschichte in der zweiten Hälfte des 20. Jahrhunderts abgibt.

Die Geschichte der Sowjet-Union

Einen klaren Plan für die nachrevolutionäre Gesellschaft hatten die Bolschewiki und Lenin nicht (Hildermeier, 1998, 118f). Lenins Entwurf dazu, *Staat und Revolution* (Werke Bd. 25, 393ff), befasst sich hauptsächlich mit der Rolle des Staates für den Prozess der Machterhaltung nach der Revolution. Lenin sieht die Aufgabe für die Bolschewiki darin, alleine die Macht zu erobern und mit Hilfe einer zentralistischen Organisation sowohl diese zu erhalten als auch die sozialistische Gesellschaft, insbesondere die sozialistische Wirtschaft, in Gang zu bringen. Dazu benötigten die Bolschewiki als Avantgarde des Proletariats den Staat. Zum einen zur Unterdrückung der Gegner (ebd., 416, 475), zum anderen zur Anleitung, Führung der Bevölkerung (ebd., 416f). Dieser Staat ist aber nicht der bürgerliche. Ihn gilt es zu zerschlagen und an seine Stelle den proletarischen Staat zu setzen. Dieser kann erst absterben, wenn keine Klassen mehr da sind. Erst dann kann von Freiheit die Rede sein (ebd., 469). Der proletarische Staat besitzt aber gegenüber dem bürgerlichen eine höhere Legitimität, weil in ihm die Mehrheit die Minderheit unterdrückt, während es im bürgerlichen Staat umgekehrt war (ebd., 477, vgl. Lenin Werke Bd. 28, 478f).

Wie verwandelt man nun den bürgerlichen in den proletarischen Staat? Lenin greift hier auf das von Marx gelobte Konzept der Pariser Kommune zurück:

„Erstens besetzte sie alle Stellen, verwaltende, richtende, lehrende, durch Wahl nach allgemeinem Stimmrecht der Beteiligten, und zwar auf jederzeitigen Widerruf durch dieselben Beteiligten. Und zweitens zahlte sie für alle Dienste, hohe wie niedrige, nur den Lohn, den andre Arbeiter empfingen (MEW 17, 624; Lenin Werke Bd. 25, 432ff). Ein zweiter Schritt besteht darin, die Vertretungskörperschaften der bürgerlichen, parlamentarischen Demokratie zu erhalten, sie aber in „arbeitende Körperschaften" zu verwandeln. „Die Parlamentarier müssen selbst arbeiten, selbst ihre Gesetze ausführen, selbst kontrollieren, was bei der Durchführung herauskommt, selbst unmittelbar vor ihren Wählern die Verantwortung tragen" (Lenin ebd., 437).

Wie die weitergehende Umgestaltung aussieht, bleibt auch bei Lenin unklar. Ziel ist „Gerechtigkeit und Gleichheit" (ebd., 480),[53] diese kann aber in der ersten Phase des Kommunismus noch nicht verwirklicht werden. Auch Lenin setzt auf eine Art Selbstlauf der Ökonomie. Er sieht im Staat nur die Unterdrückungsmaschine, sieht nicht seine positiven Leistungen für die Gesellschaft, für die Produktionsverhältnisse. Daher ist er der Auffassung, dass mit dem Absterben des Staates eine Vereinfachung des gesellschaftlichen Aufbaus einhergeht, der es den Arbeitern ermöglicht, die Staatsfunktionen neben ihrer Tätigkeit her zu erledigen. Es liegt in dieser Auffassung eine maßlose Überschätzung der Kompetenzen des Proletariats und Unterschätzung der Komplexität moderner Gesellschaften (ebd., 487). Lenin ist der Auffassung, dass zur Steuerung des Staates die Kenntnis des Lesens und Schreibens und der vier Grundrechenarten ausreicht.

Ein zweites Problem dieses Konzepts liegt darin, dass das Verhältnis Demokratie/Avantgarde nicht geklärt ist. Der Demokratiebegriff bei Lenin ist ambivalent. Zum einen bezeichnet er die parlamentarisch-bürgerliche Demokratie als Staatsform, die aufgehoben werden soll, zum anderen die tatsächliche Volksherrschaft, den Prozess der Kontrolle des Gesellschaftlichen durch einen immer größer werdenden Anteil der Bevölkerung (ebd. 476).[54] Wenn man diese These aber in Zusammenhang mit der Avantgardetheorie denkt, gibt es ein Problem. Entweder ist wirklich die Mehrheit der Bevölkerung in den Prozess der Gestaltung der neuen kommunistischen Gesellschaft eingebunden, dann brauche ich keine Avantgarde, oder man muss sich zumindestens die Avantgarde als ein Repräsentationsorgan der Mehrheit vorstellen. Dann müsste man sie aber wählen. Aber wie kann man das? Denn es kennzeichnet ja die Avantgarde, dass sie der Bevölkerung intellektuell voraus ist, diese erst auf den rechten Weg bringen muss. Dies bedeutet aber, dass die Mehrheit der Bevölkerung noch gar nicht weiß, was zu ihrem Besten ist und daher eben nicht die Avantgarde, d.h. die Bolschewiki, sondern andere, gemäßigtere, opportunistischere Parteien wählen würde. Repräsentiert die Avantgarde aber nicht zumindest eine Mehrheit der Bevölkerung, so kann in der Diktatur des Proletariats kein demokratischer Fortschritt gesehen werden. Dieser Widerspruch wird von Lenin nicht problematisiert.

Was taten die Bolschewiki nach ihrer erfolgreichen Revolution? Die durchgeführten Maßnahmen sind ein Spiegelbild dieser Widersprüche. Zwei Fragen stehen für meine Untersuchung im Vordergrund. Erstens inwieweit zielen die durchgeführten Maßnahmen darauf ab, alle Menschen an der politischen Gestaltung des Gesellschaftlichen - im Großen wie im Kleinen - zu beteiligen und zweitens, inwieweit werden die Voraussetzungen für die soziale Gleichstellung der Menschen geschaffen? Es sind mehrere Ebenen zu unterscheiden, auf denen die Bolschewiki den Staat umzubauen beginnen. Entscheidend ist zunächst die Übernahme der Zentralverwaltung in Moskau und die Organisation der Unterstützung der bolschewistischen Herrschaft durch die Arbeiterschaft, die Armee und die Bauern. Vor allem zur Erreichung letzteren Ziels werden zwei Strategien angewandt. Erstens die Errichtung politischer Organisationsstrukturen, die die Macht der Zentrale garantieren und zweitens die Erfüllung der sozialen Forderungen von Stadt und Land.

Nach dem Sturz der provisorischen Regierung stellt sich die Frage, wer die Leitung des Staates übernehmen soll. Bereits seit der Februarrevolution bestehen die Arbeiter- und Soldatensowjets. Ihr Zentralorgan ist der regelmäßig tagende gesamtrussische Sowjetkongress, dessen Exekutivkomitee (VCIK) ist das oberste permanente Zentralorgan der Sowjetstruktur. Nicht dieses aber wird - wie nach Lenins Theorie von den arbeitenden Vertretungskörperschaften zu erwarten - von den Bolschewiki zum obersten Regierungsorgan gekürt, sondern ein dem Ministerrat nachempfundener Rat der Volkskommissare (SNK), dem es an jeder demokratischen Legitimation mangelt (Hildermeier 1998, 120).[55] Die Bolschewiki haben zwar die Macht im Staat errungen, können sich aber keineswegs auf die Mehrheit der Bevölkerung stützen. Das machen die unmittelbar nach der Revolution angeordneten Wahlen zur „Konstituierenden Versammlung", dem gesamtrussischen Parlament, deutlich. Die Bolschewiki erreichten ungefähr 25% der Stimmen, Sieger waren die Sozialrevolutionäre mit ungefähr 37% der Stimmen (ebd., 130). Von einer Diktatur der Mehrheit über die Minderheit konnte nach diesem Ergebnis keine Rede sein. Dagegen besaßen die Bolschewiki die Mehrheit in den Arbeiter- und Soldatenräten und waren auch bei den Wahlen in den städtischen Gebieten stärkste Partei geworden. Sie erklärten daraufhin, dass Russland eine Räterepublik sei, die folglich ein Parlament nicht benötige und lösten die Konstituierende Versammlung nach ihrer ersten Zusammenkunft auf (ebd., 131). Wenige Tage später wurde vom dritten Allrussischen Kongress der Arbeiter- und Soldatendeputierten formell beschlossen, dem neuen Staat die Form einer föderativen Räterepublik zu geben (ebd., 132). Die oberen Räte wurden durch die unteren gewählt. Nur auf der lokalen Ebene gab es Wahlen durch die Bevölkerung. Abwahlmöglichkeiten waren nicht vorgesehen. Das hatte langfristig zur Folge, dass der Apparat unter sich blieb (ebd., 206). Das SNK war nur formell dem VCIK verantwortlich (ebd., 132f).

Zunächst werden von den Bolschewiki unmittelbar nach der Machtergreifung die Forderungen der Arbeiter, Soldaten und Bauern nach freier Selbstbestimmung erfüllt. Schritt für Schritt werden diese revolutionären Zugeständnisse, die zunächst nötig waren, um überhaupt größere Teile der Bevölkerung hinter die neue Regierung zu bringen, wieder zurückgenommen. Die aus der Februarrevolution übernommene Rätestruktur wird zu einer gehaltlosen Formalität. Alle wirklichen Entscheidungskompetenzen werden immer weiter auf höhere Ebenen verlagert und zentralisiert. Den Arbeitersowjets wurde zunächst auf Fabrikebene die volle Selbstverwaltung zugestanden. Bei der Schaffung der Strukturen der Sowjetorganisation wurden dann aber die Kontrollkompetenzen bei den übergeordneten Organen angesiedelt. Sie konnten die Beschlüsse der unteren Ebene aufheben (ebd., 125). Die Kontrolle erfolgt von oben nach unten (ebd., 206). Die Selbstverwaltung der Basis wurde durch die Nationalisierung der Betriebe weiter eingeschränkt. Die Nationalisierung der Fabriken unterstellt diese staatlicher Kontrolle und konterkarikierte die Selbstverwaltung (ebd., 125f). Nachdem die Bolschewiki die Gewerkschaften unter Kontrolle bekommen hatten, wurden diese zum „Transmissionsriemen" (Lenin) zwischen zentraler Staatsgewalt und Arbeitern umgestaltet. Ihre Aufgabe war es, die staatliche Politik nach unten durchzusetzen (ebd. 126f). Damit sind die Fabriksowjets überflüssig geworden. „Was als autonome Bewegung revolutionärer Selbsthilfe begonnen hatte, endete als nachgeordnetes Exekutionsorgan einer verstaatlichten Gewerkschaft" (ebd., 127).

Um Zustimmung in der Bauernschaft zu gewinnen, wurde ebenfalls direkt nach der Revolution die Aufhebung des - feudalen - Großgrundbesitzes und die Verteilung des Landes an die, die es bearbeiten, verkündet. Die Agrarreform verschafft dem Land die Befreiung von der Herrschaft des Adels und seine Selbstorganisation; nur zum Teil in Sowjets, Großteils blieb die obschtschina als vorbürgerliche Selbstverwaltungsstruktur bestehen. Die Bauernsowjets galten den Bolschewiki aber als unzuverlässig. Sie wurden daher mit den Arbeiter- und Soldatensowjets zusammengeschlossen, um eine zu große Selbstständigkeit zu verhindern (ebd., 122ff). 1922 wurde die Übereignung des Landes an die Bauern aufgelöst und sämtlicher Bodenbesitz verstaatlicht. Unberührt blieb davon zunächst die eigenständige Bewirtschaftung durch die Bauern (ebd., 286).

Der dritte wichtige Machtfaktor war die Armee und die Soldatensowjets. Russland stand zur Zeit der Revolution noch im Krieg mit dem deutschen Kaiserreich. Die Armee wollte daher zunächst vor allem Frieden. Entsprechende Verhandlungen wurden sofort aufgenommen. Daneben wurde aber auch die Demokratisierung der Armee eingeführt, d.h. Wahl der Offiziere und Unteroffiziere durch die Mannschaften und Aufhebung der Todesstrafe (ebd., 128). Sobald aber die Armee im Bürgerkrieg wieder benötigt wurde, wurden diese Maßnahmen rückgängig gemacht und die Armee wieder auf den Stand vor Oktober 1917 gebracht. Die alten zaristischen Offiziere wurden wieder eingestellt und durch drakonische Disziplinarmaßnahmen die alte Ordnung wieder befestigt (ebd., 141f). Nun war die Demokratisierung der Armee vor allem eine Maßnahme zur Brechung der militärischen Machtbastion des alten Regimes gewesen. Die Wahl der Führungsebene durch die Mannschaften garantierte, dass nur solche Menschen in leitende und damit mächtige Positionen gelangten, die das Vertrauen der einfachen Soldaten hatten. Die Aufhebung der demokratischen Struktur erforderte daher die Installation eines anderen Kontrollmechanismus. Die Partei konnte es sich nicht leisten, die Armee, die im Bürgerkrieg wichtigste Machtinstanz, unbeaufsichtigt zu lassen. Zur Kontrolle der Armee durch die Partei wurden daher die Kommissare als nebengeordnete politische Führung installiert (ebd., 142, 220).

So entsteht der „Kriegskommunismus". Ein zentral organisierter Staatsapparat ist im Krieg – im äußeren wie im inneren Bürgerkrieg – effizienter als eine dezentrale Selbstverwaltungsstruktur. Das Bestreben, die Macht zu sichern, treibt damit zum undemokratischen Zentralismus. Die Avantgardetheorie kann diese Zentralisation der Macht legitimieren. An die Stelle der Kontrolle durch Demokratie tritt die Kontrolle durch zentralistisch aufgebaute Parteiinstanzen. Dieses Muster ist in der Armee am deutlichsten erkennbar. Es findet sich aber auch auf den anderen Ebenen wieder. Regierung und Gesetzgebung konzentrierten sich ausschließlich beim SNK. Die Räte und ihre Zentralorgane wurden völlig ausgeschaltet (ebd., 154, 203). Auf der lokalen Ebene ging die Macht von den Räten auf die gegen den inneren Feind neugegründete „Tscheka" über, eine Art politischer Geheimpolizei, die mit Gewalt gegen Gegner vorging (ebd., 149ff). Daneben konzentrierte sich die Macht zunehmend bei der Partei. Sie wurde zur Monopolpartei und immer mehr zu einem Teil des Staates (ebd., 153). Aus Revolutionären wurden Funktionäre und Bürokraten (ebd., 193, 212). Die Zusammensetzung der stetig anwachsenden Mitgliedschaft zeigt dies deutlich. „Idee und Institution der direkten, proletarischen Demokratie blieben im Bürgerkrieg auf der Strecke" (ebd., 154). Dagegen dominiert das Bemühen, einen zentralen, von der Partei kontrollierten Machtapparat aufzubauen. Anders sieht es bei der Umsetzung der sozialen Forderungen aus. Direkt nach dem Umsturz werden der Achtstundentag und die 48 Stunden-Woche zur Norm, Kinderarbeit verboten, Gleichstellung der Frauenarbeit angeordnet, Kranken- und Arbeitslosenversicherung gesetzlich eingeführt. Auch die schon erwähnte Übergabe des Landes an die Bauern gehört hier ebenso her wie die Enteignung der Mietshäuser und ihre Überführung in die Selbstverwaltung der Bewohner (ebd., 127). Soweit als dem durch Krieg und Bürgerkrieg zerstörten und verarmten Land möglich, werden die sozialen Forderungen erfüllt. Diese kommen insbesondere der Stadtbevölkerung zugute (ebd., 278f). Solche sozialen Verbesserungen eignen sich, im Gegensatz zu den Maßnahmen der Befreiung von Herrschaft, hervorragend dazu, die eigene Herrschaft zu befestigen. Solange sich die soziale Lage bessert, sind viele Arbeiter bereit, auf die Forderungen nach politischen Beteiligungsrechten zu verzichten. Umgekehrt nehmen Streiks und Aufstände in dem Maße zu, wie die soziale Lage sich verschlechtert (ebd., 281).

Wichtig für die Beantwortung der Frage, inwieweit die Bolschewiki eine allgemeine Befreiung der Menschen von Herrschaft tatsächlich anstrebten, ist auch ihr Umgang mit der innerparteilichen Opposition. Die Politik der Zentralisierung stieß auf deren Kritik. Die innerparteiliche Opposition bestritt, dass die Alternative Zentralismus oder Untergang bestand „und warnte(n) vor der Gefahr einer dauerhaften Deformation der angestrebten sozialistischen Gesellschaft" (ebd., 144). Sie konnte sich aber nicht durchsetzen. Immer wieder, mit jeder Verschärfung des sich langsam herausbildenden zentralistischen Parteibürokratismus äußerte sich parteiinterner Protest. Reklamiert wurde, dass „die politische Freiheit auch der Arbeiter in Gefahr sei, ohne die der Sozialismus nicht leben könne" (ebd., 155). Aber dieser Protest verhallte mehr oder minder ungehört. Der Aufstand der Matrosen von Kronstadt markiert den Höhepunkt dieser Proteste, seine gewaltsame Niederschlagung ist zugleich die Aufgabe der von ihnen noch einmal proklamierten Ziele politischer Freiheit: unverzügliche Neuwahlen der Sowjets auf der Grundlage gleicher und geheimer Wahl, Rede-, Presse- und Versammlungsfreiheit und keine Benachteiligung anarchistischer und linkssozialistischer Parteien sowie Freiheit der Gewerkschaften (ebd., 155). Der gewaltsamen Niederschlagung dieses Aufstands entsprechen innerparteilich verschärfte Bemühungen, die Reihen zu schließen. Auf dem 10. Parteitag 1921 wurde dem ZK der Auftrag erteilt, die „'größtmögliche Einheit' der Partei zu sichern und für die 'vollständige Zerstörung jeglicher Fraktionierung' zu sorgen" (ebd., 161).[56]

Die Bolschewiki betrieben ihren Machterhalt um den Preis ihres Ziels einer Emanzipation des Volkes. In der Situation der Revolution und des Bürgerkriegs hat dies noch eine gewisse Plausibilität. Doch auch danach ändert sich ihre Politik der Zentralisierung nicht. Zugeständnisse machen sie jetzt nicht auf politischem, sondern auf ökonomischem Gebiet. Um die nach den Kriegen darniederliegende Wirtschaft anzukurbeln, werden in kleinem Rahmen private ökonomische Aktivitäten erlaubt. Gerade dies führt aber dazu, die politische Kontrolle noch zu verstärken. Aus Angst, kleinbäuerlicher und kleinbürgerlicher Handel und Gewerbe könnten die Kräfte des Kapitalismus entfesseln, werden demokratische Strukturen noch mehr ihrer Funktionen beraubt. Alle Kompetenzen werden bei den oberen Behörden und bei der Partei konzentriert. Verstärkt wird dieser Prozess durch die nach Lenins Krankheit und Tod beginnenden Nachfolgekämpfe, die Stalin für sich entscheidet. Vor allem die innerparteiliche Opposition wurde jetzt nicht nur unterdrückt, um nach außen durch Geschlossenheit Stärke zu demonstrieren, sondern vor allem, um Stalins persönlichen Führungsanspruch nicht zu gefährden (ebd., 172). Stalin kann sich dabei aber auf die bereits im Kriegskommunismus unter Lenin installierten Strukturen und Leitlinien stützen. Die innerparteiliche Opposition ist jetzt gezwungen, im Untergrund zu operieren, sich heimlich zu treffen, illegale Broschüren zu verbreiten usw. (ebd., 185). Die außerparteiliche Opposition war schon seit 1918 stillgestellt. Die Bolschewiki übernahmen das zaristische System der Arbeitslager und wiesen hier einen Großteil ihrer politischen Gegner ein (ebd., 232). Auf politische „Straftaten" standen weit höhere Strafen als selbst auf Mord (ebd., 227, 229). Die Lager wurden zur pervertierten Verwirklichung des an sich sinnvollen Gedankens der „Korrektion und Resozialisierung" (ebd., 226). Nur kann man Menschen sicher nicht in Lagern resozialisieren und Menschen, die eine andere politische Auffassung haben, kann man überhaupt nicht resozialisieren. Die in (O)GPU umbenannte Tscheka behielt weiterhin weitgehende, unkontrollierte polizeiliche Kompetenzen (ebd., 231). 1928 beträgt die Zahl der Lagerinsassen bereits ungefähr 250.000 (ebd., 233). Damit wurde der Höhepunkt der zaristischen Verhaftungswelle von 1912 (180.000) überschritten.

Wir haben oben schon Luxemburgs Kritik an der russischen Revolution erwähnt. Luxemburg bezieht sich auf den Zeitraum 1917/18. Schon damals hält sie diese Revolution aufgrund ihrer politischen Mängel nicht für eine sozialistische. Die Entwicklung danach verschlechtert aus der Perspektive eines linken Projekts gesehen den Zustand nur noch mehr. Weiterentwicklungen hin in Richtung auf eine kommunistische Gesellschaft sind nicht mehr zu erblicken. Vielmehr werden alle geringen, ansatzweisen Schritte in diese Richtung zurückgenommen oder ihrer politischen Substanz durch Ein- und Unterordnung in eine zentralistische Staatshierarchie beraubt. Das Ziel der Machterhaltung wird vor das Ziel der Demokratisierung gestellt. Die Bolschewiki versuchen, ihre Macht auf die Klasse der Arbeiter zu stützen, auch indem sie dieser neue Aufstiegsmöglichkeiten anbieten (ebd., 301). Diese ist ihre Machtbasis in der Bevölkerung. Bauernschaft und selbstständige Kleingewerbetreibende werden unterdrückt. Aber auch die Arbeiterschaft wird von oben dirigiert. Auch die proletarische Diktatur bleibt Herrschaft, die einer bürokratischen Parteiminderheit über die Mehrheit der Bevölkerung. Die Gründe hierfür liegen neben den äußeren Notwendigkeiten in Krieg und Bürgerkrieg in einer Unterschätzung des Politischen und einer Überschätzung des Ökonomischen. Die Bolschewiki hielten die Zulassung von Lohnarbeit auf dem Land und von Kleinhandel in der Stadt für weit gefährlicher für das Projekt des Sozialismus als jede politische Freiheiten beschränkende Maßnahme. Letzteres erschien ihnen ganz im Gegenteil als das geeignete Mittel zur Verwirklichung des Sozialismus, weil sie davon ausgingen, dass der Sozialismus nur durch einen sozialistischen Staat verwirklicht werden kann. Dies scheint zwar zunächst eine gewisse Logik für sich zu haben, aber wenn der Staat, dessen herrschende Klasse aus der Partei der Arbeiter entstanden ist, sich in einer Art und Weise entwickelt, die allen Zielen eines linken Projekts zuwiderläuft, dann ist er der Entstehung einer wirklich freien und gerechten Gesellschaft genauso hinderlich wie jeder bürgerliche Staat. Schon bei Lenin verblassen hinter dem instrumentellen Ziel der Machtsicherung die inhaltlichen Ziele der kommunistischen Revolution. Bei Stalin bleibt davon nichts übrig als Ideologie. Es entsteht der Marxismus-Leninismus als Doktrin (Labica 1986, 17ff). „Der vielfache Substitutionsprozess, zu dem die nachrevolutionäre politische Verfassung längst degeneriert war, näherte sich seinem Höhepunkt: die Clique um Stalin trat an die Stelle der Partei, die ihrerseits die Stelle des 'Proletariats' übernommen hatte und die Bauernschaft endgültig unterwarf" (Hildermeier 1998, 402). Zu keinem Zeitpunkt der Sowjetunion nach Stalin findet sich noch einmal ein Ansatz, das linke Projekt wieder aufzunehmen.

Wenn man sich die ersten Jahre der Revolution ansieht, so muss man im Ergebnis sagen, dass man das Ziel der politischen Emanzipation in der praktischen Politik aus den Augen verloren hat. Nachdem die Macht im Bürgerkrieg relativ gesichert war, gibt es keine Bemühungen, dies zu revidieren. Vielmehr zielen alle Änderungen der bürokratischen und politischen Strukturen immer nur auf das Gegenteil, zunehmende Zentralisierung und Kontrolle von oben. Bereits vor Stalins Auftritt hat sich Russland im Grunde vom Projekt einer freien Gesellschaft verabschiedet. Ziel war eine Gesellschaft, in der die Arbeiterklasse - so wie die Bolschewiki sie verstanden - herrschende und die Herrschaft tragende Klasse war. Dieses Ziel wurde angestrebt und erreicht. Es ist unwichtig, ob die Revolution der Bolschewiki anders erfolgreich möglich gewesen wäre. Wenn sie es war, dann wurde die Möglichkeit einer linken Revolution verpasst, und wenn sie es nicht war, wofür viel mehr spricht, dann gab es eben damals nicht die Möglichkeit einer linken Revolution. Ob es historisch sinnvoll war, dann eine andere, eben die bolschewistische Revolution zu machen, ist eine andere Frage. Meine Frage ist nur, in welchem Verhältnis standen die Ziele Freiheit, Gleichheit und Gerechtigkeit zueinander und war dies, gemessen an diesen Zielen, überhaupt eine linke Revolution? Die Antwort auf diese Frage ist eindeutig: Nein.

Dagegen ist die kommunistische Revolution in Russland eine Modernisierungsbewegung gewesen, die die rückständigen, bäuerlichen Strukturen dieses Landes - die obschtschina, die russische Dorfgemeinde, mit einem großen Anteil an Allmende und z.T. jährlicher Neuverlosung des Gemeinbesitzes, ist eine noch vorbürgerliche Struktur -,[57] seinen geringen Grad an Industrialisierung (80% Landbevölkerung), seinen hohen Analphabetismus, seiner patriarchalen Struktur der Geschlechterverhältnisse usw. behob und Russland im Laufe der Zeit zu einer Industrienation machte, die zumindest zeitweise und auf gewissen Gebieten mit den bürgerlichen Industrienationen konkurrieren konnte. Sie ist somit das erste Modell einer nationalen, nachholenden Industrialisierung unter einem repressiven Modernisierungsregime gewesen, wie sie sich in Anlehnung an das russische Vorbild dann noch in manchen Ländern der „Dritten Welt" vollzogen hat.[58] Ökonomisch betrachtet ist der Sozialismus ein System der nachholenden Industrialisierung von dem industriell-kapitalistischem Zentrum peripheren Staaten. Als ein Versuch nationalstaatlicher Industrialisierung musste er, unter der Bedingung des gleichzeitigen Bestehens bereits hochindustrialisierter Staaten, zwangsläufig zur Abschottung greifen, um den nötigen Handlungsspielraum gegenüber diesen Staaten zu gewinnen und nicht in kolonialistische oder postkolonialistische Abhängigkeitsstrukturen zu geraten bzw. in diesen zu verbleiben.[59] Dies setzt zwangsläufig auch die Unterdrückung der „Restauration", d.h. der gesellschaftlichen Gruppe, die vom Anschluss an die führenden kapitalistischen Staaten für sich die meisten Privilegien erwarten konnte, voraus. Insofern fällt der Sozialismus hinter die bürgerlichen Freiheitsrechte zurück, weil er ja gerade das Entstehen einer bürgerlichen Klasse, die mit der bürgerlichen Klasse der ökonomisch führenden kapitalistischen Staaten zusammenarbeitet und die eigene nationale Bevölkerung der Ausbeutung preisgibt, verhindern will. Es handelt sich nicht um ein System der politischen Emanzipation, sondern um den „verspäteten" Versuch der Bildung ökonomisch und damit auch politisch unabhängiger Nationalstaaten. In der Politikwissenschaft werden daher die sozialistischen Systeme in den „Dritte-Weltländern" außerhalb der direkten sowjetischen Einflusssphäre schon lange als eigenständige politische Systeme erfasst und als „Mobilisierungssysteme" bezeichnet (Berg-Schloßer 1981,

229ff). Diese Kategorisierung trifft meines Erachtens auch auf die Sowjetunion zu. Auch sie war ein solches Modernisierungsregime. Die Ausbeutung des eigenen Landes durch die führenden kapitalistischen Länder sollte verhindert werden. Die russische Revolution hat so nicht angefangen, aber sie hat sich sehr schnell in diese Richtung entwickelt. Schon Lenins Spruch: „Kommunismus ist Sowjetmacht plus Elektrifizierung des ganzen Landes, denn ohne Elektrifizierung ist es unmöglich, die Industrie hochzubringen" (Lenin Werke 31, 414) deutet in diese Richtung. Die später stattfindenden Revolutionen, sofern sie eigenständiger Natur sind und nicht nur Anschlüsse an die Sowjetunion, folgen alle nur noch diesem Muster. Die Befreiung ist nur noch die Befreiung vom fremdstaatlichen, kapitalistischen Joch, nicht mehr die von Herrschaft im Allgemeinen. Dem politisch/ökonomischen System des Sozialismus ist es auf diese Weise gelungen, extreme Ausbeutung mit ihrer Folge der Verelendung der Massen zu vermeiden und einen sozialen Mindeststandard für alle einzuführen. Es ist ihm aber nicht gelungen, im Allgemeinen und auf Dauer das ökonomische Niveau der führenden kapitalistischen Staaten zu erreichen. Dies ist sicher einer der Gründe für den Zerfall dieses Gesellschaftssystems. Der Sozialismus stand in Konkurrenz zum Kapitalismus. Er hat sowohl auf dem Gebiet persönlicher Freiheiten als auch auf dem Gebiet ökonomischer Produktivität mit der bürgerlichen Gesellschaft nicht mithalten können. Ein antikapitalistisches Gesellschaftssystem wird auf der Ebene materieller Produktion mit einer kapitalistischen Ökonomie nie mithalten können. Ein linkes Projekt kann dies auch gar nicht wollen. Wer die Menschen befreien will, muss sie auch von der Selbst-Ausbeutung befreien, ohne die Kapitalismus nicht möglich ist. Auch durch die ökologische Problematik ist heute klar, dass die extensive Vernutzung (Ausbeutung) der Natur, die der Mensch schon immer betrieben hat, die heute aber eine qualitativ neue Dimension erreicht hat, so auf Dauer nicht weitergehen kann, will man gravierende Verschlechterungen der menschlichen Lebensqualität vermeiden. Auch daher kann ein linkes Projekt hinsichtlich der ökonomischen Produktivität nicht mit dem Kapitalismus konkurrieren wollen. Um so mehr ist es darauf angewiesen, auf der Ebene politischer Emanzipation und individueller Freiheit einen wirklichen Fortschritt ausweisen zu können. Es bedarf des gesellschaftlichen Engagements der Menschen, ihres Wunsches nach freier Entwicklung und ihrer Entscheidung, diese Weise des Lebens der Möglichkeit sich alle fünf Jahre das neueste Modell des Golfs kaufen zu können, vorzuziehen. Nur so kann ein linkes Projekt gegen den Kapitalismus konkurrenzfähig sein und ihn durch die Zustimmung der Menschen und ohne unterdrückerische Gewalt besiegen. Der Sozialismus, der ein verschärftes System politischer Herrschaft war, konnte da nichts bieten.

Die DDR als Obrigkeitsstaat

Der Stalinismus und die Staaten des Sozialismus haben es geschafft, von sich zu behaupten, dass sie links seien. Jeder Versuch ein - eben darum - neues, linkes Projekt zu begründen, muss sich damit auseinander setzen. Die heute fast allgemeine pauschale Abwertung des Sozialismus und der DDR zielt primär nicht darauf ab, die DDR zu diskreditieren. Ihr Ziel ist es vielmehr, das Entstehen eines neuen linken Projekts zu verhindern und die bürgerliche Gesellschaft als das „Ende der Geschichte" (Fukuyama 1992) zu verkaufen. Tatsächlich ist Sozialismus à la DDR ein unattraktives Gesellschaftsmodell. Mit ihm als Vorbild kann man keine neue linke Bewegung initiieren. Der Sozialismus, selbst in seiner Form des Stalinismus, hat sich aber bei aller Pervertierung der Ziele der linken Bewegung nie ganz von diesen Zielen gelöst. Er konnte dies von seinem Selbstverständnis her auch nicht. Das linke Projekt war ihm zur Legitimationsbasis seiner Herrschaft geworden. Die Aufgabe seiner Ziele hätte somit zur Delegitimation der Herrschaft der kommunistischen Partei(en) geführt und die System- und Machtfrage radikal neu gestellt (vgl. Meuschel 1992, 27f). Wenn auch somit das linke Projekt dem Sozialismus zur Ideologie geworden ist, so kann solche Ideologie doch immer nur dann funktionieren, wenn sie sich eine gewisse Entsprechung mit den realen Verhältnissen bewahrt. Daher müssen in irgendeiner und sei es noch so verqueren Form die Ziele der Freiheit, Gleichheit und Gerechtigkeit in der gesellschaftlichen Wirklichkeit der sozialistischen Staaten Niederschlag gefunden haben. Wie es möglich war, unter Berufung auf die Ziele Freiheit und Gerechtigkeit eine obrigkeitsstaatliche Herrschaftsordnung zu rechtfertigen, soll am Beispiel der DDR untersucht werden.[60]

Freiheit, Gleichheit und Gerechtigkeit?

Es sind zwei Substitutionsoperationen, die die Aufrechterhaltung der Rede von der Verwirklichung der Freiheit, Gleichheit und Gerechtigkeit im Sozialismus ermöglichen. Zum Ersten das Ineinanderfallen von Gleichheit und Gerechtigkeit (vgl. Stichwort „Gerechtigkeit" im kleinen Wörterbuch der marxistisch leninistischen Philosophie) und zum Zweiten die Ersetzung der Freiheit durch die Gleichheit. Gerechtigkeit ist Gleichheit und Freiheit wird durch Gleichheit verwirklicht (vgl. Meuschel 1992, 91, 99). Dies ist die These des Sozialismus zu den Zielen des linken Projekts.[61]

Die Aufhebung der Differenz zwischen Gerechtigkeit und Gleichheit ist ein wesentlicher Eingriff in die ursprüngliche Zielsetzung der sozialistischen Bewegung. Marx hat in seiner Kritik des Gothaer Programms die Maxime „jeder nach seinen Fähigkeiten, jedem nach seinen Bedürfnissen!" (MEW 19, 21) als Ziel des Kommunismus bestimmt. Er weist hier explizit den Gedanken der Gleichheit als unzureichend zurück. Was Marx mit dieser Maxime formuliert - ohne wie gesehen selber einen entwickelten Begriff von Gerechtigkeit zu haben -, ist das Ziel von Gerechtigkeit. Unter Ungleichen ist Gleiches ungerecht. Noch Lenin hält diesen Gerechtigkeitsaspekt, im Gegensatz zur bloßen bürgerlichen Gleichheit vor dem Gesetz, für einen wesentlichen Fortschritt des Kommunismus gegenüber der bürgerlichen Gesellschaft (Werke Bd. 25, 479f). Mit der nach ihm einsetzenden Substitution der Gerechtigkeit durch die Gleichheit wird die Individualität der Subjekte ignoriert. Damit wird zugleich auch ihre Freiheit beschränkt. Die Gleichbehandlung aller durch die Gesellschaft beschneidet den Handlungsspielraum des Einzelnen, der sich nach seinen Fähigkeiten bemisst. Sie nötigt ihm andererseits Handlungen auf, die ihm möglicherweise ebenfalls nicht angemessen sind. Zwischen der Freiheit und Gleichheit besteht ein Widerspruch, nicht jedoch zwischen der Freiheit und der Gerechtigkeit. Schon mit der Ersetzung der letzteren durch erstere wird das Ziel der Freiheit entscheidend beschränkt. Nur unter Gleichen ist Gleiches gerecht, d.h., ihnen als Personen angemessen. Dieser Satz ist unstreitig. Problematisch ist immer nur, was als Maßstab der Gleichheit bzw. Ungleichheit herangezogen wird und welcher Art die ungleiche Stellung ist. Nicht jede Differenz ist ein geeignetes Kriterium für eine Ungleichbehandlung, die zugleich dem Ziel der Freiheit aller verbunden bleibt und nicht jeder Handlungsfreiraum kann jedem eröffnet werden, wenn das Ziel einer herrschaftsfreien Gesellschaft verwirklicht werden soll. Dies kann aber nicht zu der Konsequenz führen, den Gedanken der Gerechtigkeit pauschal aufzugeben, denn auch dies beschränkt die Freiheit des Einzelnen. Auch die Gleichheit kann gerecht sein, nämlich insoweit die Menschen gleich sind, aber sie muss es nicht. Die Reduktion der Gerechtigkeit auf die Gleichheit ignoriert die immer auch gegebenen Differenzen. Wenn nun die Freiheit nurmehr durch die Gleichheit verwirklicht werden soll, so ist es mit ihr ganz vorbei. Diese These wird allerdings zumeist nicht explizit so formuliert,[62] sondern tritt indirekt in der Diskussion der Freiheitsproblematik zu Tage; wie wir oben gesehen haben, schon bei Lenin (Werke Bd. 25, 486). Diese These aufzustellen, bedeutet Marx' These von der Gesellschaft, in der „die freie Entwicklung eines jeden die Bedingung der freien Entwicklung aller ist" (MEW 4, 482), umzukehren. Und genau so, umgekehrt, wird jetzt auch dieses Verhältnis formuliert: „nur die Freiheit der Gesellschaft ist die Voraussetzung für die Freiheit ihrer Mitglieder" (Kerimow 1982, 9). Zur Herstellung der freien Gesellschaft gilt die Abschaffung des Privateigentums an Produktionsmitteln als ausreichender Schritt (ebd. 13ff). Diese freie Gesellschaft ist aber nun die Gesellschaft der Gleichen. Folglich finden wir bei Kerimow in seinem Abschnitt über die Diskussion der Freiheit im Sozialismus ganz überwiegend die Aufzählung von Gleichheitsrechten und sozialen Rechten. Die Freiheit der Bürger in sozialistischen Staaten wird gewährleistet durch ihr Recht auf Arbeit, Bildung, Erholung, kostenfreie medizinische Betreuung (ebd., 18f), durch ihre Gleichbehandlung unabhängig von Geschlecht, Bildung, Rasse, Nation, Sprache, Religion usw. (ebd., 19). Nun ist dieser Gedanke zunächst nicht völlig falsch. Er rührt her aus der Kritik am „Formalismus" der bürgerlichen Demokratie. Was ist damit gemeint? Politische und soziale Handlungsfreiheit wird in der bürgerlichen Demokratie für alle gleichermaßen gewährleistet. Die Freiheit ein Unternehmen zu besitzen, eine zweimonatige Weltreise zu unternehmen oder ein Mietshaus zu bauen, haben aber faktisch, d.h. materiell, nur diejenigen, die - zumeist durch Erbschaft, z.T. auch durch eigene Arbeit in den Führungspositionen der Gesellschaft - das entsprechende Vermögen besitzen. Für den Sozialhilfeempfänger ist die Freiheit, Unternehmenschef sein zu dürfen, rein formal und damit völlig wertlos. Der Gedanke, dass man eine gewisse soziale Gleichheit der

Menschen herstellen muss, damit alle gleichermaßen die Freiheitsrechte, die ihnen die Gesellschaft gewährleistet, in Anspruch nehmen können, ist also zunächst nicht falsch. Falsch ist an der sozialistischen Umsetzung dieses Konzepts aber zweierlei, zunächst der Gedanke, dass es ausreiche, eine vor allem soziale, d.h. eigentums- und einkommensbezogene Gleichheit herzustellen, um die gleichmäßige Chance der Freiheit allen Bürgern zu gewährleisten und zum Zweiten, dass die dann gewährleisteten Freiheiten vor allem soziale Rechte sind, hinter die der politische Aspekt der Freiheit zurücktritt. Der Aspekt der Freiheit wird damit so weit eingeschränkt, dass man nicht mehr behaupten kann, es handle sich hier um ein Ziel, welches diese Gesellschaft verfolgen würde. Dennoch haben die sozialistischen Staaten und auch die DDR von sich behauptet, sozialistische Demokratien zu sein. Was ist darunter zu verstehen?

Sozialistische Demokratie

Für die Herrschaftsstruktur der DDR ist vor allem die Dominanz der Partei über alle staatlichen, ökonomischen und kulturellen Strukturen und der extrem ausgebildete Zentralismus kennzeichnend. Alle politischen Entscheidungen wurden im Politbüro getroffen und von oben nach unten durchgereicht. Nicht in diese Herrschaftsstrukturen eingebundene Initiativen von unten konnten nur in privaten Kreisen verbleiben, hatten aber keine Möglichkeit, öffentlichkeitswirksam zu werden. Die Partei regulierte das ganze politische, ökonomische und kulturelle Leben in der DDR. Diese Herrschaftsstruktur war im Westen schon immer ein Schwerpunkt der DDR-Forschung. Der Mangel dieser Untersuchungen ist es aber, dass sie den Anspruch der DDR-Demokratie, sozialistische Demokratie zu sein, nicht ernst nehmen. Vielmehr wird von vornherein vorausgesetzt, dass es in der DDR keine demokratischen Elemente gab. Wie beim Ziel der Freiheit so gilt auch beim Anspruch auf Demokratie: Es muss Praxen im Sozialismus, in der DDR gegeben haben, die es ermöglichten, diesen Anspruch zu erheben. Bei einer Untersuchung des demokratischen Gehalts der sozialistischen Staaten gilt es, diese Praxen zu untersuchen.

Ein linkes Projekt als Projekt gesellschaftlicher Umgestaltung verfolgt man nur, wenn man die eigene Gesellschaft, in der man lebt, in Hinsicht auf die Verwirklichung der Ziele Freiheit, Gleichheit und Gerechtigkeit für ungenügend hält. Tut man dies aber, so sollte man Interesse an anderen Konzepten der Demokratisierung und politischen Öffnung von Gesellschaften haben. Aus dieser Perspektive ist die DDR ein interessanter Untersuchungsgegenstand. Eine radikale Veränderung unserer Gesellschaft, wie sie zwangsläufig durch die Abschaffung der Herrschaft entstehen würde, kann nicht durch die bloße Verbesserung oder Ausweitung der bestehenden Strukturen geschehen. Sie verlangt andere, neue Formen der Organisation des Gesellschaftlichen. Die DDR hat solche anderen Formen genutzt. Es ist klar, dass die Formen der Organisation des Gesellschaftlichen, wie sie die DDR z.T. in Anlehnung an die stalinistische UdSSR entwickelt hat, in der konkreten Form ihrer Umsetzung für ein linkes Projekt untauglich sind. Aber man kann auch bei der Untersuchung eines untauglichen Gegenstandes etwas lernen und auch aus seiner Kontrastierung mit anderen, ebenfalls nur relativ tauglichen Methoden.

Die DDR hat sich als *sozialistische Demokratie* begriffen. Wenn man sich z.B. die Beschlüsse des ersten und zweiten Parteitags der SED von 1949 und 1952 ansieht, so ist „Demokratie" im politischen Teil eins der häufigst vorkommenden Wörter.[63] Diese Behauptung war nur deswegen möglich, weil man Demokratie ganz anders bestimmt hat als die bürgerlichen Gesellschaften. Die Demokratie war eben nicht bürgerlich, sondern sozialistisch. Was kennzeichnet die sozialistische Demokratie?

Nach dem westlichen Modell sind für Demokratien im Allgemeinen Wahlen kennzeichnend. Auch in der DDR gab es Wahlen. Diese litten allerdings unter einem gravierenden Mangel, es waren Einheitswahlen, Wahlen einer Einheitsliste. Also im Grunde keine *Wahlen*, weil es nichts auszuwählen gibt.[64] An den Volkskammerwahlen nahmen von der ersten Wahl 1950 bis zum Schluss immer um die 98/99% der Wahlberechtigten teil. Die Einheitsliste der Nationalen Front, die zu den Wahlen aufgestellt wurde,[65] erhielt immer Zustimmungsergebnisse von weit über 90% (vgl. Staritz 1996, 83, 202f). Das gilt selbst noch für die Kommunalwahlen von 1989 (Staritz 1996, 354). Auch hier lag der Anteil der Gegenstimmen unter 10%. Diese Ergebnisse beruhen zum Teil auf politischem Druck. Die Wahlen waren nicht geheim.[66] Dementsprechend reduzierten sich diese „Wahlen" auf öffentliche Akklamationen. Öffentliche Akklamationen dieses Ausmaßes lassen sich aber auch mit dem subtilen Druck, den die DDR anwandte, auf Dauer nur erzielen, wenn es keine massive Ablehnung der Herrschenden durch die Beherrschten gibt. Die meisten der Bürger der DDR haben in den vierzig Jahren ihrer Existenz in Frieden mit dieser Herrschaft gelebt; dies können solche Wahlergebnisse belegen. Problematisch bleibt der demokratische Charakter solcher Akklamationen dennoch. Die sozialistische Auffassung, dass Wahlen immer nur die Herrschaft einer Mehrheit über die Minderheit installieren, ist falsch. Sie verkennt den Begriff von Herrschaft. Herrschaft ist nicht die Möglichkeit der Mehrheit, ihre Interessen durchzusetzen, sondern ein institutionalisiertes Machtverhältnis. Sie ist eine Struktur, die so aufgebaut ist, dass die Inhaber einer bestimmten Position immer ihre Interessen durchsetzen können, egal ob sie in der Mehrheit sind oder nicht. Sicherlich ist in einer wirklichen Demokratie ein mehrheitlicher Konsens anzustreben, der möglichst von allen Gruppen der Gesellschaft getragen wird. Vollständige Zustimmung wird aber nur sehr selten zu erreichen sein, sie kann nicht den Regelfall darstellen. Solch ein Konsens muss in strittigen Auseinandersetzungen der unterschiedlichen gesellschaftlichen Gruppen miteinander gefunden werden und es wird nicht immer möglich sein, alle völlig zufrieden zu stellen. Das Modell der repräsentativen, parlamentarischen Demokratie des Westens ist hierfür unzureichend. Aber ebensowenig ist es möglich, einen gesellschaftlichen Konsens von oben zu diktieren. Im Gegenteil ist eine solche Struktur als ein institutionalisiertes Machtverhältnis immer Herrschaft. Zustimmungshandlungen der Beherrschten ändern daran nichts. Es ist in der Regel so, dass die Beherrschten mit den Herrschenden grundsätzlich übereinstimmen. Auf dieser Übereinstimmung beruht die alltägliche Praxis der Herrschaft wesentlich. Ist sie nicht mehr gegeben, so befindet sich das System in einer Krise. Wahlen in der DDR waren nie mehr als Akklamationen und folglich kein demokratischer Akt. Demokratie setzt die gleichberechtigte Entscheidung aller Beteiligten voraus. Gab es institutionelle Mechanismen in der DDR, die dies vorsahen?

In der DDR wurde - in Anlehnung an Lenin - unter sozialistischer Demokratie die Teilnahme der Bürger an der politischen und ökonomischen *Verwaltung* des Staates verstanden (vgl. Meuschel 1992, 89, 99). Die DDR hat die unmittelbare Teilnahme ihrer Bürger an der Verwaltung der öffentlichen Angelegenheiten vor allem durch ehrenamtliche Tätigkeit in den Vordergrund gestellt. Tatsächlich hat es hier eine große Beteiligung der Bürger der DDR gegeben. Die SED war eine Massenpartei mit über 2 Millionen Mitgliedern, ungefähr 500.000 waren Mitglied einer der Blockparteien. Das bedeutet, dass 12% der Gesamtbevölkerung der DDR Mitglied in der SED war. Dabei hat die SED keineswegs alle, die wollten, aufgenommen und mehrfach Ausschlussaktionen, vorgenommen, um sich von opportunistischen Mitläufern zu trennen. Auch die Einführung von Bewährungszeiten (Kandidatur) diente der Kontrolle der Mitgliedschaft (Staritz 1996, 80). Mitgliedschaft in der führenden Partei ist aber immer auch die Möglichkeit zur Mitgestaltung der Politik. Das gilt ebenso für die Blockparteien, für die Kultur- und Berufsverbände. Der Gestaltungsspielraum war allerdings eng begrenzt. Auch innerhalb der Parteien und Verbände war eine politische Initiative von unten so gut wie nicht möglich. Die Kritik muss an diesen widersprüchlichen Verhältnissen, an der praktischen Beschränkung des theoretischen Anspruchs ansetzen. Die demokratischen Elemente in der DDR waren vielfach ganz anderer Art als die demokratischen Elemente in der BRD, das heißt aber nicht, dass es keine demokratischen Elemente gab. Ungeachtet der Mitgliedschaft in den Parteien und Massenorganisationen[67] hatte mindestens die Hälfte der Mitglieder jeder Familie zwischen 6 und 80 Jahren irgendein Ehrenamt inne. Als Mitglied eines Jugendaktivs, des Klubrates im Jugendklub, des Elternbeirats, der Hausgemeinschaftsleitung, der Kulturkommission oder der ABI (Arbeiter-und-Bauern-Inspektion), als Helfer der Volkssolidarität usw. (vgl. die entsprechende Aufstellung bei Gramann 1973, 56f; vgl. auch Demokratie 1981, 71f). Diese ehrenamtliche Aktivität war ernsthaft gewollt (vgl. Meuschel 1992, 99) und wurde vom Staat massiv gefördert und angeregt, z.B. durch den „Mach mit!"-Wettbewerb in den Städten und Gemeinden (vgl. Gramann 1973). Die Verfassung der DDR von 1974 legte fest, dass die DDR-Bürger das Recht hatten, „das politische, wirtschaftliche, soziale und kulturelle Leben der sozialistischen Gemeinschaft und des sozialistischen Staates umfassend mitzugestalten", es galt der Grundsatz: „‚Arbeite mit, plane mit, regiere mit!'" (Art. 21, Abs. 1) Tragende Organisation dieser Beteiligung der Bürger war die „Nationale Front". Die „Nationale Front" entsteht 1949 aus den Blockparteien, der Volkskongressbewegung[68] und den Massenorganisationen (FDGB, FDJ usw./Nationale Front 1969, 19ff; Staritz 1996, 49). Sie stellt eine Art Dachverband dar, in dem das Zusammenspiel dieser Organisationen untereinander und gegenüber den Bürgern, sowie die ehrenamtliche Tätigkeit der letzteren koordiniert wurde. Sie war damit auch nach ihrem eigenen Selbstverständnis tragende Institution der sozialistischen Demokratie. Es gab in der DDR tatsächlich ein Interesse daran, dass sich ihre Bürger für den Sozialismus engagierten. Solches Engagement eröffnet immer auch die Möglichkeit der Mitgestaltung.

Nun stellt sich die Frage, ob diese massenhafte, aktive Beteiligung der Menschen an den staatlichen und gesellschaftlichen Aufgaben tatsächlich eine Form unmittelbarer Demokratie war. Selbstverständlich kann eine solche Beteiligung demokratisch sein, aber wie bei der Kritik an der „formalen" Freiheit so gilt auch hier: Die rein formale Beteiligung an der Staatsverwaltung reicht nicht aus, um eine Gesellschaft als demokratisch zu kennzeichnen. Demokratisch sind solche Praxen nur dann, wenn die Menschen in ihnen tatsächlich die Möglichkeit haben, ihre eigenen Interessen einzubringen und in der Auseinandersetzung mit den Interessen anderer auch soweit als möglich durchzusetzen. War dies in der DDR so? Die Entscheidung über die politischen Maximen wurde in der DDR in einem kleinen Kreis ganz oben in der Parteihierarchie getroffen (Staritz 1996, 64f). Diese Entscheidungen wurden dann von oben nach unten im Verwaltungsaufbau der DDR durchgereicht. An ihrer verwaltungsmäßigen Umsetzung durften und sollten die DDR-Bürger teilnehmen (vgl. Schüßler 1981, 184), aber mitentscheiden durften sie so gut wie nicht. „Die sozialistische Demokratie ist die Vereinigung der zentralen Führung in den Hauptfragen der gesellschaftlichen Entwicklung mit der breiten Entfaltung der schöpferischen Initiative der Werktätigen (Nationale Front 1969, 116; vgl. Demokratie 1981, 72). Die ehrenamtliche Tätigkeit war zudem auf die lokale Ebene beschränkt. Es gab keine Möglichkeit, in überörtlichen oder zentralen Organisationen mitzuarbeiten oder auf regionaler oder gesamtstaatlicher Ebene Initiativen einzubringen. Auf diesen Ebenen griff die Kontrolle der Partei. Zudem wurden diese ehrenamtlichen Organisationen von oben durch zentralen Beschluss geschaffen und den Bürgern zur Verfügung gestellt. Eigene ehrenamtliche Initiative war kaum möglich. Sie wurde zumeist misstrauisch beobachtet und wenn möglich verhindert. Zentrale Führung vereinigt mit der Tätigkeit der Bürger in vorgegebenen ehrenamtlichen Strukturen ergibt aber noch keine Demokratie, sondern höchstens eine bessere Herrschaft.

An zwei weiteren Punkten dieses Entwurfs unmittelbarer Demokratie zeigt sich dessen Beschränkung. Zum einen steht er in einem Spannungsverhältnis zu der immer wieder betonten „Erziehung" der Bevölkerung durch Partei und Staat (Nationale Front 1969, 129; Meuschel 1992, 81ff). Von Anfang an ging der Sozialismus von der Notwendigkeit aus, die Menschen zu ändern, den sozialistischen Menschen zu schaffen. Dies galt für die DDR ganz besonders. Wenn einer faschistischen Gesellschaft durch die Siegermächte ein neues Gesellschaftssystem oktroyiert wird, muss man die Menschen ändern, damit sie diese neue Gesellschaft tragen. Mit Faschisten und Rechtskonservativen lässt sich weder eine Demokratie noch ein Sozialismus machen. Folglich gab es sowohl im Westen wie im Osten Maßnahmen zur Umerziehung der Bevölkerung („Reeducation“, vgl. Kleßmann 1986, 92ff). Auch in der BRD gab es in der Anfangsphase keine Zustimmung zu dem von den westlichen Siegermächten importierten System der parlamentarischen Demokratie. Das Grundgesetz ist nie zur Abstimmung gestellt worden, weil seine „Väter“ nicht glaubten, dass es angenommen werden würde. Im Nachkriegsdeutschland gab es drei große politische Strömungen. Zum einen die unverbesserlichen faschistisch-national-konservativen Kreise, zum anderen diejenigen, die aus der Erfahrung des Faschismus die Notwendigkeit einer weitgehenden Sozialisierung ableiteten und die Gruppe der Unpolitischen, die nur ihre Ruhe und ihr ökonomisches Auskommen haben wollten. Das Kräfteverhältnis dieser Gruppen zueinander war unklar. In ihrer Anfangsphase bewegen sich beide Systeme auf dünnem Eis. Die ökonomisch neutrale Haltung des Grundgesetzes und die in ihm verankerte Möglichkeit der Sozialisierung der Industrie sind ebenso wie die sozialistischen Tendenzen des Ahlener Programms der CDU dieser sozialistischen Grundstimmung geschuldet. Auch im Westen war man sich nicht sicher, wie weit sozialistische Tendenzen in der Bevölkerung auf Zustimmung stoßen könnten. Entsprechend repressiv ist man in der Hochphase des Kalten Kriegs gegen Kommunisten vorgegangen. Die KPD wurde verboten, Menschen wegen politischer Betätigung als Kommunisten ins Gefängnis gesteckt. Die Berufsverbotsprozesse ziehen sich noch bis in die 80er Jahre hin (vgl. Hannover 1998, 81ff). Ihre repressive Toleranz gegenüber Linken leistet sich die BRD erst, seit sie sich ihrer Akzeptanz durch den Großteil der Bevölkerung sicher ist. Wenn man eine neue Gesellschaft demokratisch organisieren und auf Dauer stellen will, dann muss man irgendwann an den Punkt kommen, wo man der eigenen Bevölkerung nicht mehr misstraut. Diesen Punkt hat die DDR nie erreicht. Am Weitesten ist sie hier noch da gekommen, wo sie versucht hat, die ehrenamtliche Tätigkeit selbst als einen Prozess der Erziehung zu verstehen.[69] Nach ihrer Auffassung „dient die sozialistische Demokratie immer stärker der Verwirklichung der wirtschaftlich-organisatorischen und kulturell-erzieherischen Funktion des Staates“ (Nationale Front 1996, 117). Die aktive Teilnahme der Bürger an der Durchführung der vorgegebenen Ziele sollte „Selbsterziehung“ (ebd., 129) sein. Erziehung ist tendenziell ein manipulativer Prozess. Erziehen muss man unmündige, unfertige Menschen, eben solche, die zur Selbstbestimmung noch nicht fähig sind. So lange eine Regierung solch eine Einstellung gegenüber ihrer Bevölkerung hat, kann von Demokratie keine Rede sein.

Auch die immer wieder postulierte Interesseneinheitlichkeit aller Bürger der DDR (vgl. Staritz 1996, 84) widerspricht der Behauptung, es handle sich bei der aktiven Beteiligung der Bürger an der Staatsverwaltung um ein Element von Demokratie. „Die Interessen der Gesellschaft [sollten] mit den grundlegenden persönlichen Interessen der Bürger übereinstimmen“ (Nationale Front 1969, 128). Was sind die Interessen der Gesellschaft, wenn nicht die Interessen der Mehrheit der Bürger? Die Interessen der Gesellschaft waren die Interessen des Sozialismus, wie er von der Parteiführung verstanden wurde. Alle Bürger sollten mit diesen übereinstimmen. Daraus folgt zugleich die Interesseneinheit der Bürger. Wenn die grundlegenden Interessen aller Bürger mit einem dritten Interesse übereinstimmen, dann sind sie zwangsläufig auch untereinander identisch. In der DDR wurde die politische Interessenidentität aller Bürger postuliert. Dies ist die Umsetzung von Marx' und Engels' Postulat, dass im Kommunismus die Politik aufhört und durch die bloße Verwaltung ersetzt wird. Bei allen Bemühungen der DDR, die soziale Situation ihrer Bürger anzugleichen (vgl. Meuschel 1992, 11f), ist auch die DDR über eine gewisse finanzielle Gleichstellung der Familieneinkommen nicht hinausgelangt. Nicht nur die Arbeitsteilung und die damit verbundenen unterschiedlichen sozialen Rollen, die der Einzelne einnimmt, auch schon die Geschlechtsdifferenz, der Generationenunterschied, die unterschiedliche Wohnsituation zwischen Stadt und Land, See und Gebirge, Altbau und Neubau, unterschiedliche private Interessen, unterschiedliche Vorstellungen von der Gestaltung des Lebens im privaten und im öffentlichen Bereich, unterschiedliche Wünsche in den Schwerpunkten des öffentlichen Lebens usw. sind in ihrer jeweiligen historischen Ausprägung immer vorhanden. Der Sozialismus hat durch die behauptete Interessenidentität seiner Bürger auch die Abschaffung der Wahl von Parteien begründet. Wenn alle Bürger die gleichen Interessen haben, sind unterschiedliche Parteien funktionslos.[70] Im Gegensatz zu dem praktizierten Misstrauen gegenüber der eigenen Bevölkerung, das sich z.B. in der ausgedehnten Existenz des Staatssicherheitsdienstes manifestierte, ging die Theorie der DDR von einer grundlegenden, spontanen Einheit der Interessen der Einzelnen und der Gesellschaft im Ganzen aus. Dieser Widerspruch ist eines der nicht gelösten Probleme der DDR gewesen. Da hier der Gleichklang aller sozialistischen Interessen postuliert wurde, waren abweichende Interessen per se als systemfeindlich verdächtig. Wenn das gemeinschaftliche Interesse immer schon festliegt, kann es von oben bestimmt werden, ja diese Bestimmung ist dann im Grunde nicht mehr als seine Benennung, seine Artikulation. Die Bürger zu fragen, erübrigt sich dann. Demokratie konnte nach diesem Verständnis nur noch die Beteiligung der Bevölkerung an der Entwicklung und Gestaltung des bereits immer schon festliegenden gemeingesellschaftlichen Interesses sein. Die Entscheidung über dieses war nicht mehr vorgesehen. Demgegenüber bietet das liberale System des Kapitalismus einen größeren demokratischen Spielraum. In ihm ist der Ausgleich der Interessen vorgesehen und die unterschiedliche Gestaltung von Klassenkompromissen möglich. Wahlen können die politischen Machtverhältnisse tatsächlich ändern, wenn auch nur in einem vorgegebenen, engen Rahmen.[71] Kapitalismus und Demokratie stehen in einem Spannungsverhältnis (vgl. Demirovic 1997, 12ff). Es gibt in der bürgerlichen Gesellschaft tatsächlich eine Entwicklung hin zu mehr individueller Freiheit, die sich auch im politischen Raum niederschlägt. Diese Freiheit wird für die permanente Revolutionierung der Produktionsverhältnisse benötigt. Man braucht kreative, produktive Menschen mit neuen Ideen, mit unkonventionellem Denken, mit Engagement für eine Sache, mit Eigeninitiative. Dafür muss man den Menschen einen gewissen Freiraum geben. Unterdrückte und Geknechtete sind nicht kreativ. Andererseits aber ist diese Freiheit nur für eine kleine Schicht erwünscht, nicht für die große Masse der Arbeiter und Angestellten. Diese Freiheit darf qualitativ und quantitativ nie so weit gehen, dass sie die Eigentums- und damit die Herrschaftsverhältnisse in der Gesellschaft in Frage stellen könnte. Hier stößt sie an ihre systemimmanente Grenze. Der Sozialismus hat zwar die Ursachen für den spezifischen Widerspruch zwischen demokratischem Anspruch und Kapitalherrschaft aufgehoben, dafür aber einen neuen Widerspruch, den zwischen der linken Theorie der Befreiung und der tatsächlichen politischen Herrschaft geschaffen. Der Sozialismus hat sich als demokratisches Emanzipationsprojekt zu legitimieren gesucht. Er wollte in dieser Hinsicht weiter gehen als die kapitalistischen Demokratien. Er hat damit einen Maßstab aufgestellt, an dem er nur scheitern konnte, da dieser theoretische Anspruch seiner politischen Praxis nicht entsprach. Demokratie verlangt die Möglichkeit, die eigenen divergierenden Interessen einzubringen und miteinander zu einem Ausgleich zu kommen, mit dem die meisten gut leben können. Mehr ist in Freiheit nie möglich. Mehr Einheitlichkeit lässt sich immer nur mit Herrschaft und d.h. durch die Unterdrückung von Interessen durchsetzen. Das System der sozialistischen Demokratie, wenn es auch formal demokratische Elemente enthielt, war in der konkreten Form seines Einbaus in den sozialistischen Staat nur ein Versuch, Zustimmung der Bürger zum Staat durch ihre freiwillige gesellschaftliche Aktivität zu organisieren und nach außen darzustellen.

Gramann hat das Gleiche auch von der ehrenamtlichen Tätigkeit in der BRD behauptet (Gramann 1973, 61). Die Bürgerinitiativen der BRD, die Gramann untersucht, sind jedoch tatsächlich fast alle von unten, aus dem staatsunabhängigen Engagement der Bürger entstanden. Das demokratische Defizit der BRD liegt hier an einer anderen Stelle, dass sie nämlich das Durchdringen des von den Bürgern kommenden gesellschaftlichen Gestaltungsimpulses auf die Ebenen staatlicher Entscheidung nicht zulässt. Die kritischen BIs der BRD, wie sie sich in den 70er Jahren im Umfeld der Friedens- und Umweltbewegung vielfach gebildet haben, sind vom Verfassungsschutz bespitzelt worden, ihre Mitglieder wurden vom Staat diskriminiert und auf Demos von der Polizei zusammen geknüppelt. Es gibt kaum Fälle, in denen über den Weg der BI das angestrebte Ziel erreicht werden konnte. Dennoch sind diese Bewegungen nicht völlig folgenlos geblieben. Sie haben das gesellschaftliche Klima verändert. Und dies war möglich, weil es innerhalb des staatlichen Systems der BRD zulässig ist, gesellschaftliche Initiative von unten zu organisieren, auch wenn die Erfolgschancen für ihre Durchsetzung sehr gering sind. Die antidemokratischen Mechanismen der BRD sind andere, ökonomische, geldvermittelte gegenüber den primär auf dem politisch-staatlichen Zugriff beruhenden Maßnahmen der DDR.[72]

Aber auch in der DDR gab es Gebiete, wo die Demokratie zumindest formell weiter entwickelt war als in der BRD. Vor allem auf dem Gebiet der Ökonomie. Eine demokratische Kontrolle der Wirtschaft gibt es in der BRD nicht. Ein Anspruch auf Mitgestaltung der ökonomischen Verhältnisse, egal ob im einzelnen

Betrieb oder in der Gesellschaft, wird in ihr nicht anerkannt. Solange man in der Hierarchie des Betriebes nicht so weit oben steht, dass man beginnt zur herrschenden Gruppe zu gehören, hat man zu tun, was einem gesagt wird.[73] Demgegenüber war im Sozialismus auch die Wirtschaft zumindest formal Teil der formalen sozialistischen Demokratie.

Das herrschaftsbegründende Moment der Ökonomie, die private Verfügungsgewalt über die Mittel, die andere Menschen zur Reproduktion ihres Lebens benötigen, war in der DDR faktisch abgeschafft worden. Der Entzug des Arbeitsplatzes war kein Repressionsmoment mehr. Insoweit waren die Produktionsmittel tatsächlich in Volkseigentum überführt worden. Die Stabilität der DDR-Gesellschaft beruhte nicht zuletzt auf dieser Sicherheit der Arbeit (vgl. Mittenzwei 2001, 327ff). Kriminelle oder politische Verstöße gegen geschriebene oder ungeschriebene Regeln der DDR, wurden zwar mit Haft bestraft, aber nicht mit dem Entzug der Grundlagen zur Reproduktion seines Lebens. Mit dem Ende der Haft, wurde jedem wieder ein Arbeitsplatz zur Verfügung gestellt. Das galt auch für die Opposition. Schlimmstenfalls konnte man als Intellektueller - zumeist vorübergehend - zur Bewährung in die Produktion versetzt werden. Aber selbst Wolfgang Harich hat man nach dem Ende seiner Haft wieder die Möglichkeit gegeben, als Intellektueller zu arbeiten.

Zwar wurde in der DDR die Ökonomie nicht mehr als Repressionsmittel benutzt, aber für eine positive Gestaltung der gesellschaftlichen Verhältnisse durch die Menschen selber, gab es auch hier keinen Raum. Auch im Bereich der Ökonomie ermögliche die konkrete Form der Organisation der demokratischen Strukturen den Bürgern keine tatsächliche Selbstbestimmung. Auch in der DDR wurden die Gewerkschaften zum „Transmissionsriemen" degradiert, die frei gewählten Betriebsräte in Betriebsgewerkschaftsleitungen verwandelt, die Planziele, Produktionsmechanismen und Löhne von oben vorgegeben (Staritz 1996, 53f, 61f). Diese Entmündigung der unteren Instanzen ging so weit, dass das Ministerium vor Ort in die Entscheidungen der einzelnen Betriebe eingreifen konnte (vgl. ebd.). Aber die DDR hat doch zumindest den richtigen Anspruch anerkannt, auch auf dem Gebiet der Ökonomie Demokratie zuzulassen. Demokratie bedeutet hier die Entscheidung darüber, was und wie man produziert. Hier gibt es in der BRD keinen demokratischen Handlungsspielraum.[74] Daher war die Ausdehnung des demokratischen Anspruchs auf die Ökonomie in der DDR ein Fortschritt, wenn dieser auch in der Praxis nie umgesetzt wurde.

Die DDR als Diktatur?

Die demokratischen Institutionen der DDR waren ganz eindeutig von den Strukturen der Herrschaft determiniert. Von einer Demokratie im materiellen Sinne kann man bei der DDR nicht reden. War die DDR allein deswegen schon eine Diktatur? War sie ein totalitärer Staat (so Meuschel 1992, 81f)?

Heutzutage wird die DDR in der BRD oft als „SED-Diktatur" bezeichnet. In diesem Begriff spiegelt sich der ungebrochene Antikommunismus der Westdeutschen und einiger Ostdeutscher wider. Die DDR entsteht noch zur Zeit des sowjetischen Stalinismus, dieser ist sicher als eine Diktatur zu bezeichnen. Wenn auch die DDR ebenso wie die UdSSR keine freie Gesellschaft war, so hat sie doch versucht, demokratische und soziale Fortschritte in ihrem Staat zu erreichen. Wo ist also die DDR auf der Skala herrschaftsförmiger Gesellschaften einzuordnen? Wenn man eine ganz ungefähre Grobeinteilung macht und nur auf den Grad des Zugriffs der Herrschaft auf ihre Subjekte abstellt, so kann man folgende Skala erstellen:

herrschaftsfreie Gesellschaften | liberale Systeme obrigkeitliche Systeme diktatorische Systeme

Was kann der Maßstab sein, an Hand dessen man den Ort eines bestimmten Gesellschaftssystems auf dieser Skala bestimmen kann? Zum einen kann man die konkreten herrschaftlichen Maßnahmen von Staaten miteinander vergleichen und sie so zueinander positionieren, zum anderen kann man versuchen Diktatur, Obrigkeit usw. zu definieren und prüfen, ob das einzelne Land unter die gewonnene Definition zu subsumieren ist. Letztere Vorgehensweise ist allerdings problematisch. Denn eine solche Grobeinteilung, wie ich sie jetzt gemacht habe, ist nicht präzise genug, um eine Definition zu ermöglichen. Die rein politische Betrachtungsweise reicht dazu nicht aus. Neben sie muss die Berücksichtigung der ökonomischen Verhältnisse treten, weil die Wirtschaft selber ein Herrschaftsfaktor ist, der z.B. in den parlamentarischen Demokratien des Westens der politischen Herrschaft mindestens gleichzustellen ist, und weil Herrschaft kein von der Ökonomie unabhängiger Bereich ist, sondern immer ökonomische Funktionen erfüllt.[75] Ebenso sind auch die Mechanismen des herrschaftlichen Zugriffs vom ökonomischen, technisch-industriellen, rational-bürokratischen Entwicklungsstand einer Gesellschaft abhängig. Man braucht also für eine klassifikatorische Definition weitere Faktoren. Meine Frage zielt aber nicht auf einen Systemvergleich oder auf die exakte Klassifizierung von Gesellschaftssystemen ab, sondern einzig auf den Grad an Repression, dem die Menschen in einer bestimmten Gesellschaft unterliegen.[76] Diese Frage ist so allgemein, dass man keine Definition entwickeln könnte, die die hier in Frage kommenden Organisationsformen menschlichen Zusammenlebens der letzten 7000 Jahre einheitlich erfassen könnte. Es gibt Definitionen des Begriffs der Diktatur, aber entweder sind sie auf bestimmte Gesellschaftssysteme bezogen, wie etwa Aristoteles Definition der Tyrannis, die nur für die griechische Polis Gültigkeit hat,[77] oder sie sind so allgemein, dass man willkürlich subsumieren kann.[78] Es bleibt also nichts anderes übrig als der konkrete Vergleich unterschiedlicher Systeme hinsichtlich ihres repressiven Charakters. Wenn man einen solchen Vergleich für die DDR vornimmt, dann gehört sie meines Erachtens in den Bereich obrigkeitlicher Systeme.[79] Sie liegt ungefähr auf dem selben Abschnitt der obigen Skala wie das Wilhelminische Kaiserreich, das heutige Ägypten oder auch die Türkei, wenn man von den diktatorischen Verhältnissen im kurdischen Teil der Türkei absieht.[80] Selbstverständlich sind die DDR, das Wilhelminische Kaiserreich und die Türkei ganz anders verfasste Staaten, auch der Zugriff auf ihre Bürger ist an unterschiedlichen Punkten unterschiedlich intensiv. Die DDR hat nie gefoltert, wie dies die Türkei tut. Die Frauenemanzipation war in der DDR sehr weit fortgeschritten, während in Ägypten höchstens von Ansätzen geredet werden kann. In der DDR war die ökonomische Repression abgeschafft, im Wilhelminischen Kaiserreich konnte man wegen Gewerkschaftszugehörigkeit oder der Beteiligung an Streiks entlassen werden. Diese Länder befinden sich auch ökonomisch auf ganz anderen Entwicklungsstadien. Sie benutzten daher auch andere Mechanismen der Herrschaftssicherung. Aber wenn man von all diesen Unterschieden abstrahiert und nur auf die Frage abstellt, wie intensiv war der Zugriff des Staates auf seine Bürger, dann kann man sagen, dass die DDR in der Nähe dieser Länder liegt. Im Wilhelminischen Kaiserreich sind die politischen Gegner verfolgt worden. Ihre politische Aktivität wurde verboten, sie wurden in die Emigration getrieben oder kamen ins Gefängnis.[81] Es galt das Zensuswahlrecht und Frauen hatten kein Wahlrecht. Es gab Zensur, keine freie Öffentlichkeit. Dennoch hat noch niemand das Wilhelminische Kaiserreich eine Diktatur genannt. Von der DDR wird dies dagegen mit Leichtigkeit behauptet.

Dass es in der DDR mit der Stasi einen Inlandsgeheimdienst gab, der bei sehr vielen Bürgern sehr weitgehend ihr Privatleben kontrolliert - wenn auch nicht immer beschränkt - hat und dass private wirtschaftliche Initiative nicht zulässig war, kann diesen Unterschied nicht ausmachen. Die demokratische Schweiz hat, wie die Öffnung der Archive nach Ende des Kalten Krieges ergeben hat, 1,8 Millionen Bürger bespitzelt. Bei 6,5 Millionen Einwohnern ist dies die Hälfte der erwachsenen Bevölkerung.[82] War die Schweiz deshalb eine Diktatur? Die DDR wird in der Öffentlichkeit der BRD allein deswegen als Diktatur bezeichnet, weil sie keine bürgerliche Gesellschaft mit kapitalistischen Produktionsverhältnissen war. Dies ist das entscheidende Kriterium. Nicht die Freiheitsrechte der Bürger, sondern die Freiheitsrechte der Wirtschaft entscheiden in der öffentlichen Meinung darüber, ob ein Staat als Diktatur bezeichnet wird oder nicht. Alle Staaten, die kapitalistische Produktionsverhältnisse nicht zulassen, die also die Entstehung der in 'unseren' Staaten herrschenden Klasse in ihrer Gesellschaft verhindern, gelten als Diktaturen. Alle Staaten, die kapitalistisch organisiert sind, dagegen nicht. Wie es hinsichtlich der Bürgerrechte in diesen Staaten aussieht, spielt für diese Beurteilung dagegen kaum keine Rolle.[83] Repressive Formen der Unterdrükkung mussten in der DDR nur gegen eine geringe Minderheit angewandt werden, es gab eine „massenhafte Anpassung" an das Gesellschaftssystem, die keineswegs nur auf Zwang beruhte, sondern großteils freiwillig war (Neubert 2000, 18). Der Herrschaftsvertrag funktionierte auch in der DDR zumeist relativ reibungslos.

Nun wird von der DDR nicht nur behauptet, sie sei eine Diktatur gewesen, sondern sogar, sie sei eine totalitäre Gesellschaft gewesen (Meuschel 1992, 84f). Damit wird auf sie die Totalitarismusthese angewandt, die in dem konkreten Fall der Gleichstellung der DDR mit dem Nationalsozialismus dienen soll (so konkret Weber J. 1994a, 1).[84] Nun ist es nicht falsch, unterschiedliche Gesellschaftssysteme miteinander zu vergleichen, falsch ist es nur, die DDR mit dem Nationalsozialismus gleich zu setzen. Wo kommt der Begriff des Totalitären als Charakteristikum politischer Systeme her? Er wurde 1923 in der Kritik des italienischen Faschismus entwickelt, dann auch auf den Nationalsozialismus angewandt und erst im Zuge des Kalten Krieges auf den Stalinismus übertragen (Kühnl 1990). Vor allem durch Arendts Buch *Elemente und Ursprünge totaler Herrschaft* (engl. 1951, dt. 1955) wurde das Totalitarismuskonzept dann zu einer tragenden Kategorie konservativer Politikwissenschaft. Neben aller ideologischen Bedeutung im Kalten Krieg trifft der Begriff des Totalitären tatsächlich einen sachlichen Aspekt eines neuen Typus moderner Herrschaft, den die gebräuchlichen Definitionen allerdings zumeist nicht erfassen. So bestimmen Berg-Schlosser und Stammen totalitäre Systeme als solche, die „nach Möglichkeit, *alle* Gesellschaftsbereiche zu erfassen und politisch zu regulieren" versuchen (Berg-Schlosser u.a. 1992, 244). Wir haben hier wieder das Problem, dass die rein politische Definition aufgrund des bestimmenden Einflusses ökonomischer Faktoren und des zivilisatorischen Entwicklungsstandes auf das politische System unzureichend ist. Nach Schlossers Definition ist das mittelalterliche Christentum ein totalitäres System gewesen. Ohne jeden Zweifel ist das Religiöse in seiner Spielart des Christlichen der allumfassende politische Regulierungsmechanismus der feudalen Gesellschaft des Mittelalters in Europa. Es ist so dominant, dass andere Artikulationsformen des Politischen als das Religiöse gar nicht zur Verfügung stehen. Alle sozialen Bewegungen des Mittelalters artikulieren sich als religiöse. Die Eingriffstiefe des Christentums in das Leben der Menschen wird insbesondere da deutlich, wo es seine letzte Abwehrschlacht gegen die bürgerliche Moderne führt: in der Inquisition. Dennoch hat – zu Recht – noch niemand das mittelalterliche Christentum als totalitär bezeichnet. Was ist also die Spezifik des Totalitären? Der Begriff des Totalitären bezieht sich auf die neuen institutionellen Möglichkeiten des Zugriffs auf die Menschen. Sowohl der technische Fortschritt als auch der Rationalitäts- und Wissensfortschritt der bürgerlichen Gesellschaft erlaubt gegenüber traditionellen Gesellschaften einen ungleich höheren Grad an gesellschaftlicher Kontrolle des Einzelnen. Der Überwachungsstaat, wie ihn Orwell in *1984* beschrieben hat, ist heute erst möglich geworden. Das Grundrecht auf „informationelle Selbstbestimmung" musste erst da gewährleistet werden, wo der Staat die Möglichkeit hatte, den 'gläsernen Bürger' zu erzeugen (BVerfGE Bd. 65, S. 1ff). Die totale Erfassung des Menschen ist erst in der modernen Gesellschaft möglich.[85] Ob danach die frühe Sowjetunion überhaupt eine totalitäre Gesellschaft sein konnte, muss bezweifelt werden. Zutreffender ist vielleicht ein Vergleich mit mittelalterlichen Formen gewaltförmiger Gleichschaltung des ideologischen Überbaus. Die These, die DDR sei eine totalitäre Gesellschaft gewesen, ist unplausibel. Zwar besass die DDR, als entwickelter Industriestaat, die nötigen technisch-infrastrukturellen Voraussetzungen, hat sich aber gerade bei ihrer Überwachungstätigkeit vor allem auf Mechanismen persönlicher und direkter sozialer Kontrolle beschränkt. Zudem ist die bloße massenhafte Kontrolle der Bürger noch nicht mit ihrer gewaltförmigen Gleichschaltung gleichzusetzen.

Diese verlangt über die Kontrolle hinaus den regulierenden Eingriff. Diesen gab es in der DDR wie in allen herrschaftsförmig organisierten Gesellschaften, aber er erreichte nicht den Grad an Intensität, dass hier von einer totalitären Zurichtung der Menschen gesprochen werden könnte.[86] Die Normierungszwänge der fordistischen Wirtschaft im Bereich des Massenkonsums und der gleichgeschalteten Fabrikarbeit gehen hier wahrscheinlich weiter. Auch muss man Phasen unterschiedlich intensiver Repression in der vierzigjährigen Existenz der DDR voneinander unterscheiden.

In der DDR waren die Verhältnisse widersprüchlich. Der Führungsanspruch der Parteispitze kollidierte mit dem Anspruch, eine Demokratie zu sein, in der auch das Ökonomische durch die Arbeiter selbst bestimmt und geregelt werden kann. Dies eröffnete Handlungsspielräume. „In der sozialistischen Gesellschaft existierten andere Handlungs- und Verhaltensfelder, in denen sich der Mensch behaupten und seine Souveränität entwickeln konnte. Es gab Räume, die individuelle Entfaltung ermöglichten, in denen auch Ablehnung und Widerspruch möglich waren" (Mittenzwei 2001, 327). Das Konzept des Sozialismus als Konzept der Befreiung gibt die Möglichkeit antagonistischer Reklamation. Die Demonstranten, die auf der offiziellen Liebknecht/Luxemburg-Demonstration in der DDR im Jahre 1989 Plakate mit Luxemburgs Satz: „Freiheit ist immer die Freiheit der Andersdenkenden" (Luxemburg 1983, 359 Fußnote 3) trugen, beriefen sich auf dasselbe gesellschaftliche Projekt wie die Herrschenden auch. Daher war es möglich, in diesem Feld auch von unten zu agieren. Weitreichende Bevormundung aber ist weder in der DDR noch in der BRD totalitär. Wer wie Meuschel die DDR für totalitär hält, erliegt der DDR-eigenen Propaganda vom einheitlichen Volk. Die Bürger in der DDR waren ebensowenig eine graue, undifferenzierte Masse, wie die Bürger der BRD ein Volk unvergleichlicher Individualisten sind. Angleichung der Lebensverhältnisse ist ebensowenig Totalitarismus, wie der Kauf eines gelben statt eines grauen Handys Individualismus ist.

Auch in der DDR gab es Freiräume. Zum einen gab es für alle die, die dies wollten, und dies waren nicht wenige,[87] die Möglichkeit an der Gestaltung des sozialistischen Staates mitzuwirken. Zum anderen gab es daneben auch Raum für eine Gegenkultur, nicht nur in der Kirche, nicht nur im kulturellen Bereich, sondern auch im politischen. Die Existenz der „Bürgerbewegung" belegt dies.[88] Die Ausstellung des Deutschen Historischen Museums „Diktatur und Boheme" hat dies gut dokumentiert (Kaiser/Petzold 1997). Auch wenn die DDR keine Diktatur und die Bürger- und Künstlerbewegung der DDR alles andere als Boheme waren, sondern in einigen ihrer Teile ein preußisch-protestantisch geprägter Versuch, bildungsbürgerliche Traditionen aufrecht zu erhalten, so zeigt diese Ausstellung doch deutlich die relativ großen privaten Handlungsfreiräume, die es gab, wenn man sie sich nahm.[89] Dass diese Bewegung nie einen größeren politischen Einfluss entfalten konnte, lag nicht nur an ihrer Unterdrückung durch die offiziellen politischen Stellen, sondern ebenso an ihrer gesellschaftlichen Marginalität. Die Bürgerrechtsbewegung der DDR bestand aus sehr unterschiedlichen Gruppen.

Ihr Spektrum reichte von konservativen Bürgern bis zu Vertretern eines dritten Weges zwischen Sozialismus und bürgerlicher Gesellschaft. Sie war in der DDR nie durch eine Basis in der Bevölkerung politisch legitimiert. Vielmehr gab es zumeist eine große Loyalität der überwiegenden Mehrheit der DDR-Bürger mit ihrem Staat (Neubert, 2000, 17f). Zwischen den Zielen dieser Opposition und dem Wunsch vieler DDR-Bürger Ende der 80er Jahre auf Anschluss an den 'goldenen' Westen klaffte eine große Lücke. Die Wahlergebnisse nach der Wende haben gezeigt, dass der Teil von ihr, der wirklich einen eigenständigen Bewegungscharakter aufwies, von ungefähr 3% der Bevölkerung unterstützt wurde. 3%-Bewegungen haben aber auch in der BRD keinen politischen Einfluss.

Neben dieser politisch ausgegrenzten, intensiv überwachten und in engen Grenzen tolerierten Gegenkultur war in der DDR aber auch eine systemimmanente politische Opposition möglich, aber nur als konsensorientierte. Es gab in der SED zu allen Zeiten der DDR Reformer, d.h. Oppositionelle. Diese sind mit strafrechtlichen oder disziplinarischen Mitteln immer dann verfolgt worden, wenn sie die Existenz der DDR als Staat oder die Herrschaftsstruktur des sozialistischen Gesellschaftssystems in Frage gestellt haben. Ansonsten wurde nur darauf geachtet, dass sie keinen maßgeblichen Einfluss erlangen konnten. Zu „systemadäquaten Reformen" war die Machtelite wenn nötig bereit (Staritz 1996, 173).

Die DDR wollte eine neue kapitalistische Entwicklung verhindern. Sie musste dazu steuernd in die gesellschaftlichen Prozesse eingreifen. Der Selbstlauf einer entwickelten Geldwirtschaft treibt zur Kapitalbildung. Die bürgerlich-kapitalistische Gesellschaft und die mit ihr verbundene ökonomische Herrschaft entstehen gewissermaßen „naturwüchsig", von selbst. Es ist die Dialektik der Freiheit, dass sie von selbst zur Herrschaft führt und dass sie daher zu ihrer *allgemeinen* Verwirklichung die Beschränkung *besonderer* Freiheiten verlangt. In einer freien Gesellschaft darf es die Freiheit zu Herrschen nicht geben. Verhindern kann man diese freie Entwicklung der Unfreiheit nur durch demokratische Mechanismen zur bewussten Gestaltung des Gesellschaftlichen. Es war daher kein Fehler der DDR, dass sie die Bildung von privatem Produktionskapital verhindert hat. Ihr Fehler war es nur, dies nicht in der Absicht der Befreiung der Gesellschaft, sondern in der Absicht der Verhinderung der Entstehung eines konkurrierenden Herrschaftssystems getan zu haben. Ein Herrschaftssystem, welches den Selbstlauf der Ökonomie verhindern will, wird dabei immer repressiver sein als ein liberales bürgerliches Modell, dessen Herrschaft gerade durch diesen Selbstlauf begründet wird.

Zum anderen stand die DDR in direkter Konkurrenz mit den kapitalistischen Systemen. Die bürgerlich-kapitalistische Gesellschaft ist ein expansives System. Sie drängt danach, andere Länder ihren ökonomischen Prinzipien zu unterwerfen. Die DDR war, wie der Sozialismus überhaupt, dadurch sowohl außen- wie innenpolitisch dem Druck des Kapitals ausgesetzt. Die herrschende Klasse der DDR war sich nicht sicher, ob das System des Sozialismus von der Mehrheit der Bevölkerung getragen wurde. Dies hat die repressiven Tendenzen verstärkt. Dennoch ist die DDR nicht an der Repression und an ihrer herrschaftsförmigen Struktur gescheitert, sondern an der ökonomischen Überlegenheit des „Westens" über den „Osten" und an der problematischen Situation, das kleinere Stück eines geteilten Staates zu sein. Schon 1957 auf dem Hochpunkt des Antikommunismus wurden nur 7% der DDR-Flüchtlinge als politische anerkannt (Staritz 1996, 272). Die 60% der Absolventen jedes Medizinerjahrgangs, die Ende der fünfziger Jahre nach Abschluss ihres Studiums in den Westen gingen (ebd., 204), taten dies nicht aus politischen Gründen, sondern weil sie ihre wirtschaftliche Lage verbessern wollten.[90] Die Frage der Machterhaltung der Partei kreiste in der DDR nicht um das Problem, dass das Volk die Herrschaft abschaffen und eine herrschaftsfreie, radikal demokratische Gesellschaft gründen wolle - entsprechende Bestrebungen gab es überhaupt nicht -,[91] sondern um die Gefahr, von anderen gesellschaftlichen Eliten in der Rolle des Staatsführers abgelöst zu werden (Meuschel 1992, 201ff). Der Hauptkonflikt lag nicht - wie immer behauptet - zwischen Partei und Volk, sondern zwischen der Partei und diesen anderen gesellschaftlichen Eliten. Darunter fielen nicht nur die bürgerlichen Eliten, also die Eigentümer der Produktionsmittel, sondern im Sozialismus auch die Wissenschaftler, die Ökonomen, die Betriebsleitungen, die Staatsverwaltung, also überhaupt alle Gruppen mit führenden Positionen in der Gesellschaft.[92] Gegenüber diesen war die Repression notwendig, um den Führungsanspruch der Partei Leninschen Typs und ihrer Kader aufrecht zu erhalten. Gegenüber diesen stand sie in Konkurrenz um die Macht und musste diese durch ihren vorgeblichen Wissensvorsprung rechtfertigen.

Die DDR als „Unrechtsstaat"?

Wenn die DDR also keine Diktatur und keine totalitäre Gesellschaft war, so war sie vielleicht doch ein „Unrechtsstaat"? Was ist ein „Rechtsstaat"? Den Begriff des Rechtsstaats gibt es nur in Deutschland. Der Sache nach kennzeichnet er aber ein dem Prinzip nach auch in den anderen bürgerlichen Gesellschaften vorhandenes Verhältnis zwischen Staat, Recht und Bürger. Das Rechtsstaatskonzept entsteht im 19. Jahrhundert und dient der Kontrolle des noch monarchistisch-feudal geprägten Staatsapparates durch die bürgerliche Gesellschaft. Entscheidend ist vor allem die Bindung der Verwaltung an das Recht. Die Exekutive und ihre Organe stehen nicht mehr wie noch im Absolutismus über dem Recht. Die Exekutive setzt nicht mehr selbst das Recht und kann in ihrer administrativen Tätigkeit nicht mehr von ihm abweichen. Sie ist an die legislative Rechtssetzung, an das Gesetz gebunden.[93] Dies dient dazu, die bürgerlichen Freiheitsräume im Staat gegenüber der Exekutive zu garantieren und vor allem auch staatliches Handeln vorhersehbar zu machen. Rationelles Handeln vor allem im Bereich des Ökonomischen wird nur möglich, wenn staatliches Handeln prognostizierbar ist.

War die DDR ein Rechtsstaat in diesem Sinne? Eine so strikte Bindung der Verwaltung an das Recht bestand nicht. Allerdings wurde in der DDR auch versucht, das Konzept eines „sozialistischen Rechtsstaates" (Heuer, vgl. Meuschel 1992, 207ff) zu entwickeln. Dies geschah aus denselben Gründen wie auch in der bürgerlichen Gesellschaft, nämlich um „versachlichte und kalkulierbare Regulative insbesondere im ökonomischen Bereich zu schaffen" (Meuschel 1992, 208). Allerdings wurde dieser Versuch, im Zusammenhang der Reformdiskussion um das NÖS in den sechziger Jahren gestartet, nicht weiter verfolgt. Die damit verbundene Verselbstständigung von Staat und Recht war mit dem Führungsanspruch der Partei nicht vereinbar. In der DDR war die Verwaltung zwar auch juristisch, vor allem aber politisch bestimmt. Dies schließt formelle Rechtsstaatlichkeit im bürgerlichen Sinne aus. Dennoch war die DDR kein „Unrechtsstaat". Dieser Begriff meint von seiner Bedeutung her nämlich wesentlich mehr als die bloße Negation des rechtsstaatlichen Charakters. Unrecht bedeutet nämlich nicht *kein* Recht, sondern Verstoß gegen das Recht. Kein Rechtsstaat sind die meisten Länder dieser Erde, ob sie deswegen „Unrechtsstaaten" sind, ist eine ganz andere Frage, zu deren Beantwortung zunächst einmal der hier verwendete Rechtsbegriff geklärt werden müsste. Im Kunstwort „Unrechtsstaat" liegt die Bedeutung von „Recht" nämlich enger an „Gerechtigkeit" als am positiven, geschriebenen „Recht". An dieses halten sich aber auch die meisten Staaten, die keine „Rechtsstaaten" sind. „Unrechtsstaat" ist nichts weiter als ein Propagandabegriff zur Herabsetzung der Gesellschaftsordnung der DDR. Man sollte ihn nicht verwenden.

Dennoch aber kann man eindeutig sagen, dass die DDR kein Rechtsstaat im oben genannten Sinne war. Liegt darin, wie der Begriff „Unrechtsstaat" nahezulegen sucht, ein demokratisches Defizit? Verschiebt allein schon die Tatsache, dass sie kein Rechtsstaat im bürgerlichen Sinne war, die DDR auf der Repressionsskala der Herrschaft nach rechts? Hier stellen sich zwei Fragen, zum einen, ist Rechtsstaatlichkeit per se demokratisch, und zum anderen, gab es in der DDR andere Mechanismen der Kontrolle des Staates als rechtliche? Auch diese Fragen können nur exemplarisch untersucht werden. Tragendes Element des Rechtsstaates ist nach allgemeiner Ansicht die Verwaltungsgerichtsbarkeit (vgl. Böckenförde 1992, 333). Eine solche oder eine vergleichbare Kontrolle der Verwaltung durch die Justiz gab es in der DDR nicht. Dass eine solche Gerichtsbarkeit fehlte, hat nicht dazu geführt, dass es keine Einspruchsmöglichkeiten gegen Verwaltungsentscheidungen gab. Systemimmanent stimmig war der Verzicht auf eine Verwaltungsgerichtsbarkeit zunächst aus der Tatsache heraus, dass die Partei die Entstehung eines von ihr autonomen Staats- und Verwaltungsapparates verhinderte. Parteiunabhängige Gesellschaftseliten sollten weder bestehen bleiben noch neu entstehen. Wenn man aber die Verwaltung und damit auch die Institution des Juristischen direkt an die Parteimaximen anbindet, ist es nur logisch, auf eine Verwaltungsgerichtsbarkeit, also auf eine gerichtliche und damit parteiunabhängige Überprüfung des Verwaltungshandelns zu verzichten und eine solche Überprüfungsinstanz bei der durch die Partei kontrollierten Verwaltung selbst anzusiedeln.[94] Eine abhängige Verwaltung bedarf keiner unabhängigen gerichtlichen Kontrolle. Entsprechend gab es in der DDR das Eingaberecht gemäß Art. 103 der DDR-Verfassung.[95] Dieses Recht wurde durch das Gesetz über die Bearbeitung der Eingaben der Bürger von 1975 durch ein formelles Verfahren gesichert.[96] Ansprechpartner war hier die Verwaltung selbst. Zwar war es nach dem vorgesehenen

Verfahren ausgeschlossen, dass der Kritisierte selber über die Eingabe entschied, aber auch der Vorgesetzte ist keine verwaltungsunabhängige Instanz.[97] Hinsichtlich institutionalisierter Verfahrensgarantien und gesetzlich festgelegter Entscheidungsgrundlagen bleibt das Eingaberecht hinter dem BRD-Standard zurück. Das Ganze glich eher einem Petitionsverfahren. Es garantierte also nicht Rechtsstaatlichkeit, wohl aber Einspruchsmöglichkeiten für alle. Das Verfahren hatte aber auch Vorteile. Hinsichtlich der Reichweite der Anträge, der antragsbefugten Personen und des Entscheidungsspielraumes der Verwaltung geht es über das im verwaltungsgerichtlichen Verfahren der BRD Mögliche hinaus. Während im verwaltungsgerichtlichen Verfahren nur Rechtsverletzungen geltend gemacht werden können, die entweder in einer belastenden Maßnahme durch die Behörde oder in der Verweigerung einer Maßnahme durch die Behörde bestehen, konnten im Eingabeverfahren auch „Vorschläge, Hinweise und Anliegen“ (Art. 103 Abs. 1) eingebracht werden. Es war also möglich, positive Anregungen an die Verwaltung heranzutragen und nicht nur negativ sich gegen Rechtsverletzungen zu wehren. Entsprechend war der Kreis der Antragsbefugten weiter als im verwaltungsgerichtlichen Verfahren. Auch Organisationen, nicht nur Einzelne konnten Eingaben machen. Es gab die „Populareingabe“, während die Popularklage im Verwaltungsrecht bis auf einige Ausnahmen im Naturschutzrecht unzulässig ist. Drittens ging der Entscheidungsspielraum der Behörde weiter als der des Verwaltungsgerichts. Die Verwaltungsgerichte in der BRD prüfen nur, ob die Verwaltung die politischen Vorgaben (Gesetze) eingehalten hat. Aufgrund der Gewaltenteilung ist hier auch nicht mehr möglich, da sich der Richter nicht an die Stelle der Politik setzen kann und auch nicht an die Stelle der Verwaltung, soweit ihre Entscheidung innerhalb des ihr zugewiesenen Beurteilungs- und Ermessensspielraums bleibt. Die politische Entscheidung und der Ermessensspielraum wird nicht überprüft, ist nicht veränderbar. Mit dem Widerspruchsverfahren gibt es in der BRD auch ein verwaltungsinternes Eingabeverfahren, in dem die Zweckmäßigkeit des Verwaltungshandelns durch die Verwaltung selbst noch einmal geprüft werden kann (§ 68 Abs. 1, S. 1 VwGO). Eine politische Korrektur ist aber auch in diesem Verfahren nicht möglich, da es den formellen Rechtsstaat gerade kennzeichnet, dass auch die Verwaltung an das Gesetz gebunden ist und eben gerade keinen autonomen politischen Handlungsspielraum hat. Beide Verfahren haben also ihre Vor- und Nachteile.[98] Ist aber das eine demokratischer als das andere? Entscheidet sich Demokratie an dem Vorhandensein formaler Strukturen? Die DDR hatte, wie wir eben gesehen haben, eine Menge solcher formaler Strukturen unmittelbarer Demokratie. Demokratisch war dieser Staat dennoch nicht. Der Nationalsozialismus ist in Deutschland durch Wahlen und durch Gesetze an die Macht gelangt. Die bereits damals existierende Verwaltungsgerichtsbarkeit konnte daran nichts ändern. Die Verwaltungsgerichte überprüfen ja nur, ob sich die Verwaltung an die Gesetze hält. Wenn man undemokratische Gesetze macht, ist es gesetzlich korrekt, wenn die Verwaltung sie anwendet.[99] Für den Grad an Demokratie in einer Gesellschaft sind nicht die formalen Verfahren, sondern die materielle demokratische

Verfasstheit entscheidend. Entscheidend ist, wieviel Macht das Volk hat, was es tatsächlich entscheiden und bestimmen kann. Entscheidend ist, ob das Volk die Gesetze, d.h. die Zielbestimmungen und Ausführungsregeln des gesellschaftlichen Lebens, selbst setzen kann. Dies war in der DDR genausowenig der Fall wie es in der BRD der Fall ist. Formelle Verfahren können zur Institutionalisierung von Volksmacht nützlich sein. Ob aber dann die Kontrolle der Verwaltung durch Richter, durch Eingabestellen oder noch anders organisiert wird, ist egal. Die unterschiedlichen Verfahren haben ihre Vor- und Nachteile. Es muss sich im Konkreten zeigen, welches sich am Besten bewährt. Demokratisch ist per se weder das eine noch das andere. Auch der formelle Rechtsstaat ist kein Garant der Demokratie.

Krise des Marxismus?

Neu zu denken erscheint mir heute gerade für Linke dringend nötig. Das Scheitern der linken Projekte in diesem Jahrhundert kann nicht auf „falsches" Denken zurückgeführt werden, nicht auf falsche Theorien, aber es zwingt einfach deswegen, weil es die Linke vor eine neue Lage stellt, diese Lage neu zu bedenken und von dieser neuen Situation aus auch einen Blick auf alte Erklärungsmuster zu werfen. Damit soll hier nicht zu einer erneuten Diskussion der „Krise des Marxismus" aufgerufen werden.[100] Der Marxismus, verstanden als die Philosophie und Gesellschaftstheorie der Intellektuellen, die sich der sozialistischen Bewegung zugehörig fühlten und sich hinsichtlich ihrer theoretischen Grundlagen auf Marx beriefen, ist bei allen periodischen Bemühungen um seine Wiederbelebung, auch wenn diese im Einzelnen erfolgreich waren, im Ganzen in Stagnation verfallen. Dies liegt an der für ihn typischen Vermischung von Politik, Philosophie und Wissenschaft.[101] Das Verhältnis dieser drei Bereiche wird vom Marxismus als ein internes gedacht, d.h., ihre stimmige Verbindung folgt zwangsläufig aus der Sachlogik ihrer jeweiligen Gegenstands-/Tätigkeitsbereiche.[102] Philosophie und Gesellschaftswissenschaft wurden gemäß dem sozialistischen Selbstverständnis einer politischen Regulation unterworfen: Man hatte parteiisch zu sein. Dies galt nicht nur für die sozialistischen Staaten, sondern, wenn auch in geringerem Maße, auch für die Intellektuellen der westlichen, kommunistischen Parteien. Ebenso sollte das wissenschaftliche Verständnis der Gesellschaft zugleich die Philosophie des Sozialismus sein. Aber Philosophie und Wissenschaft sind zwei unterschiedliche Praxen. Die Philosophie kann nicht wissenschaftlich und die Wissenschaft nicht philosophisch sein. Die Krise des Marxismus war daher nicht nur die Krise einer wissenschaftlichen Theorie, sondern auch die Krise des politischen Projekts des Sozialismus. Der Marxismus ist untrennbar mit dieser unglückseligen Verknüpfung von Philosophie, Wissenschaft und Politik verbunden. Er hat es verfehlt, die Trennung von Wissenschaft und Philosophie, die bei Marx als demjenigen, der die Gesellschaftswissenschaften, die Geschichtswissenschaft, die politische Wissenschaft, die Ökonomie überhaupt erst aus der – hegelschen – Philosophie herausarbeitet, noch nicht klar gegeben ist, konsequent durchzuführen. Ganz im Gegenteil versucht schon Engels Marx' Theorie wieder verstärkt zu verphilosophieren (vgl. Bensussan 1986, 720f). Diese Verklammerung war bewegungsstrategisch lange Zeit sehr erfolgreich, sie hat aber sowohl die Weiterentwicklung der sich dem Sozialismus verpflichtet fühlenden Wissenschaft wie auch seiner Philosophie verhindert. Durch sie wurde der wissenschaftliche Wahrheitsanspruch auf die Politik und die Philosophie ausgedehnt. Die marxistische Gesellschaftstheorie, die im 19. Jahrhundert das überlegene wissenschaftliche Verständnis des Funktionierens von Gesellschaft zur Verfügung stellte, hat sich im 20. Jahrhundert zunehmend im Netz parteilicher Dogmen verfangen und konnte die veränderten gesellschaftlichen Verhältnisse nicht mehr angemessen begreifen. Die Verknüpfung von Philosophie, Wissenschaft und Politik wird in allen Debatten um die Krise des Marxismus, die seit dem 19. Jahrhundert geführt worden sind, von denjenigen, die den Marxismus verteidigen oder reformieren wollen, nie in Frage gestellt (ebd., 719ff). Man hat einen immensen Aufwand betrieben, um eine konsistente Verknüpfung dieser drei Bereiche herzustellen, die ihre Widersprüchlichkeiten überdeckte, anstatt sie als unterschiedliche ihrer je eigenen Logik nach zu entwickeln. Der Marxismus ist ein Korsett, in das man diese drei Bereiche gezwängt hat. Dies hat dazu geführt, dass sie alle drei ihre Realitätstauglichkeit verloren haben. Die gesellschaftswissenschaftliche Tätigkeit ist immer politisch beeinflusst. Eine kritische Gesellschaftswissenschaft kann sich in ihrer Fragestellung, in ihrer Herangehensweise, in der Wahl ihres Untersuchungsgegenstandes einem linken Projekt verpflichtet fühlen. Sie versucht dann in ihrer wissenschaftlichen Praxis Wissen zu gewinnen, das nützlich sein kann für die Verfolgung der Ziele eines linken Projekts. Aber diese Beziehung ist eine externe. Sie folgt aus der Zielsetzung der wissenschaftlich, philosophisch und politisch tätigen Subjekte, die auf allen drei Gebieten für ihre Ziele produktives Wissen zu erwerben versuchen und für ihre Ziele fördernd tätig zu sein. Die politischen Ziele sind nicht wissenschaftlich erkennbar und man kann sie nicht in die wissenschaftliche Praxis mit hineinnehmen. Sie bleiben extern, ihre Bestimmung und argumentative Begründung kann nur im philosophischen Diskursraum erfolgen. Für eine solche kritische Gesellschaftswissenschaft wird Marx sicher die entscheidende Gründungsfigur bleiben. Als Marxismus aber könnte sie sich nur dann noch bezeichnen, wenn es gelingen würde, dem Begriff des Marxismus einen ganz neuen, eben nicht mehr auf dieser immanenten Verknüpfung von Wissenschaft, Philosophie und Politik beruhenden Sinn zu verleihen. Ich halte das für aussichtslos. Der Marxismus als *-ismus* ist durch diesen übergreifenden Anspruch gekennzeichnet. Daneben bleibt für ihn kein Sinn. Debatten über die Krisen des Marxismus, die ja alle in der Absicht seiner Reanimierung erfolgen, haben sich für ein neues linkes Projekt damit ebenfalls erledigt.

Für eines neues linkes Projekt ist es daher nötig, die Dinge radikal neu zu bedenken. Solcher Versuch neu zu denken wird häufig missverstanden, stößt häufig auf Widerstand. Es besteht eine starke Abneigung dagegen, alte und lieb gewordene Erklärungsmuster in Frage zu stellen. Dem Versuch, die Dinge neu, anders zu denken, wird häufig unterstellt, er gebe das Bedenken der Probleme überhaupt oder doch zumindest ihre Kritik auf. Dies ist falsch. Wer die These von der „Entfremdung" des Menschen in Frage stellt, weil sie auf einem substantiellen Wesensdenken, auf einem starren Begriff der menschlichen Natur und auf der paradiesischen Vorstellung von der Arbeit(steilung) als Sündenfall beruht, gibt damit nicht die Kritik an gesellschaftlichen Mustern auf, die den Menschen bestimmte Verhaltensweisen aufdrängen, mit denen diese selbst unzufrieden sind. Wer Links-Sein primär über das Ziel der Abschaffung von Herrschaft definiert, gibt damit nicht die soziale Frage auf und überlässt nicht - selber wohlgenährt - die Armen ihrem Schicksal. Es kann und wird Situationen geben, in denen die Sicherung des Überlebens und eines menschenwürdigen Lebens das primäre Ziel sein muss und, weil es sich über den Weg der Abschaffung von Herrschaft in den meisten Fällen nicht kurzfristig erreichen lassen wird, dem Ziel der Abschaffung von Herrschaft vorangestellt werden muss, um überhaupt die Existenz von Menschen zu sichern. Aber man kann dies nicht ein linkes Projekt nennen. Es handelt sich dabei um ein unterstützungswürdiges soziales Projekt, aber nicht um ein linkes.

II.2 Konkrete Utopie der Freiheit

Als Konsequenz des letzten Kapitels lässt sich festhalten, dass für ein linkes Projekt die Kritik des ökonomischen Systems allein - sei es kapitalistisch oder anders - nicht ausreichend sein kann. Die Organisationsform von Produktionsprozessen ist politisch nicht neutral. Das ökonomische System kann und muss kritisiert werden, insoweit es Herrschaft begründet und auf Herrschaft beruht, und es kann und muss kritisiert werden, insoweit es über soziale Ungleichheit hinaus - die in der Herrschaft immer enthalten ist - Armut und Elend der Beherrschten erzeugt. Die politische Wirkung des ökonomischen Systems ist das Kritikwürdige an ihm.

Wer so argumentiert, erweitert damit die Kritik an einer bestimmten Gesellschaftsformation, an einem bestimmten ökonomischen System zur Kritik an Herrschaft als solcher. Ist diese grundsätzlich kritisierbar oder sind immer nur Auswüchse von Herrschaft kritisierbar? Herrschaft im Allgemeinen kann man sinnvollerweise nur dann kritisieren, wenn es überhaupt möglich ist, sie abzuschaffen. Dies ist von mir bislang immer als selbstverständlich vorausgesetzt worden. Diese Frage ist aber keineswegs unumstritten. Zum einen gibt es die Auffassung, dass Gesellschaft, zumindest „höhere", nur herrschaftsförmig organisiert werden kann - immer verbunden mit einem rein negativ besetzten Begriff von Anarchie. Zum anderen wird vertreten, dass in unserer modernen Gesellschaft Herrschaft durch spezifisch-rationale Regelungsmechanismen gesellschaftlicher Subsysteme ersetzt worden ist. Unsere Gesellschaft sei in ihrem Aufbau so rational, dass eine „vernünftige" Kritik an ihr nicht mehr möglich sei (von Hegel über St. Simon, Schelsky, Gehlen bis Luhmann). Das Muster dieser Legitimationsfigur von Herrschaft ist uralt. Technik, Bürokratie, systemische Rationalität sind nur säkularisierte Formen des theologischen Anspruchs der göttlichen Ordnung. Die immer vorhandene personale Komponente der Herrschaft wird entnannt und übrig bleibt ein entmenschlichter Zwang - egal ob göttlich oder systemisch -, dem sich die Menschen angeblich nicht entziehen können. Durch die Hineinnahme des wissenschaftlichen Wissens unserer Zeit wird versucht, dieser uralten philosophischen These die Weihe der Wissenschaft und Wahrheit zu geben und sie so mit einem höheren Geltungsanspruch zu versehen, als ihr als philosophischer zukommt. Dies ist nichts weiter als ein immer noch hervorragend funktionierender Taschenspielertrick. Aber dieser kann nur deswegen immer wieder von neuem funktionieren, weil Herrschaft tatsächlich eine strukturelle Komponente hat. Ursachen und Funktionsweisen der Herrschaft sind vielen unklar. Was also ist Herrschaft und wie lässt sie sich grundsätzlich abschaffen?

Herrschaft ist ein soziales Verhältnis, welches nicht monokausal erklärbar ist. Sie beruht auf einem in sich stimmigen Gefüge sozialer Strukturen der unterschiedlichen Ebenen gesellschaftlicher Organisation, die es einigen ermöglicht, Befehle zu geben, also solche Anweisungen, deren Befolgung entweder indirekt durch Sanktionen oder direkt durch Gewalt sichergestellt wird. Entscheidend für Herrschaft ist immer die institutionelle Verfestigung solcher Strukturen und die Privilegierung der Personen, die in diesem Gefüge die Herrschaftspositionen inne haben. Das Ziel der Herrschaft ist letztlich die sozial akzeptierte Aneignung der Produkte fremder Arbeit (Hofmann 1969, 30).[1] Herrschaft hat immer eine strukturell-funktionale und eine personelle Komponente. Herrschaft ist nicht Willkür. Die Herrschenden sind in die sozialen Strukturen der Herrschaft genauso eingebunden und genauso ihren Gesetzmäßigkeiten unterworfen wie die Beherrschten auch und haben in diesen Strukturen ihre arbeitsteilige Funktion zu erfüllen. Herrschaft ist nicht Freiheit, sondern Privilegierung. Der *Privilegierung*, also der *Erhebung* und *Bereicherung* der Herrschenden auf der einen Seite, steht die *Deprivation*, also die *Unterdrückung* und *Beraubung* der Beherrschten auf der anderen Seite, gegenüber.

Neben Herrschaft als institutionalisiertem Machtverhältnis (Weber), als Produkt diskursiver Macht- und Disziplinierungstechniken (Foucault), als Sozialisierung in Unterstellungsverhältnisse hinein (Haug, PIT) und als psychische Verfasstheit der Subjekte (Adorno, Fromm) bleibt immer noch Raum für ein eigenes Handeln der Subjekte. Hier ist der Platz des Herrschaftsvertrags.

Herrschaft beruht immer auf Macht und Gewalt. Sie bilden den mehr oder weniger präsenten Rahmen jeder Herrschaft. Aber innerhalb dieses Rahmens bedarf jede Herrschaft des selbstständigen Agierens der Beherrschten in den vorgegebenen Strukturen. „Ein bestimmtes Minimum an Gehorchen *wollen*, also: *Interesse* (äußerem oder innerem) am Gehorchen, gehört zu jedem echten Herrschaftsverhältnis" (Weber 1980, 122, vgl. 543f). Privilegierung ist immer ein Zustand, in dem wenige sich auf Kosten der meisten besser stellen. Allein aus diesen quantitativen Verhältnissen folgt, dass es nicht möglich ist, neben jeden Beherrschten einen Polizisten mit einem Knüppel zu stellen, der ihn zum Gehorsam zwingt. Der Arbeitsvertrag z.B. schreibt ein Verhältnis ungleicher Verteilung des Arbeitsertrags fest. Der Zwang, sich dieser Ungleichheit zu unterwerfen, ist ein indirekter, es ist der Zwang einer sozialen und materiellen Sanktion. Solche Art von „Zwang" setzt immer eine eigene Entscheidung und ein eigenes Handeln der Subjekte voraus. Man kann auch von Sozialhilfe leben, man kann versuchen eine andere Arbeit zu finden, man kann sich organisieren, um seinen Anteil am Arbeitsertrag zu erhöhen und man kann auch kriminell werden. Es gibt auch in diesen Verhältnissen einen relativ großen Handlungsspielraum. Und selbstverständlich kann man sich politisch engagieren, um die bürgerliche Wirtschaftsstruktur mit ihrer ungleichen Verteilung des Arbeitsertrags abzuschaffen. Herrschaft funktioniert nur über das eigene Mitmachen der Beherrschten in diesen Verhältnissen. Die Beherrschten sind keine armen Opfer. Sie sind, je nachdem auf welcher Ebene der gestuften Herrschaftsverhältnisse sie stehen, auch selber Täter, selber Privilegierte und sie sind auch insofern Täter ihrer eigenen Beherrschung – Täter durch Unterlassen –, als sie im Rahmen ihrer Möglichkeiten nichts gegen die Strukturen der Herrschaft unternehmen. Solche Verantwortung für ihr eigenes Handeln muss man den Menschen zuweisen. Die Möglichkeit der Freiheit als Möglichkeit, in einer Situation von Handlungsalternativen aus eigenen Motiven und Gründen heraus so oder so entscheiden und handeln zu können, ist eine anerkannte Tatsache. Sie ist, solange ein Handlungsspielraum besteht, immer gegeben. Auf ihr baut unsere ganze Gesellschaft auf. Straf- und Rechtssysteme, Erziehungssysteme, Dienst- und Arbeitsverhältnisse beruhen darauf, dass man voraussetzt, dass Menschen in bestimmten Situationen anders handeln können und eventuell auch sollen. Die Möglichkeit solch eigenen Entscheidens und Handelns prägt unser Sozial- und Selbstverständnis. Dass die Herrschaft nichts unversucht lässt, diesen Freiraum zu beschränken und widerständiges Verhalten zu sanktionieren, ist eine andere Frage. Wer die gesellschaftlichen Verhältnisse ändern will, wird dabei immer Schwierigkeiten haben. Herrschaft funktioniert aber nur dann, wenn die meisten Menschen dies nicht wollen und die Grenzen ihres Handlungsspielraums nicht auszutesten suchen. Beherrscht zu werden, hat auch seine Vorteile. Man kann Verantwortung für sein eigenes Leben partiell delegieren, man kann sich entlasten. Herrschaft ist auch eine Versorgungsstruktur. Es gibt Grade der Repression in Herrschaftsstrukturen, wo diese positiven Elemente nicht mehr vorliegen, wo die Unterdrückung unerträglich ist – auch dies ein relativer Begriff. Hier wird es schwierig, vom freiwilligen Mit-machen der Beherrschten zu sprechen. Solch ein Grad von Repression wird aber nur in Ausnahmesituationen erreicht oder nur gegenüber gesellschaftlich unbedeutenden Minderheiten angewandt (Sklaverei). Herrschaftssysteme, die auf Repression dieses Ausmaßes beruhen, sind tendenziell instabil. Im Normalfall der Herrschaft ist der Grad an Determiniertheit, Manipuliertheit und Zwangsunterworfenheit der Einzelnen nicht so groß, wie zumeist angenommen wird. Die meisten Beherrschten wissen, dass sie beherrscht werden, und sie wissen, dass dies nicht zu ihrem Vorteil ist. Sie kennen die Strukturen der Herrschaft und wissen, wie das Sich-wechselseitig-die-Privilegien-Zuschieben funktioniert. Je weiter unten die Menschen stehen, je geringer ihre Partizipation an der Herrschaft selbst ist, desto klarer wissen sie dies, desto weniger machen sie sich etwas vor. Die Frage ist also weniger, wie befreit man die Menschen aus ihrer „Verdinglichung", „Verblödung", „Manipulation"? Sondern warum handeln sie trotz dieses Wissens nicht? Warum unterwerfen sie sich „freiwillig" (Weber 1980, 123, vgl. 542f) der Herrschaft? Hier stellt sich das Problem der Legitimation von Herrschaft und der Loyalität der Beherrschten. Wie und wann kann man dieses Wissen um die eigene Deprivation in Handeln umsetzen? Eine realistische Zielperspektive ist dafür ein wichtiges Element.

Die Möglichkeit der Freiwilligkeit und die Möglichkeit des Handelns gegen die Herrschaft muss sowohl für den politischen Befreiungsprozess wie auch für das

Funktionieren einer herrschaftsfreien Gesellschaft vorausgesetzt werden. Freiheit in diesem Sinne muss und kann gesetzt werden, obwohl sie nie beweisbar ist. Solche Setzung kann aber auf die Erfahrung der Geschichte bauen, dass Herrschaft nie von Dauer und immer gefährdet ist. Wenn man auf diese Möglichkeit kritischer Subjektivität nicht vertrauen würde, sie nicht erfahren hätte, könnte man alle Emanzipationsbestrebungen einstellen, sie wären hoffungs- und auch sinnlos. Es beruht aber nicht auf einer Überschätzung des Subjekts, wenn man seine Entscheidung für die Herrschaft ebenso wie gegen sie als frei ansieht. Revolutionen und Revolten belegen die Wirklichkeit dieser Freiheit.

Entstehung von Herrschaft

Herrschaft entsteht durch die Verknüpfung eines personalen und eines strukturell/funktionalen Elements sozialer Strukturierung mit privater Verfügung über Produktionsmittel und militärischer Gewalt. Das personale Element ist Autorität, das funktionale die Übernahme von Organisations- und Leitungsfunktionen. Herrschaft ist eine zivilisatorische Neuentwicklung menschlicher Gesellschaften, ungefähr 10.000 Jahre alt. Demgegenüber beträgt die Geschichte der Menschheit ungefähr 2.000.000 Jahre (vgl. Wesel 1997, 18). Obwohl Herrschaft somit eine relativ neue Entwicklung ist, ist sie gemessen an der Lebensdauer der Menschen und damit verbunden an ihrer Generationsfolge schon sehr alt, ungefähr 300 Generationen. Im alltäglichen Gedächtnis der Menschen erscheint es daher so, als ob Menschen schon immer in Herrschaftsverhältnissen gelebt hätten, als ob Herrschaft die normale, übliche und einzig mögliche Organisationsweise menschlicher Gesellschaften sei. Dem ist nicht so. Nur während eines Zeitraums von 0,5% der Menschheitsgeschichte hat es Herrschaft gegeben. Was es dagegen immer gegeben hat, ist Autorität. Autorität entsteht aus den verschiedenen Fähigkeiten und aus dem verschiedenen Lebensalter der Menschen. Besondere Fähigkeiten bei der Jagd, größere Lebenserfahrung der Alten, gute Fähigkeiten als Redner sind solche Anknüpfungspunkte für soziale Autorität. Solche Autorität ist keine Befehlsgewalt, sie ist eine Vorzugsstellung innerhalb der Gruppe, die dem Einzelnen einen überdurchschnittlichen Einfluss auf Gruppenentscheidungen ermöglicht. Solche Autorität ist sehr instabil. Sie muss in jeder Situation immer wieder neu erworben werden. Sie führt auch nicht zu einer Privilegierung der Personen. Die Autorität eines guten Jägers führt dazu, dass dieser in der Lage ist, mehr Jagdbeute in der Gruppe zu verteilen als nicht so gute Jäger. Dies verschafft ihm eine größere soziale Anerkennung und mehr Einfluss in Fragen der Jagdplanung, aber keine persönlichen Privilegien. Autorität ist nie mehr als diese heute auch immer noch existente und in jeder nicht herrschaftsförmig organisierten Gruppe erfahrbare, fragile Vorrangstellung eines Einzelnen aufgrund überlegener Kompetenz. Herrschaft ist die Verfestigung, die Institutionalisierung von Autorität.[2] Zunächst bleibt die Autoritätsposition, die persönliche Autorität gebunden an die Leistung, an den richtigen Rat, an die Autoritätskompetenz. Erst wenn es möglich wird, Autorität und Kompetenz zu entkoppeln, wenn aus der Autoritätskompetenz eine autoritäre Kompetenz wird, entsteht Herrschaft. Es ist die Institutionalisierung der Autoritätsposition, die diese Entkoppelung ermöglicht. Institutionalisierte Autorität ist Herrschaft.[3] Die Position des Herrschenden ist nicht mehr daran gebunden, dass er besonders klug, einfühlsam, erfahren, wissend, kompetent ist. Es kann ihn zwar u.U. *seine* Herrschaft kosten, wenn er zu unfähig ist, aber - und dies ist gerade das die Herrschaft auszeichnende - damit wird nicht die Herrschaft an sich aufhören, sondern ein anderer wird seine Position einnehmen. Herrschaft ist von ihren personalen Trägern unabhängig. Der Herrschende hat eine institutionelle Position erobert. Seine Autorität rührt nicht mehr her aus seiner Autoritätskompetenz, sondern aus seiner Position im gesellschaftlichen Gefüge. Um so wichtiger wird nun die symbolische Repräsentation der Autoritätskompetenz.

Wie entsteht diese Institutionalisierung? Der entscheidende Schritt dafür ist der Übergang von den Produktionsverhältnissen der Jäger- und Sammlergesellschaften zu agrarischen Produktionsweisen, Ackerbau und Viehzucht.[4] Auf Grundlage dieser Produktionsverhältnisse entstehen erst eine ausdifferenzierte Arbeitsteilung, privater Besitz, gesellschaftliche Planungs- und Lenkungsfunktionen und kriegerische Gewalt. Zum Ersten entsteht privater Besitz, weil Ackerbau Vorratswirtschaft ist, die von den einzelnen Produktionsfamilien auf einem ihnen zugeordneten Stück Boden betrieben wird. Zum Zweiten entsteht eine ausdifferenzierte Arbeitsteilung, weil Ackerbau Handwerk hervorbringt, also Spezialisten, die die nötigen Geräte herstellen (Pflug, Geschirr, Rad, Wagen, Vorratshäuser usw.) und zum anderen, weil Überschuss produziert werden kann, der Menschen freisetzt von der Nahrungsmittelproduktion und ihre Tätigkeit als Spezialisten der Gebrauchsgüterproduktion ermöglicht (Keramik, Metallurgie usw.). Zum Dritten entstehen Planungs- und Lenkungsfunktionen, weil Ackerbau und Vorratswirtschaft einer zukunftsorientierten Planung und Prognostizierung bedürfen, die weit über das hinausgeht, was in Jäger- und Sammlergesellschaften nötig ist. Und zum Vierten entsteht der Krieg und die Kriegerkasten, weil nun Gewalt zu einer Produktivkraft werden kann. Die gewaltsame Aneignung der Vorräte anderer wird eine Möglichkeit, die Güter zur eigenen Lebensführung zu produzieren.

Wie entsteht daraus Herrschaft? Land ist ein Produktionsmittel. Der Besitz, den die einzelne Familie daran hat, ist vermittelt über ihre Zugehörigkeit zur sozialen Gruppe.[5] Diese siedelt in einem bestimmten Gebiet und teilt einzelne Landstücke einzelnen Familien zu. Der Ertrag ist der Ertrag dieser Familie. Zufällige Unterschiede in der Ertragskraft des Bodens, im Mikroklima der Lage und auch in Fähigkeit und Fleiß der den Boden Bewirtschaftenden führen nun zu unterschiedlich großen Erträgen. Während die Stücke alle in gleicher Größe ausgegeben werden, ist der Ertrag nicht gleich groß. Da Ackerbau Vorratswirtschaft ist, der Ertrag also nicht sofort vollständig konsumiert wird, entsteht eine Differenz an Güterbesitz. Um diese Entegalitarisierung zu vermeiden, haben manche dieser frühen Gesellschaften die Bodenstücke in turnusmäßigen Abständen von ein bis zehn Jahren immer wieder neu an die einzelnen Familien verlost. Dies führt dazu, dass die einzelnen Familien immer wieder „Lose“ - so der von diesem Verfahren abgeleitete Name dieser Flurstücke – unterschiedlicher Qualität zugeteilt bekamen und so eine Verfestigung der Reichtumsdifferenzen nicht eintreten konnte. Nicht nur deswegen, weil so die Qualitätsunterschiede des Bodens ausgeglichen wurden, sondern auch die Unterschiede in der Anstrengung der Bewirtschaftung. In ein Stück Land, von dem man weiß, dass man es in kurzer Zeit wieder abgeben muss, steckt man nicht so viel Arbeit wie in ein Stück Land, das man dauerhaft behalten kann. Das Losverfahren ist ein Verfahren, um gesellschaftliche Segregation zu verhindern. Es hat sich in einigen Gesellschaften über Jahrtausende bis in unsere Zeit hinein gehalten – z.B. in der russischen Dorfgemeinde bis ins 20. Jahrhundert. Gegen die Perpetuierung des Losverfahrens gibt es aber von Anfang an Widerstand und zwar von denjenigen, die bei einer der anfänglichen Verlosungen begünstigt worden sind und daher ein Plus an Gütern, über ihre eigenen Lebensbedürfnisse hinaus, erwirtschafteten, welches sie als Tauschmittel einsetzten, um andere „Luxusgüter" oder auch fremde Arbeitskraft zu erwerben. In dem Moment, wo diese Besitzverhältnisse auf Dauer gestellt werden, wo die turnusmäßige Verlosung eingestellt und die Vererbung des Besitzes möglich wird, entsteht Eigentum: zunächst noch als familiäre Verfügungsgewalt über Produktionsmittel, auch wenn dieses Eigentum immer noch sozial, an die Existenz der Gruppe, gebunden bleibt. Solches Eigentum an Produktionsmitteln wird die erste Herrschaftsinstitution. Wenn ich über Produktionsmittel verfüge, die ausreichend sind, nicht nur die Reproduktion der Haushaltsfamilie, sondern die Reproduktion mindestens eines weiteren Menschen zu gewährleisten, dann habe ich, sofern dieser andere nicht – mehr – über eigene Produktionsmittel verfügt, die Macht, ihn dazu zu bewegen, zu tun was ich will. Institutionalisiert ist dieses Verhältnis immer dann, wenn seine Existenz Grundlage der gesellschaftlichen Organisation wird und ihren Schutz erfährt.

Neben das Eigentum tritt als zweiter Faktor die Führungsfunktion. Aussaat und Ernte, Saatgutherstellung, Lagerung, Vorratswirtschaft überhaupt bedarf der Planung. Dies gilt auch für die Landwirtschaft in den gemäßigten Zonen, vor allem aber für alle Formen der Bewässerungswirtschaft wie z.B. den asiatischen Reisanbau und den Überschwemmungslandbau in den großen Flussgebieten an Euphrat, Tigris und Nil. Nicht zufällig liegen dort die ältesten Hochkulturen (vgl. Sellnow 1977, 129). Der Bau und die Instandhaltung von Bewässerungsanlagen setzt ebenso wie die Berechnung des Beginns und Endes jährlicher Überschwemmungsperioden ein großes Wissen voraus. Diese Fähigkeiten sind aber nötig, um in Gebieten mit wasserreichen und wasserarmen Jahresperioden erfolgreich Landwirtschaft betreiben zu können. Die Menschen mit diesem Wissen – aus eigener langjähriger Erfahrung, aus Tradierung und auch aus Erforschung – haben automatisch eine große Autorität, weil ihr Wissen für die ganze Gesellschaft von größter Wichtigkeit ist. Diese Autorität wandelt sich im Prozess der Institutionalisierung dieses Wissens in eine Leitungsfunktion um. Die gesellschaftliche Organisation solchen Wissens wiederum ist nötig, um es zu bewahren und zu erweitern und diesen Vorgang nicht den Zufällen persönlicher Tradierung zu überlassen. Der Ort solcher institutionellen Tradierung ist zumeist der Tempel, ihr Personal ist die Priesterschaft. In Gesellschaften, deren Naturverständnis pantheistisch ist, ist Wissen um Naturvorgänge eine genuin religiöse Kompetenz. Solches Wissen ist Herrschaftswissen. Es ermöglicht, den Nichtwissenden Anweisungen zu geben, auf die diese vertrauen und die sie ausführen müssen, weil sie auf diese Informationen angewiesen sind, die sie selbst nicht erlangen und kontrollieren können. Solches Wissen schafft auch Eigentum. Die Freisetzung Einzelner von der primären Reproduktionsarbeit für produktivitätssteigernde Organisationsarbeit ist nur dann möglich, wenn die anderen sie mit den notwendigen Gütern versorgen. Dies geschieht in Form von Gaben und sobald die sakrale Komponente hinzutritt, in Form von Opfergaben. Aus dieser Güteranhäufung bei den Oberleitungsagenten entsteht die Tempelwirtschaft. Die Herrschaft des Tempels ist auch ökonomisch fundiert. Die neuen Fertigungstechniken des Handwerks werden in diese Tempelwirtschaft mit einbezogen. Die Handwerker als Menschen, die etwas können, was nicht alle können, erwerben eine angesehene gesellschaftliche Stellung. Diese können sie u.a. dazu nutzen, beim Tausch ihrer Produkte gegen andere Güter - insbesondere Lebensmittel - ein *Mehr* zu verlangen. Sie bekommen Produkte, für deren Herstellung mehr Arbeitszeit aufgewendet wurde, als sie für ihre Produkte aufgewendet haben. Auch so wird fremde Arbeit angeeignet. Dieser lohnende Warentausch wird in die Tempelwirtschaft integriert (Sellnow 1977, 130ff).

Der dritte Faktor ist die kriegerische Gewalt. Sie entsteht aus einer Weiterentwicklung der Jagd und ist eine Tätigkeit der Männer.[6] Durch sie entsteht auch die Herrschaft der Männer über die Frauen. Die sozialen Außenbeziehungen der im weiten Sinne nachbarschaftlichen Gruppen der Jäger und Sammler sind ganz überwiegend friedlicher Natur. Es bestehen Sozialpflichten der Gruppen untereinander, die vor allem durch Gabentausch erfüllt werden. Zu gewalttätigen Konflikten kommt es nur, wenn Gruppen in besiedelte Gebiete eindringen, die keine ausreichende Ernährungsgrundlage für weitere Gruppen bieten. Die Verhältnisse zu Gruppen oder Personen, die völlig außerhalb des nachbarschaftlichen Gefüges stehen, sind auch hier schon keinen sozialen Pflichten mehr unterworfen. Eigene Interessen können rücksichtslos durchgesetzt werden. Zu kriegerischen Handlungen kommt es aber nicht, weil es nichts gibt, was man durch Kampf und Krieg, eine ja auch für einen selbst höchst gefährliche Form der sozialen Interaktion, gewinnen könnte. Jäger- und Sammlergruppen besitzen keine Vorräte und keine dauerhaften Güter. Dies ändert sich mit der Entstehung von agrarischen Gesellschaften. Ackerbau geht immer mit Sesshaftigkeit einher. Es werden Nahrungsvorräte gebildet und die zu ihrer Produktion und Verarbeitung nötigen Güter hergestellt. Damit ergibt sich die Möglichkeit, diese Vorräte und Güter nicht durch eigene ackerbauende Tätigkeit herzustellen, sondern sich durch räuberisches Handeln anzueignen (vgl. Sellnow 1977, 128). Der Unterschied zwischen der gewaltsamen Aneignung und Verwertung von Tieren durch die Jagd und der gewaltsamen Aneignung der Vorräte anderer Menschengruppen ist zunächst nur ein relativer. Beides ist ein aggressiver Akt gegenüber anderen Lebewesen. Aggressivität ist sowohl ein Schutz- wie auch ein Angriffsmechanismus, dies ist ihre positive Funktion. Sie hat aber auch eine destruktive Komponente. Sie kann innerhalb einer Gruppe zerstörerisch wirken und sie kann die Außenbeziehungen von Gruppen zueinander zerstören. Jäger und Sammler versuchen, Aggressivität durch ein ausgefeiltes System nachbarschaftlicher Beziehungen zu kontrollieren, weil sie ihnen nur schädlich sein kann. In dem Moment, wo diese Aggressivität nach außen auch einen für die eigene Gesellschaft nützlichen Effekt haben kann, treten an die Stelle von Kontroll- Verstärkungsmechanismen. Die zunächst nach außen, auf andere Gruppen gerichtete Aggressivität bewirkt innergesellschaftliche Effekte. Gewalt wird zu einem akzeptierten Verhaltensmuster und damit zu einem legitimen Machtfaktor, der nun auch dazu eingesetzt werden kann, innerhalb der Gruppe Interessen durchzusetzen. Diese Wirkung bleibt nicht nur auf die aggressiven Gesellschaften beschränkt, sie wirkt auch auf die überfallenen zurück. Diese sind genötigt, um sich zu schützen, selber kriegerische Strukturen zu entwickeln. Im Zuge einer arbeitsteiligen Ausdifferenzierung der unterschiedlichen Produktionstätigkeiten entwickelt sich eine Kriegerkaste. Diese setzt ihre gewaltförmige Macht nicht nur nach außen ein, sondern nutzt sie auch um die Gesellschaft zu beherrschen. Als Gegenleistung für ihre Privilegierung verspricht sie Schutz, sowie Planung und Leitung der Außenbeziehungen. Auf diesem Gebiet erwirbt sie ein überlegenes Wissen, welches ebenfalls Grundlage ihrer Herrschaft wird. Auch hier werden wieder arbeitsteilige Spezialisten integriert, insbesondere die Hersteller von Waffen. Ausdifferenzierte Arbeitsteilung bietet die Möglichkeit, die unterschiedlichen Tätigkeiten, je nach Bedeutung für die sich bildenden führenden Schichten der Gesellschaft, mit Privilegien zu verknüpfen.

Aus der je unterschiedlichen Verknüpfung dieser drei Faktoren entsteht in allen frühen agrarischen Gesellschaften Herrschaft. Privateigentum an Produktionsmitteln, Planungs- und Leitungsfunktionen sowie kriegerische Gewalt sind bis heute die Mittel der Herrschaft. Ich habe damit die Mechanismen beschrieben, aus denen sich auf dieser Stufe der Produktionsverhältnisse Herrschaft entwickelt. Nun ist diese Entwicklung aber kein ökonomischer Automatismus.[7] Es sind menschliche Interessen und Bedürfnisse, die zur Entstehung von Herrschaft führen. Warum streben Menschen nach einer privilegierten Position? Autorität, deren Position durch Herrschaft substituiert wird, ist ein Verhältnis erhöhter sozialer Achtung. Der Mensch als ein soziales Wesen bedarf der Anerkennung durch andere, bedarf der sozialen Positionierung in der Gruppe. Es ist für sein Selbstwertgefühl wünschenswert, eine möglichst hohe Position zu erlangen. Herrschaft ist die Institutionalisierung einer solch hohen sozialen Position. Gegenüber der Autorität wird es zudem nun möglich, diese Position mit materiellen Vorteilen zu verbinden. Die menschlichen Bedürfnisse entwickeln sich. Menschen haben einen Sinn für das Angenehme, für das Schöne, für sinnliche Genüsse und sie sind bequem.[8] Wenn man die zur Befriedigung der sich entwickelnden Bedürfnisse nötigen Dinge ohne große Anstrengung erlangen kann, so ist dies ein Anreiz, diese Möglichkeit zu nutzen. Herrschaft gibt diese Möglichkeit. Hat man die Position der Privilegierung gewonnen, so wird man sie nicht mehr freiwillig aufgeben.

Herrschaft schafft zugleich sich selbst als Bedürfnis. Machtausübung und Akkumulation der sachlichen Mittel der Herrschaft werden tendenziell zu einem Selbstzweck. Mit der Ausdifferenzierung von Herrschaft entsteht das Bedürfnis, auf irgendeiner Ebene der Herrschaftshierarchien selber zum Kreis der Privilegierten, der Herrschenden zu gehören, selber zu herrschen oder auch nur sich als herrschend imaginieren zu können, als Chef über die Arbeiter, als Vorsitzender über die Mitglieder, als Staatsdiener über die Staatsbürger, als Lehrer über die Schüler, als Wärter über die Insassen, als Meister über die Lehrlinge, als Männer über die Frauen, als Eltern über die Kinder, als „Weißer" über die „Schwarzen", als „Deutscher" über die „Ausländer"... Herrschaft wird zur tragenden Struktur sozialer Positionierung.

Auch auf der Seite der Beherrschung gibt es eine sozialpsychologische Komponente. Nicht nur zu herrschen, auch beherrscht zu werden hat - im Normalfall - seine positiven Seiten. Herrschaft erfüllt eine soziale Funktion. Sie schützt und sie entlastet. Menschen haben nicht nur ein Bedürfnis nach Achtung und nach sinnlichen Genüssen, sie wünschen sich auch eine sichere Perspektive für ihr Leben, wollen in Ruhe und friedfertig leben. Herrschaft gibt vor, diese Absicherung garantieren zu können. Sie schützt den Raum des Privaten vor den Zugriffen anderer und sie enthebt die Beherrschten von den in komplexen Gesellschaften notwendigen Planungsaufgaben. Herrschaft übernimmt die Verantwortung für das Funktionieren der Gesellschaft. Sie entlastet damit die Beherrschten von einem Teil ihrer Verantwortung für sich selbst. Sie infantilisiert. Sie erübrigt für die Beherrschten partiell die Notwendigkeit der Selbstbeherrschung. Selbstbeherrschung ist die erste Voraussetzung für Fremdbeherrschung. Selbstbeherrschung ist aber auch die erste Voraussetzung für die Freiheit von Fremdbeherrschung. Beherrscht zu werden ist bequem. Herrschaft wie Beherrschung haben beide ihre Vorteile. Die Beherrschten bekommen etwas dafür, dass sie sich beherrschen lassen. Beherrschung ist nicht bloß ein Opfer, sie ist auch eine Gabe. Man muss die Vorstellung der Beherrschten als Opfer aufgeben. Die Menschen stehen in ihren unterschiedlichen sozialen Rollen zumeist nie nur einseitig auf der Seite der Beherrschten oder Herrschenden, sondern sie sind in den einen Verhältnissen Beherrschte und in den anderen Herrschende. Aber selbst da, wo sie Herrschende oder Beherrschte sind, sind sie nicht *nur* Täter oder *nur* Opfer, sondern immer beides, allerdings zu unterschiedlichen Anteilen und mit unterschiedlichen Konsequenzen. Herrschaft und Beherrschung (Knechtschaft) ist ein dialektisches Verhältnis.

Mit der Entstehung von Herrschaft entsteht das Problem ihrer Legitimation und Legitimität. Die ja für alle sichtbare, überdurchschnittliche Aneignung des gesellschaftlichen Reichtums und die Berechtigung zur Ausübung von Befehlsgewalt müssen begründet werden. Nur wenn solche Begründung gelingt, nur wenn solche Gründe im Kontext des jeweiligen gesellschaftlichen Selbstverständnisses überzeugend sind, gilt die Herrschaft als legitim. Autorität legitimiert sich durch sich selbst. Der Autoritäre bedarf einer externen Legitimation. Herrschaft legitimiert sich dadurch, dass sie vorgibt, Autorität zu haben. Sie behauptet, dass sie allein die Kompetenzen hat, die notwendig sind, um Schutz vor Gewalt im Äußeren und im Inneren und die Schaffung der für wirtschaftliche Sicherheit und Prosperität notwendigen Kontextbedingungen zu gewährleisten. Nicht umsonst stammt der Begriff des Autoritären aus der Wurzel der Autorität. Solange die Beherrschten glauben, dass die Herrschaft diese Aufgaben gut erfüllt bzw. erfüllen kann, sind sie loyal. In einem solchen Zustand bedarf es nur einer geringen gewaltförmigen Zurichtung der Gesellschaft. Die Loyalität der Beherrschten - ihre Akzeptanz der disproportionalen Güterzuteilung und ihre Unterordnungsbereitschaft - ist immer labil. Die institutionalisierte Herrschaft ist daher ein Mechanismus, solche Loyalität zu produzieren bzw. die Möglichkeiten widerständigen Verhaltens zu reduzieren.

Reproduktion von Herrschaft

Herrschaft entsteht erst, wenn die einzelnen Menschen, die durch die oben beschriebenen Prozesse Macht gewonnen haben, sich organisieren, eine *Klasse* bilden. Klassen können entstehen, wenn es in einer Gesellschaft relativ homogene soziale Gruppen gibt, wenn Menschen in ähnlichen Lebensverhältnissen leben und in ihrer Tätigkeit ähnliche gesellschaftliche Funktionen erfüllen. Solche objektiven Sozialstrukturen sind ihre materielle Grundlage. Klassen entstehen dadurch, dass sich diese Menschen ihrer Gemeinsamkeiten untereinander und ihrer Differenzen gegenüber anderen bewusst werden und beginnen, sich als Gruppe zu begreifen und zu organisieren. Herrschaft entsteht dann als organisierte Form der Machtausübung zugleich mit der herrschenden Klasse. Das gesellschaftliche Subjekt der Herrschaft kann immer nur eine Klasse sein. Einzelne oder auch kleinere Gruppen können eine Gesellschaft nie in dem Ausmaße bestimmen, dass sie in der Lage wären, sie den Strukturen der Herrschaft zu unterwerfen. Indem diese Klasse sich organisiert, institutionalisiert sie die Formen ihrer Herrschaftsausübung. Herrschaft als institutionalisierte Form der Machtausübung bedarf einer Apparatstruktur. Selbst die frühen Formen der herrschenden Klassen, als Kriegerklassen, die intern nicht hierarchisch organisiert sind, sondern Gruppen von Gleichgestellten bilden (vgl. Homer 1979), haben einen Befehlsempfängerapparat in ihren Dienern und Sklaven. Die Schaffung von sozialen Strukturen, in denen nach dem Muster von Befehl und Gehorsam agiert wird, ist die entscheidende Grundstruktur der Institutionalisierung von Herrschaft. Sobald die herrschende Klasse mehr wird als nur die Gruppe der Krieger einer Gesellschaft, sobald ihre gesellschaftliche Funktion über die kriegerische Tätigkeit hinausgeht, schafft sie sich einen Verwaltungsapparat, der ihrer Disziplin untersteht, d.h., nach dem Muster von Befehl und Gehorsam aufgebaut ist. Dieser der Herrschaft angegliederte Apparat gehört nicht zur herrschenden Klasse selbst. Es sind die Bediensteten der Herrschaft - nicht zufällig heißt der Beamte in Deutschland bis heute Staats*diener*. Diese Herrschaftsdiener stehen auf der Seite der Herrschenden gegen die Beherrschten. Sie werden von der Herrschaft gewonnen durch die Zuweisung eines Anteils an

Privilegien, durch eine relative Besserstellung, sei es an sozialer Sicherheit, an Einkommen, an Sozialstatus oder an Arbeitsaufwand und durch ihre Beteiligung an der Befehlsmacht. Die Trennung zwischen dienender und herrschender Position ist in solchen Apparaten fließend, sie verläuft da, wo derjenige nicht mehr nur ausführendes Organ ist, sondern einen eigenen substantiellen Entscheidungsspielraum hat. Die Beherrschten wiederum sind diesem Apparat und seinen Funktionären gehorsamspflichtig, müssen ihren Befehlen gehorchen, soweit ihre soziale Funktion reicht. Die Struktur von Befehl und Gehorsam funktioniert so, dass das Handeln dessen, dem befohlen wird „in einem sozial relevanten Grade, so abläuft, als ob die Beherrschten den Inhalt des Befehls, um seiner selbst willen, zur Maxime ihres Handelns gemacht hätten ('Gehorsam')" (Weber 1980, 544). Erst ein nach diesem Muster funktionierender Apparat und eine ihm unterworfene Bevölkerung lässt aus überlegener Macht und Gewalt das soziale Verhältnis der Herrschaft entstehen. Erst jetzt ist Herrschaft eine soziale Struktur geworden, ein soziales Verhaltensmuster, nach dessen Regeln die Menschen - freiwillig - agieren. Herrschaft verlangt sowohl die institutionelle Materialisierung wie auch die Verinnerlichung des Über-/Unterordnungsverhältnisses. Disziplin, die Struktur von Befehl und Gehorsam, wird zum tragenden Organisationsprinzip jeder herrschaftsförmigen Gesellschaft. Ein Großteil der sozialen Interaktionen läuft nach diesem Muster ab. Von diesen Verhaltenszwängen bleiben im Wesentlichen nur die persönlichen Beziehungen der Menschen untereinander frei, die Verhältnisse von Gleichgestellten, d.h. von solchen, die in den gestuften Herrschaftsverhältnissen auf derselben Ebene stehen, sowie die sozialen Verhältnisse, die für die Herrschaft nicht funktional sind. In letzteren ist es für das Verhalten der Personen zueinander egal, welche Position sie in der Herrschaftshierarchie inne haben.

Herrschaft stützt sich nie allein auf einen solchen Befehlsapparat und könnte es auf Dauer auch nicht. Sie ist keine Besatzungsmacht, die die Gesellschaft quasi von außen dominieren würde. Herrschaft ist Teil der gesellschaftlichen Strukturen. Sie ist struktureller Effekt der weltbildenden Diskurse und der Diskurse der Selbstverständigung und des Selbstverständnisses einer Gesellschaft, also der Wissensdiskurse und der philosophischen Diskurse. Unsere Umwelt und unsere eigene Existenz sind nicht selbstevident. Meine Wahrnehmung unterliegt immer schon meiner Interpretation. Philosophie und Wissen sind nicht objektiv. Für die Philosophie ist dies nach dem oben Gesagten klar, aber dies gilt auch für das Wissen. Zwar bezieht sich Wissen immer auf Objekte, aber das *Wie* dieser Beziehung ist ebenso unvermeidlich immer subjektiv. Es ist durch die Gegenstände meines Umgangs mit der Umwelt nur begrenzt vorgegeben. Ebensosehr wird die Art und Weise meines Umgangs mit den Dingen durch mich, durch meine Interessen, meine Situation und meine Bedürfnisse bestimmt.[9] Das Verhältnis zu den Dingen ist immer *mein* Verhältnis zu ihnen. Mein eigenes Verständnis des „*wie*" meines Umgangs mit den Dingen ist zudem wiederum ein subjektives. Ich interpretiere mich in *meinem* je durch *meine* Interessen geprägten Zugriff auf die Dinge selbst.

Durch diese Selbstinterpretation *meines* Umweltverhältnisses entsteht erst „Welt". Herrschaft bestimmt die Muster dieser Interpretation und damit die Weltbilder und Philosophien einer Gesellschaft. Diskurspolitik ist eine Form der Herrschaftsausübung. Diese diskursive Macht-/Herrschaftspolitik haben wir oben am Beispiel des philosophischen Wahrheitsdiskurses bereits untersucht und gesehen, dass letztlich alle herrschaftsförmig strukturierten Diskurse solche sind, die Wahrheitsansprüche erheben. „Es gibt keine Machtausübung ohne eine bestimmte Ökonomie der Diskurse der Wahrheit" (Foucault 1978, 76). Herrschaftsförmig sind diese Diskurse deswegen, weil sie Wissen und Philosophie so organisieren, dass in ihnen die Dominanz der herrschenden Auffassung, also der Auffassung, die die Herrschaft für die notwendige Organisationsform von Gesellschaften hält, festgeschrieben wird. Sie organisieren diese Prozesse, indem sie bestimmte Denkformen, Denkmuster, bestimmte Kategorien propagieren, die in ihrer diskursiven Struktur, d.h. in ihrem kontextuellen, erst jedem Begriff seine Bedeutung verleihenden Zusammenhang, die Muster der Herrschaft - die Hierarchisierung sozialer Beziehungen, die Über- und Unterordnung, die Privilegierung und Deprivation, die Disziplin als Befehl und Gehorsam - mit sich tragen. Auf der anderen Seite werden in den Diskursen solche Denkweisen und Kategorien diskriminiert, die diese hierarchischen Muster destruieren, die es also möglich machen, die umfassende Freiheit und Gleichberechtigung der Menschen zu denken.

Die Prozesse der Diskurspolitik sind keine rational gesteuerten. Vielmehr werden vorhandene Diskurse, vorhandene Modelle gesellschaftlicher Praxen unter bestimmten Bedingungen von den Herrschenden umgebaut, besetzt, kolonialisiert, wenn eine Tätigkeit auf diesen Feldern nötig oder nützlich erscheint. Diese Tätigkeiten folgen keinem instrumentellen Plan der Herrschaftssicherung. In den Diskurspolitiken werden je konkrete Absichten, konkrete Zwecke und Nützlichkeiten verfolgt. Dabei wird aber immer auch zugleich das allgemeine Muster der Herrschaft automatisch reproduziert. Automatisch, weil das Selbstverständnis der Herrschenden, ihr Bewusstsein ihrer selbst, das Bewusstsein ihrer herrschenden Tätigkeit ist und von ihnen unreflektiert und nicht-instrumentell in alle von ihnen dominierten Diskurse eingebracht wird. Es gibt keine strategische Leitung und Planung solcher Prozesse. Wo sie versucht wird, wie z.B. im Sozialismus, scheitert sie zumeist. Vielmehr agieren die in ihren jeweiligen gesellschaftlichen Positionen in den Herrschaftsapparat integrierten Personen von sich aus, aus dem je arbeitsteiligen Selbstverständnis ihr je besonderen Praxis heraus. Sie nehmen spontan die zur Reproduktion ihrer Praxis und ihrer hierarchischen Stellung nötigen Eingriffe in die ihrer Tätigkeit zugeordneten oder sie tangierenden diskursiven Felder vor. Die so entstehenden herrschaftsförmigen Diskurse werden die gesellschaftlich herrschenden Diskurse. Zum einen, weil ihre Beherrschung Zugangsvoraussetzung zur Klasse der Herrschenden und den Positionen und Instanzen der Herrschaft ist. Zum anderen, weil auch die Beherrschten, wenn sie mit ihren Interessen und Ansprüchen von der Herrschaft vernommen werden wollen, diese in der Sprache der Herrschaft artikulieren müssen.

Die Wirkung der Herrschaft ist hier aber eine ganz andere als die der Disziplinapparate. Hier wird nicht aufgrund von Befehlen, sondern von Gewohnheit und Einsicht herrschaftskonform gehandelt. Die herrschaftsförmige Strukturierung der Wissensdiskurse und der Philosophiediskurse prägt unmittelbar das Welt- und Selbstverständnis der Subjekte, der Herrschenden wie der Beherrschten. „Man muss die materielle Instanz der Unterwerfung in ihrer subjektkonstitutierenden Funktion erfassen" (Foucault 1978, 81). Wenn die Denkmuster und Kategorien des herrschaftsförmigen Denkens die Welt- und Selbstinterpretation der Beherrschten prägen, so handeln sie herrschaftskonform aus *ihrer* Wahrnehmung des Wissens, der Normalität heraus. Sie handeln so, weil sie diese Form des Handelns für sachadäquat, für richtig halten. Die Strukturen der Herrschaft ergeben sich so scheinbar aus den Strukturen der Welt selbst. Und das in diesen Strukturen bewährte Handeln ist das normale Handeln. Herrschaft erscheint so als sachlich nötig, als Sachzwang. Dies bedeutet, dass die Beherrschten sich freiwillig der Herrschaft unterwerfen. Freiwillig jetzt nicht nur im Sinne einer instrumentellen Kosten-/Nutzen-Abwägung, wie sie gegenüber dem mit einer Sanktionsdrohung verbundenen Befehl erfolgen kann, sondern freiwillig nun im Sinne der Einsicht in die Notwendigkeit,[10] freiwillig im Sinne von „aus Überzeugung". Selbst die Abschaffung des Disziplinapparats und seines gewaltförmigen Rahmens würde daher nicht zu einer grundlegenden Änderung des Verhaltens der Beherrschten führen. Solche Machttechniken der Internalisierung und Versachlichung von Herrschaft sind effizienter als Techniken der Disziplinierung und Bestrafung. Zum einen minimieren sie die Notwendigkeit direkt gewaltförmiger Eingriffe, zum anderen erhöhen sie die Produktivität der Beherrschten. Letztlich geht es bei der Herrschaft darum, andere für sich arbeiten zu lassen. Zu bestimmen, was, wann und wie sie arbeiten und sich die Produkte ihrer Arbeit anzueignen. Wenn man sein Tun für sachlich nötig hält und es nicht als einen Zwang durch andere begreift, arbeitet man mit weniger Widerstand und ist damit produktiver. Solches Handeln aus Einsicht setzt Selbstkontrolle voraus. Diese ist ein zweischneidiges Schwert. Sie erlaubt es der Herrschaft ihre offene Präsens zurückzunehmen, sie erhöht aber auch die eigene Handlungskompetenz der Beherrschten. Diese sind zu mehr in der Lage als nur Befehle auszuführen, sie können eigenständig handeln und das heißt, sie können auch gegen die Herrschaft handeln. Handeln aus Einsicht, d.h., erstens die Fähigkeit der Einsicht und zweitens die Fähigkeit, daran sein Handeln zu orientieren, sind die Selbstkonstituierungstechniken der Herrschaft. Fremdbeherrschung setzt Selbstbeherrschung voraus. Techniken der Selbstbeherrschung zur Selbstkontrolle der Beherrschten einzusetzen, ist bis zu einem gewissen Grade nötig, es ist sehr effizient, aber auch problematisch und verlangt die Verstärkung diskursiver Machttechniken. Daher muss Herrschaft, je mehr sie auf solche Machttechniken setzt, zu ihrer Sicherung den Wirksamkeitsgrad des Normalisierungsapparats erhöhen. Die Prozesse der Internalisierung müssen intensiviert und auf Dauer gestellt werden. Das verlangt die Diskurse so zu arrangieren, dass die sozialen Kompetenzen nicht zur Befreiung eingesetzt werden. Mit dem Handlungsfreiraum auf der einen Seite steigt der Normierungsdruck auf der anderen Seite, also der Druck, diesen Freiraum nur im Rahmen des innerhalb der Herrschaftsstrukturen liegenden Handlungsraums zu nutzen und diese Grenze nicht zu überschreiten.

Herrschaft funktioniert auf dieser Ebene im Gegensatz zum Disziplinapparat nicht primär negativ über Sanktionen, sondern primär positiv über Motivationen. Zuckerbrot *und* Peitsche war schon immer die Strategie der Herrschaft. Je effizienter eine Gesellschaft funktionieren will, desto nötiger wird es, die Beherrschten zu ihrer Mitarbeit in den Produktionsverhältnissen zu motivieren, anstatt sie zu zwingen. Dazu ist es nötig, Überschneidungsbereiche zwischen den eigenen Interessen der Beherrschten und dem Interesse der Herrschaft zu schaffen. Dies sind solche Bereiche, in denen die Beherrschten, wenn sie für sich arbeiten, zugleich auch für die Interessen der Herrschenden tätig sind. Dies sind solche Strukturen der Arbeit, die dazu führen, dass je mehr ich für mich produziere, um so mehr auch für die Herrschaft abfällt. Der Akkordlohn ist ein einfacher Typus solcher Motivationstechniken.[11] Wenn diese Selbstunterwerfungstechnik vervollkommnet wird, wird es möglich den Eindruck entstehen zu lassen, es gäbe keine Herrschaft mehr, weil ihr repressives Element soweit zurückgenommen werden kann, dass es - innen- wie außenpolitisch - in der Ordnungsfunktion der Herrschaft verschwindet. Der Gewaltapparat, den jede Herrschaft besitzt - in unseren Gesellschaften Polizei und Armee -, erfüllt Ordnungsaufgaben, die nicht spezifisch herrschaftsförmig sind. Wenn die Polizei in einem eskalierenden Nachbarschaftsstreit die beteiligten Parteien, die mit der Axt aufeinander loszugehen drohen, gewaltsam trennt, so erfüllt sie damit eine Ordnungsfunktion für die Gesellschaft, die das friedliche Zusammenleben in ihr garantiert. Unter anderem durch die Erfüllung dieser Funktion legitimiert sich Herrschaft. Aber die Polizei ist immer mehr, sie ist auch die Instanz zur gewaltsamen Niederwerfung politischen Widerstands. Wenn Polizisten Atomkraftgegner niederknüppeln, zeigt sich die Repressionsfunktion staatlicher Macht. Je weniger diese ausgeübt werden muss, desto stabiler und effektiver funktioniert die Herrschaft.[12] Der Widerstand gegen personale Herrschaft ist viel ausgeprägter als der gegen die strukturellen Mechanismen der Herrschaft, die die Menschen durch die Vermittlung von Sachzwängen zu eigenen Entscheidungen im Sinne der Herrschaft bewegen. Disziplinapparate wie z.B. die Bürokratie werden wesentlich negativer eingeschätzt als Techniken der Vermittlung von Sachzwängen. Herrschaft, die überwiegend auf indirekten Techniken der Motivation und Freiwilligkeit beruht, ist daher stabiler, hält auch über die Personen hinaus. Man unterwirft sich lieber sachlichen Zwängen, für die scheinbar keiner etwas kann, als persönlichen Zwängen, die scheinbar bestimmte Menschen ausnutzen. Sachzwängen, das wissen alle, sind wir als Menschen in unserem Leben immer ausgesetzt. Wenn man Herrschaft als Funktion von Sachzwängen vermitteln kann, so ist das eine ideale Strategie zu ihrer Akzeptanz. Solche entpersonalisierten Herrschaftstechniken darf man aber nicht verwechseln mit einer Herrschaft ohne herrschende Personen. Zu dieser Fehlvorstellung kann man nur gelangen, wenn man Herrschaft mit Willkür verwechselt. Herrscher bleiben die in diesen Verhältnissen strukturell privilegierten und mit institutionalisierter Macht ausgestatteten Personen. Dass es sachliche Strukturen sind, die ihre Position garantieren, ändert nichts an ihrer Position. Diese ist die Position von Herrschaft. Um sie abzuschaffen, genügt es nicht, das gegenwärtige Personal der Herrschaft auszuwechseln, sondern man muss die herrschaftsproduzierenden Strukturen ändern. Das ist möglich.

Die alltäglichen Praxen der Subjektkonstitution, der Sozialisierung in Herrschaftsverhältnisse hinein, sind nicht nur diskursive. Ebenso wichtig sind die nicht diskursiven Praxen alltäglicher Unterstellung. Viele gesellschaftliche Praxen, im Sinne ritualisierter bzw. von oben vorgegebener Verhaltensmuster, organisieren die Einordnung des Einzelnen in die Verhältnisse der Herrschaft, egal ob dabei etwas gesagt wird oder nicht. Die Verhältnisse, in denen Menschen miteinander agieren, sind fast immer sozial vorstrukturiert, wie z.B. Schule, Universität, Familie, Arbeitsverhältnisse, Organisationsmitgliedschaften, Wahlen, Umfragen, karitative Sammlungen, kulturelle Veranstaltungen. Soziale Interaktion in diesen Verhältnissen läuft immer in vorgegebenen Formen ab. Diese Formen sind die Formen der Herrschaft. Herrschaft ist die Form eines sozialen Verhältnisses. Indem der Einzelne in diesen Formen handelt, konstituiert er durch sein Handeln selber Herrschaft mit. Die Herrschenden alleine können die Herrschaft nie machen. Es bedarf neben dem Handeln der Herrschenden ebensosehr der Beherrschten und ihres Mittuns, damit das soziale Verhältnis der Herrschaft entsteht. Erst indem die Beherrschten sich als Beherrschte verhalten, sich unterwerfen, sich ein- und unterordnen, mitmachen entsteht Herrschaft als Gemeinschaft der Herrschenden und der Beherrschten. Die soziale Form der Herrschaft ist in herrschaftsförmigen Gesellschaften tendenziell allgegenwärtig. Auf allen Gebieten sozialer Praxis versucht Herrschaft mehr oder weniger intensiv, je nach der gesellschaftlichen Bedeutung der jeweiligen Praxis, ihre Organisationsmuster durchzusetzen. In allen Bereichen des Lebens agieren die Menschen in den selben, vorgegebenen Mustern des oben und unten. Das Verständnis der Herrschaft als einer nötigen Form sozialer Praxis folgt nicht zuletzt aus der Unentgehbarkeit ihrer Handlungsformen. Die Erfahrung sozialer Praxen ist überwiegend die Erfahrung herrschaftsförmiger Praxen. Herrschaft erweckt so den Eindruck, dass sie als Form sozialer Organisation unersetzlich ist. Den meisten Menschen fehlt die Erfahrung, dass es auch anders geht.

Sind die Formen der Herrschaft in diesem Sinne allgemein geworden, so ist der Prozess der Sozialisation in menschliche Gemeinschaften hinein, den jeder Mensch durchläuft, automatisch und per se ein Prozess der Sozialisation in Verhältnisse der Herrschaft hinein. Sozialisation ist der Prozess der Integration des Menschen in die Gemeinschaften, die er bei seiner Geburt zunächst vorfindet.[13] Menschen brauchen andere Menschen, brauchen Gemeinschaft und haben ein entsprechendes Bedürfnis, Teil von Gemeinschaften zu sein. Darauf bauen die Mechanismen der Herrschaft auf. Zunächst einmal sind einem keine anderen Gemeinschaften gegeben, als die, in die man hineingeboren wird. In diesen muss man sich zunächst zurechtfinden. Anerkanntes und in seiner Stellung respektiertes Mitglied herrschaftsförmiger Gemeinschaften wird man aber nur, wenn man ihre Herrschaftsförmigkeit akzeptiert, wenn man die Muster ihrer sozialen Strukturierung bedient. Sozialisation ist ein Lernprozess. Lernen beruht zunächst auf Nachahmung. Man ahmt das nach, was einem vorgemacht wird. Das Vorgegebene sind die sozialen Interaktionsmuster der Herrschaft, ihre Hierarchien. In ihnen muss man zunächst seine Position finden. Jeder Versuch, sich der Herrschaft zu widersetzen, wird dann zugleich zu einem Schritt des Heraustretens aus der Gemeinschaft. Die einzige Möglichkeit gegen diese soziale Isolierung ist es, eine neue Gemeinschaft, die Gemeinschaft der Sich-der-Herrschaft-Widersetzenden zu bilden. Solange das nicht gelingt, ist Widerstand Außenseitertum. Auch die Angst vor sozialer Isolierung beschränkt den Mut zum Widerstand. Angst ist ein wichtiger Mechanismus der Herrschaft. Nicht nur als Angst vor Strafe, wenn man gegen strafbewehrte Normen verstößt, sondern auch Angst vor sozialer Sanktion in jeder Form, von Ausgrenzung bis zur Lächerlichkeit. Angst aber auch vor der Notwendigkeit, sein Leben selbst zu organisieren, für es selbst Verantwortung zu übernehmen. Die Angst vor der eigenen Unfähigkeit, vor seiner Unwissenheit lässt einen die Herrschaft als notwendig akzeptieren. Die Menschen haben immer den Wunsch ihr Leben selbst zu bestimmen, aber dieser Wunsch äußert sich häufig aus Angst nicht in dem Bestreben, wirklich selber die Entscheidungen zu treffen, sondern darin, jemanden zu finden, der dies im eigenen Sinne für einen tut. Mit diesem Versprechen agiert Herrschaft und bemüht sich zugleich die Ängste der Beherrschten zu fördern.[14] Herrschaft ist auch ein Mittel der Komplexitätsreduktion. Das Undurchschaubare macht Angst, das, was man nicht kennt und nicht zu überblicken können glaubt. Die Delegation der eigenen Verantwortung auf einen anderen, „der es besser weiß und kann", ist ein solches Muster der Vereinfachung. An die Stelle der Notwendigkeit die Probleme selber zu durchdenken, tritt die viel einfachere Aufgabe nur den Richtigen auszuwählen. Die Einordnung in eine Gemeinschaft ist ebenfalls ein Mittel gegen die Angst. Gemeinschaft macht stark. Schon zwei sehen mehr als einer. Gemeinschaft vermehrt tatsächlich die Fähigkeiten der Menschen. Aber dieses Bedürfnis nach Gemeinsamkeit ist eben auch ein Mittel, die Einzelnen zu unterdrücken, wenn die Gemeinschaften, die ihnen zur Verfügung stehen, nur solche der Unterdrückung sind. Und Angst ist ein Mittel diesen Zustand zu erhalten, weil dem, der Angst hat, das Vertrauen in seine Fähigkeiten fehlt, andere Gemeinschaften begründen zu können. Die Hierarchisierung der sozialen Position wirkt auf das Selbstvertrauen des Einzelnen zurück. Wer in der gesellschaftlichen Hierarchie auf einer niedrigen Stufe steht, neigt dazu, sich selbst für unfähig zu halten, die politischen Entscheidungen selbst treffen zu können. Anstatt auf seine Kräfte zu vertrauen, identifiziert man sich lieber mit den Oberen. Selbst wer nicht eine solche Form der Selbstaufgabe betreibt und sich das Bewusstsein seiner Deprivation bewahrt, traut sich aufgrund seiner Ängste häufig nur zu negativen Formen des Widerstands, verweigert sich nur dem Mitmachen, ohne selber etwas dagegen zu machen, begnügt sich mit den Nischen der privaten Existenz. Aber auch hier arbeitet die Herrschaft nicht nur mit den negativen Emotionen der Angst, sondern ebensosehr auch mit den positiven Emotionen der Anerkennung. Gruppenbindung ist eine emotionale Angelegenheit. Selbst wenn man Kritik an den Strukturen seiner Gemeinschaften hat, fällt es schwer aus ihnen herauszutreten. Emotionen verbinden, dies gilt selbst noch für negative. Und solange solche Verbundenheit besteht, kann die Herrschaft im Zweifel auf die Beherrschten vertrauen. Sie zu befördern ist ihre Absicht.

Herrschaft ist kein theoretisches Verhältnis. Es umfasst den Menschen als Ganzen. Der Zugriff der Herrschaft auf die Beherrschten hört bei ihrem Selbstverständnis nicht auf und fängt bei ihm nicht an. All diese Techniken der Macht finden sich auch auf der körperlichen Ebene. Wenn Menschen handeln, so tun sie dies mit ihrem Körper. Sie setzen sich mit der sie umgebenden Körperwelt körperlich auseinander. Der Körper ist nicht nur ein Mittel der Arbeit, der Re-Aktion mit der Umwelt, er ist auch ein Medium des Ausdrucks, er hat eine Bedeutung. Menschen artikulieren sich durch ihren Körper und sie tun dies nicht nur, indem sie sprechen. Diese Prozesse des Austauschs mit der Umwelt und des Körperausdrucks sind ebensosehr herrschaftsförmig organisiert wie die Prozesse der Selbstverständigung. Das betrifft sowohl die körperlichen Ausdrucksprozesse als auch die körperlichen Gestaltungsprozesse. Dies betrifft die Sexualität, die Vernutzung eines Körpers durch Arbeit, seine Gestaltung im Fitnessstudio, die Körperhaltung, die Kleidung, aber auch räumliche Anordnungen von Körpern - sachlichen wie menschlichen (Raumordnungen). Auch der Körper ist ein Ort der Fremd- und Selbstunterwerfung, wie auch der Emanzipation. Er ist ein Ort der Subjektkonstitution. Alle Disziplinierungstechniken greifen auf den Körper zu. Die Körperstrafe ist der offensichtlichste Zugriff, aber die Disziplinierung der Körper beginnt und endet nicht bei ihr. Die Bereitstellung von Sitzmöbeln und die Anforderung, sie „ordentlich" zu benutzen, ist bereits ein Zugriff auf den und eine Zurichtung des Körpers. Ebenso wie durch die Beeinflussung ihres Selbst- und Weltverständnisses das - körperliche - Verhalten der Menschen geprägt werden kann, so kann auch durch die Beeinflussung ihrer Körper ihr Verständnis geprägt werden. Nicht nur reagiert die Psyche somatisch, auch der Körper psychisch. Körperhaltung und Ausdruck stehen im Einklang mit dem Selbstverständnis der Personen. Ebenso findet sich eine einmal angenommene Charaktereigenschaft in vielen Praxen körperlicher Aktion wieder. Die Verhaltensmuster eines Menschen in seinem Körperumgang unterscheiden sich nicht wesentlich von denen in seinem sozialen Umgang. Es gibt dominante Verhaltensmuster, die bei aller auch gegebenen Widersprüchlichkeit menschlichen Verhaltens, immer wieder durchkommen. Auch der Charakter, im Sinne eines erworbenen, relativ stabilen, individuellen Verhaltensmusters wird körperlich geprägt. Über den Zugriff auf seinen Körper kann ich den ganzen Menschen prägen. Die Veränderung eines Menschen kann durch Überzeugung, durch Argumentation erfolgen, aber ebenso schnell und schneller kann sie durch Einwirken auf seinen Körper erfolgen. Die Zurichtung junger Männer zu Soldaten findet nicht in Diskussionsgruppen statt, sondern durch körperlichen Drill. Das extremste Beispiel der Veränderung eines Menschen durch Einwirkung auf seinen Körper ist die Folter. Schmerz hat ein immenses psychisches Veränderungspotenzial. Deswegen ist der Körper einer der Hauptorte der Fremd- wie Selbstdisziplinierung. Körperbeherrschung ist für den Menschen notwendig. Die Entwicklung des Kindes zum Erwachsenen beruht wesentlich auf ihrem Erwerb. Der Mensch muss lernen gezielt und bewusst mit seiner Umwelt agieren zu können. Erst mit einem selbstbeherrschten Körper wird dies möglich.

Wenn die Herrschaft Einfluss auf den Körper nimmt, so handelt sie auch dabei zunächst repressiv und versucht, über den Körper den ganzen Menschen zu unterdrücken. Aber insoweit sie auf das selbstständige Agieren der Beherrschten angewiesen ist, muss sie dabei zugleich auch die Fähigkeit der Selbstbeherrschung vermitteln. Auch hier gilt, je „freier“ eine herrschaftsförmige Gesellschaft wird, je mehr sie den Kontroll- und Repressionsapparat zurücknimmt, desto mehr muss sie auf Praxen der Normalisierung bauen, in denen die Menschen sich selbst unterwerfen, sich selbst so zurichten, dass sie mit ihrem Verhalten in den vorgegebenen Strukturen - ihrer Position entsprechend - erfolgreich agieren können (die ganze Ratgeberliteratur kreist um dieses Problem, vgl. Haug 1986, 105ff). Normalisierung bedeutet dabei die gesellschaftliche Verankerung einer verbindlichen Vorgabe, z.B. darüber, wie körperliche Selbstbeherrschung umzusetzen ist. Gesellschaftlich verankert ist eine solche Vorgabe, wenn sie nicht mehr ein personal artikulierter Befehl ist, sondern Ausdruck einer gesellschaftlichen „Wahrheit“. Einer „Wahrheit“, die sich auf soziale „Werte“, sachliche „Zwänge“ stützt, die man erfüllen zu müssen glaubt und auch erfüllen will, um dabei zu sein, um erfolgreich zu sein, um dazu zu gehören, um eine hohe soziale Position zu erwerben, um Teil der Gemeinschaft der Normalen zu sein, um in der Gemeinschaft zu reüssieren. Auch hier funktioniert die Normalisierung vorwiegend über Motivationen. Wer jung und dynamisch sein will, der pflegt seinen Körper im Fitnessstudio, weil er sich durch diesen körperlichen Ausdruck seiner Leistungsfähigkeit die Möglichkeit des Erwerbs einer guten sozialen Position erwartet, die verbunden ist mit einem interessanten Beruf, einer hohen Entlohnung und einem attraktiven Partner.[15]

Herrschaft verfestigt sich nicht nur in den sachlichen Strukturen gesellschaftlicher Organisiertheit, nicht nur in den diskursiven Strukturen gesellschaftlicher Weltbilder, sondern auch in den Strukturen der persönlichen Verfasstheit der Subjekte, in ihrem Charakter. Um das Ganze dieses Ensembles der Herrschaftsförmigkeit der Subjekte zu benennen, kann man sich an den von Adorno und Fromm aus der Psychoanalyse übernommenen Begriff der Charakterstruktur (Adorno 1973, 6ff, Fromm 1989, 217ff) anlehnen, wenn man darunter auch die körperliche Verfasstheit begreift, was dem Begriff des Charakters nicht grundsätzlich fernliegt.[16] Das Produktive dieses Konzepts liegt in der Verknüpfung von individuellen Bedürfnisstrukturen mit gesellschaftlichen Gegebenheiten. Die Charakterstruktur ist das relativ feste Verhältnis zwischen den Bedürfnissen, die die Menschen mitbringen, und den Mitteln, die sie zu ihrer Erfüllung vorfinden. Die Charakterstruktur bestimmt somit subjektive Verhaltensweisen, Werte und Normen, die Ausdruck der Vermittlung dieser zwei Ebenen sind. Sie gibt die Grundmuster vor, in denen der Einzelne sich bewegt, wenn er die nach seiner Einschätzung sinnvollsten Strategien zur Erfüllung seiner Bedürfnisse in der Gesellschaft verfolgt.

Die Menschen versuchen ihre Bedürfnisse - die immer selber gesellschaftlich geprägt und z.T. auch produziert sind, aber dennoch typisch menschliche Bedürfnisse bleiben - im Rahmen der vorgegebenen gesellschaftlichen Strukturen zu befriedigen. Diese stellen dafür bestimmte Mittel zur Verfügung und andere nicht. Zunächst müssen die Menschen diese nutzen, wenn auch immer die Möglichkeit besteht, andere zu schaffen. Diese Vorgabe setzt daher zunächst eine Anpassungsleistung voraus. Nur wenn ich meine Bedürfnisstruktur so gestalte, dass die gesellschaftlichen Mittel zu ihrer Befriedigung tauglich sind, kann ich sie überhaupt befriedigen. Diese Anpassungsleistung ist der Prozess der Sozialisation. Anpassung ist dabei kein negativer Begriff, sondern etwas, was Menschen grundsätzlich leisten müssen, um in der ihnen vorgegebenen Umwelt überleben zu können. Anpassung ist auch kein passiver Vorgang. Er setzt vielmehr die eigene Aktivität voraus und umfasst auch die Veränderung der zunächst vorgegebenen Strukturen, ihre Anpassung an meine Bedürfnisse. In stark entpersonalisierten Formen von Herrschaftsausübung verschiebt sich die Tätigkeit der Herrschenden zur Reproduktion der sie privilegierenden Ordnung von den Disziplinapparaten hin zu Tätigkeiten der Erhaltung herrschaftsförmiger Strukturen. Sind diese Strukturen zunächst vorgegeben, so muss ich mich an ihnen, an den mir von ihnen bereitgestellten Mitteln orientieren, wenn ich meine Bedürfnisse befriedigen will. Die Entwicklung dieser Bedürfnisse selbst ist wiederum durch die Strukturen der Herrschaft mitbedingt. Es entstehen für herrschaftsförmige Gesellschaften typische Bedürfnisse und typische Formen von Bedürfnissen. Probleme treten dann auf, wenn meine Bedürfnisse in den vorgegebenen Strukturen nicht oder nur schlecht erfüllt werden können.

Bedürfnisse sind mit Emotionen unterlegt. Sie sind nicht gleichwertig. Sie unterliegen subjektiven und objektiven Gewichtungen und gesellschaftlichen Hierarchien. Gerade nicht auf das primär Lebensnotwendige ausgerichtete Bedürfnisse erhalten ihr jeweiliges Gewicht erst durch solche soziale Hierarchisierung. Diese beruht zumeist nicht auf rationalen Gründen, sondern auf Emotionen. Die Werbung ist das beste Beispiel für die Emotionalisierung von Bedürfnissen. Emotionen sind biologische Motivationen.[17] Sie dienen zunächst der positiven wie negativen Absicherung primärer Bedürfnisse, sind darauf jedoch nicht beschränkt. Das ganze Leben der Menschen ist durch Gefühle, durch Stimmungen geprägt, diese und nicht rationale Argumente sind die primären Handlungsantriebe. Indem der Sozialstatus von unterschiedlichen Bedürfnissen und Werten gesellschaftlich bestimmt wird, wird zugleich die emotionale Besetzung bestimmter Bedürfnisse und Werte festgelegt. Auch Emotionen werden so sozial konstituiert. Eine geachtete

Stellung in der Gruppe einzunehmen ist ein Bedürfnis, welches emotional motiviert ist. Die dafür nötigen Fähigkeiten, Attribute, Werte zu erwerben, ist dann ebenfalls positiv emotional besetzt. Die soziale Struktur der Herrschaft prägt auch diese emotionale Besetzung von Bedürfnissen und Werten. Die Herrschenden versuchen aber auch ganz gezielt, solch emotionalen Besetzungen von ihnen günstigen Werten zu fördern. Rationale Legitimation von Herrschaft ist eine Sache, wenn es aber gelingt, Herrschaft auch emotional positiv zu besetzen, so bewirkt dies eine wesentlich stabilere Verankerung ihrer Strukturen in den Subjekten. Bessere Gründe kann man schnell einsehen, emotionale Bindungen ändern sich nur langsam. Vaterlandsliebe und Nationalismus sind ein Beispiel für solche emotionalen Besetzungen von Werten der Herrschaft.

Die Befriedigung von Bedürfnissen sollte sinnvollerweise rational erfolgen, jedoch geschieht dies häufig nicht. Die Befriedigung eines emotional stark besetzten Bedürfnisses wird häufig der sachlich sinnvolleren Befriedigung eines weniger emotional aufgeladenen Bedürfnisses vorgezogen. Ein Orden, der innerhalb einer bestimmten Wertehierarchie soziale Anerkennung ausdrückt, war früher manchem mehr Wert als eine Verbesserung seines Einkommens. Rationale Strategien der Bedürfnisbefriedigung können so mit der emotionalen Besetzung von Bedürfnissen in Konflikt geraten. Auch kann die rationale Verfolgung der Erfüllung eines Bedürfnisses die rationale Erfüllung eines anderen Bedürfnisses verhindern. Wenn ich als Beherrschter vorrangig meine ökonomischen Interessen verfolge, dann werde ich mit der Herrschaft und den Strukturen der Reichtumsverteilung zwangsläufig in Konflikt geraten, da ich einen gesellschaftlich anerkannten Anspruch auf das Ganze der von mir produzierten Produkte nicht habe. Dies kann mit meinem emotional stark besetzten Bedürfnis, ein anerkanntes Mitglied meiner Gemeinschaften zu sein, kollidieren. An dieser Stelle setzen Kompromissbildungen und Verschiebungen ein. Ich stelle dann das momentan subjektiv geringer gewichtete Bedürfnis hinter das andere zurück und begnüge mich mit einer nur teilweisen Erfüllung dieses Bedürfnisses, um auf der anderen Seite die volle Erfüllung meines subjektiv höher bewerteten Bedürfnisses zu garantieren.[18] Eine solche Vorgehensweise ist im Ganzen betrachtet nicht irrational. Selbstverständlich sind andere Strategien zur Lösung solcher Konflikte möglich. Die jeweiligen Strategien haben Vor- und Nachteile, die die Einzelnen gegeneinander abwägen. Ich kann, anstatt meine ökonomischen Bedürfnisse zurückzustellen, auch versuchen, die Herrschaftsförmigkeit der Gesellschaftsordnung abzuschaffen. Diese Strategie hat einen ungewissen Ausgang, sie ist wesentlich weniger kalkulierbar als die andere und sie erfordert wesentlich mehr Einsatz. Ich muss mehr Ressourcen für sie aufbringen und werde, je nachdem wie radikal und intensiv ich diese Strategie verfolge, auch Schwierigkeiten bekommen. Es ist nicht irrational, den Wunsch nach einer größeren Menge ökonomischer Güter hinter dem Ziel eines einfachen Weges zur gesellschaftlichen Anerkennung zurückzustellen. Es gibt nur ein Ziel, nur ein Bedürfnis, welches nicht durch Kompromissbildung herrschaftskonform befriedigt werden kann: das Ziel mein Leben selbst zu bestimmen. Wer dieses Ziel für sich überhaupt verfolgt, wird zwangsläufig mit der Herrschaft in Konflikt kommen. Hier können nur Verschiebungstechniken erfolgreich sein, die an die Stelle des realen Ziels eine imaginäre Repräsentanz setzen, welche als Ersatz angestrebt wird. „Freie Fahrt für freie Bürger" ist das Beispiel einer solchen Verschiebung des Bedürfnisses der Freiheit.[19] Herrschaft arbeitet auch daran, die sozialen Hierarchien und emotionalen Besetzungen von Bedürfnissen so anzuordnen, dass die Menschen bestimmte, der Herrschaft abträgliche Bedürfnisse zurückstellen und dafür ihre Befriedigung in der Erfüllung ihr dienlicher Bedürfnisse finden.

Neben der Befriedigung ihrer primären materiellen Bedürfnisse ist Gemeinschaftlichkeit, Anerkennung durch die anderen, mit denen man zusammen lebt, für die Menschen das primäre soziale Bedürfnis. Anerkennung ist normativ. Ihr Maßstab ist das Verhalten einer Person, gemessen an der Erfüllung von auf einer Werteskala hierarchisierten Verhaltensmustern. Anerkennung durch die Gemeinschaft lässt sich immer nur darüber verwirklichen, dass man ein Verhalten an den Tag legt, welches sozial geschätzt wird. Ich muss soziale Zwecke erfüllen, um mein Ziel, ein anerkanntes Mitglied der Gemeinschaft zu sein, zu erreichen. Sich so zu verhalten wird dann selbst zu einem Bedürfnis. Das Ziel eines solchen Bedürfnisses ist die Erfüllung von Werten und Normen.[20] Gesellschaften stellen Kataloge von Verhaltensweisen auf, zum einen für alle Mitglieder der Gesellschaft einheitlich und zum anderen je nach ihrer Klassen- bzw. Gruppenzugehörigkeit unterschiedlich, deren Erfüllung durch den Einzelnen seine Akzeptanz durch die und Stellung in der Gemeinschaft bestimmt. In herrschaftsförmigen Gesellschaften hat herrschaftsgenehmes Verhalten den höchsten Wert auf der sozialen Akzeptanzskala. Widerstand gegen Herrschaft muss mindestens mit dieser Wertehierarchie und auch mit einzelnen dieser Werte brechen. Ein kulturhistorisches Beispiel typischer Herrschaftswerte sind z.B. die „preußischen Tugenden". Die hier positiv bewerteten Verhaltensweisen wie „Disziplin", „Pflichterfüllung", „Treue", „Pünktlichkeit", „Fleiß", „Zuverlässigkeit" sind nicht grundsätzlich schlecht. Aber sowohl in ihrer inhaltlichen Fassung als auch in der Art und Weise ihrer Hierarchisierung wurden und werden sie dazu genutzt, herrschaftskonformes Verhalten als besonders positiv auszuzeichnen. Aus dem Potpourri sozialer Normen und Werte übernehmen die Menschen die ihrer Situation und sozialen Lage entsprechenden. Die Bildung einer Normen- und Wertehierarchie in der Charakterstruktur ist das Ergebnis der Vermittlung von Bedürfnissen mit Gegebenheiten. Sind solche Hierarchien einmal – unter Internalisierung vorgegebener Werte und Normen – von den Menschen selbst gebildet worden, so sind diese ihnen gegenüber nicht frei. Sie unterliegen ihren eigenen Ansprüchen und müssen sie erfüllen, um mit sich selbst zufrieden zu sein – oder sie müssen sie und damit sich ändern. Der Versuch, die Herrschaft abzuschaffen, setzt dann voraus, dass die Menschen sich ändern. Dies ist möglich, aber nicht leicht. Die Charakterstruktur, die auf langjähriger Erfahrung, auf langjährigen Umweltbeziehungen beruht, ist gegenüber kurzfristigen Änderungen häufig sehr stabil, je stabiler, je älter der Mensch ist, weil bei vielen zum Ersten die Menge an – gleichförmiger – Erfahrung zunimmt und zum Zweiten die Fähigkeit sich zu ändern, Neues zu lernen abnimmt. Es bedarf der Erfahrung, dass die Kompromissbildungen und Verschiebungen untauglich sind, dass die Werte und ihre Hierarchien nicht stimmen, dass es für einen selbst nicht das Beste ist, sich in die bestehenden Strukturen einzupassen, dass der eigene Handlungsspielraum größer ist als man gedacht hat, dass man mehr und anderes erreichen kann, dass die Garantien der Herrschaft brüchig sind, *dass man unfrei ist, dass Herrschaft ungerecht ist und dass man ohne sie glücklicher leben wird.*

Der Herrschaftsvertrag

Neben all diesen Zwangsmechanismen, die die Herrschaft zu nutzen sucht, bleibt immer Raum für ein eigenverantwortliches Handeln der Menschen. Es ist möglich Herrschaft als das Ergebnis eines – freilich immer nur fiktiven – Vertragsschlusses zu verstehen. Einen solchen fiktiven Vertrag anzunehmen, ist weder gekünstelt noch idealistisch. Ein Vertrag ist schließlich nichts anderes als das Ergebnis einer Übereinstimmung von mindestens zwei Personen über eine Kooperation bzw. ein Austauschverhältnis. Solch eine Übereinstimmung muss nicht erklärt werden. Es reicht, wenn beide Seiten eines sozialen Verhältnisses um ein solches Arrangement wissen und dementsprechend handeln.[21] Wenn es also ein solches Arrangement zwischen Herrschenden und Beherrschten gibt und wenn es zwischen ihnen eine Übereinstimmung über den Austausch von Leistungen füreinander gibt, dann ist es möglich, von einem Herrschaftsvertrag zu sprechen. Sinnvoll wäre es deshalb, weil dieser Vertrag, wie viele Verträge überdies, zwar kein gleichwertiges Austauschverhältnis begründet, wohl aber auf einer freiwilligen Zustimmung beider Seiten beruht. Mit dem Modell des Herrschaftsvertrages kann man das Moment der Freiwilligkeit des Herrschaftsverhältnisses prägnant erfassen.

Der Inhalt des Herrschaftsvertrags besteht darin, dass die Beherrschten den Herrschenden ihre Privilegien zugestehen und bereit sind, ihren Anordnungen zu folgen, dafür aber einen, dem gesellschaftlichen Niveau entsprechenden, materiellen Wohlstand und die Ruhe ihrer befriedeten Privatheit verlangen.[22] Dieser Vertrag ist heutzutage teilweise tatsächlich in formelle Rechtsverhältnisse überführt worden. Die Ansprüche aus dem Arbeitsvertrag sind ebenso wie betriebsinterne Vereinbarungen (Weihnachtsgeld, Urlaubsgeld, Betriebsrenten usw.) vor den Arbeitsgerichten gegen das Kapital durchsetzbar. Sozialhilfe, Arbeitslosengeld, Wohngeld, Krankenversicherungsansprüche, Rente sind Ansprüche, die man vor den Verwaltungsgerichten gegen den Staat durchsetzen kann. Das Verhältnis zwischen Herrschenden und Beherrschten ist heute tatsächlich vielfach durch das Recht geregelt. Diese Verrechtlichung ist typisch für die bürgerliche Gesellschaft, allerdings nicht die primäre Struktur der Anspruchsverwirklichung in diesem Vertragsverhältnis. Primär, und selbst heute auch noch im Einzelnen vielfach gegeben, ist die Belohnungsstruktur. Die Beherrschten sind in diesem ungleichen Austauschverhältnis in der schwächeren Position und haben wenig Mittel, auf die konkrete Ausgestaltung ihres Anteils am materiellen Wohlstand Einfluss zu nehmen. Der Herrschaftsvertrag verspricht daher weniger eine genau bestimmte Leistung, sondern mehr die Belohnung von Wohlverhalten. Es ist daher exakter nicht von einem „Anspruch“, sondern von einer „Erwartung“ zu reden. Das Versprechen von Belohnung, als Lohn der Anpassung, prägt zunächst ganz wesentlich das Verhalten der beherrschten Klassen. Diese Belohnungsstruktur ist eine von Anfang an ansozialisierte, die sich auf allen Ebenen des Sozialen von der Familie bis zur Politik wiederfindet. Sie ist eine informelle Struktur des sozialen Raums. Die formelle Struktur gibt das Recht. Das Recht gibt die Möglichkeit, die eigene Position, soweit sie verrechtlicht wurde, durchzukämpfen. Soweit die eigenen, quasivertraglichen Erwartungen nicht verrechtlicht wurden, gibt es nur die Möglichkeit der politischen Auseinandersetzung. Beide Handlungsformen verbleiben innerhalb des Vertragsverhältnisses, verlangen aber dennoch eine offensive, kämpferische Auseinandersetzung mit der Gegenseite. Dagegen verspricht die Belohnungsstruktur, ohne Kampf, durch Anpassung und Bravheit einen, seinen, Vorteil zugewiesen zu bekommen. Man braucht nur die Herrschaft in ihrer Position zu bestätigen, ihre Auffassungen zu teilen, sich mit dem Starken zu identifizieren, keine Kritik an den bestehenden Verhältnissen zu üben und schon darf man getrost erwarten, seinen Anteil zugewiesen zu bekommen. Es ist die Infantilisierung der Beherrschten, die sich hierin niederschlägt. Es ist soviel einfacher und bequemer der Herrschaft nur zu applaudieren und zu hoffen für den Applaus belohnt zu werden, als gegen sie und für seine Interessen zu kämpfen. Die Belohnungsstruktur ist aber eine Sackgasse. Der Weg der Faulheit und Feigheit, der Weg, auf dem man scheinbar für seine eigenen Bedürfnisse und Interessen nichts tun muss, ist ein Holzweg. Er führt nur immer tiefer in die Herrschaft und in die Abhängigkeit von ihr hinein. Je weniger die Beherrschten offensive Formen ihrer Interessenartikulation entwickeln, desto mehr liefern sie sich dem Wohlwollen der Herrschaft aus und desto kleiner wird der Anteil am gesellschaftlichen Reichtum, den die Herrschaft ihnen zuzuweisen genötigt ist, um sich ihre Akzeptanz zu erkaufen. Wenn man etwas als Belohnung bekommt, so ist es eine Gabe, nichts Erstrittenes, kein Recht. Es ist etwas freiwillig Gegebenes, für eine freiwillig erbrachte Unterstützungsleistung, für freiwilligen Verzicht auf eigenes Denken, für freiwilligen Verzicht auf eigene Bedürfnisse, für freiwilligen Verzicht auf Gerechtigkeit und für freiwillige Anpassung. Auch die Belohnungsstruktur weist Elemente der Opferstruktur auf. Durch Rückstellung eigener Bedürfnisse, durch Verzicht soll Belohnung errungen werden. Die Hoffnung auf Belohnung ist die Hoffnung auf eine freiwillige Gabe der Herrschenden. Wer auf sie setzt, darf sich nicht beschweren, wenn sie ausbleibt. Man *darf* sich nicht beschweren, wenn man kein Klümpchen bekommen hat, obwohl man doch geklatscht hat, als der Kaiser vorbeiging. Motzen, der abwertende Ausdruck von Unzufriedenheit mit Personen oder Verhältnissen, ist die typische Reaktion der Feigen und Faulen, derjenigen, die anstatt über ihre eigenen Fehler und Versäumnisse nachzudenken und für ihre Interessen zu kämpfen, anderen die Schuld geben. Wer kämpft, schätzt in aller Regel seine Möglichkeiten realistisch ein. Er wird sich nicht beschweren, wenn er seine Ziele aufgrund der gegebenen Kräfteverhältnisse nicht durchsetzen konnte.

Auch der Herrschaftsvertrag stiftet eine Gemeinschaft zwischen Herrschenden und Beherrschten. Gemeinschaft konstituiert sich durch die Gemeinsamkeiten der Mitglieder der Gemeinschaft und durch die Differenz zu anderen. Genus proximum - das Allgemeine - und differentia specifica - der Unterschied zu anderen - definieren das Gemeinschaftsmitglied. Gemeinsam ist beiden, dass sie Parteien *ihres* Vertrages sind, dass es *ihre* Herrschaft und *ihre* Beherrschten sind. Ihr gemeinsames Interesse ist es, sich in der Konkurrenz mit anderen Gesellschaften einen möglichst großen Anteil der natürlichen und der gesellschaftlich produzierten Reichtümer anzueignen, damit die Herrschenden möglichst viel zum Geben haben und die Beherrschten möglichst viel bekommen können. Anerkennung und Aberkennung sind das Grundmuster der Hierarchisierung und der exklusiven Gemeinschaftsbildung. In dieser Abgrenzung gegen andere besteht die Komplizenstruktur der Herrschaft. Herrschende und Beherrschte sind Komplizen in der Ausbeutung Dritter.[23] Auch das ist ein Teil des Herrschaftsvertrages.

Die Belohnungsstruktur ist Ausdruck von Verdrängung, Projektion und Identifikation. Verdrängung, Projektion und Identifikation sind Folgen der Kompromissbildung und Verschiebung durch die Charakterstruktur. Die Abwertung und Zurückstellung von Bedürfnissen, ihre Verschiebung auf Ersatzfelder, mein instrumentelles Verhalten zu mir, wird von den Personen nicht bewusst wahrgenommen. Würden sie es bewusst wahrnehmen, so wäre es eben kein Element ihrer Charakterstruktur mehr, sondern ein instrumentelles Verhalten. Die Mechanismen der Charakterstruktur dienen aber gerade dazu, das eigene Verhalten nicht als Kompromiss, sondern als richtig zu begreifen und die eigene Persönlichkeit nicht als in Konflikt mit der Umwelt stehende, sondern als in ihr konfliktlos integrierte zu verstehen. Dies setzt die Ignoranz, die Verdrängung der zurückgenommenen Bedürfnisse und der eigenen Unterordnung ebenso voraus wie die Verlagerung, Projektion der Konflikte und Aggressionen gegenüber den Herrschenden, mit denen man sich in einem stimmigen Verhältnis befinden will, auf andere, mit denen keine Gemeinschaft hergestellt werden muss. Die gewünschte Identifikation mit der herrschenden Ordnung und ihren Trägern verlangt die Verschiebung der sich im Verhältnis Herrschaft/Knechtschaft bildenden, negativen Emotionen auf von beiden Seiten aus diesem Verhältnis Ausgegrenzte. Die Erwartung einer Belohnung ist illusionär und solche Illusion lässt sich nur dann aufrechterhalten, wenn man die Wirklichkeit selektiv wahrnimmt. Verdrängt wird die Abhängigkeit und Unterworfenheit, die eigene Schwäche, die Wahrnehmung der Ungerechtigkeit und die Aggression gegen die Herrschenden ebenso wie die eigene Verantwortung für sein Leben. Die Aggressionen werden statt dessen auf Schwächere projiziert. Die Menschen identifizieren sich immer mit denen, die in der sozialen Hierarchie über ihnen stehen und grenzen sich nach unten ab. Sie möchten gerne mehr sein, besser leben. Sich in höhere Positionen zu imaginieren, ist angenehm. Mit der Identifikation nach oben und der Abgrenzung nach unten handelt man hierarchiekonform. Wer unten steht, steht dort angeblich, weil es seiner Persönlichkeit an den sozial wichtigen Fähigkeiten mangelt. Darin sind sich die Herrschenden und alle die Beherrschten, die nicht ganz unten stehen, einig. Aggressionen gegen die Schwachen können daher scheinbar mit deren Mangelhaftigkeit begründet werden. Auf dieser Verdrängung von Ängsten und Wünschen, auf der Projektion von Aggressionen und der Identifikation mit den Stärkeren baut die Komplizenstruktur der Herrschaft auf. Die Herrschenden unterstützen die Beherrschten in der Verdrängung der eigenen Mängel, in der Projektion ihrer Aggressionen auf Schwächere, in ihrer Faulheit und Feigheit, in dem Wunsch sich nicht ändern zu müssen. Dieses Verhältnis stiftet Gemeinschaft. Die Komplizenstruktur ist der Teil des Herrschaftsvertrages, in dem es nicht um Austauschverhältnisse, sondern um die Konstruktion von Gemeinschaft geht. Man ist miteinander einig, über bestimmte Dinge nicht zu reden, bestimmte Menschen abzulehnen, bestimmte Forderungen nicht zu stellen, über die eigenen Fehler wechselseitig zu schweigen. Die Herrschenden verhalten sich in diesem Komplizenverhältnis, wie auch überall sonst, ebenfalls zumeist nicht instrumentell. Sie stehen nicht außerhalb dieser psychosozialen Verdrängungsstruktur, sind keine „besseren", „reflektierteren" Menschen. Sie sind nur Menschen einer anderen Klasse, eben der herrschenden, mit ihren anderen klassenspezifischen Sozialisationsregeln und ihrer anderen klassenspezifischen Kultur. Auch in dieser Verdrängung liegt die Gemeinsamkeit zwischen Herrschenden und Beherrschten. Schuld haben immer nur die anderen. Die Unterstützung dieser Verdrängungsstruktur durch die Herrschenden ist eines der tragenden Momente von Herrschaft. Nur aufgrund dieser Komplizenschaft, dieser grundlegenden Gemeinsamkeit zwischen Herrschenden und Beherrschten, wird überhaupt klar, wie eine Gesellschaft, die von Klassenantagonismen und Interessenkonflikten durchzogen ist, funktionieren kann. Jede Legitimationsstruktur von Herrschaft, die nicht primär auf Gewalt beruht, muss auf einer solchen Form von Gemeinsamkeit beruhen. Dieser Gemeinsamkeit bedarf es auch noch über den Aufweis der Nützlichkeit der Herrschaft hinaus. Erst diese Übereinstimmung, diese psychosoziale Einheitlichkeit schafft das stabilisierende Band, welches hierarchische Gesellschaften kleine und größere Krisen überstehen lässt. Wichtiger als jede ideologische Beeinflussung im Sinne einer Weltanschauung ist zur Herstellung eines funktionierenden gesellschaftlichen Gefüges hierarchischer Strukturen diese spontane Komplizenschaft zwischen Beherrschten und Herrschenden. Der gemeinsame, unreflektierte kulturelle Background einer Gesellschaft ist das tragende Bindeglied der Herrschaft. Es sind die einfachen, kleinen, alltäglichen Mechanismen des Selbstbetrugs, der Anpassung, die eine viel größere Rolle spielen als die großen Weltbilder. Diese sind letztlich nur für die führenden, gebildeten Schichten der Gesellschaft nötig und von Bedeutung, z.B. als Verständigungsrahmen für den Entwurf gesellschaftlicher Projekte, als Diskursraum, in dem das Selbstverständnis der herrschenden Klasse gebildet werden kann. Sie dienen daher zumeist nicht der Stiftung einer imaginären Gemeinsamkeit zwischen Beherrschten und Herrschenden, sondern der Betonung der Differenz. Das Gemeinsame wird vor allem durch die darunter liegenden alltäglichen Prozesse und ihr alltägliches, unreflektiertes Selbstverständnis gestiftet, welches klassenübergreifend ist.

Philosophie wächst nur dann eine größere Bedeutung für die Stiftung der Gemeinschaft zwischen den Herrschenden und Beherrschten zu, wenn sich diese Alltagserfahrungen auseinander entwickeln.[24] Die alltäglichen Mechanismen sind wichtiger als die ideologische Rechtfertigung. Diese gehört dazu, aber nicht sie, sondern die alltägliche Stiftung von Gemeinschaft im Vollzug der Herrschaft ist das Verbindende.

Indem im Herrschaftsvertrag auch die Versorgung und Absicherung der Beherrschten durch die Herrschenden geregelt wird, ist in ihm auch die Delegation der Verantwortung für das eigene Leben festgelegt. Die Verantwortung für das partielle Scheitern des eigenen Lebens, dafür, dass man nicht das bekommen hat, was man wollte, wird aber nicht denen auferlegt, an die man die Verantwortung delegiert hat, sie wird auch nicht auf sich selbst genommen, der man delegiert hat, sondern sie wird wiederum auf andere projiziert, die außerhalb der Gemeinschaft der Beherrschten und Herrschenden stehen bzw. über die der Konsens besteht, dass sie ausgegrenzt werden dürfen. An ihnen wird der symbolische Protest vollzogen. Diese werden in die Rolle dessen gestellt, der etwas bekommen habe, was einem selbst zugestanden habe. Diese werden daher der Sündenbock, also der Bock, auf den es erlaubt ist, die eigenen Sünden abzuladen. Wer mit den Verhältnissen, in denen er lebt, unzufrieden ist, muss etwas tun, um sie zu ändern. Tut er dies nicht, so darf er sich auch nicht beschweren. Das Risiko dessen, der kämpft, der sich wehrt, ist heute aufgrund der in den sozialen Kämpfen der Vergangenheit errungenen rechtlichen und sozialen Standards in den führenden Industrieländern so minimiert, dass es jeder auf sich nehmen kann. Wer es unter diesen Bedingungen immer noch nicht tut, ist feige und angepasst und hat sein Recht, sich zu beschweren, vertan. Die Vorstellung, dass der „kleine Mann" keinerlei Handlungsmöglichkeiten hat, ist falsch. Wer die in seinem Rahmen gegebenen Möglichkeiten nicht wahrnimmt, will sie nicht wahrnehmen, will sich die Mühe nicht machen, sondern hofft auf den *Herrschaftsvertrag*. Wer nicht kämpft, sondern nur motzt, will damit nichts ändern, sondern nur seine „Rechte" aus dem Herrschaftsvertrag einklagen, in dem er mit - partieller - Kündigung droht. Der Aufstand gegen Minderheiten, Ausländerfeindlichkeit und die Drohung mit Rebellion sind symbolische Akte gegen die Herrschaft. Den Herrschenden wird damit gedroht, dass man auch anders könne. In einer Herrschaft, in der, wie in unserer, die Legitimation von Teilen der Herrschaft partiell auf Wahlen beruht, ist die Wahl von rechtsextremen Parteien tatsächlich für viele zunächst nur ein Denkzettel, den man den Herrschenden verpassen will, wenn man seine Erwartungen nicht erfüllt sieht. Es ist aber keineswegs zufällig, dass man auf diese Art und Weise einen Denkzettel verpassen will. Man führt diesen Akt von Aufruhr nämlich gegen diejenigen aus, die auch die Herrschaft schon zum Abschuss freigegeben hat und man wählt als „Alternative" solche, die eine stärkere Herrschaft installieren wollen. Das ist nur scheinbar ein paradoxes Vorgehen. Der Protest richtet sich nämlich nicht gegen die Herrschaft als solche, sondern nur gegen das zur Zeit herrschende Personal - es ist *zunächst*[25] ein symbolischer Akt.

Ein Kampf gegen die Herrschaft, bei dem es um mehr geht als um Protest, setzt die Infragestellung des gesellschaftlichen common sense, der herrschenden Meinung voraus. Dies ist nicht einfach zu bewerkstelligen. Es verlangt ein gesundes Selbstvertrauen in die eigenen Fähigkeiten und Einsichten. Aber die Forderung sich seines „*eigenen* Verstandes zu bedienen“ (Kant 1982a, 53) bleibt eine unverzichtbare Forderung für jegliche Emanzipation aus der Vormundschaft der Herrschaft. Zweifel, Anstöße über die herrschenden Meinungen kritisch nachzudenken, gibt es immer genug. Theorie und Realität der Herrschaft sind nicht stimmig. Aus der Wahrnehmung dieser Differenz kann Nachdenken, Kritik, Veränderung erwachsen. Was man aber dazu braucht ist, wie schon Kant feststellte, „Mut“, den Mut an die Stelle dessen, was von den Herrschenden und Mächtigen gepredigt wird, die eigene (gemeinsame) Einschätzung der Lage zu setzen. „*Aufklärung ist der Ausgang des Menschen aus seiner selbstverschuldeten Unmündigkeit*“ (ebd.). Jedes Emanzipationsprojekt kann auf diese Prinzipien der bürgerlichen Aufklärung zurückgreifen, weil sie in ihren philosophischen Grundsätzen ein wirklich emanzipatorisches Konzept vertritt, während sich in ihren politischen Maximen bereits der Kompromisscharakter der bürgerlichen Gesellschaft mit den feudalen Kräften und ihr eigenes Streben nach der Herrschaft ihrer Klasse niederschlägt.

Ein Projekt, das die Herrschaft wirklich aufheben will, muss Politik nicht nur gegen die Herrschenden, sondern zunächst auch gegen die Mehrheit der Beherrschten machen. Wenn Herrschaft, wie dies hier angenommen wird, ein großteils freiwilliges Verhältnis ist, ein Vertragsverhältnis, so ist die Mehrheit der Beherrschten für dieses Verhältnis und ist ihm gegenüber positiv eingestellt. Wer daran etwas ändern will, muss die Beherrschten nicht befreien, sondern zunächst einmal überzeugen bzw. die, die sich nicht überzeugen lassen, überstimmen. Um hier zu überzeugen, ist es nötig, den Charakter des gleichen/ungleichen Tausches im Herrschaftsvertrag deutlich zu machen und aufzuzeigen, dass die Beherrschten keine dauerhaft Erfolg versprechenden Mittel haben, ihre Erwartungen durchzusetzen. Die Beherrschten werden letztlich von den Herrschenden immer über den Tisch gezogen. Wenn es das Interesse der Beherrschten ist, sich Versorgung und Absicherung gegen Aufgabe ihrer Selbstständigkeit und Abgabe von ihnen produzierter Güter zu erkaufen, so ist dies ihre freie Entscheidung, die man akzeptieren muss. Man darf sich hier nicht auf das Hohe Ross setzen und eine Diskussion über das falsch verstandene Eigeninteresse der Beherrschten anfangen. Dies wäre nur wieder Stellvertreterpolitik und diese führt nur dazu, an die Stelle eines alten einen neuen Vormund zu setzen. Wer ein linkes Projekt verfolgt, muss hier vielmehr positiv für seine eigenen Interessen werben und die Qualität einer freien Gesellschaft propagieren. Dazu gehört ebenso die Darstellung der positiven Lebensqualität eines freien Lebens, wie der Aufweis der Mängel des Lebens unter Herrschaft. Und ein solcher Mangel ist es eben auch, dass die Erwartungen der Beherrschten nie ausreichend erfüllt werden. Nicht die Interessen der Beherrschten sind falsch - es gibt keine *falschen* Interessen -, sondern ihre Strategie zur Durchsetzung ihrer Interessen ist falsch. Um *meine* Bedürfnisse und Interessen erfolgreich verwirklichen zu können, muss ich in einer Gesellschaft leben, in der ich selber, gleichberechtigt mit allen anderen, über die Organisation des Gesellschaftlichen, über die Rahmenbedingungen des Zusammenlebens entscheiden kann und in der ich grundsätzlich die gleichen Chancen und Handlungsmöglichkeiten habe wie alle anderen auch. Wie kann ich dagegen erwarten, dass andere, an die ich die Verantwortung für mein eigenes Leben delegiert habe, meine Interessen erfüllen? Selbstverständlich werden sie zunächst ihre Interessen erfüllen und nur insoweit ihre Interessen durch meine Benachteiligung beeinträchtigt werden könnten, sind sie bereit auch meine Interessen zu erfüllen. Will ich mehr als solche Brosamen, so muss ich mich selbst um meine Angelegenheiten kümmern und d.h., ich muss mich zunächst darum kümmern, dass eine Gesellschaft entsteht, in der ich daran nicht immer schon durch Herrschaft beschränkt bin. Überzeugungsarbeit für eine freie Gesellschaft muss bei der Unzufriedenheit der Beherrschten mit der Herrschaft ansetzen. Solche Unzufriedenheit ist bei vielen vorhanden. Sie beruht auf der Wahrnehmung dessen, dass die eingegangenen Kompromisse faule Kompromisse sind, d.h., solche, in denen geben und nehmen nicht ausgeglichen ist. Der Tausch ist kein gleicher. Der Herrschaftsvertrag ist durch Machtverhältnisse überlagert, die es den Herrschenden ermöglichen, einen ihrer Leistung nicht entsprechenden Anteil am gesellschaftlichen Reichtum zu verlangen und ihrerseits die Beherrschten zu Leistungen zu zwingen, die ihren Bedürfnissen nicht entsprechen. Das ist nicht nur eine Frage von Arbeitsintensität, von Stress, das geht bis zum Einsatz des eigenen Lebens im Krieg, der letztlich immer nur den Herrschenden nützt. An diesen Widersprüchen gilt es zu arbeiten. Die These von einem „Hauptwiderspruch" ist untauglich, wenn es darum geht, Theorie und Strategie eines Projekts einer freien Gesellschaft zu begründen. Die revolutionäre Situation Anfang des 20. Jahrhunderts beruhte weniger auf diesem Widerspruch, als vielmehr auf dem Auseinanderfallen der Gemeinsamkeiten zwischen Herrschenden und Beherrschten im Wandel der Herrschaftsstruktur vom noch feudal geprägten Konstitutionalismus zur Demokratie. Um eine freie Gesellschaft zu erreichen, ist das Abstellen auf Klassenantagonismen auch aus diesen Gründen unzulänglich. Vielmehr muss klassenübergreifend nach Menschen gesucht werden, deren Interesse es ist, frei zu leben.

Demokratie

Das Wort Demokratie besteht aus den zwei altgriechischen Wörtern „demos", das Volk, und „kratos", die Herrschaft. Die wörtliche Übersetzung von Demokratie ist daher Volksherrschaft, Herrschaft des Volkes. Die vielgestellte Frage ist hier, worüber herrscht das Volk? Wenn das Volk – im Sinne aller Mitglieder einer Gesellschaft – herrscht, wenn also alle zur Klasse der Herrschenden gehören, ist Herrschaft als soziales Verhältnis des oben und unten nicht mehr möglich. Sinnvollerweise kann man dem Begriff der Demokratie daher nur eine Bedeutung geben: Demokratie ist *Selbstbeherrschung* des Volkes. Beherrschung in diesem Sinne meint dann nicht Herrschaft als soziales Verhältnis des oben und unten, sondern rationale Selbstorganisation. Demokratie ist damit ein Zustand, in dem es keine Herrschaft, wohl aber lebensnotwendige Selbstbeherrschung im Sinne eines rational kontrollierten Verhaltens gibt. Dass dieses herrschaftsfreie Verhältnis menschlichen Zusammenlebens in seinem Namen immer noch den Begriff der Herrschaft trägt, ist eine historische Reminiszenz an die Zeiten der Herrschaft, in der die rationale Organisation des gesellschaftlichen Zusammenlebens eben von der Klasse der Herrschenden betrieben wurde. Diese Tätigkeit der Beherrschung leitet ihren Namen von der Bezeichnung der Subjekte ab, die in den ersten Herrschaftsgesellschaften diese Tätigkeit monopolisiert haben.

Wenn wir in einer Demokratie in diesem Sinne leben würden, würden wir in einer freien Gesellschaft leben. Ein linkes Projekt, als Projekt grundlegender gesellschaftlicher Veränderung, wäre dann überflüssig. Leben wir demnach in einer Demokratie? Was verlangt Demokratie? Gewöhnlich stellt man auf die Quantität der Beteiligten ab. Dies ist falsch. Es kommt nicht auf die Menge der Beteiligten, sondern auf die Qualität der Entscheidungsfindungsprozesse an. Akklamation kann einen hohen Grad an quantitativer Beteiligung erreichen, hat aber mit Demokratie nichts zu tun. Demokratie im oben benannten Sinne von Selbstorganisation liegt nur dann vor, wenn alle Menschen, auf allen gesellschaftlichen Ebenen und in allen gesellschaftlichen Bereichen an den Prozessen der Entscheidungsfindung und an den Entscheidungen über die Dinge, die sie selbst betreffen, gleichberechtigt teilnehmen können. Leben wir demnach in einer Demokratie? Nein. Jeder muss nur einmal überlegen, wie oft er etwas tun muss, das andere ihm sagen, ohne dass er vorher an den Entscheidungen über das Ob und Wie beteiligt gewesen wäre. Überall in unserer Gesellschaft bestimmen andere die Ziele unseres Tuns, sind wir nur ausführendes Organ ihrer Entscheidungen, haben aber kein Mitentscheidungsrecht. Und selbst wenn wir an den Entscheidungen über die Ziele beteiligt sind, wann sind wir dies in einer gleichberechtigten Art und Weise, d.h., wann haben wir die gleichen Möglichkeiten, auf das Ergebnis des Entscheidungsprozesses Einfluss zu nehmen, wie alle anderen an diesem Prozess Beteiligten auch? So gut wie nie. Solange dies so ist, kann keine Rede davon sein, dass wir unsere gesellschaftlichen Verhältnisse selbst organisieren würden, dass wir also in einer Demokratie leben würden. Das gilt für den Bereich der Wirtschaft allemal. Hier werden eine Unmenge gesellschaftlich relevanter Entscheidungen gefällt, ohne dass die direkt (z.B. als Arbeitnehmer oder Konsumenten) oder indirekt (z.B. die durch Umweltzerstörung Geschädigten) davon Betroffenen auch nur ansatzweise die Möglichkeit hätten, an diesen Entscheidungen mitzuwirken. Auch eine indirekte Einwirkung über die Politik ist kaum möglich. In der Politik dominieren zur Zeit neoliberale Auffassungen, nach denen die Politik sich nicht in die Verhältnisse der Wirtschaft einmischen dürfe. Eine absolut undemokratische Einstellung, die bereits deutlich macht, dass die Ebene der Politik nicht der Ort indirekter Einflussnahme der Bürger auf die gesellschaftlich bedeutsamen Entscheidungen ist. Die Politiker verstehen sich heute vielfach nur noch als Politikmanager im Dienste der Wirtschaft, des „Standorts". Aber auch von seiner Grundstruktur her ist der Bereich der Politik nicht demokratisch organisiert. Wahlen von Repräsentanten, die zunehmend – man betrachte nur die Präsidentschaftswahlkämpfe in den USA – gar kein politisches Programm mehr aufstellen, sondern nur noch ihre Persönlichkeit präsentieren, sind Akklamationshandlungen, deren demokratischer Wert gering ist. Die Wahl von Repräsentanten ist für Demokratie immer problematisch. Sie ist in so großen und komplexen Gesellschaften wie den heutigen sicher nötig, setzt aber präzise Bestimmungen voraus, damit in einem zumindest teilweise durch Repräsentation organisierten Gesellschaftssystem von Demokratie gesprochen werden kann. Die Rückbindung der Repräsentanten muss sehr eng sein. Sie müssen jederzeit abrufbar sein, sie müssen sich strikt an die Vorgaben halten, sie müssen für jede einzelne Maßnahme neu instruiert werden können. Repräsentation ist nichts anderes als Vertretung. Die gewählten Abgeordneten sind die Vertreter der Bürger, die Volksvertreter. Demokratie ist hierbei nur dann möglich, wenn das Verhältnis der Bürger zu ihren politischen Vertretern den Verhältnissen zivilrechtlicher Vertretung entspricht. Nur dann ist gewährleistet, dass die Anweisungen von unten nach oben und nicht wie heute von oben nach unten erfolgen. Was ist das für eine Art von Stellvertretung, wenn der Vertreter, also der von mir Eingesetzte und Beauftragte, mir befehlen kann, was ich zu tun habe? Eben so ist aber heutzutage das Verhältnis der Politiker zu den Bürgern.

Diese undemokratischen Verhältnisse werden in der BRD durch eine seltsame Theorie gerechtfertigt. Solange zwischen den Bürgern und den Herrschenden in der Politik eine „ununterbrochene Legitimationskette" bestünde, sei ihre Herrschaft demokratisch.[26] In diesem Modell werden drei Ebenen der Legitimation unterschieden, erstens die funktionell-institutionelle Ebene, zweitens die organisatorisch-personelle Ebene und drittens die sachlich-inhaltliche Ebene (vgl. Böckenförde 1987, 896ff). „Ununterbrochene Legitimationskette" bedeutet, dass auf diesen drei Ebenen alle strukturellen, sachlichen und personellen Entscheidungen letztlich auf Entscheidungen des Volkes oder seiner gewählten Vertreter zurückzuführen sind. Nun haben wir oben, bei der Kritik der sozialistischen Demokratie, gesehen, dass auch dort eine ununterbrochene Legitimationskette zwischen Volk und Regierung bestand. Nichtsdestotrotz waren die sozialistischen Staaten nicht besonders demokratisch. Die formale Existenz eines solchen Delegationssystems alleine ist kein brauchbares Kriterium für die Beantwortung der Frage, ob eine Gesellschaft demokratisch organisiert ist. Das Modell der „ununterbrochenen Legitimationskette" will aber auch nicht wirklich Demokratie begründen, sondern ist ein Legitimationsmodell für ein Konzept liberaler Herrschaft, deren liberaler Charakter durch ein System mittelbarer Rückkoppelung der Entscheidungsträger ans Volk gesichert werden soll (ebd., 896). Nur Herrschaft steht vor der Notwendigkeit der Legitimation. Selbstorganisation ist nicht legitimationsbedürftig.[27]

Da also das heute in den entwickelten Industriestaaten übliche, parlamentarisch-repräsentative System von Herrschaft nicht demokratisch ist, bleibt die Verfolgung eines linken Projekts weiterhin die Aufgabe für jeden, der in einer demokratischen, d.h., von den Bürgern frei, gleich und gerecht selbstorganisierten Gesellschaft leben will. Die Frage der Demokratie und der Demokratisierung von Gesellschaften steht für ein linkes Projekt heute auf der Tagesordnung. Gesellschaftliche Veränderung kann heute schon aus rein pragmatischen Überlegungen nicht durch eine Revolution angestrebt werden. Es gibt keine revolutionäre Situation und keine revolutionären Subjekte. Aber selbst wenn dem so wäre, ist aus den oben, im ersten Kapitel dargelegten systematischen Gründen die Konzentration auf ein revolutionäres Subjekt und die Revolution als kathartischen Umschlagpunkt keine brauchbare Strategie. Wenn wir also eine neue Strategie benötigen, um auf das Ziel einer freien Gesellschaft im Hier und Jetzt hinzuarbeiten, dann ist heute Demokratisierung ein wichtiger Teil einer solchen Strategie. Man muss auf allen Ebenen gesellschaftlicher Verfasstheit die Forderung nach einer radikal-demokratischen Selbstorganisation der Menschen stellen. Diese Forderung konsequent durchgedacht, hat systemsprengenden Charakter, denn eine radikal-demokratisch organisierte Gesellschaft kann keine andere sein als eine freie und gerechte Gesellschaft.

Freiheit *und* Gerechtigkeit

Gerechtigkeit ist zur Zeit ein aktuelles Thema. Unter dem Stichwort „justice" im angelsächsischen Raum ebenso wie unter dem Stichwort „Ethik" in Kontinentaleuropa. Beide Male geht es um dasselbe Thema, um die Bestimmung von Regeln für das Miteinander im Allgemeinen oder in bestimmten sozialen Räumen. Dies wird im angelsächsischen Raum eher pragmatischer, in Kontinentaleuropa eher normativer wertend behandelt, entsprechend dem vorherrschenden Selbstverständnis der Gesellschaft und dem Typus ihrer jeweiligen philosophischen Tradition. Freiheit ist hierbei kein zentrales Thema, spielt aber am Rande immer in die Gerechtigkeitsproblematik mit hinein. In der Ethik über die Frage der Verantwortung, die nach weit verbreiteter Ansicht (Pothast 1987, 20) nur für freies Handeln übernommen werden kann und in den Gerechtigkeitsdebatten über die „Menschenrechte", die spezielle Freiheitsrechte beinhalten (vgl. Bielefeldt, 1998, 68ff, 93ff).

Ethik und Justice

Die sich durch die Philosophiegeschichte ziehenden Gerechtigkeitsdebatten (vgl. Münkler 1999) treten im 18. Jahrhundert gegenüber den neuen Themen der Freiheit und Gleichheit in den Hintergrund (Bluhm 1999, 189, Hoffmann 1997). Dies liegt daran, dass mit der bürgerlichen Aufklärung feudale Gentilgesellschaften mit ihrer massiven Ungleichheit und Unfreiheit der Bürger untereinander gar nicht mehr als gerecht gelten können. Die bürgerliche Frage nach der Gerechtigkeit lautet daher nicht mehr, wie lässt sich in einer Gentilgesellschaft Gerechtigkeit herstellen, sondern wie muss man diese Gesellschaft ändern, damit Gerechtigkeit überhaupt möglich wird. Die bürgerliche These dazu ist, dass nur in einer Gesellschaft der Freiheit und Gleichheit Gerechtigkeit möglich ist. Folglich gilt es jene zu erkämpfen. Das Problem der Gerechtigkeit scheint dann nur noch ein abgeleitetes Problem der Freiheit und Gleichheit zu sein und sich mit deren Verwirklichung zu erledigen. Gleichheit ist daher bis ins 20. Jahrhundert hinein das einzige Kriterium für Gerechtigkeit. Heute zeigen sich die Grenzen der bürgerlichen Gleichheit. Verwirklicht worden ist sie als formelle vor allem im politischen Raum bei Wahlen, beim Zugang zu öffentlichen Ämtern und beim Zugang zu Bildungseinrichtungen. Auch in den sonstigen gesellschaftlichen Bereichen spielt Abstammung im biologischen Sinne keine Rolle mehr. Die gesellschaftlichen Schichten sind von unten nach oben durchlässig geworden. Dennoch aber sind wir nicht in einer Gesellschaft der Gleichen und erst recht nicht in einer gerechten Gesellschaft angekommen. Die formale Gleichstellung der Menschen hat offensichtlich nicht die erwartete Wirkung gezeigt. Heute ist aber damit nicht nur fraglich, ob die Forderung nach formeller Gleichbehandlung die geeignete Strategie zur Erreichung einer gerechten Gesellschaft ist, sondern es ist auch fraglich, ob eine solche Gesellschaft der Gleichen überhaupt ein erstrebenswertes Ziel ist. Die Vorstellung, Ungerechtigkeiten alleine durch die Gleichstellung der Menschen aufheben zu können, ist spätestens mit dem Scheitern des Sozialismus, der diese bürgerliche Strategie übernommen hatte, um damit die soziale Frage zu lösen, problematisch geworden. Daher steht die Frage nach der Gerechtigkeit wieder auf der Tagesordnung. Die mit dem Fordismus verbundene Hoffnung, die Verteilungsproblematik zwischen Arbeit und Kapital, zwischen Beherrschten und Herrschenden allein durch Wirtschaftswachstum lösen zu können, wird heute durch die wieder zunehmenden Reichtumsdifferenzen desavouiert. Diese aufklaffende Gerechtigkeitslücke hat Rosa hervorragend beschrieben. „Einer stetig wachsenden Zahl von (arbeitenden und arbeitslosen) Menschen, die auf soziale Unterstützung angewiesen sind und unterhalb der Armutsgrenze leben müssen, [steht] nicht nur eine ebenfalls wachsende Zahl von Einkommensmillionären gegenüber, sondern zugleich auch eine steigende Zahl von Millionären, die keine Steuern zahlen [...]; die 'Armutsdienstleistungen' vom Gepäckträger zum Rickschafahrer, Tüteneinpacker im Supermarkt und Schuhputzer – bisher fast nur aus der sogenannten *Dritten Welt* bekannt – sind auch in den reichen Industriestaaten wieder auf dem Vormarsch;“ (Rosa 1999, 396). Und „Überall schießen in den teuersten und bestgelegenen Stadtgegenden die Marmorpaläste der Großbanken in den Himmel, während in den benachbarten Schulen infolge von Mittel- und Lehrerknappheit der Unterricht ausfallen muss und Krankenhäuser Mühe haben, auch nur die minimalen hygienischen Standards aufrechtzuerhalten. Während auf der einen Seite über einen gigantischenWerbeapparat vielfach bereits mehr Geld in die *Induktion* neuer Bedürfnisse gesteckt wird, als für deren Befriedigung aufzuwenden ist [...] wächst auf der anderen Seite die Zahl unerfüllter Grundbedürfnisse permanent an“ (ebd. 397). Diese Reichtumsdifferenzen sind wie die zunehmenden Spekulationsgewinne an der Börse weder durch Leistung noch durch irgend etwas anderes zu rechtfertigen und stellen offensichtlich eine extreme Ungerechtigkeit unserer Gesellschaft dar. Wie mit dieser umzugehen ist, ist unklar. Das alte fordistische Nullsummenverteilungsparadigma funktioniert nicht mehr. Die Vorstellung, den durch Wachstum realisierten gesellschaftlichen Zugewinn so zu verteilen, dass alle immer mehr bekommen, muss als gescheitert gelten. Damit steht die Frage auf der Tagesordnung, nach welchen Maßstäben der gesellschaftliche Reichtum heute verteilt werden soll. Zur Zeit ist der Maßstab der, dass der, der schon viel hat, noch mehr bekommt und der, der schon wenig hat, noch mehr abgeben soll. Nach diesem Muster kann eine Gesellschaft nicht lange stabil funktionieren. Dass sich nicht nur die Philosophie, sondern auch die Gesellschaftswissenschaften daher diesem Thema zuwenden, ist nicht verwunderlich.

Ethik ist der Versuch, ein System von Regeln unter Bezug auf absolut gesetzte oder sonst in irgend einer Art und Weise vorgegebene Werte zu begründen. Von einer demokratischen Moral, wie ich sie unten entwickeln werde, unterscheidet sich die Ethik darin, dass sie die Gültigkeit von Normen nicht in einem demokratischen Verfahren ihrer Vereinbarung begründen will, sondern als den Menschen vorgegeben betrachtet.[28]

Regeln, Ordnung und Organisation sind für jede Form von menschlicher Sozialität nötig. Kooperation bedarf, will sie erfolgreich sein, der Organisation. Aus bewährten Organisationsstrukturen werden sinnvollerweise Regeln gebildet, deren Einhaltung für das Gelingen der jeweiligen Praxis notwendig ist. Regeln ergeben sich daher aus sachlichen Bedürfnissen von selbst.[29] Ethik entsteht, wenn die grundlegenden Regeln des sozialen Selbstverständnisses, wenn die politischen Regeln fraglich werden. Dies geschieht spontan immer dann, wenn sich die sozialen Strukturen grundlegend ändern. Die Frage nach der Ethik stellt sich mit der Entstehung der Philosophie das erste Mal in der griechischen und chinesischen Antike. Man kann am Beispiel der griechischen Polis deutlich erkennen, in welcher gesellschaftlichen Situation diese Frage virulent wird. Die entstehende Polis stellt das bislang vorherrschende feudale Wertesystem, wie es klassisch in der Ilias beschrieben wird, in Frage. In dieser Situation, in der Werte fraglich werden, in der unterschiedliche Wertesysteme konkurrieren, wird es nötig zu klären, welche gültig sind und zu begründen warum sie es sind. Die ethische Frage „wird deshalb in neuen Zusammenhängen immer wieder gestellt werden, wenn die traditionellen Normen zusammenbrechen" (Larsen 1990, 52). Umgekehrt: je selbstverständlicher, je selbstevidenter die Normen und Werte einer Gesellschaft sind, desto weniger bedürfen sie der Begründung, desto weniger Ethik ist nötig.[30] Wenn es richtig ist, dass Ethik immer in der Situation der Krise entsteht und daher immer gegen eine spontane Praxis argumentiert, dann ist sie per se kontrafaktisch, entweder revolutionär oder konservativ-reaktionär. Ist sie letzteres, versucht sie gegen die sachlichen Zwänge der neu entstehenden gesellschaftlichen Strukturen bzw. ohne Berücksichtigung dieser Zwänge das Verhalten der Menschen zu ändern. Dies ist in aller Regel wenig aussichtsreich.[31] Ist sie progressiv, so versucht sie durch Begründung den sachlichen Regeln der neu entstehenden Verhältnisse zur Durchsetzung zu verhelfen.[32]

Das Positive an der Ethik ist, dass sie die Selbstverständlichkeit der gesellschaftlichen Regeln aufbricht und sie überhaupt in den Diskussionsraum einführt. Das

Negative an ihr ist, dass sie dies, kaum getan, unter Rekurs auf vorgegebene Werte wieder rückgängig machen will. Die Bewusstmachung der Normiertheit gesellschaftlichen Geschehens mit der ihr immanenten Möglichkeit der Selbstgestaltung dieser Normen wird verschenkt. Auch Ethik agiert zumeist im Dienste von Herrschaft und fürchtet somit nichts mehr als autonome, über die Regeln ihres Zusammenlebens selbst bestimmende Subjekte. Auch hier bedarf es daher einer anderen Praxis der Verständigung über Regeln. Ethik begründet Regeln zunächst in vorgegebenen Werten. So wird z.B. die Regel des kategorischen Imperativs: „instrumentalisiere niemanden" mit der Würde des Menschen begründet. Diese sei ein absoluter Wert, der von niemandem und unter keinen Umständen verletzt werden dürfe.[33] Solange es noch einen allgemein akzeptierten Wertekanon gibt, entstehen hier keine Probleme. Besteht dieser Wertekanon nicht mehr, verlagert sich das Begründungsproblem nur von den Regeln auf die Werte. Hier gilt, was für alle philosophischen Argumente gilt, sie sind immer nur relativ. Damit ist mit ethischen Methoden die allgemeine Gültigkeit von Werten und eine davon abgeleitete allgemeine Geltung von Normen nicht begründbar. Die Ethik unterfällt als Teil der Philosophie dem Verdikt, dass es Wahrheit auf dem Gebiet des Politischen nicht gibt.

Gesellschaft bedarf aber verbindlicher Regeln, das bloße Vertrauen darauf, dass die anderen sich auch rational, sachgerecht oder gewohnheitsmäßig so verhalten werden wie ich, reicht zur stabilen Organisation des Gesellschaftlichen nicht aus. Verhaltensnormen, die für ein bestimmtes Konzept gesellschaftlichen Zusammenlebens nötig sind, müssen sich ausweisen lassen. Ein Ansatz, der wie meiner, Regeln ohne Ethik, ohne Rekurs auf vorgegebene Werte begründen will, muss Regeln in gemeinsamen Entscheidungen über Ziele und über Wege fundieren. Er ist insofern politisch-philosophisch. Philosophisch nicht im Sinne einer ausgelagerten Spezialdisziplin Ethik, der die gesellschaftlich/soziale Perspektive verlorengeht, sondern im Sinne der allgemeinen Verständigung von Menschen miteinander darüber, was man will, wie man leben will. Politisch nicht im Sinne einer von oben regelnden Herrschaftsmacht, sondern im Sinne der praktischen Umsetzung solcher Lebensvorstellungen im Rahmen des historisch je Möglichen. Solche Begründung von Regeln bedarf nicht idealistischer Werte, sondern sozial kompetenter Subjekte. Erziehung ist aus dieser Perspektive nicht der eh wirkungslose Versuch kontrafaktischer Wertevermittlung, sondern ein Prozess von Kompetenzerwerb.

In der amerikanischen Diskussion um Gerechtigkeitsprobleme stehen sich Liberalisten und Kommunitaristen gegenüber. Dass Gerechtigkeit als eigenes Thema wieder neben Freiheit und Gleichheit in der philosophischen Diskussion präsent ist, schließt nicht nur eine Lücke, es verschiebt auch die Gewichtungen in diesem Feld. Wurde die liberale Position des *laisser faire* früher von links mit den Argumenten kritisiert, dass solche formale Gleichheit unzureichend sei und der die Freiheit überbetonende Liberalismus der sozialen Natur des Menschen nicht angemessen sei, so wird diese linke Kritik heute fast vollständig von einer rechten Argumentation verdrängt. Die gerechte Gesellschaft zeichnet sich für diese konservativen Kritiker durch „tiefverwurzelte Traditionen und festgegründete Identitäten aus" (Gutmann 1993, 68). Die in ihrer Zielrichtung heute vielfach konservative Politik der Regionen gibt den Gleichheitsmaßstab auf, um an seine Stelle traditionelle, regionale Besonderheiten zu setzen. Damit wird das kritische Potenzial, welches der Gleichheitsmaßstab gegenüber der gesellschaftlichen Ungleichheit hat, aufgegeben zugunsten affirmativer Gesellschaftsvorstellungen die Gerechtigkeit gerade in den Differenzen finden, solange sie eben nur regional und traditionell begründbar sind. Demgegenüber betont der Liberalismus auch in seinen Gerechtigkeitskonzeptionen die Freiheit der Menschen, die sie eben von der Bindung an vorgegebene Traditionen befreit.

Innerhalb dieses Spannungsfelds bewegen sich die Gerechtigkeits-/Freiheits-/Gleichheitsdebatten der Moderne schon immer. Auf diesem Feld des Verhältnisses des Einzelnen zur Gemeinschaft, seiner Individualität und ihrer Ansprüche an ihn, seiner Freiheit von ihr und ihrer Zuwendungen an ihn, gilt es das richtige Maß zu finden. Aber dieses Maß kann nicht abstrakt ein für alle Mal bestimmt werden. Diese Frage muss daher immer wieder neu diskutiert werden. In ihren Antworten drückt sich das Selbstverständnis einer Gesellschaft aus.

Freiheit

Freiheit ist ein problematischer Begriff (vgl. Pothast 1987). Ich habe oben, wo es um die Frage der Verantwortung ging, Freiheit zunächst als etwas tatsächlich Vorhandenes gesetzt. Dies ist zulässig, reicht aber zur Bestimmung dessen, was ich erreichen will, wenn ich ein freies Leben anstrebe, nicht aus.[34] Zunächst kann Freiheit im Kontext meiner Frage rein negativ als Abwesenheit von Herrschaft bestimmt werden. Die Menschen sind dann frei, wenn sie nicht von anderen Menschen beherrscht werden. Diese rein negativ bestimmbare politische Freiheit zum Ziel eines politischen Projekts zu machen, hat aber nur dann Sinn, wenn der hier sich durch die Abwesenheit von Herrschaft eröffnende Freiraum positiv ausgefüllt werden kann. Freiheit kann zunächst vorläufig bestimmt werden als die Möglichkeit, aus mir selbst heraus zu handeln. Ob sich durch die Abwesenheit von Herrschaft der Raum dieser Möglichkeit erweitert, entscheidet sich danach, ob die Abschaffung von Herrschaft nicht nur bewirkt, dass an die Stelle ihres Zwangs andere Zwänge treten. Die Menschen müssen für sich etwas Positives gewinnen können, damit es sich lohnt, das Ziel der Herrschaftsfreiheit überhaupt anzustreben. Freiheit muss mehr sein als die bloße Abwehr von Übergriffen. Sie muss die Möglichkeit bieten, das eigene Leben in einer Art und Weise zu gestalten, wie es in herrschaftsförmigen Gesellschaften nie möglich ist. Zwar kann man Freiheit als eine Fähigkeit nicht in diesem Sinne positiv bestimmen wie eine Sache, sie ist nur eine Potenz. Aber wenn Freiheit ein sinnvolles Ziel sein soll, dann muss es etwas geben, was nur durch und in Freiheit erlangt werden kann, dann muss diese Potenz unumgänglich nötig sein, um eine Sache zur ihrer Existenz zu bringen. Diese Verbindung ist der positive Begriff der Freiheit. Dass es Freiheit in diesem Sinne gibt, ist keineswegs selbstverständlich. Zwar ist der Begriff der Freiheit heute ungeheuer positiv aufgeladen,[35] aber mindestens ebenso unspezifisch. Wir alle wollen frei sein; aber *was* wollen wir da?

Solch politisch-soziale Freiheit ist nur möglich, wenn Menschen überhaupt frei sind. Einen durch Abwesenheit von Herrschaft erweiterten Handlungsspielraum kann es nur dann geben, wenn den Menschen überhaupt ein Handlungsspielraum eröffnet ist. Um das zu klären, müssen wir zunächst versuchen, Freiheit überhaupt näher zu bestimmen. Freiheit ist immer ein auf den Menschen bezogener Begriff. Freiheit ist eine Eigenschaft des Menschen.[36] Sie ist das den Menschen als Menschen auszeichnende. Freiheit steht immer im Gegensatz zu Zwängen. Wo Menschen etwas nicht tun müssen, sondern tun können, da bezeichnet man ihre Handlungen als frei. Solche Freiheit erscheint problematisch, weil sie eine spezifisch menschliche Kompetenz ist. Das bedeutet, dass der Mensch in einer Welt lebt, die nicht frei ist. Wie aber ist die Freiheit in der Unfreiheit möglich? Nach unserem Verständnis der Natur ist diese im Großen und Ganzen ein Zwangsmechanismus. Physikalische und chemische Prozesse laufen nach Natur*gesetzen* ab und auch die verhaltensbiologischen Prozesse im Tierreich laufen nach unserem Verständnis instinktgebunden ab, d.h. nach vorhersehbaren Mustern. Gesetzmäßige Abläufe und mustergebundenes Verhalten sind aber in dem oben genannten Sinne ein Zwang: Es muss und kann nicht anders. Dies ist keine Freiheit. Die Frage ist, ob für den Menschen, der ja ein Teil der Natur ist, eine Ausnahme gelten soll.

Man kann die Natur in unterschiedlich geregelte Organisationsbereiche einteilen und man kann diese Bereiche in eine Reihenfolge bringen derart, dass die einen auf den Prinzipien der anderen aufruhen, aber darauf aufbauend eine eigenständige und nach eigenen Regeln ablaufende Organisationsform hervorbringen. So ruht der Bereich des Chemischen auf physikalischen Prinzipien, hat ihnen gegenüber aber eine Eigengesetzlichkeit. Ebenso ruht der Bereich des Biologischen auf dem Chemischen (Physikalischen). Und ebenso ruht der Bereich des Gesellschaftlichen auf dem Biologischen (Chemischen (Physikalischen)) auf. Die Stellung des Menschen in der Natur ist dadurch gekennzeichnet, dass er mit der Gesellschaft einen neuen Bereich in der Natur geschaffen hat, der eigenen Regeln unterliegt. Darin liegt kein Widerspruch zur Natur. Die Gesellschaft ist insofern in der Natur, wie alles in der Natur ist und wie es somit in der Natur liegt, dass die Möglichkeit der bewussten und gewollten Selbstorganisation im Gesellschaftlichen verwirklicht worden ist. Dann aber ist die Existenz der Freiheit kein Widerspruch zur ansonsten unfrei organisierten Natur. Freiheit ist ein Teil der Natur und daher gibt es kein Problem der Freiheit. Freiheit ist das Organisationsprinzip des Gesellschaftlichen. Das ist meines Erachtens der einzig sinnvolle Begriff von Freiheit, den man bilden kann, wenn man Freiheit zum Ziel eines politischen Projekts macht. Dass die Menschen den Gesetzlichkeiten und Regeln der Naturbereiche, an denen sie Anteil haben, nicht entgehen können, ist klar.[37] Die Frage nach der Freiheit kann immer nur die Frage sein, inwieweit sie über diese Beschränkungen hinausgehen können, und sie können und tun dies immer schon dann, wenn sie Gesellschaften bilden. Die gesellschaftliche Organisation des Lebens eröffnet den Menschen die Möglichkeit, über die Notwendigkeiten der unmittelbaren Reproduktion ihres Lebens hinaus (Nahrung, Schutz, Fortpflanzung) miteinander aktiv zu werden, eine Lebens- und Alltagskultur zu entwickeln, deren Strukturen nicht vorgegeben sind. Diese Freiheit ist darin begründet, dass die Menschen mehr können, als ihr Leben unmittelbar zu reproduzieren. Menschen haben Verstand. Der Verstand, dieses Erkenntnis-, Planungs- und Gestaltungsvermögen, gibt ihnen die Möglichkeit, über die Befriedigung ihrer unmittelbaren Bedürfnisse hinaus einen eigenen Raum menschlicher Aktivität zu gestalten. Die Gesellschaft ist die Wirklichkeit der Freiheit. Freiheit ist es, dass die Menschen die Regeln ihres gesellschaftlichen Zusammenlebens selber machen. Freiheit ist keine Willkür. Gesellschaften sind nicht willkürlich und nicht zufällig organisiert. Zum Ersten müssen Gesellschaften umwelttauglich organisiert werden. Bei Strafe des Aussterbens müssen in ihnen die notwendigen Lebensmittel für ihre Mitglieder produziert werden. Die Menschen müssen sich an den natürlichen Gegebenheiten, die sie in ihrer Umwelt vorfinden, orientieren. Sie unterliegen insofern Umweltzwängen. Auch wenn die Menschen heute ihre Möglichkeiten der Umweltgestaltung gegenüber früheren Gesellschaften sehr erweitert haben, so bleiben sie doch an die von ihnen unabhängigen existierenden natürlichen Voraussetzungen ihrer Umwelt gebunden. Die Menschen können sich keine eigene, rein menschliche Umwelt schaffen. Freiheit als Befreiung von solchen Naturzwängen gibt es nicht. Das Reich der Freiheit kann hier nicht an die Stelle des Reichs der Notwendigkeit treten. Je mehr der Mensch in diese naturalen Voraussetzungen seiner Existenz einzugreifen sucht, desto größer wird das Risiko, dass er seine Lebensverhältnisse nicht verbessert, sondern verschlechtert.[38] Ist aber die Produktion des Lebensnotwendigen garantiert, so unterliegt darüber hinaus die Gestaltung der Verhältnisse des menschlichen Miteinanders keinen externen Zwängen mehr. Auch hier aber ist Freiheit nicht Chaos. Die Menschen organisieren sich menschlich, ihren sozialen Bedürfnissen entsprechend. Aus der Organisierung des Zusammenlebens ergeben sich eigene Regeln, eigene Entwicklungstendenzen, ein eigenes Beharrungsvermögen gesellschaftlicher Strukturen. Wir haben solche strukturellen Effekte gesellschaftlicher Organisation oben am Beispiel der Herrschaft analysiert. Aber, und daher handelt es sich beim Gesellschaftlichen trotz aller Regelmäßigkeit seiner Prozesse um den Bereich der Freiheit, die Menschen können sich anders organisieren, sie müssen nicht so leben. Dies zeigt ihre Geschichte. Wenn man sich von der Vorstellung verabschiedet, dass die Geschichte der Menschen einem gesetzmäßigen Verlaufsmuster folgt, welches entweder aus der Vernunft oder den Gesetzen der Ökonomie abzuleiten sei, dann muss man zu der Einsicht gelangen, dass die Veränderung gesellschaftlicher Verhältnisse, dass die Vielfältigkeit von Kulturen auf politischen Entscheidungen beruht und damit frei ist. Es hätte auch anders kommen können. Die Konsequenzen ihrer Entscheidungen müssen den Menschen nicht bewusst sein. Freiheit verlangt nicht die Durchschaubarkeit menschlichen Handelns. Ebenso verlangt solche Freiheit nicht einen idealisierten Diskursraum der Verständigung. Als frei können politische Entscheidungen auch dann gelten, wenn sie das Ergebnis von gesellschaftlichen Auseinandersetzungen sind, in denen jede der beteiligten Gruppen ihre Machtmittel eingesetzt hat. Die Kompromisshaftigkeit von Entscheidungen schließt ihre freie Findung nicht aus. Aber selbst da, wo eine Gruppe auf eine andere Zwang ausübt, ist die gesellschaftliche Entwicklung als Ganze immer noch eine freie, weil sie dies nicht hätte tun müssen. Die Römer mussten Karthago nicht vernichten, sie haben sich dazu entschieden, weil sie sich davon Vorteile versprachen. Die Phönizier waren nicht frei, als die Römer sie ermordeten und unterjochten, aber die Römer waren frei, dies zu tun oder zu lassen. Wo Handeln nach Motiven erfolgt und nicht erzwungen wird, da ist Freiheit.

Wenn man die Frage der Freiheit wie hier vom Gesellschaftlichen her angeht, dann stellt sich das Verhältnis des Einzelnen und seiner Freiheit gegenüber der Gesellschaft ebenfalls nicht mehr als Problem dar. Nur in der Gesellschaft kann der Einzelne frei sein, nur hier hat er überhaupt die Möglichkeit dazu. Ein einzelner Mensch ist nicht frei. Abgesehen davon, dass er als Einziger nie existieren kann, ist freies Handeln immer ein Handeln, das sich auf andere bezieht. Ob ich zuerst die Banane oder die Orange esse, ist keine Frage der Freiheit. Die Frage der Freiheit stellt sich von vornherein nur im Verhältnis des Miteinanders. Wenn auch die Freiheit erst durch die Gesellschaft in die Welt kommt, so bedeutet Freiheit als Organisationsprinzip des Gesellschaftlichen doch etwas anderes als Freiheit des Einzelnen. Die Gesellschaft ist der Ermöglichungs- und Verwirklichungsraum der Freiheit, aber „die Gesellschaft" ist nicht selber handelndes Subjekt. Die in Freiheit Handelnden sind die Menschen. Die Freiheit des Einzelnen und die Regeln des Gesellschaftlichen stehen nicht in Widerspruch zueinander. Die Menschen schaffen durch ihr Handeln die Strukturen des Gesellschaftlichen. Dieser Akt ist zunächst und zumeist kein bewusster. Die Einsicht in die Abläufe und Funktionsweisen von Gesellschaften und ihrer geschichtlichen Entwicklung ist erst ungefähr 150 Jahre alt - auch wenn es vorher schon Ansätze zu solcher Erkenntnis gegeben hat. Die sich in gesellschaftlichen Verhältnissen manifestierenden Folgen ihres Handelns treten den Menschen daher zunächst als eine fremde Macht gegenüber. Fremd, weil sie zunächst nicht wissen, wie sie entstanden sind, und Macht, weil solche verfestigten Verhältnisse nicht einfach so wieder zu beseitigen sind, weil sie träge sind, d.h. Versuchen zu ihrer Veränderung Widerstand entgegen stellen. Aber, und daher ändert auch die Existenz solcher verfestigter Verhältnisse nichts an der Freiheit der Menschen, solche Strukturen sind kein Zwang. Man kann sie ändern. Der hierfür nötige Handlungsspielraum der Menschen ist nicht immer gleich. Im Verlauf ihrer Geschichte erwerben die Menschen neues Wissen und lernen neues Handeln.[39] Damit erweitern sie auch ihre Möglichkeiten, bewusst ihre gesellschaftlichen Verhältnisse ändern zu können. Solche Bewusstheit ist aber nicht nötig, um ein Handeln als frei qualifizieren zu können. Freiheit setzt nicht Bewusstheit voraus. Bewusstheit erweitert die Möglichkeiten der Freiheit, verlangt sie aber nicht. Freiheit ist kein alles oder nichts, sondern ein gestuftes Verhältnis. Es gibt Grade von Freiheit. Dies gilt nicht nur für die Vergrößerung des gesellschaftlichen Handlungsspielraums der Menschen, sondern auch für jeden Einzelnen. Freiheit ist keine substanzielle Eigenschaft der Menschen, sondern eine Verhaltenskompetenz. Wie jedes menschliche Verhalten so muss auch dieses erlernt werden. Freiheit ist nicht angeboren, sondern erworben, auch wenn sie, wie alle menschlichen Verhaltenskompetenzen auf anlagebedingten Möglichkeiten aufbaut.[40] Freiheit als gestufte verlangt nicht die vollkommene Selbstreflexion der eigenen Tätigkeit. Wer gegen gesellschaftliche Verhältnisse kämpft - und diese Möglichkeit besteht immer - muss nicht wissen, wodurch sie entstanden sind, wie sie beseitigt werden können und was konkret an ihre Stelle treten kann. Die prognostischen Fähigkeiten der Menschen sind immer beschränkt und werden es bleiben. Das schließt die Freiheit ihres Handelns nicht aus. Dazu reicht es, dass sie aus eigenen Gründen etwas tun. Begründet gegen gesellschaftliche Verhältnisse angehen kann auch der, der nicht darum weiß, dass diese Verhältnisse von den Menschen selbst gemacht worden sind und am Leben erhalten werden. Selbst wer die gesellschaftlichen Verhältnisse für gottgegeben hält, kann sie ändern wollen. Auch göttliche Instanzen sind antagonistisch akklamierbar. Der Kampfspruch der Bauern gegen die Ausbeutung durch die Feudalherrn: „Als Adam zog und Eva spann, wo war denn da der Rittersmann?" zeigt die Möglichkeit von Kritik auch ohne das Bewusstsein von der Entstehung solcher Strukturen. Auch vor dem Wissen um die Funktion von Gesellschaften hat es schon immer soziale Emanzipationsbewegungen gegeben. Die Menschen können sich immer nach ihren Bedürfnissen richten, für sie kämpfen, sie gegen Widerstände durchzusetzen suchen. Ein reflektives Bewusstsein um die Ursachen der Widerstände, gegen die sie angehen, ist dazu nicht nötig. Zur Freiheit reicht es, dies aus eigenen Gründen zu tun, eigene Bedürfnisse zu verfolgen und eigene Ziele zu haben. Sachliche Verhältnisse sind Widerstände, aber keine Zwänge, die Freiheit ausschließen würden. Gesellschaftliche Verhältnisse werden erst dann zu Zwängen, wenn Menschen hinter ihnen stehen und sie verteidigen. Sachzwänge in diesem Sinne existieren immer nur als von Menschen durch sachliche Verhältnisse auf andere ausgeübte Zwänge. Ein Widerspruch zwischen der Freiheit des Einzelnen und den Regeln der Gesellschaft besteht daher nicht. Die Annahme eines solchen Widerspruchs kann erst dann entstehen, wenn Gesellschaften in einer bestimmten Art und Weise organisiert werden, nämlich herrschaftlich. In Widerspruch zueinander stehen aber auch da nicht das Individuum und die Gesellschaft, sondern die Freiheit der Beherrschten gegenüber den Befehlsapparaten der Herrschenden. Was als Problem bleibt, ist das Problem der Emanzipation, d.h. der *Befreiung* der Menschen von der Herrschaft, von den Zwängen durch andere Menschen. Die Frage nach der grundsätzlichen Freiheit der Menschen führt, konsequent durchdacht, wieder zurück auf das Problem der Befreiung und auf die Frage, was die Menschen in einer freien Gesellschaft Positives zu gewinnen haben.

Freiheit strebt man um ihrer selbst willen an. Wenn Freiheit die spezifisch menschliche Möglichkeit der eigenen Gestaltung seiner Lebensverhältnisse ist, so sollten alle Menschen an dieser Möglichkeit teilhaben können. Die Gesellschaft ist der Raum des Menschen, in ihr kann er sein Leben finden und gestalten. Dies selbst tun zu können, ohne Zwang durch andere, ist ein Selbstzweck. Die Möglichkeit der Selbstbestimmung ist der positive Wert der Freiheit. Viele Menschen wollen dies. Die allgemein hohe Wertschätzung der Freiheit zeigt das verbreitete Interesse daran. Frei zu sein ist das Bedürfnis, welches die Menschen haben, die das Ziel einer freien Gesellschaft anstreben. Die Menschen müssen nicht frei sein, aber sie müssen es sein können. Die Menschen brauchen ihre Verhältnisse nicht selbst zu regeln, sie können dies anderen überlassen, aber niemand hat das Recht, ihnen diese Möglichkeit zu nehmen. Die für alle gleichermaßen gegebene Möglichkeit der Selbst- und Mitbestimmung der eigenen Lebens- und Gesellschaftsverhältnisse besteht nur in einer herrschaftsfreien Gesellschaft. Dieses Bedürfnis nach Freiheit ist nicht zu allen Zeiten gleichermaßen entwickelt. Der Begriff der Freiheit erlangt seine heute herausragende Bedeutung mit der Entstehung der bürgerlichen Gesellschaft. Dass Freiheit ein so bedeutender Wert ist, ist keineswegs selbstverständlich. In der griechischen Antike z.B. ist frei (eleutheros) von seiner ursprünglichen Wortbedeutung her die Bezeichnung der herrschenden Kriegerklasse[41] – und der Begriff der Freiheit bleibt auch in seiner weiteren Entwicklung immer direkt auf das politische Gemeinwesen bezogen. Die „Freien", das sind die Mitglieder der herrschenden Klasse. Der Begriff der Freiheit ist in einem solchen Kontext nicht verallgemeinerungsfähig. Freiheit, als allgemeiner Wert für alle Menschen, ist hier gar nicht denkbar. Auch der christliche Freiheitsbegriff, die Bestimmung der Freiheit als der Fähigkeit, zwischen gut und böse zu unterscheiden, bleibt für das Welt- und Selbstverständnis religiös geprägter Gesellschaften eher marginal. Wirklich frei ist hier nur Gott selbst. Hier ist Freiheit keine Eigenschaft, die den Menschen in vollem Umfang zukäme, sondern nur ein Aspekt seines Verhältnisses zu Gott. Entscheidend für die Menschen ist die „göttliche Ordnung" und nicht die menschliche Freiheit als eine Fähigkeit, die gesellschaftliche Ordnung selbst zu gestalten. Die Aufwertung der Freiheit ist untrennbar verknüpft mit der Entstehung des Individuums und der Betonung seiner Individualität. Das Individuum, das *Ich, entsteht* mit der bürgerlichen Gesellschaft. Es *entsteht* erst da, in dem Sinne, dass die Menschen beginnen, sich in ihrem Selbstverständnis nicht mehr wesentlich als Mitglieder einer Gemeinschaft, sondern als besondere Einzelne zu bestimmen. Dies ist deswegen möglich, weil die Menschen nicht nur Einzelne, im Sinne von räumlich, körperlich Von-einander-Abgeschiedene sind, sondern Unterschiedliche.[42] Die Freiheit des Einzelnen ist seine Möglichkeit, sich als Individuum zu verwirklichen, d.h. sich in seiner Eigenart und Einzigkeit zu entfalten. Mit der Höherwertung der eigenen Person wächst das Interesse daran zu erfahren, wer man ist, und zu werden, der man ist. Um dieses verwirklichen zu können, bedarf es eines entsprechenden gesellschaftlichen Freiraums. Es darf nicht immer schon gesellschaftlich bestimmt sein, wer ich zu sein habe, sondern ich muss die Möglichkeit haben, mich selbst zu machen, selbst meinen Ort, meine Stellung in der Gesellschaft zu finden. Und auch dieser Ort, diese Stellung darf nicht immer schon festgelegt sein, sondern ich muss auch die

Möglichkeit haben, meine Besonderheiten einzubringen und mit ihnen akzeptiert zu werden. Damit entsteht das Interesse an negativer Freiheit, als einem von Übergriffen unbehelligten Raum der Privatheit - welche ebenfalls mit dem Individuum erst *entsteht* - und an positiver Freiheit, als der Möglichkeit gleichberechtigt darüber mitreden zu können, wie die Gesellschaft die Rahmenbedingungen des Miteinanders, gestaltet werden. Damit ist von vornherein auch das Interesse des Einzelnen an seiner Freiheit ein soziales. Eine rein private Freiheit gibt es nicht. Freiheit ist nicht die Möglichkeit, alles alleine und unbeeinflusst von anderen zu bestimmen, sondern im gemeinsamen Miteinander ohne das Vorhandensein von Befehlsstrukturen zu klären, wie man miteinander leben will. Die Abgrenzung von den anderen gibt nur die Möglichkeit negativer Freiheit. Aber auch ein nur negativer Bezug auf die anderen ist ein Bezug. Zudem ist er keine Erfolg versprechende Strategie. Man kann aus der Gesellschaft nicht aussteigen. Entweder deswegen nicht, weil man sie räumlich nicht verlassen kann und solange man in ihrem Einflussraum ist, von ihr beeinflusst bleibt oder, wenn es möglich ist, sie räumlich zu verlassen, weil man an dem neuen Ort, an den man sich begibt, zwangsläufig eine neue Gesellschaft gründet, denn allein ist der Mensch nicht lebensfähig. Eine freie Gesellschaft ist daher die Voraussetzung der Entwicklung von Individualität. Was die Menschen in einer freien Gesellschaft zu gewinnen haben, sind sie selbst, in einem das *Selbst*, das *Eigene* betonenden Sinne. Und dieses Selbst gewinnen sie nicht erst, nachdem sie sich auf der politischen Ebene Raum geschaffen haben, sondern in einer freien Gesellschaft gehört bereits die Politik zum Raum der Selbstgewinnung. Eine freie Gesellschaft ist eben keine, die mir nur meine private Freiheit lässt, sondern die mir darüber hinaus die Möglichkeit gibt, mich auch im Sozialen, im Miteinander, frei zu entwickeln. Daher ist Demokratie - in dem oben bestimmten radikalen Sinne - die politische Vollzugsform der Freiheit. Erst hier ist Freiheit mehr als nur das Reservat der Privatheit, erst hier ist Freiheit auch die Bestimmung der gesellschaftlichen Verhältnisse und die Tätigkeit des Miteinanders selbst. Erst hier ist wirklich Freiheit. Diese Freiheit ist der positive Wert, der das Ziel des Projekts einer freien Gesellschaft bildet. Nur wo es keine Herrschaft gibt, ist es möglich, sich als Einzelner im Miteinander selbst zu bestimmen. Wer dies will, muss für die Freiheit kämpfen und d.h., gegen die Herrschaft. Anders geht es nicht.

Gerechtigkeit

Was ist Gerechtigkeit? Kann man so überhaupt fragen? Was-Fragen fragen danach, was eine Sache ist. Gerechtigkeit ist keine Sache. Gerechtigkeit ist eine Verhältniskategorie. Sie betrifft das Verhältnis von Menschen zueinander. Verhältnisse bestimmter Art werden als gerecht bezeichnet. Folglich muss die Frage nicht lauten „was ist Gerechtigkeit?“, sondern „worum geht es bei der Gerechtigkeit?“ Mit der Frage nach der Gerechtigkeit steht die soziale Positionierung des Einzelnen zur Debatte. Thema der Gerechtigkeit ist die Stellung des Einzelnen in seinen Gemeinschaften, in der Gesellschaft, im Verhältnis zu den anderen, mit denen er Umgang hat. Menschen wollen ein anerkanntes Mitglied ihrer Bezugsgruppen sein.[43] Die Menschen haben das Bedürfnis, ihre Position im Verhältnis zu den anderen, mit denen sie Umgang haben, zu bestimmen, zu erfahren wie sie wahrgenommen, wie sie eingeschätzt werden. Ihre Wertschätzung durch die anderen bestimmt ihre Position in der Gruppe. Für jede Gruppe, in der ich Mitglied bin, stellt sich das Problem der Gerechtigkeit neu. Entspricht das Selbstwertgefühl des Einzelnen dem, wie er von den anderen beurteilt wird, so fühlt er sich gerecht behandelt. Ihren Ausdruck findet solche Beurteilung in der Zuteilung, der Verweigerung oder dem Entzug von materiellen und ideellen Gütern. Güter hier in dem sehr weiten Sinne von „Gutem" genommen, etwas Gutes, das man gerne bekommt oder hat. Gut in diesem Sinne ist ein Lob, ist Liebe, Zärtlichkeit, Aufmerksamkeit ebenso wie ein Gebrauchsgegenstand, sei er geschenkt oder durch Verdienst erworben.[44] Gerechtigkeit ist keine Frage dessen, ob ich einen für mein Leben objektiv ausreichenden Anteil an solchen Gütern bekomme, sondern wie viel ich im Verhältnis zu den anderen bekomme. Nicht die Quantität, sondern die Proportion ist das Maß der Gerechtigkeit. Wenn alle arm sind, ist Armut nicht ungerecht. Wenn man sich klarmacht, dass es bei der Gerechtigkeit nicht um die absolute Menge von Gütern geht, sondern nur um deren Proportionalität, dann wird auch klar, dass es bei ihr überhaupt nicht um die Güter selbst geht, sondern um das, was sich in der Güterverteilung ausdrückt: meine Position im Verhältnis zu den anderen. In der Zuteilung von Gütern durch die anderen an mich drückt sich ihre Wertschätzung für mich, ihre Beurteilung meiner Person als Mitglied der Gruppe aus. Von Gerechtigkeit redet man, wenn jeder das bekommt, was er verdient, was ihm zukommt, wenn er seinen ihm angemessenen Teil erhält. Eine solch gerechte Verteilung kann durch Zuteilung und durch Abgabe erreicht werden. Jedem das Seine - *suum cuique tribuere* - ist schon seit ewigen Zeiten die Formel der Gerechtigkeit.[45] Handlungen gelten als gerecht, wenn man mit dem, was man bekommt, wie man beurteilt wird, einverstanden ist. Ob man dies ist, bemisst sich daran, ob andere Personen in vergleichbaren Verhältnissen vergleichbar behandelt werden oder ob ich im Verhältnis zu ihnen benachteiligt bin. Die Gleichbehandlung der Gleichen und die Ungleichbehandlung der Ungleichen ist das abstrakte Kriterium der Gerechtigkeit. Gerechtigkeit ist somit auch eine Forderung der Individualität: Ich will in meiner Besonderheit respektiert und geachtet werden. Die angemessene Behandlung der Personen ist daher nur dann möglich, wenn nicht alle gleich behandelt werden, sondern man auf Ungleichheit Rücksicht nimmt.

Welches sind die Kriterien der Wertschätzung durch die anderen, nach denen sich meine Position in der Gruppe bemisst? Meine eigene Einschätzung meiner Werthaftigkeit in der Gruppe bemisst sich ebenso wie meine Einschätzung durch die anderen an der Nicht-/Erfüllung von Normen durch mich und an dem Nicht-/Vorhandensein von Werten bei mir.[46] An die Erfüllung von Normen und Werten der Gruppe ist die Wertschätzung der anderen gebunden und Normen und Werte sind immer güterverteilungsrelevant. Normen und Werte können entweder direkt verteilungsrelevant sein, dann ist mit dem Grad ihrer Erfüllung direkt ein Zuwachs an Güterzuteilung verbunden - Beispiel: Akkordnormen -, oder indirekt verteilungsrelevant sein, dann ist ihre Erfüllung oder der Verstoß gegen sie durch Güterzuteilung oder -entzug positiv oder negativ sanktioniert - Beispiel: Ordnungswidrigkeitsnormen. Normen und Werte sind das Ergebnis von Hierarchisierungen von Verhaltensweisen und Eigenschaften. Jede Gruppe bildet ihre eigenen Hierarchien. Das Verhältnis der Mitglieder einer Gruppe wird durch Regeln bestimmt. Regeln legen Umgangsformen und Verhaltensweisen fest. Sie sind nicht neutral, sondern werden mit einer sozialen Wertung versehen. Bewertete Regeln nennt man Normen. Bewertet werden Regeln nach der Nützlichkeit, die das durch sie festgelegte Verhalten für die Ziele der Gruppe hat.[47] Die Eigenschaften solcher für die Gruppe wichtigen Verhaltensweisen werden zu Werten. Werte repräsentieren auf abstrakte Weise Nützliches und Wichtiges für die Gesellschaft.[48] Verhalten ist ein Handeln. Normung und Wertung bleiben nicht auf einzelne Handlungen beschränkt, sondern beziehen sich auch auf die Handelnden selbst. Bewertet werden nicht nur Verhaltensweisen, sondern auch Personen. Auch die Eigenschaften von Personen selbst, die sie zu einem gesellschaftlich nützlichen Handeln befähigen, können abstrahiert und zu Werten erhoben werden. Erfülle ich Normen bzw. besitze ich Werte, die in der Gruppenhierarchie weit oben stehen, so nehme auch ich eine gehobene Position in der Gruppe ein. Gibt es in einer Gruppe nicht nur Autoritätsdifferenzen, sondern sind soziale Hierarchien institutionalisiert, so wirken solche Hierarchien zurück auf den Normen- und Wertekanon einer Gruppe. Nun werden die der Herrschaft nützlichen Eigenschaften von Verhaltensweisen ebenso geschätzt wie die Herrschenden und ihre Eigenschaften selbst. Die konkreten Kriterien der Wertschätzung und Zuteilung, die konkreten Normen und Werte sind Ergebnis einer sozialen Übereinkunft. Sie lassen sich nicht allgemein und universell bestimmen, sondern ergeben sich immer in Abhängigkeit von den Zielen einer Gruppe.[49] Diese Zielvorstellungen wiederum bestimmen sich danach, was eine Gruppe will. Dies unterliegt ihrer Entscheidung. Daher hat jede Gruppe ihre eigenen Normen und Werte. Zwischen den Werten und Normen der unterschiedlichen, nebeneinander bestehenden oder ineinander gestaffelten Gruppen können Unterschiede, z.T. auch Widersprüche bestehen.

Das Verhältnis der Menschen zu den von ihnen vertretenen Werten und Normen ist kein äußerliches, instrumentelles, wie dies die Rede von Übereinkünften und Verständigungsprozessen zunächst nahe legen könnte. Wenn Werte und Normen auch das Ergebnis einer Gruppenübereinkunft sind, so sind sie doch auch Teil meiner persönlichen Identität. Zum einen wachse ich immer schon in bestehende Norm- und Wertordnungen hinein und übernehme sie zunächst zu großen Teilen als für mich gültig und zum anderen, selbst wenn ich diese Norm- und Wertordnungen später in einem diskursiven Prozess in Frage stellen sollte, so bleibt es doch dabei, dass die dann von mir abweichend verfolgten Ziele mich in meiner Person entscheidend prägen und somit wiederum Teil meiner sich ändernden Identität sind. Daher bezieht die Ungerechtigkeit ihren emotionalen Charakter. In ihr drückt sich auch eine Abwertung meiner Person aus.

Das Gute selber ist kein Wert. Es ist nur das Attribut der Werthaftigkeit. Die Menschen wollen nicht ein abstraktes „Gutes", sondern sie wollen konkrete Dinge und beurteilen Handlungen und Eigenschaften danach, ob sie „gut", d.h. nützlich dafür sind, diese Dinge zu erreichen, zu verwirklichen. Werte und Normen sind die allgemeinen Maßstäbe der Gerechtigkeit. Gerechtigkeit und Moral sind insofern nicht getrennt. Ob man von Gerechtigkeit redet oder von Moral, ist eine Frage der Perspektive. Ich habe von meinem Thema her mit der Gerechtigkeit begonnen. Wie Tugendhat richtig ausgeführt hat, handelt es sich bei der Gerechtigkeit aber um die zweite Ebene (1997,50). Von Gerechtigkeit kann man erst reden, wenn man sich auf ein moralisches System geeinigt hat. Überall wo von Gerechtigkeit die Rede ist, muss eine Moral vorhanden sein, denn nur in Bezug auf diese macht solche Redeweise Sinn. Von Moralen als Systemen von Normen und Werten redet man, wenn man über die Regeln einer Gruppe spricht, die ihre Mitglieder befolgen sollen/müssen, damit die Gruppe möglichst gut funktioniert, damit sie ihre selbstgesetzten Ziele erreicht. Über Gerechtigkeit spricht man, wenn man darüber spricht, ob eine diesem moralischen System angemessene Wertschätzung der Mitglieder stattfindet, die in einer angemessenen Verteilung von Gütern ihren Ausdruck findet. Dabei kann zweierlei in Frage stehen, erstens die gerechte Verteilung innerhalb des Systems und zweitens die Gerechtigkeit des Systems. Im ersten Falle geht es darum, dass bei prinzipieller Anerkennung der konkreten Normen und Werte als Achtungs- und Verteilungsmaßstäbe darüber gestritten wird, ob diese im Einzelfall richtig angewendet wurden. Im zweiten Fall geht es zum Ersten um die konkreten Normen und Werte selbst, um die Frage, ob nicht andere Verhaltensweisen oder Eigenschaften als Normen und Werte bestimmt werden sollten und zum Zweiten um die Normen- und Wertehierarchie. Wer das Normen- und Wertesystem einer Gruppe und/oder dessen Hierarchie als ungerecht ablehnt, drückt damit aus, dass seine Selbstschätzung und seine Wertschätzung durch die Gruppe deswegen auseinanderfallen, weil er für seine Selbstwertschätzung auf andere Normen und Werte rekurriert – bzw. andere für wichtiger hält – als die, die in der Gruppe allgemein anerkannt sind. Welche Verhaltensweisen und Eigenschaften zu Normen und Werten werden und wie diese hierarchisiert werden, kann nicht abstrakt und nicht allgemein bestimmt werden, es ist eine Frage der Übereinkunft und es ist umkämpft, da daran unter Umständen die Legitimität sozialer Privilegierung bestimmter Mitglieder einer Gruppe hängt. Wer andere Normen und Werte vertritt, verfolgt auch andere Ziele. Er bringt damit zum Ausdruck, dass er letztlich anders leben will als die anderen, die Mehrheit der Mitglieder der Gruppe. Mit der Zielbestimmung stellt sich die Frage nach der Organisation des menschlichen Lebens und Zusammenlebens. Was man für gerecht hält, bemisst sich an dem eigenen Entwurf dieses Lebens und Zusammenlebens.

Das Recht

Das Recht, als institutionalisierte Form sozialer Kompromissbildung und Konfliktlösung, steht in einem zwiespältigen Verhältnis zu den Werten und Normen und zur Gerechtigkeit. Es hat eine Doppelfunktion. Es legt einerseits im öffentlichen Raum Normen und formale Verteilungsmaßstäbe fest und ist somit institutionalisiertes Mittel der Gerechtigkeit. Andererseits ist das Recht Mittel der Herrschaft und dient dazu die Herrschenden zu privilegieren und ihre privilegierte Position zu erhalten. Es ist hier Mittel institutionalisierter Ungerechtigkeit und Mittel des Zwangs gegenüber den Beherrschten. Aus dieser Doppelfunktion des Rechts rührt die allen bekannte Differenz zwischen Recht und Gerechtigkeit her. Die Herrschaft besetzt mit dem Recht den gesellschaftlich wichtigen Bereich der Gerechtigkeit und übt die gesellschaftlich notwendige Funktion des Vermittlers, des Schlichters aus. Zugleich nutzt sie aber diese Position aus, um ihre eigene Besserstellung abzusichern.[50] Zum einen, indem sie im Recht die überproportionale Zuteilung von Gütern an sich festschreibt und zum anderen, indem sie an die Stelle des Vermittelns und Schlichtens – eines argumentativen Verfahrens, welches letztlich auf die Zustimmung der Parteien angewiesen ist –, die Funktion des Richtens – also der machtgestützten Entscheidung von oben auch gegen den Willen der Parteien – setzt und damit einen Zwangsapparat legitimiert, den sie nicht nur dazu nutzt, zivilgesellschaftliche Streitigkeiten zwischen den Bürgern zu befrieden, sondern auch Auflehnung gegen ihre privilegierte Position niederzuhalten. Die Frage, was gerecht ist, hat daher mit der Frage, was recht ist, nichts zu tun und kann innerhalb eines Rechtssystems nicht entschieden werden. Das Recht ist in herrschaftsförmigen Gesellschaften immer durch die Herrschaft überdeterminiert und daher nie in der Lage, auf die Frage der Gerechtigkeit Antwort zu geben. Recht als Rationalisierungsstruktur von Herrschaft ist in dieser Form nicht mehr nötig, wenn es Herrschaft nicht mehr gibt. Was nötig bleibt, ist die Aufgabe der Konfliktschlichtung.

Gerechtigkeit ist eine Konsequenz der Freiheit. Aus der Möglichkeit, das gesellschaftliche und das individuelle Leben selbst zu gestalten, folgt, dass die Position des Einzelnen in der Gruppe nicht von vornherein festliegt. Sie muss jeweils erst in Bezug auf das gewählte System bestimmt werden. Gerechtigkeit ist das gelungene Ergebnis solcher Positionsbestimmung. Dabei ist zweierlei zu beachten: zum einen die Strukturierung der Gruppen und zum anderen die Respektierung der Einzelnen. Als gerecht kann eine Gruppe nur bezeichnet werden, wenn es ihr sowohl gelingt, die Einzelnen im Verhältnis zueinander als auch unabhängig von den anderen als Individuen angemessen einzuordnen. Gerechtigkeit ist das objektiv wie subjektiv gelungene Ergebnis einer sozialen Ordnung.

Gleichheit

Der Ausgangspunkt und nicht das Ergebnis dieser Ordnung ist die Gleichheit. Man benötigt bei Verteilungserwägungen eine Grundnorm der Verteilung, von der ausgehend dann eine abweichende Verteilung Ausdruck von Gerechtigkeit ist. Diese primäre Verteilungsnorm ist die nummerische Gleichheit, die Teilung des zu Verteilenden durch die Anzahl der zu Berücksichtigenden. Die Gleichheit bedarf im Gegensatz zur Gerechtigkeit keiner Kriterien. Wie eine Gesellschaft zu organisieren ist, in der alle gleich behandelt werden, ist evident. Wenn es für den konkreten Fall keine Kriterien der Güterverteilung gibt, wenn es keine Gründe dafür gibt, den einen mehr oder anderes als den anderen zukommen zu lassen, dann muss man, wenn man nicht willkürlich vorgehen will, allen das Gleiche zukommen lassen. Wenn unter drei Kindern drei Stücke Kuchen verteilt werden müssen, so ist klar, dass wenn es keine Gründe gibt, die dafür sprechen, dass einer mehr bekommen soll, jeder ein Stück bekommt. Gleichheit ist der Ausgangspunkt der proportionalen Zuteilung. In diesem Sinne kann man sagen, dass die Gleichheit gerecht ist, denn es ist nur angemessen, wenn es keine Kriterien der Verteilung gibt, allen das Gleiche zuzuteilen. Die Berücksichtigung unterschiedlicher Bedürfnisse, Interessen, Fähigkeiten der Menschen, kann erst dann erfolgen, wenn diese der Gruppe bekannt und von ihr als verteilungserheblich anerkannt sind. Die Abweichung von der nummerischen Zuteilung ist insofern begründungsbedürftig (vgl. Tugendhat 1997, 69f). Geschieht sie ohne Grund, so herrscht Willkür. Gleichheit ist also der Ausgangspunkt aller Gerechtigkeitsüberlegungen und als solcher Ausgangspunkt kann der Zustand der Gleichheit als ursprüngliche Gerechtigkeit bezeichnet werden, aber als Kriterium für die Gerechtigkeit einer differenzierten Gesellschaft ist die Gleichheit genau deshalb untauglich.

Wenn hier behauptet wird, dass die Gleichheit der nichtbegründungsbedürftige Ausgangspunkt aller begründungsbedürftigen Differenzierungen ist, so ist dies zunächst moraltheoretisch gemeint: Wenn mir nichts einfällt, wonach ich differenzieren könnte, wenn es also keinen Grund der Unterschiedlichkeit gibt, bleibt nichts anderes übrig, als alle gleich zu behandeln, will man nicht willkürlich sein. Die These von der Gleichheit als Ausgangspunkt bezieht sich aber auch auf die faktische Gleichheit der Menschen, insofern mit ihr gesetzt wird, dass die Menschen von Anfang an gleich sind. Diese These ist nicht evident, sondern selber begründungsbedürftig. Die These von der ursprünglichen Gleichheit der Menschen, von ihrer gleichen Freiheit, ist zwar in der Geschichte immer vertreten worden, setzt sich aber erst mit der bürgerlichen Aufklärung durch. Sie verdrängt damit die These von der abstammungsbedingten Ungleichheit, die konstitutiv für die Begründung der feudalen Herrschaftsklasse war und steht in Konflikt mit den in der bürgerlichen Gesellschaft vorhandenen Rassismen, wie sie am deutlichsten in der Sklaverei zum Ausdruck kamen. Wenn heute sicher niemand mehr auf die These des Geburtsadels oder einen plumpen biologischen Rassismus zurückfallen will, so wird jedoch zunehmend wieder behauptet, dass die Menschen von Geburt an so unterschiedlich seien, dass ihre Gleichbehandlung nie gerecht sein könne. Damit wird ein Grund angegeben, warum es schon immer zu Differenzierungen kommen müsse. Die These von der faktischen, ursprünglichen Gleichheit muss daher begründet werden. Solche Begründung kann nie wissenschaftlich erfolgen, indem man z.B. darauf hinweist, dass der genetische Satz aller Menschen zu über 99,9% übereinstimmt, sondern immer nur politisch/teleologisch, weil die These von der Gleichheit bzw. ihre Gegenthese von der Ungleichheit eine philosophische These ist, die das politische Verhältnis der Menschen zu bestimmen sucht.

Denn die Frage ist nicht, ob die Menschen unterschiedlich sind - natürlich sind sie das, der eine hat braune und der andere schwarze Haare -, sondern ob solche Unterschiede in Hinsicht auf die Ziele der Gruppe so wesentlich sind, dass sie als Differenzierungskriterium berücksichtigt werden müssen. Ein Unterschied ist nicht an sich ein Differenzierungskriterium. Es bedarf einer Wertung, um ihn zu einem werden zu lassen. Die These von der ursprünglichen Ungleichheit bewertet damit angeborene Unterschiede so stark, dass sie sie von vornherein als Differenzierungskriterium ansieht, während die These von der ursprünglichen faktischen Gleichheit erst verhaltensbedingten Unterschieden den Status eines Differenzierungskriteriums zukommen lassen will. Unter Gerechtigkeitsgesichtspunkten erscheint nur letzteres sinnvoll. Gerechtigkeit haben wir bestimmt als an Nützlichkeit in Bezug auf Gruppenziele orientierte, proportionale Güterzuteilung. Von Anfang an sind Menschen aber nicht unterschiedlich nützlich. Kleine Kinder sind zunächst nicht nützlich für die direkte Verwirklichung der Ziele einer Gruppe. Menschen von Anfang an unterschiedlich zu behandeln, verlangt eine prognostische Aussage darüber zu treffen, inwieweit ihr Handeln einmal nützlich sein wird. Solche Prognosen sind häufig fehlerhaft. Auf solch geringe Wahrscheinlichkeit von vornherein eine ungleiche Behandlung zu gründen, erscheint nicht als gerecht, da sich im nachhinein vielfach herausstellen wird, dass der Vorschuss, den man somit vergeben hat, nicht begründet war. Das Kriterium, welches hier zur Differenzierung herangezogen wird, ist eben nicht die Frage, inwieweit jemand durch sein Verhalten zur Verwirklichung der gemeinsamen Ziele beigetragen hat, sondern es wird mit einem in aller Regel biologischen Unterschied die prognostische Erwartung verknüpft, die Besitzer dieser Eigenschaft würden einmal ein Verhalten an den Tag legen, welches viel zur Verwirklichung der gemeinsamen Ziele beitragen werde. Damit werden an die Stelle von gemeinsam bestimmten Zielen biologische Eigenschaften als Differenzierungskriterien gesetzt. Das kann nach dem hier vertretenen Begriff der Gerechtigkeit nicht gerecht sein, weil Gerechtigkeit die angemessene Behandlung in Bezug auf soziale und nicht biologische Unterschiede ist. Gerechtigkeit ist ein Aspekt menschlicher Sozialität. Wenn der Mensch frei ist, d.h., zu sich selbst erst in der Gesellschaft findet, dann können Differenzen seiner biologischen Verfasstheit kein geeignetes Differenzierungskriterium sein. Solches Denken setzt - zumindest partiell - einen biologischen Determinismus voraus. Man landet dann letztlich doch wieder bei einer Abstammungstheorie, beim Rassismus. Wer die These von der ursprünglichen Ungleichheit vertritt, leugnet die menschliche Freiheit. Wenn die Menschen aber nicht frei wären, dann könnte Gerechtigkeit nichts mit selbstbestimmten Zielen zu tun haben, sondern wäre nichts anderes als standesgemäße Behandlung. Menschen, die von Natur aus Sklaven sind, muss man als Sklaven behandeln und Menschen, die von Natur aus Herren sind, als Herren. Hier stellt sich nicht die Frage nach der angemessenen Beurteilung des Einzelnen in Bezug auf seine Handlungen, sondern nur die Frage, wie man die biologische Natur der Einzelnen erkennt, um sie dann zu klassifizieren und den ihrem Stand entsprechenden Gesellschaftsbereichen zuzuteilen. Standesgemäßes

Verhalten und standesgemäße Behandlung ist das klassische Gerechtigkeitskonzept von Gentilgesellschaften. Hier aber wird davon ausgegangen, dass es mit der Gesellschaft die menschliche Freiheit gibt, und daraus folgt, von der ursprünglichen Gleichheit der Menschen auszugehen, auch in Bezug auf die Frage nach der Gerechtigkeit. Wenn man die Gleichheit allerdings nicht nur als ursprünglichen Ausgangszustand, sondern als anzustrebendes Ziel des sozialen Prozesses sieht, entsteht ein massiver Konformitätsdruck, der Individualität verhindert. Insofern findet auch die Gleichheit ihre Grenze in der Freiheit und muss durch die Gerechtigkeit ergänzt werden.

Universale Kriterien der Gerechtigkeit oder allgemeine Rechtfertigung von Herrschaft?

Eine absolute Begründung von Moral mit dem Anspruch eines absoluten Universalismus ihrer Normen und Werte, wie sie Religionen beanspruchen und wie sie Kant mit seiner Vernunftethik versucht hat, kann heute nicht mehr vertreten werden. Moral und Ethik sind Wörter, die man heute sinnvollerweise nur noch im Plural gebrauchen kann. Vertreten werden aber noch abgeschwächte Formen von Allgemeingültigkeitsansprüchen für Moralen, die versuchen, einen Rahmen von Moralität zu setzen. Zum Ersten Überlegungen, die versuchen, unter den relativen Argumenten das beste Argument zu finden (Tugendhat). Zum Zweiten - letztlich immer noch an Kant orientierte - Vernunftmoralen, wie Habermas' und Appelts Diskursethik, die aus angeblichen, formellen Strukturen von Rationalität überhaupt allgemeinverbindliche Regeln ableiten wollen. Und Drittens kontraktualistische Positionen (Rawls), die zwar mit Nützlichkeitserwägungen argumentieren und von der Möglichkeit freier Zustimmung ausgehen, die von ihnen vorgelegten Normen aber für die rationalsten halten, denen man sinnvollerweise zustimmen müsste. Gesucht wird eine ganz starke Begründung einer allgemeinen Moral, eine Begründung, die so stark ist, dass man ihr eigentlich nicht widersprechen kann. Daraus ergeben sich zwei Fragen: Wofür wird diese Begründung gebraucht und ist eine so starke Begründung von Moral überhaupt möglich?

Tugendhat

Den Anspruch absoluter Begründung von Moral, also einer solchen, die zwingend ist und von den Menschen die unbedingte Befolgung der Normen verlangen kann, hält Tugendhat für unmöglich. Sie widerspricht der menschlichen Autonomie (vgl. 1993, 89). Niemand ist gezwungen, sich einer moralischen Gemeinschaft anzuschließen. „Ein absolutes 'ich muss'", unabhängig von einem „'ich will'" ist unmöglich (ebd. 62). Tugendhat ist aber der Ansicht, dass das moralische Urteil selber einen sehr weitreichenden Geltungsanspruch erhebt. Es ist objektiv im Sinne von personenirrelativ, d.h., das moralische Urteil erhebt den Anspruch nicht nur gegenüber bestimmten Personen zu gelten, sondern gegenüber allen Personen, unabhängig von ihren jeweiligen Besonderheiten. So ein starkes Urteil hält Tugendhat nur dann für vertretbar, wenn man eine entsprechend starke

Begründung moralischer Normen vorweisen kann. Der Kontraktualismus, der auf jeden Fall übrigbleibt, wenn man die absolute Begründung von Moral aufgibt, reicht ihm hierfür nicht aus. „Eine Haltung, die sich nicht in die intersubjektive Forderungsstruktur stellt, ist überhaupt keine moralische" (1993, 64). Tugendhat hält den Kontraktualismus für eine 'Quasimoral'. Er sucht damit nach einer Begründung des „Guten", die so stark ist, dass jeder, der bereit ist, sich moralischen Normen zu unterstellen, sich dieser einen unterstellen muss, weil sie die am besten begründetste ist. Nur wenn es möglich ist, eine so starke Begründung zu finden, könne das moralische Urteil seinen Personen irrelativen Geltungsanspruch aufrechterhalten. Ein solcher Moralbegriff kann aber nur noch ein formaler sein, ein Rahmen, der für verschiedene inhaltliche Konzepte offen ist (ebd. 55). Da Tugendhat den Zwangscharakter der Moral aufgegeben hat, muss er zwei Begründungsebenen unterscheiden: zum Ersten die Ebene der Gründe dafür, dass man der Moral zustimmen *will*, und zum Zweiten die Ebene der Gründe dafür, dass man dieser Moral zustimmen *soll*. Auf der ersten Ebene handelt es sich um Motive, um die Frage, warum ich das tun will, auf der zweiten Ebene um die sachlichen Gründe des besseren Konzepts. Das Moralkonzept, welches er in diesem Sinne für am besten motiviert und am besten begründet hält, ist der kategorische Imperativ Kants. Dieses Gebot der Achtung und Nichtinstrumentalisierung der anderen erscheint ihm am besten begründet, weil die These, dass mein Gutsein im Verhältnis zu den Anderen eben in meiner Achtung für sie besteht, einen hohen Grad an Plausibilität hat und an dieser Stelle schwer etwas anderes denkbar ist. Worin sonst sollte das Gutsein bestehen? Und zum anderen, weil es das einzige Gebot sei, das von seinem Anspruch her allgemeingültig sein kann, also allen anderen Menschen gegenüber gelten kann, egal ob man sich auf irgendwelche Gemeinsamkeiten geeinigt hat oder nicht (ebd. 85f). Bei der Motivationsfrage sind zwei Ebenen zu unterscheiden, Erstens welches Motiv habe ich, überhaupt Mitglied einer moralischen Gemeinschaft zu werden, und Zweitens, welches Motiv habe ich, Mitglied dieser moralischen Gemeinschaft, der Gemeinschaft derjenigen, die den kategorischen Imperativ zu ihrer Grundnorm erhoben haben, zu werden. Für den Eintritt in eine moralische Gemeinschaft spricht die dadurch erst gegebene Möglichkeit des moralischen Urteilens, des Billigens und Tadelns - ein affektbesetztes Verhalten, ohne das wir uns gemeinschaftliches Zusammenleben kaum vorstellen können, welches aber an der Zugehörigkeit zu einer normativen Gemeinschaft hängt. Für den Eintritt in diese moralische Gemeinschaft spreche, dass die Alternative zum Egoismus der Altruismus ist und dieser habe eben die Form des kategorischen Imperativs (ebd. 92f).

Nun ist der kategorische Imperativ sicherlich eine sinnvolle Verhaltensnorm für den Umgang der Menschen miteinander, das soll hier nicht bestritten werden. Fraglich ist aber, ob er mit einem Allgemeinheitsanspruch auftreten kann, d.h. mit dem Anspruch, dass jeder, der überhaupt moralisch handeln wollte, gemäß dem kategorischen Imperativ handeln müsste. Tugendhat geht aus von den Objektivitätsansprüchen moralischer Urteile und man muss ihm zugestehen, dass, wenn wir moralisch urteilen, wir dies tatsächlich zumeist in der Form der Allgemeinheit tun. Dieser faktische Ausgangspunkt seiner Überlegungen ist allerdings zu hinterfragen. Tugendhat behauptet, dass nur solche allgemeinen Wertungsurteile wie „foltern ist schlecht" moralisch seien, dagegen das Urteil „ich halte foltern für schlecht" (ebd. 18) kein moralisches Urteil sei und dass der sich in dem Urteil „foltern ist schlecht" ausdrückende Objektivitätsanspruch ein universeller sei. Ich habe bei meiner Diskussion von Gerechtigkeit Moral als ein System von Normen und Werten zurückgebunden an Gruppenziele und damit an Nützlichkeitserwägungen in Hinsicht auf die Verwirklichung dieser Ziele bestimmt. Hiergegen könnte Tugendhat den Einwand formulieren, dass dies eine kontraktualistische Position sei. Den Kontraktualismus hält er nun für eine Quasimoral, weil er nach seiner Auffassung nur auf Nützlichkeitsüberlegungen für den Einzelnen beruht. Auf solchen individuellen Nützlichkeitserwägungen aufbauende Urteile können keine intersubjektiven Geltungsansprüche erheben. Hier kann ich immer nur urteilen, dass eine Sache für mich schlecht ist, aber nicht ob sie allgemein schlecht ist. Wenn Kontraktualismus tatsächlich immer nur ein solches rein äußerliches Verhältnis der Personen zueinander meinen würde, dann hätte Tugendhat Recht. Für mein Modell der Gruppenmoral gilt dies allerdings nicht. Der Kontraktualismus in seiner liberalen Form, den Tugendhat hier vor Augen hat, übersieht nämlich, dass das Verhältnis des Einzelnen zur Gruppe zumeist kein instrumentelles ist, auch wenn die Ziele der Gruppe auf einer Übereinkunft beruhen, denn es kommen nicht isolierte Einzelne zusammen, um sich zu überlegen, was für sie alle am nützlichsten sei, um dann eine Gruppe, die auf diesen Regeln beruht, zu bilden, sondern die Menschen treten schon immer in Gruppen auf, die Einzelnen werden schon immer in Gruppen hineingeboren und hineinsozialisiert. Das bedeutet, dass sie, auch wenn sie im Laufe ihrer Entwicklung in die Lage kommen, sich zu den Zielen der Gruppen, in die sie hineinwachsen, reflektiv zu verhalten, sie bewusst zu bejahen, sie abzulehnen oder sie verändern zu wollen, sich in ihrer Persönlichkeit immer als Mitglieder dieser Gruppen begreifen. Dies wiederum heißt, dass das Verhältnis des Einzelnen zu seinen Gruppen und deren Zielen kein äußerlich instrumentelles, sondern ein immanentes, ihn in seiner Identität prägendes ist. Wenn dem aber so ist, dann kann der Einzelne auch ein moralisches Urteil mit intersubjektivem Anspruch fällen. Das ist eine schwache Form von Objektivität, insoweit als der Geltungsanspruch aus seiner Identifikation mit den Gruppennormen folgt und nicht nur individuelle Vorlieben ausdrückt, sondern etwas für alle Mitglieder der Gruppe verbindlich aussagt. Dies sieht Tugendhat, der nämlich - zu Recht - diese Identifikation mit der Norm für grundlegend für das moralische Urteilen hält (ebd. 60). Der Affektgehalt des moralischen Urteils entspringt dieser Normidentifikation. Aber diese Identifikation ist immer auch zugleich eine gruppenbezogene. Der Mensch kann sich nicht isoliert für sich selbst eine Identität erschaffen, sondern Identitätsbildung geschieht immer schon in der Auseinandersetzung mit und Positionierung zu den anderen Gruppenmitgliedern. Die auch in meinem Modell vorhandene objektive Geltung des moralischen Urteils bleibt hier auf die Menge der Gruppenmitglieder beschränkt, während Tugendhat als Gruppe immer schon die ganze Menschheit als solche ansieht. Das bedeutet, dass in meinem Modell das moralische Urteil zwar intersubjektiv, aber nicht allgemeingültig ist, in dem Sinne, dass es nicht beansprucht für alle Menschen zu gelten. Selbstverständlich könnten sich alle Menschen, insoweit sie die Menschheit als Gruppe, in der sie Mitglied sind, erfahren können und sich somit als Weltbürger verstehen können, auch auf Ziele und damit auf Normen und Werte der Gruppe Menschheit einigen, die dann solange allgemeingültig wären, solange keiner austritt. Aber Tugendhat setzt einen solchen kontraktualistischen Einigungsprozess gerade nicht voraus. Das moralische Urteil tut dies in aller Regel auch nicht und erhebt doch zumeist einen gruppenübergreifenden Objektivitätsanspruch.

Tugendhat greift hier ein richtiges Phänomen auf. Warum ist dies so? In ursprünglichen Gruppen ist dies zunächst spontan so, weil diese andere Gruppen, als die eigenen und benachbarten ähnlichen, gar nicht kennen. Erst da, wo ich andere Gruppen mit anderen Normen und Werten kennen lerne, stellt sich die Frage, wie ich mich mit meinen Urteilen ihnen gegenüber verhalte. Hier sind zwei Konstellationen zu unterscheiden. Kommt ein einzelner in eine andere Gruppe, so gilt für ihr Verhältnis zueinander seit jeher bis heute der Satz: *in rom do, as the romans do*. Will er dort bleiben, so muss er sich anpassen.[51] Er kann als Einzelner die anderen nicht seinem Urteil unterwerfen. Treffen zwei Gruppen aufeinander, so behält jede ihre Normen und Werte zunächst unverändert bei. Ihre Verkehrsprozesse miteinander finden davon unbeeinflusst statt, soweit man gemeinsame Interessen findet. Nun habe ich hier schon einen Begriff gebraucht, der für das Verständnis von allgemeingültigen moralischen Urteilen entscheidend ist, den Begriff der *Unterwerfung*. Moralische Urteile über Fremde, d.h. über Nichtgruppenmitglieder zu fällen, bedeutet, diese den eigenen Zielen (Normen/Werten) zu unterwerfen. Diese Unterwerfung ist, solange die Handlung in der Form des Urteils verbleibt, zunächst nur eine symbolische. Aber die moralische Unterwerfung ist gleichursprünglich mit der faktischen Unterwerfung. Sie ist ein Akt von Herrschaft und entsteht mit ihr. Mit der Entstehung von Herrschaft bleibt diese moralische Unterwerfung nicht auf das Verhältnis zu Fremden beschränkt, sondern beginnt auch die interne Struktur der Gruppe zu prägen. Die Ziele der Gruppe werden nicht länger durch die Gruppenmitglieder in einem bewussten oder unbewussten Prozess, aber auf jeden Fall gleichberechtigt gebildet, sondern von oben dominiert. Und erst in diesen Dominanzverhältnissen erhält der objektive Charakter des moralischen Urteils seine Brisanz. Denn mit diesem Objektivitätsanspruch ist jetzt die Forderung verbunden: Du sollst die vorgegebenen Normen und Werte, so wie sie sind, akzeptieren. Dies kommt in der religiösen Moral am deutlichsten zum Ausdruck. Mit ihrer Säkularisierung entstand das Problem, dass die moralischen Gebote nicht mehr als von einer unhinterfragbaren Instanz gesetzte ausgegeben werden konnten, sondern begründet werden mussten. So entsteht Ethik. An dieser Begründungsthematik einer Moral für herrschaftsförmige Gesellschaften arbeitet sich die bürgerliche Philosophie bis heute ab. Dies ist der

Ausgangspunkt sowohl Tugendhats als auch aller anderen, hier noch zu besprechenden Gerechtigkeits- und Moralkonzeptionen. In ihnen wird nie die Frage nach der Gerechtigkeit oder der Moral einer Gruppe überhaupt gestellt, sondern immer schon nur die eingeschränkte Frage nach der Gerechtigkeit und Moral in einer herrschaftsförmigen Gesellschaft. Rechtfertigung von Herrschaft ist ihr Problem. Dies gilt auch noch für die sehr freie Position von Tugendhat in seinen Ethikvorlesungen. Sein Modell der Bestbegründung zielt darauf ab, das Ergebnis der Diskussion über Normen und Werte von vornherein festzulegen. Offen ist eine solche Diskussion nur dann, wenn man anerkennt, dass es zwar gute und bessere Argumente gibt, aber nicht ein bestes. Wenn man ein bequemes Leben führen will, ist Unterwerfung unter Herrschaft nicht der schlechteste Weg. Herrschaftsfreie Selbstorganisation verlangt mehr Arbeit, setzt mehr Eigenaktivität voraus. Es ist eine andere Art und Weise zu leben, nicht die bessere. Beste Argumente gibt es immer nur im Strategie-/Ziel-Verhältnis, nie aber bei der Zielbestimmung selber. Hier kann nur das, was man für *gut* – im Sinne von einen selbst zufriedenstellend, beglückend – an einem solchen Leben empfindet, aufgewiesen werden, ob aber andere dies auch für *gut* halten, liegt an ihnen, liegt daran, wie sie leben, wie sie sich verstehen wollen, wie sie sind. Es ist nicht objektiv bestimmbar.

Auch Tugendhat gelingt eine solche objektive Bestimmung nicht. Zum Ersten scheitert sein Bestbegründungsversuch. Mein Gutsein im Verhältnis zu den anderen wird nicht durch den kategorischen Imperativ bestimmt, sondern dadurch, dass ich meinen Beitrag in Bezug auf die Verwirklichung unserer gemeinsamen Ziele leiste. Ob der kategorische Imperativ eine Verhaltensnorm meiner Gruppe ist, bestimmt sich nach unseren Zielen. Es ist nicht möglich, Verhaltensnormen unabhängig von Gruppenzielen zu begründen. Dass der kategorische Imperativ allgemeingültig sein kann, ist richtig. Aber seine Allgemeingültigkeit setzt voraus, dass ich mich als Mitglied einer Weltbürgergemeinschaft verstehen will. Abgesehen davon, dass die Möglichkeit dies zu tun an faktische Voraussetzungen gebunden ist, die in der Geschichte der Menschheit erst seit ungefähr dreihundert Jahren vorliegen, gibt es keine zwingenden und auch keine besten Gründe dafür, dies zu tun. Auch die Motivationen zum Eintritt in diese moralische Gemeinschaft können nicht als die Besten ausgewiesen werden. Zum Ersten stellt sich das Problem des Eintritts in eine moralische Gemeinschaft nicht. Wir sind alle immer schon Mitglieder solcher Gemeinschaften. Moralische Gemeinschaften sind keine auserwählten Gruppen von guten Menschen. Man muss den Begriff der Moral entmoralisieren. Auch die „Unmoral" ist eine Moral.[52] Moral ist einfach ein System von Normen und Werten einer Gruppe bezogen auf ihre Ziele. Beim Skatspielen als vierter Mann nur nach einer Seite zu kiebitzen, ist eine Regel der Skatmoral.[53] Moral und das Gute sind relative Begriffe, immer nur bezogen auf ein Ziel.[54] Eine der moralischen Normen des Kapitalismus ist der Egoismus. Dieser ist nicht unmoralisch. Als unmoralisch kann ich egoistisches Verhalten nur in Hinsicht auf ein anderes Bezugssystem bezeichnen, also wenn ich eine andere Moral als die bürgerlich/kapitalistische zu Grunde lege und d.h., andere Ziele menschlichen Lebens und Zusammenlebens setzte. Einer Motivation zum Eintritt in eine moralische Gemeinschaft bedarf es daher gar nicht. Aber auch die Anerkennung des Altruismus als Moralnorm ist nicht am besten motiviert. Seit Jahrtausenden leben die Menschen schon in herrschaftsförmigen Gesellschaften und diese sind alles andere als altruistisch. Wenn der Altruismus aber am besten motiviert wäre, d.h., für alle der nahe liegendste Verhaltenscode wäre, dann müsste er sich im Laufe der Zeit ja irgendwann einmal durchgesetzt haben, was hätte das hindern sollen? Dass sich der Altruismus nicht spontan durchgesetzt hat, zeigt, dass er nicht am besten motiviert ist. Auch auf der Motivationsebene gibt es nur gute und bessere Motive, aber keine besten. Auch die Frage meiner Motivation richtet sich nach meinen Zielen, nach meinen Prioritäten, nach meinen Erfolgsprognosen. Sie richtet sich nach der Frage, wer ich sein will und es gibt keinen Grund dafür zu behaupten, alle seien am besten motiviert, Altruisten zu sein. Wenn ich in einer herrschaftsförmigen Gesellschaft die Möglichkeit habe zur herrschenden Klasse zu gehören, so ist damit für mich die Aussicht auf sehr viele Privilegien und auf eine hohe gesellschaftliche Anerkennung durch die meisten verbunden und viele Menschen werden dadurch motiviert sein, diese Position anzustreben, die mit einem durchgängig altruistischen Verhalten unvereinbar ist. Andererseits kann ich auch sehen, dass ich auch als Herrschender sehr vielen Zwängen unterliege, dass meine Anerkennung durch die mir Untergebenen eine zwiespältige Sache ist, da sie häufig auf instrumentellen Erwägungen beruht und nicht meine Person meint und dass materielle Privilegien ab einem gewissen Grad ihren Sinn verlieren.[55] Für meine Entscheidung zwischen der Alternative, Herrschender werden zu wollen oder gegen Herrschaft kämpfen zu wollen, gibt es kein bestes Motiv, sondern sie ergibt sich aus meinen Selbstverständnis, meinen Vorlieben und meinen sozialen Wünschen. Auch dass es keine besten Gründe und besten Motive gibt, ist eine Konsequenz der Autonomie des Individuums.

Tugendhat hat in seinem letzten Buch zu diesem Thema *Dialog in Leticia* diese Position eingenommen. Moralsysteme können nur „relativ zu unseren gewöhnlichen Interessen" begründet werden (1997, 13). Eine moralische Praxis ist begründet, wenn „alle gleichermaßen ein Motiv haben, sie einzugehen" (ebd. 19); „eine Moral begründen *heißt*, sie allen gegenüber gleichermaßen begründen" (ebd. 68). Die Motive einer Praxis sind die mit ihr zu verwirklichenden Ziele, und dass alle Mitglieder der Gruppe diese Ziele als gemeinsame haben, konstituiert überhaupt erst die Gruppe und lässt unter Bezug auf diese Ziele Verhaltensnormen also moralische Ansprüche an Praxen entstehen. Dies bedeutet, das Moralen nicht kausal, sondern teleologisch begründet werden, nämlich in den Zielen, die ich erreichen will und die ich nur erreichen kann, wenn ich die moralischen Regeln einhalte. Auch den Begriff des Guten fasst Tugendhat jetzt nicht mehr absolut, sondern relativ, d.h. als Bestimmung von Verhalten in einem Wechselseitigkeitsverhältnis, in dem man aneinander entsprechende Verhaltensansprüche stellen kann (ebd. 39). Auch hier argumentiert Tugendhat in einer mit meiner Auffassung konsistenten Weise. Dieses Wechselseitigkeitsverhältnis bestimmt sich aus der gemeinsamen Zielverfolgung her und Ansprüche kann man aneinander stellen, weil man sich auf diese gemeinsamen Ziele verständigt hat. Moral beruht auf Entscheidung (ebd. 113f).

Dennoch bleibt Tugendhats Moralbegriff zu eng.[56] Er formuliert Moral immer noch im Gegensatz zum Egoismus. Die einzige Konfliktlinie, die er sieht, ist die zwischen den Einzelnen und der Gruppe (ebd. 44). Deswegen tendiert er auch dazu, nur eine Moral innerhalb einer moralischen Gemeinschaft für möglich zu halten. Die Pluralität der Moralen wird von ihm nur im Außenverhältnis gedacht. Er sieht Moralen nicht als ein gestaffeltes System von Regeln von Gruppen in Gruppen. Die entscheidenden gesellschaftlichen Konflikte liegen zwischen unterschiedlichen Gruppen. Dass Einzelne sich in Gegensatz zu allen Anderen stellen könnten, ist eine unrealistische Auffassung, die aus dem bürgerlichen Konkurrenzindividualismus erwächst. Für den Gedanken, dadurch für sich am meisten profitieren zu können, gilt dies nicht minder. Die Konfliktlinie liegt nicht zwischen dem Egoismus und der Moral, sondern sie liegt zwischen den Gruppen und ihren Zielen, da die Menschen eben nur in Gruppen überhaupt leben, nur in ihnen überhaupt etwas Positives für sich gewinnen können. Tugendhat bleibt dem Robinson Crusoe Modell der bürgerlichen Philosophie verhaftet. Überraschenderweise resultiert aus diesem individualistischen Ansatz ein Allgemeingültigkeitsanspruch auf Moralität überhaupt. Tugendhat spricht nicht von einer gemeinsamen Begründung von Normen, sondern davon, dass sie allen gegenüber „gleichermaßen" zu „begründen" sein müssen. Begründet in diesen Sinne ist für Tugendhat eine Moral bzw. eine moralische Norm, wenn sie universell sein kann. Er versucht Begründung durch Universalisierung zu leisten. Dass eine moralische Norm dann begründet sein soll, wenn sie universell gelten kann, hat etwas mit Tugendhats Verständnis von Moral zu tun. Moral ist für ihn ein solches Regelsystem, das allen Menschen ein friedliches und grundsätzlich gleichberechtigtes Miteinander ermöglicht. Er hat einen *moralischen* Moralbegriff. Demzufolge hält Tugendhat partikulare und traditionalistische Moralen für nicht begründet. Tugendhats Moralbegriff ist politisch sehr unterstützenswert, aber sachlich nicht haltbar. Moralische Normen muss und kann man nicht damit begründen, dass sie für das Verhältnis aller Menschen zueinander gelten könnten, sondern nur durch den demokratischen Prozess ihrer Entstehung. Nicht die Universalisierung, sondern die Demokratisierung der Moral steht auf der Tagesordnung. Demokratisierung der Moral bedeutet, dass die Entscheidung über die Ziele einer Gruppe von allen gemeinsam und gleichberechtigt getroffen wird und dass alle darüber mitentscheiden, welche Strategie man zur Erreichung dieser Ziele verfolgt. Dann sind für alle Mitglieder dieser Gruppe die sich daraus ergebenden nützlichen Verhaltensweisen und Eigenschaften begründet, weil sie eben selbst den Grund für ihre Bewertung als Normen und Werte mitgelegt haben. Eine Norm begründen heißt dann, sie in einem Prozess der demokratischen Entscheidungsfindung durch alle Mitglieder der Gruppe gemeinsam setzen. Dass eine Norm für alle Menschen gleichermaßen gelten kann, ist dagegen in diesem Sinne überhaupt kein Grund.

Für die Menschen, die nicht die Möglichkeit hatten an ihrer Bestimmung gleichberechtigt teilzunehmen, bleibt auch eine solche Norm ein Zwang. Mit dieser demokratischen Begründungsstruktur entfällt auch das Motivationsproblem. Tugendhat steht vor der Schwierigkeit, wie man den Egoisten zum moralischen Handeln motivieren kann. Wenn aber jeder darüber mitentschieden hat, was man gemeinsam erreichen will, dann ist jedes Mitglied der Gruppe durch seine eigene Zustimmung zu den gemeinsam verfolgten Zielen motiviert, das dafür nötige Verhalten an den Tag zu legen. Es besteht hier kein Motivationsproblem, sondern nur möglicherweise ein Zielkonflikt zwischen unterschiedlichen Zielen des Individuums, unterschiedlichen Zielen der Gruppen, denen es angehört. Diese können im Einzelfall einander widersprechen. Dann kommt es darauf an, wie man seine Prioritäten setzen will. Der moralische Anspruch ist intersubjektiv in dem Sinne, dass er zum Ausdruck bringt, du hast dich so und so zu verhalten, damit wir dich als Mitglied unserer Gruppe akzeptieren und achten. Verstößt du dauernd gegen unsere moralischen Normen und Werte, so sagen wir dir, dass wir mit so jemandem wie dir nicht mehr zusammenleben[57] wollen und stoßen dich aus.[58] Letztlich ist der Ausschluss aus der Gruppe die „Sanktion". Sanktion in Anführungszeichen, weil für den, der die gemeinsamen Gruppenziele nicht mehr verfolgen will oder sie für sich inzwischen als relativ unwichtig erachtet, dies ja kein besonderer Verlust mehr ist. Universell ist dieses Urteil aber nicht, weil es nicht ausschließt, dass derjenige eine andere Gruppe findet, die seine Ziele teilt, ihn mit seinem Verhalten akzeptiert. Diese Gruppe wäre aber nicht unsere, sie würde so leben, wie wir nicht leben wollen. Tugendhat kann diese Vielfalt moralischer Gruppen, Normen und Motive nicht sehen, weil er der Meinung ist, dass bei der Begründung von Moral nur ein Ergebnis herauskommen kann, weil es nur eine universelle Moral gebe. Aber er verkennt hier eben den Charakter der Moral, als eines an Gruppenzielen und auf sie bezogenen Nützlichkeitserwägungen orientierten Wertesystems. Wenn man keine gemeinsamen Ziele hat, hat man auch keine gemeinsame Moral. Tugendhat denkt die partikulare immer als traditionalistische Moral, die sich auf irgendein besonderes „Sein" der Gruppe und ihrer Mitglieder beruft, also letztlich rassistisch ist und mit Macht ihre Normen gegenüber *minderen* Mitgliedern durchsetzt. Partikulare Moral ist für ihn immer Moral der Herrschenden (99ff). Damit wird klar, welches Problem Tugendhat lösen will, aber sein Versuch, es durch die Universalisierung der Moral zu lösen, ist selber problematisch. Es geht auch anders. Wenn man Moral demokratisiert, dann ist jeder Gruppe auch klar, dass ihre Entscheidung keine sie als Gruppe gegenüber anderen besonders auszeichnende ist, sondern nur eine gleiche unter vielen. Nicht ein *Sein*, sondern ein Entschluss, einer von vielen, gleich möglichen, schafft ihre Gruppenmoral. Daraus folgt weiter, dass man zwar möglicherweise mit den anderen Gruppen um knappe Ressourcen konkurriert, nicht aber dass man sich ihnen grundsätzlich überlegen fühlen kann. Wenn Tugendhat Moral nicht durch gemeinsame Entscheidung, sondern durch Universalisierbarkeit der Normen begründen will, geht es ihm im Grunde nicht um Moral, sondern um *Humanität*. Dies ist ein richtiger und unverzichtbarer Anspruch, aber eben kein moralischer. Ein partikulares Konzept von Moral bedarf, wie wir noch unten sehen werden, tatsächlich seiner Einbettung in ein übergeordnetes Konzept der Humanität. Dieses kann man nicht in Hinsicht auf Ziele und Nützlichkeitserwägungen begründen, sondern nur aus dem eigenen Verständnis des Menschenseins heraus fordern. Ich halte es für nötig diese zwei Ebenen zu trennen. Man muss die Moral partikularisieren und säkularisieren, um sie demokratisieren zu können. Humanität braucht man dagegen dort, wo die Normen und Werte der Moral zum Umgang mit den anderen nicht ausreichen, und dort, wo Menschen aufeinandertreffen, die noch gar nicht die Möglichkeit hatten, sich demokratisch zu verständigen. Zwangsläufig kann Humanität daher nicht gegenüber den anderen begründet sein. Es ist eine Forderung, die jeder an sich selbst stellen muss, keine, die man an die anderen stellen kann. An den zwangsläufigen Grenzen der Moral beginnt die Humanität.

Habermas

Auch Habermas sucht nach einer universalen, transzendenten Begründung von Moral, also einer solchen Begründung, die jeder menschlichen Existenz immer schon vorgängig und ihr nicht verfügbar ist. Eine so begründete Moral ist dann eine solche, der wir zustimmen müssen, weil wir nicht anders können (dürfen), und nicht, weil wir uns darauf geeinigt haben. Nichtzustimmung drückt dann Böswilligkeit aus und kennzeichnet damit denjenigen, der es tut, als a-sozial. Die Behauptung, dass es Normen gibt, die alle Menschen befolgen müssen, führt zwangsläufig zur Annahme eines konflikthaften Dualismus. Denn diese Annahme steht mit der Wirklichkeit menschlichen Lebens in der Welt in Widerspruch. Es ist keineswegs so, dass wir alle spontan nach einem beschränkten Satz von gleichen Normen agieren würden, seien es auch nur ganz allgemeine Grundnormen. Folglich muss man solche universale Normativität als konflikthaft zur Realität einführen, um sie überhaupt behaupten zu können. Der konflikthafte Dualismus, den Habermas hier konstruiert, ist der zwischen „Faktizität und Geltung“ (1993).

Der Begriff der Faktizität stammt von Heidegger. Der Begriff der Geltung aus der Werte- und Geistesphilosophie des ausgehenden 19. Jahrhunderts. Geltung ist ein Begriff, der dort im Gegensatz zu den naturwissenschaftlichen Erkenntnisansprüchen aufgebracht wird. Werte und Normen existieren nicht - in einem ontologisch aufgeladenen Sinne -, sondern gelten nur. Geltung bezieht sich auf Gültigkeit. Es gilt, was gültig ist. Was aber gültig ist, ist zunächst eine Frage von Abmachungen. Die Wertephilosophie enthebt den Begriff der Geltung dieser Bindung an Übereinkünfte von Gruppen und postuliert eine objektive Geltung von Werten und Normen (vgl. Heinrichs 1999, 29f). Diesen normativ aufgeladenen, objektivierten Geltungsbegriff übernimmt Habermas. Solch objektive Geltung versucht er nun aus den Strukturen der Kommunikation abzuleiten. Dazu untersucht er aber zunächst Aussagen über Gegenstandserkenntnisse, auf die sich der Begriff der Geltung gar nicht bezieht. Wenn ich sage, „der Ball ist rot“, so wird niemand, der meint, der Ball sei orange, diese Aussage durch den Satz „das gilt nicht" in Frage stellen. „Das gilt nicht" sagen wir nur über Regeln, d.h. über Übereinkünfte. Und gerade an dieser Differenz wird klar, dass der Anspruch, den wir hier für unsere Aussagen erheben, ein anderer ist als der bei Aussagen über Gegenstände. Es ist gerade der Grad an Objektivität, den Habermas universell allen Sprechsituationen zuweisen will, der hier zurückgenommen ist auf die Geltung dieser Aussage nur gegenüber den Mitgliedern einer Gruppe, die sich auf Regeln verständigt haben. Auch Habermas' Versuch, ebenso wie die Wertephilosophie die Objektivität von Geltung auf einer zweiten Ebene zu verorten, muss scheitern. Die Aussagekette „der Ball ist rot, und dies ist wahr, und dies gilt" fügt der Aussage „der Ball ist rot, und dies ist wahr" kein weiteres Objektivitätskriterium hinzu. Hier wird nur expliziert, was immer schon notwendigerweise mitgegeben ist, dass solche Aussage ein Subjekt des Aussagens hat und dass jedes Kommunizieren, will es gelingen, ein Sich-Verständigen verlangt. Auch hier bleibt Geltung also wiederum gebunden an Verständigungs- und Einigungsprozesse von Gruppen. Auf einen objektiven oder transzendenten Gehalt kann der Begriff keinen Anspruch erheben.

Faktizität meint bei Heidegger die Innerweltlichkeit, die Diesseitigkeit des menschlichen Lebens (Heidegger 1984, 56). Mit diesem Begriff betont Heidegger, dass es ein Jenseits des Menschen nicht gibt. In diesem Sinne gebraucht auch Habermas den Begriff der Faktizität. Faktizität meint die nicht durch transzendente Bezüge bestimmte Wirklichkeit menschlichen Lebens. Damit ist dem menschlichen Leben schon eine Deutung gegeben. Ebenso wie bei Heidegger erscheint auch bei Habermas dieses „faktische" Leben als defizitär. Es fehlt ihm an Sinn. Indem Habermas nun dieser Faktizität die Geltung gegenüberstellt, verschärft er diese Deutung und konstruiert einen Gegensatz zwischen dem, was ist, und dem, was sein sollte. *Faktizität und Geltung* ist eine soziologisch angehauchte Version des alten philosophischen Dualismus von *Sein und Sollen*. Mit diesem Dualismus greift Habermas hinter Heidegger zurück, bei dem keine Strukturen mehr gegeben sind, durch die sich dieses Sollen erschließen ließe. Habermas hingegen stellt mit seinem normativ-transzendenten Geltungsbegriff der Wirklichkeit wieder einen, außerhalb menschlicher Verfügungsmacht stehenden, Wertungsmaßstab gegenüber.

Die These einer Spannung zwischen Faktizität und Geltung, die zudem noch in den Strukturen der Kommunikation verankert sein soll (Habermas 1992, 29ff), beschreibt nicht einen existierenden Sachverhalt, sondern ist ein philosophisches Konstrukt. Die Frage ist, was Habermas damit erreichen will. Nicht Geltung, sondern Behauptung ist der Charakter einer Aussage, die einen Sachverhalt wiedergeben will. Die Behauptung, dass ein Sachverhalt so ist, wie man sagt, enthält keinen ideellen Gehalt und keine transzendentalen Implikationen. Behauptungen erhebe ich immer gegenüber bestimmten anderen Personen. Diese Gruppe ist immer begrenzt und diese Begrenzung ist der Kommunikationssituation inhärent. Was jemand, den ich nicht kenne und der mich nicht kennt, den es vielleicht gar nicht einmal gibt, von dem hält, was ich sage, ist bedeutungslos. Ich erhebe meine Behauptung nur im Rahmen meines begrenzten, räumlichen und zeitlichen Wissens und nur gegenüber den Menschen, mit denen ich in Beziehung stehe. Wird von jemandem aus dieser Gruppe meine Behauptung angezweifelt, so werde ich versuchen, sie zu begründen und ihn so zu überzeugen. Kommen zu dieser Gruppe von Menschen neue hinzu, die aus denselben oder anderen Gründen an meiner Behauptung zweifeln, so werde ich erneut versuchen, sie ihnen gegenüber zu begründen. Diese Behauptung allen jemals lebenden Menschen gegenüber erheben zu wollen, ist eine Fiktion, die man zwar machen kann, die aber keinen Sinn hat und erst recht nicht in den Strukturen der Kommunikationssituation selbst verwurzelt ist. Zudem muss man zwischen unterschiedlichen Typen von Aussagen unterscheiden, mit denen unterschiedliche Arten von Behauptungen verbunden sind. Habermas geht zunächst in Anlehnung an Peirce von (natur-)wissenschaftlichen Aussagen mit Wahrheitsansprüchen aus (ebd. 34). Hier heißt eine Sache behaupten, einen Satz mit dem Zusatz versehen: „und dies ist so". D.h., diese Aussage drückt einen bestehenden Sachverhalt aus. Durch diesen Zusatz setze ich mich einem Begründungsdruck aus. Ich muss dies, falls der Sachverhalt nicht evident ist, belegen, d.h. die anderen davon überzeugen. Ich muss ihnen den Sachverhalt so aufzeigen, dass sie ihn so sehen können, wie ich ihn sehe. Nun gibt es eine Menge Aussagen, bei denen diese Begründung überflüssig oder unmöglich ist. Fiktive Erzählungen können so nicht begründet werden. Dies gilt ebenso für subjektive/kollektive Urteile von Individuen und Gruppen. Aussagen, die kollektive und/oder individuelle Werturteile, Wollensäußerungen oder Wünsche zum Ausdruck bringen, sind nicht in diesem Sinne begründbar. Wenn ich/wir sage/n, das ich/wir jemanden unsympathisch finde/n, so versehe/n ich/wir eine solche Aussage nicht mit dem Zusatz, „und dies ist so", denn ich/wir kann/können ja gar nicht begründen, dass derjenige unsympathisch ist. Ich/wir kann/können nur begründen, warum er *mir/uns* unsympathisch ist. Ich/wir versehe/n eine solche Aussage also nur mit dem Zusatz „und das ist für mich/uns so". Dieser Zusatz schließt die Möglichkeit eines Bezugs auf eine ideelle Menschheit und damit einen transzendentalen Bezug explizit aus.[59] Solche eine Aussage kann universal sein, in dem Sinne, dass dieses „uns" die Gruppe aller heute auf der Welt lebenden Menschen umfasst. Aber dies wäre eine faktische Universalität und eben keine normative. Auch ist es nicht so, dass man die Absicht hat, solch subjektive Aussagen allen Menschen gegenüber zu begründen. Mir ist es in der Regel völlig egal, ob z.B. derjenige, der mir unsympathisch ist, mir diese Aussage glaubt. Auch wie völlig Unbeteiligte darüber denken, spielt für mich keine Rolle. Wichtig und möglicherweise begründungsbedürftig ist diese Aussage nur anderen Menschen gegenüber, mit denen ich mich über mein/unser Verhältnis zu dieser Person verständigen will. Das ist immer nur ein beschränkter Kreis von Personen. Gerade dieser Bereich menschlicher Kommunikation ist der Entscheidende, wenn wir von Normen und Werten, von moralischen Urteilen reden. Wenn Habermas Modell sprachlicher Geltungsansprüche für naturwissenschaftliche Sätze noch einen gewissen Sinn macht, obwohl auch hier nur noch Wahrscheinlichkeit und nicht mehr Wahrheit behauptet wird (Zusatz: „und dies ist meistens so"), so ist es für solche subjektiven Aussagen - und gerade um die geht es bei seinem Versuch, Normativität in den Strukturen der Kommunikation festzumachen - offensichtlich falsch. Habermas sieht zwar die Differenz zwischen (natur-)wissenschaftlichen Tatsachenaussagen und subjektiven Urteilen (1992, 34f), nicht aber die daraus resultierende Einschränkung der Reichweite des Geltungsanspruchs solcher Aussagen, die sein Modell universeller Normativität der Sprache an sich ad absurdum führt. Aber selbst im Bereich gegenstandsbezogener Aussagen ist es nicht so, dass generell Universalitätsansprüche erhoben würden. Im Gegenteil ist es so, dass wenn die Begründung misslingt, die Aufrechterhaltung der Behauptung durch ihre Subjektivierung vollzogen wird, Zusatz: „ich sehe das aber so". In diesem Vorgang wird die immer schon vorhandene Beschränktheit der Behauptung expliziert. Ebenso wie ich eine Aussage entschränken, verallgemeinern kann, kann ich sie auch beschränken. Das eine Mal sehe ich von der immer gegebenen Perspektivhaftigkeit einer Aussage ab, das andere Mal betone ich sie. Das eine ist nicht rationaler als das andere. Was jeweils sinnvoll ist, bestimmt sich nach der Situation. Das Scheitern meines Versuch, meine Behauptung einem anderen gegenüber zu begründen, kann mich in meiner Annahme verunsichern, dass die Dinge so sind, wie ich sie sehe. Diese Verunsicherung kann aber nur dann eintreten, wenn ich erwartet habe, dass der andere sie auch so sieht, so sehen sollte wie ich. Diese Erwartung besteht keineswegs immer und wenn sie besteht, so kann solche Verunsicherung nicht nur dazu führen, den Gehalt meiner Aussage zu bezweifeln, sondern ebensosehr diese Erwartung. Es ist möglich, solch unterschiedliche Positionen nebeneinander stehen zu lassen. Man muss nicht alles ausdiskutieren. Diese Notwendigkeit besteht nur dann, wenn man sich über gemeinsame Ziele verständigen will/muss[60], wenn geklärt werden soll/muss, wie diese Ziele am besten zu erreichen sind[61] oder wenn an die Behauptung wichtige Konsequenzen für den Umgang miteinander geknüpft sind; nur dann muss man eine Einigung finden oder sich trennen. Die Strukturen der Sprache und der Kommunikation selber präjudizieren für diese Prozesse nichts. Hier wird die nicht belegte Behauptung aufgestellt, dass Gründe nur dann Gründe sind, wenn sie allen lebenden, jemals gelebt habenden und jemals leben werdenden Menschen (und denen auf anderen Planeten des Weltalls) einleuchten (ebd. 35). Habermas vertritt einen neokantianischen Vernunftbegriff (vgl. ebd. 37).

Die Behauptung eines transzendentellen Gehalts der Kommunikationsstrukturen hat zwar keinen Sinn, aber eine Funktion. Während bei Tugendhat der absoluten Setzung universeller Normen das aus meiner Perspektive einer demokratischen Gesellschaft unterstützenswerte Motiv der Vermeidung eines partikularen Rassismus zugrunde liegt, geht es bei Habermas um die Rechtfertigung der liberalen Herrschaft heutiger industriell-parlamentarischer Staaten. Der angebliche Konflikt zwischen „Faktizität" und „Geltung" artikuliert nur das Problem der Legitimation von Herrschaft in einer ungerechten Welt. Habermas steht vor dem Problem der sozialen Integration (ebd., 43); und zwar sozialer Integration in nicht mehr traditionell strukturierte Gesellschaften. Hier soll diese „Bürde" der Integration (ebd.) die kommunikative Vernunft übernehmen und dafür stattet Habermas sie mit jener transzendenten Normativität aus, damit sie mit der Würde solcher Transzendenz versehen den Menschen sagen kann, wie sie sich zu verhalten haben. Herrschaft bedarf seiner Meinung nach immer auch einer moralischen Legitimation (ebd. 563ff), positiv rechtlich lasse sich Herrschaft nicht ausreichend legitimieren. Daher plädiert Habermas für eine moralische Gerechtigkeitstheorie und Moral ist für ihn, im Gegensatz zum Recht, ein Selbstzweck und nicht ein Mittel zur Umsetzung politischer Ziele (ebd., 567). Einen solchen Moralbegriff kann man aber nur vertreten, wenn Moral etwas ist, was nicht in Bezug auf von Menschen gesetzte Ziele bestimmt wird, sondern aus transzendenten Strukturen abgeleitet werden kann. Habermas' moralischer Universalismus ist also nur eine Strategie zur Legitimierung - also Rechtfertigung und Bindung - von Herrschaft. In herrschaftsförmigen Gesellschaften gibt es tatsächlich eine Menge von Konflikten und Widersprüchen, die es zu vermitteln gilt. Aber dies sind nicht die von Faktizität und Geltung, sondern von Arbeit und Kapital, von Mann und Frau, von Reich und Arm, von Herrschenden und Beherrschten. In herrschaftsförmigen Gesellschaften treten Widersprüche zwischen den allgemein vertretenen Normen, z.B. der auf gerechte Verteilung des Erwirtschafteten, und den tatsächlichen Verhältnissen auf. Diese Widersprüche haben auch tatsächlich eine wesentlich soziale Dimension, aber mit einem allgemeinen Dissens zwischen dem, was ist (Faktizität), und dem, was die Menschen sollen (Geltung), hat dies nichts zu tun. Der Widerspruch besteht zwischen den ungerechten Verhältnissen, in denen wir leben, und den gerechten, die wir erstreben, und den schönen Reden, die uns von der Herrschaft darüber gehalten werden. Habermas fängt bei der universellen Gleichheit einer als normativ postulierten Sprechsituation an und endet bei der Herrschaft.

Rawls

Rawls sucht nicht nach allgemeinen moralischen Normen, sondern nach einer allgemeinen Gerechtigkeitsregel. Er möchte Gerechtigkeit ohne Bezug auf gesellschaftliche Ziele bestimmen (Rawls 1979, 37), also auch ohne Bezug auf bewertete Verhaltensregeln, auf Moral. Dies aber ist gar nicht möglich. Gerechtigkeit bedarf immer eines Maßstabs und dieser Maßstab sind die moralischen Normen. Rawls Grundregel für die Verteilung von Gütern in Gesellschaften ist denn auch gar keine Gerechtigkeitsregel, sondern - wie er dies selbst richtig sagt - eine Regel der *Fairness* (ebd. 29). Was ist *Fairness*? Fairness ist nicht Gerechtigkeit, sondern eine Verhaltensregel, also selbst eine Moralnorm. „Du sollst fair sein" ist die Norm und wenn ich fair bin, fühlt sich der andere gerecht behandelt. Gerechtigkeit ist also das Ergebnis der Fairness und nicht die Fairness selbst. Fair zu sein bedeutet, dem anderen eine Chance geben. Dies kann auf zwei Weisen geschehen. Einmal durch die Einhaltung von Regeln und zum anderen dadurch, dass der Stärkere dem Schwächeren einen Bonus gibt, die Ungleichheit zwischen ihnen ein Stück weit zurücknimmt, um ihm überhaupt die Chance zu geben, selbst stark zu werden. Fairness ist eine klassisch amerikanische Moralnorm. Die zweite Form der Fairness versucht Rawls in eine Verteilungsregel zu übersetzen. Fairness besteht dann auf der Verteilungsebene darin, dass die Reichen den Armen etwas von ihrem Reichtum abgeben. Der Zuwachs an gesellschaftlichen Gütern soll so verteilt werden, dass jeder etwas davon bekommt, wenn auch nicht zu gleichen Teilen. Dadurch sollen auch die Ärmeren die Chance haben, am gesellschaftlichen Wohlstand zu partizipieren (ebd. 32). Auch dies ist keine Gerechtigkeitsnorm, sondern eine Moralnorm. Das gesellschaftliche Ziel, welches durch diese Moral verwirklicht werden soll, ist die Offenheit der Gesellschaft, alle sollen die Chance haben am Reichtum zu partizipieren und in der Gesellschaft zu reüssieren. Das Problem an Rawls Ansatz ist es, dass er über dieses, seiner Verteilungsregel zugrundeliegende Ziel, nicht spricht. Die Thematisierung der Ziele ist für den Versuch, eine allgemeine Theorie sozialer Gerechtigkeit im Sinne einer allgemeinen Verteilungsregel aufzustellen, kontraproduktiv. Wenn Gerechtigkeit immer an Zielen orientiert ist, kann es eine solch allgemeine Regel nicht geben. Bestimmen lässt sich dann im Allgemeinen nur die formale Struktur von Gerechtigkeit, wie ich dies oben versucht habe, nicht aber eine inhaltliche Regel. Daran, dass Rawls eine Moralnorm als allgemeine Gerechtigkeitsregel ausgibt, zeigt sich sein Verständnis von Gerechtigkeit. Offensichtlich glaubt er, dass Gerechtigkeit nur aufgrund einer einzigen Moral möglich ist, eben der Moral der Fairness. Alle anderen Moralen dagegen können nach seiner Auffassung nicht zur Gerechtigkeit führen. Dies ist die Stelle, an der sein Konzept universalistisch wird.

Wie versucht Rawls diese universelle Moralnorm der Fairness zu begründen? Rawls geht von einem fiktiven Vertrag aus, den die Mitglieder einer fiktiven Urgesellschaft, unter fiktiven Voraussetzungen miteinander schließen würden. In diesem Vertrag würden sie bestimmen, was Fairness ist und dass Fairness gerecht ist. Wozu ist dieses Konstrukt nötig? Dass Moral auf einer Vereinbarung beruht, also im Muster des Vertrages gedacht werden kann, halte ich für richtig. Wieso kann man diesen Einigungsprozess aber nicht im hier und jetzt vollziehen? Wieso muss man dafür auf einen fiktiven Urzustand abstellen? Die Fiktion eines Urzustandes dient Rawls dazu, von allen Besonderheiten der Personen abzusehen. Diese „Urmenschen“ wissen weder wer sie sind, noch was sie können, sie haben keine Ziele und Wünsche und keine sozialen Beziehungen, keinen gesellschaftlichen Status und deswegen sind sie völlig gleich. In diesem Zustand einer paradiesischen Nacktheit von aller Sozialität sollen die Menschen überlegen, welche Norm ein gerechtes Leben in einer Gesellschaft, die sich nicht mehr in diesem Zustand der Unschuld befindet, garantieren würde. Rawls hält diese Abstraktion für nötig, weil nur so zu garantieren sei, dass nicht die in den je konkreten Gesellschaften Privilegierten ihren Nutzen für gerecht erklären. Denn eine allgemeine Moralregel kann nur eine solche sein, der alle zustimmen könnten, und Rawls meint, dass diese Voraussetzung der allgemeinen Zustimmungsfähigkeit dann nicht mehr gegeben ist, wenn schon bei der Festlegung der Regeln klar ist, wem sie nützen und wem sie schaden. Er will also eine Situation konstruieren, in der alle Menschen sagen würden: Ja, das ist die Grundnorm, nach der wir unser

Zusammenleben zu organisieren wünschen, egal welche Stellung wir in der zukünftigen Gesellschaft erhalten werden. Und wenn wir dann die so gewonnene Grundnorm heute, in der sozial ausdifferenzierten Gesellschaft zur Grundnorm der Güterverteilung machen, dann muss jeder dazu sagen, dass es gerecht sei, dies so zu tun, weil auch er, unter der Voraussetzung des fiktiven Urzustandes, dieser Norm zugestimmt hätte. Diese Überlegung hat einen Fehler: In einem Zustand solch sozialer Abstraktheit ist es gar nicht möglich, sich auf eine allgemeine Verhaltensnorm zu einigen, weil dies immer die Bestimmung von gemeinsamen Zielen voraussetzt, von diesen aber gerade abgesehen werden soll. Als Güterverteilungsnorm kann daher in einem solchen Urzustand nur die Gleichheit bestimmt werden, weil es keine besonderen Gründe, kein Maß, kein Kriterium für die Verteilung gibt. Wenn es keine besonderen Gründe gibt, dann bleibt als nicht begründungsbedürftige Grundnorm nur die nummerische Gleichheit übrig. Zu dieser gelangt Rawls aber nicht. Das Verfahren, welches er vorschlägt, ist also gar nicht sinnvoll praktizierbar. Es ist aber auch nicht nötig. Wir können jederzeit so wie wir heute sind, mit all unseren sozialen Unterschieden, uns hinsetzen, die Ziele unserer Gruppe gemeinsam bestimmen, die sich aus diesen Zielen ergebenden Werte und Normen festlegen und somit die Gerechtigkeitskriterien bestimmen, nach denen unser soziales Handeln bewertet wird. Hiergegen wendet Rawls nun ein, dass wenn wir dies nicht unter der Fiktion sozialer Nacktheit tun, jeder seine besonderen Interessen einbringen würde und wir uns daher nicht einigen könnten. Dass die Herrschenden nicht bereit wären freiwillig ihre Privilegien aufzugeben, ist klar, dies ist aber für die Frage der Einigung ohne Belang, denn in einem solchen Einigungsprozess müssten sie ihren Anspruch auf Sonderbehandlung begründen. Ein solcher Einigungsprozess funktioniert nur als demokratischer, d.h. als ein solcher, in dem alle faktisch die gleichen Möglichkeiten haben ihre Position einzubringen und ihnen zur Durchsetzung ihrer Position nichts anderes als das Argument zur Verfügung steht. Die Privilegierung der Herrschenden ist aber nicht begründbar. Sie kann daher nur mit Macht durchgesetzt werden und dass dies nicht gerecht sein kann, ist offensichtlich. Daran wird klar, warum Rawls diese mühsame Fiktion des Urzustands erfindet. Würde er dies nicht tun, so müsste er zugeben, dass unsere Gesellschaft von einer immanenten Struktur der Ungerechtigkeit durchzogen ist, die durch keine noch so spitzfindige Fairnessregel aufzuheben ist. Die Fiktion des Urzustandes dient also nicht dazu, Einstimmigkeit überhaupt möglich zu machen, sondern die Herrschaftsverhältnisse unserer Gesellschaft zu verdecken. Diese legitimatorische Funktion seiner Theorie der Gerechtigkeit wird auch an seiner Fairnessregel klar. Denn Rawls kommt eben nicht, wie nach seinem Ausgangspunkt der absoluten Gleichheit zu erwarten war, zur völligen Gleichbehandlung als Gerechtigkeitskriterium, sondern zu einer „verhältnismäßigen" Ungleichbehandlung. Diese Norm, damit hat Tugendhat Recht (1993, 72, 25), begründet Rawls nicht, weil er sie nicht begründen kann. Er setzt sie intuitiv (vgl. Rawls 1993, 42f), leitet sie aus „moralischen Gefühlen" und aus einem „Gerechtigkeitssinn" ab (Rawls 1979, 70).[62] Nun behauptet Rawls aber auch, dass die Annahme seiner Fairnessregel im Urzustand „vernünftig" sei (ebd., 30). Mit der Vernunft wird ein Begründungsanspruch erhoben. Rawls vertritt keinen substanziellen Vernunftbegriff, sondern will Vernunft im Sinne der Wirtschaftstheorie als zweckrationales Verhalten, bemessen am Kosten/Nutzen-Verhältnis, bestimmen (ebd. 31, 166f). Das ist für ein philosophisches Werk ein ausgesprochen ungewöhnlicher Vernunftbegriff. Zudem ist nicht klar, wie solche Vernünftigkeit im Urzustand bestimmt werden soll, da dieser ja dadurch gekennzeichnet ist, dass in ihm der Nutzen, also das Ziel, noch gar nicht bestimmt ist. Rawls bleibt bei diesem engen Vernunftbegriff denn auch nicht stehen, sondern reichert ihn philosophisch an. „Meine Zusatzannahme ist, daß ein vernunftgeleiteter Mensch keinen Neid kennt" (ebd. 167). Diese These kann man nur als dreist bezeichnen. Für den Urzustand ist sie überflüssig, da es dort gar nichts gibt, was die Menschen einander neiden könnten. Diese These bezieht sich also auf die kommende Gesellschaft, die hiermit schon als eine solche vorgegeben wird, in der es eine Menge geben wird, welches die Menschen einander neiden können. Dies zu unterlassen, sollen sie sich schon im Urzustand verpflichten. Was ist Neid? Das Gefühl des Neids kann zwei Ursachen haben. Zum einen kann es auf Gerechtigkeitserwägungen beruhen und zum anderen auf Egoismus. Der *gerechte Neid* ist die Kehrseite des Gefühls, ungerecht behandelt zu werden. Ich neide jemandem etwas, weil entweder er es bekommen hat, obwohl es ihm nach den sozial verbindlichen Gerechtigkeitskriterien nicht zustand, oder weil er etwas bekommen hat, was ihm zustand, ich aber nicht, obwohl es mir auch zustand. Der *egoistische Neid* bezieht sich nicht auf Gerechtigkeitskriterien, sondern drückt ein davon unabhängiges auch-haben-wollen aus. Rawls bezieht sich nur auf jene letztere Komponente und meint, dass sie „für die Gesamtheit nachteilig" sei. Das ist fraglich - schließlich beruht das kapitalistische Konkurrenzprinzip auf solchem Neid, dieser muss sich ja nicht immer zu einem quälenden Gefühl steigern -, für die Gerechtigkeitsproblematik aber ohne Belang. Den gerechten Neid allerdings aus einer Theorie der Gerechtigkeit auszuschließen ist fatal. Rawls verlangt damit, dass Gerechtigkeitserwägungen bei der Beurteilung der faktischen Güterverteilung keine Rolle mehr spielen sollen. Dies kann man selbst nach seinem ökonomistisch verkürzten Vernunftbegriff nicht mehr als vernünftig bezeichnen. Wenn ich investiere, dann will ich den mir zustehenden Ertrag auch ziehen und nicht, dass andere von meiner Tätigkeit profitieren. Dies als ungerecht zu empfinden, ist nur rational und in einer Situation, in der ich an diesen Verhältnissen nichts ändern kann, das Gefühl des Neids zu entwickeln, nur menschlich. Da Rawls' Vernunftbegriff verkürzt ist, kann seine Fairnessregel nicht den Anspruch auf Vernünftigkeit erheben. Die Berufung auf Vernunft misslingt. Damit muss auch dieser Versuch einer nicht auf universalistischen Normen, sondern einer idealisierten Ursituation beruhenden Begründung einer allgemeinen Moralnorm als gescheitert angesehen werden.

Rawls hat diesen Anspruch, eine universale Moralnorm vorzulegen, später zurückgenommen (1993). Er bezieht seinen Anspruch, die bestgültige allgemeine Moralregel vorzulegen, nunmehr nur auf den - wie er ihn nennt - „demokratischen Verfassungsstaat“ (ebd. 39). Rawls hat aber nicht erkannt, dass diese Einschränkung sein ganzes System der Einführung dieser Norm ad absurdum führt. Denn wenn Fairness nur die goldene Regel für liberale Systeme des bürgerlichen Kapitalismus ist, dann ist die Konstruktion einer sozial nackten Urgesellschaft nicht mehr haltbar. Dann haben sich die Menschen, die sich diese Norm aussuchen, nämlich immer schon auf ein gemeinsames politisches Ziel geeinigt. Nämlich auf das Ziel, eine solche Gesellschaft zu gründen und zu reproduzieren. Es handelt sich dann bei der Fairness nicht mehr um eine allgemeine Gerechtigkeitsnorm, sondern um das Mindestmaß an sozialer Verteilungsgerechtigkeit, das notwendig ist, um diese Gesellschaft zu stabilisieren. Das Begründungsparadigma des Urzustands verschiebt sich dann. Wenn die Zielperspektive vorgegeben ist, stellt sich nicht mehr die unbeantwortbare Frage, welchen Regeln würdest du zustimmen, wenn du nicht wüsstest, in was für einer Gesellschaft du leben wirst, sondern die beantwortbare Frage, welchen Regeln würdest du zustimmen, wenn du wüsstest, dass du in einer Gesellschaft mit Herrschaft und extrem ungleicher Verteilung der materiellen Reichtümer leben wirst, aber nicht wüsstest, ob du zu den herrschenden Reichen oder zu den beherrschten Armen gehören wirst? Ausgehend von dieser Frage ist Rawls' Antwort plausibel. Unter dieser Bedingung erhalten die rawlschen Moralnormen der Ausgangschancengleichheit und der Partizipation aller am Zugewinn ihren Sinn. Nur ist damit leider die Frage abgeschnitten, ob wir denn überhaupt in einer solchen Gesellschaft leben wollen. Wenn es Rawls nur darum geht, eine solche Regel der friedlichen Koexistenz zwischen Herrschenden und Beherrschten zu entwickeln (ebd. 40), dann zeigt sich die Konstruktion des Urzustandes als das, was sie ist, eine bloße Legitimationsfigur von Herrschaft. Denn bei der Bestimmung eines Mindestmaßes an sozialem Ausgleich in einer herrschaftsförmigen Gesellschaft geht es nicht um Gerechtigkeit an sich, sondern nur um die Bestimmung des zur Stabilität nötigen Maßes relativer Gerechtigkeit in einer prinzipiell ungerechten Gesellschaft (ebd. 65ff). Die Rücknahme seines Universalitätsanspruchs legt diese Funktion seiner Theorie bloß.

Rawls hat im Gegensatz zu Tugendhat und Habermas aber nicht nur eine Struktur zu entwickeln versucht, aus der sich die Universalität von Normen ableiten lässt, sondern er hat auch konkrete Gerechtigkeitsgrundsätze aufgestellt:

> „Jede Person hat ein gleiches Recht auf ein völlig adäquates System gleicher Grundrechte und Grundfreiheiten, das mit dem gleichen System für alle anderen vereinbar ist. Soziale und ökonomische Ungleichheiten müssen zwei Bedingungen erfüllen: erstens müssen sie mit Ämtern und Positionen verbunden sein, die allen unter Bedingungen fairer Chancengleichheit offenstehen, und zweitens müssen sie zum größten Vorteil der am wenigsten begünstigten Mitglieder der Gesellschaft sein“ (Rawls 1992, 41; vgl. 1979, 31f).

Nun sind dies, wie schon oben gesagt, keine Gerechtigkeitsgrundsätze, sondern moralische Verhaltensnormen. Man kann aber nicht fragen, ob diese Normen gerecht sind, da Gerechtigkeit ja immer nur in Bezug auf Normen bestimmt werden kann. Normen selber können nicht gerecht sein. Alle von mir oben entwickelten Gerechtigkeitsproblematiken, wie Zielbestimmung, Nützlichkeitsbestimmung, Wertschätzung, Proportionalitätsbestimmung und angemessene Güterzuteilung, finden in Rawls so genannten Gerechtigkeitsmaximen keinerlei Niederschlag. Was er zu leisten versucht, ist auch hier die Bestimmung von Kriterien der Gerechtigkeit, also von Werten und Normen. Rosa hat darauf hingewiesen (1999, 398), dass Rawls Grundnormen nicht mehr als Adam Smith' Maxime des *common wealth* ausdrücken, demzufolge das ungehinderte Streben aller nach privatem Wohlstand automatisch den Wohlstand aller steigert. Während diese These bei Smith noch den Status einer soziologischen Tatsachenaussage hat, formuliert Rawls sie nun als soziale Sollensnorm, weil er weiß, dass dieser Zustand sich nicht von selber herstellt, sondern politisch gesetzter Rahmenbedingungen bedarf. Welches sind diese politischen Rahmenbedingungen? Erstens: die Gewähr formaler Chancengleichheit, Zweitens: die Garantie der Partizipation aller am Wohlstandszuwachs der Gesellschaft. Man kann sich hinsichtlich dieser Normen zwei Fragen stellen: Erstens, ob man in einer Gesellschaft leben möchte, in der solche Normen gelten und Zweitens, ob, eine solche Gesellschaft vorausgesetzt, diese Normen taugliche Gerechtigkeitskriterien sind? Was die erste Frage angeht, so muss man sagen, dass eine Gesellschaft durch diese Normen völlig unterbestimmt ist. Man kann die Frage aufgrund dieser Normen daher nicht entscheiden. Es stellt sich ja die Frage, wozu ich gleiche Chancen haben soll. Die Inhalte, die alle unter gleichen staatlichen Ausgangsbedingungen erreichen könnten, sind das eigentlich Interessante. Gleiche Chancen zu haben Herrschender oder Beherrschter zu werden, ist für mich beides gleich uninteressant. Allerdings lässt sich fragen, ob staatlich garantierte, formale Chancengleichheit und ungleiche Partizipation aller am Reichtum der Gesellschaft mögliche Gerechtigkeitskriterien sein können. Ich möchte das für beide bestreiten. Für die zweite Norm ist dies vielleicht noch eher einsichtig als für die erste. Gerechtigkeit bezieht sich auf Nützlichkeit. Wenn Rawls nun fordert, dass ganz unabhängig von solcher Nützlichkeit die Armen immer einen Anteil am ungleich verteilten Reichtum der Gesellschaft bekommen sollen, dann ist dies vielleicht Humanität, Solidarität, Fürsorge, Almosengabe oder was auch immer, aber keine Gerechtigkeit. Rawls müsste zeigen, inwieweit die Armen einen solchen Anspruch auf proportionale Zuteilung hätten, der sich auf die Nützlichkeit ihres Tuns für die Ziele der Gesellschaft stützen ließe. Hier lassen sich im konkreten sicherlich viele Gründe finden, dass den Armen viel mehr zusteht, als sie tatsächlich bekommen. Aber solange Rawls nicht auf solche Gründe abstellt, sondern eine Zuteilung grundsätzlich fordert, ist seine Norm kein mögliches Kriterium der Gerechtigkeit. Dies gilt ebenso für die Norm der Gleichheit. Dass Gleichheit sich mit der bürgerlichen Aufklärung als Gerechtigkeitskriterium durchgesetzt hat, lag daran, dass die bürgerliche Gesellschaft andere Ziele verfolgte als die feudale und folglich andere Normen und Werte hatte. Gemessen an diesen, war die standestypische Ungleichbehandlung der Menschen in gentilen Gesellschaften ungerecht. Diese Ungleichbehandlung verhinderte nämlich, dass die neuen Kriterien bei der Güterverteilung zum Zuge kommen konnten. Die Möglichkeit bürgerlicher Gerechtigkeit ergibt sich erst auf dem Boden formaler Chancengleichheit. Daher erscheint die Gleichheit als das grundlegende Gerechtigkeitskriterium. Gleichheit im Sinne von formaler Chancengleichheit ist aber nur die Voraussetzung der Möglichkeit von Gerechtigkeit in einer Gesellschaft, die als ihr Ziel die freie Entfaltung aller Individuen gesetzt hat. Dagegen kann Gleichheit darüber hinaus nie ein Gerechtigkeitskriterium sein. Gleichheit stellt nicht auf Nützlichkeit ab und kann daher nie eine an Nützlichkeit orientierte Proportionalität begründen. Gleichheit verlangt schlicht und einfach Gleichbehandlung. Gleichheit kann daher eine ungleiche Zuteilung nicht begründen. Ungleichheiten erscheinen uns aber häufig als gerecht. Dass z.B. Frauen pro Kind einen zusätzlichen Betrag zur Rente bekommen, erscheint nur als angemessen, weil sie durch die Aufziehung der Kinder einen wesentlichen Beitrag zur Reproduktion unserer Gesellschaft leisten, der uns allen zugute kommt. Dennoch aber werden solche Frauen ungleich behandelt im Vergleich zu Frauen ohne Kinder und zu Männern. Hier müsste man überlegen, ob z.B. alleinerziehende Männer nicht auch einen solchen Rentenzuschlag bekommen sollten, ob nicht „Hausmänner" auch zu berücksichtigen wären. Alle diese Überlegungen sind am Kriterium der Nützlichkeit orientiert und haben mit Gleichbehandlung nichts zu tun. Gleichheit ist nicht Gerechtigkeit, sondern Ausgangspunkt von Verteilungserwägungen. Als solcher Ausgangspunkt kann der Zustand der Gleichheit als ursprüngliche Gerechtigkeit bezeichnet werden, aber als Kriterium für die Gerechtigkeit einer differenzierten Gesellschaft ist die Gleichheit genau deshalb untauglich. Wenn Rawls' Grundnormen aber keine möglichen Gerechtigkeitskriterien sind, was sind sie dann? Wir können hierfür auf das oben zum Urzustand Ausgeführte zurückgreifen, wenn der Urzustand eine Legitimationsfigur für Herrschaft ist, dann sind die aus ihm „abgeleiteten" Grundnormen Normen der Stabilisierung von Herrschaft. Die nach ihnen organisierte Gesellschaft soll „in sich stabil" sein, die Gerechtigkeitsnormen sollen Bedingungen ausschließen, „die zu antisozialen Einstellungen führen" (ebd. 168). Eine solche Stabilisierung von Herrschaft können diese Normen tatsächlich leisten. Sie bewahren allen die Hoffnung ihr Leben verbessern, sozial aufsteigen zu können und sie beschränken die Reichtumsdifferenzen auf ein sozial noch erträgliches Maß. Mit Gerechtigkeit hat dies nichts zu tun.

Eine so starke Begründung einer allgemeinen Moral, dass man ihr nicht widersprechen kann oder darf, gibt es also nicht. Dennoch ist es möglich, eine universale, d.h. von allen Menschen akzeptierte, Moral zu begründen. Die Begründung für eine universale Moral kann aber grundsätzlich keine andere sein als die Begründung einer partikularen Moral. Immer ist Moral, nur durch die gruppenkonstituierende Bestimmung gemeinsamer Ziele und die Festlegung der zu ihrer Erreichung bestmöglichen Verhaltensnormen zu begründen. Wobei es für die *Begründung* dieser Moral den einzelnen Gruppenmitgliedern gegenüber nötig ist, dass die Bestimmung der Ziele und der Verhaltensweisen in einem freien und gleichberechtigten Dialog erfolgt, in dem alle nur durch Argumente ihre Position vertreten können und nicht durch Macht. Faktisch ist Universalität dadurch herstellbar, dass diese Gruppe die Gruppe aller heute auf der Welt lebenden Menschen ist. Wenn die Menschen auf der Welt immer mehr miteinander in Kontakt kommen, immer enger zusammenrücken, so ist es sinnvoll, ja sogar nötig, sich auf Gemeinsamkeiten, Normen und Regeln des Umgangs miteinander zu verständigen und Ziele einer gemeinsamen Existenz auf dieser Welt festzulegen. Eine solche Moral ist heute wichtig, aber sie ist nicht zwingend. Sie ist keine transzendente, also dem Menschen vorgängige Struktur, sondern ist das Ergebnis eines freien und offenen Entscheidungsprozesses. Eine Moral kann also nur faktisch universell sein und nicht normativ universell. Konsequenz dessen ist es, dass jederzeit Menschen aus dieser Weltgesellschaft austreten können, mit der Folge, dass die Moral ihren universellen Charakter wieder verliert. Außerhalb dieser faktischen Bestimmung universeller Moral ist nur eine potenziell universelle Moral möglich. Als potenziell universell kann man eine Moral dann bezeichnen, wenn wir keine Gründe dafür finden, warum ihr nicht alle Menschen sollten zustimmen können. Dies wäre also eine Moral, die die grundlegenden Regeln für einen nichtdiskriminatorischen Umgang aller Menschen miteinander bestimmen würde. Dem entspricht nur eine Moral einer herrschaftsfreien Gesellschaft. Ob alle Menschen dieser Moral dann zustimmen oder nicht, bleibt ihrer freien Entscheidung überlassen. Auch eine potenziell universelle Moral kann die Menschen nicht dazu verpflichten, ihr zuzustimmen. Moral kann die Menschen zu nichts verpflichten. Die Menschen können sich immer nur gegenüber anderen Menschen selbst verpflichten. Diese Selbstverpflichtung wird dann ihre Moral.

Menschenrechte

Die bekanntesten Normen mit universalem Geltungsanspruch sind heute die sogenannten Menschenrechte. Der Diskurs der Menschenrechte findet dabei überwiegend im politischen Raum statt. Dabei wird zumeist weder begründet, welche Rechte Menschenrechte sind – insbesondere soziale Rechte fehlen fast immer in ihrem herrschenden Kanon –, noch inwieweit sie überhaupt Anspruch auf universale Geltung erheben oder zumindest als einverständlich anerkannt vorausgesetzt werden können.[63] Dies ist typisch für die bei uns vorherrschende Form von Politik, die demokratische Diskussionen um die Ziele, Normen und Werte unserer Gesellschaft immer schon zu vermeiden sucht. Die Setzung der Menschenrechte als universal geltend löst aber das Begründungsproblem nicht. Vor allem in der außenpolitischen Auseinandersetzung um die Geltung der Menschenrechte bleibt diese Frage virulent. Wer die universelle Geltung dieser Rechte nicht begründen kann, sondern sie nur behauptet, kann nicht erwarten, dass andere Gesellschaften sie für sich annehmen.

Ernsthaft mit der Frage der Begründung von Menschenrechten hat sich Höffe auseinandergesetzt. Sinnvollerweise nimmt er seinen Ausgang von der Differenz zwischen Menschenrechten und Grundrechten. Er versucht hier auf folgende Weise einen Unterschied zu konstruieren: Grundrechte beziehen sich auf subjektive Rechte, die den Bürgern durch eine konkrete Rechtsordnung verliehen werden, Menschenrechte dagegen bezögen sich auf eine „grundlegendere Ebene" (1995, 20). Sie seien diejenigen Rechte, auf die der Mensch „bloß weil er Mensch ist" „einen Anspruch hat" (ebd.).[64] Menschenrechte in diesem Sinne gibt es nicht. Recht ist *immer* etwas sozial Gestiftetes; es kann *nie* etwas anderes sein. Welche Rechte Menschen in einer Gesellschaft haben, welche Handlungsspielräume die anderen ihnen also zuerkennen, ist immer Ergebnis von sozialen Konventionen. Niemand wird mit einer Menschenrechtserklärung um den Hals geboren.

Menschen haben Bedürfnisse und Wünsche. Mit diesen sind sie in der Welt. Dies als „angeborene Interessen" zu bezeichnen (ebd. 26) hilft zur Begründung von Menschenrechten nicht weiter. Mit dem Wort „angeboren" will Höffe den Eindruck erwecken, als seien diese Interessen etwas „dem Menschen" Mitgegebenes. Aber den Menschen wird nichts mitgegeben. Menschen stehen immer schon in einer Interaktion mit ihrer Umwelt und sind auf sie angewiesen. Dieses Umweltverhältnis kann aber nicht durch die Existenz eines einzelnen Menschen garantiert werden. Die menschlichen Umweltverhältnisse sind immer schon Teil ihrer sozialen Verhältnisse. Erst die Gesellschaft kann den Einzelnen bestimmte Handlungsmöglichkeiten garantieren. Dass der Einzelne Dinge braucht oder wünscht, verpflichtet die Gesellschaft nicht, sie ihm zu gewähren. Ihre Bedürfnisse müssen die Menschen im Laufe ihrer Entwicklung finden und artikulieren, sie tun dies immer entsprechend den von ihnen vorgefundenen gesellschaftlichen Verhältnissen. Auch deswegen sind Interessen nicht angeboren, sondern sozial entstanden. Gemessen an diesen Bedürfnissen und Wünschen können die ihnen gewährten Rechte als unzureichend empfunden werden. Hierin besteht die Möglichkeit der Kritik. Um solche Kritik zu formulieren, bedarf es nicht der Berufung auf angeblich jeder menschlichen Existenz vorgängige „Rechte". Solche Berufung ist nur dafür nötig, Kritik an Rechten abzuweisen. Nur Herrschaft bedarf der legitimatorischen Berufung auf Instanzen, die angeblich menschlicher Entscheidungsfindung nicht zugänglich sind. Die Handlungsräume, die eine Gesellschaft ihren Mitgliedern garantiert, sind das Ergebnis von Kämpfen und Vereinbarungen. Dies muss letztlich auch Höffe zugeben. Zu Recht sieht er, dass aus dem Interesse der Menschen an Dingen nicht schon der Anspruch auf die Akzeptanz dieses Interesses durch andere abgeleitet werden kann (ebd. 26f). Den Anspruchscharakter der „Menschenrechte" will er daher „aus einem Tausch" (ebd. 27) ableiten. Menschenrechte seien darin begründet, dass sie Rechte seien, die nur dann selbst in Anspruch genommen werden können, wenn man sich zugleich verpflichtet, sie auch den anderen einzuräumen. „Menschenrechte", als aller Sozialität vorgelagerte Rechte, könnten aber nur dann in einem Tauschverhältnis begründet werden, wenn alle Menschen grundsätzlich nicht anders könnten, als diesen gleichen Tausch einzugehen. Nun können sie ersichtlich anders – die Existenz von Herrschaft beweist dies schlagend. Und selbst wenn man die Menschen nur als verpflichtet ansehen würde, diesen Tausch von Rechten einzugehen, so wäre eine solche Pflicht wiederum nur aus vorgegebenen Rechten der anderen begründbar. An dieser Stelle wird die Begründung zirkulär. Auch die Universalität der Menschenrechte ist daher, wie die aller Normen, nur faktisch und nicht normativ begründbar.

Politisch betrachtet, macht dies das Konzept der Menschenrechte zu einer problematischen Kategorie. Die Gültigkeit solcher Normen gegenüber Gesellschaften zu behaupten, die sie eben nicht zu ihrem Recht erhoben haben, ist unzulässig. Dies setzt etwas voraus, was wir - noch - nicht haben, nämlich eine Weltbürgergemeinschaft, deren Gesetze und Rechte internationale Verbindlichkeit hätten und in der es auch unabhängige Instanzen gäbe, die die Macht hätten, die Einhaltung der Menschenrechte, überhaupt des internationalen Völkerrechts, auch gegenüber den herrschenden Staaten dieser Erde durchzusetzen. Dies ist nicht der Fall.[65] Daher dient die Behauptung, zum Schutz der Menschenrechte aufzutreten, den heute global herrschenden Staaten zumeist als Legitimation ihrer interventionistischen Politik. Mit der Forderung nach Einhaltung der Menschenrechte ist zumeist die Forderung nach der kapitalistischen Organisation der staatlichen Wirtschaft und die Öffnung der Märkte für das globale Kapital gemeint.[66] Sind diese Bedingungen erfüllt, so ist mit der Kritik an mangelnder Demokratie meist Schluss. Das wissen die Staaten, die sich der Forderung nach den aus ihrer Perspektive westlichen Menschenrechten verschließen. Der Katalog der Menschenrechte beinhaltet nicht zuletzt das Recht auf Eigentum. Wer die universelle Einhaltung der Menschenrecht fordert, muss diese so bestimmen, dass er dem Vorwurf, nur als Agent des westlichen Gesellschaftssystems und des internationalen Kapitals zu sprechen, entgehen kann. Dies setzt nicht zuletzt voraus, sie als das, was sie sind, nämlich nicht als zwingend gültig, sondern als verhandelbar hinzustellen.

Andererseits gibt die Berufung auf universelle Menschenrechte den Menschen, die in diktatorischen Staaten leben, die Möglichkeit, sich mit der Forderung nach solchen Rechten zugleich internationale Unterstützung zu organisieren. Diese kann legitimer Weise aber nicht in Form interventionistischer Politik, sondern nur als praktische Solidarität geleistet werden. Grund solcher Solidarität kann nämlich nie ein normativer Universalismus sein, sondern immer nur meine normative Identifikation mit den Betroffenen. Ich kann mich mit ihnen deshalb solidarisch erklären, weil ich mehr oder weniger für das gleiche Normen- und Wertesystem wie sie eintrete. Aus der partiellen Übereinstimmung hinsichtlich unserer Entscheidung über den Typus von Gesellschaft, in dem wir leben wollen, folgt meine Unterstützung für ihre Position. Diese ist letztlich darauf ausgerichtet, durch die Hilfe für sie die Arten von Gesellschaften, in denen auch ich gerne leben würde, zu stärken. Nur wenn ich diese subjektive Absicht offen lege, kann ich ohne in den Verdacht imperialistischer Absichten zu geraten internationale Solidarität üben. Denn solche Solidarität setzt immer voraus, dass es eine relevante innergesellschaftliche Opposition gibt. Gibt es diese nicht, so gibt es keinen Ansatzpunkt und keinen Grund, eine Gesellschaft von außen zu kritisieren oder auf sie Einfluß nehmen zu wollen - solange sie meiner Gesellschaft gegenüber nicht aggressiv auftritt. Wenn alle Menschen einer Gesellschaft mit deren Normen- und Wertesystem einverstanden sind, dann führen sie das Leben, das sie leben wollen und kein anderer hat ein Recht, sich darin einzumischen. An dieser Stelle mit Menschenrechten zu argumentieren und daraus die Legitimation von Einflussnahme ableiten zu wollen, ist die Ausübung von Herrschaftspolitik auf der zwischenstaatlichen Ebene. Diese wird hier, wie alle Herrschaft, abgelehnt.

Keine Gerechtigkeit unter Herrschaft

Alle bislang erwähnten Theorien von Gerechtigkeit versuchten Gerechtigkeit in einer herrschaftsförmigen Gesellschaft zu begründen. Ist Gerechtigkeit in einer herrschaftsförmigen Gesellschaft überhaupt möglich?

Gerechtigkeit, so habe ich oben dargelegt, ist die Zuteilung von Gütern im entsprechenden Verhältnis zur Verwirklichung von auf gemeinsame Ziele hin formulierten Verhaltensnormen und Werten. Wieso sollte dies in herrschaftsförmigen Gesellschaften nicht möglich sein? Herrschaft hat eine Vertragskomponente. Die herrschaftsförmige Struktur einer Gesellschaft kann somit als ein Ziel einer Gesellschaft bestimmt werden. Wer zur Verwirklichung dieses Ziels besonders viel beiträgt - und das tun die Herrschenden ja - kann dann auch eine entsprechende Güterzuwendung erhalten. Ebenso erfüllt Herrschaft wichtige gesellschaftliche Funktionen. Auch hier ist es so, dass die Erfüllung solcher Funktionen für die gesellschaftlichen Ziele eines wohlgeordneten, friedlichen und prosperierenden Zusammenlebens wichtig sind, dass also die Herrschenden sich positiv bewertet verhalten und auch von daher einen entsprechenden Anteil an der Güterzuteilung verlangen können. Wo soll da die Ungerechtigkeit liegen? Wenn man annimmt, dass es keine absoluten Kriterien der Gerechtigkeit gibt, kann dann eine freie Gesellschaft den Anspruch erheben, die einzig gerechte oder auch nur eine gerechtere Gesellschaft zu sein? Welche Argumente kann sie für diesen Anspruch anführen? Sie kann damit argumentieren, dass ihre eigenen Kriterien, ihre eigenen Werte und Normen die gesellschaftliche Nützlichkeit von Handlungen und Eigenschaften besser wiedergeben. Hierbei bewegt sie sich aber auf dem Feld relativer Argumente und Überzeugungen in Abhängigkeit von dem gewählten Ziel menschlichen Lebens. Hier kann immer nur relativ, bezogen auf dieses Ziel, argumentiert werden. Dies reicht zur Begründung eines erhöhten Gerechtigkeitsanspruchs nicht aus. Das entscheidende Argument ist vielmehr, dass in herrschaftsförmigen Gesellschaften Gerechtigkeit, selbst bemessen an deren, der Herrschaftsstruktur entsprechenden Kriterien, nie erreicht wird, weil die Herrschenden sich immer ein Plus an Gütern zueignen, welches nicht durch die Erfüllung von Normen und den Besitz von Eigenschaften gerechtfertigt werden kann (vgl. Rosa 99, 396f). Herrschaft ist eben nicht nur ein Vertragsverhältnis, sondern immer auch ein machtgestütztes Verhältnis. Auf der Verteilungsebene bedeutet dies, dass die Zuteilung von Gütern hier nicht nur durch gemeinsame Übereinkunft erfolgt, sondern die Herrschenden sich mit Macht Güter nehmen (vgl. Hofmann 1969, 30). Diese Beraubung der Beherrschten zum Zwecke der Privilegierung der Herrschenden ist der Sinn der Herrschaft, nur darum gibt es sie. Es lässt sich keine Herrschaft ohne solchen Raub denken. Die Verteilung des gesellschaftlichen Reichtums zwischen den Herrschenden und Beherrschten ist schon immer bis heute in einer Weise erfolgt, die sich durch keine Erfüllung von Verhaltensnormen und Werten rechtfertigen lässt. Wenn Manager bei ihrem Ausstieg aus einem aufgekauften Unternehmen Zahlungen von 100.000.000 $[67] oder 60.000.000 DM[68] bekommen, wenn in der Wirtschaft oder im Unterhaltungssport Gehälter von mehreren Millionen DM jährlich gezahlt werden, wenn Menschen persönliche Vermögen in Höhe von mehreren Milliarden besitzen, wenn Menschen riesige private Vermögen erben oder durch Börsenspekulation ihren Besitz verdreifachen, dann sind solche Anhäufungen von materiellen Gütern durch nichts, aber auch gar nichts zu rechtfertigen. Aber auch die Zuweisung ideeller Güter, wie soziales Ansehen, gesellschaftliche Einflussmöglichkeiten, zuvorkommende Behandlung ist nicht mehr an die Nützlichkeit für die Gesellschaft gebunden, sondern Ausdruck der durch Macht angeeigneten Verfügungsgewalt über die Produktionsmittel. Die Zuweisung von Gütern an die Herrschenden ist kein Ausdruck der Nützlichkeit ihrer Tätigkeit für die Gesellschaft, sondern Ausdruck ihrer Stellung in der Herrschaftshierarchie. Reichtumsdifferenzen, die nicht auf Nützlichkeit beruhen, sondern Ausdruck herrschaftlicher Stellung sind, können ebenso wie die Wege der Entstehung solchen Reichtums nicht als gerecht legitimiert werden. Sie sind gegenüber den anderen nicht mit Bezug auf für die gemeinsamen Ziele nützliches Handeln begründbar. Es handelt sich schlicht und ergreifend um Akkumulation von geraubten Gütern.[69] Und solcher Raub ist ungerecht. Wenn alle Gruppenmitglieder darüber entscheiden könnten, was jedem zukommt, dann würden solche Reichtumsdifferenzen nicht existieren. Ob eine Güterzuteilung im konkreten Falle gerecht ist oder nicht, lässt sich dadurch überprüfen, dass man es zur Abstimmung durch die Gruppe stellt, ob die Zuteilung in dieser Höhe erfolgen soll oder nicht. Wenn hier eine freie Abstimmung möglich ist, also eine solche, bei der den Einzelnen keine Sanktionen für sein Abstimmungsverhalten drohen und es wird die Zuteilung bejaht, dann ist sie gerecht. Wenn eine geringere Güterzuweisung gefordert wird und derjenige kann sich dennoch, entgegen diesem Abstimmungsergebnis, die ursprüngliche Menge aneignen, dann ist dies das Ergebnis von Herrschaft und ungerecht. Nur dass einige sich Güter nehmen können, ohne auf die Zustimmung anderer angewiesen zu sein, schafft die Reichtumsdifferenzen, die Ziel der Herrschaft sind. Eine gerechte Gesellschaft muss dies ändern und sie kann es nur ändern durch Aufhebung der Herrschaft, also der Existenz jener institutionalisierten Positionen, die jene Beraubungen ermöglichen. Wenn Gerechtigkeit also ohne die Abschaffung von Herrschaft gar nicht möglich ist, dann übergehen all die Philosophen, die zwar von Gerechtigkeit reden, aber über Herrschaft schweigen, das zentrale Problem der Gerechtigkeitsfrage. Indem sie nur über Gerechtigkeit, nicht aber über Herrschaft reden, rechtfertigen sie Herrschaft, indem sie unsere Gesellschaft als eine von ihrer Potenz her gerechte darstellen. Ich kenne kein aktuelles Konzept von Gerechtigkeit, welches diesen Rahmen sprengt.[70] Egal wie diese unterschiedlichen Theorien argumentieren, ob explizit allgemein und universalistisch oder historisch partikular und relativistisch, immer versuchen sie, innerhalb der bestehenden Verhältnisse - und diese sind überall herrschaftsförmig - einen als angemessen akzeptierten Ausgleich zwischen den Bürgern zu begründen. Das Problem, um das sie kreisen, ist die Vermeidung der „stasis", des Aufstands, in einer sich reichtumsmäßig ausdifferenzierenden Gesellschaft, denn es gibt eine Grenze der Herrschaft, ab der die Gefahr der Revolte besteht (vgl. Camus 1969, 21). Die große Schwierigkeit, die alle diese Ansätze daher lösen müssen, ist die Frage, wie sie Gerechtigkeit und Herrschaft, die als Beraubung per se ungerecht ist, miteinander vermitteln können.

Einer der wenigen, der dies explizit als sein Thema benennt, ist Höffe (1989). Er will Herrschaft und Staat sittlich begründen, als diejenigen Instanzen, die durch einen Zwangsapparat die Gerechtigkeit in der Gesellschaft garantieren und durchsetzen. Herrschaft soll so als Instanz der Verwirklichung politischer Gerechtigkeit legitimiert werden.[71] Höffes Gerechtigkeitstheorie als Theorie der Legitimation staatlicher Herrschaft hat allerdings einen Fehler. Er geht von einem zur Sinnlosigkeit verkürzten Herrschaftsbegriff aus. Herrschaft ist für ihn die Ausübung von öffentlicher Zwangsgewalt (ebd. 24). Herrschaft kann aber nicht durch Zwangsgewalt alleine charakterisiert werden, so wie Zwangsgewalt alleine noch keine Herrschaft ausmacht. Zwangsgewalt, damit sie Herrschaftsgewalt ist, muss einem bestimmten Zweck dienen. Es gibt zwei Zwecke, denen die Zwangsgewalt der Herrschaft dient, Erstens der Bereicherung der Herrschenden und der Beraubung der Beherrschten und Zweitens der Aufrechterhaltung der Strukturen der Herrschaft selbst. Öffentliche Zwangsgewalt, die nicht diesen Zwecken dient, ist keine Gewalt im Dienste der Herrschaft und wird mit dieser daher auch nicht verschwinden. Nehmen wir ein klassisches Beispiel. Organ der Ausübung öffentlicher Gewalt in unserer Gesellschaft ist die Polizei. Kann, sollte, ja muss die Ausübung der Gewalt, wie die Polizei sie vornimmt, in einer herrschaftsfreien Gesellschaft vollständig verschwinden? Die Polizei erfüllt in einer herrschaftsförmigen Gesellschaft wie unserer zwei Funktionen, zum Ersten die repressive Herrschaftsfunktion und zum Zweiten die gesellschaftliche Ordnungsfunktion. Erstere muss abgeschafft, zweitere muss beibehalten werden und sie muss auch weiterhin mit Zwang verbunden sein. Von der Regelung des Straßenverkehrs bis zum Schutz des privaten Eigentums braucht eine Gesellschaft von der Differenziertheit und Größe unserer, in der diese Dinge, weil man die anderen nicht mehr persönlich kennt, nicht mehr durch direkte soziale Kontrolle geregelt werden können, ein Organ der öffentlichen Gewalt. Die gesellschaftliche Ordnungsfunktion muss in irgendeiner Weise organisiert werden und sie muss im Zweifel mit Gewalt durchgesetzt werden. Die Polizei in unserer Gesellschaft erfüllt diese Funktion, aber nicht nur diese. Ebensosehr schützt sie die Herrschaft und die sie privilegierende Ordnung. Herrschaft legitimiert sich durch die Übernahme gesellschaftlich notwendiger Funktionen. Die Ordnungsfunktion ist eine solche. Sie verknüpft diese allgemeinen gesellschaftlichen Funktionen institutionell und personell mit den besonderen Funktionen der Herrschaft. Dadurch kann der Eindruck entstehen, dass Herrschaft identisch mit der Ordnung ist und damit die Abschaffung von Herrschaft auch die

Abschaffung der Möglichkeit gewaltsamer Aufrechterhaltung der gesellschaftlichen Ordnung bedeuten würde. Dies ist falsch. Schwierig ist es allerdings im Einzelnen zwischen den polizeilichen Ordnungsfunktionen und den polizeilichen Repressionsfunktionen zu trennen, da Herrschaft in die Ordnungsstruktur unserer Gesellschaft eingeschrieben ist. Eigentum z.B. ist als privater Besitz dessen, was man für die Reproduktion seines persönlichen Lebens braucht, ein notwendiger Bestandteil gesellschaftlicher Ordnung, Privateigentum an Produktionsmitteln ist aber Teil der Herrschaftsstrukturen. Wenn die Polizei zum Zwecke des Eigentumsschutzes tätig wird, kann man diesen Unterschied zunächst nicht erkennen. Viele Tätigkeiten der Polizei sind doppeltfunktional. Die repressive Funktion der Polizei lässt sich nur daran erkennen, dass man die Frage „cui bono?" beantwortet. Alles, was der Herrschaft nützt, ist repressive Gewalt. Und diese Form von öffentlicher Gewalt kann und muss mit der Herrschaft aufgehoben werden. Dies bedeutet aber nicht die Aufhebung von Gewalt, als letztem Mittel gesellschaftlicher Ordnung, überhaupt. Die Institution solcher öffentlicher Gewalt muss nicht unbedingt in der heutigen Form der Polizei verwirklicht werden. Die Organisation und Institutionalisierung dieser Funktion kann, wenn das sie leistende Organ von der gleichzeitig auszuübenden Repressionsfunktion befreit ist, sicher anders ausfallen, aber sie kann nicht durch eine andere Organisation des Gesellschaftlichen überflüssig gemacht werden.[72] Indem Höffe Herrschaft mit Zwangsgewalt gleichsetzt, arbeitet er mit einem verkürzten Herrschaftsbegriff. Damit taugen seine Argumente nicht zur Legitimation von Herrschaft. Es zeigt sich auch hier, dass eine Argumentation zur Legitimation von Herrschaft, die offen sagt, was Herrschaft ist, kaum in der Lage ist, die Zustimmung der Beherrschten zu organisieren. Nur selten wird jemand seiner Beraubung freiwillig zustimmen. Man nimmt sie nur um der Nachteile eines Aufstands willen stillschweigend in Kauf und akzeptiert sie, solange sie gewisse Grenzen nicht überschreitet und auch die Herrschaft ihre gesellschaftlichen Aufgaben erfüllt. Auch wenn ich oben Herrschaft als ein Vertragsverhältnis beschrieben habe, so findet ein solcher Vertragsschluss doch immer nur in durch Macht beeinflussten Verhältnissen statt. Der Inhalt des Vertrages ist nicht frei ausgehandelt, sondern vorgegeben. Man wächst heutzutage immer schon in die Herrschaft hinein und diese stellt ihre Regeln eben nicht zur Diskussion. Unter bestimmten Bedingungen ist man bereit, den Herrschaftsvertrag zu akzeptieren, weil man für sich von diesem freiwilligen Einfügen in die machtgestützten Verhältnisse der Herrschaft mehr Vorteile verspricht als vom risikobehafteten Widerstand. Aber beständen diese machtgestützten Herrschaftsverhältnisse nicht, würde wohl niemand einen Vertrag dieses Inhalts abschließen. Daher ist es gefährlich, offen darüber zu reden. Es ist sicherer die Dinge so zu benennen, dass sich die Beherrschten selbst etwas vormachen können. Daher reden die einen bei ihren Versuchen, die Grenzen der Zustimmungssituation zu bestimmen, gleich gar nicht von Herrschaft und die anderen, die von ihr reden, erkaufen sich diese Offenheit damit, dass sie den Begriff der Herrschaft so verbiegen müssen, dass sie am Ende über etwas reden, das zwar legitimierbar, aber eben keine Herrschaft mehr ist.

Gerechtigkeit kann es nur in einer freien, in einer herrschaftsfreien Gesellschaft geben. Unter dieser Perspektive fällt das Problem der Legitimation von Herrschaft ersatzlos weg. Die immer vorhandenen Probleme des Miteinanders dagegen können nicht durch die Abschaffung von Herrschaft gelöst oder gar abgeschafft werden. Aber es stellen sich einer herrschaftsfreien Gesellschaft andere Probleme, die alten Probleme stellen sich anders und es sind andere Lösungen möglich. Ich will nicht Lösungen für die Probleme unserer real existierenden Gesellschaft vorschlagen, um diese zu stabilisieren, sondern ich will eine andere Gesellschaft und suche nach Modellen, die die in dieser wahrscheinlich auftretenden Probleme möglicherweise lösen können. Dazu bedarf es eines anderen Ansatzes als den, den die bisher erörterten Konzepte vertreten. Diesen Ansatz habe ich in der kritischen Auseinandersetzung mit den oben vorgestellten Konzepten teilweise schon entwikkelt. Ich möchte hier versuchen ihn im ganzen noch einmal darzustellen.

Moralen sind Systeme von Regeln einer Gruppe, die die Erreichung der gemeinsamen Ziele sicherstellen sollen. Es gibt unterschiedliche Begründungsmuster für solche Regelsysteme. Erstens Begründung in der Tradition: „Das haben wir schon immer so gemacht." Zweitens durch den Befehl einer höheren Instanz: „Gott und der Kaiser gebieten es!" Drittens durch den Vernunftappell: „Sei doch vernünftig. Das musst du doch einsehen. Wenn das alle so machen würden." Und Viertens durch Einigung: „Du warst doch damit einverstanden, du hast doch selber zugestimmt, dass wir es so machen." Alle diese vier Argumentationsweisen sind historisch zur Begründung von Moralen benutzt worden. Welcher Typus von Argument einem Normensystem Geltung verschaffen kann, hängt davon ab, was für Begründungen eine Gesellschaft akzeptiert, was in ihr ein Grund für die Geltung einer Norm sein kann. Das historische Bewusstsein moderner Gesellschaften schließt es aus, dass die bloße Berufung auf einen Brauch noch ein Grund sein kann. In modernen, säkularen Gesellschaften ist es auch nicht möglich, durch die Berufung auf eine höhere Instanz Normen zu begründen. Moderne, historisch bewusste und säkulare Gesellschaften wissen auch um die Relativität der Vernunft. Es bleibt daher heute, und erst recht für ein linkes Projekt, nichts anderes, als die Geltung von Regeln durch – freiwillige – Zustimmung zu begründen. Dies ist ein sehr rationelles Verständnis von Moral. Aber ich halte einen solch rationalistischen Begriff von Moral für notwendig, weil nur eine solche Moral heute noch begründungsfähig ist und solche Begründung notwendig ist, um den moralischen Anspruch intersubjektiver Geltung von Normen erheben zu können.

Moralische Normen können nicht kausal begründet werden. Sie sind nicht aus vorgegebenen Fakten, vergangenen oder bestehenden Verhältnissen ableitbar. Die Begründung von Moral kann nur teleologisch auf eine gewollte Zukunft hin erfolgen. Weil wir uns darauf geeinigt haben, etwas Bestimmtes erreichen zu wollen, müssen wir im Hier und Jetzt etwas Bestimmtes tun, bestimmte Normen aufstellen, uns an bestimmte Regeln halten. Zu einem tragenden Grund wird die Zukunftsorientierung dann, wenn dahinter die Absicht steht, eine bestimmte

Gesellschaft zu schaffen, in einer bestimmten Gesellschaft zu leben. An diesem Ziel wird die Norm gemessen und muss sich an ihm orientieren. Wenn sie hilft, es zu erfüllen, ist sie begründet. Eine solche Moral ist damit auch nicht strukturell konservativ, nicht bewahrend, sondern bezieht in der Reflexion auf zukünftiges Leben immer schon die Möglichkeit der Veränderung des heutigen ein. Eine solche teleologische Begründung von Moral ist kein völliger Systembruch mit dem traditionell philosophischen Moralverständnis. Auch der kategorische Imperativ besitzt bereits diesen Zukunftsbezug, wenn er darauf abstellt, dass man überlegen soll, welche *zukünftigen* Auswirkungen die Verallgemeinerung der meinen Handlungen zugrundeliegenden Maximen hätte. Allerdings reicht der kategorische Imperativ als Begründungsstruktur für moralische Normen nicht aus, weil ihm die soziale Perspektive gemeinsamer Zielbestimmung fehlt. Der kategorische Imperativ geht gewissermaßen von einer marktförmigen Bestimmung der Normen aus. Indem jeder für sich alleine das für ihn gesellschaftlich Beste zu bestimmen suche, setze sich dieses als Ergebnis dieser isolierten Prozesse automatisch durch. Eine solche Struktur schafft aber keinerlei Verbindlichkeiten zwischen den Subjekten. Sie ermöglicht keine *gemeinsame* Bestimmung dessen, was man will, in was für einer Gesellschaft man leben will. Der kategorische Imperativ ist nur auf der Grundlage eines hypostasierten Vernunftbegriffes möglich, der bei Kant im Grunde die gemeinsamen Ziele immer schon den Menschen vorgängig gesetzt hat. Wenn diese Ziele für alle immer schon festliegen, dann ist es möglich, dass jeder Einzelne für sich die zu ihrer Erreichung richtigen Normen selber findet. Ein solcher Vernunftbegriff kann heute sinnvoll nicht mehr vertreten werden, und damit taugt auch der kategorische Imperativ nicht mehr als Begründungsstruktur von Moral. Die Menschen müssen sich schon selbst die Mühe machen, sich in ihren Gruppen zu einigen. Sie können sich bei diesem Prozess nicht auf durch die Vernunft scheinbar schon immer vorgegebene Ziele berufen. Solche gemeinschaftliche Zielbestimmung ist ein politisch schwieriger Prozess, aber er ist unverzichtbar, wenn gesellschaftliche Ordnung nicht auf Macht und Herrschaft, sondern auf freiwilliger, demokratischer Zustimmung beruhen soll.

Daneben kann der kategorische Imperativ in einer abgewandelten Form bestehen bleiben, denn selbstverständlich ist es praktisch nicht möglich, dass wir uns Erstens mit anderen immer schon über Ziele geeinigt haben und dass wir, selbst wenn dies so ist, Zweitens jede einzelne Verhaltensfrage mit der Gruppe diskutieren und dann in einer zielorientierten Norm verbindlich festlegen könnten. Dies muss für die entscheidenden Ziele und Normen der Gruppe immer wieder neu geschehen, aber daneben muss der Einzelne für sich die Möglichkeit haben, diesen Prozess gemeinschaftlicher Ziel- und Normbestimmung fiktiv nachzuvollziehen, um sein Verhalten an den gemeinschaftlichen Zielen prüfen zu können. In diesem fiktiven Prozess der Verhaltensbestimmung, in dem das praktisch im Moment nicht einholbare Gruppenurteil durch das eigene Urteil ersetzt wird, sind - ebenso wie dies in der Gruppensituation der Fall wäre - drei Stufen zu unterscheiden. Auf der ersten Ebene, der eigenen Zielbestimmung, die dann in einen Einigungsprozess mit anderen einmünden müsste, lautet die Regel: *Überlege, in was für einer Gesellschaft du leben willst und von daher entscheide, wie du handeln musst, um diese zu erreichen.* Hat eine solche gemeinsame Zielbestimmung dagegen schon stattgefunden, so befinden wir uns auf der zweiten Ebene, in der moralische Normen bereits bestehen. Hier ist in einem ersten Schritt zu prüfen, ob mein Verhalten moralisch relevant ist. Die Prüfungsregel dafür lautet: *Überlege, ob dein Handeln zielrelevant ist, also ob von deinem Handeln* - so oder so - *überhaupt ein Einfluss auf die Verwirklichung der gemeinsamen Ziele ausgehen kann.* Nur dann stellt sich überhaupt die moralische Frage, nur dann ist der Einzelne durch seine Zustimmung zu den gemeinsamen Zielen verpflichtet, in einer bestimmten Weise zu handeln. Wird diese Frage bejaht, so ist in einem zweiten Schritt zu prüfen, wie nun zu handeln ist. Die Regel dafür lautet: *Überlege, wie du durch dein Verhalten in der konkreten Situation die gemeinsam festgelegten Ziele am besten zu verwirklichen hilfst.* Auf der ersten Ebene kann man noch nicht von einer verbindlichen Moral reden, da ja noch keine verpflichtende Begründung durch gemeinsamen Entschluss stattgefunden hat. Vielmehr handelt es sich hierbei um eine moralische Vorüberlegung, in der unterstellt wird, dass es gelingt, sich mit anderen auf Ziele zu einigen. Diese fiktive Einigung vorausgesetzt, kann dann bestimmt werden, welches Verhalten in dieser Situation moralisch wäre. Ich handle nach einer *möglichen Moral*. Solch fiktiven Überlegungen sind nicht geeignet moralische Normen anderen gegenüber verbindlich zu begründen. Sie können den Prozess der gemeinsamen Zielbestimmung nicht ersetzen, aber sie taugen für den Einzelnen dazu, sich der Bedeutung seines Verhaltens in Bezug auf die anderen klar zu werden. Auf der zweiten Ebene hat dagegen jener Verbindlichkeit stiftende Einigungsprozess stattgefunden und ich suche die für mich verbindlichen moralischen Regeln der Gruppe im konkreten Fall zu bestimmen.

Mit diesem Modell teleologischer Begründung kann ich anderen Menschen keine Vorschriften machen. Ich kann nur mit ihnen darüber streiten, was eine gute oder eine bessere Gesellschaft ist, aber es ist nicht möglich, unabhängig von dieser Frage nach den Zielen zu bestimmen, warum man sich so oder so verhalten sollte. Es gibt also keinen äußeren Zwang der Moral. Was es allerdings gibt, ist ein gewisser faktischer Zwang zur Moral, also ein Zwang dazu, sich auf Ziele - Normen und Werte - zu einigen. Wenn ich mit anderen Menschen in Gruppen zusammenlebe, dann müssen wir irgendeine Form von - den Gruppenzielen angemessenem - Grundkonsens finden, damit dieses Zusammenleben für alle ersprießlich funktionieren kann. Die Menschen leben immer in Gruppen und sie sind immer auf die anderen angewiesen. Sie besitzen daher auch schon immer ein gemeinsames Interesse an solcher Einigung, sie besitzen gemeinsame Interessen, sie besitzen Interesse aneinander. Alle Gruppen besitzen daher immer schon solche ex- oder impliziten Zielvorgaben und auf ihnen ex- oder implizit beruhende Moralen. Die Forderung, Moral durch gemeinsame Ziele zu begründen, ist daher nichts Utopisches, sondern nur der Versuch, eine ständig geübte Praxis bewusst zu machen und so zu gestalten, dass sie begründungsfähig wird. Hierfür sind an diese

Praxis bestimmte Forderungen zu stellen. Moralen bestehen nur dann, wenn es und auch nur so lange wie es eine verbindliche Einigung von Menschen über gemeinsame Ziele gibt. Wenn solche Ziele, zu deren Verwirklichung die Einhaltung der Regeln und Erfüllung der Normen notwendig sind, nicht mehr bestehen, z.B. im Laufe des historischen Prozesses obsolet werden, dann lassen sich die Regeln und Normen nicht mehr begründen. Dies unterscheidet Moralen von Traditionen. Eine Moral kann traditionell sein. Dies ist immer dann der Fall, wenn die Gruppe über Generationen hin die gleichen Ziele mit den gleichen Mitteln anstrebt. Aber eine Tradition ist nicht schon allein deshalb, weil sie Tradition ist, auch moralisch. Geht der Zusammenhang zwischen Regeln und Zielen verloren, so verliert die Tradition ihren moralischen Gehalt und wird zu einem zwanghaften Verhaltensschema, welches gewöhnlich im Laufe der nächsten Generationen ausstirbt. Es macht dann keinen Sinn mehr, sich so zu verhalten.[73] Weil nur Moral begründet ist, Tradition dagegen nicht, taugen nur moralische Normen als Kriterien der Gerechtigkeit. Ein Regelsystem ist dann begründet, wenn alle Mitglieder einer Gruppe wechselseitig von sich die Einhaltung dieser Regeln verlangen können. Moralen sind also begründet, wenn ihre Regeln gegenüber den Mitgliedern einer Gruppe berechtigterweise in einem wechselseitigen Verhältnis von Anspruch und Pflicht stehen. Ich kann es von den anderen verlangen und bin verpflichtet, es selbst zu tun. Ein solch berechtigtes Verhältnis wechselseitiger Ansprüche und Pflichten entsteht dann, wenn sich die Mitglieder der Gruppe in einem demokratischen Prozess auf gemeinsame Ziele ihres Zusammenlebens einigen. Moralische Verpflichtung anderen gegenüber entsteht durch Selbstverpflichtung. Begründet ist sie in meiner freiwilligen Zustimmung zu den Zielen und den auf sie hin formulierten Regeln der Gruppe. Freiwillig ist diese Zustimmung, wenn sie in einem demokratischen Prozess, unter den oben formulierten Bedingungen einer gleichberechtigten Verständigungssituation, in der alle die gleichen Möglichkeiten der Teilnahme an der Verständigung und die gleichen Chancen zur Durchsetzung ihrer Position haben, zustande kommt und alle das Ergebnis mittragen. Eine solche Moral gibt dann begründete Kriterien für Gerechtigkeit. Was die jeweils diesen Kriterien angemessene proportionale Güterverteilung ist, muss wiederum von den Mitgliedern der Gruppe in einem demokratischen Prozess festgelegt werden. Dafür ist es nötig, die Kriterien zu werten und ihrer Wertung entsprechende Güteräquivalente festzulegen. Diese bewerteten Kriterien sind dann die Argumente, die die Abweichung vom Ausgangsmaßstab der nummerischen Gleichheit begründen. Gleichheit ist das nicht begründungsbedürftige Kriterium der Güterverteilung. Ungleichbehandlung gilt daher solange als gerecht, solange eine Begründung in dem obigen Sinne gelingt. Solche Begründung kann nicht ein für alle Mal festgelegt werden. Die Verhältnisse, auf die hin Ziele formuliert worden sind, können sich ändern, Ziele können verwirklicht werden, die Interessen der Mitglieder einer Gruppe können sich ändern, die Interessen Einzelner können sich ändern. All dies kann dazu führen, dass sowohl auf der Ebene der Moral wie auf der der Gerechtigkeit die alten Begründungen für Einzelne, viele oder alle nicht mehr tragen. Da Normen und Werte Ausdruck von Nützlichkeitserwägungen sind, steht und fällt die Argumentation für sie mit der Einsicht in die Nützlichkeit ihrer Erfüllung für die Gesellschaft. Wo offensichtlich wird, dass man selbst weder direkt noch indirekt einen solchen Nutzen hat, kann eine Norm oder ein Wert nicht mehr begründet werden. Die frühere Zustimmung entfällt mit diesem Zeitpunkt und es muss neu verhandelt werden. Auf dem alten Konsens beruhende, in Güterzuteilung ihren Ausdruck findende Wertschätzung erscheint dann als ungerecht, weil ihr Grund weggefallen ist.

Nun wird der Begründungsanspruch hier sehr hoch angesetzt, weil er von der Zustimmung, dem Mittragen der Kriterien durch *alle* Mitglieder der Gruppe abhängig gemacht wird. Ist dies faktisch überhaupt realisierbar? Bei kleinen Gruppen ist dies sicher kein Problem, aber wie sieht es aus bei großen, anonymen Gruppen, wie alle Berliner, alle Bürger der BRD oder auch alle Bürger der Welt? Ist es bei solchen Dimensionen nicht unsinnig, solch einen hohen Begründungsanspruch zu vertreten, weil er gar nicht zu realisieren ist? Unabhängig von der Frage, inwieweit wir heute unter den herrschenden Bedingungen solche anonymen Konglomerate überhaupt als Gruppen bezeichnen können - mit Einschränkungen wohl schon -, muss man für das oben beschriebene Modell der Gruppenbildung, Moral- und Gerechtigkeitsbegründung ein Prozessmodell vorstellen, das die strengen Demokratiekriterien erfüllen kann, wenn man diesen hohen Anspruch der Begründung durch Demokratie aufrechterhalten will. Zunächst leben wir alle immer schon in Gruppen.[74] Damit deren Strukturen demokratisch begründet werden können, müssen alle Mitglieder die Möglichkeit demokratischer Beteiligung im obigen Sinne haben. Dies verlangt, dass in den Organisationsstrukturen der Gruppe die Möglichkeiten der Teilnahme aller an den demokratischen Selbstverständigungsprozessen verankert sein müssen. Die Möglichkeit, diese Prozesse der Selbstverständigung unter demokratischen Bedingungen immer wieder neu zu wiederholen, muss permanent gegeben sein. Diese Möglichkeit permanenter demokratischer Selbstverständigung muss verlangt werden, damit von einer Begründung durch Demokratie die Rede sein kann. Was nicht verlangt werden muss, ist dagegen die Realisierung dieser Möglichkeit durch *alle* Mitglieder der Gruppe. Demokratie verlangt nicht, dass jeder gezwungen ist, sich an diesen Prozessen zu beteiligen und seine Zustimmung positiv zu artikulieren. Es reicht aus, wenn er durch sein Verhalten zu erkennen gibt, dass er die Normen und Werte, so wie sie sind, mitträgt. Negativ verlangt Begründung durch Demokratie aber auch die Möglichkeit, bei Dissens aus der Gruppe auszutreten. Die Gruppe muss daher auch jederzeit jedem ihrer Mitglieder die Möglichkeit der Artikulation solchen Dissenses und des formellen Ausstiegs geben. Auch solcher Dissens muss nicht explizit geäußert werden. Es muss auch hier reichen, dass der Einzelne durch sein Verhalten diesen Dissens und diesen Austritt stimmig zum Ausdruck bringt.[75] Aber auch unter diesen vereinfachten Bedingungen stellt sich das Problem, wie Organisationsstrukturen geschaffen werden können, die z.B. bei der größten aller denkbaren Gruppen, der Weltbürgerschaft, die Beteiligung und Zustimmung aller

Interessierten gewährleisten können. Da es ausgeschlossen ist, dass sich alle Menschen an einem Ort versammeln können, ist dies zunächst ein technisches Problem, ein Problem der technischen Möglichkeiten der Kommunikation von Menschen, die sich nicht am selben Ort befinden. Somit muss verlangt werden, dass das zu einer gegebenen Zeit technisch Mögliche auch realisiert werden muss. Heute ist durch das Internet diese Möglichkeit in einem großen Ausmaße gegeben. Es stellt sich aber ein zweites Problem. Je größer Diskussionsgruppen werden, um so unproduktiver werden sie auch, um so schwieriger wird es, die Positionen aller Beteiligten einzubringen und zu einem Ergebnis zu kommen. Ab einer gewissen Größe der Gruppe kommt man daher neben den Formen direkter Zustimmung um Repräsentationsmodelle nicht herum. Demokratische Begründung durch Zustimmung aller schließt Repräsentation grundsätzlich nicht aus. Die grundlegenden Entscheidungen über die primären Ziele der Gruppe, über ihre Konstituierung oder Auflösung müssen immer von allen Mitgliedern direkt getroffen werden. Die Vorbereitung solcher Entscheidungsprozesse und die Abwicklung der alltäglichen Probleme können dagegen ohne weiteres von Vertretern vorgenommen werden. Demokratie stellt nur gewisse Anforderungen an den Mechanismus der Repräsentation. Die Entscheidungen der Vertreter dürfen nicht unabhängig von der Zustimmung der Vertretenen ergehen, sondern müssen in jedem konkreten Fall tatsächlich die Position der Gruppe zum Ausdruck bringen. Dies verlangt: Nur - direkt oder indirekt, je nach Wichtigkeit und Praktikabilität - gewählte Vertreter, alle Vertreter sind direkt an die Entscheidungen der Gruppe zurückzubinden, durch imperatives Mandat, d.h. Bindung an die Weisungen der Vertretenen und Rückfrage bei ihnen, falls neue Probleme auftreten oder neue Gründe für eine andere Entscheidung sprechen, Beschränkung ihrer Vertretungsbefugnis auf einen vorgegebenen Aufgabenkreis, keine Universalvollmacht, die Möglichkeit der Gruppenmitglieder ihren Vertretern eine einmal erteilte Entscheidungsbefugnis jederzeit wieder zu entziehen, unterschiedliche Vertreter für unterschiedliche Aufgaben, eine institutionalisierte, externe Kontrolle ihrer Tätigkeit, permanente Rechenschaftspflicht, die beständige Abwählbarkeit der Vertreter, regelmäßige Neuwahlen und Rotation der Vertreter. Unter diesen Voraussetzungen - die heute so gut wie nirgendwo gegeben sind - können auch Repräsentationsorgane eine für alle Mitglieder der Gruppe verbindliche Begründung durch demokratische Entscheidung leisten.

Nun habe ich bei meinem Versuch einer Begründung von Moral durch demokratische Entscheidung bislang ein Problem umgangen, welches sich jeder demokratietheoretischen Überlegung stellt: der Umgang mit der sogenannten „Minderheit". Bislang konnte es so scheinen, als ginge mein Modell davon aus, dass die Beteiligten sich entweder alle einigen oder sich eben trennen. Laufen so tatsächlich die Verständigungs- und Einigungsprozesse in Gruppen ab? Nehmen wir ein Beispiel. In einer Karnevalsgruppe beschließt die Mehrheit, nächstes Jahr im Zug als Wespenschwarm mitzugehen. Einige, nämlich die etwas voluminöser gebauten Mitglieder der Gruppe, lehnen dieses Kostüm ab, da es so geschnitten ist, dass sie darin äußerst unvorteilhaft aussehen würden (Wespentaille). Sie könnten höchstens als Hummeln gehen, da ein Hummelkostüm keine Taille hat. Wird die Gruppe sich deswegen trennen? Um diese Frage entscheiden zu können, müssen die Gruppenmitglieder die Prioritäten zwischen den Zielen ihrer Gruppe bestimmen. Gruppen haben fast immer mehrere Ziele, und diese Ziele sind hierarchisiert, es gibt wichtige und weniger wichtige. Einige dieser Ziele sind für die Existenz der Gruppe als Gruppe existenziell. Es sind dies die primären Ziele. Daneben gibt es sekundäre Ziele, die zwar auch angestrebt werden, bei denen aber die gemeinsame Verabredung auf diese Ziele nicht die Gruppe als Gruppe erst konstituiert. Bei Dissens über die primären Ziele gibt es keine andere Möglichkeit für eine demokratisch organisierte Gruppe als die Trennung. Hier gibt es keine Mehrheitsentscheidungen, hier ist nur Einstimmigkeit möglich. Bei Dissens über die sekundären Ziele stellt sich dagegen die Frage, inwieweit man solche Divergenzen in Kauf nehmen kann, ohne den Gruppenzusammenhalt als solchen zu gefährden. Es gibt zwei Möglichkeiten, auf solchen Dissens zu reagieren. Die erste ist, dass die Minderheit die Mehrheitsentscheidung mitträgt und diese Rückstellung ihrer eigenen Interessen um der gemeinsamen primären Ziele wegen in Kauf nimmt. Das ist die Entscheidung nach dem Mehrheitsprinzip.[76] Die andere Möglichkeit ist die, keine gemeinsame Entscheidung herbeizuführen, sondern einen Modus zu finden, wie innerhalb der Gruppe von den einzelnen Mitgliedern unterschiedliche sekundäre Ziele verfolgt werden können. Das ist die Entscheidung nach dem Toleranzprinzip. Parlamentsentscheidungen sind ein Beispiel für das Mehrheitsprinzip. Art. 4 GG ist ein Beispiel für das Toleranzprinzip. Welchem Prinzip man hier folgt, muss innerhalb der Gruppe selbst geklärt werden. Zuviel Unterschiede gefährden den Zusammenhalt genauso wie zuviel Zurückstellung von Interessen. Hier muss in einem demokratischen Diskussionsprozess das richtige Maß gefunden werden. Für das Beispiel der Karnevalsgruppe gilt daher folgendes: Zunächst muss geklärt werden, ist das kostümierte Auftreten im Zug ein primäres Ziel der Gruppe, oder ist die soziale Tätigkeit der Gruppe, das sich wöchentlich Treffen, das gemeinsame Planen, Organisieren und nach außen Auftreten ein primäres Ziel und der Umzug als der Höhepunkt dieser Tätigkeit nur ein herausgehobenes sekundäres Ziel? Weiter muss geklärt werden, ob das uniforme Auftreten ein primäres Ziel ist, es also immer für alle das gleiche Kostüm sein muss. Reicht es nicht, wenn die Gruppe als Gruppe nach außen erkenntlich wird, wofür ja auch eine nur thematische Festlegung mit der Möglichkeit individuell unterschiedlicher Kostüme reichen würde. Diese Fragen muss die Gruppe für sich klären. Kommt sie zu dem Ergebnis, dass das uniforme Auftreten im Zug ein primäres Ziel ihrer Tätigkeit ist, so muss sie sich trennen. Kommt sie zu dem Ergebnis, dass das uniforme Auftreten im Zug kein primäres Ziel ihrer Tätigkeit ist, so muss sie weiterhin klären, nach welchem Prinzip sie den Konflikt um das sekundäre Ziel löst, nach dem Mehrheits- oder Toleranzprinzip. Für das Mehrheitsprinzip spricht, dass das uniforme Auftreten im Zug wenn auch ein sekundäres, so doch ein wichtiges Ziel ist. Für das Toleranzprinzip spricht, dass das Auftreten in einem Wespenkostüm für einige Mitglieder so peinlich ist, das man eine solche Rücknahme eigener Interessen von ihnen wohl nicht erwarten kann. Für das Toleranzprinzip spricht in diesem Fall weiterhin, dass das gruppenkonforme Auftreten auch durch unterschiedliche Kostüme, die den Interessen aller Mitglieder der Gruppe an einer gelungenen Selbstdarstellung entsprechen, gewährleistet werden kann. Auch hier kann die Verständigung aber scheitern. Ist die Minderheit nicht bereit, sich auf das Mehrheitsprinzip einzulassen, und ist die Mehrheit nicht bereit, sich auf das Toleranzprinzip zu verständigen, so führt dies wiederum zur Trennung der Gruppe. In diesem Falle werden offensichtlich existenzielle Interessen einzelner Mitglieder von den anderen durch ihre Entscheidung verletzt, was die weitere Gruppenzusammengehörigkeit unmöglich macht. Im Interesse der gemeinsamen primären Ziele sollte an dieser Stelle Rücksichtnahme zu erwarten sein, aber auch dies ist nur die rationale Lösung und kein Zwang. Diese Prozesse der internen Konfliktlösung verhindern aber nicht die Möglichkeit demokratischer Begründung von Normen und Kriterien. Letztlich ist es tatsächlich so, dass man sich so oder so einigt oder sich trennt. Nur Herrschaft kann Gruppen anders organisieren.

Nun mag sich einer die Frage stellen, was haben die Probleme eines Karnevalsvereins mit Moral zu tun? Die Antwort ist einfach. In Frage steht hier die Karnevalsvereinsmoral und die Karnevalsvereinsgerechtigkeit, die keine qualitativ andere Moral und keine andere Gerechtigkeit ist als die aller anderen Gruppen auch. Moralen sind Regelsysteme aller Gruppen, gleich welche Zwecke sie verfolgen. Eine solche Regel ist hier, uniform mit den anderen im Zug aufzutreten. Fraglich war die Verbindlichkeit dieser Regel für die Gruppe. Wenn man sich darauf geeinigt hat, als Gruppe im Karneval aufzutreten, dann können die Mitglieder voneinander solch uniformes Auftreten auch verlangen. Verweigern einige dieses Mitmachen, so sinken sie in der sozialen Anerkennung als Gruppenmitglieder. Ihre Missachtung ist dann gerecht, wenn die Norm ein Gerechtigkeitskriterium ist, was hier der Fall ist, da ihre Einhaltung wesentlich für die Erreichung des Ziels ist, und sich die Nützlichkeit der Mitglieder für das gemeinsame Ziel der Gruppe daher entscheidend an ihrer Einhaltung dieser Norm bemisst. Der Konflikt entsteht hier nun dadurch, dass einige Mitglieder diese Norm in Frage stellen. Gelöst werden kann dieser Konflikt nur über eine Diskussion der Zielbestimmungen und der Hierarchisierung der Ziele, weil diese Norm immer nur in Hinsicht auf das gemeinsame Ziel als verbindlich gilt. Die alte Begründungsstruktur wird hier in einer veränderten Lage, in der neue Aspekte ins Blickfeld geraten, die bislang keine Rolle spielten, problematisch. Ein bislang unstrittiges Ziel wird nun von einigen Mitgliedern in Frage gestellt und damit auch die in Hinsicht auf es formulierten Normen. Dies verlangt erneut, in den Prozess demokratischer Begründung der Normen der Gruppe einzutreten. Das Ergebnis ist dabei offen und kann - wie oben gezeigt - in der Trennung oder in der Findung eines neuen Konsenses bestehen. Dies setzt voraus, dass die Menschen dazu in der Lage sind, in einen solchen Prozess der Neubestimmung der Ziele und Normen ihrer Gruppe einzusteigen.

Das obige Beispiel ist an einen realen Fall angelehnt, in dem die Gruppe dazu nicht in der Lage war und sich bis zur persönlichen Feindschaft zerstritten hat.

Eine herrschaftsfreie Gesellschaft setzt solche sozialen Kompetenzen voraus. Ihren Erwerb zu fördern ist ein wesentlicher Schritt in ihre Richtung. Daneben ist es nötig, Institutionen zu entwickeln, die solche Gruppenprozesse moderieren können. Persönliche Betroffenheit, die in diesen Fragen häufig gegeben ist, weil Normen und Werte oft mit den Identitäten der Personen verbunden sind, erschwert die rationale Lösung solcher Konflikte. Das Auseinanderfallen einer Gruppe ist aber aus vielen Gründen öfters nicht das erwünschte Ergebnis, wenn es auch im Zweifel immer möglich sein muss. Es bedarf dann neutraler, von außen kommender Personen, die den Konfliktparteien dabei helfen können, einen neuen Konsens zu finden. Gerichte können dies nicht leisten, da sie - sofern kein Vergleich erzielt werden kann - über die Köpfe der Leute hinweg entscheiden. Hier ist ein Anwendungsfeld für Mediation. Mediation ist somit eine genuin demokratische Form der Konfliktlösung. Sie geht immer schon von der grundsätzlichen Gleichstellung der Konfliktparteien aus und respektiert deren eigene Entscheidung. Der Mediator entscheidet den Konflikt nicht, er setzt nicht sein Urteil an die Stelle des Urteils der Gruppenmitglieder, sondern hilft ihnen nur, den Prozess ihrer eigenen Urteilsfindung möglichst optimal zu gestalten. Eine herrschaftsfreie Gesellschaft muss den Prozess der Vermittlung von Konflikten seiner Herrschaftsfunktion entkleiden. Der Richter ist immer auch eine Instanz der Herrschaft, der Mediator nicht.

Gruppenkonflikte lassen sich nie vermeiden, aber das Konfliktpotenzial von Gruppen lässt sich beschränken. Ich rede hier immer schon von Gruppen, also vom Plural. Das Verhältnis der Gruppen zueinander kann aus der Vertikalperspektive als ein gestaffeltes begriffen werden, ungefähr in Form einer „matrjoschka", der russischen Steckpuppe. Der Einzelne ist die kleine massive Puppe, die ihn umschließenden hohlen Puppen stellen Gemeinschaften zunehmenden Abstands zur Person und zumeist auch zunehmender Größe dar. Je kleiner die Gruppe ist, desto näher ist sie dem Einzelnen, desto enger ist die emotionale Beziehung der Gruppenmitglieder, desto intensiver ist die Identifikation mit ihren Zielen. Je größer die Gruppe ist, desto schwächer werden diese Bindungen. Die kleinste Gruppe ist die Familie, die größte Gruppe die Weltbürgerschaft. Enge Bindungen der Gruppenmitglieder sind wichtig, wenn man einen Konsens über Probleme, die einen ganz persönlich berühren, herstellen will. Enge Bindungen erhöhen die Konsensbereitschaft. Dies hat zwei Gründe. Zum einen ist es weniger ein Eingriff von außen, wenn hier Anforderungen an einen gestellt werden. Man gehört selber zur Gruppe mit dazu, und dass man mit dazu gehört, gehört zu einem selbst dazu. Und zum anderen ist das Interesse am Erhalt der Gruppe je größer, je enger meine Mitgliedschaft in ihr mit meinem Selbstverständnis als Person verknüpft ist. Daher ist man in solchen kleinen, nahen Gruppen eher bereit, auch persönlich weitreichende Einschränkungen in Kauf zu nehmen. Je lockerer diese persönliche Bindung wird, desto geringer wird die Bereitschaft, sich in den Kernbereichen seiner Persönlichkeit, den Kernbereichen seiner Privatheit um des Zusammenhalts der Gruppe willen einzuschränken. Dies hat zwangsläufig zur Folge, dass große

Gruppen, um stabil zu bleiben und Konflikte zu vermeiden, nur Ziele verfolgen und dafür nur Normen aufstellen sollten, die ihre Mitglieder nicht in diesem Kernbereich ihrer Privatheit und Intimsphäre betreffen. Die Gruppen müssen mit zunehmender Größe ihren Mitgliedern einen größeren Handlungsspielraum lassen. Dies ist in aller Regel dann der Fall, wenn ihre Ziele und Normen einen hohen Grad an Allgemeinheit aufweisen. Begründung durch demokratische Zustimmung verlangt den Konsens. Bei Fragen, die mich persönlich weniger betreffen, bin ich eher zum Kompromiss bereit. Eine Gesellschaft, die demokratisch organisiert, frei und gerecht sein will, muss darauf Rücksicht nehmen, da ihr die Möglichkeit gewaltsamer Durchsetzung von Minderheits- oder Mehrheitsinteressen versagt ist. Eine solche, den persönlichen Näheverhältnissen der Gruppen folgende, nach außen abnehmende Konkretheit der Gruppennormen ist aber nicht nur deswegen sinnvoll, um das Verbleiben der Gruppenmitglieder in großen und relativ unpersönlichen Gruppen zu bewirken, sondern auch, um die Konflikte zwischen Gruppen zu minimieren. Wenn man einsieht, dass Moral nicht nur im historischen Prozess, sondern auch gegenwärtig ein Begriff ist, der nur im Plural gebraucht werden kann, so ist damit klar, dass es zwischen den verschiedenen Moralen immer die Gefahr von Konflikten gibt. Dieses Problem stellt sich für den Einzelnen, insofern die Moralen der Gruppen, denen er zugehört, an ihn unterschiedliche und möglicherweise sogar widersprüchliche Anforderungen stellen. Zwischen den Gruppen selber kann es dagegen keine moralischen Konflikte geben, nur politische, da hier nie die Regeln in Bezug auf ein Ziel, sondern immer nur die Ziele selbst und die für ihre Verwirklichung nötigen Ressourcen strittig sein können. Von der Person aus gesehen sind die Gruppen gestuft nach der Nähebeziehung, welche der Einzelne zu ihnen hat. Für ihn gibt es auf der untersten Ebene größter Nähe und der obersten Ebene größter Anonymität jeweils nur eine Gruppe, in der er Mitglied ist, die Familie und die Weltbürgerschaft. Auf allen anderen Ebenen kann der Einzelne Mitglied in mehreren, auf der gleichen Näheebene liegenden Gruppen sein. Dies ist sein Verhältnis zu seinen Gruppen. Von der Gruppe aus gesehen ist es so, dass es Gruppen gibt, deren Mitgliedschaft Teilmenge oder Schnittmenge der anderen Gruppe ist, und dass es Gruppen gibt, die keine Mitglieder gemeinsam haben. Das Ziel der Minimierung moralischer Konflikte für den Einzelnen und politischer Konflikte zwischen den Gruppen erfordert auch hier eine abnehmende Konkretheit der Regeln mit zunehmender Größe der Gruppen.

Ein freies Gewissen

Auch eine solche demokratisch begründete Moral, die in einem rationalen Diskussionsprozess entsteht, ist für den Einzelnen kein ihm äußerliches Regelsystem, welchem gegenüber er als Person neutral eingestellt wäre. Warum schließe ich mich denn mit anderen zu einer Gruppe zusammen, doch weil *ich* etwas Bestimmtes will, was *mir* wichtig ist. Aus einem Grund, der in Verbindung mit meiner Person steht. Sozialität ist kein instrumentelles Verhältnis, in dem es nur um materielle Nutzenmaximierung ginge, sondern die Verhältnisse mit anderen treffen mich und prägen mich in meiner Personalität selbst. Mein - durchaus kontraktualistisch verstehbarer - Entschluss, mich mit anderen auf bestimmte Ziele, Normen und Werte zu einigen, ist in meiner Person und der der anderen verankert, wenn und soweit die Ziele der Gruppe solche meiner Person sind, mit denen ich mich identifiziere (vgl. Tugendhat 1993, 77f). Auch eine solche Moral ist daher gewissensgestützt. Allerdings ist dies ein anderes Gewissen als das einer herrschaftsförmigen Moral. Das Gewissen ist auch hier eine internalisierte Instanz, die Ausdruck der Verbindung der Ziele, Normen und Werte der Gruppe mit der Identität der Person ist. Diese Verbindung beruht hier aber nicht auf einem Sozialisationsprozess in Herrschaftsverhältnisse hinein, sondern auf dem Prozess meiner Selbstkonstitution als Person.[77] Mein eigenes Selbstbild ist die Instanz, an der ich mein Handeln messe. Dieses Selbstbild, d.h. wie ich mich selbst sehe, wie ich selbst leben will, hängt untrennbar mit meiner Entscheidung zusammen, wie ich mit anderen zusammen leben will. Gewissen so zu definieren setzt voraus, die Möglichkeit eines Prozesses anzunehmen, in denen der Einzelne sich aus seinen immer schon vorhandenen, ihm im Verlauf der Kindheit ansozialisierten Verhaltensprägungen und Identitätsmustern lösen - befreien, emanzipieren - kann, um als Erwachsener in der selbstbestimmten Auseinandersetzung mit den anderen seine eigene Position zu finden. Man kann im Ergebnis dieses Prozesses die erworbene Identität beibehalten, wenn man sie als eigene will. Aber auch dies setzt voraus, sich darüber bewusst zu werden, wer man geworden ist und ob man der bleiben will, der man ist. Ein freies Gewissen verlangt einen relativ hohen Grad an Selbstreflexion. Solche Selbstreflexion steht in einem sich wechselseitig befördernden Verhältnis zu den Prozessen der Zielbestimmung. Wenn ich mit anderen gemeinsame Ziele finden will, so verlangt dies, dass ich weiß, was ich will. Dieses Wissen zu erwerben, hilft wiederum bei der Auseinandersetzung mit den Zielen anderer. In der Differenz wird es möglich das eigene zu sehen. Wenn also Diskussionen um Gruppenziele in dem für eine demokratische Organisation der einzelnen Gruppen und der Gesellschaft im Ganzen nötigen Ausmaße geführt werden, so bewirkt dies nebenbei auch, dass der Einzelne mehr über sich erfährt, seine ihm gewissermaßen individuell-traditionell mitgegebene Bestimmung erkennt und sich zu ihr verhalten, sie ändern kann, wenn er dies will. Ein solches freies Gewissen zu erwerben, bedarf daher keiner 'akademischen' Bemühungen, sondern ist - wie die Entstehung von Gewissen immer - Ergebnis eines alltäglichen Prozesses der Auseinandersetzung mit den anderen und mit sich. Nur dass ein solcher Prozess, wenn er im sozialen Rahmen einer Demokratie stattfindet, die Möglichkeit einer wissenden Gewissensbildung bietet und die Möglichkeit der Bildung eines Gewissens, welches nicht länger eine verinnerlichte Instanz der Herrschaft ist, sondern eine Instanz der Selbstkontrolle, des Mit-sich-selbst-stimmig-Seins.

Humanität

Eines Konzepts von Humanität bedarf es für eine freie Gesellschaft sowohl als notwendiger Ergänzung der Moral als auch der Gerechtigkeit. Die Reichweite einer demokratisch begründeten Moral ist begrenzt. Sie setzt immer einen Einigungsprozess zwischen den Menschen voraus. Diese Voraussetzung ist nur da gegeben, wo Menschen schon Gruppen gebildet haben. Die Verbindlichkeit moralischer Normen durch Selbstverpflichtung besteht nur gegenüber jenen, mit denen ich mich in einem demokratischen Prozess auf gemeinsame Ziele verständigt habe. Wo das noch nicht geschehen ist, wo Menschen überhaupt das erste Mal aufeinander treffen, existiert noch keine Moral. Dieses Problem stellt sich heute, bei der zunehmenden Globalisierung der Menschheit, immer seltener. In dem Moment, wo man ernsthaft von einer Weltbürgerschaft reden kann, existiert für alle Menschen immer schon eine Gruppe, in der sie Mitglied sind und damit auch eine verbindliche Moral für den Umgang miteinander.[78] Dennoch aber muss ein Konzept, welches für die Begründung von Regeln menschlichen Umgangs miteinander immer auf schon stattgefundene Verständigungsprozesse abstellt, auch ein Modell für den dem Abschluss solcher Verständigung vorhergehenden Umgang der Menschen miteinander bereitstellen. Ein solches Modell kann nur in der Humanität begründet werden, also im Menschsein des Menschen selbst. Humanität ist insofern ein Konzept grundsätzlicher Achtung der Mitmenschen, der Menschen als Menschen. In dem Moment, wo keine verbindlichen Ziele mehr existieren, anhand derer Normen bestimmbar wären, bleibt als humane Umgangsregel nur die Norm der Nichtinstrumentalisierung übrig. Diese Regel besagt, die anderen nicht als Mittel zu meinen Zwecken zu benutzen, sondern sie als Subjekte zu respektieren. Wie man sich verhalten muss, um dies zu erfüllen, kann man anhand der goldenen Regel des Konfuzius erkennen: „Was man mir nicht antun soll, will ich auch nicht anderen Menschen zufügen" (Höffe 1998, 53).[79]

Solche Humanität kann allerdings von den anderen nicht verlangt werden, weil wir ja noch kein Verhältnis wechselseitiger Rechte und Pflichten eingegangen sind, sondern man kann sie den anderen nur *antragen*. Der andere kann diesen Antrag annehmen oder ablehnen. Humanität ist eine Vorleistung. Wenn ich Humanität als Maßstab eines jeden - vormoralischen - Umgangs der Menschen miteinander einführen will, bin ich selber vorleistungspflichtig. Es gibt gute Gründe dafür, den Regeln der Humanität zu folgen, aber diese Gründe sind nicht so stark, dass man darauf eine Verpflichtung für alle, nach diesen Regeln zu handeln, stützen könnte.[80] Ich kann hier vom anderen nichts verlangen, ich muss hier darauf *vertrauen*, dass er, ebenso wie ich, diesen Regeln folgt. Worauf lässt sich dieses Vertrauen stützen? Zunächst auf das wohlverstanden langfristige Eigeninteresse der Menschen. Da unsere prognostischen Fähigkeiten beschränkt sind und wir nie wissen können, wie es uns in Zukunft ergehen wird, sollten wir uns auf eine allgemeine Regel einigen, die uns auf jeden Fall ein Mindestmaß an Würde belässt und nicht darauf hoffen, dass wir als Stärkere unsere egoistischen Interessen schon auf Kosten der anderen werden durchsetzen können. Eine solche Regel entspricht unserem Interesse an einem guten eigenen Leben und an einem friedlichen Zusammenleben mit den anderen Menschen. Humanität kann aber nicht alleine auf solch rationale Argumentation bauen. Die rein rationale Argumentation wird immer wieder zu dem Ergebnis führen, dass es sich lohnt, das Risiko eines inhumanen Verhaltens einzugehen, weil die eigene Position der Stärke so gesichert erscheint, dass man nicht fürchten muss, selber einmal in die unangenehme Lage des inhuman Behandelten zu kommen. Inhuman zu handeln, sich a-sozial zu verhalten, ist daher nicht zwangsläufig irrational. Das Konzept der Humanität berücksichtigt alle Möglichkeiten der Veränderungen meiner Lebenssituation auf Dauer am besten, aber ein wenig zu spekulieren und ein überschaubares Risiko einzugehen, um damit einen hohen Gewinn zu realisieren, ist nicht irrational. Man kann sich verkalkulieren, man erhöht das Risiko des persönlichen Unglücks, aber dieses entsteht schließlich nicht nur durch eigene Fehler, sondern ebensosehr durch unbeeinflussbare natürliche und/oder soziale Entwicklungen. Auf das Quantum Glück zu hoffen, das man im Leben immer braucht, ist nicht irrational. Humanität muss daher ebensosehr wie auf rationale Argumente auf das Mitgefühl bauen. Die Menschen besitzen positive Gefühle füreinander. Das gilt, solange ich die anderen nur als Menschen anerkenne und sie nicht als „Barbaren", „Heiden", „Wilde", „Volksschädlinge" oder als „unwertes Leben" aus der Gruppe der Menschen auszuschließen trachte, auch Fremden gegenüber. Auf diesen Grundbestand affektiver Zuneigung zwischen den Menschen kann ich bauen, wenn ich darauf hoffe, dass auch die anderen nicht beabsichtigen, mich zu ihren Zwecken zu instrumentalisieren.[81] Menschliches Mitgefühl ist allerdings in unterschiedlichen Gesellschaften unterschiedlich stark entwickelt. Wie sehr Menschen dies ausbilden, richtet sich danach, wie sehr es in ihrer Gesellschaft als ein geachtetes und nützliches Gefühl gilt. Konkurrenzgesellschaften z.B. sind kein Ort, an dem Mitgefühl stark entwickelt würde. Wer Humanität als menschliches Grundverhältnis will, muss daher in seiner Gesellschaft günstige Bedingungen für die Entwicklung solch positiver sozialer Emotionalität fördern. Auch hier wiederum zeigt sich Humanität als Vorleistung. Aufgrund der in unterschiedlichen Gesellschaften unterschiedlich stark entwickelten Mitmenschlichkeit ist auch das menschliche Mitgefühl kein sicherer Grund, auf den man bauen könnte, wenn es darum geht darauf zu vertrauen, dass auch der Fremde mir gegenüber sich human verhalten wird. Es gibt aber keinen stärkeren Grund. Man kann hier nur hoffen, dass Mitgefühl und soziale Rationalität Egoismus und a-soziale Rationalität überwiegen. Dies ist eine schwache Position und daher bedarf es der Absicherung solchen Verhaltens durch Moralsysteme, aber im vormoralischen Bereich steht uns eben nichts Stärkeres zur Verfügung, wenn wir nicht unsererseits zu Mitteln der Macht und damit der Instrumentalisierung greifen wollen. Die Regel der Nichtinstrumentalisierung hat sich historisch als die meistverbreitete Grundnorm für den Umgang aller Menschen miteinander erwiesen. Von Konfuzius über Aristoteles und Kant bis heute finden wir sie in einem Zeitraum von zweitausendfünfhundert Jahren Menschheitsgeschichte immer wieder. Man kann daher am ehesten davon ausgehen, dass auch Fremde, denen ich begegne, sowohl aufgrund rationaler Überlegung wie auch emotionaler Reaktion nach dieser Regel handeln werden. Humanität ist insofern eine *mögliche Moral* der Weltbürgerschaft. Die Einstellung der

Humanität dem anderen gegenüber setzt voraus, dass man sich auf einen Minimalkonsens einigen könnte und unterstellt, dass auch der andere das Ziel verfolgt, in einer Welt zu leben, in der kein Mensch den anderen zum Mittel seiner Zwecke macht. Humanität als mögliche Moral ist allerdings gegenüber anderen möglichen Moralen dadurch gekennzeichnet, dass sie nie verwirklicht werden kann. Solche Humanität beinhaltet aber noch mehr. Humanität als mögliche Moral macht nur dann Sinn, wenn hinter ihr die Bereitschaft steht, sich auf eine wirkliche Moral zu einigen. Unabhängig von der Frage, ob der andere an mich einen sachlich begründeten Anspruch stellen kann, sich mit mir auf eine Moral zu einigen, beinhaltet das Konzept der Humanität meine grundsätzliche Bereitschaft, sich immer und mit jedem auf einen solchen demokratischen Einigungsprozess einzulassen. Auch hier zeigt sich wieder der Charakter der Humanität als Vorleistung.

An die Grenzen der Moral stoßen wir aber nicht nur da, wo Menschen sich zum ersten Mal begegnen, wir stoßen an sie gerade auch da, wo es um den Umgang der Menschen in Gruppen miteinander geht. Gerechtigkeit haben wir oben bestimmt als an Normen orientierte, proportionale Güterzuteilung. Die Zuteilung von Gütern im oben bestimmten weitesten Sinne orientiert sich an Hierarchien von auf Ziele orientierten Normen und an Hierarchien von Handlungen, die diese Ziele zu verwirklichen helfen. Die daran orientierte Güterzuteilung ist dann gerecht, wenn bei ihr jeder entsprechend seinem Beitrag zur Verwirklichung der gemeinschaftlichen Ziele berücksichtigt wird. Was machen wir aber mit Menschen, die aufgrund ihrer physischen oder psychischen Verfasstheit gar nicht in der Lage sind, diese Normen zu erfüllen bzw. von uns als wichtig qualifizierte Handlungen zur Zielverwirklichung zu erbringen? Nehmen wir sie deswegen in unsere Gruppe schon gar nicht auf bzw. stoßen wir sie aus? Oder wenn wir sie aufnehmen bzw. behalten, bemessen wir die ihnen zuzuteilenden Güter nach genau den gleichen Maßstäben wie die, die für alle anderen gelten? Geben wir ihnen also immer nur ganz wenig, weil sie zur Verwirklichung unserer Ziele eben auch nur ganz wenig nützlich sind? Wie gehen wir mit den ganz Jungen und ganz Alten, Gebrechlichen um, wie mit den Kranken, wie mit den körperlich oder geistig Behinderten? Nach dem Maßstab der Gerechtigkeit kann die Frage nur in letzterem Sinne beantwortet werden: Wir geben ihnen gemäß ihrem Beitrag zu unseren Zielen. Bei den Jungen und Alten lässt sich hier noch ein Ausgleich durch die Einbeziehung der zukünftig zu erwartenden bzw. schon erbrachten Beiträge als Bemessungsmaßstab abstellen, bei den Kranken kann man noch auf eine Vereinbarung, sich wechselseitig zu helfen, abstellen, aber bei den Behinderten greifen solche Hilfsargumentationen nicht mehr.[82] Sie tragen zu den von der Gruppe formulierten Zielen nichts bei, und dass sie uns ebenso helfen könnten, wie sie unserer Hilfe bedürfen, ist nicht zu erwarten. Es wäre daher nur gerecht, ihnen auch so gut wie nichts an Gütern zuzuteilen. Es wäre gerecht, aber inhuman. Unser Gefühl sträubt sich dagegen, diese Konsequenz als gerecht zu bezeichnen. Aber dies ist kein Ausdruck der Ungerechtigkeit dieser Konsequenz, sondern nur der Beschränktheit des Gerechtigkeitsdiskurses.

In letzter Konsequenz durchdacht führt Gerechtigkeit zu solchen, für eine freie und humane Gesellschaft unerwünschten und inakzeptablen Ergebnissen. Es macht keinen Sinn, an dieser Stelle die Gerechtigkeitsprinzipien zu ändern und eine Ausnahmeregelung derart einzuführen, dass an Normerfüllung orientierte Güterzuteilung nur da gerecht sei, wo Menschen die Möglichkeit haben, diese Normen auch erfüllen zu können. Zum Ersten trifft dies in vielen Situationen auf viele Menschen nicht zu, nicht nur auf Kranke, Behinderte, Junge und Alte, und zum Zweiten ist damit noch kein neuer Maßstab gewonnen, anhand dessen nun für diese Ausnahmesituation eine angemessene Güterzuteilung vorzunehmen wäre. Vielmehr muss man sich eingestehen, dass Gerechtigkeit an dieser Stelle versagt. Sie ist nicht in der Lage, hier einen Maßstab für eine den Menschen als Menschen angemessene Güterzuteilung zur Verfügung zu stellen. Selbst wenn man als Ziel einer Gruppe die Verwirklichung des Menschseins selbst setzen würde, käme man auch damit nicht zu einem angemessenen Verteilungsmaßstab, denn in Hinsicht auf dieses Ziel bestimmte Normen könnten ja von den Behinderten selbst (je nach Grad der Behinderung) wiederum nicht durch aktives Tun verwirklicht werden. Gerechtigkeit und Moral bedürfen daher auch hier der Einbettung in ein übergreifendes Konzept der Humanität.

Wenn Individualität die Abweichung von der ursprünglichen Gleichheit fordert und Gerechtigkeit verlangt, so fordert die Beschränktheit der Gerechtigkeit den Rückgang auf die Gleichheit als Humanität. Der Gedanke der Humanität droht aber in einer Leistungsgesellschaft wie der unseren verloren zu gehen. Verteilungsbemessung anhand von Leistung kann, wenn die je konkret zu bestimmenden Kriterien der Gerechtigkeit beachtet werden, gerecht sein, scheitert aber immer da, wo Menschen keinen nützlichen Beitrag zu den Zielen der Gruppe erbringen. Man muss über dieses Nützlichkeitsdenken hinausgehen. Wer immer nur dann bereit ist, für andere etwas zu tun, wenn er die Gewissheit hat, von ihnen eine entsprechende Gegenleistung zu bekommen, schränkt sein Leben und seine Erfahrungswelt ein. Das Leben ist kein Geschäft, der Mensch kein Buchhalter. Für positive soziale Emotionalität, eine wesentliche Qualität eines glückenden Lebens, ist immer nur da Platz, wo kleinliche Aufrechnerei nicht betrieben wird. Dies gilt schon im Allgemeinen und im Verhältnis zu den Menschen, die den Anforderungen der Gesellschaft nicht nachkommen können, erst recht. Die Gerechtigkeit verlangt es, von der grundsätzlichen Gleichheit, der Gleichheit der Menschen als Menschen abzuweichen. Die Menschlichkeit, die Humanität verlangt es, von der Gerechtigkeit abzuweichen. Menschen, die schwach, krank, behindert oder sonst in irgend einer Weise nicht, nicht mehr oder nur wenig fähig sind, für die Ziele der Gruppe Nützliches zu tun, können nicht am Maßstab der Gerechtigkeit gemessen werden, sondern müssen am Maßstab der Menschlichkeit gemessen werden. Hier hat die Gleichheit als Kriterium der Humanität ihre unverzichtbare Position. Menschsein selbst ist Wert an sich und muss daher Kriterium für das Mindestmaß an Achtung und Zuteilung von Gütern sein, derer es bedarf, um *menschlich* zu leben.[83]

Dies ist nicht neu. Solidarität und Fürsorge war schon immer ein wichtiges Moment linker Politik. Beide sind nicht Forderungen der Gerechtigkeit, sondern gerechtigkeitsneutral. Das Konzept der Gerechtigkeit und erst recht der sozialen Gerechtigkeit ist daher für eine linkes Projekt zu eng.[84] Also muss man Gerechtigkeit in ein übergreifendes Prinzip sozialer Achtung einbetten, und hierfür ist auf das Menschsein selbst, als Selbstwert, abzustellen. Dies ist nicht gerecht, aber human. Humanität ist im Verhältnis zu den Schwachen keine Vorleistung, denn eine auf sie bezogene reziproke Rückleistung ist ja nicht zu erwarten, sondern eine Gabe. Aber gegeben wird hier kein Almosen. Der Geber erhält etwas durch seine Gabe. Auch das sich um solcherart „Schwache" Kümmern ist ein soziales Austauschverhältnis und keine Einbahnstraße. Auch solche Menschen sind in der Lage, dem anderen etwas zurückzugeben. Allerdings gibt es hier kein aufeinander bezogenes Verhältnis des Gebens und Nehmens, wie dies bei der Gerechtigkeit der Fall ist. Es gibt hier in aller Regel keine gemeinsam zu verwirklichenden Ziele, auf die man sich geeinigt hätte, sondern der eine gibt etwas für den anderen und der andere gibt etwas für den einen, ohne dass ein reziprokes Austauschverhältnis vorläge. Ob dieses Geben und Nehmen also in einem angemessenen, in einem gerechten Verhältnis steht, lässt sich gar nicht bestimmen. Auch hier ist Humanität wiederum keine Pflicht. Es ist nichts, was der eine vom anderen verlangen könnte. Eine Gruppe kann sich darauf einigen, solche Humanität zu einem ihrer Werte zu machen und ein Leben nach den Normen der Humanität zu einem Ziel ihrer Gruppe. Dann erhalten diejenigen, die sich besonders der Fürsorge und Solidarität mit anderen widmen, die ihrer Leistung entsprechende soziale Achtung.[85] Aber dies können die auf Fürsorge und Solidarität Angewiesenen nicht einfordern, denn die Gruppe selbst erhält von denjenigen, denen sie hilft, keine reziproke Leistung zurück. Die Gruppe muss vielmehr für sich erkennen, dass solches Handeln selbst - und nicht erst aus ihm ableitbare Ansprüche auf Gegenleistungen - die Lebensqualität ihrer Gruppe erhöht. Humanität befreit von dem Druck, alles aufrechnen zu müssen. Anderen einfach so etwas Gutes zu tun, ist eine positive Erfahrung, nicht weil man sich gerecht behandelt fühlt, sondern weil man sich selbst als guten Menschen erfährt, als einen solchen Menschen, der eben nicht nur gibt, wenn er etwas Entsprechendes bekommt. Gerechtigkeit ist wichtig, aber ein gerechter Mensch ist allein darum, dass er gerecht ist, noch kein guter Mensch. Als gut bezeichnen wir nur solche Menschen, die nicht immer nur da geben, wo sie auch nehmen können. Humanität ist eine Selbstverpflichtung ohne Gegenleistungsanspruch. Die Qualität eines humanen Lebens ist eine emotionale, keine rationale. Aber ein glückendes Leben beruht ganz entscheidend auf positiver Emotionalität und nicht auf rationaler Handlungsoptimierung. Solche Rationalität ist ein Mittel zum Zweck positiver Emotionalität, aber zweckrationales Handeln und seine ökonomischen Erfolge sind nie Selbstzweck. Humanität ist ein direkter Weg zur positiven Emotionalität, ohne den Umweg des Tauschens und Wägens. Auf ihr allein kann menschliches Leben in der Welt nicht aufbauen, aber sie ist für ein glückendes Leben ebenso unverzichtbar.

II.3 Praktisches Modell einer freien Gesellschaft (Nomoi)

Positive Utopien der Neuzeit beginnen meist damit, dass jemand eine Reise tut. Er kommt dann in ein fernes Land, auf eine einsame Insel und trifft dort auf Menschen - zumeist recht wenige - die ganz anders leben als wir. Fast immer ähnelt der dort vorfindliche Zustand paradiesischen Mythen vom ursprünglichen Leben, fast immer gibt es keine Konflikte mehr zwischen den Menschen und keine mit der Natur, fast immer finden wir eine Kombination von technischen Hochleistungen und handwerklicher Selbstversorgung und fast immer wird kein Wort darüber verloren, wie man denn ohne zu reisen, dieses schöne Leben erringen könnte. Von Schnabels *Insel Felsenburg* über Goethes *Wanderjahre* bis zu Havemanns *Morgen* ist dies so.[1]

Solche Utopien geben kein realistisches Ziel, noch nicht einmal ein anzunäherndes Ideal. Sie sind weltfremd. Es sind Konzepte der Weltflucht, des Ausstiegs in Gedanken. Aber wir können aus unserer Welt nicht aussteigen, weder in Gedanken noch in Praxi. Es gibt das Paradies nicht und es ist auch sehr zweifelhaft, ob ein paradiesisches Leben ein anzustrebender Zustand wäre. Konkrete Vorschläge zu einem Modell einer herrschaftsfreien und gerechten Gesellschaft müssen daher zwei Bedingungen erfüllen. Sie müssen erstens einen Weg aufzeigen wie es heute, unter den heute gegebenen technischen Möglichkeiten und gesellschaftlichen Bedingungen, möglich ist, dorthin zu kommen und sie müssen zweitens aufzeigen, wie die heutige Situation so umorganisiert werden könnte, dass die Strukturen der Herrschaft überflüssig werden und ihre Neuentstehung verhindert werden kann. Dazu sollen im Folgenden einige skizzenhafte Vorschläge gemacht werden, die zeigen können, dass es grundsätzlich möglich ist, Herrschaft zu überwinden und das menschliche Zusammenleben in diesem Sinne grundsätzlich anders zu gestalten. Hierfür benötigt man Utopien als konkrete Konzepte (vgl. Bloch 1963, 128ff), die zeigen, dass das, was man erreichen will, erreichbar ist und dass es sich daher lohnt, dafür zu kämpfen. Diese Überzeugung können aber nur praktikable Vorschläge wecken, nur solche Vorschläge, die mit unserem heutigen Wissen über Natur und Gesellschaft vereinbar sind. Solche Vorschläge haben allerdings gegenüber den schönen Märchen von Utopia einen Nachteil: Sie sind vergänglich, in ihrer historischen Reichweite beschränkt. Wenn sich unsere Lebensbedingungen ändern, unsere technischen Möglichkeiten und unsere Organisationsformen sich wandeln, dann muss man auch neu über die konkrete Umsetzung eines linken Projekts nachdenken, weil eine solchermaßen veränderte Ausgangslage auch andere Umsetzungsformen ermöglicht und verlangt. Die historische Beschränkung entwertet solche Überlegungen nicht. Sie werden zum einen erst dadurch brauchbar und zum anderen bleibt durchgängig das Prinzip der Verhinderung von Herrschaft erhalten. Die Idee einer herrschaftsfreien Gesellschaft ist insofern eine regulative Idee. Nicht in dem Sinne, dass dieser Zustand nie verwirklicht werden könnte, sondern in dem Sinne, dass er je nach seiner Zeit immer anders verwirklicht werden muss. Regulative Idee aber auch in dem Sinne, dass dieses Modell für die Bewältigung des Problems des Übergangs einen Maßstab zur Verfügung stellt, an dem man die konkreten gesellschaftlichen Entwicklungen beurteilen kann.

Vorschläge zur Gestaltung der Zukunft können immer nur aus der Erkenntnis von in der Gegenwart gültigen Prinzipien, Gesetzmäßigkeiten begründet werden. Zukunftsentwürfe beruhen immer auf Ableitungen aus Gegenwartsprinzipien. Es rührt auch daher, dass die Philosophie sich immer mit dem Prinzipiellen beschäftigt. Utopische Philosophie ist daher - wie jede Form von Zukunftsplanung - notwendig spekulativ (vgl. Bloch 1963, 128). Solange sie sich der - prinzipiellen - Beschränktheit solcher Prognostik bewusst ist, liegt darin kein Mangel.

Nicht besonders für eine freie, sondern für eine jede Gesellschaft ist es daneben notwendig - letztlich bei Strafe ihres Untergangs -, das Mensch-Umwelt-Verhältnis so zu gestalten, dass der Mensch seine natürlichen Lebensvoraussetzungen nicht zerstört. Ein zwingender sachlicher Zusammenhang zwischen dem Projekt einer freien Gesellschaft und dem Projekt einer ökologischen Gesellschaft besteht, wie auch die Existenz von rechten Ökodiktaturmodellen zeigt, nicht. Auch das Projekt einer ökologischen Gesellschaft zielt aber auf die Verbesserung unserer Lebensqualität, die hinsichtlich der Ökologie letztlich mit dauerhaftem und durchschlagendem Erfolg nur durch die Aufhebung der dem Kapitalismus inhärenten Wachstumsdynamik erzielt werden kann. Auch hinsichtlich dieses Mittels besteht eine Gemeinsamkeit zwischen diesen beiden Projekten. Die Allianz, die die linke und die ökologische Bewegung in den neuen sozialen Bewegungen der letzten dreißig Jahre eingegangen sind, ist daher nicht völlig zufällig.[2] Aus diesem Grunde und weil das Problem des Erhalts einer lebenswerten Umwelt für jede Gesellschaft heute auf der Tagesordnung steht, werden im Folgenden am Rande auch einige Anmerkungen zum Mensch-Umwelt-Verhältnis gemacht (vgl. dazu auch Altvater 1997). Es in seiner Problematik in Gänze zu entfalten, ist ein anderes Thema und kann hier nicht geleistet werden.

Die folgenden Anregungen sollen nicht als Beschreibung einer zukünftigen Gesellschaft gelesen werden. Ihr Ziel ist es nur, die Realitätstauglichkeit der Idee eines herrschaftsfreien Zusammenlebens der Menschen aufzuweisen, nicht aber eine Art Bedienungsanleitung zu erstellen. Eine solche ist nicht möglich und für ein demokratisches Projekt auch gar nicht sinnvoll. Die folgenden Vorschläge versuchen nur *eine* mögliche Antwort auf gewisse prinzipielle Probleme der Organisation von Herrschaftsfreiheit zu geben. Diese Antwort ist weder abschließend noch vollständig. Demokratisch-emanzipatorische Philosophie kann grundsätzlich, will sie ihren eigenen Anspruch auf Demokratie ernst nehmen, immer nur Angebote machen, Anregungen geben, aber keine zwingenden Vorgaben aufstellen. Auch das unterscheidet die folgenden Überlegungen von den Märchenutopien, die sich zumeist bemühen, eine völlig durchgestaltete Gesellschaftsordnung als bereits festliegendes Ziel darzustellen. Die Menschen müssen selbst entscheiden, wie sie leben wollen. Hier soll nur darauf hingewiesen werden, welche Probleme es -

ausgehend von der Situation der heutigen Gesellschaft, in der der Autor lebt, also ausgehend vom Typus der hochindustrialisierten Gesellschaft - zu lösen gilt, wenn man Herrschaft abschaffen will.[3] Mängel und Lücken sind daher nicht gleich als Fehler abzutun, sondern sind Ausdruck der grundsätzlichen Offenheit des hier entwickelten Konzepts.[4]

Wege zur Herrschaftsfreiheit

Ich habe oben bei der Kritik des Revolutionskonzepts schon ausgeführt, dass es ein kollektives Subjekt als geschichtsmächtigen Akteur zur Umsetzung des Projekts einer freien Gesellschaft nicht geben kann. Nicht eine Klasse, sondern die Mehrheit muss eine freie Gesellschaft verwirklichen. Damit steht jedes linke Projekt vor der Notwendigkeit, eine solche Mehrheit zu *gewinnen*. Nicht mit Macht, sondern durch Überzeugung. Wie aber ist es möglich, was spricht dafür, dass unterschiedliche Menschen aus unterschiedlichen Gruppen sich in dem gemeinsamen Interesse nach einer freien und gerechten Gesellschaft zusammenfinden?

Die bürgerliche Gesellschaft besitzt zunächst selber eine Entwicklungstendenz hin zur Befreiung der Menschen von sozialen Zwängen. Ihre kapitalistische Ökonomie benötigt das freie Individuum, weil sie von der ständigen Innovation, der ständigen Revolutionierung der Produktionsverhältnisse bedarf. Dies betrifft zunächst die Produktionssphäre, die *Unternehmer*. Die bürgerliche Gesellschaft entsteht durch die grundlegende Veränderung der traditionellen, feudalen Produktionsverhältnisse. Auf der Ebene technischer Entwicklung, der Organisation der Arbeit und der Produkte wälzt sie diese ganze alte Ökonomie um. Dies ist ein Akt der Freiheit, Freiheit hier verstanden als Befreiung von sozialen Zwängen und traditionellen Vorgaben. Etwas Neues zu schaffen, kreativ zu sein, setzt solches Freisein-von und Freisein-zu-Neuem voraus. Die bürgerliche Ökonomie ist alles andere als statisch. Diese Notwendigkeit der permanenten Revolutionierung der Produktion, deren ökonomische, soziale und ökologische Konsequenzen häufig nicht wünschenswert sind, hat zur Folge, dass die bürgerliche Gesellschaft kreativer Menschen bedarf, die in der Lage sind, neu zu denken, Neues zu entwickeln. Die Innovationstätigkeit der auf den ökonomischen Planungsebenen Tätigen beruht auf solcher Freiheit. Diese Form von Freiheit, die zunächst auf der Produktionsebene nötig ist, wird mit der Entstehung der fordistischen Produktionsweise auch auf die Konsumptionsebene ausgedehnt. In dem Moment, wo die industrielle Produktion nicht mehr entscheidend auf den Bereich der Investitionsgüterproduktion beschränkt ist, sondern Konsumgüter für den alltäglichen Bedarf herstellt, bedarf es auch in dieser Hinsicht „freier“ Konsumenten. Frei von den traditionellen Vorgaben und sozialen Zwängen der alltäglichen Reproduktion und frei dazu, diese alltägliche Reproduktion unter Verwendung der neuen Produkte neu zu organisieren.[5] Damit hat sich der Kreis der von solcher Freiheit Betroffenen massiv erweitert. Sowohl auf der Ebene der industriellen Produktion als auch auf der Ebene der alltäglichen Reproduktion bedarf die bürgerliche Gesellschaft solcher Menschen, die in der Lage sind, etwas Neues zu machen. Zwar bestehen zwischen der Spontaneität und Kreativität, die im Bereich der Produktion gefordert wird, und den Prozessen auf der Ebene der alltäglichen Reproduktion gewichtige Unterschiede - Produkte und Bedürfnisse werden von anderen gemacht und angeboten -, aber auch hier ist der Umgang mit diesen neuen Situationen nicht nur ein reflexartiges Reagieren, sondern setzt Eigenaktivität voraus und frei. Schon für die produktive Freiheit reichte die Existenz nur von Freiräumen in der Ökonomie selbst nicht aus. Dies gilt erst recht seit die alltägliche Reproduktion von solcher Freiheit bestimmt wird. Ein Mensch, den man von seiner Geburt an in eine traditionelle Gesellschaft, die auf Bewahrung des Bestehenden ausgerichtet ist, hinein sozialisiert hat und dem man angewöhnt hat, sich immer unterzuordnen und nur auf Befehl zu handeln, kann nicht plötzlich kreativ werden. Ebenso lässt jemand, der in seiner Arbeit und Freizeit kreativ ist, sich in seinem restlichen sozialen Leben nicht in allen Belangen gängeln. Die ökonomische Notwendigkeit der Liberalität führt also zu einer freieren Organisation der Gesellschaft als Ganzer. Kreativität entsteht nur da, wo es Freiräume gibt. Freiräume für die Einzelnen, sich zu entwickeln, und Freiräume, etwas zu entwickeln. Auf Dauer ist die bürgerliche Ökonomie daher mit einem durchgängig repressiven System nicht vereinbar. Nicht umsonst ist der Liberalismus eine der politischen Hauptströmungen der bürgerlichen Gesellschaft geworden. Diese Tendenz zur Befreiung von traditionellen sozialen Zwängen steht aber in einem Spannungsverhältnis mit dem herrschaftsförmigen Charakter der bürgerlichen Gesellschaft. Herrschaft beruht immer auf Unterdrückung, auf Beschränkung des Freiraums der Menschen, auf prinzipiell unveränderlichen Vorgaben. Zwar mussten sich auch die konkreten Formen der Herrschaftsausübung in der bürgerlichen Gesellschaft wandeln, um sich den veränderten Produktionsverhältnissen anzupassen, aber das Prinzip der Herrschaft ist dabei nie aufgegeben worden. Daher sucht die bürgerliche Gesellschaft diesen Freiraum im Politischen beständig zu beschränken. Hierin liegt ein permanentes Problem. Hier sind die politischen Lager vom liberalen bis zum faschistischen einzuordnen. Keines dieser beiden Extreme ist für die bürgerliche Gesellschaft auf Dauer verträglich, aber in Übergangsphasen manchmal nötig. Die bürgerliche Gesellschaft ist gezwungen, diesen Spagat auszuhalten und diesen Konflikt zu vermitteln. Sie besitzt daher tatsächlich eine immanente Spannung, die man nützen kann, um das Projekt einer freien Gesellschaft zu befördern. Ein linkes Projekt muss daran arbeiten, die bloß ökonomische und private Freiheit zu entschränken und die der bürgerlichen Gesellschaft innewohnende Freiheitsdynamik gerade auf den Bereich des Politischen auszudehnen. Es gibt heute wesentlich mehr individuelle, soziale und politische Freiheiten als vor hundert Jahren und ein Stillstand dieser Entwicklung ist bei allem auf und ab nicht zu sehen. Diese Entwicklung gilt es für das Projekt einer freien Gesellschaft zu nutzen. In der alten Gesellschaft kann sich tatsächlich ein Stück der neuen entwickeln. Dies ist kein ökonomischer Selbstlauf, sondern Ergebnis eines politischen Kampfes.

Für diesen Kampf ist die Einsicht wichtig, dass die Verhältnisse veränderbar sind, dass die Menschen ihre gesellschaftlichen Verhältnisse bewusst selbst machen können. Die bürgerliche Gesellschaft lässt durch ihre Dynamik dieses Bewusstsein als ein allgemeines erst entstehen und hält es wach. Diese Dynamik über den Bereich der Ökonomie im weitesten Sinne hinaus weiterzutreiben ist nötig, um auch die Gestaltbarkeit der politischen Verhältnisse aufzuzeigen. Man kann bereits im Hier und Jetzt mehr machen, als nur die Macht zu erwerben. Alles Gesellschaftliche wird gemacht und kann also anders gemacht werden. Dieses muss eine alltägliche Erfahrung sein, damit die Menschen überhaupt beginnen können, sich eine andere Gesellschaft als möglich vorzustellen. Man muss das liberale Potenzial des Kapitalismus ausreizen, auch durch die Beförderung von Reformen, die in diese Richtung gehen.

Veränderungen machen häufig Angst. Groß ist die Befürchtung, dass es schlechter und nicht besser wird und dass Veränderungsprozesse unkontrollierbar sind. Nicht umsonst ist der Konservatismus, der sich als Bewahrer des Bewährten darstellt - „keine Experimente" - eine der wichtigsten politischen Strömungen unserer Zeit. Mit dieser Angst sieht sich jedes Projekt einer grundlegenden gesellschaftlichen Veränderung konfrontiert.

Angst ist zunächst eine Reaktion auf eine als bedrohlich empfundene Lage, d.h. auf eine Situation von der man in der Zukunft negative Auswirkungen auf sich selbst erwartet.[6] Es gibt zweierlei Typen von Situationen, die man so empfinden kann: zum einen bekannte Situationen, von denen man weiß, dass sie zu negativen Auswirkungen führen oder führen können, zum anderen unbekannte Situationen. Während im ersten Fall die negativen Effekte bekannt, in aller Regel aber auch kalkulierbar sind, ist im zweiten Fall nicht klar, ob überhaupt negative Effekte auftreten werden, wenn aber doch, so ist zumeist schwer vorhersagbar, welcher Art und welchen Umfangs sie sein werden. Angst ist hier vor allem die Erwartung, diesen schwer prognostizierbaren Auswirkungen nicht gewachsen zu sein. Diese Angst vor unbekannter Zukunft[7] nimmt daher mit den Fähigkeiten und Erfahrungen der Personen ab.[8] Selbstbewusste Personen sind weniger ängstlich.

Mit der Angst vor Veränderungen umzugehen verlangt daher von einem Projekt grundlegender gesellschaftlicher Veränderung Dreierlei. Erstens eine möglichst konkrete Vorstellung von der Zukunft zu entwerfen, die sich möglichst eng an die Erfahrungen und das Wissen der Personen anlehnt, damit auch diese neue gesellschaftliche Zukunft, soweit wie möglich prognostizierbar und kalkulierbar wird und Zweitens alles, was die allgemeinen Handlungsfähigkeiten von Personen erweitert, ihr Wissen und ihre Erfahrungen und damit ihre Kompetenzen zu fördern, damit sich eine Gesellschaft möglichst selbstbewusster und angstfreier Menschen bildet. Drittens muss man darauf hinweisen, dass soziale Veränderungen nicht nur Ergebniss von Reformprojekten sind, sondern dass die bürgerliche Gesellschaft ihrem Wesen nach eine Gesellschaft permanenter Veränderungen ist. Insofern geht es in der bürgerlichen Gesellschaft nicht um die Frage, wollen wir überhaupt, dass unsere Gesellschaft sich ändert, sondern nur um die Frage, wollen wir diesen Prozess selbst gestalten oder wollen wir ihn dem Selbstlauf der Kapitalverwertungszwänge überlassen? Progressive Arbeitslosigkeit und Umweltzerstörung, Veränderungen der Arbeitswelt und des Alltagslebens, Computerisierung der Arbeit und Mediatisierung der Freizeit, neue Armut, neuer Reichtum, neue Kriege und Globalisierung der Wirtschaft: All diese Veränderungen unseres Lebens finden einfach statt. Sie sind ein Zwang, denen sich die meisten von uns ausgesetzt sehen. Wenn wir uns als Betroffene dazu entschließen, diese Prozesse selbst zu gestalten und dies nicht den sachlichen Zwängen der Ökonomie und den regulierenden Eingriffen der Herrschenden zu überlassen, dann sind wir auf direktem Wege zu einer freien Gesellschaft. Die Dynamik der bürgerlichen Gesellschaft, die unablässig die gesellschaftlichen Verhältnisse umwälzt, ist damit auch in dieser Hinsicht ein Moment, an das das Projekt einer freien Gesellschaft anknüpfen kann. Politik darf nicht die konservative Regulierung wildwüchsiger Veränderungen sein, sondern muss zu ihrer gewollten und geplanten Gestaltung genutzt werden. Politik muss mehr sein als nur die Verwaltung des Mangels, als nur der flickschusterische Versuch, im Sich-Ändern alles zu lassen, wie es ist. Wenn eine freie Gesellschaft nur durch geplantes Gestalten der Geschichte, nur durch die Entscheidung Geschichte selbst zu machen realisierbar ist, dann muss das Wollen von Veränderungen gefördert werden. Nun haben die Menschen nicht nur Angst vor Veränderungen, sondern auch Interesse an Neuerungen. Die meisten wünschen sich, dass es ihnen besser gehen soll. Ebenso gibt es ein Interesse, in sich ändernden Situationen dafür zu sorgen, dass es einem nicht schlechter gehen wird. Wer arm ist, will zumeist, dass er reicher wird, aber er will zumeist bloß dies und nicht mehr, d.h., er will nicht, dass sich die gesamten Verhältnisse ändern, nur seine persönlichen sollen sich innerhalb der bestehenden Struktur verbessern. Ein solches Wollen ist für das Projekt einer freien Gesellschaft nicht ausreichend, aber man kann auf ihm aufbauen. Man muss den Menschen, die solches wollen, klar machen, dass sie dieses persönliche Ziel in aller Regel effektiver verwirklichen können, wenn sie auch daran arbeiten, die gesellschaftlichen Rahmenbedingungen mitbestimmen zu können. Gerade wenn man nicht nur seinem privaten Glück unter fremdbestimmten Rahmenbedingungen nachjagt, sondern diese Rahmenbedingungen selbst setzt, braucht man am wenigsten Angst vor der Zukunft zu haben. Dynamik ist für eine Gesellschaft durchaus ein positives Moment. Stagnierende Gesellschaften, wie z.B. der Sozialismus sowjetischer Provenienz, sind nur schwer in der Lage, mit sich verändernden Bedingungen klarzukommen. Und bei noch soviel politischer Selbstregulation der menschlichen Verhältnisse wird es immer so bleiben, dass sich Veränderungen unserer natürlichen oder unserer sozialen Umwelt von selbst ergeben werden, ohne dass wir es gewollt hätten. Veränderungen eröffnen Risiken, aber auch Chancen. Es kommt nur darauf an die Bedingungen dafür zu schaffen, dass wir soweit als menschenmöglich diese Prozesse nach unseren Interessen gestalten können. Eine Mehrheit dazu zu motivieren, dies zu tun, also selber Subjekt der Politik zu werden, anstatt nur immer Objekt quasi naturwüchsiger Verhältnisse zu sein, verlangt, ihnen nicht nur die Möglichkeit, sondern auch den Nutzen solchen Handelns aufzuzeigen. Die Menschen haben ein Bedürfnis nach überschaubaren, klaren, stabilen, vorhersehbaren Verhältnissen. Sie wollen ein möglichst sorgenfreies und geachtetes Leben führen.

Ein linkes Projekt muss aufzeigen, dass die Chancen für ein solches Leben für alle in der von ihm angestrebten Gesellschaft am größten sind. Warum ist das so? Wenn wir in einer Gesellschaft leben, die sich ändert, wann werden wir am ehesten von solchen Veränderungen profitieren: Wenn wir sie selber nach unseren Interessen gestalten. Diese Einsicht ist banal und doch ist sie entscheidend, wenn es darum geht, das Vertrauen in den Herrschaftsvertrag zu erschüttern und die Menschen dazu zu motivieren, die Gestaltung ihrer gesellschaftlichen Rahmenbedingungen nicht länger an andere, die Herrschenden, zu delegieren, sondern sie selbst in die Hand zu nehmen. Wenn man sich die heutigen Verhältnisse ansieht, so kann man unschwer feststellen, dass die Menschen, die heute die Verhältnisse gestalten, d.h. die Herrschenden - auch wenn sie dabei ebenso sehr Getriebene sind wie Antreiber -, selbstverständlich von diesen Veränderungen am meisten profitieren. Auch wenn die Entwicklungen der kapitalistischen Wirtschaft den Marktzwängen unterliegen, so ist der Handlungsspielraum der Herrschenden dennoch immer groß genug dafür, die eigenen Privilegien zu erhalten bzw. zu erweitern. Wer also mehr als die Brosamen vom Tisch der Herrschenden abbekommen will, muss versuchen, selber auf diese Prozesse Einfluss zu nehmen. Solche Einflussnahme gibt die Möglichkeit zu bestimmen, wohin es geht, und die Möglichkeit dafür Sorge zu tragen, dass auch in einer sich wandelnden Gesellschaft soziale Sicherheit gewährleistet bleibt. Die Bereitschaft zum Wandel steigt um so mehr, je mehr man darauf vertrauen kann, auch in einer veränderten Gesellschaft seinen sozialen Standard zu halten. Garantieren kann dies am ehesten eine demokratische Gestaltung des Wandels, in der alle Betroffenen ihre Interessen einbringen und - soweit sie nicht a-sozial sind - auch durchsetzen können. Ökologischer Wandel z.B. kann um so eher auch auf die Zustimmung der von ihm negativ Betroffenen - z.B. der Atomkraftwerksbeschäftigten, der Lastwagenfahrer oder in der Braunkohleförderung Arbeitenden - bauen, je eher diesen garantiert wird, dass ihr Leben nachher zwar anders, aber nicht schlechter als vorher ist. Wenn der ökologische Umbau in einer freien und gerechten Gesellschaft verwirklicht würde, dann hätten die davon negativ Betroffenen die Möglichkeit, ihre Interessen direkt in die Prozesse der Beratung des und Entscheidung über solchen Umbau einzubringen. Wahrscheinlich würde dies dazu führen, dass für den ökologischen Umbau ein Konversionsprogramm entwickelt werden müsste, welches dafür Sorge trüge, dass die in den negativ betroffenen Bereichen Arbeitenden nicht in die Arbeitslosigkeit „freigesetzt" würden, sondern ihnen garantiert werden könnte, dass ihre Kompetenzen - evtl. nach entsprechenden Umschulungsmaßnahmen - in anderen Bereichen, in einer für die ganze Gesellschaft nützlicheren Weise Einsatz finden könnten. Solche sozialen Absicherungsmaßnahmen gibt es heute auch schon, der Unterschied bestünde nur darin, dass man selber an ihrer Festlegung beteiligt wäre und in Folge dessen ein ganz anderer Grad an Sicherheit und Zustimmung gewährleistet wäre.

Herrschaftsfreie Selbstorganisation

Vertrauen ist gut, Kontrolle ist besser muss der Leitspruch jeder Demokratie sein. Die alte Vorstellung, dass eine demokratische, eine freie Gesellschaft quasi naturwüchsig entstünde, wenn man nur gewisse sachliche Hindernisse beseitige, beruht auf Vernunftgläubigkeit. Der damit einhergehende Gedanke, dass es eine konfliktfreie, damit auch eine unpolitische Gesellschaft geben könnte, ist nur dann vertretbar, wenn man davon ausgeht, dass alle Menschen - gewisse unbeschwerte Ausgangsbedingungen vorausgesetzt - durch die ihnen allen gemeinsame Vernunft sich von selbst alle in einer miteinander stimmigen Weise verhalten. Solche Vernunftgläubigkeit setzt den Glauben voraus, dass es ein und nur ein Allgemeinwohl gibt und dass dies durch vernünftige Einsicht für alle gleichermaßen handlungsbestimmend sei. Mit der Überwindung des hypostasierten Vernunftbegriffs der Aufklärung, spätestens seit Anfang dieses Jahrhunderts, ist eine solche These nicht länger haltbar. Dies stellt jedes linke Projekt vor das Problem, sich über mehr Gedanken zu machen, als nur über die Vergesellschaftung der Produktionsmittel. Es gibt keinen Automatismus des Konsenses. Auch in einer freien Gesellschaft werden konkrete Strategien der Konfliktlösung benötigt. Nicht sachliche Zwänge, nicht „Entfremdung" sind die Ursache menschlicher Unterdrückung, sondern das Interesse von Menschen sich auf Kosten anderer besser zu stellen.

Die herrschaftsfreie Organisation einer Gesellschaft setzt voraus, dass die sozialen Bedingungen der Herrschaft in ihr nicht gegeben sind. Da Herrschaft eine bestimmte Organisationsform des Gesellschaftlichen ist, die zum einen auf bestimmten materiellen gesellschaftlichen Strukturen und zum anderen auf bestimmten Interessen und Bedürfnissen von Menschen aufbaut, ist es nötig, um sie abzuschaffen und ihre Neuentstehung zu verhindern, erstens Gesellschaft so umzuorganisieren, dass diese herrschaftsförmigen gesellschaftlichen Strukturen substituiert werden durch demokratische Strukturen, die die gleichen notwendigen gesellschaftlichen Ordnungs- und Organisationsfunktionen erfüllen, ohne zugleich für Herrschaft funktional zu sein, und zweitens durch die Schaffung dieser demokratischen Strukturen gleichzeitig die Anreize zur Entwicklung und Erfüllung jener asozialen Interessen und Bedürfnisse, die die subjektive Komponente der Herrschaft bilden, zu minimieren und statt dessen Interessen und Bedürfnisse zu fördern, die einem sozialen Gemeinwesen - in einem normativen Sinne - nützlich sind.

Am Prinzip der Demokratie ist schon immer viel Kritik geübt worden. Schon seit Aristoteles gilt Demokratie, verstanden als Herrschaft der Vielen, der Menge, als schlechteste Form von Herrschaft.[9] Gegenüber einer aristokratisch verfassten Herrschaft scheint manchmal die, durch die ja tatsächlich gegebene Manipulierbarkeit der Massen vorhandene Gefahr populistischer Führer das größere Übel zu sein. J.F. Cooper gibt in seiner Romantrilogie „Bilder aus der amerikanischen Vergangenheit" ein klassisches Beispiel solcher Manipulierbarkeit (1983, 153ff). An diesem Beispiel werden zwei Dinge deutlich: zum einen, dass das hier Kritisierte gar keine wirkliche Demokratie im obigen Sinne ist, sondern nur eine andere

Form von Herrschaft und zum anderen, wessen es bedarf, um aus einer Wahlherrschaft eine wirkliche Demokratie zu machen. Wahlherrschaft unterscheidet sich nämlich von aristokratischer Herrschaft nur durch die von unten initiierbare Austauschbarkeit der Herrschaftspersonen. Wie schon damals bekannt, verlangt dies gewisse schauspielerische Fähigkeiten der die Herrschaft nach außen repräsentierenden, gewählten Personen. Wer nicht mehr überzeugen kann, wird durch einen anderen ersetzt. Dies wirkt für das Ganze stabilisierend. Die aus aristokratischer Sicht geübte Kritik will, bei aller teilweisen Berechtigung ihrer Argumente, keine wirkliche Demokratie, sondern nur einer anderen Gruppe aus der Klasse der Herrschenden die Spitzenposition in der Herrschaftshierarchie zuweisen. Die vor allem mit Bezug auf die Manipulierbarkeit der Menge geübte Kritik zeigt aber auch die Achillessehne jeder wirklichen Demokratie auf, die in komplexen Gesellschaften um gewählte Repräsentationsorgane nicht herumkommen wird. Damit diese nicht zu Organen der Herrschaft werden, darf es in einer Gesellschaft keine Autoritätsgläubigkeit geben, keine großen Wissensdifferenzen zwischen den Gruppenmitgliedern und ihren Vertretern und es muss ein entsprechendes eigenes Selbstbewusstsein aller und ein überzeugter Glaube an die eigene Meinung vorhanden sein. Viele Menschen sind an sich nicht manipulierbarer als Einzelne. Die Manipulierbarkeit der Gläubigen, Unwissenden und Kleinmütigen ist das Problem. Ein linkes Projekt steht daher auch vor der Aufgabe, wissende und selbstbewusste Persönlichkeiten heranzubilden.

Umbau 1: Substitution privater Verfügungsmacht über Produktionsmittel

Die erste Bedingung von Herrschaft ist das Privateigentum an Produktionsmitteln. Wenn ich die materiellen Grundlagen, die ein anderer zur Reproduktion seines Lebens benötigt, in meiner - sozial garantierten - Verfügungsgewalt habe, so besitze ich eine institutionalisierte Macht über ihn und übe Herrschaft aus. Der erste Schritt zur Beseitigung von Herrschaft ist und bleibt daher die Abschaffung des Privateigentums an Produktionsmitteln.

Die vornehmlich in der amerikanischen Debatte um Gerechtigkeit diskutierten Gerechtigkeitskonzepte - egal ob „liberal" oder „kommunitär" - beachten dieses Problem nicht. Für sie ist immer nur der Staat als Gemeinschaft existent, egal ob als regulierendes Korrelativ oder als sinnstiftendes Kollektiv. Die Freiheit der Bürger ist angeblich nur im Verhältnis zu ihm ein Problem (vgl. Walzer 1993a, 164ff, 172f). Es wird grundsätzlich ignoriert, dass heute im Bereich der Zivilgesellschaft mehr Unfreiheit herrscht als auf der Ebene staatlicher Organisation der Gesellschaft. Wenn es den Einfluss der Wirtschaft auf den Staat nicht gäbe, dann könnte man über die staatlichen Institutionen heute sagen, dass zwar an ihnen noch vieles verbesserungsbedürftig ist, dass sie zum Teil aber schon recht brauchbare Ausgangspunkte bieten. Die heutigen bürgerlichen Staaten sind tatsächlich relativ liberal organisiert. Das viel größere Problem ist die völlig unkontrollierte Macht der Wirtschaft, des Kapitals. Selbst die wenige Kontrolle, die es vermittelt über den Bereich der Politik gab, ist in Zeiten des Neoliberalismus immer mehr zurückgenommen worden. Zentrales Problem ist daher die Demokratisierung der Wirtschaft. Die Fixierung auf den Popanz des Staates, heute mehr denn je bloß der politische Agent des Kapitals, lässt die eigentlichen Zentren der Herrschaft aus dem Blick geraten. Das ist für eine herrschaftsrechtfertigende Debatte nur gut so. Ein linkes Projekt muss aber hierauf den Schwerpunkt legen.

Das liberale Modell der Freiheit versucht, mit seinem Modell von Abwehrrechten gegen den Staat im Raum des Politischen eine möglichst große formale Freiheit zu institutionalisieren. Sein Ziel ist die möglichst große Freiheit der Individuen auf der Ebene zivilgesellschaftlicher Selbstorganisation. Die hierfür institutionalisierten Abwehrrechte könnten tatsächlich einen großen Freiheitsraum eröffnen, wenn die Einzelnen nur staatlicher Herrschaft unterworfen wären. Dem ist aber nicht so. Die Bedrohung der individuellen Freiheit vom Staat her ist heutzutage nichts mehr im Vergleich mit den Einschränkungen der Freiheit durch die Wirtschaft. Die einschneidendsten Beschränkungen unserer Handlungsfreiräume, die unserer aller Leben völlig verändern, finden heute in der völlig undemokratisch organisierten Wirtschaft statt. Dies betrifft uns zum einen als Arbeitnehmer und zum anderen als Konsumenten und Anwohner - im weitesten Sinne.

Die Arbeitnehmer werden nicht gefragt, wie sie arbeiten möchten, wie man die Produktion organisieren sollte, ob sie Überstunden machen wollen, was für ein Zeugnis sie gerne hätten usw. Dies wird ihnen alles durch Befehl vorgegeben. Vor Werksstillegungen werden die in diesen Unternehmen Arbeitenden nicht gefragt, zu unternehmerischen Entscheidungen werden die Arbeitnehmer nicht gefragt. Die Mitarbeiter von Deutscher Bank und Bankers Trust hat vor der Fusion, die sie massiv in ihrer Arbeit betrifft, niemand gefragt. Die Mitarbeiter von Mannesmann sind von Vodafone nicht gefragt worden, bevor der Übernahmeversuch begann. Das ist Herrschaft pur; nicht umsonst hielt man Lohnarbeit noch im 19. Jahrhundert für Sklaverei, für Lohnsklaverei. Ebenso werden die Konsumenten von Lebensmitteln nicht gefragt, ob sie gentechnisch veränderte Nahrungsmittel essen wollen. Die Stromkunden hat niemand gefragt, ob sie Atomstrom haben wollen. Die Anwohner von Atomanlagen hat niemand gefragt, ob sie neben diesen wohnen wollen. Die Menschen hat niemand gefragt, ob sie die unüberschaubaren Risiken der Gentechnologie vor allem im Nahrungsmittelsektor auf sich nehmen wollen, damit die großen Lebensmittel- und Chemiekonzerne mehr Gewinne machen können. Die Betreiber von Braunkohletagebauen und Braunkohlekraftwerken haben die Bewohner der Dörfer, die sie weggebaggert haben, nicht gefragt, ob sie nicht etwa dort wohnen bleiben wollen, sie haben die Stromkunden nicht gefragt, ob sie Strom beziehen wollen, der durch die Vertreibung von Menschen aus ihrer Heimat und den Ausstoß von Schwefel und Kohlendioxid gewonnen worden ist. Die Autokonzerne haben niemanden gefragt, ob sie weiterhin Autos mit hohem Benzinverbrauch produzieren sollen oder nicht ihre Ressourcen in ein Programm zur Produktion von preiswerten Solarautos stecken sollten, die heute im Zeitalter des Zweitwagens für den Nahverkehr bei entsprechender Investition eine gleichwertige Alternative zum konventionellen Kleinwagen darstellen. All diese Entscheidungen betreffen uns in unserem privaten Leben in einem kaum zu überschätzenden Ausmaß. Es ist keineswegs so, dass die Firmen *nur* ein Produkt am Markt anbieten würden und es jedem freistünde, dieses zu erwerben oder nicht. Firmen mit entsprechender Marktmacht produzieren in den von ihnen über die Werbung beherrschten Medien das Bedürfnis nach ihren Produkten und verändern die gesellschaftlichen Rahmenbedingungen so, dass ihre Produkte tatsächlich unverzichtbar werden. Sie bestimmen unsere Umweltbedingungen und das technische Aussehen unserer Zivilisation. Es gibt heutzutage überhaupt keine Möglichkeit, über solche Fragen in einem demokratischen Verfahren zu entscheiden. Und wenn es Abstimmungsverfahren über solche Fragen gäbe, so würden die betroffenen Firmen Millionen in Medienkampagnen pumpen, um das Ergebnis in ihrem Interesse herbeizuführen. Mit Sicherheit zumeist mit Erfolg. Die Schweiz betreibt nur deswegen eine so gute öffentliche Verkehrspolitik, weil es keine Schweizer Automobilfirmen gibt. Es ist heute absurd anzunehmen, ausgerechnet die Ebene des Politischen, auf der es ja gewisse - wenn auch geringe - Möglichkeiten politischer Partizipation gibt, stelle die große Gefahr für die Freiheit der Menschen dar. Die Macht in unserer Gesellschaft liegt heute zu neunzig Prozent bei der Wirtschaft. Die Wirtschaft aber ist nicht staatlich organisiert, sondern Teil der angeblich so unabhängigen „Zivilgesellschaft", angeblich Teil der individuellen Freiheiten, die die Gesellschaft nicht antasten dürfe. Die größten Einschränkungen unserer Freiheit kommen heute aus der „Zivilgesellschaft" selbst. Um die Freiheit der Individuen zu garantieren bedarf es also einer demokratischen Regulierung solch individueller „Freiheiten". Die „Freiheit" zu herrschen, darf eine wirklich freie Gesellschaft niemandem zugestehen. Im Gegensatz zur Annahme des Liberalismus besteht der grundlegende Konflikt zwischen den Individuen nicht im Verhältnis Individuum/Gesellschaft. Freiheit verlangt daher heute die radikale Demokratisierung der Wirtschaft und die Politisierung ihrer Grundentscheidungen. Dass die Kritik an Herrschaft so auf die Politik fixiert ist, liegt m.E. an zwei Gründen. Zum einen daran, dass die Politik im Gegensatz zur Wirtschaft als ein relativ sachzwangfreier Handlungsspielraum gesehen wird - ein Unterschied, der so nicht besteht - und dass zweitens die Steuern, die wir alle zahlen, als Abgaben an die politische Herrschaft begriffen werden. Wir alle sehen auf unserer Lohnsteuerabrechnung oder unserem Einkommenssteuerbescheid, wieviel von *unserem* Geld in die Politik geht. Dagegen sehen wir den Anteil an *unserem* Geld, den das Kapital einbehält, nicht. Wir wissen nicht, wieviel wir eigentlich bekommen würden, wenn nicht der auf Herrschaft beruhende Kapitalgewinn und die Herrschaftskosten vor der Verteilung der Gehälter von dem von uns Erwirtschafteten abgezweigt würden. Dies ist immer nur indirekt ersichtlich aus der Summe der Gehälter des führenden Personals, der Dividenden und sonstigen Unternehmensgewinne, sowie der Kosten des Herrschaftsapparats. Zu begreifen, dass dieses Geld durch Beraubung erworben wurde, also gerechterweise mir zustehen würde, setzt einen Erkenntnisschritt voraus, den die meisten heutzutage zumindest nicht mehr bewusst erbringen. Dieser mir vorenthaltene Betrag ist aber mit Sicherheit höher als die Steuerlast, von der mir ein Gutteil auf direktem (bedarfsorientierte Förderungen) oder indirektem Wege (infrastrukturelle Maßnahmen) wieder zugute kommt.[10] Das Modell des klassischen Liberalismus, welches auf die Beschränkung staatlicher Herrschaft und die Freiheit der zivilgesellschaftlichen Vertragsverhältnisse setzt, ist nicht grundsätzlich falsch. Es lässt nur außer Acht, dass der freie Markt ein Ideal ist und im Ökonomischen die Herrschaftsverhältnisse kumulieren, je weniger die Politik eingreift, dass also die Privatbürger mehr von anderen Privatbürgern in ihrer Freiheit bedroht werden als vom Staat. Die Demokratisierung der Wirtschaft ist aber nur möglich durch die Vergesellschaftung der Produktionsmittel.

Was heißt das? Wenn man von der Vergesellschaftung der Produktionsmittel redet, denken die meisten zunächst an Verstaatlichung. Davon kann bei einem linken Projekt, welches sich die Abschaffung aller Herrschaft zum Ziel gesetzt hat, keine Rede sein. Dies würde ja nur die Verlagerung des Schwerpunkts der Herrschaftsmacht von der Wirtschaft auf den Staat bedeuten. Damit käme man nur vom Regen in die Traufe. Wenn man von der Vergesellschaftung der Produktion redet, denken die meisten nicht nur an Verstaatlichung, sondern es erhebt sich auch das Schreckgespenst eines üblen Dirigismus, der alle bürgerlichen Freiheiten negiere. Auch davon kann keine Rede sein. Die Vergesellschaftung der Produktionsmittel ist alles andere als ein revolutionärer Akt. Faktisch hat sie bei allen wichtigen Firmen der Industriestaaten schon stattgefunden. Fast alle großen Firmen sind heutzutage nämlich „Gesellschaften“, Gesellschaften des bürgerlichen Rechts (GbR), Gesellschaften mit beschränkter Haftung (GmbH) oder Aktiengesellschaften (AG) und schon lange keine Privat- bzw. Familienunternehmen mehr.[11] Vergesellschaftung heißt nichts anderes, als das Eigentum in den Besitz einer Gesellschaft zu überführen.[12] Nicht die Vergesellschaftung der Industrie ist daher das aktuelle Problem, sondern die Demokratisierung der bestehenden Wirtschaftsgesellschaften. Heutzutage ist es so, dass erstens Eigentum und Arbeit auseinander fallen und zweitens die Eigentümer - gehen wir der Einfachheit halber vom Aktionärsmodell aus: die Aktionäre - nur einen sehr geringen Einfluss auf die Geschäftspolitik haben.[13] Wenn Demokratie bedeutet, dass ich über meine eigenen Angelegenheiten selbst entscheiden kann, so ist sie mit der Trennung von Arbeit und Eigentum unvereinbar, denn über die Bedingungen meiner Arbeit entscheiden dann andere, denen das materielle Substrat meiner Tätigkeit gehört. Solange dies nicht geändert wird, können die Arbeitenden nicht über ihre Arbeit bestimmen, sondern werden von den bloß auf Kapitalprofit orientierten Eigentümern bzw. den sich heute nur noch am „Sharholdervalue“ - so der neue Name für den Mehrwert - orientierenden Managern beherrscht. Ebenso ist damit unvereinbar, dass die Masse der Eigentümer den angeblich bloß angestellten Managern keine konkreten Anweisung geben kann. Wie müssen die Gesellschaften beschaffen sein, damit von einer demokratischen Organisation der Wirtschaft die Rede sein kann? Wenn das Ziel der Vergesellschaftung die Aufhebung des Privateigentums an Produktionsmitteln ist, so ist zwingende Voraussetzung einer Vergesellschaftung der Firmen, deren Ziel die Demokratisierung der Wirtschaft im Sinne einer freien und gerechten Gesellschaft ist, die Vereinigung von Arbeit und Eigentum. Das bedeutet ganz einfach: Die Firma gehört den Menschen, die in ihr arbeiten, zu gleichen Teilen.[14] Dies ist nichts grundsätzlich Neues. Es gibt schon lange genossenschaftlich organisierte Betriebe und auch Kapitalbesitz im Eigentum von Arbeitern. Diese Formen müssen so aus- und umgebaut werden, dass damit der Effekt einer Demokratisierung entsteht. Eine Beschränkung der Entscheidungsbefugnis der Arbeitereigentümer kann es daher nicht geben. Solange der Erwerb eines Gesellschaftsanteils nichts weiter ist als eine Kapitalanlageform, solange ist es sinnvoll, die Entscheidungsbefugnis der Eigentümer auf die Fragen der Sicherung und Verwertung ihres Kapitals zu beschränken. Wenn der Erwerb eines Gesellschaftsanteils aber Ausdruck der Verfügungsgewalt über die eigenen Produktionsmittel ist, kann eine solche Beschränkung nicht länger bestehen bleiben. Denn diese Verknüpfung von Eigentum und Arbeit hat ja gerade den Sinn, die eigenen Arbeitsverhältnisse selbst bestimmen zu können. Die Entscheidungsbefugnis muss daher absolut sein. Dieses *Arbeitseigentum* ist nicht verkäuflich, nicht für private Zwecke verpfändbar, es kann nicht vererbt werden. Es ist Eigentum des Einzelnen, gebunden an seine Zugehörigkeit zum Kollektiv der gemeinsam Arbeitenden. Es entsteht mit Eintritt in den Betrieb und erlischt mit dem Austritt.[15] Über Ein- und Austritt entscheiden die Mitarbeiter. Dies ist die erste formelle Bedingung der Demokratisierung der Wirtschaft.

Nun ist eine große Firma nicht nur die Ressource zur Produktion des Lebensnotwendigen für ihre Arbeiter, sondern darüber hinaus auch die Ressource für die Produktion des Lebensnotwendigen für die ganze Gesellschaft. Es kann daher nicht sein, dass die Arbeitereigentümer gesellschaftsrelevante Entscheidungen allein treffen. Demokratisierung der Wirtschaft hebt nicht die Differenz zwischen besonderen Interessen kleiner Gruppen und den übergeordneten Interessen großer Gruppen auf. Das Allgemeininteresse in diesem Sinne muss direkt in den Prozess der Produktion Eingang finden können. Denn auch die Arbeitereigentümer sind selber nur wieder eine besondere Interessengruppe, von der zu erwarten ist, dass sie sich im Zweifel auf Kosten der Allgemeinheit, d.h. der anderen, besser stellen will. Die Schaffung von Arbeitseigentum an den Produktionsmitteln hebt die Marktzwänge nicht auf. Wenn der Markt als sachlicher Steuerungs- und Regulationsmechanismus der Ökonomie grundsätzlich bestehen bleiben soll - und dies wird hier vorausgesetzt (s.u.) -, dann bleiben damit auch die sachlichen Gesetzmäßigkeiten marktwirtschaftlicher Organisation der Produktion und Verteilung in Kraft, u.a. auch das Konkurrenzprinzip.

Eine freie Gesellschaft kann aber nicht maßgeblich auf dem Konkurrenzprinzip aufgebaut werden. Positiv taugt das Konkurrenzprinzip als Zielbestimmung einer Gruppe nichts. Negativ tendiert es dazu, positive Zielbestimmungen zu konterkarieren. Die gemeinsame Verwirklichung von Gruppenzielen setzt nämlich ein Mit- und nicht ein Gegeneinander voraus. Für die Dynamik einer Gruppe ist das

Konkurrenzprinzip bis zu einem gewissen Grade produktiv. Auch das Gerechtigkeitskonzept fördert mit seiner an Nützlichkeit orientierten proportionalen Güterzuteilung einen Anreiz, miteinander um Güter zu konkurrieren. Konkurrenz ist dies schon deswegen, weil die Güter immer knapp sind.[16] Wird allerdings ein gewisses Maß überschritten, so wird Konkurrenz destruktiv und sprengt die Gruppe. Konkurrenz setzt bei knappen Gütern die Bereicherung des einen zu Lasten der anderen voraus. Ab dem Punkt, wo sich für die benachteiligten anderen die Mitgliedschaft in der Gruppe nicht mehr lohnt, werden sie dies nicht mitmachen. Gruppen bilden sich zur Verfolgung gemeinsamer Ziele. Wenn Einzelne nichts mehr davon haben, dass die Gruppe dieses Ziel erreicht, weil die daraus resultierenden Vorteile in ganz überwiegenden Ausmaß anderen zukommen, ist es für sie nur konsequent, aus der Gruppe auszusteigen.[17]

Die Einführung von Arbeitseigentum an den Produktionsmitteln führt wegen des weiterhin in Kraft bleibenden Konkurrenzprinzips also nicht dazu, dass die Betriebe nun von sich aus immer und per se allgemeinnützlich handeln würden. Daher bedarf es zu einer Demokratisierung der Wirtschaft eines zweiten Vergesellschaftungsschritts, der politische Mechanismen einführt, die solche Nützlichkeit der produktiven Tätigkeiten der Untergruppen für die übergeordnete Gruppe sicherstellen. Es muss daher politische Möglichkeiten geben, von außen auf die Produktion Einfluss zu nehmen. Die interne Verfügungsbefugnis liegt bei den Arbeitseigentümern, aber die Gesellschaft als Ganze setzt die Rahmenbedingungen der Produktion. Sowohl hinsichtlich der Art der Produkte als auch der Produktionsmethoden. Dies ist nur konsequent. Selbstverständlich bestimmt die übergeordnete Gruppe die übergeordneten Ziele und gibt damit ihren Gruppenmitgliedern den Rahmen ihres gruppenkonformen Verhaltens vor. Die Produktion ist keine isolierte Tätigkeit, sondern Teil der Tätigkeit übergeordneter Gruppen. Indem diese ihre Ziele bestimmen, machen sie ihren Mitgliedern immer schon Vorgaben hinsichtlich ihres Handelns. Es muss zieladäquat sein. Was im konkreten zieladäquat ist, bestimmen die Mitglieder der übergeordneten Gruppe in einem demokratischen Verfahren. Hier liegt kein unzulässiger Eingriff in die Freiheit des Wirtschaftens vor. Eine Wirtschaftsfreiheit, die den Produzierenden einen größeren Handlungsspielraum zugesteht, als es der Handlungsspielraum der übergeordneten Gruppe der Gesellschaft ist, in der sie Mitglieder sind, kann es nicht geben, wenn es keine Herrschaft geben soll. Solche Freiheit ist die Freiheit zu herrschen. Diese ist die einzige Freiheit, die es in einer freien Gesellschaft nicht geben kann und nicht geben darf. Sie ist den Herrschenden zu nehmen. Diesem Verlust an Freiheit der Herrschenden zu herrschen, steht auf der Seite der Beherrschten der Rückgewinn der Freiheit, ihr Leben selbst zu bestimmen, gegenüber. Die von der Herrschaft angeeigneten Entscheidungskompetenzen über das Leben anderer werden dieser fremden Verfügungsgewalt entzogen und den Betroffenen zurückgegeben. Um dies zu ermöglichen, bedarf es des politischen Eingriffs in die Ökonomie. Die Setzung von Rahmenbedingungen für die Produktion ist zudem nichts Neues, findet heute immer schon statt. Das Verbot der Produktion von DDT ist hier ebenso ein Beispiel wie der Streit um die Atomkraft oder die Einführung einer Katalysatorpflicht für neue PKW. Ausweisung von Industrie- und Naturschutzgebieten, infrastrukturelle Entscheidungen, Immissionsschutzgesetzgebung, Abfallgesetzgebung, Berg- und Wasserrecht sind ebenso wie die Ökosteuer alles solche Maßnahmen, deren Zulässigkeit im Einzelfall politisch umstritten, im Allgemeinen aber generell akzeptiert ist. Durch die Setzung solcher Rahmenbedingungen wird das Konkurrenzprinzip partiell außer Kraft gesetzt. Handlungen, die sozial sanktioniert sind, bieten keine Möglichkeit, auf Kosten der anderen einen eigenen Vorteil zu erringen.[18] Eine solche Repolitisierung der Politik, also das Zurückgewinnen genuin politischer Kompetenzen des Politischen gegenüber dem Ökonomischen, macht allerdings als ein Projekt der Demokratisierung nur dann Sinn, wenn auch die Ebene des Politischen demokratisch im oben benannten Sinne ist. Dies setzt die Demokratisierung der Politik voraus. Ein nötiger Prozess, auch wenn hier schon, im Gegensatz zur Wirtschaft, auf vorhandene Grundlagen aufgebaut werden kann.

Drittens bedarf es darüber hinaus noch einer Beschränkung der Macht von Firmen. Große Firmen, wie z.B. VW, besitzen einen massiven gesellschaftlichen Einfluss. An dieser Macht ändert sich auch dann nichts, wenn sie nicht mehr Kapitaleigentümern, sondern Arbeitereigentümern gehören. Auch hier gilt: Demokratie ist kein paradiesischer Zustand ohne Konflikte. Durch die Überführung des Eigentums in die Hände der Produzenten entfallen nicht die Interessenkonflikte, die es in allen Gesellschaften gibt. VW im Besitz der Belegschaft würde genauso *seine* Interessen durchzusetzen suchen wie VW im Besitz von Kapitalisten. Demokratie ist vielmehr ein Zustand der Kontrolle von Macht. Gesellschaften ab einer gewissen Größe lassen sich kaum mehr kontrollieren. Zur Demokratisierung der Wirtschaft gehört daher auch die Beschränkung der Macht von Firmen durch die Beschränkung ihrer Größe. Auch das ist nichts Neues. Das Kartellamt, welches die Bildung von Monopolen verhindern soll, ist eine solche Institution, die über die Größe der Firmen wacht. Der Prozess gegen Microsoft in den USA, in dem beabsichtigt war, diese Firma zu zerschlagen, war nichts anderes als der Versuch der Verkleinerung eines Konzerns, der wegen seiner Größe absolut marktbeherrschend geworden war. Auch diese heute schon vorfindlichen Mechanismen sind unzureichend und müssen umgebaut werden, aber das Prinzip ist nicht neu und heute bereits anerkannt.

Um die Entstehung neuen Privatkapitals zu verhindern, muss es auch eine Obergrenze des Einkommens geben. Sowohl für Private als auch für Firmen. Einnahmen über diesen Grenzen werden der privaten Verfügung entzogen und der Gemeinschaft zur Verfügung gestellt. Ebenso muss es eine Höchstgrenze für Privat- und Firmenvermögen geben. Zwar können diese nicht mehr als Produktionskapital eingesetzt werden, da es ja die Form des Privatunternehmens nicht mehr gibt, dennoch aber stellt die Möglichkeit Geld zu verteilen einen nicht zu unterschätzenden Machtfaktor dar, der in seiner Größe beschränkt werden muss. Auch das Erbrecht muss daher entsprechend beschränkt werden.

Dies gilt entsprechend auch für die Kreditwirtschaft. Beim Bankenwesen handelt es sich um produktive Dienstleistung. Die Banken erlangen ab einer gewissen Größe und damit ab einer gewissen Menge des Kapitals, über das sie verfügen, eine ökonomische Machtposition, die beschränkt werden muss. Dies kann aber nicht zu einer Abschaffung der Kreditwirtschaft führen. Die Darlehnsvergabe ist für eine dynamische Ökonomie unverzichtbar. Nicht jeder, der etwas Neues auf die Beine stellen will, besitzt die dafür nötigen Ressourcen. Dafür haben viele Menschen Ressourcen, die sie selber aktuell nicht sinnvoll verwenden können. Der Vermittlung dieser Interessen dient das Kreditwesen. Die ursprüngliche Form des Darlehns ist das Sachdarlehn. Jemand hat etwas angesammelt, angespart, das er im Moment nicht braucht, will oder kann es aber nicht verkaufen, sondern gibt es jemandem, der es für sich verwendet und dafür verspricht, zu einem bestimmten Zeitpunkt die gleiche Menge dieser Sache zurückzugeben. Wenn ich nicht eine Sache, sondern das allgemeine Wertäquivalent auf Kredit gebe, ändert sich die Situation. Sachdarlehn können immer nur die Menschen, die diese Sachen produzieren, geben und sie können immer nur die Menschen, die diese Sachen brauchen, nehmen. Eine ökonomisch-politische Machtstellung kann sich daraus nur eingeschränkt entwickeln. Geld aber kann jeder gebrauchen. Wer Geld auf Kredit geben kann, gewinnt damit eine Machtstellung. Hinzu kommt das Problem des Zinses. Für die Überlassung der Sachen zahlt der Darlehnsnehmer etwas. Der Darlehnsgeber kann die Sachen in den Zeitraum zwischen Vergabe und Rückgabe nicht gebrauchen und für diesen Gebrauchsverlust erhält er einen Ausgleich, den Zins. Dies verlangt vom Darlehnsnehmer, dass es ihm gelingt, in der Zeit, in der er mit den Sachen arbeiten, sie nutzen kann, nicht nur die Sachen zu reproduzieren, sondern auch einen Überschuss zu erwirtschaften, aus dem er den Zins zahlen kann. Die Notwendigkeit zur Kapitalakkumulation ist bereits in der Zinsstruktur angelegt. Auf der anderen Seite wird der Darlehnsgeber für die bloße Überlassung einer Sache, die er zur Zeit nicht braucht, bezahlt. Vom eventuell entstehenden Verwaltungsaufwand abgesehen, erhält er den Zins ohne dafür selber produktiv tätig zu sein. Zinsnahme ist daher Mehrwertabschöpfung und als solche prinzipiell schon ganz dicht am Raub durch Herrschaft[19] - das war im Mittelalter allgemein anerkannt, daher rührte das christliche Zinsverbot und die Überweisung dieser Aufgabe an die Juden. Für eine freie Gesellschaft stellt sich daher die Notwendigkeit, sowohl die polit-ökonomische Macht großen Geldkapitals als auch die Zinsdynamik zu regulieren. Auf das Prinzip der Kreditvergabe kann nicht verzichtet werden, da dies ein einfacher Mechanismus ist, der durch die Vermittlung von Überschuss und Mangel garantieren kann, dass eine Gesellschaft nicht mehr verbraucht als sie hergestellt hat. Aufgespartes Geld ist das Äquivalent tatsächlicher hergestellter Produkte. Wer diesen durch den Kreditmechanismus vermittelten Zusammenhang zwischen Hergestelltem und Gebrauchtem aufgibt, läuft entweder Gefahr die Substanz der gesellschaftlichen Produktionsmittel aufzuzehren oder die Inflation anzuheizen. Beides ist nicht wünschenswert. Auch die völlige Abschaffung des Zinses ist nicht sinnvoll, da die Zinszahlung ja überhaupt erst einen Anreiz zur Darlehnsgabe gibt. Die private Mehrwertabschöpfung wird durch die Einkommens- und Vermögensbeschränkung reguliert. Kommt dazu noch eine Zinshöhenbeschränkung, so erscheint ein solch beschränktes Kreditwesen unter demokratischen Gesichtspunkten als vertretbar.[20] Neben dieses private Kreditwesen muss ergänzend die gesellschaftliche Vergabe von Ressourcen treten. Die abgeschöpften Einkommens- und Vermögenseinahmen überhalb der festgesetzten Marge müssen einerseits für allgemeinnützige und -nötige Maßnahmen direkt ausgegeben werden, zum anderen müssen diese Mittel entweder auf Subventionsbasis in Form verlorener Zuschüsse oder auf Darlehnsbasis ohne oder mit geringer Verzinsung an gesellschaftlich als förderlich erachtete Projekte vergeben werden. Solche gesellschaftliche Kreditvergabe ist weder in Subventions- noch in Darlehnsform etwas Neues. Hier müssen durch demokratische Entscheidung die entsprechenden Rahmenbedingungen festgelegt werden, was und wer unter welchen Voraussetzungen wie gefördert werden soll. Auch auf diese Weise ist die demokratisch nötige Regulierung der Ökonomie vorzunehmen. Dagegen ist die Aufnahme öffentlicher Kredite inakzeptabel, da diese nur eine Umverteilungsmaßnahme von unten nach oben bedeutet. Letztlich müssen diese Kredite durch Steuern und Abgaben finanziert werden, da die politische Ebene nicht selber ökonomisch tätig ist. Das kann man dann auch gleich so machen und erspart damit die Umverteilung durch den Zins.

Auch die Medienmacht muss beschränkt werden. Die Macht der Medien ist zunächst eine abgeleitete. Die öffentlich-rechtlichen Medienanstalten werden vom Staat finanziert, die privaten Medienunternehmen erzielen ihre Einkünfte zum allergrößten Teil aus Werbeeinnahmen und d.h. aus der Wirtschaft.[21] Schon mit der Beschränkung der Konzernmacht ändert sich damit zwangsläufig auch die Struktur der Medienmacht. Wenn der Staat abgeschafft ist, gibt es keine staatlichen Medien mehr – an ihre Stelle können Medien sozialer Gruppen treten – und wenn die Werbeeinnahmen drastisch zurückgehen, weil es keine Großkonzerne mehr gibt, für die es ökonomisch, unternehmens- und gesellschaftspolitisch interessant ist, Millionen in die Werbung zu stecken, dann stehen auch die privaten Medienunternehmen vor der Insolvenz und müssen, schon um überhaupt weiter existieren zu können, ihre Strukturen grundlegend ändern. Damit ist das Problem, dass der Staat und die Unternehmen auf die Inhalte der Medien Einfluss nehmen, erledigt. Die Medienunternehmen müssen dann nicht mehr die Interessen ihrer Finanziers bedienen und ihr Informations- und Unterhaltungsangebot nur nach Werbegesichtspunkten optimieren, sondern sie müssen sich wieder primär an den Interessen ihrer Konsumenten orientieren, weil diese die Medienprodukte wieder selber bezahlen. Da aufgrund der abgeschnittenen Fremdfinanzierung das politische und ökonomische Interesse, Politik im Sinne der Herrschenden zu betreiben, wegfällt und es sich bei den Konsumenten um die Masse der Bevölkerung handelt, also um die Beherrschten, werden deren Interessen leitend für die Redaktionspolitik.

Daneben ist die Medienmacht eine selbstständige Macht, wie sie jeder Großkonzern hat. Wie bei allen anderen Unternehmen auch muss daher auch ihre Größe beschränkt werden. Dies ist hier um so wichtiger, da Medienunternehmen nicht gezwungen sind, über den Bereich der Politik auf gesellschaftliche Prozesse Einfluss zu nehmen, sondern dies direkt, durch die Einflussnahme auf ihre Konsumenten, die einzelnen Bürger, tun können. In diesem politisch hoch sensiblen Bereich darf es keine Meinungsmacht geben. Mit der Verkleinerung der Unternehmen entsteht automatisch eine größere Pluralität in den Medien und eine stärkere Regionalisierung. Diese beschränkt die Einflussmöglichkeiten. Ebenso führt das Arbeitseigentum dazu, dass die Mitarbeiter, die Redakteure selber, und kein außerhalb der praktischen Medientätigkeit stehender Eigentümer die Redaktionspolitik bestimmen.

Damit fällt mit der Durchsetzung des allgemeinen Umbaus der Unternehmensstruktur auch die Möglichkeit, die Medien zur politischen Beeinflussung der Beherrschten im Sinne der Herrschenden zu nutzen, von selbst weg.

Umbau 2: Partielle Aufhebung der Arbeitsteilung

Herrschaft ist auch ein Effekt von Arbeitsteilung. Arbeitsteilung ist nötig und muss erhalten bleiben. Wer eine Sache gut machen will, muss sie lernen und sich auf sie konzentrieren. Wer eine schwierige Sache gut machen will, muss viel lernen und viel Konzentration aufwenden. Mehr als ein paar Sachen kann man in der beschränkten Zeit seines Lebens nicht beherrschen lernen. Wenn die Arbeitsteilung also aufrechterhalten wird, muss man überlegen, wie sie zu organisieren ist, um durch sie bewirkte Herrschaftseffekte zu verhindern. Die Ausübung von arbeitsteiligen Planungs- und Lenkungsfunktionen darf nicht mehr zur Gewinnung von Herrschaftspositionen ausgenützt werden können. Dafür ist zunächst die Trennung in privilegierende und diskriminierende Arbeiten zu durchbrechen. Dies kann nicht dadurch geschehen, dass man die Klofrau und den Müllkutscher aufwertet. Es gibt Arbeiten, die niemand gerne macht, daran lässt sich bei aller Einsicht in ihre soziale Unersetzlichkeit und Nützlichkeit nichts ändern. Es kann nur dadurch geschehen, dass man alle zu Klofrauen und Müllkutschern macht. Die „Drecksarbeit" muss gleichmäßig unter alle verteilt werden (vgl. Walzer 1992, 256ff). Es darf niemand davon ausgenommen sein. Auch der Kanzler - sofern es in einer freien Gesellschaft so eine Funktion noch geben sollte, wohl eher nicht - muss regelmäßig das Klo des Kanzleramts selbst putzen; dies hat schon Ghandi gefordert (vgl. ebd., 257). Wie ist dies durchzusetzen? Die Ausübung der „Drecksarbeit" muss Grundvoraussetzung für jede Form von Güterzuteilung überhaupt werden. Die Erledigung seines Anteils an der „Drecksarbeit" ist die primäre Voraussetzung, die jedes Gruppenmitglied zu erbringen hat, um überhaupt als Gruppenmitglied anerkannt zu werden. Eine freie Gesellschaft gibt ihren Mitgliedern ein Grundeinkommen - dies wird im Verlauf der Darlegung noch begründet. Die Zuteilung dieses Grundeinkommens, sowie die Möglichkeit, darüber hinaus Einkommen erwerben zu können, wird für alle, für wirklich *alle*, die arbeitsfähig sind, an die Durchführung ihres Anteils an der „Drecksarbeit" gebunden. Wer diese Grundarbeit nicht ausführt, darf einer anderen Tätigkeit nicht nachgehen mit der Konsequenz, dass er somit auch kein Einkommen erzielen darf.

Insofern muss die Arbeitsteilung partiell aufgehoben werden. Es gibt eine „Drecksarbeit", die man ausüben muss, und darüber hinaus kann man weitere Tätigkeiten ausüben. Diese partielle Aufhebung der Arbeitsteilung ist ohne weiteres möglich. Die Organisation der Arbeit prägt die gesellschaftliche Organisation. Entscheidend für die Verhinderung von Herrschaft ist es, dass es keine durchgängige Trennung von „Hand-" und „Kopfarbeit" gibt, dass es nicht so ist, dass die einen nur planen und anleiten und die anderen nur ausführen. Nicht nur die „Drecksarbeit", sondern auch die „Königsarbeit", die von der Herrschaft angeeignete und ausgeübte soziale Regulierungsfunktion, muss verallgemeinert werden. Die Arbeit muss so organisiert werden, dass nicht durchgängige Befehlsempfängerhierarchien institutionalisiert werden können, in denen der eine immer auf der Seite der Anweisenden und der andere immer auf der Seite der Angewiesenen steht. Dafür ist es nötig, dass alle Bürger an den Prozessen der unmittelbar produzierenden Tätigkeit teilnehmen. Die „Drecksarbeit" ist davon nur ein besonders unangenehmer Teil. Zur Erwirtschaftung des Grundeinkommens und zur Verteilung desselben ist es nötig, dass jeder seinen Anteil an der unmittelbar produzierenden Tätigkeit, der „Handarbeit" im weitesten Sinne, erbringt. Welche Tätigkeiten vom Kloputzen über den Mülltransport bis zur Arbeit in der Fabrik, am Band, darunter fallen, muss von der Gesellschaft je konkret festgelegt werden. Ebenso muss festgelegt werden, in welchem Umfang jeder Einzelne solche Arbeiten zu erledigen hat. Die für die zur Verfügungstellung eines Grundeinkommens notwendigen Produkte müssen gesamtgesellschaftlich durch diese Arbeit erwirtschaftet werden. Die Dauer dieser Tätigkeit bemisst sich daher nach der Produktivität einer Gesellschaft und nach der Menge der Güter, welche man als unmittelbar lebensnotwendig ansieht. Für unsere heutige Gesellschaft mit ihrer immens hohen Produktivität würde das bedeuten, dass wir mit einer Arbeitszeit von acht Stunden in der Woche gut auskommen. Diese Arbeitszeit ist unter zwei Voraussetzungen realistisch. Erstens, dass wirklich alle beteiligt sind. Ab Beendigung der Schulzeit bis zur Rente. Hausfrauen, Arbeitslose oder Sozialhilfeempfänger gibt es dann nicht mehr.[22] Zweitens, dass auf die Produktion all jener überflüssigen Waren verzichtet wird, die nicht hergestellt werden, weil sie jemand braucht, sondern nur damit jemand daran verdient. Denn es ist im Kapitalismus so, dass der Produzent nicht „Produkte", also Dinge die jemand braucht, sondern „Waren", also Dinge durch deren Verkauf man Geld verdienen kann, herstellen will. Nicht Bedürfnisbefriedigung, sondern Kapitalakkumulation ist die Triebkraft der kapitalistischen Ökonomie. Daher werden in der kapitalistischen Wirtschaft eine Menge Produkte hergestellt, die entweder gar nicht benötigt werden - an erster Stelle der ganze Verpackungsmüll - oder die zur Bedürfnisbefriedigung nur wenig geeignet sind - wie z.B. das Automobil.[23]

Diese partielle Aufhebung der Arbeitsteilung für alle ist aufgrund des geringen Zeitaufwandes, der heutzutage noch für die Produktion des Lebensnotwendigen benötigt wird, problemlos möglich. Niemand wird durch körperliche Arbeit an einem Tag der Woche daran gehindert, spezielle Fähigkeiten auf anderen Gebieten zu entwickeln. Im Gegenteil wäre dies für eine Menge von Menschen ein gesunder Ausgleich neben ihrer sitzenden Tätigkeit. Die Zuteilung der Grundversorgung muss ebenso wie die Kontrolle, dass jeder einer solchen Grundarbeit nachgeht, gesellschaftlich organisiert werden. Darüber hinaus kann im Prinzip jeder arbeiten was und wie viel er will. Dies bleibt der Selbstorganisation der Menschen überlassen. Wenn jemand z.B. in einer Fabrik arbeitet, so kann er dies mehr als einen Tag die Woche tun, er kann den Rest der Woche aber auch einer ganz anderen Tätigkeit nachgehen: z.B. Lehrer an der Universität sein, in der Planungs- und Entwicklungsabteilung dieser Fabrik arbeiten, als Arzt praktizieren, als Schauspieler tätig sein oder was immer sonst er will. Diese über die körperlichen Grundarbeiten hinausgehenden, mehr oder minder privilegierten Tätigkeiten sind für die gesellschaftlichen Prozesse der Reproduktion des Lebens ebenso nötig. Die Grundarbeit und die durch sie produzierte Grundversorgung stellt nur das absolute Überlebensminimum dar. Das ergibt sich schon daraus, dass es eine Menge gesellschaftlich unverzichtbarer Tätigkeiten gibt, die nicht unter die Kategorie der „Drecksarbeit" fallen. Wer ein Einkommen haben will, welches ihm mehr als das Minimum des Lebensnotwendigen gewährt, muss darüber hinaus einer weiteren Tätigkeit nachgehen.

Solche Mehrarbeit ist auch schon deswegen nötig, weil eine Arbeitzeit von acht Stunden pro Woche nicht ausreichend ist, um Tätigkeiten mit einer hohen Qualifikationsanforderung zu beherrschen. Wenn ich eine schwierige Tätigkeit gut beherrschen will, muss ich ihr mehr als acht Stunden pro Woche widmen und wenn ich eine Sache gerne mache, will ich ihr auch mehr als acht Stunden pro Woche widmen. Handelt es sich um eine marktvermittelte Tätigkeit, so kann jeder das damit verdienen, was diese Tätigkeit abwirft, innerhalb der oben festgelegten Höchstgrenzen. Handelt es sich um eine politisch vermittelte Tätigkeit (zu diesen Kategorien s.u.), so wird pro zusätzlicher Arbeitszeit ein entsprechender Aufschlag gezahlt. Entsprechend bedeutet dabei gemäß den von der Gruppe festgelegten Gerechtigkeitskriterien. Überwiegt die Nachfrage das Angebot an bestimmter Arbeit, so muss diese, soweit dies sinnvoll möglich ist, geteilt werden. Bedarf es zur Ausübung einer wichtigen, verantwortungsvollen Tätigkeit einer wöchentlichen Mindesttätigkeit, um routiniert zu bleiben, so ist diese zu gewährleisten. Wie dies im Konkreten geregelt werden soll, muss jede Gesellschaft für sich entscheiden. Wichtig ist dabei nur, dass sie, sofern sie die Absicht hat, sich herrschaftsfrei zu organisieren, dabei darauf achtet, Privilegierungsstrukturen zu verhindern.

Dieses Modell der eintägigen Grundarbeit gibt allen die Zeit, neben der körperlichen Produktionsarbeit anderen Interessen nachzugehen und andere Fähigkeiten zu entwickeln. Vor allem aber - und auch darum ist ein solches Grundarbeits- und Grundlohnmodell für eine freie Gesellschaft unverzichtbar - gibt es Zeit für Politik. Diese „Königsarbeit" ist neben der „Drecksarbeit" die einzige Tätigkeit, die in einer demokratischen Gesellschaft nicht arbeitsteilig ausgeübt werden darf. Alle müssen Politik machen, ohne Politiker zu sein.

Die herrschaftsfreie Selbstorganisation einer Gesellschaft unseres zivilisatorischen Entwicklungsstandes ist ein zeitaufwändiges Unternehmen. Man benötigt Zeit, um sich das nötige Wissen, die nötigen intellektuellen Kompetenzen anzueignen, um in politischen Entscheidungsprozessen die eigenen Interessen vertreten zu können.[24] Demokratie verlangt einen relativ hohen Grad an Bildung. Wissen ist Macht, genauer, mehr wissen als andere ist Macht und solche Macht muss wie alle Macht in einer freien Gesellschaft beschränkt werden und sie lässt sich nur dadurch beschränken, dass zu große Wissensdifferenzen vermieden werden. Auch die nötige Entscheidungs- und Kompromissfindung in Gruppen, das Ver- und Aushandeln eines von allen mittragbaren Gruppenkonsenses verlangt Zeit.[25] In einer Demokratie müssen alle, die es wollen, an diesen Prozessen der Entscheidungsfindung in einer maßgeblichen Art und Weise teilnehmen können. Auch wenn Formen der Repräsentation nötig sind, so müssen doch die Repräsentanten in der oben beschriebenen Weise rückgebunden bleiben und diese Rückbindung kann nur dann eine wirkungsvolle sein, wenn die Vertretenen Zeit genug haben, sich mit den zu entscheidenden Problemen selber vertraut zu machen und das Handeln ihrer Repräsentanten zu kontrollieren.

Wer seine Ausbildungszeit einzig für den Erwerb seiner Berufskompetenz nutzt, damit er in der Konkurrenz des Arbeitsmarktes bestehen kann, hat nicht genug Zeit, das für die politische Tätigkeit nötige Wissen zu erwerben. Wer *jeden* Tag acht Stunden arbeiten *muss*, hat danach keine Zeit mehr um sich die Arbeit der Politik zu machen, weil er seinen Feierabend braucht, um sich vom Stress des Arbeitstags zu erholen. Eine komplexe Gesellschaft unseres Zivilisationsstandes braucht viel Politik. Jeder Einzelne, will er an diesen Prozessen gestaltend teilnehmen, muss daher die Möglichkeit haben, viel Zeit in politische Bildung und politische Tätigkeit zu investieren. Neben der partiellen Aufhebung der Arbeitsteilung bedarf es daher einer Reduzierung der Konkurrenz auf dem Arbeitsmarkt - die u.a. durch die Einführung des Grundeinkommens erreicht wird - und einer Verkürzung der Arbeitszeit.

Dass es möglich ist, dass Menschen Lust dazu haben, diese von primärer Erwerbsarbeit freie Zeit zum Teil für Politik zu nutzen, zeigt das historische Beispiel der attischen Polis. Bei all den Beschränktheiten dieses Politikmodells, welche es verbieten, die Polisordnung als Demokratie im obigen Sinne zu bezeichnen, ist es der attischen Gesellschaft doch gelungen, eine Kultur der Alltagspolitik zu entwikkeln, die es über vier Jahrhunderte hin gewährleistet hat, dass die männlichen Besitzbürger jeden Tag von neuem die Angelegenheiten ihrer Gesellschaft selbst geregelt haben. Dieses Selbstverwaltungsmodell hat zweihundert Jahre über den Bestand des klassischen Athens, also jenes Athens, das eine Macht im Mittelmeerraum war, hinaus funktioniert und ist erst nach dem Aufstand der Griechen gegen die römische Oberhoheit im Jahre 146 v.u.Z. durch die Einführung römischer Statthalterschaften aufgehoben worden. Hier wird nicht empfohlen dieses Modell zu übernehmen, welches abgesehen von seinen Mängeln für unsere Gesellschaft nicht mehr passt, aber es ist ein historischer Beleg dafür, dass die Menschen sich politisch engagieren, in politischen Organen mitarbeiten, wenn solche Mitarbeit ihnen wirklich die Möglichkeit gibt, ihre Verhältnisse selbst zu regeln. Die heute vielfach zu beobachtende Politikverdrossenheit ist nicht darin begründet, dass die Menschen kein Interesse hätten, ihre Angelegenheiten selbst zu regeln, sondern dass die Beteiligungsformen, die ihnen angeboten werden, ihrer politischen Substanz entleert sind[26] und im Westen - nicht entscheidend anders als im ehemaligen Sozialismus -, dem Bürger, der nicht selbst Politiker werden will, keine politische Einflussnahme ermöglichen. Über all da, wo nämlich die Möglichkeit besteht im politischen Raum selber Einfluss zu nehmen und etwas gestalten zu können - und auf lokaler Ebene ist dies im Bereich konkreter Sachprojekte häufig der Fall -, wird diese Möglichkeit genutzt. Politische Aktivitäten durch Initiativen, Verbände, Vereine usw. gibt es heute in großer Zahl. Wenn es auf überregionaler Eben und bei den grundlegenden politischen Entscheidung diesen Handlungsspielraum auch gäbe, würde die Menschen sich auch dort engagieren. In einer freien Gesellschaft, wo dies so wäre, hätten die Menschen dann auch Lust auf diese Politik. Dann wird es möglich eine Kultur der Alltagspolitik zu entwickeln, in der es zur sozialen Eingebundenheit eines jeden Menschen selbstverständlich hinzugehört, dass er sich an den politischen Prozessen seiner Gesellschaft beteiligt. Freie Zeit ist dafür eine nötige Voraussetzung. Sie jedem Menschen zur Verfügung zu stellen, ist heute möglich und auch aus Gerechtigkeitsgründen nötig.

Umbau 3: Verkürzung der gesellschaftlich notwendigen Produktionsarbeitszeit

Mit der Grundarbeit von ca. acht Stunden sind bei Weitem noch nicht alle für ein angenehmes Leben nötigen Tätigkeiten erfasst. Wieviel Zeit *muss* man ungefähr auf die anderen Tätigkeiten verwenden? Um dies schätzen zu können, muss man von dem für die heutige Produktion nötigen Zeitbedarf ausgehen. Wenn man davon ausgeht, dass heute die durchschnittliche Arbeitszeit zwischen fünfunddreißig und vierzig Stunden in der Woche liegt, den Arbeitenden aber ein gutes Viertel der arbeitsfähigen Bevölkerung gegenüber steht, welches keiner Erwerbsarbeit nachgeht (Arbeitslose, Sozialhilfeempfänger, Hausfrauen), so würde man heute mit einer durchschnittlichen Wochenarbeitszeit von fünfundzwanzig Stunden gut zurechtkommen. Wenn man nun den oben bereits angesetzten Abschlag für den Wegfall der Produktion überflüssiger Güter hinzunimmt und auch bedenkt, dass die Grundarbeit von allen, also über die Gruppe der heute nicht Arbeitenden hinaus auch von den in der Ausbildung Stehenden ausgeübt wird, so dürfte eine durchschnittliche gesamtgesellschaftlich nötige Arbeitszeit von sechzehn bis zwanzig Stunden pro Woche heute in den hochindustrialisierten Staaten ausreichen. Gesamtgesellschaftlich betrachtet stellt der Arbeitsertrag, der in dem Zeitraum oberhalb dieser zwanzigstündigen Tätigkeit erwirtschaft wird, „Luxus" dar.[27] Das bedeutet nicht, dass jeder nur sechzehn bis zwanzig Stunden arbeiten wird (s.o.), aber es bedeutet, dass jeder der es will, sich im Durchschnitt mindestens einen ganzen Tag pro Woche für Politik Zeit nehmen kann.

Die Verkürzung der Arbeitszeit ist heute nicht nur möglich, sie ist auch - gerade aus Gerechtigkeitsgesichtspunkten - dringend nötig. Eine freie Gesellschaft als eine gerechte Gesellschaft kann keine sein, in der einige nicht arbeiten, aber ein ausreichendes Auskommen haben - entweder durch soziale Unterstützung oder aus ererbtem Reichtum -, andere viel arbeiten und sich nicht viel besser stehen und andere wiederum genausoviel arbeiten und unendlich viel mehr dafür bekommen. Die notwendige Arbeit muss - soweit es nicht in einem demokratischen Prozess festgelegte Gründe gibt, einzelne davon auszunehmen - gleichmäßig unter alle verteilt werden.[28] Jeder muss nach seinem Vermögen zur Produktion des gesellschaftlich Nötigen beitragen. Dafür ist heute eine Reduzierung der individuellen Wochenarbeitszeit dringend erforderlich. Jeder darf nur soviel dazuarbeiten, dass er nicht anderen Arbeit wegnimmt. Nun hört sich diese Behauptung gegenüber der heute wieder modischen Forderung nach einer Verlängerung der Lebensarbeitszeit - Rente mit siebzig - etwas seltsam an, aber es ist keine Frage, dass eine Aufhebung der Arbeitslosigkeit und damit eine gerechte Verteilung der Arbeit nur durch eine drastische Verkürzung der Wochenarbeitszeit möglich ist. Die Produktion von Arbeitslosigkeit ist dem Kapitalismus immanent. Sie entsteht aus seiner konkurrenzbedingten Rationalisierungsdynamik. Rationalisierung, die die Verringerung des quantitativen Arbeitseinsatzes pro Produkt bedeutet, führt bei gleich bleibender Menge der Produkte zwangsläufig dazu, dass weniger gearbeitet werden muss und dies bedeutet bei gleich bleibender Dauer der individuellen Arbeitszeit, dass weniger Menschen Arbeit haben. Es gibt zwei Möglichkeiten, diese Auswirkung der Verringerung der gesellschaftlich nötigen Arbeitszeit zu verhindern: erstens die Ausweitung der Produktion und zweitens die Verringerung der individuellen Arbeitszeit. Auf der ersten Möglichkeit beruht die Theorie des Wachstums. Demzufolge soll durch ein permanent hohes Wirtschaftswachstum, also eine permanente Steigerung der Menge der Produkte, der Rationalisierungseffekt aufgefangen werden. Die Steigerung der Produktivität hat dann nicht zur Folge, dass weniger Menschen arbeiten, sondern dass gleich viel Menschen mehr herstellen. Die Wachstumsideologie hat nur einen Schönheitsfehler: die Produkte, die ich herstelle, muss jemand brauchen, ich muss sie verkaufen können. Und was Menschen an Dingen brauchen, unterliegt gewissen Grenzen. Die Wachstumsideologie basiert historisch vor allem auf den Erfolgen des Fordismus. In den zwanziger Jahren und vor allem unmittelbar nach dem Zweiten Weltkrieg hat der Fordismus durch das mit ihm möglich gewordene Wachstum tatsächlich das Problem der Arbeitslosigkeit durch Rationalisierung gelöst. Dies lag daran, dass mit dem Fordismus ein völlig neuer Bereich für Waren der industriellen Produktion erschlossen wurde, nämlich der Bereich der alltäglichen Reproduktion und dass zweitens, bedingt durch die technischen Erfindungen Ende des 19. Jahrhunderts, eine Menge völlig neuer Produkte entwickelt werden konnte. Beides führte dazu, dass ein riesiger, völlig ungesättigter Markt zur Verfügung stand, auf dem die Nachfrage zunächst praktisch unbegrenzt war. Wenn niemand Staubsauger, Waschmaschine, Fernsehen und Stereoanlage besitzt, ist jeder ein potenzieller Käufer solcher neuen Produkte. Diese Situation ist vor ungefähr dreißig Jahren zu Ende gegangen. Eine erneute Ausweitung der Produktion in einem solchen Ausmaße, dass sie die Rationalisierungseffekte auf dem Arbeitsmarkt kompensieren könnte, ist in den Industriestaaten selbst nicht mehr möglich. Es gibt neben der Industriegüterproduktion und der Konsumgüterproduktion nicht die Möglichkeit, einen dritten Markt für Industriegüter zu eröffnen, der in entsprechendem Ausmaß Produkte abnehmen würde. Alle Güter, die wir brauchen, werden heute schon industriell hergestellt und zur Entwicklung gänzlich neuer Produkte ist auch kein Spielraum mehr vorhanden. Alle Neuentwicklungen - vom Computer abgesehen, und auch dieser ist im Prinzip bereits Anfang des 20. Jahrhunderts erfunden worden - sind verbesserte Ersatzprodukte. Fast der ganze Konsum dient daher heute dem Ersatz eines verbrauchten Produkts und nicht dem Erwerb eines neuen. Eine Ausweitung der Produktion ist daher in den heutigen Industriestaaten nur durch Steigerung der Exporte bei Stagnation der Importe möglich. Dies ist politisch bedenklich, da wir damit Arbeitslosigkeit nur exportieren und im Handel mit den industriell wenig entwickelten Ländern der „Dritten Welt" diese durch den dadurch möglich werdenden ungleichen Tausch[29] ausbeuten. Auch ökologisch ist dieser Exportwachstumsorientierung unserer Wirtschaft völlig unvertretbar, da es im Prinzip bedeutet, alle Staaten der Welt auf das heute bei den Industriestaaten herrschende, völlig Umwelt unverträgliche Maß der Vernutzung von Ressourcen zu heben, anstatt, wie es nötig wäre, es bei uns zu beschränken.[30] Auch die Ausdehnung des Exports kann daher aus ökonomischen, ökologischen und politischen Gründen nicht in dem Ausmaße erfolgen, dass damit eine Produktionssteigerung in dem Umfang zu erreichen wäre, wie sie nötig wäre, um die Rationalisierungseffekte zu kompensieren. Da auch bei den größten Wachstumsfetischisten die harte Realität der letzten Jahrzehnte langsam die Spur einer Ahnung hat keimen lassen, dass das Wachstumsmodell beschränkt ist, hat man das Modell der „Dienstleistungsgesellschaft" entwickelt. Das Konzept der Dienstleistungsgesellschaft beruht auf der Einsicht, dass aufgrund der Rationalisierungseffekte die Arbeitsplätze im produzierenden Sektor abnehmen. Ebenso richtig ist die Tatsache, dass Dienstleistung im weitesten Sinne, aufgrund des steigenden Wohlstandes in unserer Gesellschaft, zunimmt. Wenn immer weniger Menschen benötigt werden, die notwendigen Güter zu produzieren, dann können immer mehr Menschen sich damit beschäftigen, andere Menschen zu bedienen - und nichts anderes ist ja Dienstleistung. Die Vorstellung aber, man könne sich vom Wachstum des Dienstleistungssektors die Lösung des Problems der Arbeitslosigkeit erhoffen, stimmt nicht. Dienstleistung ist nichts Neues. Das Dienstleistungsverhältnis war vor der industriellen Revolution das primäre Anstellungsverhältnis für Arbeitskräfte. Die industrielle Revolution befreite diese Schichten der Dienstleute, Dienstmägde, Dienstmädchen, Dienstboten usw. aus den persönlichen Abhängigkeitsverhältnissen, in denen sie zu ihrem Dienstherrn standen. Wenn heute jedoch von Dienstleistung geredet wird, so sind damit ganz überwiegend nicht solche persönlichen Dienstverhältnisse gemeint, sondern auf Firmenbasis organisierte Dienstleistung, von Beratungsangeboten bis zum Pizzalieferservice, von der Freizeitgestaltung für andere bis zum Tütenpacker im Supermarkt. Der Dienstleistungsbereich zerfällt in zwei Sektoren. Zum einen den Bereich *produktiver* Dienstleistung und zum anderen den Bereich *bedienender* Dienstleistung.[31] Im ersten Bereich ermöglicht solche Dienstleistung, durch Spezialisierung und Standardisierung industrielle und alltägliche Prozesse effizienter zu organisieren. Sie hat insofern einen Rationalisierungseffekt. Dieser Dienstleistungssektor schafft aber nur wenig neue Arbeitsplätze, weil er selber eine Rationalisierungsmaßnahme ist, die an anderer Stelle Arbeitsplätze vernichtet. Es gibt z.B. in Amerika Firmen, die darauf spezialisiert sind, für Bauherrn alle nötigen Schritte von der Kreditaufnahme über den Grundstückskauf bis zur schlüsselfertigen Übergabe zu managen. Aufgrund standardisierter Entscheidungsmaßstäbe kann über die Vergabe eines Kredits in Höhe von zweihundertfünfzigtausend Euro telephonisch in dreißig bis sechzig Minuten entschieden werden. Dies bedeutet, dass der dafür zuständige Mitarbeiter in einem Acht-Stunden-Tag acht bis sechzehn solcher Kredite vergeben kann. Ein normaler deutscher Bankangestellter kommt höchstens auf ein bis zwei pro Tag. Vereinfacht gerechnet kann man durch dieses Verfahren also sieben Arbeitskräfte wegrationalisieren. Nun übernimmt diese Firma z.B. mit der Abwicklung der Grundstückskaufformalitäten neue Tätigkeiten hinzu, die der Bauherr bisher selber ausführte, die für ihn aber aufgrund des Rationalisierungspotenzials als Dienste erschwinglich werden. Dennoch aber ist der Effekt bestenfalls der Erhalt der bisherigen Zahl von Arbeitsplätzen. Zuwachs ist nicht zu erwarten.[32] Zuwächse kann es dagegen bei den von mir so genannten dienenden Dienstleistungen geben. Dies sind Tätigkeiten, wo jemand einfach nur bedient wird, wo ein anderer etwas für ihn tut, was er genauso gut selber tun könnte. Hier gibt es keine Rationalisierungseffekte und daher sind solche Jobs Billiglohnjobs. Versucht man hier zu rationalisieren, dann rationalisiert man nicht die Dienstleistungstätigkeit, sondern man rationalisiert den Dienstleistungsjob weg. Daraus folgt, dass diese Dienstleistungsjobs als Massenjobs Billiglohnjobs sind.[33] In der Konkurrenzökonomie des Kapitalismus sind die Anbieter von Waren wie Diensten gezwungen, möglichst genauso preiswert oder besser preiswerter als ihre Konkurrenten zu verkaufen, da sie nur dann möglichst viele Produkte verkaufen und damit auch Gewinne machen können. Ein Produkt preiswerter anzubieten als die Konkurrenz ist möglich durch Rationalisierung, durch Senkung der Einkaufskosten für die Ausgangsmaterialien oder durch Lohnsenkung. Rationalisieren bedeutet, meine Produktionsverhältnisse so umzugestalten, dass nun in derselben Zeit von einem Arbeiter mehr Produkte hergestellt werden. Dadurch sinkt der auf jedes einzelne Produkt entfallene Anteil des Arbeitslohnes und das Produkt wird billiger. In Sektoren, wo man nicht rationalisieren kann und auch die Möglichkeit billigere Ausgangsmaterialien einzukaufen nicht gegeben ist, bleibt zur Preissenkung nur die Lohnsenkung. Dienende Dienstleistung ist ein solcher Sektor. Diese Dienstleistung als Massenangebot, welches sich alle leisten können, auch die vielen, die nicht so viel Geld haben, setzt voraus, dass die angebotenen Dienste billig sind.

Billig können sie aber eben nur sein, wenn man den sie Ausführenden geringe Löhne zahlt. Der Tütenpacker im Supermarkt kann nicht mehr als fünf Mark die Stunde bekommen, wenn der Laden seine billigen Verkaufspreise halten will. Zudem handelt es sich bei dem, was als massenhafte Dienstleistung in Aussicht genommen ist, häufig um sozial minderwertige und überflüssige Tätigkeiten. Der Tütenpacker ist in Deutschland im Gegensatz zu andern Ländern zum Glück noch nicht verbreitet. Wozu braucht man einen Lakaien, der hinter der Kasse die eingekauften Waren in die Einkaufstüte packt? Kann man das nicht selber? Dienende Dienstleistungstätigkeiten, deren Sinn darin besteht, jemand anderem „Zukker in den Arsch zu blasen", stellen selbst für unsere heutige Gesellschaft keine wünschenswerte soziale Perspektive dar; von einer freien Gesellschaft gar nicht zu reden.

Auch die Ausweitung des Dienstleistungssektors kann also das prinzipielle Arbeitsplatzproblem nicht angemessen lösen. Daher ist auch aus diesen Gründen eine Reduzierung der Wochenarbeitszeit nicht nur möglich, sondern auch nötig, will man massive soziale Probleme vermeiden. In der Überflussgesellschaft, in der wir heute in den Industrieländern leben, sind *alle* ökonomischen Probleme nur Verteilungsprobleme. Dies gilt auch für das Problem der Arbeitslosigkeit. Arbeit muss gerecht verteilt werden, um die zuviel Arbeitenden zu entlasten und ihnen die Möglichkeit für nicht reproduktive Tätigkeiten und für Politik zu geben und um die Arbeitslosen wieder in die für gesellschaftliche Anerkennung wichtigen Produktionsprozesse einzugliedern.

Umbau 4: Soziale Vermittlungs- und Anreizstrukturen

Während das Privateigentum an Produktionsmitteln in Form von Kapital einen direkt herrschaftsförmigen Effekt hat, gilt dies für den Markt und die Ware nicht. Dennoch ist die sozialistische Theorie und Praxis, aufbauend auf Marx' Thesen im Kapital, davon ausgegangen, dass beide in einer freien Gesellschaft abgeschafft werden müssten. Zum einen erschien dies als Konsequenz der Abschaffung des Privateigentums an Produktionsmitteln, zum anderen erschien es auch als nötig, um die „Entfremdungseffekte" dieser sozialen Instanzen aufzuheben.

Marx begreift Waren als „Produkte voneinander unabhängig betriebener Privatarbeiten" (MEW 23, 87). Aus dieser Perspektive verschwindet die Ware in dem Moment, wo die Produzenten nicht mehr unabhängig voneinander tätig, sondern die Produkte ihrer arbeitsteiligen Produktionsprozesse Ergebnis gemeinsamer Planung sind. Dies setzt voraus, unter der Vergesellschaftung der Produktionsmittel nicht die Zuteilung eines je eigenen Anteils an die mit diesen Mitteln Arbeitenden zu verstehen - wie ich dies oben mit der Einführung der Kategorie des Arbeitseigentums getan habe -, sondern die Entstehung von gesellschaftlichem Eigentum als Eigentum der Gesellschaft als Ganzer. Solche Vergesellschaftung funktioniert aber nur als Verstaatlichung und die Verstaatlichung ist alles andere als die Aufhebung der Verfügungsgewalt über die Mittel, die andere zur Produktion ihres Lebens benötigen. Sie ist nur die Verlagerung dieser Verfügungsgewalt aus den

Händen Privater in die Hände einer staatlichen Funktionärskaste. Dies haben die sozialistischen Staaten geleistet. Sie haben sowohl das Privateigentum an Produktionsmitteln, wie damit auch den Markt als gesellschaftlich relevante Instanz abgeschafft. Diese zwei Schritte haben aber weder den erwünschten Effekt gehabt, durch diese Änderung der Strukturen eine freie Gesellschaft quasi von selbst herzustellen, noch hat sich die an ihre Stelle gesetzte staatliche Planung der Produktion als ökonomisch besonders effizient erwiesen (vgl. Altvater 1997, 36ff). Das Projekt, durch eine bloße Änderung der ökonomischen Strukturen linke Politik überflüssig zu machen und zur Verwaltung der Sachen überzugehen, ist gerade an dieser Stelle gescheitert. Die herrschaftsförmige Politik der sozialistischen Staaten war mit den neuen ökonomischen Verhältnissen bestens vereinbar. Aus dieser Erfahrung der Vereinbarkeit ganz unterschiedlicher ökonomischer Formen mit prinzipiell gleichartigen politischen Strukturen folgt, dass es eine Determination des Politischen durch das Ökonomische nicht gibt. Wenn es diese aber nicht gibt, gibt es nicht die absolute Notwendigkeit der Abschaffung das Marktes.

Zum anderen erschien der Markt und die mit ihm gegebene Warenform der Produkte in der kommunistischen Theorie als entfremdende Instanz, weil sie Strukturen einer sachlichen Vermittlung des Sozialen sind. Auch der Entfremdungsbegriff ist von mir als für ein linkes Projekt unbrauchbar aufgegeben worden. Die Frage bleibt aber, ob die ihm bei Marx zugrunde liegende richtige Einsicht in die sachliche Struktur sozialer Vermittlung, die der Markt darstellt (vgl. MEW 23, 85f), vielleicht aus anderen Gründen mit dem Projekt einer freien Gesellschaft nicht oder nur problematisch vereinbar ist. Denn wenn es auch keine Determination gibt, so haben ökonomische Strukturen doch einen Einfluss auf Politik und auf unsere Art und Weise zu leben und uns als Menschen zu begreifen. Dies sieht man nicht zuletzt an dem relativ großen Unterschied zwischen den Menschen, die in der BRD, und denen, die in der DDR aufgewachsen sind. Im Gegensatz zur BRD haben die kollektiven Produktionsstrukturen in der DDR durch die Aufhebung des freien Arbeitsmarktes, die Abschaffung der Arbeitslosigkeit und die Ersetzung des unmittelbar am Betriebsprofits interessierten Chefs durch eine Pläne umsetzende Leitung die Konkurrenz zwischen den Arbeitern aufgehoben. In der BRD hat im Gegensatz zur DDR eine ungeheure Aufblähung des Waren- und Werbemarkts stattgefunden, der mit dem Kaufanreiz immer größerer Gebrauchswertversprechen, immer größerer Abenteuer, immer exotischerer Erlebnisse, immer sensationellerer Enthüllungen die Normalität des Alltags entwertet hat. Dies hat zur Folge, dass die meisten ehemaligen DDR-Bürger in einem positiven Sinne wesentlich „normaler" sind als die meisten ehemaligen BRD-Bürger, unter denen Egozentrik, gesellschaftliche Naivität, Kommunikationsunfähigkeit und Unfähigkeit zu privatem Miteinander weit verbreitet sind. Andererseits war die DDR eine wesentlich repressivere und autoritärere Gesellschaft, als es die BRD-Gesellschaft nach dem Reformschub der 68er Bewegung wurde. Daraus resultiert die durchschnittlich größere Angst vor Veränderung und Fremdheit, die man unter den ehemaligen DDR-Bürgern finden kann. Gesellschaftliche Strukturen prägen den Charakter der Menschen, ihr Selbstverständnis und ihre internalisierten Verhaltensmuster.

Dieser Einfluss sozialer Strukturen kann auch nicht durch moralische Erziehung wettgemacht werden. Moralische Erziehung, also die Vermittlung von Normen und Werten einer Gruppe an die nachwachsenden Mitglieder, ist in ihrer Wirkung als Mittel zur Veränderung gesellschaftlicher Verhältnisse beschränkt. Solche Erziehung ist kontrafaktisch nie auf Dauer möglich. Moralische Erziehung versucht das Verhalten von Menschen zu beeinflussen. Dazu versucht sie bestimmte Verhaltensweisen durch Werte und Normen zu präferieren, andere zu diskriminieren. Wenn Werte und Normen aber, wie oben gezeigt, Ausdruck von Nützlichkeitserwägungen sind, so funktioniert solche Erziehung auf Dauer nur dann, wenn die Befolgung dieser Werte und Normen für die Menschen nützlich ist. Ob dies aber nützlich ist, kann nicht durch Erziehung bestimmt werden, sondern liegt immer schon durch die gegebenen sozialen Strukturen fest. Diese entscheiden daher letztlich darüber, wie die Menschen sich verhalten. Man kann Menschen nicht zu Altruisten erziehen, wenn die gesellschaftlichen Strukturen, in denen sie aufwachsen, nur Egoisten ein erfolgreiches Leben versprechen. Dies mag zwar bei einigen funktionieren, die dann gemessen an den Maßstäben dieser egoistisch strukturierten Gesellschaft ein wenig erfolgreiches Leben führen werden, aber im Großen und Ganzen wird ein solches Projekt scheitern. Will man also eine neue Gesellschaft schaffen, so kann man das dafür nötige neue Verhalten der Menschen nicht alleine durch Erziehung auf Dauer stellen. Daher ist es für jedes gesellschaftliche Reformprojekt nötig, sich über den Einfluss ökonomischer Strukturen auf das soziale Verhalten Klarheit zu verschaffen.

Die ökonomischen Strukturen müssen nicht nur so umgebaut werden, dass es für jeden genügend Zeit für Politik gibt, sondern sie müssen auch so umgebaut werden, dass strukturell immanente Anreize zur Ausbildung von Herrschaft möglichst minimiert werden. Menschen können ihr Verhältnis zueinander unterschiedlich bestimmen. Sie können es als Gegen- oder als Miteinander sehen. Herrschaft beruht darauf, dass Menschen ihr Verhältnis zueinander als Gegeneinander begreifen. Zum einen stehen die Herrschenden gegen die Beherrschten, die sie berauben, und zum anderen stehen die Beherrschten in ihrem Wettstreit um die Gunst der Herrschenden, von denen sie sich Gaben erwarten, gegeneinander. Solche Entsolidarisierung der Beherrschten ist entscheidendes Mittel der Herrschaft. Eine herrschaftsfreie Gesellschaft muss solche Strukturen schaffen, in denen es für die Menschen naheliegt, ihr Verhältnis zu den anderen wesentlich als Miteinander zu begreifen. Herrschaft enthält immer Momente von A-Sozialität, eine herrschaftsfreie Gesellschaft muss daher das - normative - Bewusstsein von Sozialität fördern, um die subjektiven Voraussetzungen der Herrschaft, jenes Sich-auf-Kosten-anderer-bereichern-Wollen zu bekämpfen.[34] Zur dauerhaften Stabilisierung herrschaftsfreier Verhältnisse bedarf es daher des Aufbaus von Strukturen, die es möglichst verhindern, dass sozialschädliches Verhalten individuell nützlich sein kann.

Die Bestimmung des Verhältnisses der Menschen untereinander kann man als Sinngebung bezeichnen. Die konträren Positionen dieser Selbstsinngebung kann man als Selbst-Sinn und Gemein-Sinn bezeichnen. Ohne in einen Anthropologismus zu verfallen, kann man sagen, dass historisch aufweisbar immer beide Formen des Bezugs der Menschen aufeinander gegeben sind - *beide* Formen des *Bezugs*, weil auch der Selbst-Sinn eine Art und Weise ist, sich auf die anderen zu beziehen und keineswegs ein bloßes Verhalten zu sich selbst. Diese Tatsache folgt einfach daraus, dass wir Menschen zwar Einzelne sind, Individuen, aber immer schon nur in Gruppen vorkommen. Daher stellt sich die Frage der Unterscheidung zwischen dem für-mich und dem für-uns immer und muss in jeder Situation und so oder so beantwortet werden. Aus der Unaufhebbarkeit dieser zugleichen Existenz zwischen Einzelnem und Gruppe folgt auch, dass es keinen grundsätzlichen Widerspruch zwischen Selbst-Sinn und Gemein-Sinn, zwischen für-mich und für-uns gibt. Das Überleben und das Wohlergehen der Einzelnen ist nicht möglich ohne ihre Gruppe und das der Gruppe nicht ohne ihre Einzelnen. Was für-uns gut ist, ist - zumeist - auch gut für-mich und was für-mich gut ist, ist - zumeist - auch gut für-uns. Dass es der Einschränkung durch das „zumeist" bedarf, damit diese Aussage stimmt, besagt, dass es möglich ist, dass zwischen dem für-mich und dem für-uns ein widersprüchliches Verhältnis entsteht. Herrschaft beruht auf der Entwicklung dieses Widerspruchs. Eine herrschaftsfreie Gesellschaft muss sich bemühen, solche Widersprüchlichkeit möglichst zu minimieren. Ein positives Verhältnis zur Gemeinschaft kann sich nur dann entwickeln, wenn man Gemeinschaft als etwas Positives erfährt.

Die Differenz zwischen dem Einzelnen und den anderen wird immer dann virulent, wenn es um die Aneignung und Verteilung von Gütern geht. Da alle Güter - relativ und absolut - knapp sind, kann ich nicht haben, was ein anderer hat. Andererseits ist alle Herstellung und Aneignung von Gütern immer nur in der und durch die Gruppe möglich. Arbeit ist ein sozialer Prozess.[35] Alles, an dessen Herstellung ich beteiligt bin, ist nicht nur durch-mich, sondern immer auch durch-uns. Ich brauche also die anderen, sowohl um überhaupt Güter herstellen als auch um sie mir dann aneignen zu können. Eigentum ist eine soziale Kategorie. Die Verfügungsgewalt über eine Sache habe ich nicht durch-mich, sondern durch-uns. Je mehr Güter daher in der Gruppe vorhanden sind, desto mehr Güter werde ich auch für mich haben können. Je mehr ich daher der Gruppe gebe, je mehr ich für-sie und mit-ihr tue, desto mehr bekomme ich auch zurück. Mein Handeln kann daher auf zwei Weisen motiviert werden, zum einen dadurch, dass ich etwas direkt für-mich will und zum anderen dadurch, dass ich etwas für-uns will und dadurch für mich: für-uns-(für-mich).[36]

Die Differenz zwischen den Einzelnen und ihrer Gruppe erfordert Vermittlung. In einfach strukturierten und überschaubaren Gruppen erfolgt solche Vermittlung ohne eine Instanz der Vermittlung zwischen den Personen direkt;[37] zwischen den Personen und nicht zwischen der Person und der Gruppe, weil die Gruppe ja nichts anderes ist, als eine Menge von Personen, so dass der Einzelne, solange es keine institutionalisierte Gruppenstruktur und damit Repräsentanzen und Repräsentanten der Gruppe gibt, nie mit der Gruppe, sondern immer nur mit anderen in ein Verhältnis tritt. In solch kleinen Gruppen ist daher die großteils gegebene Übereinstimmung zwischen dem für-mich und dem für-uns unmittelbar erfahrbar. Eine klare Trennung zwischen dem Handlungsmotiv des für-mich und dem des für-uns-(für-mich) ist nicht gegeben. Was ich für mich tue, tue ich auch für die Gruppe und was ich für die Gruppe tue, tue ich auch für mich. Solche Erfahrung sorgt für ein ausgeglichenes Verhältnis zwischen Selbst-Sinn und Gemein-Sinn.[38]

In größeren und differenzierten Gruppen treten zwischen die Personen Instanzen, die die Vermittlung ihrer Interessen leisten. Solche Vermittlungsinstanzen können den Prozess der Vermittlung so strukturieren, dass der immer gegebene Zusammenhang zwischen dem durch-mich und dem durch-uns Erlangten unmittelbar wahrnehmbar ist. Sie können aber den Prozess der Vermittlung auch so strukturieren, dass dieser Zusammenhang nicht unmittelbar wahrnehmbar ist, sondern dass alles Erhaltene als allein durch-mich erlangt und mir durch-mich in seinem Status garantiert erscheint. Ebenso können sie den Handlungsanreiz schwerpunktmäßig auf das für-mich oder schwerpunktmäßig auf das für-uns-(für-mich) hin orientieren. D.h. ich tue entweder etwas, damit es unmittelbar mir zugute kommt, oder ich tue etwas, damit es uns zugute kommt - und mittelbar auch mir. Solche Vermittlungsinstanzen strukturieren die sozialen Austausch- und Ausgleichprozesse. Aus der solcherart geprägten sozialen Erfahrung folgt eine unterschiedliche Einstellung zum Verhältnis des Miteinanders. Wer in seinem alltäglichen Leben immer wieder die Erfahrung macht, dass sein Wohlergehen entscheidend auf dem, was andere für ihn tun, beruht und das Wohlergehen anderer entscheidend auf dem, was er für sie tut, wird das Verhältnis der Menschen zueinander überwiegend durch Gemein-Sinn geprägt sehen. Wer dagegen in seinem alltäglichen Leben immer wieder erfährt, dass sein Wohlergehen entscheidend darauf beruht, dass er es schafft, anderen etwas wegzunehmen, sich anderen gegenüber durchzusetzen und sie auszustechen und umgekehrt, dass das Wohlergehen der anderen darauf beruht, wie sehr sie es schaffen, ihn auszustechen, wird das Verhältnis der Menschen zueinander überwiegend durch Selbst-Sinn geprägt sehen. Im einen Falle erfahre ich in den Vermittlungsprozessen immer meine soziale Bedingtheit, im anderen Falle erfahre ich mich als self-made Existenz. Diese Erfahrung und das durch sie geprägte Verständnis von Sozialität bestimmt nun wiederum das Verhalten der Menschen. In einer Gesellschaft, in der die Instanzen sozialer Vermittlung so strukturiert sind, dass die Herstellung des nötigen Handlungsanreizes wesentlich durch das für-mich geleistet wird, ist es für einen selbst kontraproduktiv - zu - viel für-uns zu tun. Man erhält dann nicht den seiner Leistung entsprechenden Gegenwert. Eine herrschaftsfreie Gesellschaft, die vor der Notwendigkeit steht, ein ausgeglichenes Verhältnis zwischen dem Selbst-Sinn und dem Gemein-Sinn ihrer Bürger herzustellen, muss daher solche Instanzen sozialer Vermittlung präferieren, die jene Erfahrung der sozialen Bedingtheit der eigenen Existenz möglich machen und in denen der Schwerpunkt des Handlungsanreizes auf dem für-uns-(für-mich) liegt.

Es gibt sachliche, traditionelle und politische Instanzen sozialer Vermittlung.[39] Sachliche Instanzen sind solche, deren Strukturen und Gesetzmäßigkeiten sich aus dem Handeln der Menschen *von selbst* ergeben. Es sind solche, deren Effekte sich quasi „hinter dem Rücken" der Menschen dadurch ergeben, dass viele Menschen, unkoordiniert, aber aus gleichen Antrieben heraus, etwas Gleiches tun. Das Ergebnis dieses massenhaften Handelns in einem unkoordinierten und unkontrollierten Gleichklang tritt den Menschen dann wie eine fremde, von ihnen nicht willentlich hergestellte Macht, eben wie eine Sache gegenüber. Politische Instanzen sind dagegen solche, die das Ergebnis gemeinsamer zielgerichteter Planung der Menschen sind. Wird gesellschaftliche Vermittlung durch sie geleistet, so nehmen die Menschen die Effekte ihres Handelns als Ergebnis der erfolgreichen oder auch fehlerhaften Umsetzung dieser Planung wahr. Traditionelle Instanzen sind das verselbstständigte und verfestigte Ergebnis politischer Prozesse. Sie erscheinen daher den Menschen häufig wie sachliche Instanzen, sind aber im Grunde politisch, was sich daran zeigt, dass die ihnen zugrundeliegenden Entscheidungen jederzeit wieder politisch problematisiert werden können.

Sachliche Instanzen sind dem politischen Zugriff zugänglich. Man kann sie regulieren. Die Menschen versuchen, die spontan auftretenden Effekte ihres Handelns zu gestalten, insbesondere negative aufzuheben. Dies findet durch das spontane Handeln der Einzelnen statt, aber auch durch gezieltes, gemeinschaftliches Handeln, eben durch politisches Handeln. Gerade die Einsicht in die nichtkontrollierten Effekte spontanen Verhaltens drängt zur Politik. Allerdings ist die Reichweite solcher Regulierung beschränkt. Man kann sachliche Instanzen nicht in politische überführen. Sachliche Instanzen zeichnen sich gerade dadurch aus, dass ihre Effekte von selbst entstehen, dass soziales Handeln dieser Art eine Selbstgesetzmäßigkeit in sich trägt, die nicht aufgehoben werden kann. Andererseits sind die sachlichen Instanzen gesellschaftlicher Vermittlung zwar durch ihnen immanente Gesetzmäßigkeiten geprägt, aber diese gesellschaftlichen Gesetze sind keine Naturgesetze, sondern ein Produkt menschlichen Handelns. Wenn die Menschen anders handeln, so schaffen sie andere sachliche Strukturen, die wiederum eine andere Selbstgesetzlichkeit aufweisen. Alle sozialen Gesetzmäßigkeiten sind daher veränderbar und regulierbar. Die sachlichen Strukturen des Sozialen sind allerdings nur beschränkt willkürlich regulierbar, so ist z.B. der Markt - eine allgemeine, sachliche Instanz sozialer Vermittlung - nicht endlos politisch regulierbar, sondern an einem bestimmten Punkt hebt politische Regulierung den Markt auf. Dies folgt aus den sachlichen Gesetzmäßigkeiten dieser Struktur. Es gibt Grenzen, wie weit man eine sachliche soziale Struktur regulieren kann. Überschreitet man diese Grenzen, schafft man eine andere Struktur, die wiederum andere Effekte aufweist, die ich wiederum regulieren kann. Politische Regulierung muss sich dieser doppelten Beschränktheit bewusst sein. Zum einen kann sie die Effekte einer sachlichen, sozialen Struktur - ohne diese Struktur zu installieren - nicht willkürlich herstellen und - ohne diese Struktur aufzuheben - nicht willkürlich abschaffen und zum anderen ist sie durch die Grenzen solcher Strukturen gebunden. Politisch ist daher auch die Entscheidung für das eine oder das andere System sachlicher, sozialer Vermittlung mit seinen jeweiligen Vor- und Nachteilen. Politik muss dann auf Grundlage dieser Entscheidung durch regulative Eingriffe einen den eigenen Zielsetzungen möglichst nahe kommenden Zustand herstellen.

Politische wie auch sachliche und traditionelle Instanzen können grundsätzlich sowohl die soziale Bedingtheit der eigenen Existenz unmittelbar erfahrbar machen als auch das Gegeneinander der Menschen herausstellen. Darin liegt ihr Unterschied nicht.[40] Allerdings erfahre ich die Zwänge, die von diesen Instanzen ausgehen, als qualitativ unterschiedliche. Sachliche Instanzen wirken durch Sachzwänge, dagegen wirken politische Instanzen durch Anweisungs- bzw. Befehlsstrukturen. Bei traditionellen Instanzen wiederum wirken Befehlsstrukturen wie Sachzwänge. Sachliche Instanzen wirken daher neutral, während ich politische Instanzen als durch die Interessen der Anordnenden geprägt erfahre.

Das Feld politischer Vermittlung wie politischer Regulierung sachlicher Vermittlung ist wie alles Politische durch divergierende Interessen geprägt und daher umkämpft. In herrschaftsförmigen Gesellschaften ist das die konkreten Verhältnisse überdeterminierende Interesse das Interesse an der Erhaltung der Herrschaft. Dies bedeutet, dass z.B. der Markt als sachliche Struktur ökonomischer Vermittlung in solchen Gesellschaften immer schon einer politischen Regulierung unterliegt, die nie nur ökonomische Interessen verfolgt, sondern immer auch herrschaftliche, was so weit geht, dass im Zweifel eine unökonomische, aber herrschaftsdienliche Maßnahme einer ökonomischen, aber herrschaftsgefährdenden Maßnahme vorgezogen wird. Herrschaftsförmig überdeterminiert bedeutet, dass die sachlichen Vermittlungsstrukturen als Mittel der Vergesellschaftung in die politischen Herrschaftsverhältnisse hinein gebraucht werden, dass Herrschaft versucht, sich innerhalb dieser sachlichen und daher scheinbar neutralen Verhältnisse so zu positionieren, dass sie als ein Effekt dieser Verhältnisse erscheint, dass so ihr politischer Charakter verdeckt wird und dass die Menschen im Vollzug ihrer sachlichen Geschäfte sich den politischen Institutionen der Herrschaft unterstellen.

Wie sachliche Strukturen erfahren werden, resultiert daher nur zum einen aus diesen Strukturen selbst, zum anderen gibt es immer schon politisch umkämpfte Verstehensweisen solcher Strukturen und meines Verhältnisses zu ihnen. Wahrnehmung ist nichts rein objektives, sondern unterliegt sozialen Deutungsmustern, die politisch beeinflusst werden können. Solche Beeinflussung kann nicht willkürlich geschehen, aber es gibt für jede Wahrnehmung unterschiedliche Perspektiven und zu jeder Wahrnehmung einen Interpretationsspielraum. Vermittlungsinstanzen beeinflussen das Selbstverständnis der Akteure, aber sie determinieren es nicht. Der politische Handlungsspielraum im Umgang mit sachlichen Instanzen sozialer Vermittlung ist daher relativ groß. Es kann nicht von vornherein entschieden werden, ob eine solche Instanz für ein politisches Projekt untauglich ist oder nicht. Wenn man ein bestimmtes politisches Projekt verfolgt, ist es sinnvoll, sich über die sozialen Effekte bestimmter sachlicher Strukturen im Klaren zu sein, um entscheiden zu können, welche man sinnvollerweise präferiert, wie man sie dann am besten reguliert und mit politischen Vermittlungsinstanzen kombiniert. Aber eine sachliche Struktur von vornherein als für ein politisches Projekt untauglich auszuschließen, ist nicht sinnvoll.

Die unter Linken am meisten umstrittene, allgemeine Instanz sozialer Vermittlung ist der Markt. Der Markt ist ein Ort, an dem sich Menschen treffen, die etwas brauchen,[41] was sie nicht haben und auch nicht selber herstellen können oder wollen. Die Nachfrage ist es, die die Menschen auf den Markt treibt. Um das, was sie nicht haben, aber brauchen, zu bekommen, müssen sie den anderen etwas bieten. Es muss das sein, was die anderen brauchen. Das Angebot ist der Versuch, für etwas, das man hat und nicht braucht, das zu bekommen, was man nicht hat und braucht. Tauschverhältnisse gibt es bereits, bevor es den Markt gibt. Sobald Prozesse von Arbeitsteilung auftreten, und bekanntlich ist das erste arbeitsteilige Verhältnis das der Geschlechter, also schon immer, sobald gibt es Tauschverhältnisse. Markt entsteht dann, wenn diese Tauschprozesse nicht mehr unmittelbar zwischen den persönlich bekannten Mitgliedern eine Gruppe stattfinden, sondern zwischen fremden. Je mehr die Arbeitsteilung aus Produktivitätsgründen zunimmt und die Subsistenzwirtschaft zurückgeht, desto mehr entsteht das Bedürfnis nach einer solchen Austauschstruktur. Der Markt ist der Ort, der dem Austausch von Bedürfnis befriedigenden Gütern dient. Das Problem des Marktes ist es, dass dieser Austausch, im Gegensatz zu gruppengesteuerten Austauschprozessen, zufällig erfolgen muss, d.h., ob sich zwei Menschen finden, bei denen Nachfrage und Angebot in einem reziproken Verhältnis stehen, ist Zufall. Zum Ausgleich dieses strukturellen Mangels des Marktes entwickelt sich ein allgemeines Tauschäquivalent: das Geld. Nur Märkte, auf denen es ein solches allgemeines Tauschmittel gibt, sind geeignete Instanzen um soziale Vermittlung in großem Ausmaß zu leisten. Die Einführung des Geldes führt zu einer Veränderung der Austauschbeziehungen. Während vorher die Position der Tauschenden gleichwertig war, weil jeder von beiden vor der Notwendigkeit stand, jemanden zu finden, der genau das brauchte, was man hatte und das hatte, was man brauchte, ändert sich die Situation in dem Moment, wo mit dem Geld ein allgemeines Äquivalent für den Tauschwert eingeführt wird. Erst jetzt entstehen die sozialen Rollen des Käufers und des Verkäufers. Der Käufer hat jetzt etwas, was jeder haben will, denn Geld kann jeder „gebrauchen", der Verkäufer dagegen hat weiterhin etwas, was nur wenige haben wollen, denn seine konkreten Waren braucht nicht jeder. Dadurch entsteht - von den in einer Marktwirtschaft aus strukturellen Gründen eher seltenen Fällen der Angebotsknappheit[42] abgesehen - auf Seiten der Verkäufer die Konkurrenz.

Das Geld hebt das Zufallsprinzip zunächst nicht auf. Ich weiß als Käufer nicht, ob auf dem Markt jemand das anbieten wird, was ich brauche, und als Verkäufer nicht, ob jemand das brauchen wird, was ich anbiete. Wenn ich aber auf dem Markt war und festgestellt habe, es gibt das, was ich brauche, und man braucht das, was ich anbiete, dann kann ich als Käufer davon ausgehen, dass ich auch in Zukunft gegen Geld das bekommen kann, was ich brauche, und als Verkäufer, dass ich auch in Zukunft Geld bekommen kann für das, was ich anbiete. Die

Einführung eines allgemeinen Tauschäquivalents ermöglicht die individuelle Planung der Markttransaktionen. Von meiner Erfahrung der bestehenden Marktsituation her schließe ich auf die zukünftige Entwicklung der Verhältnisse und orientiere mein Verhalten an dieser Prognose. Diese Planung orientiert sich an meinen individuellen Bedürfnissen. Dem Verkäufer geht es darum, Tauschwert zu erwerben, dafür muss er Gebrauchswert zur Verfügung stellen. Dem Käufer geht es darum Gebrauchswerte zu erwerben, dafür muss er Tauschwert zur Verfügung stellen. Jeder plant die Herstellung seiner Tauschmittel nur aus dem Motiv heraus, für sich das Nötige zu bekommen, nicht aber um für andere Nötiges herzustellen. Dieses ist ihm nur unvermeidliches Mittel zum Zweck. Der Austausch ist zwar ein wechselseitiges Verhältnis, seine Planung aber eine einseitige. Jeder plant nur für sich und nicht mit den anderen zusammen. Dabei ist die Planung auf der Seite des Käufers einfach. Der Käufer muss nur planen, dass er genügend Geld hat. In seiner Rolle als Verkäufer dagegen muss er außer der Nachfrage auch das konkurrierende Angebot in seine Planung mit einbeziehen. Er kann seine Waren nämlich nicht nur dann nicht verkaufen, wenn niemand sie braucht, sondern auch dann, wenn andere ein gleichwertiges Produkt besser und/oder billiger anbieten können.

Die Kategorien, durch die auf dem Markt die Interessen der Einzelnen vermittelt werden, sind also Zufall, individuelle Planung und Konkurrenz. Diese Kategorien sind wenig geeignet, die eigene Existenz als sozial bedingte wahrzunehmen. Zwar ist der Markt ein Ort des sozialen Austauschs und Ausgleichs, auf den ich mich begebe, weil ich etwas von anderen brauche, aber ich bekomme es nur, wenn ich etwas zu geben in der Lage bin, was der andere wiederum für sich braucht. Das Verhältnis zwischen den Personen ist daher ein sachliches, ein nur über das Interesse an Sachen vermitteltes. Der Markt baut daher auf den Antrieb durch das für-mich und vermittelt unmittelbar die Erfahrung der unabhängigen, ihr Schicksal selbst gestaltenden Existenz.

Darin liegt das große emanzipative Potenzial des Marktes. Diese Beschränkung des wechselseitigen Interesses auf die zur Verfügung zu stellenden Sachen befreit von den Anforderungen traditioneller Instanzen an die Personen. Weder kommt es für das Zustandekommen der Austauschbeziehung auf meine soziale Stellung an, noch bin ich genötigt, in diesen Beziehungen durch mein Verhalten die soziale Struktur zu reproduzieren. Der Markt bietet daher einen politisch neutralen Vermittlungsmechanismus an, der es mir ermöglicht, meine ökonomisch bedingte Abhängigkeit von traditionellen Vermittlungsinstanzen zu durchbrechen. Zugleich damit ermöglicht der Markt auch Individualität, da ich nicht mehr genötigt bin, einen bestimmten sozialen Charakter anzunehmen, um überhaupt in den traditionellen Strukturen eine Austauschverhältnisse ermöglichende Position einnehmen zu können. Standes- und Benimmregeln spielen keine Rolle mehr. Zwar trete ich auf dem Markt immer in den sozialen Rollen des Käufers und Verkäufers auf, aber diese Rollen haben über die unmittelbare Marktsituation hinaus keine Wirkung. Meine soziale Stellung und mein soziales Verhalten sind meinem Tauschpartner auf dem Markt gleichgültig - solange ich ihn nicht betrügen will. Die sachliche

Instanz des Marktes ermöglicht damit Emanzipation und Individualität in einem Ausmaß, wie es politische Instanzen alleine schwer bieten können. Selbst demokratische Instanzen politischer Regulierung des Sozialen bleiben Instanzen, die das Leben der Menschen durch Anweisungen regeln, und in denen daher einer dem anderen ein bestimmtes Verhalten vorschreibt. Mag auch in einem demokratischen Prozess der Einzelne sich durch Zustimmung dazu selbst verpflichtet haben, so bleibt es doch eine Anweisungsstruktur und eine Festlegung seines Verhaltens, an der andere entscheidend mitgewirkt haben. Allein sachliche Instanzen bieten daher einen von Beeinflussung anderer freien Raum für eigenes Verhalten. Im Interesse an der Erhaltung solch einer Privatsphäre muss die politische Regelung des sozialen Miteinanders beschränkt bleiben, und sie kann dies nur, wenn die nötigen Vermittlungen auch durch sachliche Instanzen geleistet werden. Dieser Privatraum ist gerade im Interesse einer herrschaftsfreien Gesellschaft wünschenswert. Die politische Regulierung *aller* gesellschaftlichen Prozesse ist selber wiederum ein Ansatzpunkt für Herrschaft. Wenn alles durch Politik geregelt werden soll, dann bedeutet dies, dass das gesamte Verhalten der Einzelnen einer sozialen Kontrolle unterliegt. Dies ist mit dem Freiheitsanspruch einer freien Gesellschaft nicht vereinbar. Die Abschaffung der Herrschaft verlangt daher ein ausgeglichenes Verhältnis zwischen sachlicher und politischer Regulierung.

Der Markt hat wie alle sachlichen Instanzen sozialer Vermittlung des Weiteren einen wünschenswerten Entlastungseffekt.[43] Politische Vermittlung ist ein ressourcenaufwendiger Prozess. Politische Vermittlung bedeutet letztlich immer soziale Planung. Die gemeinschaftliche Planung gesellschaftlicher Entwicklung setzt erstens die Herstellung eines bewussten Einverständnisses aller über das gemeinsam Gewollte voraus, zweitens die Ermittlung der nötigen Fakten, um einen zielgerichteten Eingriff in die vorhandenen gesellschaftlichen und/oder naturalen Verhältnisse vornehmen zu können, drittens die Projektierung dieses Eingriffs, viertens seine kontrollierte Durchführung und fünftens eventuell eine abschließende Analyse zum Zwecke der Fehlerkorrektur. Von diesem immensen Aufwand entlastet die sachliche Instanz.[44] Durch die unmittelbare und massenhafte Verfolgung individueller Nahziele stellen sich weitergehende soziale Effekte *von selbst* her, d.h., sind das ungeplante und unabgesprochene soziale Ergebnis des massenhaften Handelns Einzelner. Den gesamten Prozess sozialer Vermittlung politisch zu leisten, ist kaum möglich. Vor allem da nicht, wo sich die Ausgangsbedingungen häufig ändern. Daher werden politische Instanzen institutionalisiert. Das Recht ist z.B. institutionalisierte Politik. Institutionalisierung ist aber auch unter Herrschaftsgesichtspunkten problematisch und sollte daher beschränkt werden (s.u.). Zudem bedürfen auch institutionalisierte Instanzen einer permanenten politischen Überprüfung, Nachregelung usw. Institutionalisierung macht daher Politik nicht überflüssig und kann sie immer nur relativ vereinfachen. Sobald sich die Verhältnisse ändern, müssen die Vermittlungsinstitutionen umstrukturiert werden, um unter den veränderten Verhältnissen noch die vorgegebenen Ziele umsetzen zu können. Krisen müssen bewältigt werden können (vgl. Altvater 1997, 50ff). Ändern sich die politischen Ziele, so gilt das gleiche. Die entlastende Funktion sachlicher Regulierung kann daher auch durch Institutionalisierung nicht ersetzt werden.

Diese Entlastungsfunktion betrifft aber nicht nur die Gesellschaft als Ganze, sondern auch den Einzelnen, auch er stünde vor einer letztlich kaum mehr überschaubaren Vielzahl von politischen Aufgaben, an denen er teilnehmen müsste, wenn eine demokratisch organisierte Politik alle gesellschaftlichen Funktionen steuern würde. Wirkliche Demokratie kann nie funktionieren ohne das Engagement aller. An der Regelung ihrer Angelegenheiten haben die meisten Menschen ein spontanes Interesse, welches ihr politisches Engagement begründet. Wenn die Menschen in einer freien Gesellschaft mehr Zeit dafür haben werden und besser ausgebildet sind, so dass sich das Problem der Angst vor Verantwortung kaum mehr stellt, so bleibt es doch dabei, dass wohl niemand Lust haben wird, fast sein ganzes Leben mit Politik zu verbringen. Alle Menschen als Berufspolitiker, dies ist nicht die wünschenswerte Perspektive einer freien Gesellschaft. Daher hat der Markt als sachliche Instanz gesellschaftlicher Vermittlung auch in dieser Hinsicht einen positiven Entlastungseffekt.

Der Markt hat weiterhin den positiven Effekt, einen rationalen, ökonomischen Handlungsanreiz zu schaffen.[45] Das für-mich ist ein starker Handlungsanreiz, letztlich wollen wir mit fast allem Handeln auch etwas für-uns-selbst erreichen. Der Markt in seiner ursprünglichen, unregulierten Form gibt allen die Möglichkeit, dieses Ziel des für-mich auch in einer komplexen Gesellschaft unmittelbar verfolgen zu können. Die Ergebnisse meiner Arbeit kommen mir, zumindest wenn ich auf dem Sachenmarkt auftrete, direkt zugute. Es findet keine soziale Verteilung des von mir Produzierten statt, bei der ich dann auch einen Anteil des von mir Eingebrachten, abbekomme, sondern meine Produkte kommen mir direkt und in vollem Umfang zugute. Auch auf einem regulierten Markt wird erst nachträglich durch Steuern und Abgaben ein Teil meines Arbeitsprodukts der Gemeinschaft für allgemeine Zwecke zugeführt. In die Marktstruktur ist damit schon immer der sachliche Anreiz zu arbeiten eingebaut. Dies ist kein zu vernachlässigender Vorteil des Marktes. Man muss nicht in einer reichen Gesellschaft leben, um glücklich werden zu können, dies ist auf jeder Stufe der zivilisatorischen Entwicklung der Menschheit möglich. Man muss auch nicht persönlich reich sein, um glücklich sein zu können, vom Zustand der Armut abgesehen[46] ist dies auf jeder Stufe des in einer Gesellschaft gegebenen sozialen Wohlstandes prinzipiell möglich. Aber die zivilisatorische Entwicklung, wie sie die bürgerlich-kapitalistische Gesellschaft bewirkt hat, bringt eine Menge von Annehmlichkeiten mit sich, auf die man ungerne verzichtet und auch, selbst bei aller heute nötigen, ökologisch bedingten Beschränkung der Produktion und des Konsums, nicht verzichten braucht. Diesen zivilisatorischen Standard zu halten, setzt aber, bei noch so viel Rationalisierung, einen intensiven Arbeitsaufwand der Mitglieder einer Gesellschaft voraus. Die Vorstellung, dass wir einmal in einem Technikparadies leben und Roboter alles für uns tun werden, halte ich für illusionär – abgesehen von der Frage, ob dies wünschenswert wäre.

Jede Gesellschaft kann für sich entscheiden, wieviel materiellen Wohlstand sie haben möchte und wieviel Arbeit sie investieren will, aber dazwischen besteht häufig ein Zielkonflikt, zumeist will jeder viel materiellen Wohlstand und wenig Arbeit. Das führt häufig dazu, dass Menschen versuchen selber möglichst wenig zu arbeiten, aber erwarten, dass die Gesellschaft als Ganze möglichst wohlhabend ist und ihnen einen entsprechenden Anteil abgibt. An dieser Stelle treten Gerechtigkeitsprobleme auf. Eigene Leistung und Erwartungshaltung können hier auseinanderfallen. Hier sind solche Strukturen hilfreich, die dafür sorgen, dass alle ihren Anteil zur Produktion des gesellschaftlichen Wohlstandes beitragen und auch ihren Anteil von diesem Wohlstand erhalten, von dem sie wissen, dass es ihr Anteil ist, der auf ihrer Leistung beruht. Der Markt leistet diese Vermittlung. Wenn dagegen dieser Zusammenhang zwischen dem eigenen Arbeitsaufwand und dem allgemeinen und damit auch dem individuellen Wohlstand nur abstrakt vermittelt wird, so reicht dies häufig als Arbeitsanreiz nicht aus und führt zu ökonomischer Stagnation.[47]

Auf dem Arbeitsmarkt tritt dieses Problem bereits in einer entwickelten Marktgesellschaft auf, da durch die herrschaftsförmige Überformung der Marktstruktur der Effekt eintritt, dass der unselbstständig Arbeitende den Ertrag seiner Arbeit gerade nicht erhält, sondern nur einen Lohn. Durch die Einführung von Akkordlöhnen und anderen Formen leistungsabhängiger Bezahlung versucht man solche unmittelbaren Anreize dennoch herzustellen. Die sozialistischen Staaten, die die damit gegebene Ausbeutung abschaffen wollten, haben zunächst versucht, auf solche direkten, in den Arbeitsprozess inkorporierten Anreizsysteme zu verzichten und haben dagegen auf Appelle gesetzt, die auf den Zusammenhang zwischen eigener Leistung und allgemeinen, d.h. auch mir zugute kommenden Wohlstand verwiesen. Dies war zur Herstellung einer ausreichenden Arbeitsmoral häufig nicht genügend. Auch durch die Einführung eines Systems sozialen Drucks und sozialer Belobigung konnte dieses Problem letztlich nicht befriedigend gelöst werden. Die verwendeten Anreizsysteme wie „Aktivist" und „Brigade der sozialistischen Arbeit" im Rahmen des Versuchs, „sozialistischen Wettbewerb" zu initiieren, waren alle wenig erfolgreich, da es erstens an einem objektiven Kriterium des ökonomischen Erfolgs fehlte und sie zweitens nur immer punktuell wirkten und nicht die Wirtschaftsstruktur als Ganze bestimmten.

Auf der Betriebsebene, auf der Ebene der Güter führt der Ersatz des Marktes durch Planvorgaben dazu, dass für das Unternehmen kein direkter Anreiz mehr besteht, marktfähige, d.h. an den Wünschen und Ansprüchen der Benutzer angepasste Güter herzustellen, da Qualität und Verbraucherorientierung durch Planziffern nicht erfasst werden können. Des Weiteren lässt die Abschaffung der Konkurrenz zwischen den Unternehmen den Anreiz zur Entwicklung und zum Einsatz von Rationalisierungsmöglichkeiten entfallen. Die Möglichkeiten zur Reduzierung des gesellschaftlich nötigen Arbeitsaufwandes werden so nicht genutzt. Die Verankerung solcher Motivationen in Strukturen politischer Vermittlungsinstanzen hat sich als schwierig herausgestellt und konnte von den sozialistischen

Staaten letztlich nicht ausreichend geleistet werden. Die direkte Anreizstruktur, die der Markt bietet, ist eine seiner positiven Seiten. Der Markt ist damit eine Instanz, in deren sachlichen Strukturen - bis zu einem gewissen Grad - eine ökonomisch-politische Zweckrationalität eingeschrieben ist. Der Markt produziert zwar Krisen, aber er stellt auch die Mittel zu ihrer Überwindung bereit (vgl. Altvater 1997, 50ff). Auf diese strukturelle Rationalität marktförmiger Vermittlung baut das liberale Credo auf, demzufolge die Verfolgung der egoistischen Interessen der Einzelnen im Ganzen zum größtmöglichen Nutzen aller führt. Die ist insoweit richtig, als die kapitalistische Ökonomie mit ihrer vorwärts drängenden Dynamik zu einer wesentlichen Verbesserung der materiellen Verhältnisse der Menschen geführt hat. Andererseits hat diese Konkurrenzökonomie in den letzten zwei Jahrhunderten immer wieder zu Kriegen bis dato nie gekannten Ausmaßes und zu größter Armut geführt. Des Weiteren hat sie die Sozialstruktur der Gesellschaft wesentlich verändert und einen Menschentyp hervorgebracht, der sich immer mehr durch den Besitz oder Verbrauch von Waren und Dienstleistungen definiert und weniger durch seine sozialen Kompetenzen und Bezüge. Und letztlich hat sie durch ihre ungehemmte Wachstumspolitik zu einer massiven Schädigung der Umwelt geführt. Diese negativen Auswirkungen der kapitalistischen Marktwirtschaft bestehen unverändert fort und es ist nicht ersichtlich, dass die bürgerliche Gesellschaft sie in den Griff bekommen würde. Der Markt ist daher keine Struktur, die von selber eine Garantie für gesellschaftlich rationales Verhalten bietet.

Der Markt individualisiert das Existenzrisiko. Während im Verhältnis des Käufers zum Verkäufer der soziale Charakter der Ware noch darin sichtbar wird, dass der eine etwas hat, was der andere braucht, ist es im Verhältnis der Verkäufer zueinander so, dass beide um den Käufer konkurrieren, so dass der eine alles andere braucht als seinen Konkurrenten. Hier kann der eine nur auf Kosten des anderen profitieren. Die Marktsituation - in ihrer idealtypischen Form - ist für den Käufer günstig, denn er hat die Auswahl zwischen unterschiedlichen Produkten, welche alle den gleichen, von ihm gesuchten Gebrauchswert haben, sie ist für den Verkäufer ungünstig, denn er steht in Konkurrenz mit anderen Anbietern des gleichen Produkts, die alle dasselbe haben wollen, nämlich das Geld des Käufers. Die Nachfrage ist aber in aller Regel beschränkt. Kauft daher der Kunde bei dem einen Hersteller, so kauft er nicht auch noch bei einem anderen. Wollen alle die Produkte des einen Verkäufers und kann er alle Käufer bedienen, so können andere Verkäufer, die nur das gleiche Produkt auf dem Markt anbieten, gar nichts mehr verkaufen: sie gehen pleite, ihre ökonomische Existenzgrundlage wird vernichtet. Diese Existenzkrise betrifft zunächst nur den Einzelnen, nicht die Gesellschaft als Ganze. Eine Gruppe, die ihre ökonomischen Existenzgrundlagen durch Subsistenzwirtschaft produziert, kann nur als Ganze in eine ökonomisch existenziell bedrohliche Krise geraten. Eine solche Krise - durch Missernten, kriegerische Überfälle usw. - betrifft immer entweder alle oder keinen. Nicht so bei einer marktvermittelten Ökonomie. Hier treten nur einzelne Personen miteinander in

Kontakt, die untereinander in keinem Verpflichtungsverhältnis stehen. Scheitert daher ein Einzelner mit seinem Bemühen, sich auf dem Markt seine Existenzgrundlagen zu erwirtschaften, so betrifft und interessiert es die anderen nicht. Auch dies ist ein Grund dafür, dass auf dem Markt die soziale Bedingtheit der eigenen Existenz nicht mehr erfahren wird. Selbst in der Extremsituation der ökonomischen Krise bleibt es zumeist dabei, dass das Scheitern des Einzelnen auf seine individuellen Fehler zurückgeführt wird, die sich in der Krisensituation nur stärker ausgewirkt haben. Nur wenn die Krise als kollektive begriffen wird, wie dies z.B. die Massenarbeitslosigkeit durch die Abwicklung der Industrieproduktion in Ostdeutschland bewirkt hat, kann auch in einer marktvermittelten Ökonomie soziale Abhängigkeit unmittelbar erfahren werden.

Wenn man sich seine eigene Teilnahme am Marktgeschehen vorstellt, so denkt man zumeist zunächst an seine Tätigkeit als Käufer. Fast alle treten aber auch als Verkäufer auf dem Markt auf. Dies ist zwangsläufig so, da man das in einer Marktgesellschaft benötigte Tauschäquivalent nur auf diese Weise erwerben kann. Die Ware, die fast alle zu Markte tragen, ist ihre Arbeitskraft. Insofern sind wir alle Produzenten. Wir reproduzieren unsere Arbeitskraft immer von neuem und tragen sie immer von neuem auf den Markt. Diese Ware unterliegt den Marktmechanismen wie alle anderen Waren auch. Auch die Nachfrage nach dieser Ware ist in der Regel beschränkt. Dies führt auch auf dem Arbeitsmarkt zur Konkurrenz der Anbieter um die Käufer dieser Ware und vorgelagert im Ausbildungssektor zu einer Konkurrenz um die beste Entwicklung dieser Ware. Die Ware Arbeitskraft weist aber einige Besonderheiten auf. Meine Arbeitskraft ist nicht ein Ding, das ich unabhängig von mir verkaufen könnte, sondern sie ist untrennbar mit meiner Person verbunden. Das macht mich selber nicht zur Ware, aber ich erfahre die Mechanismen des Marktes, wenn ich meine Arbeitskraft verkaufe, *am eigenen Leibe* und damit noch einmal ganz anders, als wenn ich nur eine Sache verkaufe. Ich erfahre mich selbst als in Konkurrenz mit den anderen stehend; ich erfahre mich selbst als mein Leben alleine planend und ich erfahre mich selbst als den Zufällen des Marktes Ausgesetzter. Gerade da, wo ich mit anderen zusammenarbeite, erfahre ich diese Zusammenarbeit zunächst nicht als Prozess eines Miteinanders, welches über das bloße gemeinsam etwas Tun hinausginge, sondern als Prozess, in dem ich meine Unterworfenheit unter die Zufälle des Marktes nur dadurch kompensieren kam, dass ich mich auf Kosten der anderen profiliere. Gemeinschaft wird durch solche Vermittlungsstrukturen spontan nur negativ hergestellt.

Der Markt gibt die Möglichkeit einer persönlich unabhängigen Existenz, also einer Art und Weise zu leben, in der der soziale Charakter des menschlichen Lebens nur noch über den Markt vermittelt wird und damit über eine Institution, die soziale Vermittlung unabhängig vom sozialen Status der Personen leistet. Persönliche Beziehungen sind damit nicht mehr zwangsläufig die Basis der alltäglichen Produktion des Lebens, sondern können und müssen unabhängig davon erst hergestellt werden. Die Möglichkeit der persönlich unabhängigen Existenz löst alle traditionellen produktionsbezogenen Sozialbeziehungen auf, bis letztlich zur Familie. Darin liegt das emanzipative und Individualität erst ermöglichende Potenzial des Marktes. Während aber die Möglichkeit der nicht sozial unmittelbar abhängigen Existenz vom Markt bereitgestellt und damit die Möglichkeit, sich den sozialen Zwängen traditioneller Sozialstrukturen zu entziehen, auch entsprechend genutzt wird mit der Folge, dass sich diese Strukturen auflösen, muss der Aufbau nicht-traditioneller, nicht-ökonomisch überdeterminierter, in diesem Sinne freier Sozialbeziehungen selbst geleistet werden, mit der Folge, dass viele, die sich ihrer alten sozialen Beziehungen entledigen, die nötigen Kompetenzen zum Aufbau neuer nicht haben. Die Existenz des Singles ist die Folge dieser Ungleichzeitigkeit. Dem positiven Effekt des Aufbrechens traditionaler Zwänge steht daher der negative Effekt gegenüber, dass die Entsozialisierung durch den Markt über den Markt selber nicht kompensiert werden kann.

Ist der Markt somit als Vermittlungsinstanz für eine freie, gleiche, gerechte und humane Gesellschaft tauglich oder verstärkt er ihren sozialen Notwendigkeiten gegenläufige Effekte? Die Auswirkungen marktförmiger Vergesellschaftung haben positive wie negative Seiten. Sie brechen traditionelle Strukturen auf und schaffen so neue politische wie private Handlungsfreiräume und -anreize für die Menschen. Andererseits wird die Ausnutzung dieser Handlungsspielräume dadurch erschwert, dass der Markt Sozialität vor allem als ein Gegeneinander erfahrbar macht und keinen Anstoß zur spontanen Entwicklung der benötigten sozialen und politischen Kompetenzen gibt. Ebenso ist die durch den Handlungsanreiz des Marktes bewirkte Produktivitätssteigerung keineswegs durchgängig positiv. Sie hebt zwar das Lebensniveau und macht die Produktion des Lebensnotwendigen von den negativen Auswirkungen extremer klimatischer Prozesse relativ unabhängig, andererseits aber bewirkt der Markt zum einen keineswegs einen allgemeinen Wohlstand, sondern erzeugt inner- und intrastaatlich riesige Reichtumsdifferenzen und zum anderen beschädigen die Menschen durch die Vernutzung der Natur ihre Umwelt in einem qualitativ neuen Ausmaß, das zu einer globalen Verschlechterung der natürlichen Lebensbedingungen der Menschen führt. Der Markt bedarf daher einer politischen Regulierung, die seine positiven Effekte soweit als möglich bewahrt und seine negativen so weit als möglich aufhebt.

Eine solche Regulierung ist selbstverständlich möglich und wird schon immer praktiziert. Einen unregulierten Markt gibt es faktisch nicht. Der politische Gestaltungsspielraum des Marktes ist groß. Viel größer als konservative und neoliberale Politik es heute propagieren. Vielmehr ist solche Politik selber ein regulierender Eingriff in den Markt. Die politische Regulierung des Marktes entsteht spontan mit ihm selbst. Die oben beschriebene idealtypische Ausgangsstruktur des Marktes bleibt auf Dauer nicht unverändert und nicht durchgängig bestehen. Alle Akteure auf dem Markt sind bemüht, die für sie negativen Seiten dieser Struktur auszuschalten. Auch hier bestehen Unterschiede zwischen dem Sachenmarkt und dem Arbeitsmarkt. Um innerhalb der Konkurrenzstruktur des Sachenmarkts zu bestehen, ist es nötig, möglichst viel mit möglichst hohem Gewinn zu verkaufen. Je mehr Kapital ich akkumulieren kann, desto mehr Konkurrenzvorteile kann ich mir gegenüber meinen Mitanbietern verschaffen. Mehr Kapital ermöglicht es mir, mehr zu rationalisieren und dadurch billiger zu produzieren, mehr Umsatz ermöglicht es mir, die Investitionskosten pro Stück zu senken, mehr Kapital ermöglicht es mir, mein Produkt bekannter zu machen, mehr Kapital ermöglicht es mir, auf meinen Einkaufsmärkten Druck auf die dortigen Anbieter auszuüben und mehr Kapital ermöglicht es mir auch, kleinere Konkurrenten im Zweifel aufzukaufen. Der Konkurrenzmechanismus befördert somit Kapitalakkumulation und Unternehmenswachstum. Unternehmen ab einer gewissen Größe stellen aber – wie schon oben erwähnt – eine politische Macht dar. Diese Macht nutzen die Unternehmen aus, um für sich den Konkurrenzmechanismus möglichst außer Kraft zu setzen. Der Markt produziert so die politische Dimension der Ökonomie von selbst. Ökonomie und Politik sind von vornherein keine getrennten Sphären. Subventionen, Staatsaufträge, Staatsbesitz, steuerliche Regelungen, Umweltauflagen, Produktionsstandards, Arbeitsschutzmaßnahmen, Wettbewerbsrecht, infrastrukturelle Maßnahmen, Außenhandelsschranken, Zölle, wechselseitige Handelsabkommen, staatliche Kreditvergabe, politische und militärische Interventionen in anderen Staaten usw., all dies sind Maßnahmen zur Protegierung der eigenen Wirtschaft im Allgemeinen und bestimmter großer Unternehmen im besonderen. Auf diese politische Regulierung nehmen die großen Firmen *direkten* Einfluss.[48] Ein freier, d.h. politisch kaum regulierter Markt, existiert in unserer Gesellschaft nur in marginalen Nischen, am ehesten noch im Bereich der Second-Hand-Waren, des Trödels. Die in den industriellen Ländern des Westens heutzutage immer wieder erhobene Forderung nach einem freien Markt ist keineswegs die Forderung, mit der Privilegierung der großen Unternehmen und reichen Staaten aufzuhören, sondern vielmehr die Forderung, die dem Schutz der Kleinen und Armen dienenden Regeln aufzuheben. Sie ist damit nur die Forderung danach, die Armen und Kleinen ungehinderter ausbeuten zu können. Die politische Regulierung des Marktes dient nämlich vor allem auch der Installierung und Stabilisierung von Herrschaft.

Auf dem Arbeitsmarkt gibt es auf der Anbieterseite den Mechanismus einer spontanen Akkumulation von Marktmacht und damit die spontane Entstehung einer politischen Dimension der Ökonomie nicht. Dies liegt daran, dass nur die sachlich verfestigte Arbeitskraft, also ihre Produkte angehäuft werden können, während die Arbeitskraft an die Person gebunden bleibt und pro Person kaum mehr werden kann. Eine Marktmacht kann auf dem Arbeitsmarkt daher immer nur über politische Organisation gewonnen werden. Die Gewerkschaften sind solche politischen Organisationen zur Gewinnung von Marktmacht auf dem Arbeitsmarkt. Auch hier entsteht positive Sozialität wiederum nur über Politik. Sie ist nicht unmittelbar durch die ökonomische Struktur gegeben, sondern ist ein von außen vorgenommener, regulierender Eingriff. Diesen kann ich vornehmen, muss es aber nicht. Auch hier gibt der Markt nicht unmittelbar die Erfahrung meiner sozialen Bedingtheit, sondern diese muss ich erst erkennen und erst aufgrund dieser Erkenntnis kann ich unmittelbare Verhältnisse von Sozialität politisch herstellen. Auch hier zeigt sich wieder der typische Effekt marktförmiger Vermittlung des Sozialen, dass die Emanzipation aus traditionellen Zwangsstrukturen, also die negative Sozialität von selbst hergestellt wird, während Strukturen positiver Sozialität und die Fähigkeit zu ihrer Herstellung politisch gewonnen werden müssen. Solche politische Herstellung von Sozialität hat, wenn sie denn gelingt, das Gute, dass sie ein klares Bewusstsein um die soziale Eingebundenheit des Einzelnen befördert. Politisch hergestellte Sozialität hat aber den Nachteil, dass sie immer wieder von neuem hergestellt werden muss. Dies gilt selbst dann, wenn sie, was immer geschieht, institutionalisiert wird. Während der Markt quasi von selbst da ist, bedürfen politische Strukturen der Sozialität der beständigen Entscheidung sie herzustellen, zu betreiben, aufrechtzuerhalten. Sie bedürfen also politischer Begründung. Solche Begründung fällt um so leichter, je klarer wiederum das Bewusstsein um die eigene soziale Eingebundenheit ist. Wir befinden uns hier also in einer dialektischen Spirale. Auf dieser kann es aufwärts oder abwärts gehen. Diese Bewusstheit um die soziale Eingebundenheit und Abhängigkeit meiner selbst kann spontan in einer Marktgesellschaft nur vermittelt werden durch die kollektive Erfahrung der negativen Auswirkungen des Marktes und die Erfahrung der Möglichkeit, durch gemeinsames Handeln diese negativen Effekte positiv beeinflussen zu können.

Die politische Ökonomie ist schon immer durch die bereits vorhandenen politischen Strukturen der Herrschaft überdeterminiert. Allein schon deshalb kann die Schaffung gesellschaftlicher Strukturen, die ein gegenüber den Prinzipien der Herrschaft widerständiges Verhalten der Menschen befördern, kein rein ökonomischer Prozess sein und allein schon deshalb können auch solche Strukturen nie rein ökonomische sein. Die Ökonomie ist immer eine politische und als politische ist sie notwendig eine bewusst soziale. Als bewusste ist sie aber immer mehr als das auf eigener Erfahrung beruhende Selbstverständnis einer Person, sondern darüber hinaus der eigene, zielgerichtete Eingriff in die Situation. Die Möglichkeit, durch sachliche Strukturen Sozialität zu beeinflussen, ist daher - so oder so - immer begrenzt. Bei der Beförderung positiver Sozialität muss genauso auf die historisch belegbare, spontane Fähigkeit des Menschen zum Miteinander gebaut werden. Diese Begrenzung der sachlichen Regulierung des Politischen führt dazu, dass auch auf diesem Feld aktive Politik nicht durch die bloße Verwaltung entsprechend strukturierter „Sachen" ersetzt werden kann. Auch die Frage des Überwiegens positiver oder negativer Sozialität in einer Gesellschaft bleibt politisch umkämpft und muss politisch stets neu gestaltet werden. Ein Mittel zu dieser Gestaltung ist die Herstellung der den eigenen politischen Zielen förderlichen sachlichen Strukturen sozialer Vermittlung, aber dieses Mittel kann den politischen Eingriff nicht überflüssig machen.

Die politische Ökonomie hat nie nur ökonomische Zwecke. Ebenso wichtig ist ihre politische Aufgabe, über den Markt Herrschaft herzustellen und zu stabilisieren. Ohne Weiteres ist es möglich ein marktförmiges Herrschaftssystem zu errichten, wie es sich mit der bürgerlichen Gesellschaft und ihrer kapitalistischen Ökonomie entwickelt hat. Dieses System nutzt die a-sozialen Effekte des Marktes politisch aus. Es verstärkt die Entsolidarisierungseffekte der Konkurrenz auf dem Arbeitsmarkt, es versucht soziale Privilegierung als einen in Austauschverhältnissen sich herstellenden, sachlichen Effekt persönlicher Anstrengung (Leistung) zu legitimieren, andererseits Effekte allgemeiner Deprivation (Arbeitslosigkeit, Armut, Umweltzerstörung) als von keinem zu verantwortende, quasi schicksalhafte Effekte des Marktes hinzustellen, die man hinnehmen muss, um die positiven Seiten der Marktwirtschaft zu erhalten. Marktförmige Herrschaft kann dabei auf der spontanen Erfahrung der in Marktverhältnissen Sozialisierten aufbauen und so ihren Thesen eine Evidenz verleihen, die den ideologischen Vergesellschaftungseffekt solcher Gesellschaftsinterpretation erst ermöglicht. Die Ideologie marktförmiger Herrschaft erscheint so als plausible Interpretation der eigenen Erfahrung und damit als wahr. Die negativen Seiten des Marktes sind daher nicht zu unterschätzen.

Allerdings hat die Aufhebung des Marktes im Sozialismus keineswegs zu einer Gesellschaft ohne Herrschaft geführt. Vielmehr hat die politisierte Form von Herrschaft, die der Sozialismus mit seinem Anspruch, alle soziale Vermittlung durch politische Planung zu leisten, eingeführt hat, die vom Markt geschaffenen Freiräume wieder beschränkt. Politische Vermittlungsinstanzen sind nicht per se herrschaftsfeindlich. Zwar hat die politisierte Form sozialistischer Herrschaft für die Herrschenden den Nachteil gehabt, dass alles Versagen und alle Mängel auf sie persönlich zurückfielen - ein Punkt, der sicherlich auch zu ihrer Delegitimierung beigetragen hat -, jedoch ist politisch nicht gleich demokratisch. Die Ersetzung sachlicher durch politische Vermittlungsinstanzen kann daher nie ein ausreichender Schritt für eine freie Gesellschaft sein. Zudem hat politische Vermittlung die zwei Nachteile, dass sie die Politik überlastet und dass sie alle soziale Vermittlung über Anweisungsstrukturen regelt. Im Interesse einer freien Gesellschaft muss es dagegen liegen, einen privaten Freiraum, der nicht politischer Regulierung unterliegt, so weit wie möglich zu belassen und das emanzipative Potenzial sachlicher Strukturen nicht aufzuheben. Es hilft soziale Konflikte zu vermeiden und die Entstehung von Herrschaft zu verhindern, wenn das Toleranzprinzip möglichst weitgehend gilt und das bedeutet eben auch, dass Gruppen nur so weit als nötig das Verhalten ihrer Mitglieder durch Anweisungen reglementieren. Zwischen den beiden Extremen einer politisierten Herrschaft einerseits, die durch politische Beschränkung des Freiraums der Personen herrscht, und andererseits einer marktförmigen Herrschaft, die durch strukturelle Entschränkung des privaten Handlungsfreiraums die Möglichkeit einer auf der privaten Ebene entstehenden und dann erst in die politische Dimension umschlagenden Herrschaft gibt, gilt es den Weg für eine herrschaftsfreie Gesellschaft zu finden.

Die völlige Abschaffung des Marktes erscheint daher für eine freie Gesellschaft nicht sinnvoll. Nicht Kapital ohne Markt, wie es der Sozialismus praktiziert hat, sondern Markt ohne Kapital, ohne Kapital einer solchen Größe, dass ihm

Herrschaftsmacht zukommt, ist es, was eine freie Gesellschaft braucht. Abgeschafft werden muss nicht der Markt, sondern die marktförmigen Herrschaftsstrukturen, die in den Marktmechanismus korporierten sozialen Grundlagen von Herrschaft. Dafür bedarf es einer politischen Regulierung des Marktes und seiner Einbindung in ein Ensemble politischer Vermittlungsinstanzen, die seine a-sozialen Effekte kompensieren und das nötige Bewusstsein von Sozialität fördern. Solche politische Regulierung des Marktes ist, nach dem oben gesagten, nichts Neues und nichts Revolutionäres, sondern etwas, was immer schon praktiziert wird. Hier wird nur eine andere Regulierung mit anderen Effekten zu anderen Zwecken gefordert. Dies bedeutet konkret, dass der Arbeitsmarkt in der Form, in der er heute besteht, aufgehoben werden muss. Diese Aufhebung ist durch die oben eingeführte Kategorie des Arbeitseigentums bereits vorgegeben. Wenn alle Arbeiter Eigentümer ihrer gemeinsamen Produktionsmittel und Produkte sind, wenn ihnen also der Betrieb, in dem sie arbeiten, tatsächlich gehört, so tritt zwischen ihnen das Konkurrenzprinzip des Marktes außer Kraft. Der Arbeiter tritt aber dann nicht länger als „Arbeiter", sondern als Arbeitseigentümer in den Betrieb ein und verkauft somit nicht seine Arbeitskraft, sondern zusammen mit den anderen die ihnen gemeinsam eigenen Produkte ihrer gemeinsamen Arbeit, an denen der einzelne Teileigentum insoweit hat, als sich seine Arbeitskraft in ihnen materialisiert hat. Entlassungen gibt es dann nicht mehr, sondern nur noch Trennungen. Diese sind nur in Form von Enteignungen möglich, d.h., sie sind zwar möglich, aber nur unter verschärften Bedingungen einer demokratischen Entscheidungsfindung der Gruppe der den Betrieb gemeinsam besitzenden Arbeitseigentümer. Auch im Bereich der Einstellungen wird die marktförmige Konkurrenz stark abgeschwächt. Zwar bleibt es hier bei der Marktstruktur, da es jenseits der Grundarbeit keinen Anspruch auf Einstellung und auch keine zentrale Planung des Arbeitskräfterepertoires gibt, aber allein schon die Einführung der Grundarbeit und des Grundeinkommens, die politisch geregelt werden muss, entschärft die Konkurrenzdynamik erheblich, da es Arbeitslosigkeit, im alten Sinne dieses Wortes, dann nicht mehr gibt. Der Arbeitsmarkt, der sicher der problematischste Bereich marktförmiger Vermittlung des Sozialen ist, wird damit partiell aufgehoben. Auf dem Arbeitssektor ist die hier vorgeschlagene, partielle Aufhebung des Marktes auch unter dem Aspekt der Wahrung eines unmittelbaren Arbeitsanreizes unproblematisch, da ja gerade die Einführung des Arbeitseigentums mir die Ergebnisse meiner Arbeit direkt zukommen lässt. Dazu taugliche Verteilungsmechanismen muss jede Gruppe für sich finden.

Der Warenmarkt kann dagegen bestehen bleiben, er muss nur anders und in anderem Umfang als heute reguliert werden. Ich habe oben schon ausgeführt, dass aus machtpolitischen Erwägungen heraus die Kapitalakkumulation und die Unternehmensgröße begrenzt werden müssen. Wenn man dies tut, so hat dies auch den Effekt, neben der ökonomisch und politisch begründeten Machtdynamik des Marktes auch die Konkurrenzdynamik zu begrenzen. Wenn Kapitalakkumulation und Unternehmensgröße begrenzt sind, dann ist es ab den entsprechenden Grenzpunkten nicht mehr möglich, durch Verschärfung der Konkurrenz sich Marktvorteile zu verschaffen. Die Konkurrenzdynamik bleibt allerdings bis zu dieser Grenze erhalten, da es keine Bestandsgarantien für Firmen gibt und keine Vorgaben der Produktionsweisen.

Das hier vorgeschlagene System zeichnet sich durch Begrenzung aus. Das unternehmerische Risiko der Marktwirtschaft bleibt bestehen – ihm wird nur durch die Einführung der Grundarbeit und des Grundeinkommens seine existenzielle Dimension genommen[49] –, das unternehmerische Expansionspotenzial wird nach oben hin beschränkt. Dies ist zwar zunächst nur quantitativ, hat aber einen qualitativen Effekt. Wenn gesellschaftliche Grenzen gesetzt werden, entfällt damit der Anreiz für progressives Unternehmenswachstum und Kapitalakkumulation, da über die Grenze hinausgehende Zuwächse dem eigenen Betrieb nicht mehr zugute kommen und daher auch keinen Konkurrenzvorteil mehr verschaffen. Indem somit das der kapitalistischen Ökonomie inhärente Ziel eines Wirtschaftswachstums als Selbstzweck abgeschafft wird, entsteht mehr Raum für die Durchsetzung außerökonomischer Ziele. Durch solche Begrenzung wird der irrationale Effekt der kapitalistischen Konkurrenz- und Wachstumsdynamik, die Produktion um der Produktion – bzw. der Kapitalakkumulation – willen, koste es ökologisch, sozial und politisch was es wolle, aufgehoben. Es entfällt damit der ökonomische Zwang, Bedürfnisse nach Produkten, die aus der Perspektive ökologischer, sozialer und politischer Rationalität nur als schädlich eingestuft werden können, zu schaffen und es entsteht die Möglichkeit, den Gebrauchs- bzw. Gebrauchsunwert von Produkten zum Entscheidungskriterium ihrer Herstellung zu machen. An dieser Stelle wird ganz deutlich, dass erst die grundlegende Beschränkung des Marktes wieder Freiräume für Politik schafft, die gerade durch die sachlichen Effekte marktförmiger Entschränkung individueller Handlungsspielräume vernichtet wurden.

Aufgehoben werden muss jede Form der Subventionierung von Herrschaft, wie sie heute in der Regulierung des Marktes gang und gäbe ist. An ihre Stelle muss eine soziale Regulierung treten, wie sie oben bei der Diskussion der nötigen Beschränkungen des Eigentums bereits angesprochen worden ist. Daneben muss auch eine ökologische Regulierung treten. Diese ökologische Regulierung muss so geschehen, dass sie die Privilegierung Einzelner verhindert, d.h., Ökologie kann nicht über den Marktpreis reguliert werden, da dies nur bedeutet, dass wenige Reichere – und diese wird es im relativen Ausmaß auch in einer freien Gesellschaft geben – sich umweltschädlich verhalten können, während die meisten sich umweltfreundlich verhalten müssen. Vielmehr bedarf es hier einer politischen Regulierung, die den ökologischen Handlungsrahmen einer Gesellschaft festlegt.

Neben der Regulierung marktförmiger Vermittlung muss die politische Vermittlung gestärkt werden. Auch hier bedarf es zumeist keiner völlig neuen Instanzen. Ein Beispiel solcher politischen Vermittlung ist ein Sozialversicherungssystem, welches die allgemeinen Lebensrisiken der Menschen in ihrer Gesellschaft so weit als möglich abfedert. Ein solches Sozialversicherungssystem ist auch ein gutes

Beispiel für eine das Bewusstsein wechselseitiger Angewiesenheit fördernde politische Vermittlungsinstanz. Im Gegensatz zu privaten, d.h. marktförmigen Versicherungssystemen, die zwar selbstverständlich auch nur durch die Gemeinschaft funktionieren,[50] dies aber nicht unmittelbar erfahrbar machen, zeigen Sozialversicherungssysteme, die nicht auf der privaten Anhäufung von Kapital beruhen, sondern auf dem wechselseitigen Versprechen, andere, wenn sie es bedürfen, zu unterstützen, die soziale Eingebundenheit der Menschen unmittelbar auf. Ebenso ist auch die Grundarbeit eine politische Vermittlungsstruktur, die die soziale Eingebundenheit der Einzelnen unmittelbar erfahrbar macht. Es ist eine Arbeit, die von allen zum Nutzen aller gemacht wird, und deren Festlegung und Verteilung durch gemeinschaftliche Entscheidung bestimmt wird. Sie wird dadurch, dass sie Voraussetzung für meine weitergehende Tätigkeit - egal ob marktförmig oder politisch vermittelt - ist, die ökonomische Tätigkeit, die meine Zugehörigkeit zur Gesellschaft in einem normativen Sinne konstituiert. Ich werde erst anerkanntes Mitglied der Gesellschaft, wenn ich meinen Anteil an der „Drecksarbeit" leiste und die Gesellschaft gibt mir erst die Möglichkeit, darüber hinaus meine ökonomische Existenz zu erweitern, wenn ich diese Grundarbeit leiste. Also erst wenn ich etwas für uns alle tue - und damit auch für mich -, erhalte ich auch die Möglichkeit etwas nur für mich zu tun - und damit auch für uns; insoweit bleibt die sachliche Rationalität des Marktes erhalten. Damit dies wirklich unmittelbar erfahren werden kann, muss die Verteilung dieser Arbeit durch politische Instanzen geschehen, in denen ich selber unmittelbar mitwirke. Diese Arbeit darf nicht befehlsmäßig von oben angewiesen werden. So ist die Erfahrung des für-uns nicht zu machen. Die Grundarbeit erscheint dann nicht für-mich und auch nicht für-uns-(für-mich), sondern als für-andere, als Tätigkeit, die ich um anderer willen ausführen muss, um dann auch etwas für mich tun zu dürfen. Die direkte Erfahrung des positiven Gehalts der sozialen Eingebundenheit meiner Existenz ist in diesem Muster nur in geringem Grade zu machen. Nur wenn die Zuteilung und Durchführung dieser Arbeit auf einer Entscheidung beruht, an der ich selbst beteiligt war, kann sie aus der Einsicht in ihre Notwendigkeit heraus vollzogen werden. Das für-mich muss in dem für-uns begreifbar sein und es ist dies nur, wenn das für-uns nicht ein Abstraktum ist, sondern eine konkrete Gruppe, in der ich selber Mitglied bin. Letztlich muss es sich bei der Grundarbeit im weitesten Sinne um eine Form von Gruppenarbeit handeln. Deren positiven Gemeinschaftseffekte sind alt bekannt und nichts Neues. Gruppenarbeit aber nur im weitesten Sinne, weil es auch nicht darum gehen kann, nachbarschaftliche Kleingruppen zu installieren, sondern weil bei dieser Gruppenarbeit der gesellschaftliche Zusammenhang als Ganzer möglichst erfahrbar sein sollte. Ebenso ist die „Königsarbeit" im Allgemeinen, also die politische Leistung sozialer Organisation, eine unmittelbar Bewusstsein von Sozialität stiftende Tätigkeit. Eine demokratische Gesellschaft bedarf der Politik durch alle. Wenn aber alle auch an der Politik teilnehmen und nicht mehr nur ihre privaten Geschäfte verfolgen, dann entsteht auch so ein positives Bewusstsein von Sozialität.

Durch solche Formen politischer Regulierung kann man ein ausgewogenes Verhältnis von sachlicher und politischer Vermittlung herstellen, welches den Effekt hat, ein ausgewogenes Verhältnis von Gemeinsinn und Selbstsinn zu erzeugen.

Umbau 5: Umbau sozialer/politischer Institutionen; Abbau der Gewaltapparate

Institutionen sind in herrschaftsförmigen Gesellschaften immer Instanzen der Herrschaft. Institutionen sind in komplexen Gesellschaften aber immer auch nötige Formen der Verstetigung gesellschaftlicher Funktionen. Auf sie kann nicht verzichtet werden, will man nicht auf das zivilisatorische Niveau agrarischer Kleinkommunen zurückgehen. Institutionen sind auch nicht ersetzbar. In komplexen Gesellschaften bedarf jede Form sozialer Organisation einer Verstetigung, wenn sie überhaupt funktionieren soll. Institutionen können daher z.B. nicht durch Räte ersetzt werden. Räte funktionieren in komplexen Gesellschaften vielmehr nur, wenn sie institutionalisiert werden. Solche Institutionalisierung beginnt damit, dass man einen Sekretär bzw. einen Generalsekretär bestellt, dass eine räumliche Struktur eingerichtet wird von lokalen, regionalen und überregionalen Räten, dass zwischen solchen Räten ein regelmäßiger Informationsaustausch durchgeführt wird, usw. All dies sind Formen von Institutionalisierung, ohne die die Organisation des Sozialen in komplexen Gesellschaften nicht funktioniert. Institutionen lassen sich auch nicht mit dem Staat abschaffen. Zwar beruht der Staat wesentlich auf – staatlichen – Institutionen, jedoch gilt dies für alle privaten Formen der Organisation komplexer sozialer Zusammenhänge ebenso. Ein wirtschaftlicher Betrieb ist eine institutionalisierte Form der Produktion bestimmter Güter. Zwischen den „Institutionen" der Güterproduktion und den sozialen/politischen Institutionen bestehen jedoch Unterschiede. Daher kann das oben zur Demokratisierung der Unternehmen Ausgeführte nicht unverändert auf soziale/politische Institutionen übertragen werden. In ökonomischen Institutionen werden die benötigten Ressourcen zum Leben hergestellt. Durch soziale Institutionen regelt die Gruppe ihre Selbstorganisation. Sie sind also selbst die genuin politischen Instanzen. Als solche sind sie einer sachlichen Regulierung, die bei den ökonomischen Instanzen einen größeren Handlungsfreiraum ermöglicht, der Sache nach grundsätzlich nicht zugänglich. Ihre Aufgabe ist es, die demokratischen Entscheidungen der Gruppe umzusetzen. Diese notwendige Rückbindung an vorgegebene Regeln schränkt den internen Selbstorganisationsspielraum solcher Institutionen zwangsläufig ein.

Wenn Institutionen auch notwendig sind, so bleiben sie doch aus herrschaftskritischer Sicht problematisch, da sie sehr leicht gemäß den Interessen der Herrschaft überformt werden können. Institutionen in herrschaftsförmigen Gesellschaften erbringen notwendige bzw. erwünschte soziale Funktionen, aber sie sind auch fast alle herrschaftsförmig überdeterminiert, insoweit sie fast alle auch die Funktion der Erhaltung der Herrschaft haben. Institutionen sind häufig hierarchisch organisiert. Dies bietet sich oft schon aus sachlichen Gesichtspunkten an. Die Institutionalisierung politischer Entscheidungsorgane auf unterschiedlichen räumlichen Ebenen, der lokalen, regionalen und überregionalen, liegt von der Sache her nahe und ist eine Form von Hierarchisierung. Auf solcher Hierarchisierung kann Herrschaft mit Leichtigkeit aufbauen. Herrschaft nutzt zwei von der Sache her naheliegende Effekte der Institutionalisierung: die Einführung von Anweisungs-/Befehlsstrukturen und die Segmentierung der sozialen Funktionen, also die arbeitsteilige Ausdifferenzierung der Institutionen.

Ich möchte dies am Beispiel der Staatsanwaltschaft näher erläutern. Die Staatsanwaltschaft erfüllt zunächst die sozial notwendige Funktion, das Verhalten von Menschen, die gegen wichtige Normen der Gruppe verstoßen, einer Sanktionierung zuzuführen. Sie tut dies anhand von allgemeinen Anweisungen, die ihr politisch vorgegeben sind, nämlich gemäß dem Strafgesetzbuch, dem Strafprozessrecht und dem Strafvollzugsrecht. Daneben gibt es eine hierarchische Behördenstruktur, innerhalb derer konkrete Handlungsanweisungen von oben nach unten durchgegeben werden. Diese ist im Gerichtsverfassungsgesetz geregelt. Normen und Befehle regeln also die Handlungen der Staatsanwaltschaft. Auch diese Normen- und Regelstruktur erscheint zunächst als sinnvoll. Selbstverständlich bedarf es einer politischen Entscheidung darüber, welche Normverstöße in welchem Ausmaße sanktioniert werden. Diese Entscheidung kann nicht der mit dieser Aufgabe betrauten Person überlassen werden. Ebenso bedarf es eines Mechanismus, der dafür Sorge trägt, dass alle damit betrauten Personen ungefähr gleich gegen Normverstöße vorgehen. Politisch vorgegebene Normen auf der einen Seite und eine hierarchische Befehlsstruktur auf der anderen Seite vermögen dies zu leisten. Auch dass Spezialisten mit dieser Aufgabe betraut werden, ist sinnvoll. Die Verhängung von Sanktionen, die massiv in das Leben der Betroffenen eingreifen, kann man nicht Menschen überlassen, die das mal eben so nebenher machen. Der Schutz der Regeln der Gesellschaft vor individuellen Verstößen ist ebenso wie der sanktionierende Eingriff in das Leben von Menschen, die gegen zentrale Regeln verstoßen haben, eine verantwortungsvolle Aufgabe. Arbeitsteilung schafft die Möglichkeit, Menschen mit dieser Aufgabe zu betrauen, die aufgrund ihrer Qualifikation der damit verbundenen Verantwortung gewachsen sind.

Die Anweisungs-/Befehlsstruktur ermöglicht es aber auch, von oben nach unten politische Maximen durchzusetzen, ohne dass diejenigen, die diese Maximen durchzuführen haben, ein Mitspracherecht bei ihrer Festlegung hätten. Dieser Ausschlussmechanismus ist in anderer Weise auch ein entscheidendes Moment herrschaftlicher Überformung der Arbeitsteilung. Herrschaftsförmige Arbeitsteilung bewirkt den Ausschluss der Menschen vom gesellschaftlichen Kontext ihres Handelns. Zum einen dadurch, dass durch die Trennung unterschiedlicher sozialer Aufgaben die sozialen Ursachen des Handlungsauftrags nicht mehr kenntlich werden und zum anderen durch die strikte Beschränkung des Handlungsspielraums.

Die Staatsanwaltschaft hat die Aufgabe den Täter zu ermitteln, ihn zu überführen, ihn anzuklagen und ein entsprechendes Strafmaß zu beantragen. Der soziale Kontext von Regelverstößen ist in diesem Rahmen nicht erfassbar. Kriminalität, insbesondere Bagatellkriminalität, beruht zu 80% auf Armut. Wenn jemand genug

Geld hat, einen Führerschein zu machen, wird er keinen gefälschten kaufen. Wenn jemand genug Geld hat, eine Fahrkarte zu kaufen, wird er nicht ständig schwarzfahren. Wenn jemand genug Geld hat, seine Kinder zu unterstützen, wird er nicht versuchen sich Unterhaltszahlungen zu entziehen. Wenn jemand genug Geld hat, mehr als immer nur das billigste an Lebensmitteln einkaufen zu können, wird er keine Lebensmittel klauen. Wenn jemand eine ordentliche Arbeit findet, wird er nicht kleinkrimineller Betrüger werden. Alle diese Formen von Kriminalität beruhen auf Armut. Je größer die Armut, je größer die Reichtumsdifferenzen, desto höher die Kriminalität. Diese sozialen Ursachen von Kriminalität gehören nicht zum Aufgabenbereich der Staatsanwaltschaft und sind im Rahmen der staatsanwaltlichen Tätigkeit auch nicht in den Blick zu bekommen. Sie spielen für die Überführung des Täters keine Rolle und können auch im Strafantrag nicht berücksichtigt werden. Weder was die Höhe der Strafe, noch was die Art der Strafe angeht. Soziale Not verringert nicht das Maß der Schuld und wirkt daher nicht strafmindernd. Geldstrafe oder Gefängnisstrafe (evtl. zur Bewährung) bewirken nicht, dass der Betroffene nachher mehr verdienen wird, sondern treiben ihn häufig eher noch weiter ins soziale Abseits. Die Rückfallquote ist im Bereich dieser Kleinkriminalität extrem hoch. Dennoch erscheint die staatsanwaltliche Tätigkeit gerade durch ihre Beschränktheit den Beteiligten als funktional und nützlich. Die ausgeschlossene soziale Ursache von Kriminalität wird ersetzt durch das Modell einer Verursachung durch eine *ausschließlich* persönliche Schuld. Die ausgeschlossene Eingriffsmöglichkeit in das soziale Feld wird ersetzt durch einen *ausschließlich* pädagogischen Impetus. Die beobachtbare Fruchtlosigkeit des eigenen Tuns schlägt sich nieder im Modell der Abschreckung - die Strafe wird permanent erhöht - und im Modell der unveränderbaren Person - letztlich kann man den trotz Abschreckung zum Täter Gewordenen nicht ändern, sondern nur immer wieder wegsperren.[51] Diese Beschränkung ermöglicht die Doppelfunktionalität der Staatsanwaltschaft - des Strafrechts im Allgemeinen - und sie erschwert es zugleich, die Herrschaftsfunktion dieser Tätigkeit zu erkennen.[52] Der strafrechtliche Eingriff geht an den Ursachen vorbei und unterdrückt die Phänomene. Damit zielt er darauf ab, die soziale Ordnung trotz der durch Herrschaft erzeugten Armut aufrecht zu erhalten und zu stabilisieren. Die Armen sollen arm bleiben und dennoch die sie benachteiligenden und ihre Beraubung legitimierenden sozialen Regeln einhalten. Diese Herrschaftsfunktion der Staatsanwaltschaft wird durch ihre gesellschaftliche Ordnungsfunktion verdeckt.

Institutionen sind aber nicht nur funktional für die Herrschaft anderer, sondern sie entwickeln wie alle sozialen Organisationen ab einer gewissen Größe auch eine eigene Herrschaftsposition. Was für ökonomische Institutionen (Unternehmen) gilt, gilt auch für soziale Institutionen: sie bedürfen einer Größenbeschränkung, um ihre interne Kontrolle zu erleichtern und ihren externen Einfluss zu beschränken. Es bedarf daher einer Regionalisierung von Institutionen. Die eventuell nötige Vereinheitlichung kann dann durch entsprechende Absprachen zwischen den Institutionen stattfinden.[53] Um Institutionen so zu gestalten, dass sie mit einer herrschaftsfreien Gesellschaft kompatibel sind, ist es weiterhin nötig, sie extern stärker zu demokratisieren, intern demokratische Strukturen zu schaffen und auch hier solche Formen von Arbeitsteilung zu entwickeln, die es ermöglichen, den sozialen Kontext des eigenen Handelns in der eigenen Praxis in den Blick zu bekommen.

Externe Demokratisierung bedeutet nicht nur, wie es heute schon der Fall ist, durch in demokratischen Entscheidungsprozessen der Gesellschaft bestimmte, normative Setzungen die Funktionsregeln einer sozialen Institution festzulegen, sondern auch darüber hinaus ihre personelle Struktur mitzubestimmen, insbesondere die personelle Besetzung von Entscheidungspositionen, die mit Machtbefugnissen verbunden sind. Wir alle kennen aus den Western die Sheriffwahlen in den USA. Dies ist ein genuin demokratischer Prozess, in dem die Besetzung der einflussreichen Position des Polizeichefs durch die lokale Gruppe selber festgelegt wird. Ähnliches gibt es auch bei uns in Form der zunehmend durchgeführten Direktwahlen der Bürgermeister, ebenso wie bei den Wahlen zu den Körperschaften - Organisationen mittelbarer Staatsverwaltung. Auch die Gemeinderatswahlen sind nach immer noch herrschender Meinung unter den Juristen Wahlen zu einem Selbst*verwaltungs*gremium. Hierzu gehören auch die Wahlen zu den Verwaltungsgremien der gesetzlichen Krankenkassen, die als Anstalten des öffentlichen Rechts ausgestaltet sind. Vor allem letztere Wahlen sind in ihrer heutigen Form demokratisch substanzlos, aber das Prinzip, dass die Betroffenen die entscheidenden Funktionsträger ihrer sozialen Institutionen personell selbst bestimmen, ist nichts Neues. Auch hier muss eine bestehende Praxis nur ausgebaut und mit tatsächlichem demokratischen Leben erfüllt werden.

Eine solche direkt demokratisch organisierte Verwaltung kann und muss einen eigenen politischen Handlungsspielraum erhalten. Der bürokratische Formalismus der heutigen Institutionen muss aufgehoben werden. An seine Stelle darf nicht das alte Modell eines Klientelismus treten. Klüngel ist nicht demokratisch. Ihm gegenüber stellt das Verfahren einer strikten bürokratischen Gleichbehandlung einen Fortschritt hin in Richtung einer freien Gesellschaft dar. Er ermöglicht ein transparentes und für alle gleichermaßen zugängliches Verfahren. Dieses muss bewahrt werden. Der bürokratische Formalismus hat aber auch eine Herrschaftsfunktion. Er garantiert den gleichartigen hierarchischen Aufbau der Herrschaft und damit die Möglichkeit, dass eine zentrale Herrschaftsmacht ihre Befehle im gesamten Territorium gleichermaßen und reibungslos durchsetzen kann. Eine demokratische Gesellschaft bedarf dessen nicht. Regionale Unterschiede sind hier in einem größeren Maß möglich. Regionalen Institutionen kann daher ein größerer politischer Handlungsspielraum zugewiesen werden. Es muss nicht alles nach zentral vorgegebenen Normen gleichermaßen entschieden werden, auch wenn diese demokratisch legitimiert sind, sondern es kann auch regional und im Einzelfall unterschiedlich entschieden werden.[54]

Diese externe Demokratisierung muss durch eine interne unterstützt werden. Diese wird in ihrer Reichweite allerdings durch die äußeren Gruppenzwecke beschränkt. Die Mitglieder einer Institution können nicht selbst entscheiden, was sie tun wollen und nach welchen Regeln. Sie sind insoweit durch die Gruppenvorgaben gebunden. Interne Demokratisierung von sozialen Institutionen kann daher nur heißen, institutionsinterne Selbstorganisation an die Stelle von Befehlsempfängerhierarchien zu setzen. Wie die von außen vorgegebenen Aufgaben organisatorisch umgesetzt werden, können die Mitglieder der Institution, solange deren Funktionalität nicht in Frage steht, selbst und gleichberechtigt entscheiden. Um im Beispiel der Staatsanwaltschaft zu bleiben: einheitliches Verhalten kann nicht nur durch einen Befehl von oben, sondern ebenso durch einen demokratischen Beschluss, an dessen Zustandekommen alle beteiligt waren, erzielt werden. Die den Ermessensspielraum einer Verwaltung lenkenden Verwaltungsvorschriften müssen nicht durch Befehl vom Chef festgelegt, sondern können durch Abstimmungen in Kraft gesetzt werden. Die Abschaffung der Befehlsstruktur bedeutet zugleich, privilegierte Leitungspositionen aufzuheben. Der oberste Repräsentant einer Behörde ist dann nicht länger der Chef, sondern nur der Moderator zwischen äußeren Anweisungen und innerer Selbstorganisation. Solche sozialen Institutionen gibt es heute bereits. Institutionelle Selbstverwaltung haben die Universitäten und die Gerichte.[55] Erstere aufgrund der Freiheit der Wissenschaft, letztere aufgrund des Richterprivilegs. Auch die Binnendemokratisierung von sozialen Institutionen ist daher nichts Neues und nichts Unmögliches. Es gilt nur, sie allgemein einzusetzen und nicht auf bestimmte Bereiche zu beschränken.

Die Einräumung eines erweiterten Handlungsspielraums, wie er durch ex- wie interne Demokratisierung entsteht, verlangt auf der anderen Seite Instanzen der Funktionalitätskontrolle zu schaffen. Institutionen nehmen gesellschaftlich wichtige Aufgaben wahr. Die Einräumung eines eigenen Handlungsspielraums darf nicht dazu führen, dass diese Aufgaben nicht mehr oder mehr schlecht als recht wahrgenommen werden. Allein durch die Tradierung eines entsprechenden Tätigkeitsethos der in den Institutionen Beschäftigten kann die erforderliche Erbringung dieser sozialen Leistung nicht garantiert werden. Es bedarf daher einer kontrollierenden Anbindung der Institutionen an die gesellschaftlichen Instanzen, die ihre Leistungen benötigen. Nur so kann gewährleistet werden, dass diese Leistungen auf Dauer quantitativ und qualitativ den gesellschaftlichen Bedürfnissen entsprechen. Auch dies ist nichts Neues, Kuratorien oder Hochschulräte sind im Bereich der universitären Selbstverwaltung, Rundfunkräte im Bereich der öffentlich-rechtlichen Medien solche äußeren Kontrollinstanzen, die eine Rückbindung an gesellschaftliche Bedürfnisse garantieren. Auch hier muss man nicht das Rad neu erfinden, sondern eine partiell bestehende Praxis nur verallgemeinern.

Über die oben schon erwähnte, partielle Aufhebung der Arbeitsteilung hinaus bedürfen die politischen Institutionen einer Praxis, in der der politische Charakter ihrer Tätigkeit für die Beteiligten sichtbar wird. Der allgemein gesellschaftliche Bezug, die politischen Auswirkungen des eigenen Tuns müssen in der eigenen Praxis erfahrbar sein. Sowohl die geforderte externe wie interne Demokratisierung als auch die nötige gesellschaftliche Funktionskontrolle schaffen ein Bewusstsein um die politische Dimension der eigenen Arbeit. Denn Demokratisierung bedeutet ja nichts anderes, als politische Entscheidungen von der Ebene einer zentralen Führungsschicht an die Basis zu delegieren. Die politische Dimension des eigenen Tuns wird in solcher Selbstverwaltung direkt erfahrbar. Weiterhin bedarf es einer Verknüpfung der Institutionen. So muss z.B. die Institution, die die Einhaltung der gesellschaftlichen Normen überwacht und Verstöße sanktioniert, unmittelbar mit den sozialen Institutionen verknüpft sein, die Regelverstöße durch soziale Maßnahmen zu verhindern suchen. Daneben ist es nötig, auch die Ausbildung der in solchen Institutionen Tätigen zu erweitern. Neben der allgemeinen politischen Bildung, die alle Bürger benötigen, um ihre Verhältnisse selbst regeln zu können, muss die jeweilige Berufsausbildung so erfolgen, dass nicht Fachidioten herangezogen werden, sondern Menschen, die auch um den sozialen Kontext des von ihnen bearbeiteten Bereichs wissen. Um im Beispiel der Staatsanwaltschaft zu bleiben: In die Juristenausbildung muss selbstverständlich Soziologie, Politologie und Kriminologie integriert werden. Eine solche umfassendere Bildung ist auch hier die Voraussetzung jeder Demokratisierung. Nur wer weiß, worüber er entscheidet, unterliegt nicht der Gefahr der Manipulation.

Besonders problematisch sind die institutionalisierten Gewaltapparate Polizei und Justiz, sowie die Armee. Letztere muss abgeschafft werden. Konflikte von Großgruppen müssen durch internationale Vermittlungsinstanzen gelöst werden. Die Abschaffung des Staates als gesellschaftliche Organisationsform führt nicht zur Abschaffung der Gruppen, die sich als Staaten organisierten. Diese Großgruppen bleiben bestehen.[56] Die UNO und die internationalen Gerichtshöfe bieten bereits Vermittlungsinstanzen für die Konflikte zwischen solchen Gruppen an. Auch diese sind aber herrschaftlich überdeterminiert durch die interstaatliche Herrschaft der führenden Industriestaaten und Leitung der USA über den Rest der Großgruppen. Auch diese Instanzen müssen also gemäß den Prinzipien der Herrschaftsverhinderung und Herrschaftsvermeidung umgebaut werden. Armeen müssen gerade deswegen abgeschafft werden, damit solche internationalen Instanzen überhaupt erst funktionieren können. Kriegerische Gewalt ist nämlich prinzipiell kein geeignetes Mittel zur herrschaftsfreien Konfliktlösung. Verbleibende bewaffnete Kontingente sind erst dann wirklich nur noch eine zwischenstaatliche Polizei.

Daneben muss eine Instanz der internen Kontrolle von Regelverstößen, der auch ein Sanktionsrecht zukommt, erhalten bleiben. Zwar wird ihre Bedeutung in einer freien Gesellschaft drastisch abnehmen, da soziale Konflikte weitgehend durch Vermittlung und nicht durch Befehl von oben gelöst werden, dennoch aber bleibt es auch hier dabei, dass es immer Menschen geben wird, die in Stresssituationen oder aus bewusster A-Sozialität heraus gegen grundlegende Normen der Gesellschaft verstoßen werden. Die hierfür eingesetzte Kontrollinstanz verliert aber durch den oben beschriebenen Umbau ihre Herrschaftsfunktion. Sie unterliegt demokratischer Kontrolle, ist nicht mehr hierarchisch organisiert und wird in ihrer Größe beschränkt. Die herrschaftspolitische Funktion des Gewaltapparates, die bestehende Ordnung auch gegen den Willen der Menschen im Zweifel mit Gewalt aufrecht zu erhalten, kann mit diesen veränderten Institutionen nicht mehr erfüllt werden.

Dieser Umbau der Institutionen kann nicht durch einen „Marsch durch die Institutionen" erreicht werden. Wie dieses Bild schon zum Ausdruck bringt, soll der „Marsch" an der Spitze der Institution enden. Von dort soll diese dann reformiert werden. Wer es aber geschafft hat, sich eine solche Herrschaftsposition zu erarbeiten, wird diese nicht freiwillig aufgeben. Die Abschaffung der Herrschaft kann immer nur von unten geschehen. Alles andere sind nur Reformen, die immer auch im Dienste der Herrschaft stehen. Auch die Demokratisierung von Institutionen ist immer nur möglich, solange alle Menschen dies permanent wollen. Zum einen die Gesellschaft als Ganze und zum anderen die Mitglieder der Institution selbst. Auch intern darf die Vertretung der eigenen Interessen nicht dauerhaft und unkontrolliert an andere delegiert werden. Was bei Aufgabe solcher Kontrolle passiert, kann man in jedem Verein beobachten: Gefügiges Abnicken tritt an die Stelle von Selbstdenken und anstelle von Vertretungsfunktionen entstehen Herrschaftspositionen. Solche demokratische Kontrolle muss daher organisiert und d.h. institutionalisiert werden. Soziale Kontrolle reicht dazu nicht aus. Diese funktioniert immer nur in überschaubaren Gruppen und Bereichen. In solchen kann Demokratie durch soziale Kontrolle gewährleistet werden. Sie funktioniert aber dann nicht mehr, wenn der dafür nötige ständige soziale Kontakt aller mit allen nicht mehr gegeben ist. Das ist heute bei allen auch nur etwas größeren sozialen Gebilden der Fall. Demokratische Kontrolle muss daher institutionalisiert werden, d.h. von persönlichen Verhältnissen unabhängig sein. Institutionalisiert werden, heißt dabei, dass sie durch die und auch in den Institutionen praktiziert wird. Institutionalisiert werden müssen die nötigen Kontroll- und Selbstorganisationsmechanismen. Auch hier gelten die oben schon ausgeführten Schranken des Repräsentationsprinzips. Solcherart intern und extern demokratisierte, kontrollierte und kontrollierende Institutionen sind mit dem Prinzip einer wirklich demokratischen Organisation der Gesellschaft vereinbar und können sogar ein Mittel zu ihr sein. Auch dann gilt aber weiterhin: letztlich bedarf Demokratie der permanenten Eigenaktivität aller. Ohne diese wird sie nicht entstehen und auf Dauer nicht bleiben.

Ein neuer Mensch?

Die meisten Utopien gehen von einem *neuen Menschen* aus.[57] Dies entspricht den üblichen Inselmodellen. So wie die Inselmodelle es ersparen zu erklären, wie aus der alten Gesellschaft die neue entstanden ist, so erspart es das Konzept des *neuen Menschen* häufig zu erklären, wie die nötige Veränderung der *alten* Menschen stattfinden soll. Das sozialistische Konzept des neuen Menschen vermeidet diesen Fehler. Es greift Anfang des 20. Jahrhunderts auf das Erziehungsmodell zurück, um diesen Veränderungsprozess als Entwicklungsprozess handhabbar zu machen (Adler 1972). Einer solchen Veränderung der Menschen bedarf es, denn eine andere Gesellschaft kann nur funktionieren, wenn die Menschen sich auch anders verhalten.

Die soziale Charakterbildung in herrschaftsförmigen Gesellschaften prägt zwei unterschiedliche Idealtypen aus: den herrschenden und den beherrschten Charakter. Mit beiden ist eine freie Gesellschaft nicht zu machen. Das soziale Verhältnis der Herrschaft ist eine materielle Struktur von Gesellschaften. Menschen, die unter der Herrschaft leben, entwickeln Verhaltensweisen, die es ihnen ermöglichen unter diesen Verhältnissen möglichst gut zu über-leben. Widerständiges Verhalten ist risikoreich. Der soziale Charakter der Beherrschten ist daher entscheidend durch die Struktur der Anpassung geprägt. Gegenüber der Herrschaft sich klein machen, nicht auffallen, seine Nische suchen und für solches Wohlverhalten auf Belohnung hoffen, ist das typische Verhaltensmuster der Beherrschten.[58] Solche Menschen können ihr Leben nicht selbst organisieren. Die Kompetenz zur politischen Organisation des Sozialen entwickeln die meisten Beherrschten nicht.

Auf der anderen Seite besitzen die Herrschenden gerade diese Kompetenz, weil nur sie es ihnen ermöglicht, die ihnen arbeitsteilig zugewiesene Funktion der politischen Organisation des Sozialen zu übernehmen. Herrschaft beruht entscheidend auf der Fähigkeit zur Selbst- und Fremdorganisation. Diese wird aber gerade dazu eingesetzt, eigene Privilegierung zu schaffen und zu bewahren. Es ist in der Regel nicht das Interesse derjenigen, die diese für jede Gesellschaft nötigen Fähigkeiten besitzen, sie zur Abschaffung ihrer eigenen Privilegierung einzusetzen. Es entspricht vielmehr dem sozialen Charakter der bürgerlichen Herrschenden, ihre Privilegierung nur als angemessene Zuteilung für die von ihnen ausgeübte Tätigkeit zu sehen und zu glauben, dass diese Tätigkeit immer nur von wenigen - besonders Begabten und besonders Fleißigen - ausgeübt werden könne, die entsprechend be-/entlohnt werden müssten - ein Argument, mit dem sie allen Bestrebungen, ihre funktionale Position überflüssig zu machen, entgegentreten. Ihr Verhalten ist daher von der Gewissheit der eigenen, „natürlichen" Überlegenheit geprägt. Auch mit solchen Menschen kann man ersichtlich keine freie Gesellschaft verwirklichen.

Da Interesse und Kompetenz klassenmäßig auseinanderfallen, ist auch aus diesem Grunde - wie schon oben ausgeführt - von einer Klassenstrategie kein Erfolg zu erwarten. In der bürgerlichen Gesellschaft sind die Klassen verhältnismäßig durchlässig geworden. Auch Beherrschte können daher die zur Selbst- und Fremdorganisation nötigen Kompetenzen erwerben. Häufig tun sie dies aus dem Interesse heraus, gegen die Herrschaft zu kämpfen. Außer der Möglichkeit gegen die Herrschaft zu kämpfen, steht ihnen aber, wenn sie diese Fähigkeiten erworben haben, die sehr viel angenehmere Möglichkeit offen, selber Mitglieder der herrschenden Klasse zu werden. Daher drängen jene, die diese Kompetenzen erwerben, zumeist früher oder später in die Schicht der Herrschenden. Diese „Aufstiegsmöglichkeit" gibt es in allen Gesellschaften[59] - in der bürgerlichen in einem besonders hohen Grade. Die Korrumpierung der widerständigen Beherrschten ist eine ganz alte Strategie der Herrschaft. Von einem massenhaften Aufstieg der Beherrschten in die Funktionen der Herrschenden - wie es das Konzept des Marschs durch die Institutionen nahelegt - ist auch aus diesem Grunde nichts zu erwarten. In die entscheidenden Herrschaftspositionen kommt man eben nur, wenn man das revolutionäre Projekt aufgegeben und sich an die herrschenden Verhältnisse angepasst hat. Dass die Beherrschten durch ihre soziale Stellung bedingt schon zur Anpassung sozialisiert worden sind, ist hierfür nützlich. Aus dem Faktum, dass sie diesen Aufstieg geschafft haben und die anderen nicht, ziehen sie problemlos das nötige Überlegenheitsgefühl. Stellvertreterpolitik erweist sich auch an dieser Stelle als für ein linkes Projekt untauglich.

Ein Durchbrechen dieser Mechanismen ist nur möglich durch den allgemeinen Erwerb der Kompetenzen der Selbstorganisation und des Selbstvertrauens, sie zu nutzen, sowie durch den Aufweis jener anderen Lebensweise, in der diese Kompetenzen anders genutzt werden. Habe den Mut nicht nur dich deines eigenen Verstandes zu bedienen, sondern auch deine eigenen Lebensverhältnisse selbst und gleichberechtigt mit den anderen zu regeln, muss die Maxime jeder freien Gesellschaft lauten. Wenn alle die Kompetenz der sozialen Selbstorganisation besitzen, kann an ihr Vorhandensein keine Privilegierung mehr geknüpft werden. Auch daher muss diese nicht nur insoweit aufgehoben werden, dass alle die „Drecksarbeit" machen, sondern auch insoweit, dass alle die „Königsarbeit" machen, weil alle die zur Herrschaft privilegierenden Fähigkeiten besitzen müssen.

Die Menschen müssen sich anders verhalten, damit eine freie Gesellschaft entstehen kann. Das bisher entwickelte Modell ging davon aus, dass Verhalten durch gesellschaftliche Strukturen bedingt wird und anderes Verhalten durch andere Strukturen. Aber andere Strukturen herzustellen, verlangt wieder ein anderes Verhalten der Menschen. Wir stehen hier also wieder vor einer dialektischen Spirale. Unsere Gesellschaft verändert sich ständig und vielfach. Wer aber ein politisches Projekt, verfolgt, muss solche Veränderung gezielt betreiben, er darf sie gerade nicht dem immer vorhandenen Selbstlauf gesellschaftlicher Strukturen überlassen, sondern muss in diese Prozesse bewusst eingreifen. Dies setzt voraus, dass es andere Möglichkeiten geben muss, das eigene Verhalten zu ändern, als immer nur auf veränderte Verhältnisse zu reagieren. Diese Fähigkeit zu spontaner Aktion besitzen die Menschen. Auf sie muss bauen, wer ein politisches Projekt verfolgt. Die individuelle Fähigkeit muss aber wiederum organisiert werden, um sie politisch wirksam zu machen. Man braucht also ein Modell, wie Menschen zur Verhaltensänderung fähig werden. Und zwar aus sich heraus, weil sie etwas anderes wollen und nicht, weil ihnen jemand etwas anderes befiehlt. Auch durch Herrschaft können Verhaltensänderungen bewirkt werden, indem die Herrschenden durch Befehl bestimmte soziale Strukturen ändern und dadurch von den ihnen Unterstellten Verhaltensänderungen erzwingen. Dies ist freilich kein geeignetes Modell für eine freie Gesellschaft. Es bedarf keiner Avantgarde, die für andere etwas macht, sondern diese Fähigkeit sein Verhalten zu ändern, weil man etwas anderes will, muss eine allgemeine werden.

Das meist präferierte Verhaltensänderungsmodell ist das Erziehungsmodell. Dies gilt sowohl für Kinder wie für Erwachsene. Erziehung beruht auf Lehren und Lernen, wobei hier jene Lehr- und Lernprozesse gemeint sind, bei denen soziale Verhaltensweisen und Kompetenzen vermittelt und erworben werden sollen und nicht bloßes Wissen oder sachliche Kompetenzen. Erziehung ist die bewusste und damit geplante und zielorientierte Vermittlung sozialer Verhaltensweisen. Sie findet bei Kindern und Jugendlichen institutionalisiert über Hort und Schule statt, bei Erwachsenen durch Therapie und Strafvollzug; daneben aber immer auch mehr oder minder bewusst durch das soziale Umfeld. Solche Erziehung ist immer moralische Erziehung, weil Moral das jeweils gültige System gruppenspezifischer Verhaltensweisen ist. Solche Erziehung alleine kann, wie ich oben schon erwähnte, eine dauerhafte Verhaltensänderung bei einer gesellschaftlich relevanten Menge von Personen nicht bewirken. Dennoch aber muss das Projekt der bewussten und gezielten Schaffung einer anderen Gesellschaft eine Lösung für das Problem der dialektischen Spirale bieten, weil eine freie Gesellschaft eben nur bewusst und gezielt geschaffen werden kann. In deren Rahmen kann auch moralische Erziehung ihre Rolle spielen.

Moralische Erziehung ist aus der Perspektive einer freien Gesellschaft aber zunächst selber problematisch, weil man klären muss, inwieweit die in dem Konzept von Lehrendem und Lernenden immer eingeschriebene Überlegenheitsstruktur mit dem Modell einer demokratischen Bestimmung von Gruppenregeln vereinbar ist. Verhaltensweisen zu lehren ist per se kein demokratischer Prozess. Andererseits ist Erziehung gerade von Kindern eine Notwendigkeit. Soziale Kompetenzen müssen gelernt und daher auch gelehrt werden. Die bestehenden Regeln einer Gruppe müssen deren Neumitglieder zunächst einmal kennen lernen und sie müssen auch die nötigen sozialen Kompetenzen erwerben, die es ihnen ermöglichen, nach diesen Regeln zu handeln. Lehr- und Lernverhältnisse sind die Grundstruktur der Tradierung von Kultur und daher grundsätzlich unverzichtbar. Vormachen und Nachahmen ist nicht nur bei den Menschen das grundlegende Lernschema. Solches Lernen ist konservativ. Menschliche Lernfähigkeit geht über die Möglichkeit solch konservativer Tradierung weit hinaus und muss es, wenn die Menschen sich in die Lage versetzen sollen können, ihr Leben bewusst selbst zu gestalten. Die konservativ wirkende Überlegenheitsstruktur von Lehr-/Lernverhältnissen kann dadurch aufgebrochen werden, dass nicht nur Fakten, im Falle moralischer Erziehung Regeln, vermittelt werden, sondern auch die Gründe für solche Regeln. Regeln begründen heißt immer, sie auch zur Disposition stellen, weil die begründenden Argumente ihre Triftigkeit immer neu unter Beweis stellen, d.h., jeder Generation gegenüber sich als überzeugend ausweisen müssen. Aus der Begründung folgt von selbst der zweite Schritt einer moralischen Erziehung, die die für eine freie Gesellschaft nötigen Kompetenzen vermitteln will. „Gründe" aufweisen, heißt immer auch überzeugen. Überzeugen kann man aber nur im diskursiven Miteinander, d.h. in der gemeinsamen Verständigung der Gruppe – hier der Lehrenden und Lernenden mit- und untereinander – darüber, ob diese

Gründe Gründe für jeden von uns sein können. Nur dann wird aus einem Argument nämlich ein *Grund* für eine Verhaltensregel. Und nur wenn eine Verhaltensanweisung so begründet ist, ist sie eine Regel und kein Befehl. Daher muss moralische Erziehung diese diskursiven Kompetenzen der gemeinsamen Regelbestimmung und -begründung vermitteln. Solche Vermittlung kann aber schon der Sache nach nicht durch Weitergabe überlegenen Wissens geschehen, sondern nur im Prozess selbst. Handlungskompetenzen kann man nur *learning by doing* erwerben. In solchen Prozessen ist der Lehrer nicht mehr als ein Moderator, der seine eigene Erfahrung mit solchen Prozessen einbringt. Neben der Wissensvermittlung durch andere tritt daher der Kompetenzerwerb durch moderierte Selbsterfahrung. Solche Erziehung muss das Ziel haben, den Lehrenden im Verlaufe des Erziehungsprozesses überflüssig zu machen und den Lernenden die Fähigkeit zur Selbstorganisation ihres Lernens zu vermitteln. Wenn dieses Niveau erreicht ist, ist der Lehrer nicht mehr als eine Bestätigungsinstanz. In der offenen und gleichberechtigten Diskussion mit ihm als dem in Hinsicht auf den Lernstoff Erfahreneren kann dann überprüft werden, ob und inwieweit der Wissenserwerb gelungen ist. An die Stelle der Vermittlung bestimmter Inhalte tritt im Verlaufe einer solchen Erziehung die Vermittlung von allgemeinen Kompetenzen. Auch solche Erziehungsmodelle gibt es sowohl im Kinder-/Jugendlichen-, als auch im Erwachsenenbereich schon.

Die Form alleine kann allerdings auch hier nicht genügen, wenn man ein bestimmtes gesellschaftliches Projekt fördern will. Moralische Erziehung betrieben als Vermittlung individueller Moral, ist untauglich, um das benötigte soziale Bewusstsein zu vermitteln. Erst wenn man solch moralische Erziehung mit einer politischen Erziehung verbindet, kann sie für das Projekt einer freien Gesellschaft nützlich werden. Es bedarf insofern einer moralisch-politischen Erziehung, welche zugleich mit der Bestimmung eigener Verhaltensnormen die Perspektive der zu ihrer Verwirklichung nötigen gesellschaftlichen Änderungen eröffnet. Dafür ist es nötig, nicht nur, wie dies heute schon immer geschieht, den Einzelnen und sein Verhalten in den Blick zu nehmen, sondern zugleich die sozialen Voraussetzungen dieses Verhaltens, die sozialen Bedingungen für die Einhaltung von Regeln. Solche Erziehung muss die Möglichkeiten aufweisen, wie die individuell vermittelten und individuell angeeigneten Verhaltensnormen durch Politik gesellschaftlich wirksam gemacht werden können. Dies geht nur, wenn solch moralisch-politische Erziehung nicht nur auf die Änderung individuellen Verhaltens, sondern zugleich auch auf die Änderung der sozialen Strukturen abzielt. Auch hier muss eine moralisch/politische Erziehung, wenn sie die Kompetenzen für eine herrschaftsfreie Organisation der Gesellschaft vermitteln will, zunächst das Wissen über die jeweils gegebenen Organisationsformen von Politik vermitteln, dann aber keine bestimmte Politik, sondern nur ein politisches Bewusstsein, sowie allgemeine Kenntnis und Praxis politischer Handlungsformen. Solche Erziehung muss nicht nur die Kompetenz zur Lösung privater Kleingruppenkonflikte vermitteln, sondern ebenso die Kompetenz, seine Interessen im politischen Raum zu artikulieren und durchzusetzen. Dazu zählt die Fähigkeit, seine Interessen so im Rahmen der vorgegebenen

Diskurse zu artikulieren, dass sie nachvollziehbar und operabel werden und die Fähigkeit, solche Diskurse in Frage zu stellen, zu kritisieren und alternative Diskurse zu eröffnen. Teil dieser diskursiven Kompetenzen ist in komplexen Gesellschaften wie unserer auch eine Medienkompetenz, die den kritischen Umgang mit den Medien der öffentlichen Ver- und Übermittlung politischer Themen ermöglicht. Zu diesen sozialen/politischen Kompetenzen gehört auch die Fähigkeit politische Bündnisse zu schließen, strategische Allianzen einzugehen, kurz-, mittel- und langfristige Perspektiven mit unterschiedlichen Zielsetzungen zu vereinen, tragbare Kompromisse zu finden usw. Dass eine Gesellschaft ohne Herrschaft organisiert wird, macht solch politisches Handeln nicht überflüssig, sondern verleiht ihm ganz im Gegenteil eine besondere Bedeutung. Politisches Handeln ist dann nicht länger ein Ringen um und mit der Herrschaft, sondern tatsächlich die Kunst der tragfähigen Vermittlung der divergierenden Interessen der Menschen.

Erziehung kann hier aber nicht nur die theoretische Vermittlung solcher Fähigkeiten sein, sondern sie verlangt auch, diese in der Praxis zu üben. Alle Ausbildung geschieht in einer Verbindung von Theorie und Praxis. So bedarf auch die moralisch/politische Erziehung ihres Praxisfeldes. Entsprechende Projekte und Praktika sind unverzichtbarer Bestandteil solcher Erziehung. Der Erwerb solcher Kompetenzen und die positive Erfahrung ihres Gebrauchs im Kleinen kann dann auch das nötige Selbstbewusstsein verleihen, welches es einem ermöglicht, darauf zu vertrauen, dass man die politische Organisation des Gesellschaftlichen selbst leisten kann und sie nicht an die Herrschaft delegieren muss. Die Förderung einer solchen Bildung und der umfassenden Einbeziehung aller in die politische Praxis muss daher jeder betreiben, der eine freie Gesellschaft anstrebt. Nur dann ist eine klassenübergreifende Verallgemeinerung dieses Projekts möglich, weil erst dann die trennenden Bildungsunterschiede soweit nivelliert werden, dass ein gemeinsames, gleichberechtigtes miteinander Arbeiten an diesem politischen Projekt möglich wird. Nur dann ist es möglich, dass der Kampf gegen die Herrschaft als ein allgemeiner geführt wird. Nur wenn diese Voraussetzungen gegeben sind, kann die „Königsarbeit" verallgemeinert werden. Nur dann können an die Tätigkeit der Organisation des Gesellschaftlichen keine Privilegien mehr geknüpft werden und nur dann besteht auch die Chance, dass die Menschen sich dazu entschließen, Herrschaft als überflüssig und a-sozial abzuschaffen.

Für all diese hier vorgeschlagenen Umbauprozesse gibt es kein Nacheinander, keiner ist zwingende Voraussetzung für den anderen und doch sind alle letztlich nur miteinander zu verwirklichen. All diese Veränderungsvorschläge, wenn sie sich auch alle auf schon bekannte Mechanismen berufen, schaffen im Ganzen eine neue Gesellschaft. Und auch nur im Ganzen können sie letztlich funktionieren. Es geht darum, einen Typus von Gesellschaftsformationen zu entwickeln, in denen Freiheit möglich und Herrschaft verhindert wird.

Solange der Rahmen der Herrschaft besteht, können alle diese hier beschriebenen Modelle herrschaftsfreier Organisation nur in beschränktem Umfang funktionieren und werden immer wieder an ihnen von der Herrschaft gesetzte Grenzen stoßen. An diesen Grenzen muss man kämpfen, um sie immer wieder zu überschreiten. Erst wenn dabei der qualitative Übergang zur herrschaftsfreien Gesellschaft gelingt, werden alle diese Mechanismen das ihnen inhärente demokratische Organisationspotenzial entfalten können. Jeder kann und muss an der Stelle, wo er im Leben steht, Stück für Stück in diese Richtung arbeiten und so mit anderen zusammen für sich und für uns das seine tun, um das Projekt einer freien Gesellschaft zu verwirklichen.

Anmerkungen

Einleitung

1 Zum Widerspruch von kapitalistischer Effizienz und Ökologie vgl. Sachs 2000.

2 Geblieben ist nur Kritik: Wittgenstein hat z.B. gemeint, dass es keine philosophischen Probleme, sondern nur sprachliche Rätsel gebe, Haug hat sich einmal als „marxistischen Hilfssheriff" bezeichnet, die Frankfurter Schule hat von sich behauptet, nicht Philosophie, sondern „kritische Theorie" zu produzieren, Marx und Engels haben von der Aufhebung der Philosophie gesprochen.

3 Diesen Lesern wird empfohlen, z.B. einmal Rousseaus *contract social* oder seinen *discour* oder irgendeinen anderen französischen oder englischen Philosophen dieser Zeit in die Hand zu nehmen, er wird sich wundern, wie sehr diese Bücher in ihren Thematiken und der Art ihrer Behandlung dem hier vorgelegten ähneln.

I.1 Philosphie ...

1 Das Set der Antworten auf diesen Umbruch ist anscheinend beschränkt. Es finden sich in der griechischen wie in der chinesischen Philosophie dieselben Hauptströmungen: die Konservativen - Platon, die Daoisten -, die Gemäßigten - Aristoteles, Konfuzius -, die Radikalen - Hippias von Elis, Mo Di - und die Aussteiger - Diogenes, Yang Zhu. Im Folgenden wird der Schwerpunkt der Darstellung auf die griechische Philosophie gelegt, zum Ersten, weil diese sich aufgrund des Eurozentrismus der Europäer zu unserem Traditionsraum entwickelt hat, und zum Zweiten, weil sie aus diesem Grunde auch mir besser bekannt ist. Die folgenden Ausführungen ließen sich aber prinzipiell auch an der chinesischen Philosophie entfalten (vgl. hierzu Bauer 2000).

2 Diese Unterscheidung ist eine kategoriale. In der Realität treten Reinformen immer selten auf. Die Herrschenden und Beherrschten bilden in der Auseinandersetzung um die Durchsetzung ihrer Interessen zumeist Kompromisse. Die Philosophie ist fast immer in solche Kompromissstrukturen verwickelt, in denen im Interesse der Stabilität des gesellschaftlichen Ganzen ein den jeweiligen gesellschaftlichen Machtverhältnissen entsprechender Ausgleich gesucht wird. Trotzdem bleibt sie auch in diesem Falle parteiisch. Um ihre politische Position zu bestimmen, ist die grundsätzliche Differenzierung zwischen einer herrschaftsförmigen und einer emanzipatorischen Philosophie nötig.

3 Nicht aus dem Mythos (vgl. Cassirer 1987, S. 3ff). Der Mythos ist nur die Geschichte des Brauchs, nur sein nichtphilosophisches, nichtjuristisches Verständnis. Philosophie und Recht sind seine Nachfolger. Sie entwickeln sich nicht aus ihm, sondern aus einer gewandelten sozialen Praxis, die andere Anforderungen an die Formen ihrer Selbstorganisation stellt, treten in Konkurrenz zu ihm und setzen sich, als ihm in ihrer Welttauglichkeit überlegen, durch. Dies gilt auch für die Entstehungsgeschichte der chinesischen Philosophie (Bauer 2000, 38ff, 112f).

4 Dieser enge Zusammenhang von Philosophie und Politik zeigt sich nicht zuletzt darin, dass vor den Zeiten der Akademisierung der Philosophie, viele Philosophen

Politiker waren, so z.B. Platon, Konfuzius, Cicero, Augustinus, Boethius, Montesquieu, Locke, Hobbes usw.

5 Um Missverständnisse zu vermeiden, es wird hier nicht behauptet, dass jemals ein Politiker versucht habe, Hegels Phänomenologie des Geistes eins zu eins in Politik umzusetzen. Als philosophischer Entwurf wird hier jedes Konzept menschlichen Zusammenlebens bezeichnet, egal auf welchem Reflexionsniveau es sich befindet. Die „Pax Americana" ist ebenso ein philosophischer Entwurf wie der Neoliberalismus oder das Konzept des Sozialstaates.

6 Auch im Recht gibt es aber immer wieder Versuche, die Willkürlichkeit der Rechtssetzung hinweg zu interpretieren. Den letzten stellt die historische Schule mit Savigny dar: „Die geschichtliche Schule nimmt an, der Stoff des Rechts sei durch die gesamte Vergangenheit der Nation gegeben, doch nicht durch Willkür, so dass er zufällig dieser oder ein anderer sein könnte, sondern aus dem innersten Wesen der Nation selbst und ihrer Geschichte hervorgegangen." (Savigny zitiert nach Wesel 1997, 436f). Die restaurative und konservierende Absicht dieser Interpretation ist deutlich zu erkennen. Wenn das Recht nicht willkürlich gesetzt ist, dann kann es nicht anders sein, als es schon ist. Die Menschen sollen nicht das Recht haben, selbst zu bestimmen, in welchen gesellschaftlichen Verhältnissen sie leben wollen. Savigny ist daher ein Gegner der Neukodifizierung des Rechts. Zulässig sei nur seine „Verjüngung" und „Frischerhaltung" (ebd. 437).

7 Von „Wahrheit" wird im Folgenden öfter die Rede sein. Hier soll darunter der Geltungsanspruch, den solche Philosophie für ihre Thesen erhebt, verstanden werden. Dieser Geltungsanspruch ist in aller Regel ein absoluter, d.h., die Thesen der Philosophen sollen jederzeit und an jedem Ort für alle Menschen gelten. „Gelten" meint dabei, dass die Menschen diese Thesen, soweit sie deskriptiv sind, als übereinstimmend mit der Welt auffassen müssen und, soweit sie normativ sind, als Verhaltensanweisungen akzeptieren müssen.

8 Ob diese Vernunft theologisch gedacht wird oder säkular, ob sie zweckrational oder anthropologisch bestimmt wird, ist dabei egal.

9 Das Spannungsfeld zwischen sich wandelnder Geschichte und unveränderlicher Vernunft, in welches sich die erkennende Praxis der Philosophie selbst setzt, ist von Hegel in dem hier als Motto vorausgestellten Zitat prägnant erfasst worden. Hegel hat dieses Problem durch die Historisierung der Vernunft zu lösen versucht. Eine Lösung, die, wie alle anderen, zuletzt vor der Geschichte nicht standgehalten hat.

10 Gerade auf den „unteren" Ebenen der Gesellschaft, in den nicht so gebildeten Schichten, bleibt das Argument des „das macht man eben so" weiterhin prägend für die Sozialisation. Akademische Philosophie, Philosophie als Spezialfach wirkt hier nur mittelbar und mittelfristig. Ihr primärer Wirkungsbereich sind die Bildungseliten der Gesellschaft, auch in ihrer Funktion als Multiplikatoren. Bis in die Mitte des letzten Jahrhunderts war das alltägliche Leben der Menge der Leute kein Gegenstand der Philosophie. Deren Sozialisation wurde der Religion und den ideologischen Mächten Schule und Familie überlassen. Institutionelle Philosophie blieb das Medium der Selbstverständigung der führenden Schichten. So auch in China, wo die Philosophie das Verständigungsmedium der Elite der Verwaltungsbeamten war (vgl. Bauer 2000, 35ff). In der akademischen Philosophie ändert sich dies in Europa erst mit Heidegger (vgl. Heinrichs 1999). Außerhalb der akademischen Philosophie setzt dieser Prozess mit Marx ein.

11 Allerdings gab es auch hier schon mit der Priesterschaft eine auf Rituale spezialisierte Kaste, die sich durch überlegenes Wissen legitimiert hat. Auch das Recht ist zunächst nicht publiziert worden, sondern blieb Geheimwissen.

12 Dies gilt auch im juristischen Bereich. Ein Verstoß gegen Art. 3 GG, den Gleichheitsgrundsatz liegt immer dann vor, wenn eine Ungleichbehandlung nicht mit guten - d.h. der Schwere der Ungleichbehandlung entsprechenden - Gründen gerechtfertigt werden kann.

13 Zum Verhältnis von Wünschen und Wollen s. Kapitel I.2.

14 Gesellschaften sind prinzipiell unbegrenzt veränderungsfähig. Aus der Perspektive eines politischen Projektes gedacht, ist es jedoch nötig, realistisch die in der jeweiligen Situation gegebenen Möglichkeiten einer Veränderung zu prüfen und sich entsprechend auf eine kurz-, mittel- oder langfristige Strategie einzustellen, will man nicht Gefahr laufen, aus Frustration über die kurzfristige Verfehlung der eigenen Ziele das Projekt als Ganzes aufzugeben.

15 Bezugsgruppe sind in der Regel die Fachleute, d.h. die Leute, die sich mit der in Frage stehenden Sache auskennen.

16 Der Wissensbezug ist schon bei Aristoteles vorhanden, allerdings wird er erst in der Neuzeit als Wissenschaftsbezug im modernen Sinne artikuliert, weil erst da Wissenschaft entsteht.

17 Vgl. Tugendhat 1992, 266f.

18 Selbst wenn man die Logik als Wissenschaft begreifen wollte, so müsste man sie inzwischen als „Einzelwissenschaft" qualifizieren, d.h., als eine der speziellen Wissenschaf*ten*. Eine solche Logik würde aber nicht dem Selbstverständnis der Philosophie als der Wissenschaft vom Ganzen entsprechen (vgl. Lorenzen 1974, 150).

19 Sein als Copula besitzt seinerseits wieder mehrfache Bedeutungs- und Verwendungsweisen (Stegmüller 1989, 188ff).

20 Zu Platons Seinsfrage vgl. Bröcker 1958, 96.

21 Vgl. Husserls Programmschrift „Philosophie als strenge Wissenschaft" von 1911 (Husserl 1981). Es kann keine Rede davon sein, dass die damals von Husserl aufgeführten Mängel der Philosophie, misst man sie an den Wissenschaften, heute behoben wären. Auch die neueren Versuche Philosophie zur Wissenschaft zu machen, indem man sie zur Wissenschaftstheorie macht (vgl. Plümacher 1995, 308f, 313ff), müssen *philosophisch* als gescheitert gelten. Unabhängig, ob man der Meinung ist, dass Wissenschaftstheorie eine eigene Disziplin sein sollte oder von jeder Wissenschaft für sich selbst durchzuführen wäre, ist zu sagen, dass Wissenschaftstheorie, wenn sie wissenschaftlich arbeitet, eben keine Philosophie ist und das scheinbare Wissenschaftsdilemma der Philosophie insofern nicht lösen kann.

22 Selbstverständlich hat es immer Versuche gegeben und gibt es immer noch Versuche, dies zu ändern (Phänomenologie, Lebensphilosophie als Strömungen, Schopenhauer, Nietzsche, Kierkegaard als Personen), aber prägend bleibt für die akademische Philosophie diese indirekte Praxis.

23 Ihre Bedeutung für diesen Prozess wird auch an ihrer Stellung im Humboldtschen Konzept der Universität sichtbar: „In ihrer Lehre stellt sie der Gemeinschaft der Lehrenden und Lernenden und dem gebildeten Publikum das konzentrierte Selbstverständnis der bürgerlichen Wissenschaft dar, in ihrer Forschung integriert sie noch die Ergebnisse der einzelnen theoretischen Forschungsrichtungen zu einer einheitlichen Erkenntnis der Welt" (Wolf 1972, 37).

24 Nicht zu verwechseln ist die Kritik an dieser Selbstbeschränkung der Philosophie mit einer Apologetik der Hegelschen Art Philosophie zu treiben. Es ist nicht der Mangel der damaligen Philosophie, dass sie z.B. nicht mehr Geschichtsphilosophie in der Art Hegels betreibt - ein Unterfangen, das nach der historischen Kritik, sowohl von Marx als auch von der *Historischen Schule* an Hegel tatsächlich nicht mehr möglich war -, sondern dass sie die „Geschichte" völlig an die Wissenschaft delegiert und sich überhaupt nicht mehr dazu äußert.

25 Zum Datum 1848 als Bruch sowohl in der institutionellen als auch inhaltlichen Entwicklung der Philosophie vgl. auch Köhnke 1989, 832ff.

26 Vgl. hierzu Narr 1998, 979.

27 „Aus dem Gesichtskreis bürgerlicher Bildung und 'Geistigkeit' möchte man z.B. die vollständige, d.h. hier von Grund auf grundsätzliche 'Motorisierung' der Wehrmacht für eine Erscheinung des nur schrankenlosen 'Technizismus' und 'Materialismus' ansehen. In Wahrheit ist dies ein metaphysischer Akt, der an Tiefgang sicherlich etwa die Abschaffung der 'Philosophie' übertrifft" (Heidegger 1986, 333).

28 Von Heidegger ist die Anekdote überliefert, dass er als biographische Einleitung in eine Aristotelesvorlesung den Satz vortrug: „Aristoteles wurde geboren, arbeitete und starb" (Biemel 1973, 14). Mehr macht die Person Aristoteles nicht aus. Der Philosoph Aristoteles aber wird einzig repräsentiert durch sein Werk.

29 Es ist auffällig, dass die sich sonst doch als so hochgeistig verstehende Philosophie ihre Tätigkeit in einer so erdverbundenen Metaphorik ausdrückt. Hier schlägt sich die oben schon erwähnte Vorstellung nieder, dass es die philosophischen Erkenntnisse zu erkennen, zu *finden* gilt, dass sie also zunächst verborgen sind, dass man sie aufdekken, entdecken müsse. Und in der Metaphorik des tiefen Grabens, des Zurückgehens ins Dunkle schlägt sich auch der Ursprung solcher Philosophie aus der Tradition, aus dem „Alten", indem die Regeln zu finden seien, nieder. Solche Metaphorik ist weit verbreitet. Wir finden sie z.B. auch in Heideggers Wahrheitsbegriff wieder. Für Heidegger ist Wahrheit das ent-deckte, das auf-gedeckte (vgl. Heinrichs 1999, 230ff).

30 Auf diesen „Kunstgriff" hat schon Schopenhauer hingewiesen: „Ich meine den verschmitzten Kniff, dunkel, d.h. unverständlich, zu schreiben; wobei die eigentliche Finesse ist, seinen Gallimathias so einzurichten, dass der Leser glauben muss, es liege an ihm, wenn er denselben nicht versteht; während der Schreiber sehr wohl weiß, dass es an ihm selbst liegt, indem er eben nichts eigentlich Verstehbares, d.h. klar Gedachtes, mitzuteilen hat" (1991, 163).

31 Der gewählte Bereich ist jeweils historisch bestimmt, da er mit dem jeweiligen - wissenschaftlichen - Wissensstand und mit dem jeweiligen kulturellen Selbstverständnis der Gesellschaft kompatibel sein muss. So ist dies in religiös geprägten Gesellschaften eben Gott und in durch repräsentative Demokratie und Öffentlichkeit geprägten Gesellschaften eben die Sprache und die Kommunikation.

32 Ebenso zur Theologie - als Unterart der Philosophie - die Religionswissenschaft.

33 Obwohl es in der Philosophie keinen Wissensfortschritt gibt, beginnt sie auch nicht jeden Tag von vorne. Ein einmal erreichtes, theoretisch-argumentatives Reflexionsniveau darf nicht aufgegeben werden.

34 Das gilt nicht für Teile der neueren BRD- und DDR-Philosophiegeschichtsschreibung, die dem hier vorgeschlagenen Konzept noch am ehesten nahe kommen.

35 Ein Vorschlag, den ähnlich schon Schopenhauer gemacht hat: „Allenfalls möchte es mit der Universitätsphilosophie noch hingehen, wenn die angestellten Lehrer dersel-

ben ihrem Beruf dadurch zu genügen dächten, dass sie, nach der Weise der anderen Professoren, das vorhandene, einstweilen als wahr geltende Wissen ihres Faches an die heranwachsenden Generationen weitergäben." (1991, 157) Allein, „sie sind in dem unglücklichen Wahne befangen, es gehöre zu ihrem Amte, dass sie auch selbst die Philosophen spielten und die Welt mit den Früchten ihres Tiefsinnes beschenkten. Aus diesem Wahne gehen nun jene so kläglichen, wie zahlreichen Produktionen hervor" (ebd. 158).

36 Je spekulativer die naturwissenschaftliche Theoriebildung wird, z.B. in der Astrophysik, desto mehr spielt aber auch hier Politisches hinein.

37 Zu den unterschiedlichen Ausformungen dieses Grundkonzeptes vgl. Tugendhat 1967, 331f. Allerdings gibt es hierüber Streit. Die Konsenstheorie der Wahrheit, wie sie z.B. Habermas ausgearbeitet hat (1984), behauptet, dass diese Auffassung von Wahrheit als ein Korrelationsprozess Objektivität mit Wahrheit verwechsle. Bei der Frage der Übereinstimmung der Aussage mit der Realität gehe es nur um sinnliche Gewissheit, Wahrheit sei aber eine Frage der Geltungsansprüche und diese würden sich nur in Diskursen stellen (ebd. 151ff). Habermas definiert auf diese Weise den direkten Objektbezug aus der Wahrheit heraus. Das kann man tun, aber Umdefinitionen ändern nicht die Probleme, sie sind immer nur ein Versuch, ein anderes Problemverständnis zu erzeugen. Das Wahrheitsproblem bleibt letztlich immer eines des Realitätsbezuges von Aussagen. Konsens stellt sich immer erst dann her, wenn dieser Realitätsbezug innerhalb eines vorgegebenen Verstehensraumes eine gewisse Plausibilität erreicht. Diese kann sowohl durch Erfahrungen als auch durch plausiblere Aussagen (Modelle, Theorien) erschüttert werden. Aber diese Plausibilität misst sich eben nicht nur an der Kompatibilität einer Aussage in einem bestimmten diskursiven Kontext, sondern auch an ihrer praktischen Realitätstauglichkeit im Erkennen und Handeln.

38 Inwieweit die moderne Wissenschaft mit Statistik und Wahrscheinlichkeit noch als Wahrheitssucherin verstanden werden kann, bleibt hier dahingestellt. Meines Erachtens handelt es sich hier eher um Probleme bei einer realitätsnäheren Bestimmung des Wahrheitsbegriffs als um seine Aufgabe.

39 Diese können bei entsprechendem zeitlichen Abstand auch in ein und derselben Sprache auftreten.

40 Platon kann insoweit als relativ treuer Überlieferer angesehen werden, weil Protagoras eine geachtete und bekannte Figur der Polis ist, der er nicht völlig verfälschende Aussagen in den Mund legen kann. Zudem wäre seine Argumentation gegen die Sophisten (die Weisen) dann auch wertlos, wenn sie sich nicht mit deren realen Argumenten auseinandersetzen würde. Platons Argumente gegen Protagoras versuchen die demokratische Verfasstheit wieder aufzuheben und Politik wieder zur Angelegenheit einer kleinen, feudalen Führungsschicht zu machen.

41 So hat z.B. Schwan herausgearbeitet, dass Heidegger in „Sein und Zeit" Politik als „Werk der Wahrheit" (1988, 12) begreift. Was aber *heißt* dies?

42 So finden wir z.B. im von Heidegger in „Sein und Zeit" entwickelten Konzept des Lebens im Uneigentlichen, des „Man", die Strukturen der sich neu herausbildenden Konsum- und Mediengesellschaft wieder. Es ist dies der gesellschaftliche Hintergrund, auf dem seine Analyse des Alltags aufbaut (vgl. Heinrichs 1999, 105ff).

I.2 Demokratisch-emanzipatorische Philosphie

1 Nicht zuletzt deswegen sind philosophische Emanzipationskonzepte und Befreiungstheologien in den letzten 50 Jahren vor allem in der „Dritten Welt“ rezipiert und entwickelt worden.

2 Rationalität wird hier nur im Sinne von Zweckrationalität verstanden. Rational ist ein Handeln demnach dann, wenn langfristig und im Zusammenhang betrachtet, die eingesetzten Mittel geeignet sind, die angestrebten Ziele zu verwirklichen.

3 Hier wird im Folgenden nur der Mainstream der bundesrepublikanischen Philosophie betrachtet. Daneben gibt es, von der akademischen Philosophie mehr oder weniger unbeachtet, durchaus herrschaftskritische und gesellschaftspolitisch relevante Ansätze zu einer anderen, linken, feministischen, interkulturellen Philosophie (vgl. z.B. Wolf 2002, Schmid 1999).

4 Hinsichtlich des Problems, inwieweit in Habermas' Texten dennoch wissenschaftliche Aussagen und Erkenntnisse enthalten sind, sei auf die obigen Ausführungen im Kapitel I.1 verwiesen. Im philosophischen Text lassen sich eben diese zwei Ebenen nie klar trennen.

5 Hierfür kann ich mich auf argumentative Unterstützung durch Tugendhat berufen, der bei seiner Analyse der habermasschen Differenz von „Wahrheit“ und „Richtigkeit“ ebenfalls zu dem Ergebnis kommt, dass beide nicht grundlegend unterschieden sind und es daher keinen Sinn mache, eine solche Differenz einzuführen (Tugendhat 1993, 19, Fußn. 13).

6 Tugendhats letztes Buch *Dialog in Leticia,* für das diese Charakterisierung nicht mehr zutrifft, wird hier zunächst ausgeblendet. Ich werde in Kapitel II.1 noch darauf eingehen. Es kennzeichnet Tugendhats Qualität als Philosoph, dass er sein Leben lang sich selbst immer wieder in Frage gestellt und so seine Philosophie konsequent weiterentwickelt hat. Konsequenz von Tugendhats Ansatz ist nämlich die Aufgabe des Herrschaftsanspruchs und letztlich ist er m.E. dabei auch angekommen. Für die hier besprochenen Thesen Tugendhats gilt dies jedoch noch nicht.

7 Vgl. zur DDR-Philosophie Heinrichs 2000a und zum Verhältnis der DDR- zur BRD-Philosophie: Heinrichs/Weinbach 1997a.

8 Im Stalinismus auch noch der Schriften Stalins.

9 Buhr war Direktor des Zentralinstituts für Philosophie an der Akademie der Wissenschaften der DDR (Berlin) und Vorsitzender des wissenschaftlichen Rates für Grundfragen der ideologischen Auseinandersetzung zwischen Sozialismus und Imperialismus.

10 Vgl. Kapferer 1990, 22ff.

11 Hinsichtlich des ersten Aspektes muss man hier historisch über die DDR hinausgreifen, schon die der kommunistisch/sozialistischen Bewegung nahestehenden Philosophen des 19. und frühen 20. Jahrhunderts (von Marx bis Lukács) haben diese Entwicklung nicht mitgemacht.

12 Der Strategiewechsel der bürgerlichen Philosophie macht eine Hauptrezeptionsbarriere für alle marxistischen Philosophen innerhalb der akademischen Philosophie aus. Marxistische Philosophen egal ob im Dienste einer Partei, eines Staates oder mehr oder minder unabhängig, treten weiterhin als Verkünder ihrer eigenen Thesen auf und repräsentieren damit innerhalb der intellektuellen Auseinandersetzung einen anderen Philosophietypus, der von den in die gegenwärtige Praxis der westlichen Philosophie hineinsozialisierten Menschen als antiquiert empfunden und abgelehnt wird.

13 Das einzelne in diesen Verhältnissen stehende Personen aus der Tradition des Kommunismus her diesen Staat als die Verwirklichung oder doch als Schritt hin zum Ziel einer herrschaftsfreien Gesellschaft gesehen haben, macht ihre persönliche Tragik aus, ändert aber nichts an der Tatsache, dass auch hier eine Philosophie sich in den Dienst der Legitimation der Herrschaft eines Staates gestellt hat.

14 In seinem Fragment „Dialektik der Natur“ hat Engels versucht eine solche Philosophie als Grundlagenwissenschaft im traditionellen Sinne zu begründen. Grundthese ist dabei, dass das Denken des Menschen nur ein „Reflex“ (MEW 20, 481) der „objektiven“ Dialektik der Natur sei.

15 In Anlehnung an Engels: „Die große Grundfrage aller, speziell neueren Philosophie ist die nach dem Verhältnis von Denken und Sein“ (MEW 21, 274).

16 Um Missverständnissen vorzubeugen: Nicht dass die Philosophie der DDR den Staat *DDR* zu rechtfertigen versucht hat, sondern dass sie den *Staat* DDR zu rechtfertigen versucht hat, wird hier kritisiert. Diese Kritik trifft alle philosophischen Ansätze der DDR, soweit sie nicht systemkritisch orientiert waren, gleichermaßen, unabhängig von dem unterschiedlichen diskursiv-reflektorischen Niveau, auf dem sie sich bewegen.

17 Ein Marktprozess, in dem sich Angebot und Nachfrage austarieren, bedarf einer gewissen Menge von Beteiligten. Zwei Leute machen keinen Markt. Ein Markt liegt immer nur dann vor, wenn das Angebot so groß ist, das persönliche Beziehungen keine wesentliche Rolle mehr spielen können.

18 „Es wird in der Regel erwartet, dass ein Assistent die Forschungsgebiete und die Meinungen seines Professors übernimmt. 'Wer mit mir nicht übereinstimmt, mit dem kann ich nicht arbeiten.' Diese Worte eines Dresdener Philosophieprofessors sind typisch für die Haltung der meisten deutschen Universitätsphilosophen“ (Jung 1997, 14).

19 Vgl. zur Rekrutierung des Nachwuchses im Allgemeinen: Keller 1999. Für die Universitätsphilosophie der ersten Hälfte des 19. Jahrhunderts hat dies Schopenhauer prägnant formuliert und zugleich auch die Staats- und Herrschaftsorientierung dieser Philosophie klar erkannt: der 'eigentliche Zweck derselben' sei es, „dass die künftigen Referendarien, Advokaten, Aerzte, Kandidaten und Schulmänner auch im Innersten ihrer Ueberzeugungen diejenige Richtung erhalten, welche den Absichten, die der Staat und seine Regierung mit ihnen haben, angemessen ist“ (1991, 148). Die Universitätsphilosophie sei „schon von Hause aus ein Staatsmittel“, „weshalb wir denn auch sehen, dass, zu allen Zeiten, der Staat sich in die philosophischen Streitigkeiten der Universitäten gemischt und Partei ergriffen hat“ (ebd. 169). Wir haben dies zuletzt bei der Abwicklung der DDR-Philosophie gesehen, vgl. Heinrichs/Weinbach 1997a und Heinrichs 2000a.

20 Vgl. Adorno 1962, Brentano 1975, Habermas 1975. Die Debatte über Marxismus und Philosophie ist so alt wie der „Marxismus“ selbst, vgl. Korsch 1993.

21 vgl. Habermas 1975, 58.

22 Hier sieht man deutlich Haugs enge Anlehnung an den frühen Marx, von dem er den Begriff des imaginären Gemeinwesens auch nimmt (ebd. 508).

23 Es sei denn, man greift die im Hintergrund des Textes schwebende Bestimmung der Philosophie auf, dass sie „Denken“ sei, womit man sich dann in der Nähe von Engels' „Denkgesetzen“ befindet.

24 Auch in seinen neueren Büchern (Haug 1996, 1999) entwickelt er keine eigene Philosophie.

25 Ein anderer Grund ist der, dass sich im Umfeld dieses kritisch-destruktiven Denkens eine grundsätzliche Skepsis gegenüber allem, was nach Sinn aussieht, entwickelt hat. Die Konstruktion von sozialem Sinn erscheint grundsätzlich negativ besetzt.

26 Das Verhältnis dieser zwei Bestimmungen lässt sich dabei vorläufig so skizzieren, dass das Element des demokratischen sich schwerpunktmäßig auf die gesellschaftliche Ebene bezieht, während das Element des emanzipatorischen schwerpunktmäßig auf der individuellen Ebene verortet ist.

27 Ich möchte an einem einfachen Beispiel einmal zeigen, was damit gemeint ist. Heute wird z.B. angesichts der Tatsache, dass immer weniger arbeitende Menschen das Lebensnotwendige für sich und für immer mehr nicht-mehr arbeitende Menschen produzieren müssen, behauptet, wir hätten ein Generationenproblem. Wenn man die proportionale Zunahme älterer Menschen im Durchschnitt der Bevölkerung so artikuliert, dann folgt daraus die Deutung, die Renten seien in Zukunft nicht mehr bezahlbar, daraus folgt die Lösung, dass wir die staatlichen Renten absenken müssen und neben das Sozialversicherungssystem ein privates System der Altersvorsorge stellen müssen. Das kann man aber auch anders sehen. Diese Artikulation der Veränderung der Bevölkerungsstruktur übersieht, dass die Rentner ja kein Geld essen wollen. Ein Problem hätten wir nur dann, wenn es an Gütern, an Waren mangeln würde. Daran besteht heute ein Überfluss und es ist auch nicht zu erwarten, das sich dies ändert. Die Produktivität ist heute bei uns so hoch, das ein Arbeiter problemlos das Lebensnotwendige - auf einem hohen Standard! - für zwanzig Menschen herstellen kann. Wir haben also kein Generationenproblem, da wir kein Problem haben, die benötigten Lebensmittel für einen größer werdenden Teil an nicht mehr arbeitenden alten Menschen herzustellen. (Nebenbei bemerkt könnte ein solches Problem durch private Altersvorsorge auch nicht gelöst werden. Jetzt privat Geld zurückzulegen, würde in Zukunft ja nicht die Unterkapazitäten in der Produktion beheben. Eine von den dann Arbeitenden unabhängige Art der Vorsorge fürs Alter wäre nur dadurch möglich, dass man einen Speicher baut und darin Produkte lagert. Die jetzt geförderten Formen privater Altersvorsorge, dienen nur dazu, den Arbeitgeberanteil an der Alterssabsicherung zu reduzieren.) Wenn wir das Problem so artikulieren, dann folgt aus dieser Deutung, das wir nur ein Verteilungsproblem haben. Daraus folgt die Lösung, dass der gesellschaftliche Reichtum nur gerecht verteilt werden muss, damit die Rente weiterhin gesichert bleibt. Die Frage ist einfach, wer bekommt die Güter für die neunzehn anderen Leute, die der eine Arbeiter herstellt? Bekommen zehn davon das Kapital, fünf der Staat für überflüssige Ausgaben wie Rüstung u.ä. und bleiben für den nichtarbeitenden Teil der Bevölkerung dann nur noch vier übrig oder verteilen wir anders? Aus dieser Perspektive erkennt man, dass das sogenannte Generationen-/Rentenproblem nur eine Argumentation ist, um Umverteilung von unten nach oben umzusetzen. Andere Problemartikulationen implizieren also sofort auch andere Deutungen und Lösungen. Das gilt auch für die anderen Sozialversicherungssysteme. Wir haben z.B. keine Kostenexplosion im Gesundheitswesen, sondern eine Einnahmenschrumpfung. Da die Krankenkassenbeiträge prozentual vom Arbeitseinkommen erhoben werden, sind sie in den letzten Jahren zugleich mit der relativen (Lohnerhöhungen unter der Inflationsrate) und absoluten (sinkende Neueinstellungsgehälter) Schrumpfung der Arbeitnehmereinkommen ebenfalls gesunken. Hinzu kommen hohe Arbeitslosigkeit, Sozialhilfe, Frühverrentung und wieder zunehmende Hausfrauenexistenzen, die alle nur wenig oder gar nichts zur Krankenversicherung beitragen. Dass mit diesen radikal schrumpfenden Einnahmen die normal steigenden Preise der Pharmaindustrie

irgendwann nicht mehr bezahlt werden können, ist klar. Die Lösung kann, wenn man das Problem so artikuliert, im Grunde nur in der Erhöhung der Arbeitnehmereinkommen, dem Abbau der Arbeitslosigkeit und der Beschränkung der Medikamentenpreise liegen und nicht im Kaputtsparen des Gesundheitssektors.

28 Jede Lektüre eines Textes setzt immer die Leistung des Verstehens durch den Leser voraus. Das gilt für historische Texte in einer verschärften Form. Insofern ist eine bloße Adaptation gar nicht möglich. Erst das Wissen um diesen Vorgang ermöglicht mir aber die distanziert kritische Lektüre.

29 Dass es mehr als die Bequemlichkeit der Beherrschten ist, was die Herrschenden an der Herrschaft hält, ist mir bewusst, aber es ist auch Bequemlichkeit.

30 Die *Nikomachische Ethik* des Aristoteles, Augustinus *Confessiones*, Kants *Anthropologie in pragmatischer Absicht* und viele andere klassische Philosophietexte sind philosophische Ratgeber.

31 Es gilt hier, in entsprechender Abwandlung, Gramscis Aussage: „Alle Menschen sind Intellektuelle, könnte man daher sagen; aber nicht alle Menschen haben in der Gesellschaft die Funktion von Intellektuellen" (Gramsci 1996, Heft 12, § 1, S 1500). Weil wir in diesem Sinne alle Philosophen sind, ist diese Beratungspraxis keine Einbahnstraße: auch der Philosoph muss offen sein und bereit aus und in diesem Verhältnis zu lernen.

32 Nun als Ort, nicht als Tätigkeit gemeint. Philosophen eröffnen eine Praxis wie dies z.B. auch Ärzte tun.

33 vgl. die entsprechenden Hinweise in der „Information Philosophie"; so z.B. in den neueren Heften: 4.99: 75; 2.99: 146, 116ff; 1.99, 75f; 5.98: 3; 4.98: 145; 3.98: 146; 5.97: 72ff und auch den Artikel in „Die Zeit„ von Walter Schmidt „Sinn auf Rädern".

34 Vgl. Achenbach 1984; Dill, 1990; Witzany, 1991, Berg 1992, Statsny 1994; Zdrenka 1997.

35 Vgl. Berg 1992.

36 Auch Ruschmann (1999) schweigt sich in seiner Überblicksdarstellung zur philosophischen Beratung über die eigenen Ziele des philosophischen Beraters aus (ebd. 354ff).

37 Insofern ähnelt sie noch am ehesten der kognitiven Therapie.

38 Vgl. Information Philosophie: 4.99: 74; 3.99: 82; 1.98, 142; 5.97, 76.

II.1 Was ist heute Links?

1 Dies zeigt sich heute insbesondere an der Verabsolutierung des Begriffs „Terrorismus" mit dem inzwischen jegliche Form von Gewalt, die nicht gegen individuelle Einzelpersonen gerichtet ist, bezeichnet wird, von neokolonialen Befreiungsbewegungen bis hin zu pathologischen Einzelgängern. Der politische Charakter bestimmter Arten des Terrorismus wird so negiert.

2 Für seine revolutionäre, die kommunistische Variante ist dies offensichtlich. Es gilt aber genauso für die reformistische, sozialdemokratische Variante, die das Ziel einer herrschaftsfreien Gesellschaft nie verfolgt hat. Aber selbst das Ziel einer sozial gerechten Gesellschaft hat sie nicht erreicht. Die Entwicklungen der letzten 20 Jahre haben gezeigt, dass selbst in den reichen Industriestaaten auch im sozialstaatlich gedämpften Kapitalismus eine abgesicherte Existenz für alle Menschen nicht garantiert werden kann - von der „Dritten Welt" gar nicht zu reden. Dies betrifft die Beteiligung aller an der gesellschaftlichen Arbeit ebenso wie die gerechte Verteilung des gesellschaftlichen Reichtums.

3 Es gab zwar auch immer bürgerliche Bewegungen, die diese Ziele verfolgten, sie hätten sie aber alleine nicht durchsetzen können.

4 Dies hat sich vor allem im Bereich der Freiheitsrechte noch einmal verschärft, seit sich die westliche Welt im selbsternannten Krieg gegen den islamischen Fundamentalismus befindet.

5 Für das außenpolitische Verhältnis gilt das bislang nicht. Der amerikanische Imperialismus und Neokolonialismus unterscheidet sich nur in der Wahl seiner Mittel, nicht aber in seinen Auswirkungen auf die von ihm betroffenen Länder vom alten Imperialismus und Kolonialismus (vgl. Chomsky 2000). Es entstehen daher logischerweise auch schon wieder die ersten neokolonialen Befreiungsbewegungen, deren bedeutsamste derzeit der islamische Fundamentalismus ist (vgl. Ruf 2002). - Befreiung ist hier nur im Sinne der Freiheit von und nicht der Freiheit zu gemeint. Diese Bewegungen wollen sich von der westlichen Dominanz befreien, sind selber aber in ihrem politischen Konzepten häufig reaktionär.

6 Sozialistische Länder der „Dritten Welt" haben durchschnittlich einen wesentlichen höheren Lebensstandard für die breite Masse ihrer Bevölkerung verwirklicht als die sonstigen, von den kapitalistischen Staaten ausgebeuteten Länder. Nicht umsonst war z.B. Kuba lange Zeit in Afrika die führende Nation in der Entwicklungshilfe (vgl. Chomsky 2000, 98ff).

7 Um ein weiteres Beispiel zu geben: So bestand z.B. in der Tschechoslowakei 1968 nie die Chance eines dritten Weges zwischen West und Ost. Es ist nur machtpolitisch interessant, aber historisch kontingent, dass faktisch die Sowjetunion diesen dritten Weg mit militärischen Mitteln unterbunden hat. Hätte sie es nicht getan, so hätte wenig später der Westen diesen Weg mit politisch-ökonomischen Mitteln verhindert, indem er die dann entstehenden, pro-westlichen, einen Kapitalismus propagierenden Parteien mit Geld massiv unterstützt hätte - wie vorher in Griechenland und später in Polen - und auf die Wahlen, mit dem Versprechen nur bei westfreundlicher Regierung zu leistender, ökonomischer Unterstützung, massiv Einfluss genommen hätte, wie das heute z.B. in Rest-Jugoslawien geschieht. Das ganze System dieser Manipulationen kann man auch am Beispiel Nicaraguas studieren. Das alles ändert aber nichts daran - und ist daher für meine Untersuchung ohne Bedeutung -, dass die Sowjetmacht in der Tschechoslowakei eine aus der Bevölkerung kommende, politische Befreiungsbewegung mit Gewalt beendet hat.

8 Ausnahme ist die Antiapartheidbewegung in Südafrika. Sie war nur innenpolitisch orientiert, zielte aber auch nicht auf die allgemeine Abschaffung von Herrschaft, sondern nur auf die Abschaffung der Herrschaft der Weißen über die Schwarzen.

9 Das gleichzeitige Auftreten in Ost und West ist nicht historisch zufällig - in beiden Systemen überschreitet das fordistische Produktionsregime seinen Höhepunkt (vgl. Kreschnak, Natke 1998).

10 Auch Lukács' Text „Demokratisierung heute und morgen" von 1968 (dt. 1987 unter dem Titel „Sozialismus und Demokratisierung") kann nicht als politische Emanzipationstheorie des Prager Frühlings gelesen werden. Zwar sucht Lukács in diesem unfertigen Manuskript nach einem dritten Weg zwischen Kapitalismus und Stalins Sozialismus, kommt dabei jedoch über Lenin nicht hinaus.

11 Die Kulturkritik der 68er darf nicht mit dem Bemühen um die Entwicklung einer Arbeiterkultur verwechselt werden. Diese zielte eher auf eine klassenspezifische Aneignung der bürgerlichen Kultur als auf die Emanzipation von deren Zwängen ab. Zwar

gab es auch in letzterem Sinne am Anfang der Sowjetunion eine kulturelle Revolution, z.B. auch schon dort die Forderung nach sexueller Befreiung (Alexandra Kollontai), jedoch wurde beides in Hinblick auf das Projekt der neuen Gesellschaft für unbeachtlich gehalten und kaum theoretisch reflektiert.

12 Die christlichen und liberalen Projekte zur Lösung der sozialen Frage, die es im 19. Jahrhundert ebenfalls in großer Zahl gab (vgl. Grebing 1966, 23ff), bleiben im Folgenden außen vor, da sie von vornherein nicht die Absicht hatten, eine andere Gesellschaftsordnung zu schaffen, sondern nur die bestehende so zu reformieren, dass sie stabiler wird.

13 Siehe zur existenziellen Dimension dieser Frage Hobsbawm 1975, 200ff.

14 Zur Entstehung des Revolutionsbegriffs vgl. Arendt 1963, 33f, 50ff.

15 Erst aus dieser tagespolitischen Selbstverständlichkeit der Revolution heraus ist es verständlich, dass eine Klasse, die nichts mehr zu verlieren hat als ihre Ketten, dazu übergehen kann, die Frage nach einer anderen Gesellschaftsordnung auf die Tagesordnung zu stellen (vgl. Hobsbawm 1975, 204f; Arendt 1963, 83f).

16 Blanqui hat sich genau aus diesem Grunde 1848 gegen freie Wahlen ausgesprochen: „Wenn die Wahlen stattfinden, werden sie reaktionär sein" (Blanqui z.n. Deppe 1968, 17). „Er wußte, daß unter den Bedingungen jahrzehntelanger konterrevolutionärer Herrschaft und der damit verbundenen Verdummung der Massen durch Kirche und Presse die demokratische Willensbildung des Volkes unmöglich war" (Deppe ebd.).

17 So Weitling in seiner Programmschrift „Die Menschheit wie sie ist und wie sie sein sollte", 1839. Auch er forderte als Übergangsstadium die Diktatur eines Einzelnen; vgl. Grebing 1966, 24ff; Hundt 1988, 182f.

18 Der Begriff der Partei muss hier im weiten Sinne von Parteiung, von Anhängern einer Sache verstanden werden. Eine Partei der Kommunisten, im Sinne einer institutionalisierten, politischen Organisation, existierte damals noch nicht.

19 Wieso Marx die Erkämpfung der Demokratie durch das Proletariat mit dessen Erhebung zur herrschenden Klasse gleichsetzt, führt er hier nicht aus. Es ist aber einfach nachvollziehbar. Die Arbeiter sind schlicht und ergreifend die meisten; und wenn wir ein allgemeines und freies Wahlrecht haben, dann stellen sie die Mehrheitsfraktion und besitzen damit die politische Macht. Das ist eine kurzschlüssige Überlegung, nur mathematisch zutreffend.

20 Diese Vorstellung einer Gesellschaft ohne Arbeitsteilung wird der Komplexität moderner Gesellschaften nicht mehr gerecht. Man muss die These von der Aufhebung der Arbeitsteilung wörtlich nehmen. Sie besagt nicht, dass die Spezialisierung verschwindet, wohl aber der Spezialist. Das ist mehr als „das Ende der 'knechtenden Unterordnung der Individuen' unter sie" (Oertzen 1996, 9), denn es bleibt das ungelöste Problem, wie es Spezialisierung ohne Spezialisten geben soll. Ebenso kann das bürgerliche Ideal des ganzheitlich gebildeten Individuums nicht das Idealbild des Menschen in einer kommunistischen Gesellschaft sein. Die Vorstellung, dass der Mensch sich dann am meisten verwirkliche, wenn er alles, was Menschen an Kulturleistungen erbringen können, in eigener Person nachvollziehe, ist wieder nur eine bestimmte, willkürlich gesetzte Norm des menschlichen Wesens. Wie die Menschen in einer freien Gesellschaft leben würden, kann man im vorhinein nicht festlegen. Es bleibt eben ihre freie Entscheidung. Auch die Vorstellung einer so weit gehenden Beherrschung der Natur, dass sie nichts Fremdes gegenüber dem Gesellschaftlichen mehr wäre, ist kein erstrebenswertes Ziel, selbst wenn es zu erreichen wäre, weil der Mensch sich damit den Erfahrungsraum des „Anderen" verschlossen hätte.

21 Zum Begriff der politischen Freiheit findet man bei Marx und Engels nur wenig. Sie kritisieren die bürgerlichen Freiheiten als rein negative, als „Freiheit von ...". Dagegen stellen sie ein Konzept einer Freiheit in der Gemeinschaft: „erst in der Gemeinschaft wird also die persönliche Freiheit möglich" (MEW 3, 74). Aber was ist denn „Freiheit"? Was wird erst in der Gemeinschaft möglich und wie wird es möglich?

22 Abgerundet wird der Katalog durch die Forderungen nach Abschaffung der Kirchen (Nr. 1) und der Monarchie (Nr. 4).

23 Zwischen den Positionen Proudhons, Stirners, Bakunins, Kropotkins, Déjacques - um einige der wichtigsten Vertreter des Anarchismus im 19. Jahrhundert zu nennen - bestehen z.T. erhebliche Differenzen.

24 Zur Entwicklung dieses Konzeptes bei Marx und Engels vgl. Heuer 1989, 51ff.

25 Die damals entstehende Gegnerschaft zwischen Anarchismus und Sozialismus hält sich bis heute durch. Dies zeigt z.B. das Stichwort „Anarchismus" in der *Europäischen Enzyklopädie zu Philosophie und Wissenschaften*. Diese Enzyklopädie ist noch zu Zeiten der deutschen Teilung von den dogmatischen, der DDR nahestehenden Westmarxisten als Nachfolger des DDR-Philosophiewörterbuchs konzipiert worden. Die meisten ihrer Autoren stehen auf dem Standpunkt des Sozialismus. So auch der Autor dieses Stichworts. Ihm zufolge ist der Anarchismus „in seiner Substanz nur eine auf kurze Fristen angelegte rebellische Bewegung: Manifestation einerseits der utopischen Ansprüche und andererseits des Entfremdungszustandes der kleinbürgerlichen Intelligenz und der ins Abseits gedrängten Stände in den ökonomisch höher entwickelten Gesellschaften. Er steht völlig außerhalb der großen sozialen, ökonomischen und politischen Konflikte [...] der neu- und spätkapitalistischen Welt" (Bravo 1990, 117). Damit finden wir hier Lenins Kritik am Anarchismus wiedergegeben (vgl. Lenin Werke Bd. 5, 334f; so auch Harich 1998).

26 Für Engels bleibt es dabei, dass das Reich der Freiheit das Reich der Unabhängigkeit von der Natur (MEW 20, 263f) ist.

27 Bakunins Theorie geht von den Gegebenheiten der noch primär feudal strukturierten russischen Agrargesellschaft aus (vgl. Bakunin 1996, 67ff). Entsprechend haben die Anarchisten in den damals noch stark agrarisch bestimmten Ländern (Spanien, Italien, Russland) am meisten Zulauf gefunden. Auf dem Lande ist die einfache Abschaffung der Herrschaft möglich. Die Bauern arbeiten selbstständig. (Dies gilt auch für Handwerker, unter denen Bakunin im Schweizer Jura großen Zulauf fand). Auf den Abgaben erhebenden Feudalherrn können sie gut verzichten, seine wenigen sozialen Funktionen leicht ersetzen. Der Anarchismus kommt auch der Mentalität der Landbevölkerung entgegen, der die Vorstellung einer freien Kooperation viel sympathischer war als die Unterordnung unter eine zentrale Parteiorganisation. Dagegen ist es einem Fließbandarbeiter zu Recht nur schlecht vorstellbar, dass er von jetzt auf gleich alle kaufmännischen und organisatorischen Aufgaben, die mit der Leitung einer Fabrik verbunden sind, übernehmen soll. Auch ist das sozialistische Parteimodell einer straffen Führung dem städtischen Proletariat, gewöhnt an den Drill der Fabriken, eingängiger.

28 Für eine Zielkategorie hält dagegen Monal den Fortschritt (1999). Aufgrund dieser Verwechslung glaubt sie, das Fortschrittskonzept von Marx und Engels wieder positiv besetzen zu können.

29 Vgl. z.B. Marx Analyse der englischen Verhältnisse: „Die Engländer verfügen über alle notwendigen *materiellen Voraussetzungen* für eine soziale Revolution. Woran es ihnen

mangelt ist *der Geist der Verallgemeinerung und die revolutionäre Leidenschaft.*" Dem soll die Politik abhelfen (MEW 16, 386).

30 In Anlehnung an St. Simons frühen gesellschaftlichen Positivismus, vgl. Rolshausen 1997, 39f.

31 Unter feudalen Gesellschaften werden hier *alle* tributären Systeme (Samir Amin) verstanden, die auf der Herrschaft einer Kriegerklasse beruhen, vom antiken Babylonien über das persische, ägyptische, römische, chinesische Reich bis zum Reich der Maya und auch alle sonstigen.

32 Dass es gewisse ökonomische Gesetzmäßigkeiten gibt, die von sich aus in die Richtung kapitalistischer Produktion drängen, ändert daran nichts. Die Frage bleibt, ob sie sich gegen gesellschaftliche Widerstände durchsetzen können oder nicht. Bislang war dies mit durchschlagendem Erfolg erst einmal in der Geschichte der Menschheit der Fall. Ansätze in diese Richtung hat es allerdings öfter, so z.B. im klassischen Athen oder auch in China gegeben.

33 Auch die Vorstellung, die Staatsmaschinerie „zu brechen" (MEW 8, 197), ist da nicht präziser.

34 Als Relikt der Stadtfreiheit und der noch unvollständigen Nationalstaatsbildung in Deutschland hatten damals die Gemeinden noch das Recht, selber zu bestimmen, wen sie als Gemeindemitglied aufnehmen wollten. Diese gemeindliche Zustimmung war Voraussetzung dafür, dass man dort seinen Wohnsitz nehmen konnte.

35 Die sonstigen Differenzen, z.B. der lassallesche Nationalismus gegenüber den internationalen Konzepten anderer Gruppen (vgl. Grebing 1966, 52), sind für meine Fragestellung nicht relevant.

36 Ebenso wie die weiteren Forderungen nach allgemeiner Meinungs-, Vereinigungs- und Versammlungsfreiheit, Gleichstellung der Frau sowie Entscheidung über Krieg und Frieden im Parlament (Dokumente 188).

37 Bakunin geht wie schon erwähnt vom Dorf in einem Feudalreich aus. Sobald man aber den ländlichen Rahmen verlässt und die städtisch, frühindustrielle Gesellschaft betrachtet, greift das Konzept in dieser einfachen Form nicht mehr.

38 Wobei selbst das „bürgerlich" fraglich ist. 1918 hat sich die SPD für die Erhaltung der Monarchie eingesetzt (Winkler 1993, 27).

39 Eine negative Erfahrung, die nicht nur Luxemburg gemacht hat, sondern auch Liebknecht und wohl alle Gründer des Spartakusbundes, vgl. Flechtheim 1986, 57.

40 Die Kommunistische Internationale hat sich in den zwanziger Jahren in „eine Magd der sowjetischen Außenpolitik" verwandelt, so Gerd Kaiser in seiner Rezension der Quellenedition der KI (Drabkin 1999), ND vom 15/16.01.2000, S. 15.

41 Ein Ziel, das offensichtlich sehr schnell durchgesetzt wurde. Schon auf dem nächsten Parteitag 1925 werden fast alle Beschlüsse und Wahlen einstimmig getroffen (ebd. 225).

42 Um Missverständnisse zu vermeiden: hier wird nicht Thälmann mit Stalin oder Hitler verglichen, sondern Kritik an der politischen Strategie des Aufbaus von Kultfiguren geübt. Diese Strategie ist nie demokratisch, egal ob die zur Kultfigur erhobene Person ein wirklich vorbildhafter Mensch oder ein Verbrecher ist, da es sich bei einer Kultfigur immer um ein idealisiertes Vorbild handelt, dessen unkritische Verehrung gefordert wird.

43 Der Begriff „Verelendung" taucht bei Marx und Engels nur einmal auf (MEW 25, 631) und da auch nicht in dem hier gemeinten Sinne. Aber das Konzept eines sich steigern-

den Elends ist bei ihnen vorhanden. Dies ist dann später auf den Begriff der „Verelendung“ gebracht worden (vgl. politisches Wörterbuch 1973, 879ff).

44 Diese Auffassung steht allerdings nicht widerspruchsfrei in der marxschen Theorie, vgl. Seidl 1996, 15.

45 Zum ideologischen Problem vgl. Heinrichs 1999, 25f.

46 Hier setzt Bernsteins Kritik am Marxismus an. Sein so genannter Revisionismus zielt darauf ab, die sozialistische Strategie der veränderten Lage anzupassen. Da die Revolutionstheorie auf der Verelendungsthese aufbaute, war es nur konsequent, dass Bernstein mit der richtigen Einsicht, dass Ende des 19. Jahrhundert nicht von einer progressiven Verelendung des Proletariats gesprochen werden konnte, auch die Revolutionstheorie aufgab und auf nichtrevolutionäre Prozesse der gesellschaftlichen Umgestaltung setzte.

47 vgl. zur Problematik dieser Theorie Wolf, 1994.

48 Lenin redet vom „hinüberwachsen“ des Sozialismus in den Kommunismus (Werke Bd. 25, 469), vgl. auch das Stichwort „Epoche des Übergangs vom Kapitalismus zum Sozialismus und Kommunismus“ im politischen Wörterbuch, 198ff.

49 Um Missverständnisse zu vermeiden: Marx' und Engels' Theorie ist nicht religiös oder verkappt theologisch, aber da wo ihre wissenschaftliche Analyse aufhört, wo für sie die Selbstevidenz eines Konzepts beginnt, reproduzieren Marx und Engels Denkmuster, die aus dem religiösen Erlösungsdenken kommen. Das wertet diese Kategorien nicht von vornherein ab, macht es aber nötig sie kritisch zu hinterfragen, da durch ihre theologische Herkunft ihr Charakter als Wirklichkeit beschreibende Kategorie fraglich ist.

50 Die Beharrlichkeit dieser Annahme - noch heute suchen verstreute Linke verzweifelt nach den Resten der Arbeiterklasse - beruht auch auf Marx' und Engels' Satz: „Die Geschichte aller bisherigen Gesellschaft ist die Geschichte von Klassenkämpfen“ (MEW 4, 462). Aus einer möglichen Überinterpretation dieses Satzes folgt nämlich die These, dass nur Klassen Geschichte machen können, dass also nur Klassen kollektive historische Subjekte sein können. Dafür gibt es aber keine Gründe. Aus dem Zitat ist diese These gewiss nicht abzuleiten.

51 Mit der beginnenden Alltags-, Milieu- und Biographieforschung, überhaupt mit der verstärkten Wahrnehmung des subjektiven Elements historischer Entwicklung, nicht nur auf der Ebene der großen Persönlichkeiten, ändert sich dies. Wichtig für diesen Prozess sind u.a. die im Umfeld der 68er Bewegung entstehenden Geschichtswerkstätten.

52 Klasse ist keine rein objektive Kategorie. Eine Klasse ist politisch immer nur dann existent, wenn sich eine relativ homogene, soziale Gruppe durch ein gemeinsames Klassenbewusstsein zur Klasse konstituiert. Dies gilt für das Proletariat im 19. Jahrhundert. Aber dieses Klassenbewusstsein, beruhend auf einer gemeinsamen Kultur, dem Gefühl der Zusammengehörigkeit und dem politischen Erfolg, ist spätestens seit der zweiten Hälfte des 20. Jahrhunderts Stück für Stück verlorengegangen. Dieser Prozess beruht zum einen auf einer Politik mit der Absicht der Zerschlagung der Arbeiterklasse, die mit dem Faschismus ihren Höhepunkt findet, zum anderen auf einer Selbstaufgabe dieses engen Zusammenhalts durch die Arbeiter, als seine soziale Selbsthilfefunktion nicht länger gebraucht wird.

53 Man beachte, dass sich die Freiheit zur Gleichheit gewandelt hat, auch wenn hier politische Gleichheit gemeint ist: „Demokratie bedeutet Gleichheit“ (ebd., 486).

54 Die Aufhebung der Demokratie im Kommunismus meint nur, dass hier niemand mehr beherrscht werde, weder eine Mehrheit durch die Minderheit, noch eine Minderheit durch die Mehrheit. Demokratie als Volks-Herrschaft hört dann auf, wenn alle Herrschaft aufhört. Dies meint der Kommunismus, wenn er von der Aufhebung der Demokratie redet. Im Grunde ist dies aber ebensosehr die vollkommene Verwirklichung der Demokratie. Die begriffliche Differenz wird nur aus politstrategischen Gründen gemacht, der Kommunismus soll besser sein als die bürgerliche *Demokratie*. Aus dem selben Grunde polemisiert der Kommunismus auch gegen die Gleichheit in der Demokratie und behauptet selber die Berücksichtigung der jeweiligen individuellen Ungleichheit zu ermöglichen - „jeder nach seinen Fähigkeiten, jedem nach seinen Bedürfnissen!" (MEW 19, 21; Lenin ebd., 486). Aber gerade darum geht es bei der *politischen* Gleichheit nicht!

55 Dies widerspricht auch Lenins Behauptung, die Diktatur des Proletariats beruhe entscheidend auf dem „Rätesystem" (Lenin Werke Bd. 28, 479).

56 Erst nach Lenins Tod schließt sich auch Trotzki dieser Opposition an (ebd., 169f), während er früher eifriger Verfechter eines autoritären Regimes war (ebd., 160, vgl. Heuer 1989, 211ff). Auch sein Eingreifen kann aber nichts mehr an der Situation ändern.

57 Überdies eine, die - u.a. durch den Mechanismus der periodischen Neuverlosung - die Entstehung von Herrschaft verhindern soll. Dieser Mechanismus, der der Entwicklung der Produktivkräfte hinderlich ist, ist von Lenin, dem es maßgeblich auf die Modernisierung ankam, kritisiert worden, während Marx noch die Möglichkeit sah, auf den Prinzipien der obschtschina aufbauend, ohne sie zu zerstören, direkt zur kommunistischen Kollektivierung überzugehen (MEW 19, 385f).

58 Wenn ich hier die Sowjetunion als repressives Modernisierungsregime charakterisiere, so muss klar sein, dass auch mit dieser Charakterisierung der Stalinismus nicht erklärt werden kann. Eine Diktatur solchen Ausmaßes, wie sie der Stalinismus herausbildet, war weder zur industriellen Modernisierung nötig, noch ihr hilfreich.

59 Vgl. zu diesen grundsätzlichen Voraussetzungen nachholender industrieller Entwicklung Chomsky 2000.

60 Dabei wird im Folgenden nicht zwischen den unterschiedlichen Entwicklungsphasen des sozialistischen Selbstverständnisses der DDR, wie sie sich insbesondere in den Theorien vom entwickelten Sozialismus, vom Übergangsstadium, von der Volksdemokratie und vom sozialistischen Staatsbegriff zeigen, unterschieden, weil sich hinsichtlich meines Problemkreises des Verhältnisses von Freiheit, Gleichheit und Gerechtigkeit keine entscheidenden Veränderungen zeigen. Partiell werde ich hierfür auch auf Literatur aus der UdSSR zurückgreifen, weil auch hier keine wesentlichen Unterschiede zu finden sind und die eine Version manchmal etwas prägnanter ist als die andere.

61 Dies kommt in Breshnews Kennzeichnung der sozialistischen Demokratie gut zum Ausdruck, diese sei eine solche, „die vor allem die soziale Gerechtigkeit und soziale Gleichheit gewährleistet" (Breshnew zit. n. Kerimow, 1982, 3).

62 Anders hingegen bei Schultes, materielle Gleichheit sei Voraussetzung der sozialen Demokratie und daher sei die Freiheit - als Folge solcher Demokratie - auch „lediglich eine Folge" der ersteren (Schulze 1948, 3, zit. n. Meuschel 1992, 91).

63 „Demokratischer Aufbau", „*demokratischer Zentralismus*", „Lager der Demokratie und des Friedens", „demokratischen Fortschritts", „demokratische Volksmacht", „demokratischen Ordnung", „volksdemokratische Grundlagen der Staatsmacht", „demokratische Gesetzlichkeit" um nur einige zu nennen, Kleßmann 1986, 498ff.

64 Zwar gibt es auch in der BRD Wahlen mit nur einem Kandidaten (Parteiwahlen, Bürgermeisterwahlen), aber dann ist es so, dass zumindest im Vorfeld die Möglichkeit bestand, weitere Kandidaten einzubringen. Auch diese Möglichkeit gab es bei den Wahlen in der DDR nicht. Es gab noch nicht mal ein Feld für die Angabe von Ja oder Nein. Auf dem Wahlzettel standen die Kandidaten der Einheitsliste. Gab man den Zettel unverändert ab, hatte man mit ja gestimmt. Strich man alle Kandidaten durch mit nein. Der Ausdruck von Zustimmung oder Ablehnung alleine ist keine Wahl. Ein ähnliches Wahlmodell gibt es auch in der BRD, z.B. bei den Sozialwahlen zu den Selbstverwaltungskörperschaften der Orts- und Ersatzkrankenkassen. Auch hier gibt es Einheitslisten, die vorher nach Proporzregeln besetzt werden und nur als Ganze zustimmungsfähig sind. Wahlberechtigt sind alle Mitglieder der entsprechenden Krankenkassen, die automatisch auch Mitglieder dieser Körperschaften sind und somit, ob sie wollen oder nicht, in die mittelbare Staatsverwaltung einbezogen werden. Auch diese Wahlen sind keine und entsprechend gering ist hier die Wahlbeteiligung.

65 Vgl. zum freiwilligen Beitritt der Blockparteien in diese Einheitsliste, Staritz 1996, 29f, 82f.

66 Entgegen den offiziellen Behauptungen, vgl. Nationale Front 1969, 135. Wer die Wahlkabine benutzte, wurde verdächtigt mit nein zu stimmen, was Aufgrund des oben beschriebenen Ab- und Zustimmungsmodus verständlich ist.

67 Hier waren alle Bürger der DDR großteils mehrfach Mitglieder einer dieser Organisationen.

68 Die Volkskongressbewegung war ein Versuch der SED die Spaltung Deutschlands zu verhindern, vgl. Kleßmann 1986, 202ff; Staritz 1996, 17ff.

69 Wohl in Anlehnung an Luxemburgs Vorstellung von der Selbsttätigkeit als Selbstemanzipationsprozess, vgl. Meuschel 1992, 83.

70 Zwar gab es in der DDR pro forma noch Partei*en*, aber die Blockparteien waren zu eigenständiger Interessenvertretungspolitik nicht fähig.

71 Gäbe es Parteien mit Erfolgsaussichten, die diesen Rahmen in Frage stellen würden, so würde man in letzter Konsequenz versuchen, sie zu verbieten. Die liberalen Systeme des Kapitalismus haben hier aber verfeinerte Instrumentarien des Machterhalts entwikkelt. Heute muss man Parteien zumeist nicht mehr verbieten. Es gibt andere Möglichkeiten, sie auf dem langen Weg zur politischen Macht zu disziplinieren. Die Parteigeschichte der Grünen ist ein gutes Beispiel dafür.

72 Z.B. haben die Atomkraftwerksbetreiber die Gemeinden, in denen sie ihre Anlage errichten wollten, immer durch entsprechend freizügige Spenden und Zuschüsse zu kaufen gesucht - zumeist mit Erfolg. Neben dieser ökonomischen Regulierung steht aber auch in der BRD der politische Zugriff z.B. in Form strafrechtlicher Diskriminierung der Blockadeaktionen der Friedens- und Anti-AKW-Bewegung.

73 Modelle zur Kollektivierung der Arbeit, zur Scheinselbstständigkeit und zur Inkorporierung der Marktzwänge in den Betrieb selbst - soweit sie überhaupt konsequent betrieben wurden -, ändern an dieser Grundstruktur nichts.

74 Selbst die Wahl der Grünen in die Regierung hat es nicht ermöglicht, die von der großen Mehrheit der Bevölkerung schon seit Jahren gewünschte Abschaffung der Atomenergie durchzusetzen - der pro forma deal mit der Atomwirtschaft ist kein Ausstieg.

75 Zur Beeinflussung des Herrschaftssystems der DDR durch die sozialistische Ökonomie vgl. Damus 1978.

76 Daher fehlt in dieser Skala auch der Faschismus. Er lässt sich meines Erachtens nämlich nicht alleine durch seinen erhöht repressiven Charakter definieren. Spehr (1997) hat dafür plädiert den exklusiven Faschismusbegriff aufzugeben, der damit immer nur die reaktionäre Bewegung der zwanziger und dreißiger Jahre in Europa meint und hat folgende vier übergreifende Kriterien zur Definition des Faschismus aufgestellt: 1. exzessive Brutalität der Unterdrückungsmittel, 2. eine mit Absolutheitsanspruch auftretende Ideologie eines rassistisch begründeten Herrenmenschentums, 3. die absolute Dominanz der Politik gegenüber den anderen gesellschaftlichen Subsystemen, 4. eine hohe gesellschaftliche Akzeptanz dieses Systems. Ich bin auch dafür die exklusive Nutzung des Faschismusbegriffs in Frage zu stellen, weil seine strukturelle Wiederholung möglich ist. M.E. geben diese Kriterien aber keine Antwort auf das Problem der Abgrenzung des Faschismus von einer *gewöhnlichen* Diktatur. Nach diesen Kriterien wären auch das Regime der Inquisition und die Mayaherrschaft faschistische Systeme. Diese Konsequenz zieht Spehr - zu Recht - allerdings nicht und bezeichnet nur politische Systeme des 20. Jahrhunderts als faschistisch. Ich halte die These vom Zusammenhang des Faschismus mit dem Kapitalismus immer noch für richtig und würde daher dafür plädieren ein fünftes Kriterium, welches auch die Abgrenzung zur *gewöhnlichen* Diktatur zu leisten vermag, hinzuzunehmen. Danach wären, bei Erfüllung der vier Kriterien, als faschistisch nur Transformationssysteme des industrialisierten Kapitalismus zu bezeichnen, also Systeme, die den Übergang von einer Entwicklungsstufe des - industriell entwickelten - Kapitalismus zu einer neuen politisch stabil vermitteln. Konkret leistete dies der Faschismus der zwanziger Jahre unseres Jahrhunderts für den Übergang vom Imperialismus zum Fordismus. Unter entsprechenden Problemkonstellationen in einer neuen Übergangsphase kann ich mir einen neuen Faschismus vorstellen. Die von Spehr genannten Beispiele scheitern ebenso wie die christliche Inquisition und die Mayaherrschaft allerdings alle an diesem Kriterium.

77 Bessere Definitionen nehmen diesen historischen Bezug in die Definition hinein. So definiert z.B. Meyers großes Universallexikon Diktatur: „*heute*: die Konzentration der öffentl. Gewalt in der Hand eines Mannes [sic!] oder einer Personengruppe (Partei)" Band 3, 624.

78 „Herrschaft einer Klasse zur Durchsetzung ihrer Klasseninteressen mittels eines Systems polit. Organisationsformen, deren wichtigste der Staat ist." Universallexikon, Band 1, 467. Danach sind alle herrschaftsförmig organisierten Gesellschaften Diktaturen, denn immer ist es eine Klasse, die herrscht.

79 Der Ausdruck 'obrigkeitlich' hört sich zwar etwas seltsam an, man ist obrigkeitsstaatlich gewöhnt, aber hierin ist der Staat enthalten und dies ist wieder ein ganz bestimmtes, modernes System von Herrschaft, welches ich in dieser möglichst allgemeinen Einteilung nicht enthalten haben möchte.

80 Die Türkei und Ägypten sind hier nur beispielhaft erwähnt, weil es sich dabei um Länder handelt, die bei uns relativ gut bekannt sind, in die man gerne in Urlaub fährt und die im Allgemeinen politisch nicht für besonders problematisch erachtet werden. Selbstverständlich gibt es in Afrika, Lateinamerika und Asien ebensolche obrigkeitlichen Staaten.

81 Dass die Arbeiterklasse sich dennoch konstituieren konnte, lag einfach an ihrer für die politisch relativ schwache Monarchie unüberwindlichen gesellschaftlichen Macht und nicht an politischer Toleranz.

82 Beispielhaft sei auf Villain 2001 (91, 130) verwiesen.

83 Das ist unverändert so. Dass Staaten Diktaturen sind, fällt den führenden Industriestaaten immer erst dann auf, wenn diese durch ihr Verhalten in Konflikt mit den globalen Interessen der Industriestaaten geraten. Gerade Afghanistan ist dafür wieder ein eindeutiges Beispiel.

84 Im Allgemeinen dient die Totalitarismusthese der Gleichstellung des Faschismus mit dem Kommunismus und insbesondere des deutschen Nationalsozialismus mit der Sowjetunion unter Stalin.

85 Wenig überzeugend dagegen Söllners Auffassung, der die Totalitarismustheorie aus der Erfahrung der Todesdrohung für Intellektuelle ableiten will: „ihr Ursprung aus der physischen Todesdrohung und deren existentielle Umwendung in Kritik" (Söllner 1997, 18). Todesdrohungen für Intellektuelle gab es schon immer, erst letztens war der vierhundertste Jahrestag der Verbrennung Giordano Brunos durch die Inquisition.

86 Vergleiche zur Überwachung der Kulturszene des Prenzlauerberg in den 80er Jahren durch die Staatssicherheit: Mittenzwei 2001, 350ff.

87 Die oben genannten Zahlen zur Mitgliedschaft in Parteien und ehrenamtlichen Organisationen belegen dies. Auch die Wahlerfolge der PDS im Osten, inzwischen relativ stabil um 25%, können hierfür als Beleg herangezogen werden. Es war keine Mehrheit, aber doch eine erhebliche Gruppe.

88 Dass diese von der Stasi unterwandert war, ändert an ihrer Existenz nichts. Auch in der BRD waren und sind linke Projekte der Aufmerksamkeit des Verfassungsschutzes sicher.

89 Man denke hier z.B. auch an Charlotte von Mahlsdorf mit ihrem Gründerzeitmuseum. Günther Gaus Rede von der „Nischengesellschaft" geht eher nicht weit genug, als dass sie übertrieben wäre.

90 Auch noch 1984 waren nach eigener Einschätzung der Emigranten der DDR politische Gründe nur zur Hälfte an der Entscheidung zur Auswanderung beteiligt. Materielle Gründe waren mindestens ebenso stark (Staritz 1996, 291).

91 Zur Desinteressiertheit der Arbeiter am Versuch der Wiedereinführung gewählter Arbeiterkomitees in den Betrieben vgl. Staritz 1996, 154.

92 Vgl. zu diesen Macht-Konflikten allgemein Meuschel 1992, 201. Für die Wissenschaftler und Ökonomen ebd., 161ff, für die Verwaltungsbeamten ebd., 174ff.

93 Vgl. zum Rechtsstaat Böckenförde 1992, 332ff.

94 Nach dem Rechtsstaatsverständnis der BRD widerspricht dies dem Grundsatz der Gewaltenteilung. Dieser ist allerdings auch in der BRD nicht vollständig durchgeführt. So sind z.B. die Wahlprüfungsgerichte zumeist überwiegend oder nur mit Parlamentariern und nicht mit unabhängigen Richtern besetzt.

95 Es handelt sich um die Verfassung von 1978. In der Verfassung von 1949 war das Eingaberecht in Art. 3 Abs. 4 geregelt. Hier wurde auch noch in Art. 138 Abs. 1 die Verwaltungsgerichtsbarkeit erwähnt. Mit der Aufhebung der Länder wurde 1952 aber auch die dort installierte Verwaltungsgerichtsbarkeit beseitigt (vgl. Mampel 1997, Art. 103, RNr. 2).

96 Dies war nicht erst seit 1975 so. Das in den entsprechenden Artikeln in der Verfassung von 1949 und 1968 (Art. 103-105) festgelegte Eingaberecht war schon vorher durch den Erlass des Staatsrates über die Eingaben der Bürger vom 20.11.1969 und durch den Beschluss des Ministerrates zur Durchführung des Eingabenerlasses vom 14.1.1970

durch ein formelles Verfahren ausgestaltet worden, welches ältere gesetzliche Vorschriften ablöste. Diese gesetzlichen Grundlagen sind abgedruckt in: Roggemann 1974, 397ff.

97 Nach dem alten Verfahren von 1969 wurden die Anträge bei Beschwerdekommissionen der Volksvertretungen eingereicht. Dieses Verfahren, welches ja immerhin eine verwaltungsunabhängige Instanz mit der Bearbeitung der Eingaben betraute, brachte aber offensichtlich so wenig Vorteile und Erfolge, dass der dafür nötige zusätzliche Aufwand für überflüssig angesehen und es 1975 wieder abgeschafft wurde, vgl. Mampel 1997, Art. 103, RNr. 10.

98 Das Institut der Eingabe wurde recht häufig genutzt (Staritz 1996, 337f) und war durchaus Erfolg versprechend. Durch wiederholte Eingaben konnte man, soweit es den Privatbereich betraf, seine Interesse unter Umständen sogar gegen eine klare Gesetzeslage durchsetzen. Die Verwaltung in der DDR war häufig nicht in der Lage, die Gesetze zu exekutieren. Dies führte z.B. dazu, dass die DDR in die 1984 erlassene „Verordnung über Bevölkerungsbauwerke“ einen § 11 Abs. 3 aufnahm, in dem geregelt wurde, dass entgegen baurechtlichen Vorschriften errichtete Bauten, die fünf Jahre lang von den Behörden geduldet wurden, Bestandschutz genossen, d.h. nicht mehr beseitigt werden durften: eine Regelung der Legalisierung von Schwarzbauten durch behördliche Untätigkeit. Diesen Zeitraum von fünf Jahren konnte man z.B. durch eine entsprechend intensive Eingabetätigkeit überbrücken. Noch heute schreiben ehemalige Bürger der DDR, wenn sie von einer Behörde eine Anweisung erhalten, häufig als erstes eine Eingabe.

99 In der BRD gibt es noch die Verfassungsgerichte als Kontrollinstanz über die Gesetze, aber auch die Verfassung kann geändert werden: durch den Verfassungsgesetzgeber, mit Ausnahme des Art. 79 III GG, und durch den Verfassungsgeber, das Volk, vollständig.

100 Diese Krise *des* Marxismus als Abkoppelung der Theorie von der sozialen Praxis hat zuerst 1929 Korsch festgestellt (1996). Schon damals gab es eine zunehmende Dogmatisierung. Die politische Instrumentalisierung der marxschen Theorie verhinderte die adäquate Aufnahme der gesellschaftlichen Weiterentwicklungen. Die letzten großen Debatten zu diesem Thema, die unter anderem auch zur Entstehung des Eurokommunismus führten, sind durch die Enthüllungen des XX Parteitags der KPdSU über die Verbrechen Stalins und die 68er Bewegung angestoßen worden (vgl. Garaudy 1969).

101 Zu kurz greifen daher die Modelle, die den Marxismus nur als Philosophie verstehen, so z.B. Weiss 1970, 28ff. Schon Lenin hat den Marxismus als „die Verbindung von revolutionärer Theorie mit revolutionärer Politik“ bezeichnet (Lenin, zit. n. Garaudy 1969, 10).

102 Dazu gehört zugleich, dass nur eine bestimmte Art von Philosophie - nämlich die, die das Proletariat als die historisch fortschrittliche Klasse und den Kommunismus als den mit Sicherheit eintretenden Endzustand der Menschheitsgeschichte betrachtete -, dass nur eine bestimmte Politik - nämlich die revolutionäre Politik der Arbeiterklasse - und nur eine bestimmte Art von Wissenschaft - nämlich die parteiisch auf die Förderung des Kommunismus und der Arbeiterklasse ausgerichtete Wissenschaft, überhaupt für - wahre - Philosophie, Politik und Wissenschaft gehalten wurde.

II.2 Konkrete Utopie der Freiheit

1 Das Kriterium relativer sozialer Akzeptanz unterscheidet die Herrschaft insoweit vom Krieg, der Beraubung ohne Akzeptanz ist. Im Gegensatz zu Hofmanns Auffassung erschöpft sich Herrschaft aber nicht in der Aneignung der Produkte fremder Arbeit. Hofmanns rein ökonomischer Herrschaftsbegriff dient ihm dazu, den Sozialismus als ein Gesellschaftssystem, in dem es angeblich keine Aneignung fremder Arbeit gebe, aus der Gruppe der herrschaftsförmig organisierten Gesellschaften auszunehmen (ebd. 33f). Nebenbei: ein gutes Beispiel für eine philosophische Diskurspolitik.

2 Dieser Zusammenhang von Herrschaft und Autorität wird auch in den herrschaftslegitimierenden Philosophien immer wieder hergestellt; zur Chinesischen Philosophie vgl. Bauer 2001, 110f.

3 Auch das Patriarchat entsteht erst mit seiner Institutionalisierung, d.h. mit der gesellschaftlichen Verankerung der Vormachtstellung des Mannes.

4 Im Folgenden wird als Beispiel die Ackerbaugesellschaft herangezogen. Reine Viehzüchtergesellschaften sind immer nomadisch organisiert. Aber erst durch die Sesshaftigkeit treten die entscheidenden Veränderungen gegenüber den Jägern und Sammlern ein. Jedoch finden wir auch bei nomadischen Viehzüchtern bereits wichtige Momente der Entwicklung von Herrschaft.

5 Hier ist von Besitz und nicht von Eigentum die Rede, weil es Eigentum, wie wir es heute verstehen - nämlich Privateigentum als gesellschaftlich dominante Eigentumsform -, erst seit gut 300 Jahren gibt. Die Verfügungsgewalt über den Boden liegt bei der Gruppe, nicht bei den Einzelnen.

6 Dass die Jagd traditionell eine Tätigkeit der Männer ist, liegt an der naturwüchsigen Arbeitsteilung der Geschlechter. Mit einem Kleinkind an der Brust kann ich mich weder an Wild anschleichen noch es verfolgen.

7 Daher ist es auch nicht zutreffend, dass die Entwicklung der Zivilisation kausal auf der Entstehung von Herrschaft beruht, nach dem Motto: ohne Herrschaft keine Zivilisation. Vielmehr ist es nur so, dass erst die Entstehung weiterentwickelter Produktionsweisen die Möglichkeit bietet, Herrschaft zu installieren, so dass diese logischerweise jener immer nachfolgen muss.

8 Dies kann man behaupten, ohne eine Anthropologie zu vertreten. Soweit unsere historische Kenntnis zurückreicht lassen sich diese und andere Eigenschaften der Menschen beobachten. Sie können daher zum Ersten als historische Ursachen herangezogen werden und man kann auch Zweitens prognostisch davon ausgehen, dass diese Eigenschaften zumindest mittelfristig bestehen bleiben. Weitergehende anthropologische Konsequenzen sind überflüssig und werden hier nicht gezogen.

9 Zwar kann ich ein Stück Holz nicht trinken und insofern bestimmt das Holz, was ich mit ihm machen kann, aber ob ich es verbrenne, einen Stock daraus schnitze oder es wegwerfe, richtet sich nach meinen momentanen Bedürfnissen, und insofern bestimme ich, was ich mit dem Holz mache.

10 Nicht zufällig ist von Spinoza über Hegel bis zu Engels Freiheit als die Einsicht in die Notwendigkeit bestimmt worden.

11 Ebenso der „Zehnt" in den Feudalsystemen des Mittelalters. Dagegen war die Fronarbeit eine rein auf Repression beruhende Ausbeutungstechnik.

12 Um sich dies klar zu machen, muss man nur an die immensen Kosten denken, die z.B. die Polizeieinsätze gegen die Atomkraftgegner verursacht haben und an die massiven

De-/Legitimierungsprobleme, die der Politik durch die gewaltsame Durchsetzung der Atommülltransporte in der betroffenen Bevölkerung entstanden.

13 Das Verhältnis von Gemeinschaft und Gesellschaft ist hier so verstanden, dass Gemeinschaften die Bezugsgruppen des Einzelnen sind, während Gesellschaft das Ganze eines organisatorischen Zusammenschlusses der Menschen ist. Sobald Menschen sich in Zusammenschlüssen organisieren, die über die Größe einer Gruppe hinausgehen, entsteht Gesellschaft als unpersönliches, menschliches Verhältnis und Gemeinschaft, als Gruppe von Menschen, die in direkten, persönlichen Verhältnissen zueinander stehen. Gemeinschaft im Singular meint dann eine solche Gruppe. Auch die gesamte Menge der Menschen kann aber als Gemeinschaft begriffen werden. Im Unterschied zur Gesellschaft meint der Begriff der Gemeinschaft dann den subjektiven Bezug der Menschen aufeinander, während Gesellschaft die objektiven Strukturen ihrer Organisation beschreibt. Gemeinschaft und Gesellschaft sind insofern keine Entgegensetzung, sondern eine immer miteinander koexistierende Ergänzung.

14 Das permanente Ausschlachten von Kriminalfällen in den Medien ist z.B. ein solches Mittel der Angstproduktion. Je unsicherer die Personen sind, je geringer ihr Selbstvertrauen desto größer ist ihre Angst.

15 Das funktioniert nicht kurzschlüssig. Man kann nicht durch Körpergestaltung eine hohe gesellschaftliche Position erwerben. Der Körper als Feld positiver Sozialaktion ist problematisch, er reicht zumeist nicht aus. Aber man kann den Ausdruck gesellschaftlich hoch stehender Werte erwerben und dadurch sein Selbstwertgefühl steigern und auch seine Stellung in seiner sozialen Vergleichsgruppe.

16 Adornos Analyse über den autoritären Charakter und den Faschismus liegt eine über den konkreten Inhalt der Untersuchung hinausgehende allgemeine Theorie über das Zusammenspiel von Individuum und Gesellschaft zugrunde, die für die Frage der Organisation und Institutionalisierung der Herrschaft brauchbar ist. Allerdings muss man seine psychoanalytische Prägung kritisieren. Adorno findet in seiner Studie die Charaktertypen, die er aufgrund seines psychoanalytischen Ansatzes schon voraussetzt. Unzutreffend ist auch die in seiner Theorie vorhandene Struktur des Unbewussten, die Charakterstruktur ist für ihn etwas 'Verborgenes' (ebd. 1). Hier schlägt sich in der Psychoanalyse ihr philosophischer Ursprung und mit ihm das Muster des 'tiefen Grabens' nieder. Problematisch ist auch Adornos Vorstellung, dass es sich bei der Charakterstruktur um eine „konsistente Struktur" handle (ebd. 4). Dies ist nur sehr eingeschränkt der Fall, vielmehr wird sie durch Widersprüchlichkeiten und ihre Isolierung voneinander geprägt.

17 Emotionen sind noch mehr. Dieses Mehr ist aber im vorliegenden Kontext nicht von Interesse.

18 Die Bedürfnishierarchien können sich ändern und sie ändern sich z.B. auch aufgrund des Grades an Erfüllung, den sie finden. Wenn ich relativ gut lebe, kann ich meinen Wunsch, meine ökonomische Situation zu verbessern, leichter hinter mein Bedürfnis nach Anerkennung durch die Gemeinschaft zurückstellen, als wenn ich am Rande des Existenzminimums vegetiere.

19 Zur Erinnerung: Es handelt sich um den Leitspruch der Kampagne gegen eine Geschwindigkeitsbegrenzung von 130 km/h auf der Autobahn.

20 Diese Begriffe sind hier ganz weit und nicht in einem ethisch-moralischen Sinne gemeint. Wert in diesem Sinne ist auch ein Flugurlaub mit Safari in Kenia und Norm in diesem Sinne ist auch der Erwerb eines Führerscheins.

21 Im Recht gibt es hier die Figur des konkludenten Vertragsschlusses und des Vertragsschlusses durch sozialtypisches Verhalten.

22 Wenn man sich die Wahlkämpfe unserer Zeit ansieht, stellt man fest, dass die entscheidenden Themen Sozial- und Sicherheitspolitik sind.

23 Der Nationalismus der SPD mit Beginn des 1. Weltkriegs ist nur eines von unzähligen Beispielen dafür.

24 Dies ist schon daran ersichtlich, dass die Alltagserfahrungen der Menschen, die Beherrschten, das „Volk" selbst, in der Philosophie normalerweise keine Rolle spielen.

25 „Zunächst" sind alle diese Handlungen insoweit, als die permanente Nichteinhaltung des Herrschaftsvertrages im Ausnahmefall zur Revolte oder - unter weiteren, positiven Voraussetzungen - zur Revolution führen kann.

26 „Die verfassungsrechtlich notwendige demokratische Legitimation erfordert eine ununterbrochene Legitimationskette vom Volk zu den mit staatlichen Aufgaben betrauten Organen und Amtswaltern. Die Legitimation muss allerdings nicht in jedem Fall durch unmittelbare Volkswahl erfolgen. In aller Regel genügt es, daß sie sich mittelbar auf das Volk als Träger der Staatsgewalt zurückführen läßt." (BVerfGE 47, 253/275)

27 Das Modell der ununterbrochenen Legitimationskette wird sogar dazu eingesetzt, gesellschaftliche Selbstorganisation als undemokratisch zu diffamieren (vgl. Böckenförde 1987, 905ff).

28 Dass überhaupt eine Begründung versucht wird, unterscheidet die Ethik von der Religion. Religion ist a-ethisch. Religion hat Gebote, Befehle von Gott. Sie bedürfen keiner argumentativen Stützung in Werten. Sie sind gesetzt durch Autorität und die Pflicht zum Gehorsam gegenüber der Autorität. Falls Religion ihre Gebote aus Gründen der Anpassung an veränderte gesellschaftliche Verhältnisse auch noch in Werten zu gründen sucht, so ist dies ein Systembruch.

29 Seien es Regeln des Ackerbaus oder des Straßenverkehrs wie *rechts vor links*.

30 Die ethische Frage muss dabei nicht im Medium der Philosophie diskutiert werden. Auch in allen anderen Formen kultureller Selbstverständigung kann diese Frage nach der Gültigkeit und Begründung von Normen und Werten diskutiert werden. Welches Medium sich hier als führend durchsetzt, hängt von vielen zufälligen Faktoren ab. In der griechischen und chinesischen Antike ebenso wie heute in den bürgerlichen Staaten des westlichen Kontinentaleuropas und des angloamerikanischen Bereichs ist dies die Philosophie.

31 Nicht umsonst ist Platon mit seinem philosophischen Konzept in der Praxis der Polis gescheitert. Auch heute ist Ethik häufig weltfremd. In unserer Gesellschaft besteht z.B. zwischen volkswirtschaftlicher und betriebswirtschaftlicher Rationalität ein Widerspruch. Wer in dieser Situation an das soziale Gewissen der Unternehmer appelliert und so z.B. die Arbeitslosigkeit bekämpfen will, ist bestenfalls naiv.

32 Prototypisch hierfür ist das Verhältnis von bürgerlich-kapitalistischer Gesellschaft und protestantischer Ethik.

33 Die Differenz zwischen Wert- und Pflichtethik ist dafür uninteressant. Auch Pflichtethiken werden durch Werte begründet.

34 Das mit der Frage der Verantwortung aufgeworfene moralische Problem der Freiheit, welches in der philosophischen Diskussion zumeist das zentrale ist, soll hier nicht erörtert werden. Ich halte es für völlig ausreichend, dass es möglich ist und immer schon gemacht wird, Verantwortlichkeit zu setzen. Die Zurechnung von Handlungen

zu Handelnden finden wir schon auf der Ebene tierischer Gruppen. Verhaltensverstöße von Einzelnen werden durch die anderen Gruppenmitglieder sanktioniert. Das Problem menschlicher Freiheit kann nicht auf der selben Ebene wie die Verhaltensbiologie einer Kuhherde liegen. Ein einfaches Bedingungsverhältnis zwischen Freiheit und Verantwortlichkeit besteht nicht. Schon immer machte man Menschen auch für solches Verhalten verantwortlich, für das sie anerkanntermaßen „nichts konnten", das ihnen also nicht als ihr freies Verhalten zugerechnet wird. Egal ob dies „vom Teufel Besessene" waren oder psychisch Kranke sind. Zur Entscheidung der Frage, *ob* jemand verantwortlich ist, ist die Zuordnung von Handlung und Handelndem, von Tätigkeit und Täter ausreichend. Problematisch wird es erst, wenn es um die Frage geht, *wie* man auf solches Handeln reagiert, wenn das *Wie* der Verantwortung bestimmt werden muss. Die gesellschaftliche Reaktionsstrategie wird bestimmt durch die Frage des gegebenen oder möglicherweise erst zu entwickelnden Handlungsspielraums des Handelnden. Das Verantwortungsproblem in diesem Sinne ist ein wichtiges Problem für alle sozialen Organisationen (hier stellen sich die Fragen der Fahrlässigkeit, des Vorsatzes, des Erfolgs- oder Handlungsunrechts, des Tuns und Unterlassens, des Irrtums, der Täuschung usw., eben die ganzen juristischen Problematiken), es ist nur kein Problem der Freiheit. Der Moraldiskurs der Freiheit ist ihre herrschaftsförmige Überformung, es ist eine Art und Weise von Freiheit zu reden, in der Herrschaft nicht mehr vorkommt. Freiheit als rein moralische betrachtet, ist auch in der Herrschaft möglich. Für meine Frage nach der Bestimmung eines linken, also eines uns von Herrschaft befreienden Projekts, ist daher der moralische Freiheitsbegriff untauglich.

35 Ihre Existenz wird auch von so gut wie niemandem mehr in Frage gestellt, vgl. Pothast 1987, 9ff.

36 Gottesvorstellungen sind bekanntermaßen Projektionen von menschlichen Idealbildern. Sofern sie als absolut frei gesetzt werden, wie z.B. der christliche Gott, so ist dies nichts anderes als eine Verabsolutierung menschlicher Freiheit.

37 Der Mensch kann nicht mit den Händen schlagen und fliegen. Wer hierin ein Problem der Freiheit sieht, misst die Menschen immer an der verabsolutierten Projektion ihrer Freiheit, nämlich an Gott. Dies ist allerdings für menschliche Angelegenheiten ein sinnloser Maßstab. Er dient entweder einer grundsätzlichen Unterordnung des Menschen (so in der Theologie) oder führt zu einer völligen Überschätzung seiner Möglichkeiten (so im Marxismus-Leninismus). Auf jeden Fall wird auch so das politische Problem der Freiheit verdrängt.

38 Ein „Erfolg", der heute in vielen Bereichen bereits mittelfristig unumkehrbar eingetreten ist.

39 Dies kann man feststellen, ohne ein Fortschrittskonzept vertreten zu müssen. Fortschritt verbindet nämlich mit dieser Erweiterung von Wissen und Handlungskompetenzen automatisch die Wertung dieser veränderten Verhältnisse als „besser". Dies ist nicht so. Die Menschen müssen keine Autos haben, um glücklich leben zu können. Zudem gibt es neben diesem Neuerwerb auch immer den Verlust von Wissen und Handlungskompetenzen. So sterben z.B. alte Handwerkstechniken heute aus.

40 Dieser Lernprozess kann wie jeder Lernprozess ganz oder teilweise scheitern. Dies ist aber kein Freiheitsproblem, sondern ein Erziehungs- und Verantwortungsproblem.

41 So auch noch im Lateinischen, liber.

42 Grund für diese Entstehung ist die der bürgerlichen Ökonomie, dem Kapitalismus, zugrundeliegende Konkurrenzstruktur. Konkurrenz ist eins der tragenden Prinzipien

der bürgerlichen Produktionsweise. Während die meisten Produktionsweisen entscheidend auf der Zusammenarbeit der Menschen beruhen, verlangt die kapitalistische Konkurrenz der Markverhältnisse die Differenzierung der Menschen, die Betonung ihrer Unterschiedlichkeit (- auf der Anbieterseite. Auf der Nachfrageseite sieht dies anders aus, hier ist die Gleichförmigkeit der Käufer gewünscht, damit man das gleiche Produkt möglichst vielen verkaufen kann. Daher resultiert das problematische Verhältnis zwischen Individualität einerseits und Massenkonsum andererseits.) Diese Betonung der Unterschiede bleibt auf die Marktverhältnisse nicht beschränkt, sondern prägt die ganze bürgerliche Kultur. Damit wird es möglich, die Unterschiedenheit der einzelnen Menschen wahrzunehmen und sie wertzuschätzen.

43 Im Folgenden soll der Einfachheit halber von Gruppen geredet werden. Damit ist hier jedes Verhältnis mit anderen, von der Zweierbeziehung bis hin zu Gesellschaften gemeint.

44 Man kann also auch verbal Güter zuteilen oder entziehen. Der Entzug eines Lobes ist die Kundgabe von Missachtung.

45 Die Tatsache, dass diese Formel über dem Tor des KZs Buchenwald stand, ist für sich genommen kein Argument dafür sie nicht mehr verwenden zu dürfen. Die Faschisten haben viele Gebiete zu besetzen versucht, man kann diese ihnen nicht überlassen. Die Formel stand über dem Eingang, weil sie zum Ausdruck bringen sollte, dass die dort eingelieferten Menschen nach der faschistischen Moral nichts wert waren und ihnen daher die Vernichtung zu kam. Diese Menschen verachtende Moral und nicht das allgemeine Gerechtigkeitsprinzip ist das zu Bekämpfende. Zudem zeigt gerade das Beispiel des Faschismus, dass Gerechtigkeit als Prinzip sozialer Positionierung unzureichend ist. Sie muss, wie ich das hier tue, einerseits auf dem Gleichheitsprinzip aufbauen und andererseits in ein umfassendes Humanitätskonzept eingebettet werden.

46 Vgl. Honneth 1992, 198.

47 Der Begriff des Nutzens ist hier weit zu fassen und nicht ökonomistisch zu verengen. Nützend ist alles, was in irgendeiner Weise sich positiv auf die oder in der Gruppe auswirkt. Ein Witz, wenn er die Stimmung aufheitert, kann in diesem Sinne nützlich sein. Wieso einzig die Akkumulation von Geld - und darauf läuft der ökonomische Nutzenbegriff letztlich hinaus - den Menschen nützlich sein sollte, hat noch niemand erklären können. Denn es gibt eine Menge mehr an Nützlichem als solches, das durch Geld erwerbbar ist.

48 Hier ist von objektiven, im Sinne von gesellschaftlichen Werten die Rede. Was für einen Einzelnen ein Wert ist und wie Werte gebildet werden, ist eine andere Frage.

49 Der Begriff des „Ziels" ist hier sehr weit zu fassen. Ein Ziel zu verfolgen, setzt nicht bewusstes Handeln voraus und bedeutet nicht, etwas ändern zu wollen. Ziel eines gemeinschaftlichen Handelns kann auch einfach die Erhaltung einer als befriedigend empfundenen Situation sein. Auch die Aufrechterhaltung von Herrschaft kann ein solches Ziel sein.

50 Daran kann auch die Gewaltenteilung moderner Gesellschaften nichts ändern. Sie führt zwar dazu, dass in der Ausübung des Rechts eine weitgehende formale Gleichbehandlung aller Personen gewährleistet wird, ändert aber nichts daran, dass bei der Schaffung des Rechts, d.h. der Gesetze, weiterhin diese immer auch im Dienste der Herrschaft gemacht werden.

51 Das gilt vom Skatclub bis zur Einwanderung in Staaten. Auf Dauer können die neu Hinzukommenden freilich Veränderungsprozesse in Gang setzen und ihre eigenen Interessen einbringen.

52 Auch die Regeln einer Terroristengruppe stellen eine Moral dar.

53 Nicht nach beiden Seiten zu kiebitzen, ist keine Norm des Skatspiels selber, sondern eine Verhaltensnorm des Spielens. Spielnormen unterscheiden sich tatsächlich von moralischen Normen (vgl. Tugendhat 1997, 14), das Spiel verfolgt nämlich keinen außer ihm liegenden Zweck.

54 Deswegen macht auch der Begriff des „Bösen" keinen Sinn.

55 Wie Otto Rehagel es seinen jungen Spielern immer erzählte: *man kann nicht mehr als zwei Schnitzel am Tag essen und der Sinn des Lebens nach der Karriere kann nicht darin bestehen, täglich um seine zehn Mietshäuser herumzulaufen und sich anzusehen, was man alles erworben hat.*

56 Sinnvoll ist allerdings seine Unterscheidung zwischen politischen Gruppen und moralischen Gemeinschaften (ebd. 22). Politische Gruppen sind rein faktische Zusammengehörigkeitsverhältnisse, die im Gegensatz zu moralisch zu bezeichnenden Gemeinschaften nicht auf der gemeinsamen Verfolgung von Zielen beruhen, deren Verfolgung die einzelnen Gruppenmitglieder zu einem Teil ihrer Persönlichkeit gemacht haben und in denen daher vor allem das Gegeneinander, der Kampf, eine große Rolle spielt. Personelle Überschneidungen sind hier aber ohne weiteres möglich. Politische Gegner können auf anderen Ebenen Mitglieder moralisch zu bezeichnender Gruppen sein.

57 Leben hier nicht als Gesamtheit, sondern als Vielfalt gemeint, als Sammelbegriff für alle Handlungen und Verhältnisse, um die es in den verschiedensten Gruppen gehen kann.

58 Dass dies die Konsequenz ist, sieht auch Tugendhat (1997, 37). Diese Sanktion findet man in vielen Gesellschaften. Die Verbannung nach Australien oder Sibirien ist solch eine Ausstoßung.

59 Wollens- und Wunschäußerungen bekommen nie einen Zusatz, weil sie ihre Intention schon in sich tragen.

60 Muss, weil man einfach faktisch in Kontakt miteinander steht und die Modalitäten des Umgangs miteinander zu klären sind.

61 Wenn sich also die Frage stellt, wie ist die Ausgangslage und wie muss man in sie eingreifen, um am besten diese Ziele zu erreichen.

62 Es ist daher freilich auch kein Wunder, dass bei diesem intuitiven Verfahren einem US-Amerikaner ausgerechnet die Grundregel amerikanischer Sozialität einfällt. Dass dies so ist, besagt nichts für oder wider den Sinn dieser Norm. Fairness ist sicher eine gute Sache, aber eben auch nicht mehr. Es ist sicher auch nicht zufällig, dass heutzutage ausgerechnet US-Amerikaner meinen, es sich leisten zu können, Verhaltensregeln nicht mehr zu begründen, sondern einfach zu setzen. Je größer die Macht eines Gesellschaftssystems ist, desto weniger bedarf es zu seiner Durchsetzung argumentativer Begründung.

63 So z.B. Bielefeldt 1998, der an keiner Stelle seiner Habilitation über die Menschenrechte auf die Frage der Begründung ihrer Geltungsansprüche zu sprechen kommt (vgl. auch Heinrichs 2000b).

64 Diese sich gegen den Rechtspositivismus stellende Theorie angeborener (Natur-) Rechte vertritt auch Dworkin (1990, 19).

65 Auf dem Felde der Außenpolitik sind die USA das Land, welches derzeit am meisten gegen die Menschenrechte verstößt; auch die innenpolitische Situation der USA ist problematisch. Wer die Todesstrafe durchführt, Kriegsgefangene in Käfige sperrt und

Militärgerichte gegen die eigenen Bürger einrichtet, kann nicht von sich behaupten, die Menschenrechte zu beachten. Zu irgendwelchen Sanktionen führt dies nicht, vielmehr wird in der USA inzwischen offen über die Frage diskutiert, ob es ihnen erlaubt sei, sich außerhalb des Völkerrechts zu stellen.

66 Der Westen hat „mit Menschenrechten nicht viel mehr als den Export von Marktfreiheiten im Sinn" Habermas 2002, 170.

67 So der Vorstandsvorsitzende von Bankers Trust nach der Übernahme durch die Deutsche Bank.

68 So Klaus Esser nach der Übernahme von Mannesmann durch Vodafone.

69 „Was ist der Überfall auf eine Bank, gegen den Besitz einer Bank!" B. Brecht.

70 Walzer ist einer der wenigen, der in seinem Vorwort ausdrücklich auf den Widerspruch zwischen Herrschaft und Gerechtigkeit eingeht (1992, 18ff). Eine ausgearbeitete Theorie der Gerechtigkeit hat er jedoch nicht.

71 Damit wendet er sich zum einen gegen positivistische Positionen, die Staat und Herrschaft als eine reine Machtfrage ansehen und ihre sittliche Begründung ablehnen und zum anderen gegen anarchistische Positionen, die Herrschaft überhaupt ablehnen (ebd. 11ff).

72 Ihr Ausmaß kann nur reduziert werden. Eine gerechte Gesellschaft mit nur geringen Reichtumsdifferenzen, einer ausreichenden Versorgung für alle mit allem Nötigen und ohne Konsumterror bietet keinen großen Anreiz zur Kriminalität. Aber Affekthandlungen z.B., in denen Menschen andere verletzen oder töten, werden immer stattfinden. Man muss gesellschaftliche Möglichkeiten haben, hierauf zu reagieren und kann diese Probleme nicht an die Betroffenen delegieren.

73 Die Erhaltung einer Tradition kann selbstverständlich ein Ziel einer Gruppe sein. Die moralische Regel ist dann aber nicht die Tradition selbst, sondern die Verpflichtung zu ihrer Erhaltung.

74 Für die seltenere Neubildung von Gruppen gilt das hier Gesagte entsprechend. Grundsätzlich stellen sich hier keine anderen Probleme.

75 Außer Betracht bleibt hier das Problem des Umgangs mit den Mitgliedern der Gruppe, die sich nicht an die Normen halten, aber dennoch nicht austreten. Dies ist kein Begründungsproblem, weil auch solche Mitglieder durch ihren Verbleib die Normen mittragen und sie daher auch ihnen gegenüber begründet sind, sondern nur ein Problem der Durchsetzung der Normen. Hier muss u.U., wie oben schon ausgeführt, als letztes Mittel auf Gewalt zurückgegriffen werden. Gewalt darf aber immer nur ein Mittel zur Durchsetzung bereits demokratisch begründeter Normen sein. Sie ist kein legitimes Mittel zur Begründung bzw. Einsetzung von Normen.

76 Konstitutionelle Beschränkungen des Mehrheitsprinzips derart, dass man der Mehrheit das Recht zu bestimmten Entscheidungen nicht zugesteht, die entweder den Einzelnen in seiner Substanz verletzen, wie z.B. die Einführung der Todesstrafe, oder die nachfolgende Generationen unausweichlich belasten, wie z.B. die Entscheidung über die Nutzung der Atomkraft, sind für humane Gesellschaften unverzichtbar, bedürfen aber ihrerseits einer vorhergehenden Vereinbarung um gültig zu sein. Und eine solche Vereinbarung kann aufgekündigt werden.

77 Auch ein Vergesellschaftung in Herrschaftsverhältnisse hinein verlangt die Eigenaktivität der Subjekte. Der Prozess der Selbstkonstitution unterscheidet sich von ihr dadurch, dass er auf einem reflektierten Wissen um das eigene geworden-sein aufbaut.

78 Hier wird nur von der Möglichkeit einer solch faktisch universalen Moral gesprochen. Dass unter den heutigen weltpolitischen Umständen von einer verbindlichen Begründung moralischer Normen nach den hier aufgestellten Maßstäben nicht die Rede sein kann, ist klar. Herrschaft, als ein undemokratischer Mechanismus der Vergesellschaftung, schließt eine solche Verbindlichkeit aus. Aber faktisch wäre sie inzwischen wohl möglich.

79 Ob man damit immer trifft, wie der andere behandelt werden möchte, kann diese Regel allerdings nicht garantieren. Aber da man den anderen und seine Kultur ja noch nicht kennt, bleibt nichts anderes übrig, als sich an den eigenen Wünschen zu orientieren.

80 Vgl. hierzu Tugendhat (1993, 1997). Er entwickelt diese Gründe in seiner Ethik. Faktisch versucht er dort Regeln der Humanität zu begründen und sie so stark zu begründen, dass sie als moralisch verpflichtend gelten könnten. Dies gelingt ihm nicht und kann auch nicht gelingen, da es m.E. nicht möglich ist. Liest man seine Ethik daher als ein Konzept der Begründung von Moral, so muss sie hinsichtlich ihrer Begründungsansprüche als gescheitert gelten, liest man sie dagegen als ein Konzept der Begründung von Humanität, so ist sie gelungen.

81 Die „Gastfreundschaft" ist eine solche Form des Mitgefühls gegenüber Fremden. Sie beruht auf der rationalen Überlegung, dass wir alle in der Fremde Unterstützung nötig haben und dass, wenn ich solche Unterstützung Fremden antrage, ich darauf hoffen kann, dass sie im Zweifel auch mir angeboten wird.

82 Dies bezieht sich hier nur auf die Fälle, wo die Behinderung eine solche ist, dass sie denjenigen hindert, seinen Beitrag zur Verwirklichung der Gruppenziele zu erbringen. Dies ist selbstverständlich keineswegs immer so. Es gibt viele unterschiedliche Arten von Behinderungen. Darunter auch solche, die die von ihnen Betroffenen in der jeweiligen Gruppe überhaupt nicht an der Erfüllung ihrer Gruppenbeiträge hindern. Des Weiteren können auch in einer Hinsicht Behinderte in anderer Hinsicht durchaus ebenso wie nicht Behinderte ihren Beitrag zu den Gruppenzielen leisten. Wenn das so ist, stellt sich das hier aufgeworfene Problem aber nicht bzw. es stellt sich nur in einer sehr abgeschwächten Form, insofern es um die Frage geht, ob man ihnen zur Erleichterung ihres Lebens, über den ihnen aufgrund ihres Beitrags zustehenden Güteranteil hinaus, ein Plus an Gütern geben sollte. Auch dies wäre wiederum nur durch Humanität zu bejahen.

83 Die konkrete Menge bemisst sich immer an den allgemeinen Standards der Gesellschaft.

84 Man muss sogar sagen, dass das Konzept sozialer Gerechtigkeit mit dem neoliberalen Denken unserer Gesellschaft stimmig ist. Wenn z.B. Sozialhilfeempfängern und Langzeitarbeitslosen, die bereits mehrfach Stellen abgelehnt haben, die Bezüge gekürzt werden, so erscheint dies nur als gerecht, weil diese Menschen auch nichts nützen, ja z.T. nichts nützen wollen. Dies kann man nicht mit dem Argument der sozialen Gerechtigkeit ablehnen, vielmehr ist genau dies - wenn es denn zutrifft und es trifft zwar auf den Großteil der acht Millionen Arbeitslosen nicht zu, aber doch immer auf einige - gerecht.

85 Das Problem der Behinderung sind nicht die Behinderten selbst, sondern ihre soziale Diskriminierung und die geringe Wertschätzung, die der Fürsorge und Solidarität in unserer Gesellschaft zukommt.

II.3 Praktisches Modell einer freien Gesellschaft

1 Auch die nicht mehr so positiven Utopien verwenden dieses Schema gerne, so z.B. in Jules Verne, *vingt mille lieues sous les mers* oder auch in H.G. Wells, *The Time Machine. An Invention*.

2 Auch Herrschaft hat Einfluss auf die Umweltbedingungen der Menschen. Privilegierung führt bei einer Verschlechterung der für Menschen lebensnotwendigen Umweltbedingungen dazu, dass einige noch unter erträglichen Bedingungen leben, andere kaum mehr, dass einige Umweltschäden in ihrem Mikrokosmos mit hohem Ressourcenaufwand reparieren können und andere nicht.

3 Auch ob man - soweit die technischen Möglichkeiten und ökonomischen Ressourcen gegeben sind - in einer industrialisierten Gesellschaft leben will oder nicht, ist eine politische Entscheidung und kein Zwang. Hier wird dies zwar vorausgesetzt, aber dem muss niemand folgen. In anderen Kulturen mit anderen sozialen Mechanismen sind daher andere konkrete Lösungsansätze für das Problem der Herrschaftsfreiheit zu finden. Alle Menschen, die sich entschließen Herrschaft abschaffen zu wollen, stehen aber vor dem allgemeinen Problem, die in ihrer Gesellschaft jeweils gängigen Methoden der Entstehung und Stabilisierung von Herrschaft aufzuheben und ihnen auf Dauer den Boden zu entziehen. M.E. beruhen diese Methoden - soweit mein historischer Erfahrungsraum reicht - auf denselben, oben analysierten Prinzipien, wenn diese auch je unterschiedlich ausgeprägt sind. Ganz prinzipiell betrachtet, haftet dem Versuch dieses Problem zu lösen, ein gewisser Grad an Allgemeinheit daher doch an.

4 Solche Unabgeschlossenheit resultiert auch aus der historischen Person des Autors, mit seinem spezifischen Ausbildungs-, Erfahrungs- und Wissensstand, *seinen* Interessen und Fragestellungen und seinen beschränkten Ressourcen.

5 Mit solcher Freiheit entstehen auch neue soziale Zwänge (vgl. Heinrichs 1999, 115ff)). Dies hebt aber die befreiende Wirkung der Veränderung der sozialen Organisation nicht auf.

6 Negative Auswirkungen im weitesten Sinne. Angst ist ebenso ein Warnsignal vor natürlichen Bedrohungen wie vor sozialem Versagen.

7 Unbekannt hier nicht im objektiven Sinne gemeint, selbstverständlich ist in diesem Sinne alle Zukunft unbekannt, sondern im subjektiven Sinne, dass ich nicht zu wissen meine, wie die Zukunft sein wird.

8 Hier ist nicht von pathologischen Ängste die Rede, für die diese Wirkung gerade nicht gilt.

9 vgl. Aristoteles 1984, Politik, 1279 b9, 1292 a10-40; Seneca 1971, 3ff; Tocqueville 1967, 52.

10 Zu beachten ist auch, dass aus den Steuern ein nicht unerheblicher Betrag der Wirtschaft zugeschossen wird. Auch von meinem Steueranteil profitiert das Kapital in erheblichem Ausmaß. Die Kapitalsteuern - im weitesten Sinne, soweit Unternehmen überhaupt noch Steuern zahlen, was für die Großunternehmen zumeist nicht mehr zutrifft - sind nämlich häufig geringer als die Zuflüsse an Unternehmen vom Staat.

11 Gesellschaftskapital „ist die Aufhebung des Kapitals als Privateigentum innerhalb der Grenzen der kapitalistischen Produktionsweise selbst" (MEW 25, 452).

12 Für Kleinbetriebe des Handwerks, des Einzelhandels oder im freiberuflichen Bereich bedeutet dies Überführung in eine Gesellschaftsform von Art der Genossenschaft.

13 Die Kompetenzen der Hauptversammlung der Aktionäre, also der Eigentümer der Firma, sind in § 119 AktG abschließend festgelegt. Sie beschränken sich im Prinzip auf die Kontrolle des eingebrachten Kapitals und auf die Verwendung der Gewinne. Unternehmerische Entscheidungen stehen ihnen nicht zu.

14 Der Übergang muss selbstverständlich durch entschädigungslose Enteignung geschehen. Entschädigungslos deswegen, weil die Auszahlung des Kapitals - welche schon rein faktisch bei einer Maßnahme, die mindestens alle Firmen eines Landes betrifft und eigentlich nur im globalen Maßstab möglich ist, gar nicht verwirklicht werden kann - ja wiederum bei Privatleuten Produktionsmittel in Form von Kapital anhäufen würde, die ihnen die Verfügung über fremde Arbeitskraft erneut ermöglichen würden. Gerade dieser Zustand soll ja aufgehoben werden. Entschädigungslos kann die Enteignung aber auch erfolgen, weil es auf geraubtes Gut keinen berechtigten Besitzanspruch gibt und weil andererseits die solcherart Enteigneten, insofern sie arbeiten, dadurch wieder zu Eigentum an Produktionsmitteln gelangen, also nicht mittellos dastehen.

15 Diese Beschränkungen müssen nicht auf allen Ebenen sozialen Eigentums gleicher Art sein. Nehmen wir das Wohnungseigentum - schon heute gilt nach dem BVerfG Miete als eigentumsgleiches Recht (BVerfGE 37, 132) - so würde hier Eigentum an den selbst benötigten und benutzen Produktionsmitteln - und die Wohnung ist ein Mittel zur Produktion meines Lebens - bedeuten, dass ich Eigentümer der von mir selbst bewohnten Wohnung bin. Jede Wohnung ist dann eine Eigentumswohnung, entweder als privates oder als anteiliges Genossenschaftseigentum. Eine entsprechende Regelung gab es z.B. schon in der DDR, in der nur das Eigentum an einem Wohnhaus pro Person zugelassen war. Hier wäre der Verkauf dieses Wohneigentums an jemanden, der in der Wohnung wohnen will, ebenso möglich, wie die Vererbung an jemanden, der selber darin wohnen will, aber eben nicht an jemanden, der die Wohnung nur vermieten will. Große Mietshäuser müssten genossenschaftlich organisiert werden, auch das gibt es heute schon, auch hier wären Umorganisationen dieser Modelle nötig, aber dies sind alles Punkte, an denen man bereits heute anknüpfen kann.

16 Sowohl absolut als auch relativ. Absolut aufgrund der grundsätzlichen, unaufhebbaren Beschränktheit der natürlichen Ressourcen, relativ, weil die Herstellung und Aneignung von Gütern häufig an Bedingungen geknüpft sind, die eben nicht alle erfüllen können.

17 Abgesehen davon muss Konkurrenz in einer freien Gesellschaft auch aus Gründen der Humanität eingeschränkt werden.

18 Es sei denn durch kriminelles Handeln; dagegen sind entsprechende Vorkehrungen zu treffen.

19 Der Zins deckt im professionellen Kreditgeschäft zwar auch das Ausfallrisiko, aber dennoch bleibt es dabei, dass auch darüber hinaus Mehrwertabschöpfung betrieben wird.

20 Die in unserer Gesellschaft genutzten Instrumente einer Zinsabschlagssteuer und das unter den gegenwärtigen Verhältnissen sicher sinnvolle Instrument der Tobinsteuer ist unter den hier vorgeschlagenen veränderten Verhältnissen nicht nötig.

21 Dies gilt, vom Medium Buch abgesehen, in allen Bereichen. Ausnahmen sind auf dem Zeitungssektor nur die taz, nd, freitag und noch ein paar versprengte Exoten, die tatsächlich nur vom Verkauf ihres Produkts existieren. Im Fernsehbereich gibt es den Versuch des Pay-TV, der aber zumindest in der BRD defizitär ist und nicht akzeptiert wird.

22 Auch alle Auszubildenden (Lehrlinge bis Studenten) fallen darunter. Auch Bafög und sonstige Ausbildungsbeihilfen sind dann überflüssig, weil jeder durch seine Arbeit ja den Anspruch auf seine Grundversorgung erwirbt. Ebenso müssen alle Asylbewerber, Flüchtlinge usw. diese Grundarbeit leisten.

23 Das Auto ist heute eher ein Faktor der Immobilität als der Mobilität. Seine Anschaffung erfolgt in den meisten Fällen nicht deshalb, weil man ein Mittel benötigt, um von einem Ort zum anderen zu kommen - dafür gibt es bessere Methoden -, sondern aus symbolischen Gründen. Es ist Ausdruck der „Freiheit" (im Stau zu stehen), es ist Repräsentationsmittel, um seinen sozialen Status auszudrücken, und der Führerschein verbunden mit dem Ersterwerb eines PKWs ist heute *der* Initiationsritus der Jugend geworden, der ihren Eintritt in das Erwachsenendasein markiert.

24 Dass alle Menschen dies können, wird hier als selbstverständlich vorausgesetzt. Menschen haben unterschiedliche Talente, unterschiedliche Schwerpunkte ihrer Fähigkeiten, aber so wie jeder z.B. ein alltagstaugliches Maß an handwerklichem Geschick erwerben kann, kann auch jeder das für eine selbstbestimmte Politik nötige Maß an Wissen und intellektuellen Fähigkeiten erwerben. Das ist keine Kunst.

25 Herrschaft kann solche Prozesse rationeller organisieren. Sie bindet dafür aber Ressourcen an anderen Stellen, nämlich da, wo sie ihre eigene Reproduktion sicherstellen muss, durch die Aufrechterhaltung eines Gewaltapparates und der ideologischen Institutionen.

26 Zum politischen Substanzverlust der Parteimitgliedschaft und ihrer Regionalorgane vgl. Raschke 1994. Die Parteimitglieder können heutzutage keinerlei Einfluss auf die politische Ausrichtung ihrer Partei mehr nehmen - entsprechende Vermittlungsstrukturen stehen nicht mehr zur Verfügung -, sondern diese nur noch abnicken.

27 Was Luxus und was Grundbedürfnisse sind, ist selbstverständlich gesellschaftlich definiert.

28 Ob es ein „Recht auf Faulheit" in dem Sinne geben kann, dass die Zuteilung eines Grundeinkommens gewährleistete wird, ohne dass derjenige die Grundarbeit leistet und ohne dass es einen Grund gibt, ihn davon freizustellen, erscheint mir fraglich. Bei Lafargue bedeutet das Recht auf Faulheit auch nur die Einführung des drei Stundenarbeitstags (2001). Sicher ist es nicht so, dass alle Menschen grundsätzlich faul sind und bei Einräumung dieser Möglichkeit sofort alle Arbeit stillstehen würde, aber dennoch muss das Lebensnotwendige hergestellt, seine Produktion muss auf irgend eine Art und Weise gesichert werden. Die Möglichkeit keine Grundarbeit zu leisten und kein Grundeinkommen zu erhalten, sondern sich z.B. aus seinem Garten zu ernähren, bleibt jeden frei gestellt.

29 Ungleich ist bei diesem Tausch die aufgewendete Arbeit, die den Wertmaßstab bildet. Wir tauschen gegen ein bei uns in seiner Herstellung wenig arbeitsintensives Produkt in den „Dritte Welt" Ländern hocharbeitsintensive Produkte ein. Da diese Länder nicht in der Lage sind, diese oder andere Produkte überhaupt oder mit ähnlich geringem Arbeitsaufwand herzustellen, müssen sie zum Austausch ein Produkt anbieten, welches mit hohem Arbeitsaufwand hergestellt wurde. Um unter diesen Verhältnissen die nötige Gleichwertigkeit in der Tauschbeziehung herzustellen, muss die in dieses Produkt investierte Arbeit absolut niedrig entlohnt werden.

30 Wenn von ökologisch nötiger Beschränkung die Rede ist, geht es nicht darum, dass wir nur Verzicht üben sollen, sondern es geht darum unser Leben so umzuorganisieren, dass wir bei steigender Lebensqualität mit geringeren Naturressourcen auskommen.

31 Der - dritte - Bereich kultureller Dienstleistungen bleibt hier als ökonomisch nicht relevant außer Acht.

32 Dies gilt auch für das, bis zum Platzen der spekulativen Blase der „new economy", so gelobte Internet. Arbeitsplätze, die hier z.B. im Online-Buchhandel entstehen, fallen auf der anderen Seite im normalen Buchhandel weg, wenn sich die Umsätze aufs Online-Geschäft verlagern.

33 Dies gilt nicht für ausgefallene Dienstleistungen für Reiche, die aber das Arbeitsproblem sicher nicht lösen können.

34 Diese A-Sozialität findet man sowohl auf Seiten der Herrschenden wie der Beherrschten. Es ist nicht so, als ob diese per se bessere Menschen wären als jene. Vielmehr ist es zumeist nur so, dass die einen Glück gehabt haben - Mitglieder der herrschenden Klasse zu werden - und die anderen eben Pech.

35 Im Folgenden werden nur die durch Arbeit herstellbaren Güter besprochen. Der hier verwendete Güterbegriff ist daher enger als der oben benutzte.

36 Selbstverständlich kann mein Handeln auch dadurch motiviert werden, dass ich etwas nur für einen anderen will, ohne dabei auf das für mich Nützliche zu achten. In der Sozialität des Menschen liegt die Möglichkeit eines solchen Altruismus begründet. Aber solches Verhalten ist, insbesondere im Verhältnis zu mir wenig bis unbekannten Menschen, eine Ausnahme, die für die Analyse des alltäglichen Verhaltens der Menschen keine Rolle spielt.

37 Dies gilt für historisch ursprüngliche Gruppen ebenso wie für heutige Kleingruppen, wie z.B. die Familie.

38 Hier wird im Moment von nicht herrschaftsförmig strukturierten Gruppen ausgegangen. Mit der Entstehung von Herrschaft ändert sich diese Struktur, was ich für die Herrschaft tue, tue ich nicht für-mich und nicht für-uns, sondern nur für-sie. Da es mir aber zunächst um die einer herrschaftsfreien Gesellschaft förderlichen Strukturen geht, bleibt dieser Aspekt hier außer Acht.

39 Da Strukturen traditioneller Vermittlung für das Projekt einer freien Gesellschaft grundsätzlich nicht in Betracht kommen, werden sie im Folgenden nur vollständigkeitshalber und zur Kontrastierung erwähnt.

40 Eine sachliche Instanz sozialer Vermittlung, die häufig das Miteinander betont, ist z.B. der Glaube; nicht zu verwechseln mit der Kirche, die eine traditionelle Instanz sozialer Vermittlung ist, welche auf der sachlichen Struktur des Glaubens aufbaut und sie herrschaftsförmig überdeterminiert.

41 Brauchen in einem ganz weiten Sinne von gerne bekommen bis lebensnotwendig bedürfen.

42 Während die nichtkapitalistischen Wirtschaftssysteme von ihrer Grundstruktur her Mangelökonomien sind, in denen die Nachfrage nach Waren ihr Angebot tendenziell übersteigt, ist der Kapitalismus eine Überschussökonomie, in der das Warenangebot die Nachfrage - relativ - übersteigt; dies gilt auch für die Nachfrage nach der Ware Arbeitskraft, Sklaven z.B. waren und blieben eine knappe Ware. Die ökonomischen Krisen kapitalistischer Gesellschaften sind daher bis heute Überproduktions-, Überangebotskrisen und nicht Krisen durch Mangel, wie sie dies früher in feudal-tributär organisierten Gesellschaften waren: „Da nicht Befriedigung der Bedürfnisse, sondern Produktion von Profit Zweck des Kapitals, und da es diesen Zweck nur durch Methoden erreicht, die die Produktionsmasse nach der Stufenleiter der Produktion einrich-

ten, nicht umgekehrt, so muß beständig ein Zwiespalt eintreten zwischen den beschränkten Dimensionen der Konsumtion auf kapitalistischer Basis und einer Produktion, die beständig über diese ihre immanente Schranke hinausstrebt. Übrigens besteht das Kapital ja aus Waren, und daher schließt die Überproduktion von Kapital die von Waren ein" (MEW 25, 267). Dieser relative Angebotsüberschuss steht nicht im Widerspruch zur These der grundsätzlichen Knappheit von Waren, da es sich um einen reinen marktbezogenen Überschuss handelt, der mit der prinzipiellen Knappheit der Güter - wir können die Erde nicht verdoppeln - nichts zu tun hat.

43 vgl. zum Entlastungseffekt für den Einzelnen: Altvater 1997, 31ff.

44 Auch traditionelle Instanzen tun dies, allerdings ist es bei ihnen mit dem Nachteil verbunden, dass hier Befehlsstrukturen, also durch persönlichen Interessen bestimmte Verhältnisse, als sachliche Zwänge erscheinen und somit traditionelle Instanzen den politischen Charakter der durch sie bewirkten Vermittlung, verdecken.

45 vgl. zum ökonomischen Potenzial des Marktes: Altvater 1997.

46 wobei sich für jede Gesellschaft anders darstellt, was arm ist.

47 Klassisches Beispiel solcher ökonomisch stagnierender Gesellschaften ist der Feudalismus mit seinen Zunftordnungen, die die Menge der Produkte, die maximale Menge der Mitarbeiter, die Preise und die Arbeitsmittel vorschrieben und den Einsatz bzw. die Neuentwicklung von Maschinen wegen ihres Rationalisierungspotentials verboten.

48 Als Beispiel sei VWs Verhinderung einer wirksamen EU-Altautoverordnung genannt.

49 Und zwar in einem größeren Ausmaß als dies heute durch die Sozialhilfe schon der Fall ist. Für den Fall seiner Insolvenz steht zumindestens der ehrliche Selbstständige heute nämlich sehr viel schlechter da als der Arbeiter im Falle seiner Entlassung. Er kann sich nicht gegen Arbeitslosigkeit versichern, bekommt also immer nur Sozialhilfe und steht in aller Regel auch noch vor einem Berg von Schulden, der ihn häufig für den Rest seines Lebens auf diesem Niveau verharren lässt. - Auch in einer teilweise marktförmig regulierten, freien Gesellschaft muss es so etwas wie einen Privatkonkurs geben.

50 Zwar scheint der, der von dem von seiner Lebensversicherung ihm ausgezahlten Kapital im Alter lebt, sein eigenes Vermögen zu verbrauchen, jedoch würde ihm dieses Geld nichts nützen, wenn es nicht andere gäbe, die die benötigten Waren herstellen würden.

51 Zwar gibt es im Strafrecht seit den Reformen der sozial-liberalen Koalition in den siebziger Jahren das Konzept der Resozialisation. Aber dieses ist praktisch an den auch hier zu geringen Eingriffsmöglichkeiten und an den zu geringen zur Verfügung gestellten Ressourcen gescheitert.

52 Womit nicht gesagt werden soll, dass alle Staatsanwälte nicht wüssten, was sie tun. Selbstverständlich gibt es immer Menschen, die um die soziale Dimension ihres Handelns wissen, und immer Menschen, die ganz bewusst für die Herrschaft arbeiten. Nur wird dieses Wissen weder in der Ausbildung vermittelt, noch in der alltäglichen Praxis erfahren. - Wobei bei dem hier gewählten Beispiel die Ausnahme des politischen Strafrechts zu beachten ist. Hier kann die herrschaftspolitische Funktion kaum übersehen werden.

53 Auch solche Mechanismen gibt es bereits, z.B. in Form der Kultusministerkonferenz.

54 Teilweise hat sich eine solche Praxis in den letzten Jahren in den USA entwickelt, vgl. Leggewie 2001, 192f.

55 Auch hier gibt es in der Praxis Einschränkungen. Die äußeren Herrschaftsfunktionen wirken auch in diese Institutionen hinein und prägen ihre Strukturen mit. Bei den Universitäten kommt noch die undemokratische Dominanz der Professoren hinzu. Aber das Prinzip existiert.

56 Hier wird der Begriff der Volksgruppe mit Absicht vermieden. Es gibt Volksgruppen, aber Staaten bestehen nicht immer aus solchen und müssen es auch nicht, so dass auch die Großgruppen der ehemals staatlichen Ebene keineswegs völkisch organisiert sein müssen.

57 Der Begriff des „neuen Menschen“ wird schon im Frühchristentum entwickelt, erlangt vor allem in der Reformation wieder Bedeutung und wird dann im Kommunismus Symbol für das Ziel eines grundsätzlich anderen Lebens.

58 Daneben gibt es auch immer ein Widerständiges Verhalten der Beherrschten; nicht nur in der Situation der Revolte auch im Alltag. Aber hier wird zumeist der offene Konflikt vermieden und eher Strategien des sich-Durchschummelns angewendet mit denen man versucht, seine eigenen Bedürfnisse möglichst weitgehend zu befriedigen. Man kann solches Verhalten als „passive Renitenz“ charakterisieren. Solches Verhalten ist herrschaftskonform und für eine freie Gesellschaft kontraproduktiv.

59 Auch in den feudalen Gesellschaften: Dienstadel und Klerus.

Literaturverzeichnis

Achenbach, Gerd 1994: Philosophische Praxis, Köln

Adler, Max 1972: Neue Menschen: Gedanken über sozialistische Erziehung, Wien, München

Adorno, Theodor W. 1962: Wozu noch Philosophie?; in: ders. Eingriffe, Frankfurt/M

- 1973: Studien zum autoritären Charakter, Frankfurt/M

- 1986: Minima Moralia, Frankfurt/M

- 1995: Studien zum autoritären Charakter, Frankfurt/M

Altvater, Elmar 1997[3]: Die Zukunft des Marktes, Münster

Arendt, Hannah 1963: Über die Revolution, München

- 1986: Elemente und Ursprünge totaler Herrschaft, München

Aristoteles 1970: Metaphysik, Stuttgart

- 1983: Nikomachische Ethik, Stuttgart

- 1984: Politik, München

Bahro, Rudolf 1990: Die Alternative. Zur Kritik des real existierenden Sozialismus, Köln

- 1990a: Logik der Rettung. Wer kann die Apokalypse aufhalten? Ein Versuch über die Grundlagen ökologischer Politik, Berlin

Bakunin, Michael 1999: Staatlichkeit und Anarchie, Berlin

- 1996: Russische Zustände, Berlin

Bauer, Wolfgang 2000: Geschichte der chinesischen Philosophie. Konfuzianismus, Daoismus, Buddhismus, München

Benser, Günter 2000: DDR - gedenkt ihrer mit Nachsicht, Berlin

Bensussan, Gérard 1986: Stichwort „Krisen des Marxismus"; in: Kritisches Wörterbuch des Marxismus, hrsg. v. G. Labica und G. Bensussan, dt. Fassung W.F. Haug, Berlin, Bd. 4, 719-734

Bentham, Jeremy 1988: the Principles of Morals and Legislation, New York

Benz-Overhage, Karin/Jüttner, Wolfgang/Peter, Horst (HG.) 1994: Zwischen Rätesozialismus und Reformprojekt. Lesebuch zum 70. Geburtstag von Peter von Oertzen, Köln

Berg, Melanie 1992: Philosophische Praxen im deutschsprachigen Raum, Essen

Berg-Schlosser, Dirk/Maier, Herbert/Stammen, Theo 1981[3]: Einführung in die Politikwissenschaft, München

Berg-Schlosser, Dirk/Stammen, Theo 1992[5]: Einführung in die Politikwissenschaft, München

Bericht: Bericht über den Gründungsparteitag der Kommunistischen Partei Deutschlands (Spartakusbund) vom 30. Dezember 1918 bis 1. Januar 1919, ohne Jahr und Ort

Beyer, Wolfram 1993: Freiheit und Revolte, Bakunins Beitrag zur Sozialen Revolution; in: ders. (HG.) 1993: Anarchisten. Zur Aktualität anarchistischer Klassiker, Berlin, 26-42

Bielefeldt, Heiner 1998: Philosophie der Menschenrechte. Grundlagen eines weltweiten Freiheitsethos, Darmstadt

Biemel, Walter 1973: Heidegger, Reinbek bei Hamburg

Blasche, Siegfried 1991: Praxis der Philosophie und philosophische Praxis; in: Witzany (HG.), 11-22

Bloch, Ernst 1963: Tübinger Einleitung in die Philosophie 1, Frankfurt/M

Bluhm, Harald 1999: Dekonstruktionsprobleme. Gerechtigkeit in Marxens Theorien; in: Münkler/Llanque 189-218

- 1999a: Variationen des Höhlengleichnisses. Kritik und Restitution politischer Philosophie bei Hannah Arendt und Leo Strauss; in: DZfPh, 47. Jahrgang, Heft 6, 911-934

Böckenförde, Ernst-Wolfgang 1987: Demokratie als Verfassungsprinzip; in: Handbuch des Staatsrechts der Bundesrepublik Deutschland, hrsg. v. J. Isensee, P. Kirchhof, Heidelberg, Bd. 1, § 22, 887-952

- 1998: Demokratische Willensbildung und Repräsentation; Handbuch des Staatsrechts der Bundesrepublik Deutschland, hrsg. v. J. Isensee, P. Kirchhof, Heidelberg, Bd. 2, § 30, 29-48

- 1992: „Rechtsstaat"; in: Historisches Wörterbuch der Philosophie, Bd. 8, Darmstadt, 323-342

Botzenhart, Manfred 1985: Reform, Restauration, Krise. Deutschland 1789 - 1847, Frankfurt/M

Bourdieu, Pierre 1976: Die politische Ontologie Martin Heideggers, Frankfurt/M

Bravo, Gian Mario 1990: Stichwort „Anarchismus"; in: Europäische Enzyklopädie zu Philosophie und Wissenschaften, Bd. 1, Hamburg

Brentano, Margarete von 1975: Bemerkungen zum Topos „Ende der Philosophie"; in: ders. Philosophie, Theoriestreit, Wissenschaftspluralismus, Argument Studienhefte 3

Bröcker, Walter 1958: Dialektik. Positivismus. Mythologie, Frankfurt/M

Brumlik, Michael/Brunkhorst, Hauke (HG.) 1993: Gemeinschaft und Gerechtigkeit, Frankfurt/M

Bubner, Karl 1996: Gedanken über die Zukunft der Philosophie; in: DZfPh 743-757

Buhr, Manfred 1968: Immanuel Kant. Einführung in Leben und Werk, Leipzig

Callenbach, Ernest: 1983: Ein Weg nach Ökotopia, Berlin

Camus, Albert 1969: Der Mensch in der Revolte, Reinbek bei Hamburg

Carnap Rudolf 1932: Überwindung der Metaphysik durch logische Analyse der Sprache; in: Erkenntnis, Bd. II, Heft 4, 219-241

Cassirer, Ernst 1987[8]: Das mythische Denken. Philosophie der symbolischen Formen Teil 2, Darmstadt

Chomsky, Noam 2000: Profit over people. Neoliberalisierung und globale Weltordnung, Hamburg, Wien

Clausewitz, Cal von 1980: Vom Kriege, Frankfurt/M, Berlin, Wien

Cooler, James Fenimore 1983: Bilder aus der amerikanischen Vergangenheit, Bd. 2 Tausendmorgen, Frankfurt/M

Damus, Renate 1978: Der reale Sozialismus als Herrschaftssystem am Beispiel der DDR. Kritik der nachkapitalistischen Gesellschaft, Gießen

Déjacque, Joseph 1980: Utopie der Barrikaden, Berlin

Demmerling, Christoph/Rentsch, Thomas 1995: Die Gegenwart der Gerechtigkeit. Diskurse zwischen Recht, praktischer Philosophie und Politik, Berlin

Demirović, Alex 1997: Demokratie und Herrschaft. Aspekte kritischer Gesellschaftstheorie, Münster

Demokratie 1981: Demokratie. Entwicklungsgesetz des sozialistischen Staates, Berlin

Deppe, Frank (HG.) 1968: Auguste Blanqui. Instruktionen für den Aufstand, mit einer Einleitung von Frank Deppe, Frankfurt/M

- 1970: Verschwörung, Aufstand und Revolution. August Blanqui und das Problem der sozialen Revolution im 19. Jahrhundert, Frankfurt/M

Derrida, Jacques 1988: The Politics of Friendship; in: The Journal of Philosophy, 632-644

- 1989: La Pharmacie de Platon; in: Platon. Phèdre, hrsg. v. Luc Brißon, Paris

Diefenbacher, Hans (HG.) 1996: Anarchismus: Zur Geschichte und Idee der herrschaftsfreien Gesellschaft, Darmstadt

Dill, Alexander 1990: Philosophische Praxis, Frankfurt/M

Ditfurth, Christian von 1995: Wachstumswahn. Wie wir uns selbst vernichten, Göttingen

Ditfurth, Hoimar von 1985: So laßt uns denn ein Apfelbäumchen pflanzen: es ist soweit, Hamburg

Dokumente 1990[3]: Programmatische Dokumente der deutschen Sozialdemokratie, hrsg. v. Dieter Dowe/Kurt Klotzbach, Bonn

Dornheim, Andreas u.a. (HG.) 1999: Gerechtigkeit: interdisziplinäre Grundlagen, Opladen/Wiesbaden

Drabkin, Jakow 1999: Komintern protiv faschisma. Dokumenty, Moskau

Druwe, Ulrich/Kunz, Volker (HG.) 1999: Politische Gerechtigkeit, Opladen

Dworkin, Ronald 1978: Taking Rights Seriously, Cambrigde Massachusetts

- 1990: Bürgerrechte ernstgenommen, Frankfurt/M

Egger, Richard 1997: die philosophische Werkzeugkiste. Praktische Philosophie für Manager, Zürich

Eisenstadt, Shmuel N. (HG.) 1987: Kulturen der Achsenzeit, Frankfurt/M, 2 Bände

Einführung 1972: Einführung in den dialektischen und historischen Materialismus, Berlin

Elkana, Yehuda 1974: Die Entstehung des Denkens zweiter Ordnung im antiken Griechenland; in: Eisenstadt (HG.), 52-88

Engels, Friedrich: MEW 4, Grundsätze des Kommunismus, 360-380

-: MEW 17, Einleitung [zu Karl Marx' "Bürgerkrieg in Frankreich" (Ausgabe 1891)], 614-625

-: MEW 18, von der Autorität, 305-308

-: MEW 18, Die Bakunisten an der Arbeit, 476-493

-: MEW 19, [Brief an Bebel] 3-9

-: MEW 19, Die Entwicklung des Sozialismus von der Utopie zur Wissenschaft, 177-228

-: MEW 20, Herrn Eugen Düring's Umwälzung der Wissenschaft, 3-303

-: MEW 20, Dialektik der Natur, 307-572

-: MEW 21, Der Ursprung der Familie, des Privateigentums und des Staats, 25-173

-: MEW 21, Ludwig Feuerbach und der Ausgang der klassischen deutschen Philosophie, 259-307

-: MEW 22, Einleitung [zu Karl Marx' "Klassenkämpfe in Frankreich 1848 bis 1850" (1895)], 509-527

Enzensberger, Hans Magnus 1972: Der kurze Sommer der Anarchie, Frankfurt/M

Ettinger, Elzbieta 1990: Rosa Luxemburg. Ein Leben, Bonn

Euchner, Walter 1999: Marx' Aufhebung der Gerechtigkeit in der kommunistischen Gesellschaft; in: Münkler/Llanque 173-188

Fanon, Frantz 1981: Die Verdammten dieser Erde, Frankfurt/M

Finley, Moses I. 1986: Das politische Leben in der antiken Welt, München
Fischer, Peter (HG.) 1995: Freiheit oder Gerechtigkeit. Perspektiven Politischer Philosophie, Leipzig
Flechtheim, Ossip K. 1969: Die KPD in der Weimarer Republik. Mit einer Einleitung von Hermann Weber, Frankfurt/M
- 1986^2: Kar Liebknecht zur Einführung, Hamburg
Forst, Rainer 1994: Kontexte der Gerechtigkeit: politische Philosophie jenseits von Liberalismus und Kommunitarismus, Frankfurt/M
- 1993: Kommunitarismus und Liberalismus - Stationen einer Debatte; in: Honneth 1993, 181-212
Fourier, Charles 1966: Theorie der vier Bewegungen und der allgemeinen Bestimmungen, hrsg. v. Th. W. Adorno, Frankfurt/M
Foucault, Michel 1974: Die Ordnung der Dinge, Frankfurt/M
- 1978: Dispositive der Macht. Michel Foucault über Sexualität, Wissen und Wahrheit, Berlin
- 1989: Der Gebrauch der Lüste. Sexualität und Wahrheit 2, Frankfurt/M
Fromm, Erich 1989: Die Furcht vor der Freiheit; in: Gesamtausgabe Bd. 1, Analytische Sozialpsychologie, München, 217-394
Fukuyama, Francis 1992: Das Ende der Geschichte, München
Funke, Gerhard 1965: Beantwortung der Frage, welchen Gegenstand die Philosophie habe oder ob sie gegenstandslos sei, Mainz
Gadamer, Hans-Georg 1960: Wahrheit und Methode, Tübingen
Garaudy, Roger 1969: Marxismus im 20. Jahrhundert, Reinbek bei Hamburg
Gräfe, Karl-Heinz u.a. (HG.) 1998: Das Jahr 68: Weichenstellung oder Betriebsunfall? - ischen Prager Frühling und Pariser Mai -, Schkeuditz
- 1998a: Der "Prager Frühling" 1968 - Götterdämmerung oder Morgenrot?; in Gräfe 1998, 62-80
Gramann, Werner 1973: Nationale Front und Bürgerinitiative. Die Rolle der Nationalen Front der DDR - das Zusammenwirken der Ausschüsse mit den Volksvertretungen bei der Organisierung des „Mach mit!"-Wettbewerbes in den Städten und Gemeinden, Berlin
Gramsci, Antonio 1996: Gefängnishefte, Bd. 7, Hamburg
Grebing, Helga 1966: Geschichte der deutschen Arbeiterbewegung. Ein Überblick, München
Groschopp, Horst 1997: Dissidenten. Freidenkerei und Kultur in Deutschland, Berlin
Grossmann, Henryk 1931^4: Stichwort „Anarchismus"; in: Wörterbuch der Volkswirtschaft, Jena
Gutmann, Amy 1993: Die komunitaristischen Kritiker des Liberalismus; in: Honneth, 68-83
Habermas, Hans-Jürgen 1971: Einleitung: Wozu noch Philosophie?; in: ders. Philosophisch-politische Profile, Frankfurt/M, 15-37
- 1975: Die Rolle der Philosophie im Marxismus; in: ders. Zur Rekonstruktion des historischen Materialismus, Frankfurt/M
- 1984: Wahrheitstheorien: in: ders. Vorstudien und Ergänzungen zur Theorie des kommunikativen Handelns, Frankfurt/M, 127-186

- 1990: Strukturwandel der Öffentlichkeit. Untersuchungen zu einer Kategorie der bürgerlichen Gesellschaft. Neuauflage, Frankfurt/M
- 1992: Faktizität und Geltung. Beiträge zur Diskurstheorie des Rechts und des demokratischen Rechtsstaats, Frankfurt/M
- 1999: Hermeneutische und analytische Philosophie - Zwei komplementäre Spielarten der linguistischen Wende; in: ders. Wahrheit und Rechtfertigung. Philosophische Aufsätze, Frankfurt/M
- 2002: Fundamentalismus und Terror. Antworten auf Fragen zum 11. September 2001, in: Blätter für deutsche und internationale Politik, Heft 2, 165-178

Hannover, Heinrich 1998: Die Republik vor Gericht 1954-1974. Erinnerungen eines unbequemen Rechtsanwalts, Berlin

Harich, Wolfgang 1975: Kommunismus ohne Wachstum?: Babeuf und der „Club of Rome", Reinbek bei Hamburg
- 1998: Zur Kritik der revolutionären Ungeduld. Eine Abrechnung mit dem alten und dem neuen Anarchismus, Berlin

Hartmann, Nicolai 1949: Einführung in die Philosophie, Hannover
- 1947: Ziele und Wege der Kategorienanalyse; in: Zeitschrift für philosophische Forschung 1947, Bd. II, 499-536
- 1951: Das Ethos der Persönlichkeit; in: Neue Schweizer Rundschau März 1951, Heft Nr. 11, 657-664

Haug, Wolfgang Fritz 1984: Die Camera obscura des Bewußtseins; in: ders. u.a.: die Camera obscura der Ideologie, Berlin
- 1986: Faschisierung des bürgerlichen Subjekts. Die Ideologie der gesunden Normalität und die Ausrottungspraktiken im deutschen Faschismus. Materialanalysen, Berlin
- 1990: Fragen zur Frage „Was ist Philosophie"; in: Das Argument 182, 507-518
- 1993: Elemente einer Theorie des Ideologischen, Hamburg
- 1996: Philosophieren mit Brecht und Gramsci, Hamburg
- 1999: Politisch richtig oder Richtig politisch. Linke Politik im transnationalen High-Tech-Kapitalismus, Hamburg

Havemann, Robert 1990: Morgen. Die Industriegesellschaft am Scheideweg. Kritik und reale Utopie, Halle, Leipzig

Hayek, Friedrich August von 1991³: Die Verfassung der Freiheit. Tübingen

Hegel, Georg Wilhelm Friedrich 1986: Grundlinien der Philosophie des Rechts, Frankfurt/M
- 1986a: Enzyklopädie der philosophischen Wissenschaften, Bd. II, Frankfurt/M

Heidegger, Martin 1984¹⁵: Sein und Zeit, Tübingen
- 1986: Nietzsche: der europäische Nihilismus, Gesamtausgabe Bd. 48, Frankfurt/M
- 1985: Phänomenologische Interpretation zu Aristoteles. Einführung in die phänomenologische Forschung, Vorlesung WS 1921/22, hrsg. v. W. Bröcker/K. Bröcker-Oltmanns, GA Bd. 61, Frankfurt/M
- 1990: Die Selbstbehauptung der deutschen Universität. Frankfurt/M

Heinrichs, Thomas 1997: Kein Anspruch auf Wahrheit. Philosophiewissenschaft und demokratisch-emanzipatorische Philosophie; in: Forum Wissenschaft 14. Jahrgang, Nr. 3, 36-42
- 1999: Zeit der Uneigentlichkeit. Heidegger als Philosoph des Fordismus, Münster

- 2000: Des Holländer Michels Abwehr. Heidegger als Philosoph des Fordismus; *in*: Das Argument, Heft 4, Nr. 237, 469-482
- 2000a: Philosophieren in der DDR. Rezeption einer vergangenen Philosophie; *in*: humanismus aktuell, Heft 7, 131-139
- 2000b: Grün light. Die Stabilisierung und Effektivierung unserer Gesellschaft; in: Andere Zeiten (als webfile veröffentlicht unter ›www.andere-zeiten.de‹)

Heinrichs, Thomas/Weinbach, Heike 1997: Hilflose Begriffsphilosophie; in: Forum Wissenschaft 14. Jahrgang, 1997, Nr. 2, S. 55-57
- 1997a: Mit Philosophen ist ein Staat zu machen. Abwicklung und Selbstaufgabe der DDR Philosophie; *in:* Forum Wissenschaft 14. Jahrgang, Nr. 4, 51-54. *Nachdruck in*: Hochschule Ost special, Eine nachholende Debatte, der innerdeutsche Philosophenstreit 1996/97, 1998, Nr. 3, 130-138
- 1998: Naturzwang oder Herrschaftsfreiheit. Die These von der Überlebenskrise als Symptom herrschaftsförmigen Denkens; in: Forum Wissenschaft 15. Jahrgang, 1998, Nr. 3, 28-33

Heuer, Uwe-Jens 1989: Marxismus und Demokratie, Berlin

Hildermeier, Manfred 1998: Geschichte der Sowjetunion 1917-1991. Entstehung und Niedergang des ersten sozialistischen Staates, München

Hirsch, Joachim/Roth, Roland 1986: Das neue Gesicht des Kapitalismus. Vom Fordismus zum Post-Fordismus, Hamburg, 1986

Hobsbawm, Eric 1962: Europäische Revolutionen, Zürich
- 1975: The Age of Revolution. Europe 1798-1848, London
- 1998: Das Zeitalter der Extreme. Weltgeschichte des 20. Jahrhunderts, München

Hochkeppel, Willi 1993: Endspiele: Zur Philosophie des 20. Jahrhunderts, München

Höffe, Otfried: 1989: Politische Gerechtigkeit. Grundlegung einer kritischen Philosophie von Recht und Staat, Frankfurt/M
- 1995: Menschenrechte und Tauschgerechtigkeit; in: Fischer 1995, 20-39
- 1999^2: Lesebuch zur Ethik. Philosophische Texte von der Antike bis zur Gegenwart, München

Hoffmann, Hasso 1997: Bilder des Friedens oder die vergessene Gerechtigkeit, München

Hofmann, Werner 1969: Grundelemente der Wirtschaftsgesellschaft. Ein Leitfaden für Lehrende, Reinbek bei Hamburg

Hollm, Jan 1989, Die angloamerikanische Ökotopie: literarische Entwürfe einer grünen Welt, Frankfurt/M, u.a.

Holz, Hans Heinz 1990: „Philosophie"; in: Europäische Enzyklopädie zu Philosophie und Wissenschaften, Bd. 3, Hamburg, 672-688

Holzhey, Helmut (HG.) 1994: Ethischer Sozialismus: zur politischen Philosophie des Neukantianismus, Frankfurt/M

Homer 1979: Ilias, Stuttgart

Honneth, Axel 1992: Kampf um Anerkennung. Zur moralischen Grammatik sozialer Konflikte, Frankfurt/M
- 1993: Kommunitarismus: eine Debatte über die moralischen Grundlagen moderner Gesellschaften, Frankfurt/M, NY
- 1995: Das Andere der Gerechtigkeit. Habermas und die ethische Herausforderung der Postmoderne; in: Fischer 194-240

Horkheimer, Max 1988: Der neueste Angriff auf die Metaphysik; in: ders. Gesammelte Schriften, Bd. 4, Frankfurt/M, 108-161

Horkheimer, Max/Adorno Theodor W. 1989: Die Dialektik der Aufklärung, Leipzig

Huisman, Denis 1983: Philosophie für Einsteiger, Reinbek bei Hamburg

Hundt, Martin 1988: Die Programmdiskussion im Bund der Kommunisten; in: ders. HG.: Der Bund der Kommunisten, 1836-1852, Berlin

Husserl, Edmund 1965: Philosophie als strenge Wissenschaft, Frankfurt/M

Ineichen, Hans 1991: Philosophische Hermeneutik, Freiburg i.Br.

Jacobs, Kurt 1997: Arbeit, Arbeit! Oder marxistische Blickverengungen; in: Forum Wissenschaft, 14. Jahrgang, 1997, Nr. 2, 57-59

Jaspers, Karl 1976: Was ist Philosophie? München

Joas, Hans 1997: Die Entstehung der Werte, Frankfurt/M

Jung, Joachim 1997: Der Niedergang der Vernunft. Kritik der deutschsprachigen Universitätsphilosophie, Frankfurt/M, NY

Kaiser, Paul/Petzold, Claudia 1997: Boheme und Diktatur in der DDR. Gruppen, Konflikte, Quartiere 1970-1989. Katalog zur Ausstellung im Deutschen Historischen Museum, Berlin

Kant, Immanuel 1982: Idee zu einer allgemeinen Geschichte in weltbürgerlicher Absicht, Werkausgabe Bd. XI, 31-50, Frankfurt/M

- 1982a: Beantwortung der Frage: was ist Aufklärung? Werkausgabe Bd. XI, 53-61, Frankfurt/M

- 1982b: Über den Gemeinspruch: Das mag in der Theorie richtig sein, taugt aber nichts für die Praxis, Werkausgabe Bd. XI, 127-172

- 1981: Kritik der reinen Vernunft, Frankfurt/M, Werkausgabe Bd. 3, 4

Kapferer, Norbert 1990: Das Feindbild der marxistisch-leninistischen Philosophie der DDR 1945-1988, Darmstadt

Keller, Andreas 1999: Demokratisierung der Hochschule - Reform der Personalstruktur; in: Marek Neumann-Schönwetter/Alexander Renner/Ralph C. Wildner (HG.): Anpassung und Untergehen. Beiträge zur Hochschulpolitik, Marburg, 115-122

Kelly, Petra (HG.) 1982: Prinzip Leben: Ökopax, die neue Kraft, Berlin

Kerimow, Dshangir 1982: Die Demokratie des entwickelten Sozialismus, Berlin

Kinner, Klaus 1999: Der deutsche Kommunismus. Selbstverständnis und Realität. Bd. 1: die Weimarer Zeit, Berlin

Kleßmann, Christoph 1986: Die doppelte Staatsgründung. Deutsche Geschichte 1945-1955, Schriftenreihe der Bundeszentrale für politische Bildung, Bd. 193, Bonn

Köhnke, Christian 1986: Entstehung und Aufstieg des Neukantianismus. Die Deutsche Universitätsphilosophie zwischen Idealismus und Positivismus, Frankfurt/M

- 1989: „Philosophie. 19. und 20. Jahrhundert: Deutschland"; in: Historisches Wörterbuch der Philosophie, Bd. 7, Darmstadt, 823-846

Korsch, Karl 1993: Marxismus und Philosophie; in: Marxismus und Philosophie. Schriften zur Theorie der Arbeiterbewegung 1920-23, Gesamtausgabe Bd. 3, Amsterdamm, 299-370

- 1996: Thesen zur Diskussion über „Krise des Marxismus"; in: ders. Krise des Marxismus. Schriften 1928-35, Gesamtausgabe Bd. 5, Amsterdam, 141-148

Krebs, Angelika (HG.) 2000: Gleichheit oder Gerechtigkeit. Texte der neuen Egalitarismuskritik, Frankfurt/M

Kreschnak, Horst/Natke, Reinhard 1998: Die zweite Hälfte der sechziger Jahre und die Revolution in der Entwicklung der Produktivkräfte; in: Gräfe u.a. 159-177

Kühnl, Reinhard 1990: Stichwort „Totalitarismus"; in: Europäische Enzyklopädie zu Philosophie und Wissenschaften, hrsg. v. H.J. Sandkühler, Bd. IV, 600-602

Kuczynski, Jürgen 1982: Geschichte des Alltags des deutschen Volkes. Bd. 4, 1871-1918, Köln

Labica, Georges 1986: Der Marxismus-Leninismus. Elemente einer Kritik, Hamburg

Lacorte, Carmelo 1989: Kant. Die Versöhnung von Religion und Philosophie, Hamburg

Lafargue, Paul 2001: Das Recht auf Faulheit, Hamburg

Larmore, Charles 1993: Politischer Liberalismus; in: Honneth 131-156

Larsen, Öjvind 1990: Ethik und Demokratie. Die Entstehung des ethischen Denkens im demokratischen Stadtstaat Athen, Hamburg

Lederer, Robert 2000: Freiheit und Sozialismus, Münster/Hamburg/London

Legewie, Klaus 2001: Bringschulden des George W. Bush; in: Blätter für deutsche und internationale Politik, 189-196

Lenin, Wladimir Ilitsch: Werke Bd. 5, Anarchismus und Sozialismus, 334-337

-: Werke Bd. 25, Staat und Revolution, 393-507

-: Werke Bd. 28, I. Kongress der Kommunistischen Internationale, 467-488

-: Werke Bd. 31, Unsere Außen- und Innenpolitische Lage und die Aufgaben der Partei, 402-422

Lerner, Gerda 1997: Die Entstehung des Patriarchats, München

Liebknecht, Karl 1995: Die Bewegungsgesetze der gesellschaftlichen Entwicklung. Fragment; hrsg. v. Thomas Schulze, Bern u.a.

Link, Jürgen 1983: Elementare Literatur und generative Diskursanalyse, München

- 1997: Versuch über den Normalismus: wie Normalität produziert wird, Opladen

Lobkowicz, Nikolaus 1973: Die Situation der Philosophie in den bestehenden Wissenschafts-Institutionen; in: H.M. Baumgartner/O. Höffe/C. Wild (HG.): Philosophie - Gesellschaft - Planung. Kolloquium Hermann Krings zum 60. Geburtstag, München S. 83ff

Lorenzen, Paul 1974, Konstruktive Wissenschaftstheorie, Frankfurt/M

Lukács, Georg 1974: Die Zerstörung der Vernunft, Ausgabe in 3 Bänden, Bd. 2 Irrationalismus und Imperialismus, Darmstadt, Neuwied

- 1987: Sozialismus und Demokratisierung. Frankfurt/M

Luxemburg, Rosa 1970: Organisationsfragen der russischen Sozialdemokratie; in: Gesammelte Werke Bd. 1/2, Berlin, 422-444

- 1983: Zur russischen Revolution; in: Gesammelte Werke Bd. 4, Berlin 332-365

Mampel, Siegfried 1997[3]: Die sozialistische Verfassung der Deutschen Demokratischen Republik. Kommentar, Goldbach

Martens, Ekkehard/Schnädelbach, Herbert 1985: Philosophie. Ein Grundkurs, Hamburg

Marx, Karl: MEW 1, Kritische Randglossen zu dem Artikel „Der König von Preußen und die Sozialreform. Von einem Preußen", 392-409

-: MEW 4, Das Elend der Philosophie, 63-182

-: MEW 8, Der achtzehnte Brumaire des Louis Bonaparte, 111-207

-: MEW 9, Zur Kritik der politischen Ökonomie, 6-160

-: MEW 16, Inauguraladresse der Internationalen Arbeiter-Assoziation, 5-13
-: MEW 16, Der Generalrat an den Föderalrat der romanischen Schweiz, 384-391
-: MEW 17, Der Bürgerkrieg in Frankreich, 313-365
-: MEW 18, Konspekt von Bakunins „Staatlichkeit und Anarchie", 567-642
-: MEW 19, Randglossen zum Programm der deutschen Arbeiterpartei, 15-34
-: MEW 19, [Entwürfe einer Antwort auf den Brief von V.I.Sassultisch], 384-406
-: MEW 23, Das Kapital. Kritik der politischen Ökonomie, Erster Band
-: MEW 25, Das Kapital. Kritik der politischen Ökonomie, Dritter Band
-: MEW 40, Ökonomisch-philosophische Manuskripte aus dem Jahre 1844, 464-588
Marx, Karl/Engels, Friedrich: MEW 3, Die deutsche Ideologie
-: MEW 4, Manifest der kommunistischen Partei, 457-493
-: MEW 5, Forderungen der Kommunistischen Partei in Deutschland, 3-5
-: MEW 7, Ansprache der Zentralbehörde an den Bund vom März 1850, 244-254
-: MEW 18, Die angeblichen Spaltungen in der Internationale, 1-51
-: MEW 18, Ein Complot gegen die Internationale Arbeiter-Association, 327-471
-: MEW 21, Zur Geschichte des Bundes der Kommunisten, 206-224
Marx, Werner 1972: Einführung in Aristoteles' Theorie vom Seienden, Hamburg
Matzat, Heinz-L. 1947: Der Philosophenkongreß 1947 in Garmisch-Partenkirchen; in: Zeitschrift für philosophische Forschung Bd. II, 382-394
Mehring, Franz 1985[6]: Karl Marx. Geschichte seines Lebens, Berlin
Meuschel, Sigrid 1992: Legitimation und Parteiherrschaft in der DDR. Zum Paradox von Stabilität und Revolution in der DDR 1945-1989, Frankfurt/M
Mill, John Stuart 1987: Utilitarianism, New York
Mittelstraß, Jürgen 1996: Die unheimlichen Geisteswissenschaften; in: Information Philosophie, S. 10
Mittenzwei, Werner 2001: die Intellektuellen. Literatur und Politik in Ostdeutschland 1945-2000, Leipzig
Monal, Isabel 1999: Ambivalenzen des Fortschritts. Zur Bedeutung der Kategorie bei Karl Marx; in: Das Argument 230, Heft 2/3, 257-262
Mueller, Volker 1998: Fortschritt im Wandel - Zur Einführung in die Thematik; in: Fortschritt im geschichtlichen Wandel, hrsg. v. Jörg Alberts, Berlin, 9-32
Münkler, Herfried/Llanque, Marcus (HG.) 1999: Konzeptionen der Gerechtigkeit: Kulturvergleich - Ideengeschichte - Moderne Debatte, Baden-Baden
Nationale Front 1969: Nationale Front des demokratischen Deutschland. Sozialistische Volksbewegung. Handbuch, hrsg. v. Günther Großer, Berlin
Narr, Wolf-Dieter 1998: Wenn Sozialwissenschaft ihr Erstgeburtsrecht verkauft; in: Blätter für Deutsche und internationale Politik, 8/98, 978-987
Neubert, Erhart 2000[2]: Geschichte der Opposition in der DDR 1949-1989, Berlin
Nietzsche, Friedrich 1988: Jenseits von Gut und Böse. Zur Genealogie der Moral, KSA Bd. 5, München
Nussbaum, C. Martha 1999: Gerechtigkeit oder das gute Leben, Frankfurt/M
O'Neil, Onora 1996: Tugend und Gerechtigkeit. Eine konstruktive Darstellung des praktischen Denkens, Berlin

Oertzen, Peter von 1996: Thesen zu Marx; in: Geschichte und materialistische Geschichtstheorie bei Marx, Beiträge zur Marx-Engels-Forschung. Neue Folge 1996, Hamburg, 5-12

Plümacher, Martina 1995: Identität in Krisen: Selbstverständigungen und Selbstverständnisse der Philosophie in der Bundesrepublik Deutschland nach 1945, Frankfurt/M u.a.

Politisches Wörterbuch 1973: Kleines politisches Wörterbuch, Berlin

Pongs, Armin (HG.) 1999/2000: In welcher Gesellschaft leben wir eigentlich? 2 Bände, München

Popper, Karl 1989: Die Logik der Forschung, Tübingen

Pothast, Ulrich 1987: die Unzulänglichkeit der Freiheitsbeweise. Zu einigen Lehrstücken aus der neueren Geschichte von Philosophie und Recht, Frankfurt/M

Puntel, Lorenz 1991: The History of Philosophy in Contemporary Philosophy. The View from Germany; in: Topoi, S. 150f

- 1994: Zur Situation der deutschen Philosophie der Gegenwart; in: Information Philosophie, S. 20-30

Pythagoras 1979: Stichwort Pythagoras in: Der kleine Pauly, Bd.. 4, Sp. 1264-1270

Rabehl, Bernd 1968: Von der Autoritären Bewegung zur sozialistischen Opposition; in: Bermann/Dutsche/Lefévre//Rabehl, Rebellion der Studenten oder Die neue Opposition, Reinbek bei Hamburg, 151-179

Raschke, Joachim 1988^2: Soziale Bewegungen. Ein historisch-systematischer Grundriß, Frankfurt/M, New York

- 1994: Die leidige, ungelöste Organisationsfrage; in: Benz-Overhage u.a., 73-80

Rauh, Hans-Christoph 1991: Gefesselter Widerspruch: Die Affäre um Peter Ruben, Berlin

Rawls, John 1979: Eine Theorie der Gerechtigkeit, Frankfurt/M

- 1992: die Idee des politischen Liberalismus. Aufsätze 1979-1989, Frankfurt/M

- 1993: Gerechtigkeit als Fairneß: politisch und nicht metaphysisch; in: Honneth, 36-67

Ritsert, Jürgen 1997: Gerechtigkeit und Gleichheit, Münster

Roggemann, Herwig (HG.) 1974: Die Staatsordnung der DDR, Berlin

Rolshausen, Claus 1997: Macht und Herrschaft, Münster

Rorty, Richard 1988: Solidarität oder Objektivität, Stuttgart

- 1993: Eine Kultur ohne Zentrum, Stuttgart

- 1997: Relativismus: Entdecken und Erfinden; in: Information Philosophie, 5-23

Rosa, Hartmut 1999: Die prozedurale Gesellschaft und die Idee starker politischer Wertungen. Zur moralischen Landkarte der Gerechtigkeit; in: Münkler/Llanque, 395-424

Roth, Gerhard 1994: Das Gehirn und seine Wirklichkeit. Kognitive Neurobiologie und ihre philosophischen Konsequenzen, Frankfurt/M

Roth, Roland 1989: Fordismus und neue soziale Bewegungen. Gesellschaftliche Entwicklungsphasen als theoretischer Bezugsrahmen für die Analyse sozialer Bewegungen, Heidelberg, 1989; *in:* Wasmuht, Ulrike (HG.): Alternativen zur Alten Politik, 13-37

Roth, Roland/Rucht, Dieter (HG.) 1991: Neue soziale Bewegungen in der Bundesrepublik Deutschland, Bonn

Rousseau, Jean-Jacques 1984: Diskurs über die Ungleichheit. Discours sur l'inégalité, Paderborn u.a.,

Ruben, Peter 1979: Philosophie und Mathematik, Leipzig

- 1995: Widerspruch und Naturdialektik, hrsg. v. Max-Planck-Institut für Wissenschaftsgeschichte, Berlin

Ruf, Werner 2002: Der Islam, Feind unserer Zivilisation? Wie aus nützlichen Helfern Todfeinde werden; in: Forum Wissenschaft, Heft 1, 24-29

Ruschmann, Eckart 1999: Philosophische Beratung, Stuttgart, Berlin, Köln

Sachs, Wolfgang 2000: Effizienz als Destruktivkraft. Ökologische Folgen der Globalisierung; in: Blätter für dt. und intern. Politik, Heft 8, 976-985

Salamun, Kurt (HG.) 1987: Was ist Philosophie, Tübingen

Schachnasarow, G. Ch. 1973: Die sozialistische Demokratie, Berlin

Schmidt, Walter 1999: Sinn auf Rädern. Philosophen bieten Orientierung im Alltag und verdienen so ihr Geld; in: DIE ZEIT vom 4.11.99, S. 81

Schmid, Wilhelm 1999: Philosophie der Lebenskunst: eine Grundlegung, Frankfurt/M

Schnädelbach, Herbert 1983: Philosophie in Deutschland 1831–1933, Frankfurt/M

- 1993: Hegels Lehre von der Wahrheit, Berlin; öffentliche Vorlesungen der Humboldt-Universität zu Berlin, Heft 10

Schneider, Ulrich-Johannes 1996: Situation der Philosophie, Kultur der Philosophen. Über die neudeutsche Universitätsphilosophie; in: DZfPh 149-159

- 1998: Philosophie und Universität. Historisierung der Vernunft im 19. Jahrhundert, Hamburg

Scholz, Rüdiger (HG.) 1991, Kritik der Sozialgeschichtsschreibung. Zur Diskussion gegenwärtiger Konzepte, Hamburg

Schopenhauer, Arthur 1991: Parerga und Paralipomena, Bd. I, Zürich

Weber, Jürgen 1994 (Hg.): Der SED-Staat: Neues über eine vergangene Diktatur, München

- 1994a: Die DDR - eine totalitäre Diktatur von Anfang an: Zur Einleitung; in: Weber 1994, 1-5

Schultes, Karl 1948: Rechtsstaat und Gerichtsbarkeit im Verfassungssystem der realen Demokratie; in: Neue Justiz, Heft 1/2, 1ff

Schüßler, Gerhard (u.a.) 1981: Demokratischer Zentralismus. Theorie und Praxis; Autorenkollektiv unter Leitung von Gerhard Schüßler, Berlin

Schwan, Alexander 1988²: Politische Philosophie im Denken Heideggers, Opladen

Seidel, Thomas 1996: Materialistische Geschichtstheorie; in: Geschichte und materialistische Geschichtstheorie bei Marx, Beiträge zur Marx-Engels-Forschung. Neue Folge 1996, Hamburg, 13-34

Senca, Lucius Annaeus 1971: Philosophische Schriften, lat. ders. dt., 2. Band, Darmstadt

Sellnow, Irmgard u.a. 1977: Weltgeschichte bis zur Herausbildung des Feudalismus. Ein Abriss, Berlin

Shklar, Judit N. 1992: Über Ungerechtigkeit. Erkundungen zu einem moralischen Gefühl, Berlin

Siemann, Wolfram 1990: Gesellschaft im Aufbruch. Deutschland 1849-1871, Frankfurt/M

Söllner, Alfon 1997: Das Totalitarismuskonzept in der Ideengeschichte des 20. Jahrhunderts; in: ders. u.a. S. 10-21

Söllner, Alfon/Walberkan, Ralf/Wieland (HG.) 1997: Totalitarismus. Eine Ideengeschichte des 20. Jahrhunderts, Berlin

Sozialismus 1991: „Sozialismus"; in: Universallexikon in fünf Bänden. Bibliographisches Institut Leipzig, Bd. 5

Spehr, Christoph 1997: Der postfaschistische Konsens und seine Radikalisierung; in: Alaska 216, Nov. 1997, 13-16

Stäblein, Ruthard (HG.) 1999: Glück und Gerechtigkeit. Moral am Ende des 20. Jahrhunderts, Frankfurt/M
Staritz, Dietrich 1996: Geschichte der DDR. 1949-1990, Frankfurt/M
Stamer, Gerhard 1999: Philosophische Praxis und Marktkompetenz; in: Information Philosophie, 3.99, 116-119
Stastny, Roland 1994: Philosophische Praxis, Wien
Steininger, Rolf 1986: Deutsche Geschichte 1945-1961. Darstellung und Dokumente in zwei Bänden, Frankfurt/M
Stegmüller, Wolfgang 1989: Hauptströmungen der Gegenwartsphilosophie, Bd. I, Stuttgart
Sünkel, W. 1974: „Hermeneutik"; in: Historisches Wörterbuch der Philosophie, Bd. 3, Darmstadt, 1061-1074
Supek, Rudi 1978: Arbeiterselbstverwaltung und sozialistische Demokratie. Beitrag zur geschichtlichen Kontinuität einer Idee, Hannover
Taylor, Charles 1988: Negative Freiheit? Zur Kritik des neuzeitlichen Individualismus, Frankfurt/M
- 1993a: Multikulturalismus und die Politik der Anerkennung. Mit Kommentaren von Amy Gutmann (Hg.) Steven C. Rockefeller, Michael Walzer, Susan Wolf. Mit einem Beitrag von Jürgen Habermas, Frankfurt/M
- 1993b: Aneinander vorbei: Die Debatte zwischen Liberalismus und Kommunitarismus; in: Honneth 103-130
- 1996: Quellen des Selbst: die Entstehung der neuzeitlichen Identität, Frankfurt/M
Tocqueville, Alexis de 1967: Das Zeitalter der Gleichheit, Auswahl aus Werken und Briefen, hrsg. v. S. Landshut, Köln, Opladen
Tugendhat, Ernst 1967: Der Wahrheitsbegriff bei Husserl und Heidegger, Berlin
- 1976, Vorlesungen zur Einführung in die sprachanalytische Philosophie
- 1992: Überlegungen zur Methode der Philosophie aus analytischer Sicht; in: ders. Philosophische Aufsätze, Frankfurt/M, 261-274
- 1993: Vorlesungen über Ethik, Frankfurt/M
- 1997: Dialog in Leticia, Frankfurt/M
Überweg, Friedrich 1926[12]: Grundriss der Geschichte der Philosophie. 1. Teil, Die Philosophie des Altertums, hrsg. v. K. Praechter, Berlin
Ullmann, Wolfgang 1995: Zukunft Aufklärung. Eine Bestandsaufnahme nach dem Ende der Utopien, Berlin
Villain, Jean 2001: Vineta 89 - Tagebuch einer Wende, Rostock
Voßenkuhl, Wilhelm 1997: Kopfgeburt und Lebenshilfe; in: Der Tagesspiegel 30.5.1997, S. 27
Wallerstein, Immanuel 1990: Der Westen, Kapitalismus und das moderne Weltsystem; in: Scholz, 49-86
Walzer, Michael 1992: Sphären der Gerechtigkeit. Ein Plädoyer für Pluralität und Gleichheit, Frankfurt/M
- 1993: Kritik und Gemeinsinn. Frankfurt/M
- 1993a: Die kommunitaristische Kritik am Liberalismus; in: Honneth 157-180
Weber, Max 1980[5]: Wirtschaft und Gesellschaft, Tübingen
Wehler, Hans-Ulrich 1987: Deutsche Gesellschaftsgeschichte 1815 bis 1845/49, München
- 1995: Deutsche Gesellschaftsgeschichte 1849 bis 1914, München

Weinbach, Heike 1997: Philosoph und Freier, Walter Benjamins Konstruktionen der Geschlechterverhältnisse, Marburg

Weiss, Andreas 1970: Neomarxismus. Die Problemdiskussion im Nachfolgemarxismus der Jahre 1945-1970, Freiburg/München

Wesel, Uwe 1997: Geschichte des Rechts. Von den Frühformen bis zum Vertrag von Maastricht, München

Winkler, Heinrich August 1993: Weimar 1918 - 1933. Die Geschichte der ersten deutschen Demokratie, München

Winstanley, Gerard 1983: Gleichheit im Reiche der Freiheit. Sozialphilosophische Pamphlete und Traktate, Leipzig

Wittgenstein, Ludwig 1984: Das blaue Buch, Werkausgabe Bd. 5, Frankfurt/M

Witzany, Günter (HG.) 1991: Zur Theorie philosophischer Praxis, Essen

Wolf, Frieder O. 1972: Zum Problem der konkreten Aufhebung der Philosophie als institutionalisierter Wissenschaft; in: Jürgen Klüver/Frieder O. Wolf (HG.): Wissenschaftskritik und sozialistische Praxis. Konsequenzen aus der Studentenbewegung, Stuttgart, 31-55

- 1983: Für eine subversive Praxis der Philosophie; in: Das Argument 137, 43-53

- 1991: Für einen widerspruchsfreien Begriff des Widerspruchs; in: Das Denken des Widerspruchs als Wurzel der Philosophie, hrsg. v. Zentralinstitut für Philosophie, Berlin, 47-60

- 1994: Die Alternativen „nach dem Kommunismus". Einige elementare Fragen des heutigen Marxismus; in: Benz-Overhage u.a., 67-72

- 1996: Kann der Liberalismus eine Perspektive für grüne Politik bieten?; in: Liberalismus - neuer Bezugspunkt grüner Politik? hrsg. v. Fechter, M., Frankfurt/M, 7-24

- 1998: Rückblick nach vorne: „1968" heute (Selbst-)Kritische Rückfragen zu einem Generationsbruch; in: Gräfe u.a., 262-269

- 1999: Garantierter, fataler oder zu erkämpfender Fortschritt?; in: Das Argument 140, Heft 2/3, 263-270

- 2002: Radikale Philosophie. Aufklärung und Befreiung in der neuen Zeit, Münster

Wolf, Ursula 1999: Die Philosophie und die Frage nach dem guten Leben, Reinbek bei Hamburg

Zdrenka, Michael 1997: Konzeptionen und Probleme der philosophischen Praxis, Köln

Zippelius, Reinhold 1994: Recht und Gerechtigkeit in der offenen Gesellschaft, Berlin

Abkürzungsverzeichnis

AktG	Aktiengesetz
BRD	Bundesrepublik Deutschland
BVerfGE	Entscheidungen des Bundesverfassungsgerichts. Offizielle Entscheidungssammlung
DDR	Deutsche Demokratische Republik
DZfPh	Deutsche Zeitschrift für Philosophie
GA	Heidegger Gesamtausgabe
GbR	Gesellschaft bürgerlichen Rechts
GmbH	Gesellschaft mit beschränkter Haftung
K-Gruppen	Unorthodoxe, kommunistische orientierte Zusammenschlüsse
KI	Kommunistische Internationale
KPdSU	Kommunistische Partei der Sowjetunion
KdrV	Kritik der reinen Vernunft
ND	Neues Deutschland
NÖS	Neues Ökonomisches System
PIT	Projekt Ideologietheorie
taz	tageszeitung
UDSSR	Union der sozialistischen Sowjetrepubliken
VwGO	Verwaltungsgerichtsordnung

Dorotheenstr. 26a · 48145 Münster · Tel. 0251/6086080 · Fax 0251/6086020
e-mail: info@dampfboot-verlag.de · http://www.dampfboot-verlag.de